2021 年度

全国监理工程师职业资格考试类图书

资　讯

一、官方考试教材

序号	书　名	书　号	定　价	对应考试科目
1	交通运输工程目标控制(基础知识篇)	17138	140.00	工程目标控制
2	交通运输工程目标控制(公路工程专业知识篇)	17139	120.00	
3	交通运输工程目标控制(水运工程专业知识篇)	17140	70.00	
4	交通运输工程监理案例分析(公路工程专业篇)	17141	70.00	工程监理案例分析
5	交通运输工程监理相关法规文件汇编(公路工程专业篇)	17142	120.00	工程目标控制 工程监理案例分析

二、考试辅导用书

职业资格考试辅导用书(监理工程师)系列:

序号	书　名	书　号	定　价	对应考试科目
1	建设工程监理基本理论和相关法规复习与习题	17175	68.00	建设工程监理 基础科目
2	建设工程合同管理复习与习题	17176	65.00	
3	交通运输工程目标控制(公路篇)复习与习题	17177	90.00	交通运输工程监理 专业科目
4	交通运输工程监理案例分析(公路篇)复习与习题	17178	60.00	

人民交通出版社天猫旗舰店二维码

2021 年全国监理工程师（交通运输工程专业）职业资格考试用书

Jiaotong Yunshu Gongcheng Jianli

交通运输工程监理

Xiangguan Fagui Wenjian Huibian

相关法规文件汇编

（Gonglu Gongcheng Zhuanye Pian）

（公路工程专业篇）

交通运输部职业资格中心　　组织编写

人民交通出版社股份有限公司

北　京

内 容 提 要

《交通运输工程监理相关法规文件汇编(公路工程专业篇)》为2021年全国监理工程师(交通运输工程专业)职业资格考试用书之一。本书主要汇编了建设工程法律法规和交通运输部颁发的公路工程监理法规、部门规章、规范性文件等。

本书可供交通运输工程(公路工程专业)的考生复习备考,也可作为公路水运工程建设单位、施工单位、监理(咨询)单位和大中专院校师生的学习参考书。

图书在版编目(CIP)数据

交通运输工程监理相关法规文件汇编. 公路工程专业篇 / 交通运输部职业资格中心组织编写. — 北京：人民交通出版社股份有限公司, 2021.3

2021年全国监理工程师(交通运输工程专业)职业资格考试用书

ISBN 978-7-114-17142-0

Ⅰ. ①交… Ⅱ. ①交… Ⅲ. ①公路运输—运输工程—监理工作—法规—汇编—中国②公路运输—运输工程—监理工作—文件—汇编—中国 Ⅳ. ①D922.296.9

中国版本图书馆 CIP 数据核字(2021)第 043302 号

2021 年全国监理工程师(交通运输工程专业)职业资格考试用书

书　名：	交通运输工程监理相关法规文件汇编(公路工程专业篇)
著 作 者：	交通运输部职业资格中心
责任编辑：	刘永超　周佳楠
责任校对：	赵媛媛　龙　雪
责任印制：	张　凯
出版发行：	人民交通出版社股份有限公司
地　　址：	(100011)北京市朝阳区安定门外外馆斜街3号
网　　址：	http://www.ccpcl.com.cn
销售电话：	(010)59757973
总 经 销：	人民交通出版社股份有限公司发行部
经　　销：	各地新华书店
印　　刷：	北京市密东印刷有限公司
开　　本：	787×1092　1/16
印　　张：	31.75
字　　数：	767 千
版　　次：	2021 年 3 月　第 1 版
印　　次：	2021 年 3 月　第 1 次印刷
书　　号：	ISBN 978-7-114-17142-0
定　　价：	120.00 元

(有印刷、装订质量问题的图书由本公司负责调换)

2021 年全国监理工程师（交通运输工程专业）职业资格考试用书

编 写 人 员

主　编　章剑青

副主编　杨玉胜　单煜辉　秦仁杰　文　韬
　　　　周　河　苑芳圻　顾新民

成　员　秦志斌　黄汉昌　罗　娜　张友利
　　　　娄忠应　陈海燕　张瑞坤　何　琦
　　　　赵超超

审 定 人 员

主　审　黄　勇

成　员　黄　波　习明星　张　毅　邢　波
　　　　孔　军　邵昌浩　徐建军　周继辉

前　言

　　根据住房和城乡建设部、交通运输部、水利部、人力资源社会保障部2020年2月联合印发的《监理工程师职业资格制度规定》和《监理工程师职业资格考试实施办法》，为适应交通运输工程专业的监理从业人员备考全国监理工程师职业资格考试，交通运输部职业资格中心组织业内资深专家，依据《全国监理工程师职业资格考试大纲》（交通运输工程专业科目），新编了2021年版全国监理工程师（交通运输工程专业）考试用书。全套用书包括《交通运输工程目标控制（基础知识篇）》《交通运输工程目标控制（公路工程专业知识篇）》《交通运输工程目标控制（水运工程专业知识篇）》《交通运输工程监理案例分析（公路工程专业篇）》《交通运输工程监理相关法规文件汇编（公路工程专业篇）》五本，由章剑青（江苏华宁工程咨询有限公司）任主编、黄勇（原交通运输部安全与质量监督管理司）任主审。

　　全套用书贯彻落实国家关于建设监理改革要求，结合近期颁布的新法规、新规范和新标准进行了修订。主要有四个特点：一是吸收了最新颁布的《中华人民共和国民法典》（合同编）、建设工程法律法规、部门规章、规范性文件等内容，积极适应新时代交通运输工程监理（全过程工程咨询）发展需求，旨在引导监理从业人员强化履职尽责、尽职免责的意识，提高现场监理工作能力、规范监理工作行为；二是突出了交通运输工程监理工程师考试的专业技术特色，基础知识篇强化公路工程、水运工程考生的适用性、通用性，专业知识篇强化公路工程、水运工程考生的针对性、专业性；三是删除了2020年版考试用书中的一般概念介绍、基本原理说明和复杂公式推演计算内容，删去了与造价工程师等职业资格考试用书相重合的内容；四是补充了新实施的《公路路基施工技术规范》《水运工程工程量清单计价规范》等内容。

　　本书由章剑青主编。何埼、赵超超、娄忠应等参加了汇编工作。

　　全书审定时，黄勇、张毅、黄波等专家学者提出了宝贵意见和建议，在此表示感谢！

　　由于编写时间仓促，书中许有纰漏，敬请批评指正。

交通运输部职业资格中心

2021年3月

目 录

第一部分 法 律

第二部分 法 规

第三部分 部门规章

第四部分 规范性文件

第一部分

法律

中华人民共和国公路法

(1997 年 7 月 3 日第八届全国人民代表大会常务委员会第二十六次会议通过。
根据 2017 年 11 月 4 日第十二届全国人民代表大会常务委员会第三十次会议
《关于修改〈中华人民共和国会计法〉等十一部法律的决定》第五次修正)

第一章　总　　则

第一条　为了加强公路的建设和管理,促进公路事业的发展,适应社会主义现代化建设和人民生活的需要,制定本法。

第二条　在中华人民共和国境内从事公路的规划、建设、养护、经营、使用和管理,适用本法。

本法所称公路,包括公路桥梁、公路隧道和公路渡口。

第三条　公路的发展应当遵循全面规划、合理布局、确保质量、保障畅通、保护环境、建设改造与养护并重的原则。

第四条　各级人民政府应当采取有力措施,扶持、促进公路建设。公路建设应当纳入国民经济和社会发展计划。

国家鼓励、引导国内外经济组织依法投资建设、经营公路。

第五条　国家帮助和扶持少数民族地区、边远地区和贫困地区发展公路建设。

第六条　公路按其在公路路网中的地位分为国道、省道、县道和乡道,并按技术等级分为高速公路、一级公路、二级公路、三级公路和四级公路。具体划分标准由国务院交通主管部门规定。

新建公路应当符合技术等级的要求。原有不符合最低技术等级要求的等外公路,应当采取措施,逐步改造为符合技术等级要求的公路。

第七条　公路受国家保护,任何单位和个人不得破坏、损坏或者非法占用公路、公路用地及公路附属设施。

任何单位和个人都有爱护公路、公路用地及公路附属设施的义务,有权检举和控告破坏、损坏公路、公路用地、公路附属设施和影响公路安全的行为。

第八条　国务院交通主管部门主管全国公路工作。

县级以上地方人民政府交通主管部门主管本行政区域内的公路工作;但是,县级以上地方人民政府交通主管部门对国道、省道的管理、监督职责,由省、自治区、直辖市人民政府确定。

乡、民族乡、镇人民政府负责本行政区域内的乡道的建设和养护工作。

县级以上地方人民政府交通主管部门可以决定由公路管理机构依照本法规定行使公路行政管理职责。

第九条　禁止任何单位和个人在公路上非法设卡、收费、罚款和拦截车辆。

第十条 国家鼓励公路工作方面的科学技术研究,对在公路科学技术研究和应用方面作出显著成绩的单位和个人给予奖励。

第十一条 本法对专用公路有规定的,适用于专用公路。

专用公路是指由企业或者其他单位建设、养护、管理,专为或者主要为本企业或者本单位提供运输服务的道路。

第二章 公 路 规 划

第十二条 公路规划应当根据国民经济和社会发展以及国防建设的需要编制,与城市建设发展规划和其他方式的交通运输发展规划相协调。

第十三条 公路建设用地规划应当符合土地利用总体规划,当年建设用地应当纳入年度建设用地计划。

第十四条 国道规划由国务院交通主管部门会同国务院有关部门并商国道沿线省、自治区、直辖市人民政府编制,报国务院批准。

省道规划由省、自治区、直辖市人民政府交通主管部门会同同级有关部门并商省道沿线下一级人民政府编制,报省、自治区、直辖市人民政府批准,并报国务院交通主管部门备案。

县道规划由县级人民政府交通主管部门会同同级有关部门编制,经本级人民政府审定后,报上一级人民政府批准。

乡道规划由县级人民政府交通主管部门协助乡、民族乡、镇人民政府编制,报县级人民政府批准。

依照第三款、第四款规定批准的县道、乡道规划,应当报批准机关的上一级人民政府交通主管部门备案。

省道规划应当与国道规划相协调。县道规划应当与省道规划相协调。乡道规划应当与县道规划相协调。

第十五条 专用公路规划由专用公路的主管单位编制,经其上级主管部门审定后,报县级以上人民政府交通主管部门审核。

专用公路规划应当与公路规划相协调。县级以上人民政府交通主管部门发现专用公路规划与国道、省道、县道、乡道规划有不协调的地方,应当提出修改意见,专用公路主管部门和单位应当作出相应的修改。

第十六条 国道规划的局部调整由原编制机关决定。国道规划需要作重大修改的,由原编制机关提出修改方案,报国务院批准。

经批准的省道、县道、乡道公路规划需要修改的,由原编制机关提出修改方案,报原批准机关批准。

第十七条 国道的命名和编号,由国务院交通主管部门确定;省道、县道、乡道的命名和编号,由省、自治区、直辖市人民政府交通主管部门按照国务院交通主管部门的有关规定确定。

第十八条 规划和新建村镇、开发区,应当与公路保持规定的距离并避免在公路两侧对应进行,防止造成公路街道化,影响公路的运行安全与畅通。

第十九条 国家鼓励专用公路用于社会公共运输。专用公路主要用于社会公共运输时,由专用公路的主管单位申请,或者由有关方面申请,专用公路的主管单位同意,并经省、自治区、直辖市人民政府交通主管部门批准,可以改划为省道、县道或者乡道。

第三章　公 路 建 设

第二十条　县级以上人民政府交通主管部门应当依据职责维护公路建设秩序,加强对公路建设的监督管理。

第二十一条　筹集公路建设资金,除各级人民政府的财政拨款,包括依法征税筹集的公路建设专项资金转为的财政拨款外,可以依法向国内外金融机构或者外国政府贷款。

国家鼓励国内外经济组织对公路建设进行投资。开发、经营公路的公司可以依照法律、行政法规的规定发行股票、公司债券筹集资金。

依照本法规定出让公路收费权的收入必须用于公路建设。

向企业和个人集资建设公路,必须根据需要与可能,坚持自愿原则,不得强行摊派,并符合国务院的有关规定。

公路建设资金还可以采取符合法律或者国务院规定的其他方式筹集。

第二十二条　公路建设应当按照国家规定的基本建设程序和有关规定进行。

第二十三条　公路建设项目应当按照国家有关规定实行法人负责制度、招标投标制度和工程监理制度。

第二十四条　公路建设单位应当根据公路建设工程的特点和技术要求,选择具有相应资格的勘察设计单位、施工单位和工程监理单位,并依照有关法律、法规、规章的规定和公路工程技术标准的要求,分别签订合同,明确双方的权利义务。

承担公路建设项目的可行性研究单位、勘察设计单位、施工单位和工程监理单位,必须持有国家规定的资质证书。

第二十五条　公路建设项目的施工,须按国务院交通主管部门的规定报请县级以上地方人民政府交通主管部门批准。

第二十六条　公路建设必须符合公路工程技术标准。

承担公路建设项目的设计单位、施工单位和工程监理单位,应当按照国家有关规定建立健全质量保证体系,落实岗位责任制,并依照有关法律、法规、规章以及公路工程技术标准的要求和合同约定进行设计、施工和监理,保证公路工程质量。

第二十七条　公路建设使用土地依照有关法律、行政法规的规定办理。

公路建设应当贯彻切实保护耕地、节约用地的原则。

第二十八条　公路建设需要使用国有荒山、荒地或者需要在国有荒山、荒地、河滩、滩涂上挖砂、采石、取土的,依照有关法律、行政法规的规定办理后,任何单位和个人不得阻挠或者非法收取费用。

第二十九条　地方各级人民政府对公路建设依法使用土地和搬迁居民,应当给予支持和协助。

第三十条　公路建设项目的设计和施工,应当符合依法保护环境、保护文物古迹和防止水土流失的要求。

公路规划中贯彻国防要求的公路建设项目,应当严格按照规划进行建设,以保证国防交通的需要。

第三十一条　因建设公路影响铁路、水利、电力、邮电设施和其他设施正常使用时,公路建设单位应当事先征得有关部门的同意;因公路建设对有关设施造成损坏的,公路建设单位应当按照不低于该设施原有的技术标准予以修复,或者给予相应的经济补偿。

第三十二条　改建公路时,施工单位应当在施工路段两端设置明显的施工标志、安全标志。需要车辆绕行的,应当在绕行路口设置标志;不能绕行的,必须修建临时道路,保证车辆和行人通行。

第三十三条　公路建设项目和公路修复项目竣工后,应当按照国家有关规定进行验收;未经验收或者验收不合格的,不得交付使用。

建成的公路,应当按照国务院交通主管部门的规定设置明显的标志、标线。

第三十四条　县级以上地方人民政府应当确定公路两侧边沟(截水沟、坡脚护坡道,下同)外缘起不少于一米的公路用地。

第四章　公路养护

第三十五条　公路管理机构应当按照国务院交通主管部门规定的技术规范和操作规程对公路进行养护,保证公路经常处于良好的技术状态。

第三十六条　国家采用依法征税的办法筹集公路养护资金,具体实施办法和步骤由国务院规定。

依法征税筹集的公路养护资金,必须专项用于公路的养护和改建。

第三十七条　县、乡级人民政府对公路养护需要的挖砂、采石、取土以及取水,应当给予支持和协助。

第三十八条　县、乡级人民政府应当在农村义务工的范围内,按照国家有关规定组织公路两侧的农村居民履行为公路建设和养护提供劳务的义务。

第三十九条　为保障公路养护人员的人身安全,公路养护人员进行养护作业时,应当穿着统一的安全标志服;利用车辆进行养护作业时,应当在公路作业车辆上设置明显的作业标志。

公路养护车辆进行作业时,在不影响过往车辆通行的前提下,其行驶路线和方向不受公路标志、标线限制;过往车辆对公路养护车辆和人员应当注意避让。

公路养护工程施工影响车辆、行人通行时,施工单位应当依照本法第三十二条的规定办理。

第四十条　因严重自然灾害致使国道、省道交通中断,公路管理机构应当及时修复;公路管理机构难以及时修复时,县级以上地方人民政府应当及时组织当地机关、团体、企业事业单位、城乡居民进行抢修,并可以请求当地驻军支援,尽快恢复交通。

第四十一条　公路用地范围内的山坡、荒地,由公路管理机构负责水土保持。

第四十二条　公路绿化工作,由公路管理机构按照公路工程技术标准组织实施。

公路用地上的树木,不得任意砍伐;需要更新砍伐的,应当经县级以上地方人民政府交通主管部门同意后,依照《中华人民共和国森林法》的规定办理审批手续,并完成更新补种任务。

第五章　路政管理

第四十三条　各级地方人民政府应当采取措施,加强对公路的保护。

县级以上地方人民政府交通主管部门应当认真履行职责,依法做好公路保护工作,并努力采用科学的管理方法和先进的技术手段,提高公路管理水平,逐步完善公路服务设施,保障公路的完好、安全和畅通。

第四十四条　任何单位和个人不得擅自占用、挖掘公路。

因修建铁路、机场、电站、通信设施、水利工程和进行其他建设工程需要占用、挖掘公路或者使公路改线的,建设单位应当事先征得有关交通主管部门的同意;影响交通安全的,还须征得有关公安机关的同意。占用、挖掘公路或者使公路改线的,建设单位应当按照不低于该段公路原有的技术标准予以修复、改建或者给予相应的经济补偿。

第四十五条　跨越、穿越公路修建桥梁、渡槽或者架设、埋设管线等设施的,以及在公路用地范围内架设、埋设管线、电缆等设施的,应当事先经有关交通主管部门同意,影响交通安全的,还须征得有关公安机关的同意;所修建、架设或者埋设的设施应当符合公路工程技术标准的要求。对公路造成损坏的,应当按照损坏程度给予补偿。

第四十六条　任何单位和个人不得在公路上及公路用地范围内摆摊设点、堆放物品、倾倒垃圾、设置障碍、挖沟引水、利用公路边沟排放污物或者进行其他损坏、污染公路和影响公路畅通的活动。

第四十七条　在大中型公路桥梁和渡口周围二百米、公路隧道上方和洞口外一百米范围内,以及在公路两侧一定距离内,不得挖砂、采石、取土、倾倒废弃物,不得进行爆破作业及其他危及公路、公路桥梁、公路隧道、公路渡口安全的活动。

在前款范围内因抢险、防汛需要修筑堤坝、压缩或者拓宽河床的,应当事先报经省、自治区、直辖市人民政府交通主管部门会同水行政主管部门批准,并采取有效的保护有关的公路、公路桥梁、公路隧道、公路渡口安全的措施。

第四十八条　铁轮车、履带车和其他可能损害公路路面的机具,不得在公路上行驶。

农业机械因当地田间作业需要在公路上短距离行驶或者军用车辆执行任务需要在公路上行驶的,可以不受前款限制,但是应当采取安全保护措施。对公路造成损坏的,应当按照损坏程度给予补偿。

第四十九条　在公路上行驶的车辆的轴载质量应当符合公路工程技术标准要求。

第五十条　超过公路、公路桥梁、公路隧道或者汽车渡船的限载、限高、限宽、限长标准的车辆,不得在有限定标准的公路、公路桥梁上或者公路隧道内行驶,不得使用汽车渡船。超过公路或者公路桥梁限载标准确需行驶的,必须经县级以上地方人民政府交通主管部门批准,并按要求采取有效的防护措施;运载不可解体的超限物品的,应当按照指定的时间、路线、时速行驶,并悬挂明显标志。

运输单位不能按照前款规定采取防护措施的,由交通主管部门帮助其采取防护措施,所需费用由运输单位承担。

第五十一条　机动车制造厂和其他单位不得将公路作为检验机动车制动性能的试车场地。

第五十二条　任何单位和个人不得损坏、擅自移动、涂改公路附属设施。

前款公路附属设施,是指为保护、养护公路和保障公路安全畅通所设置的公路防护、排水、养护、管理、服务、交通安全、渡运、监控、通信、收费等设施、设备以及专用建筑物、构筑物等。

第五十三条 造成公路损坏的,责任者应当及时报告公路管理机构,并接受公路管理机构的现场调查。

第五十四条 任何单位和个人未经县级以上地方人民政府交通主管部门批准,不得在公路用地范围内设置公路标志以外的其他标志。

第五十五条 在公路上增设平面交叉道口,必须按照国家有关规定经过批准,并按照国家规定的技术标准建设。

第五十六条 除公路防护、养护需要的以外,禁止在公路两侧的建筑控制区内修建建筑物和地面构筑物;需要在建筑控制区内埋设管线、电缆等设施的,应当事先经县级以上地方人民政府交通主管部门批准。

前款规定的建筑控制区的范围,由县级以上地方人民政府按照保障公路运行安全和节约用地的原则,依照国务院的规定划定。

建筑控制区范围经县级以上地方人民政府依照前款规定划定后,由县级以上地方人民政府交通主管部门设置标桩、界桩。任何单位和个人不得损坏、擅自挪动该标桩、界桩。

第五十七条 除本法第四十七条第二款的规定外,本章规定由交通主管部门行使的路政管理职责,可以依照本法第八条第四款的规定,由公路管理机构行使。

第六章 收 费 公 路

第五十八条 国家允许依法设立收费公路,同时对收费公路的数量进行控制。

除本法第五十九条规定可以收取车辆通行费的公路外,禁止任何公路收取车辆通行费。

第五十九条 符合国务院交通主管部门规定的技术等级和规模的下列公路,可以依法收取车辆通行费:

(一)由县级以上地方人民政府交通主管部门利用贷款或者向企业、个人集资建成的公路;

(二)由国内外经济组织依法受让前项收费公路收费权的公路;

(三)由国内外经济组织依法投资建成的公路。

第六十条 县级以上地方人民政府交通主管部门利用贷款或者集资建成的收费公路的收费期限,按照收费偿还贷款、集资款的原则,由省、自治区、直辖市人民政府依照国务院交通主管部门的规定确定。

有偿转让公路收费权的公路,收费权转让后,由受让方收费经营。收费权的转让期限由出让、受让双方约定,最长不得超过国务院规定的年限。

国内外经济组织投资建设公路,必须按照国家有关规定办理审批手续;公路建成后,由投资者收费经营。收费经营期限按照收回投资并有合理回报的原则,由有关交通主管部门与投资者约定并按照国家有关规定办理审批手续,但最长不得超过国务院规定的年限。

第六十一条 本法第五十九条第一款第一项规定的公路中的国道收费权的转让,应当在转让协议签订之日起三十个工作日内报国务院交通主管部门备案;国道以外的其他公路收费权的转让,应当在转让协议签订之日起三十个工作日内报省、自治区、直辖市人民政府备案。

前款规定的公路收费权出让的最低成交价,以国有资产评估机构评估的价值为依据确定。

第六十二条 受让公路收费权和投资建设公路的国内外经济组织应当依法成立开发、经营公路的企业(以下简称公路经营企业)。

第六十三条 收费公路车辆通行费的收费标准,由公路收费单位提出方案,报省、自治区、直辖市人民政府交通主管部门会同同级物价行政主管部门审查批准。

第六十四条 收费公路设置车辆通行费的收费站,应当报经省、自治区、直辖市人民政府审查批准。跨省、自治区、直辖市的收费公路设置车辆通行费的收费站,由有关省、自治区、直辖市人民政府协商确定;协商不成的,由国务院交通主管部门决定。同一收费公路由不同的交通主管部门组织建设或者由不同的公路经营企业经营的,应当按照"统一收费、按比例分成"的原则,统筹规划,合理设置收费站。

两个收费站之间的距离,不得小于国务院交通主管部门规定的标准。

第六十五条 有偿转让公路收费权的公路,转让收费权合同约定的期限届满,收费权由出让方收回。

由国内外经济组织依照本法规定投资建成并经营的收费公路,约定的经营期限届满,该公路由国家无偿收回,由有关交通主管部门管理。

第六十六条 依照本法第五十九条规定受让收费权或者由国内外经济组织投资建成经营的公路的养护工作,由各该公路经营企业负责。各该公路经营企业在经营期间应当按照国务院交通主管部门规定的技术规范和操作规程做好对公路的养护工作。在受让收费权的期限届满,或者经营期限届满时,公路应当处于良好的技术状态。

前款规定的公路的绿化和公路用地范围内的水土保持工作,由各该公路经营企业负责。

第一款规定的公路的路政管理,适用本法第五章的规定。该公路路政管理的职责由县级以上地方人民政府交通主管部门或者公路管理机构的派出机构、人员行使。

第六十七条 在收费公路上从事本法第四十四条第二款、第四十五条、第四十八条、第五十条所列活动的,除依照各该条的规定办理外,给公路经营企业造成损失的,应当给予相应的补偿。

第六十八条 收费公路的具体管理办法,由国务院依照本法制定。

第七章　监督检查

第六十九条 交通主管部门、公路管理机构依法对有关公路的法律、法规执行情况进行监督检查。

第七十条 交通主管部门、公路管理机构负有管理和保护公路的责任,有权检查、制止各种侵占、损坏公路、公路用地、公路附属设施及其他违反本法规定的行为。

第七十一条 公路监督检查人员依法在公路、建筑控制区、车辆停放场所、车辆所属单位等进行监督检查时,任何单位和个人不得阻挠。

公路经营者、使用者和其他有关单位、个人,应当接受公路监督检查人员依法实施的监督检查,并为其提供方便。

公路监督检查人员执行公务,应当佩戴标志,持证上岗。

第七十二条 交通主管部门、公路管理机构应当加强对所属公路监督检查人员的管理和教育,要求公路监督检查人员熟悉国家有关法律和规定,公正廉洁,热情服务,秉公执法,对公路监督检查人员的执法行为应当加强监督检查,对其违法行为应当及时纠正,依法处理。

第七十三条 用于公路监督检查的专用车辆,应当设置统一的标志和示警灯。

第八章 法律责任

第七十四条 违反法律或者国务院有关规定,擅自在公路上设卡、收费的,由交通主管部门责令停止违法行为,没收违法所得,可以处违法所得三倍以下的罚款,没有违法所得的,可以处二万元以下的罚款;对负有直接责任的主管人员和其他直接责任人员,依法给予行政处分。

第七十五条 违反本法第二十五条规定,未经有关交通主管部门批准擅自施工的,交通主管部门可以责令停止施工,并可以处五万元以下的罚款。

第七十六条 有下列违法行为之一的,由交通主管部门责令停止违法行为,可以处三万元以下的罚款:

(一)违反本法第四十四条第一款规定,擅自占用、挖掘公路的;

(二)违反本法第四十五条规定,未经同意或者未按照公路工程技术标准的要求修建桥梁、渡槽或者架设、埋设管线、电缆等设施的;

(三)违反本法第四十七条规定,从事危及公路安全的作业的;

(四)违反本法第四十八条规定,铁轮车、履带车和其他可能损害路面的机具擅自在公路上行驶的;

(五)违反本法第五十条规定,车辆超限使用汽车渡船或者在公路上擅自超限行驶的;

(六)违反本法第五十二条、第五十六条规定,损坏、移动、涂改公路附属设施或者损坏、挪动建筑控制区的标桩、界桩,可能危及公路安全的。

第七十七条 违反本法第四十六条的规定,造成公路路面损坏、污染或者影响公路畅通的,或者违反本法第五十一条规定,将公路作为试车场地的,由交通主管部门责令停止违法行为,可以处五千元以下的罚款。

第七十八条 违反本法第五十三条规定,造成公路损坏、未报告的,由交通主管部门处一千元以下的罚款。

第七十九条 违反本法第五十四条规定,在公路用地范围内设置公路标志以外的其他标志的,由交通主管部门责令限期拆除,可以处二万元以下的罚款;逾期不拆除的,由交通主管部门拆除,有关费用由设置者负担。

第八十条 违反本法第五十五条规定,未经批准在公路上增设平面交叉道口的,由交通主管部门责令恢复原状,处五万元以下的罚款。

第八十一条 违反本法第五十六条规定,在公路建筑控制区内修建建筑物、地面构筑物或者擅自埋设管线、电缆等设施的,由交通主管部门责令限期拆除,并可以处五万元以下的罚款。逾期不拆除的,由交通主管部门拆除,有关费用由建筑者、构筑者承担。

第八十二条 除本法第七十四条、第七十五条的规定外,本章规定由交通主管部门行使的行政处罚权和行政措施,可以依照本法第八条第四款的规定由公路管理机构行使。

第八十三条 阻碍公路建设或者公路抢修,致使公路建设或者抢修不能正常进行,尚未造成严重损失的,依照《中华人民共和国治安管理处罚法》的规定处罚。

损毁公路或者擅自移动公路标志,可能影响交通安全,尚不够刑事处罚的,适用《中华人民共和国道路交通安全法》第九十九条的处罚规定。

拒绝、阻碍公路监督检查人员依法执行职务未使用暴力、威胁方法的,依照《中华人民共和国治安管理处罚法》的规定处罚。

第八十四条　违反本法有关规定,构成犯罪的,依法追究刑事责任。

第八十五条　违反本法有关规定,对公路造成损害的,应当依法承担民事责任。

对公路造成较大损害的车辆,必须立即停车,保护现场,报告公路管理机构,接受公路管理机构的调查、处理后方得驶离。

第八十六条　交通主管部门、公路管理机构的工作人员玩忽职守、徇私舞弊、滥用职权,构成犯罪的,依法追究刑事责任;尚不构成犯罪的,依法给予行政处分。

第九章　附　　则

第八十七条　本法自 1998 年 1 月 1 日起施行。

中华人民共和国招标投标法

(1999 年 8 月 30 日第九届全国人民代表大会常务委员会第十一次会议通过。根据 2017 年 12 月 27 日第十二届全国人民代表大会常务委员会第三十一次会议《关于修改〈中华人民共和国招标投标法〉、〈中华人民共和国计量法〉的决定》修正)

第一章 总 则

第一条 为了规范招标投标活动,保护国家利益、社会公共利益和招标投标活动当事人的合法权益,提高经济效益,保证项目质量,制定本法。

第二条 在中华人民共和国境内进行招标投标活动,适用本法。

第三条 在中华人民共和国境内进行下列工程建设项目包括项目的勘察、设计、施工、监理以及与工程建设有关的重要设备、材料等的采购,必须进行招标:

(一)大型基础设施、公用事业等关系社会公共利益、公众安全的项目;

(二)全部或者部分使用国有资金投资或者国家融资的项目;

(三)使用国际组织或者外国政府贷款、援助资金的项目。

前款所列项目的具体范围和规模标准,由国务院发展计划部门会同国务院有关部门制订,报国务院批准。

法律或者国务院对必须进行招标的其他项目的范围有规定的,依照其规定。

第四条 任何单位和个人不得将依法必须进行招标的项目化整为零或者以其他任何方式规避招标。

第五条 招标投标活动应当遵循公开、公平、公正和诚实信用的原则。

第六条 依法必须进行招标的项目,其招标投标活动不受地区或者部门的限制。任何单位和个人不得违法限制或者排斥本地区、本系统以外的法人或者其他组织参加投标,不得以任何方式非法干涉招标投标活动。

第七条 招标投标活动及其当事人应当接受依法实施的监督。

有关行政监督部门依法对招标投标活动实施监督,依法查处招标投标活动中的违法行为。

对招标投标活动的行政监督及有关部门的具体职权划分,由国务院规定。

第二章 招 标

第八条 招标人是依照本法规定提出招标项目、进行招标的法人或者其他组织。

第九条 招标项目按照国家有关规定需要履行项目审批手续的,应当先履行审批手续,取得批准。

招标人应当有进行招标项目的相应资金或者资金来源已经落实,并应当在招标文件中如实载明。

第十条　招标分为公开招标和邀请招标。

公开招标,是指招标人以招标公告的方式邀请不特定的法人或者其他组织投标。

邀请招标,是指招标人以投标邀请书的方式邀请特定的法人或者其他组织投标。

第十一条　国务院发展计划部门确定的国家重点项目和省、自治区、直辖市人民政府确定的地方重点项目不适宜公开招标的,经国务院发展计划部门或者省、自治区、直辖市人民政府批准,可以进行邀请招标。

第十二条　招标人有权自行选择招标代理机构,委托其办理招标事宜。任何单位和个人不得以任何方式为招标人指定招标代理机构。

招标人具有编制招标文件和组织评标能力的,可以自行办理招标事宜。任何单位和个人不得强制其委托招标代理机构办理招标事宜。

依法必须进行招标的项目,招标人自行办理招标事宜的,应当向有关行政监督部门备案。

第十三条　招标代理机构是依法设立、从事招标代理业务并提供相关服务的社会中介组织。

招标代理机构应当具备下列条件:

(一)有从事招标代理业务的营业场所和相应资金;

(二)有能够编制招标文件和组织评标的相应专业力量。

第十四条　招标代理机构与行政机关和其他国家机关不得存在隶属关系或者其他利益关系。

第十五条　招标代理机构应当在招标人委托的范围内办理招标事宜,并遵守本法关于招标人的规定。

第十六条　招标人采用公开招标方式的,应当发布招标公告。依法必须进行招标的项目的招标公告,应当通过国家指定的报刊、信息网络或者其他媒介发布。

招标公告应当载明招标人的名称和地址、招标项目的性质、数量、实施地点和时间以及获取招标文件的办法等事项。

第十七条　招标人采用邀请招标方式的,应当向三个以上具备承担招标项目的能力、资信良好的特定的法人或者其他组织发出投标邀请书。

投标邀请书应当载明本法第十六条第二款规定的事项。

第十八条　招标人可以根据招标项目本身的要求,在招标公告或者投标邀请书中,要求潜在投标人提供有关资质证明文件和业绩情况,并对潜在投标人进行资格审查;国家对投标人的资格条件有规定的,依照其规定。

招标人不得以不合理的条件限制或者排斥潜在投标人,不得对潜在投标人实行歧视待遇。

第十九条　招标人应当根据招标项目的特点和需要编制招标文件。招标文件应当包括招标项目的技术要求、对投标人资格审查的标准、投标报价要求和评标标准等所有实质性要求和条件以及拟签订合同的主要条款。

国家对招标项目的技术、标准有规定的,招标人应当按照其规定在招标文件中提出相应要求。

招标项目需要划分标段、确定工期的,招标人应当合理划分标段、确定工期,并在招标文件中载明。

第二十条 招标文件不得要求或者标明特定的生产供应者以及含有倾向或者排斥潜在投标人的其他内容。

第二十一条 招标人根据招标项目的具体情况,可以组织潜在投标人踏勘项目现场。

第二十二条 招标人不得向他人透露已获取招标文件的潜在投标人的名称、数量以及可能影响公平竞争的有关招标投标的其他情况。

招标人设有标底的,标底必须保密。

第二十三条 招标人对已发出的招标文件进行必要的澄清或者修改的,应当在招标文件要求提交投标文件截止时间至少十五日前,以书面形式通知所有招标文件收受人。该澄清或者修改的内容为招标文件的组成部分。

第二十四条 招标人应当确定投标人编制投标文件所需要的合理时间;但是,依法必须进行招标的项目,自招标文件开始发出之日起至投标人提交投标文件截止之日止,最短不得少于二十日。

第三章 投　　标

第二十五条 投标人是响应招标、参加投标竞争的法人或者其他组织。

依法招标的科研项目允许个人参加投标的,投标的个人适用本法有关投标人的规定。

第二十六条 投标人应当具备承担招标项目的能力;国家有关规定对投标人资格条件或者招标文件对投标人资格条件有规定的,投标人应当具备规定的资格条件。

第二十七条 投标人应当按照招标文件的要求编制投标文件。投标文件应当对招标文件提出的实质性要求和条件作出响应。

招标项目属于建设施工的,投标文件的内容应当包括拟派出的项目负责人与主要技术人员的简历、业绩和拟用于完成招标项目的机械设备等。

第二十八条 投标人应当在招标文件要求提交投标文件的截止时间前,将投标文件送达投标地点。招标人收到投标文件后,应当签收保存,不得开启。投标人少于三个的,招标人应当依照本法重新招标。

在招标文件要求提交投标文件的截止时间后送达的投标文件,招标人应当拒收。

第二十九条 投标人在招标文件要求提交投标文件的截止时间前,可以补充、修改或者撤回已提交的投标文件,并书面通知招标人。补充、修改的内容为投标文件的组成部分。

第三十条 投标人根据招标文件载明的项目实际情况,拟在中标后将中标项目的部分非主体、非关键性工作进行分包的,应当在投标文件中载明。

第三十一条 两个以上法人或者其他组织可以组成一个联合体,以一个投标人的身份共同投标。

联合体各方均应当具备承担招标项目的相应能力;国家有关规定或者招标文件对投标人资格条件有规定的,联合体各方均应当具备规定的相应资格条件。由同一专业的单位组成的联合体,按照资质等级较低的单位确定资质等级。

联合体各方应当签订共同投标协议,明确约定各方拟承担的工作和责任,并将共同投标协议连同投标文件一并提交招标人。联合体中标的,联合体各方应当共同与招标人签订合同,就中标项目向招标人承担连带责任。

招标人不得强制投标人组成联合体共同投标,不得限制投标人之间的竞争。

第三十二条 投标人不得相互串通投标报价,不得排挤其他投标人的公平竞争,损害招标人或者其他投标人的合法权益。

投标人不得与招标人串通投标,损害国家利益、社会公共利益或者他人的合法权益。

禁止投标人以向招标人或者评标委员会成员行贿的手段谋取中标。

第三十三条 投标人不得以低于成本的报价竞标,也不得以他人名义投标或者以其他方式弄虚作假,骗取中标。

第四章 开标、评标和中标

第三十四条 开标应当在招标文件确定的提交投标文件截止时间的同一时间公开进行;开标地点应当为招标文件中预先确定的地点。

第三十五条 开标由招标人主持,邀请所有投标人参加。

第三十六条 开标时,由投标人或者其推选的代表检查投标文件的密封情况,也可以由招标人委托的公证机构检查并公证;经确认无误后,由工作人员当众拆封,宣读投标人名称、投标价格和投标文件的其他主要内容。

招标人在招标文件要求提交投标文件的截止时间前收到的所有投标文件,开标时都应当当众予以拆封、宣读。

开标过程应当记录,并存档备查。

第三十七条 评标由招标人依法组建的评标委员会负责。

依法必须进行招标的项目,其评标委员会由招标人的代表和有关技术、经济等方面的专家组成,成员人数为五人以上单数,其中技术、经济等方面的专家不得少于成员总数的三分之二。

前款专家应当从事相关领域工作满八年并具有高级职称或者具有同等专业水平,由招标人从国务院有关部门或者省、自治区、直辖市人民政府有关部门提供的专家名册或者招标代理机构的专家库内的相关专业的专家名单中确定;一般招标项目可以采取随机抽取方式,特殊招标项目可以由招标人直接确定。

与投标人有利害关系的人不得进入相关项目的评标委员会;已经进入的应当更换。

评标委员会成员的名单在中标结果确定前应当保密。

第三十八条 招标人应当采取必要的措施,保证评标在严格保密的情况下进行。

任何单位和个人不得非法干预、影响评标的过程和结果。

第三十九条 评标委员会可以要求投标人对投标文件中含义不明确的内容作必要的澄清或者说明,但是澄清或者说明不得超出投标文件的范围或者改变投标文件的实质性内容。

第四十条 评标委员会应当按照招标文件确定的评标标准和方法,对投标文件进行评审和比较;设有标底的,应当参考标底。评标委员会完成评标后,应当向招标人提出书面评标报告,并推荐合格的中标候选人。

招标人根据评标委员会提出的书面评标报告和推荐的中标候选人确定中标人。招标人也可以授权评标委员会直接确定中标人。

国务院对特定招标项目的评标有特别规定的,从其规定。

第四十一条 中标人的投标应当符合下列条件之一:

(一)能够最大限度地满足招标文件中规定的各项综合评价标准;

(二)能够满足招标文件的实质性要求,并且经评审的投标价格最低;但是投标价格低于成本的除外。

第四十二条 评标委员会经评审,认为所有投标都不符合招标文件要求的,可以否决所有投标。

依法必须进行招标的项目的所有投标被否决的,招标人应当依照本法重新招标。

第四十三条 在确定中标人前,招标人不得与投标人就投标价格、投标方案等实质性内容进行谈判。

第四十四条 评标委员会成员应当客观、公正地履行职务,遵守职业道德,对所提出的评审意见承担个人责任。

评标委员会成员不得私下接触投标人,不得收受投标人的财物或者其他好处。

评标委员会成员和参与评标的有关工作人员不得透露对投标文件的评审和比较、中标候选人的推荐情况以及与评标有关的其他情况。

第四十五条 中标人确定后,招标人应当向中标人发出中标通知书,并同时将中标结果通知所有未中标的投标人。

中标通知书对招标人和中标人具有法律效力。中标通知书发出后,招标人改变中标结果的,或者中标人放弃中标项目的,应当依法承担法律责任。

第四十六条 招标人和中标人应当自中标通知书发出之日起三十日内,按照招标文件和中标人的投标文件订立书面合同。招标人和中标人不得再行订立背离合同实质性内容的其他协议。

招标文件要求中标人提交履约保证金的,中标人应当提交。

第四十七条 依法必须进行招标的项目,招标人应当自确定中标人之日起十五日内,向有关行政监督部门提交招标投标情况的书面报告。

第四十八条 中标人应当按照合同约定履行义务,完成中标项目。中标人不得向他人转让中标项目,也不得将中标项目肢解后分别向他人转让。

中标人按照合同约定或者经招标人同意,可以将中标项目的部分非主体、非关键性工作分包给他人完成。接受分包的人应当具备相应的资格条件,并不得再次分包。

中标人应当就分包项目向招标人负责,接受分包的人就分包项目承担连带责任。

第五章 法 律 责 任

第四十九条 违反本法规定,必须进行招标的项目而不招标的,将必须进行招标的项目化整为零或者以其他任何方式规避招标的,责令限期改正,可以处项目合同金额千分之五以上千分之十以下的罚款;对全部或者部分使用国有资金的项目,可以暂停项目执行或者暂停资金拨付;对单位直接负责的主管人员和其他直接责任人员依法给予处分。

第五十条 招标代理机构违反本法规定,泄露应当保密的与招标投标活动有关的情况和资料的,或者与招标人、投标人串通损害国家利益、社会公共利益或者他人合法权益的,处五万元以上二十五万元以下的罚款,对单位直接负责的主管人员和其他直接责任人员处单位罚款数额百分之五以上百分之十以下的罚款;有违法所得的,并处没收违法所得;情节严重的,禁止其一年至二年内代理依法必须进行招标的项目并予以公告,直至由工商行政管理机关吊销营业执照;构成犯罪的,依法追究刑事责任。给他人造成损失的,依法承担赔偿责任。

前款所列行为影响中标结果的,中标无效。

第五十一条　招标人以不合理的条件限制或者排斥潜在投标人的,对潜在投标人实行歧视待遇的,强制要求投标人组成联合体共同投标的,或者限制投标人之间竞争的,责令改正,可以处一万元以上五万元以下的罚款。

第五十二条　依法必须进行招标的项目的招标人向他人透露已获取招标文件的潜在投标人的名称、数量或者可能影响公平竞争的有关招标投标的其他情况的,或者泄露标底的,给予警告,可以并处一万元以上十万元以下的罚款;对单位直接负责的主管人员和其他直接责任人员依法给予处分;构成犯罪的,依法追究刑事责任。

前款所列行为影响中标结果的,中标无效。

第五十三条　投标人相互串通投标或者与招标人串通投标的,投标人以向招标人或者评标委员会成员行贿的手段谋取中标的,中标无效,处中标项目金额千分之五以上千分之十以下的罚款,对单位直接负责的主管人员和其他直接责任人员处单位罚款数额百分之五以上百分之十以下的罚款;有违法所得的,并处没收违法所得;情节严重的,取消其一年至二年内参加依法必须进行招标的项目的投标资格并予以公告,直至由工商行政管理机关吊销营业执照;构成犯罪的,依法追究刑事责任。给他人造成损失的,依法承担赔偿责任。

第五十四条　投标人以他人名义投标或者以其他方式弄虚作假,骗取中标的,中标无效,给招标人造成损失的,依法承担赔偿责任;构成犯罪的,依法追究刑事责任。

依法必须进行招标的项目的投标人有前款所列行为尚未构成犯罪的,处中标项目金额千分之五以上千分之十以下的罚款,对单位直接负责的主管人员和其他直接责任人员处单位罚款数额百分之五以上百分之十以下的罚款;有违法所得的,并处没收违法所得;情节严重的,取消其一年至三年内参加依法必须进行招标的项目的投标资格并予以公告,直至由工商行政管理机关吊销营业执照。

第五十五条　依法必须进行招标的项目,招标人违反本法规定,与投标人就投标价格、投标方案等实质性内容进行谈判的,给予警告,对单位直接负责的主管人员和其他直接责任人员依法给予处分。

前款所列行为影响中标结果的,中标无效。

第五十六条　评标委员会成员收受投标人的财物或者其他好处的,评标委员会成员或者参加评标的有关工作人员向他人透露对投标文件的评审和比较、中标候选人的推荐以及与评标有关的其他情况的,给予警告,没收收受的财物,可以并处三千元以上五万元以下的罚款,对有所列违法行为的评标委员会成员取消担任评标委员会成员的资格,不得再参加任何依法必须进行招标的项目的评标;构成犯罪的,依法追究刑事责任。

第五十七条　招标人在评标委员会依法推荐的中标候选人以外确定中标人的,依法必须进行招标的项目在所有投标被评标委员会否决后自行确定中标人的,中标无效。责令改正,可以处中标项目金额千分之五以上千分之十以下的罚款;对单位直接负责的主管人员和其他直接接责任人员依法给予处分。

第五十八条 中标人将中标项目转让给他人的,将中标项目肢解后分别转让给他人的,违反本法规定将中标项目的部分主体、关键性工作分包给他人的,或者分包人再次分包的,转让、分包无效,处转让、分包项目金额千分之五以上千分之十以下的罚款;有违法所得的,并处没收违法所得;可以责令停业整顿;情节严重的,由工商行政管理机关吊销营业执照。

第五十九条 招标人与中标人不按照招标文件和中标人的投标文件订立合同的,或者招标人、中标人订立背离合同实质性内容的协议的,责令改正;可以处中标项目金额千分之五以上千分之十以下的罚款。

第六十条 中标人不履行与招标人订立的合同的,履约保证金不予退还,给招标人造成的损失超过履约保证金数额的,还应当对超过部分予以赔偿;没有提交履约保证金的,应当对招标人的损失承担赔偿责任。

中标人不按照与招标人订立的合同履行义务,情节严重的,取消其二年至五年内参加依法必须进行招标的项目的投标资格并予以公告,直至由工商行政管理机关吊销营业执照。

因不可抗力不能履行合同的,不适用前两款规定。

第六十一条 本章规定的行政处罚,由国务院规定的有关行政监督部门决定。本法已对实施行政处罚的机关作出规定的除外。

第六十二条 任何单位违反本法规定,限制或者排斥本地区、本系统以外的法人或者其他组织参加投标的,为招标人指定招标代理机构的,强制招标人委托招标代理机构办理招标事宜的,或者以其他方式干涉招标投标活动的,责令改正;对单位直接负责的主管人员和其他直接责任人员依法给予警告、记过、记大过的处分,情节较重的,依法给予降级、撤职、开除的处分。

个人利用职权进行前款违法行为的,依照前款规定追究责任。

第六十三条 对招标投标活动依法负有行政监督职责的国家机关工作人员徇私舞弊、滥用职权或者玩忽职守,构成犯罪的,依法追究刑事责任;不构成犯罪的,依法给予行政处分。

第六十四条 依法必须进行招标的项目违反本法规定,中标无效的,应当依照本法规定的中标条件从其余投标人中重新确定中标人或者依照本法重新进行招标。

第六章 附 则

第六十五条 投标人和其他利害关系人认为招标投标活动不符合本法有关规定的,有权向招标人提出异议或者依法向有关行政监督部门投诉。

第六十六条 涉及国家安全、国家秘密、抢险救灾或者属于利用扶贫资金实行以工代赈、需要使用农民工等特殊情况,不适宜进行招标的项目,按照国家有关规定可以不进行招标。

第六十七条 使用国际组织或者外国政府贷款、援助资金的项目进行招标,贷款方、资金提供方对招标投标的具体条件和程序有不同规定的,可以适用其规定,但违背中华人民共和国的社会公共利益的除外。

第六十八条 本法自 2000 年 1 月 1 日起施行。

中华人民共和国安全生产法

(2002 年 6 月 29 日第九届全国人民代表大会常务委员会第二十八次会议通过。
根据 2014 年 8 月 31 日第十二届全国人民代表大会常务委员会第十次会议
《关于修改〈中华人民共和国安全生产法〉的决定》第二次修正)

第一章　总　　则

第一条　为了加强安全生产工作,防止和减少生产安全事故,保障人民群众生命和财产安全,促进经济社会持续健康发展,制定本法。

第二条　在中华人民共和国领域内从事生产经营活动的单位(以下统称生产经营单位)的安全生产,适用本法;有关法律、行政法规对消防安全和道路交通安全、铁路交通安全、水上交通安全、民用航空安全以及核与辐射安全、特种设备安全另有规定的,适用其规定。

第三条　安全生产工作应当以人为本,坚持安全发展,坚持安全第一、预防为主、综合治理的方针,强化和落实生产经营单位的主体责任,建立生产经营单位负责、职工参与、政府监管、行业自律和社会监督的机制。

第四条　生产经营单位必须遵守本法和其他有关安全生产的法律、法规,加强安全生产管理,建立、健全安全生产责任制和安全生产规章制度,改善安全生产条件,推进安全生产标准化建设,提高安全生产水平,确保安全生产。

第五条　生产经营单位的主要负责人对本单位的安全生产工作全面负责。

第六条　生产经营单位的从业人员有依法获得安全生产保障的权利,并应当依法履行安全生产方面的义务。

第七条　工会依法对安全生产工作进行监督。

生产经营单位的工会依法组织职工参加本单位安全生产工作的民主管理和民主监督,维护职工在安全生产方面的合法权益。生产经营单位制定或者修改有关安全生产的规章制度,应当听取工会的意见。

第八条　国务院和县级以上地方各级人民政府应当根据国民经济和社会发展规划制定安全生产规划,并组织实施。安全生产规划应当与城乡规划相衔接。

国务院和县级以上地方各级人民政府应当加强对安全生产工作的领导,支持、督促各有关部门依法履行安全生产监督管理职责,建立健全安全生产工作协调机制,及时协调、解决安全生产监督管理中存在的重大问题。

乡、镇人民政府以及街道办事处、开发区管理机构等地方人民政府的派出机关应当按照职责,加强对本行政区域内生产经营单位安全生产状况的监督检查,协助上级人民政府有关部门依法履行安全生产监督管理职责。

第九条　国务院安全生产监督管理部门依照本法,对全国安全生产工作实施综合监督管理;县级以上地方各级人民政府安全生产监督管理部门依照本法,对本行政区域内安全生产工作实施综合监督管理。

国务院有关部门依照本法和其他有关法律、行政法规的规定,在各自的职责范围内对有关行业、领域的安全生产工作实施监督管理;县级以上地方各级人民政府有关部门依照本法和其他有关法律、法规的规定,在各自的职责范围内对有关行业、领域的安全生产工作实施监督管理。

安全生产监督管理部门和对有关行业、领域的安全生产工作实施监督管理的部门,统称负有安全生产监督管理职责的部门。

第十条 国务院有关部门应当按照保障安全生产的要求,依法及时制定有关的国家标准或者行业标准,并根据科技进步和经济发展适时修订。

生产经营单位必须执行依法制定的保障安全生产的国家标准或者行业标准。

第十一条 各级人民政府及其有关部门应当采取多种形式,加强对有关安全生产的法律、法规和安全生产知识的宣传,增强全社会的安全生产意识。

第十二条 有关协会组织依照法律、行政法规和章程,为生产经营单位提供安全生产方面的信息、培训等服务,发挥自律作用,促进生产经营单位加强安全生产管理。

第十三条 依法设立的为安全生产提供技术、管理服务的机构,依照法律、行政法规和执业准则,接受生产经营单位的委托为其安全生产工作提供技术、管理服务。

生产经营单位委托前款规定的机构提供安全生产技术、管理服务的,保证安全生产的责任仍由本单位负责。

第十四条 国家实行生产安全事故责任追究制度,依照本法和有关法律、法规的规定,追究生产安全事故责任人员的法律责任。

第十五条 国家鼓励和支持安全生产科学技术研究和安全生产先进技术的推广应用,提高安全生产水平。

第十六条 国家对在改善安全生产条件、防止生产安全事故、参加抢险救护等方面取得显著成绩的单位和个人,给予奖励。

第二章　生产经营单位的安全生产保障

第十七条 生产经营单位应当具备本法和有关法律、行政法规和国家标准或者行业标准规定的安全生产条件;不具备安全生产条件的,不得从事生产经营活动。

第十八条 生产经营单位的主要负责人对本单位安全生产工作负有下列职责:

(一)建立、健全本单位安全生产责任制;

(二)组织制定本单位安全生产规章制度和操作规程;

(三)保证本单位安全生产投入的有效实施;

(四)督促、检查本单位的安全生产工作,及时消除生产安全事故隐患;

(五)组织制定并实施本单位的生产安全事故应急救援预案;

(六)及时、如实报告生产安全事故;

(七)组织制定并实施本单位安全生产教育和培训计划。

第十九条 生产经营单位的安全生产责任制应当明确各岗位的责任人员、责任范围和考核标准等内容。

生产经营单位应当建立相应的机制,加强对安全生产责任制落实情况的监督考核,保证安全生产责任制的落实。

第二十条　生产经营单位应当具备的安全生产条件所必需的资金投入,由生产经营单位的决策机构、主要负责人或者个人经营的投资人予以保证,并对由于安全生产所必需的资金投入不足导致的后果承担责任。

有关生产经营单位应当按照规定提取和使用安全生产费用,专门用于改善安全生产条件。安全生产费用在成本中据实列支。安全生产费用提取、使用和监督管理的具体办法由国务院财政部门会同国务院安全生产监督管理部门征求国务院有关部门意见后制定。

第二十一条　矿山、金属冶炼、建筑施工、道路运输单位和危险物品的生产、经营、储存单位,应当设置安全生产管理机构或者配备专职安全生产管理人员。

前款规定以外的其他生产经营单位,从业人员超过一百人的,应当设置安全生产管理机构或者配备专职安全生产管理人员;从业人员在一百人以下的,应当配备专职或者兼职的安全生产管理人员。

第二十二条　生产经营单位的安全生产管理机构以及安全生产管理人员履行下列职责:

(一)组织或者参与拟订本单位安全生产规章制度、操作规程和生产安全事故应急救援预案;

(二)组织或者参与本单位安全生产教育和培训,如实记录安全生产教育和培训情况;

(三)督促落实本单位重大危险源的安全管理措施;

(四)组织或者参与本单位应急救援演练;

(五)检查本单位的安全生产状况,及时排查生产安全事故隐患,提出改进安全生产管理的建议;

(六)制止和纠正违章指挥、强令冒险作业、违反操作规程的行为;

(七)督促落实本单位安全生产整改措施。

第二十三条　生产经营单位的安全生产管理机构以及安全生产管理人员应当恪尽职守,依法履行职责。

生产经营单位作出涉及安全生产的经营决策,应当听取安全生产管理机构以及安全生产管理人员的意见。

生产经营单位不得因安全生产管理人员依法履行职责而降低其工资、福利等待遇或者解除与其订立的劳动合同。

危险物品的生产、储存单位以及矿山、金属冶炼单位的安全生产管理人员的任免,应当告知主管的负有安全生产监督管理职责的部门。

第二十四条　生产经营单位的主要负责人和安全生产管理人员必须具备与本单位所从事的生产经营活动相应的安全生产知识和管理能力。

危险物品的生产、经营、储存单位以及矿山、金属冶炼、建筑施工、道路运输单位的主要负责人和安全生产管理人员,应当由主管的负有安全生产监督管理职责的部门对其安全生产知识和管理能力考核合格。考核不得收费。

危险物品的生产、储存单位以及矿山、金属冶炼单位应当有注册安全工程师从事安全生产管理工作。鼓励其他生产经营单位聘用注册安全工程师从事安全生产管理工作。注册安全工程师按专业分类管理,具体办法由国务院人力资源和社会保障部门、国务院安全生产监督管理部门会同国务院有关部门制定。

第二十五条 生产经营单位应当对从业人员进行安全生产教育和培训,保证从业人员具备必要的安全生产知识,熟悉有关的安全生产规章制度和安全操作规程,掌握本岗位的安全操作技能,了解事故应急处理措施,知悉自身在安全生产方面的权利和义务。未经安全生产教育和培训合格的从业人员,不得上岗作业。

生产经营单位使用被派遣劳动者的,应当将被派遣劳动者纳入本单位从业人员统一管理,对被派遣劳动者进行岗位安全操作规程和安全操作技能的教育和培训。劳务派遣单位应当对被派遣劳动者进行必要的安全生产教育和培训。

生产经营单位应当建立安全生产教育和培训档案,如实记录安全生产教育和培训的时间、内容、参加人员以及考核结果等情况。

第二十六条 生产经营单位采用新工艺、新技术、新材料或者使用新设备,必须了解、掌握其安全技术特性,采取有效的安全防护措施,并对从业人员进行专门的安全生产教育和培训。

第二十七条 生产经营单位的特种作业人员必须按照国家有关规定经专门的安全作业培训,取得相应资格,方可上岗作业。

特种作业人员的范围由国务院负安全生产监督管理部门会同国务院有关部门确定。

第二十八条 生产经营单位新建、改建、扩建工程项目(以下统称建设项目)的安全设施,必须与主体工程同时设计、同时施工、同时投入生产和使用。安全设施投资应当纳入建设项目概算。

第二十九条 矿山、金属冶炼建设项目和用于生产、储存、装卸危险物品的建设项目,应当按照国家有关规定进行安全评价。

第三十条 建设项目安全设施的设计人、设计单位应当对安全设施设计负责。

矿山、金属冶炼建设项目和用于生产、储存、装卸危险物品的建设项目的安全设施设计应当按照国家有关规定报经有关部门审查,审查部门及其负责审查的人员对审查结果负责。

第三十一条 矿山、金属冶炼建设项目和用于生产、储存、装卸危险物品的建设项目的施工单位必须按照批准的安全设施设计施工,并对安全设施的工程质量负责。

矿山、金属冶炼建设项目和用于生产、储存危险物品的建设项目竣工投入生产或者使用前,应当由建设单位负责组织对安全设施进行验收;验收合格后,方可投入生产和使用。安全生产监督管理部门应当加强对建设单位验收活动和验收结果的监督核查。

第三十二条 生产经营单位应当在有较大危险因素的生产经营场所和有关设施、设备上,设置明显的安全警示标志。

第三十三条 安全设备的设计、制造、安装、使用、检测、维修、改造和报废,应当符合国家标准或者行业标准。

生产经营单位必须对安全设备进行经常性维护、保养,并定期检测,保证正常运转。维护、保养、检测应当作好记录,并由有关人员签字。

第三十四条 生产经营单位使用的危险物品的容器、运输工具,以及涉及人身安全、危险性较大的海洋石油开采特种设备和矿山井下特种设备,必须按照国家有关规定,由专业生产单位生产,并经具有专业资质的检测、检验机构检测、检验合格,取得安全使用证或者安全标志,方可投入使用。检测、检验机构对检测、检验结果负责。

第三十五条　国家对严重危及生产安全的工艺、设备实行淘汰制度,具体目录由国务院安全生产监督管理部门会同国务院有关部门制定并公布。法律、行政法规对目录的制定另有规定的,适用其规定。

省、自治区、直辖市人民政府可以根据本地区实际情况制定并公布具体目录,对前款规定以外的危及生产安全的工艺、设备予以淘汰。

生产经营单位不得使用应当淘汰的危及生产安全的工艺、设备。

第三十六条　生产、经营、运输、储存、使用危险物品或者处置废弃危险物品的,由有关主管部门依照有关法律、法规的规定和国家标准或者行业标准审批并实施监督管理。

生产经营单位生产、经营、运输、储存、使用危险物品或者处置废弃危险物品,必须执行有关法律、法规和国家标准或者行业标准,建立专门的安全管理制度,采取可靠的安全措施,接受有关主管部门依法实施的监督管理。

第三十七条　生产经营单位对重大危险源应当登记建档,进行定期检测、评估、监控,并制定应急预案,告知从业人员和相关人员在紧急情况下应当采取的应急措施。

生产经营单位应当按照国家有关规定将本单位重大危险源及有关安全措施、应急措施报有关地方人民政府安全生产监督管理部门和有关部门备案。

第三十八条　生产经营单位应当建立健全生产安全事故隐患排查治理制度,采取技术、管理措施,及时发现并消除事故隐患。事故隐患排查治理情况应当如实记录,并向从业人员通报。

县级以上地方各级人民政府负有安全生产监督管理职责的部门应当建立健全重大事故隐患治理督办制度,督促生产经营单位消除重大事故隐患。

第三十九条　生产、经营、储存、使用危险物品的车间、商店、仓库不得与员工宿舍在同一座建筑物内,并应当与员工宿舍保持安全距离。

生产经营场所和员工宿舍应当设有符合紧急疏散要求、标志明显、保持畅通的出口。禁止锁闭、封堵生产经营场所或者员工宿舍的出口。

第四十条　生产经营单位进行爆破、吊装以及国务院安全生产监督管理部门会同国务院有关部门规定的其他危险作业,应当安排专门人员进行现场安全管理,确保操作规程的遵守和安全措施的落实。

第四十一条　生产经营单位应当教育和督促从业人员严格执行本单位的安全生产规章制度和安全操作规程;并向从业人员如实告知作业场所和工作岗位存在的危险因素、防范措施以及事故应急措施。

第四十二条　生产经营单位必须为从业人员提供符合国家标准或者行业标准的劳动防护用品,并监督、教育从业人员按照使用规则佩戴、使用。

第四十三条　生产经营单位的安全生产管理人员应当根据本单位的生产经营特点,对安全生产状况进行经常性检查;对检查中发现的安全问题,应当立即处理;不能处理的,应当及时报告本单位有关负责人,有关负责人应当及时处理。检查及处理情况应当如实记录在案。

生产经营单位的安全生产管理人员在检查中发现重大事故隐患,依照前款规定向本单位有关负责人报告,有关负责人不及时处理的,安全生产管理人员可以向主管的负有安全生产监督管理职责的部门报告，接到报告的部门应当依法及时处理。

  第四十四条 生产经营单位应当安排用于配备劳动防护用品、进行安全生产培训的经费。

  第四十五条 两个以上生产经营单位在同一作业区域内进行生产经营活动，可能危及对方生产安全的，应当签订安全生产管理协议，明确各自的安全生产管理职责和应当采取的安全措施，并指定专职安全生产管理人员进行安全检查与协调。

  第四十六条 生产经营单位不得将生产经营项目、场所、设备发包或者出租给不具备安全生产条件或者相应资质的单位或者个人。

  生产经营项目、场所发包或者出租给其他单位的，生产经营单位应当与承包单位、承租单位签订专门的安全生产管理协议，或者在承包合同、租赁合同中约定各自的安全生产管理职责；生产经营单位对承包单位、承租单位的安全生产工作统一协调、管理，定期进行安全检查，发现安全问题的，应当及时督促整改。

  第四十七条 生产经营单位发生生产安全事故时，单位的主要负责人应当立即组织抢救，并不得在事故调查处理期间擅离职守。

  第四十八条 生产经营单位必须依法参加工伤保险，为从业人员缴纳保险费。

  国家鼓励生产经营单位投保安全生产责任保险。

第三章 从业人员的安全生产权利义务

  第四十九条 生产经营单位与从业人员订立的劳动合同，应当载明有关保障从业人员劳动安全、防止职业危害的事项，以及依法为从业人员办理工伤保险的事项。

  生产经营单位不得以任何形式与从业人员订立协议，免除或者减轻其对从业人员因生产安全事故伤亡依法应承担的责任。

  第五十条 生产经营单位的从业人员有权了解其作业场所和工作岗位存在的危险因素、防范措施及事故应急措施，有权对本单位的安全生产工作提出建议。

  第五十一条 从业人员有权对本单位安全生产工作中存在的问题提出批评、检举、控告；有权拒绝违章指挥和强令冒险作业。

  生产经营单位不得因从业人员对本单位安全生产工作提出批评、检举、控告或者拒绝违章指挥、强令冒险作业而降低其工资、福利等待遇或者解除与其订立的劳动合同。

  第五十二条 从业人员发现直接危及人身安全的紧急情况时，有权停止作业或者在采取可能的应急措施后撤离作业场所。

  生产经营单位不得因从业人员在前款紧急情况下停止作业或者采取紧急撤离措施而降低其工资、福利等待遇或者解除与其订立的劳动合同。

  第五十三条 因生产安全事故受到损害的从业人员，除依法享有工伤保险外，依照有关民事法律尚有获得赔偿的权利的，有权向本单位提出赔偿要求。

  第五十四条 从业人员在作业过程中，应当严格遵守本单位的安全生产规章制度和操作规程，服从管理，正确佩戴和使用劳动防护用品。

  第五十五条 从业人员应当接受安全生产教育和培训，掌握本职工作所需的安全生产知识，提高安全生产技能，增强事故预防和应急处理能力。

  第五十六条 从业人员发现事故隐患或者其他不安全因素，应当立即向现场安全生产管理人员或者本单位负责人报告;接到报告的人员应当及时予以处理。

第五十七条　工会有权对建设项目的安全设施与主体工程同时设计、同时施工、同时投入生产和使用进行监督,提出意见。

工会对生产经营单位违反安全生产法律、法规,侵犯从业人员合法权益的行为,有权要求纠正;发现生产经营单位违章指挥、强令冒险作业或者发现事故隐患时,有权提出解决的建议,生产经营单位应当及时研究答复;发现危及从业人员生命安全的情况时,有权向生产经营单位建议组织从业人员撤离危险场所,生产经营单位必须立即作出处理。

工会有权依法参加事故调查,向有关部门提出处理意见,并要求追究有关人员的责任。

第五十八条　生产经营单位使用被派遣劳动者的,被派遣劳动者享有本法规定的从业人员的权利,并应当履行本法规定的从业人员的义务。

第四章　安全生产的监督管理

第五十九条　县级以上地方各级人民政府应当根据本行政区域内的安全生产状况,组织有关部门按照职责分工,对本行政区域内容易发生重大生产安全事故的生产经营单位进行严格检查。

安全生产监督管理部门应当按照分类分级监督管理的要求,制定安全生产年度监督检查计划,并按照年度监督检查计划进行监督检查,发现事故隐患,应当及时处理。

第六十条　负有安全生产监督管理职责的部门依照有关法律、法规的规定,对涉及安全生产的事项需要审查批准(包括批准、核准、许可、注册、认证、颁发证照等,下同)或者验收的,必须严格依照有关法律、法规和国家标准或者行业标准规定的安全生产条件和程序进行审查;不符合有关法律、法规和国家标准或者行业标准规定的安全生产条件的,不得批准或者验收通过。对未依法取得批准或者验收合格的单位擅自从事有关活动的,负责行政审批的部门发现或者接到举报后应当立即予以取缔,并依法予以处理。对已经依法取得批准的单位,负责行政审批的部门发现其不再具备安全生产条件的,应当撤销原批准。

第六十一条　负有安全生产监督管理职责的部门对涉及安全生产的事项进行审查、验收,不得收取费用;不得要求接受审查、验收的单位购买其指定品牌或者指定生产、销售单位的安全设备、器材或者其他产品。

第六十二条　安全生产监督管理部门和其他负有安全生产监督管理职责的部门依法开展安全生产行政执法工作,对生产经营单位执行有关安全生产的法律、法规和国家标准或者行业标准的情况进行监督检查,行使以下职权:

(一)进入生产经营单位进行检查,调阅有关资料,向有关单位和人员了解情况;

(二)对检查中发现的安全生产违法行为,当场予以纠正或者要求限期改正;对依法应当给予行政处罚的行为,依照本法和其他有关法律、行政法规的规定作出行政处罚决定;

(三)对检查中发现的事故隐患,应当责令立即排除;重大事故隐患排除前或者排除过程中无法保证安全的,应当责令从危险区域内撤出作业人员,责令暂时停产停业或者停止使用相关设施、设备;重大事故隐患排除后,经审查同意,方可恢复生产经营和使用;

(四)对有根据认为不符合保障安全生产的国家标准或者行业标准的设施、设备、器材以及违法生产、储存、使用、经营、运输的危险物品予以查封或者扣押,对违法生产、储存、使用、经营危险物品的作业场所予以查封，并依法作出处理决定。

监督检查不得影响被检查单位的正常生产经营活动。

第六十三条　生产经营单位对负有安全生产监督管理职责的部门的监督检查人员（以下统称安全生产监督检查人员）依法履行监督检查职责，应当予以配合，不得拒绝、阻挠。

第六十四条　安全生产监督检查人员应当忠于职守，坚持原则，秉公执法。

安全生产监督检查人员执行监督检查任务时，必须出示有效的监督执法证件；对涉及被检查单位的技术秘密和业务秘密，应当为其保密。

第六十五条　安全生产监督检查人员应当将检查的时间、地点、内容、发现的问题及其处理情况，作出书面记录，并由检查人员和被检查单位的负责人签字；被检查单位的负责人拒绝签字的，检查人员应当将情况记录在案，并向负有安全生产监督管理职责的部门报告。

第六十六条　负有安全生产监督管理职责的部门在监督检查中，应当互相配合，实行联合检查；确需分别进行检查的，应当互通情况，发现存在的安全问题应当由其他有关部门进行处理的，应当及时移送其他有关部门并形成记录备查，接受移送的部门应当及时进行处理。

第六十七条　负有安全生产监督管理职责的部门依法对存在重大事故隐患的生产经营单位作出停产停业、停止施工、停止使用相关设施或者设备的决定，生产经营单位应当依法执行，及时消除事故隐患。生产经营单位拒不执行，有发生生产安全事故的现实危险的，在保证安全的前提下，经本部门主要负责人批准，负有安全生产监督管理职责的部门可以采取通知有关单位停止供电、停止供应民用爆炸物品等措施，强制生产经营单位履行决定。通知应当采用书面形式，有关单位应当予以配合。

负有安全生产监督管理职责的部门依照前款规定采取停止供电措施，除有危及生产安全的紧急情形外，应当提前二十四小时通知生产经营单位。生产经营单位依法履行行政决定、采取相应措施消除事故隐患的，负有安全生产监督管理职责的部门应当及时解除前款规定的措施。

第六十八条　监察机关依照行政监察法的规定，对负有安全生产监督管理职责的部门及其工作人员履行安全生产监督管理职责实施监察。

第六十九条　承担安全评价、认证、检测、检验的机构应当具备国家规定的资质条件，并对其作出的安全评价、认证、检测、检验的结果负责。

第七十条　负有安全生产监督管理职责的部门应当建立举报制度，公开举报电话、信箱或者电子邮件地址，受理有关安全生产的举报；受理的举报事项经调查核实后，应当形成书面材料；需要落实整改措施的，报经有关负责人签字并督促落实。

第七十一条　任何单位或者个人对事故隐患或者安全生产违法行为，均有权向负有安全生产监督管理职责的部门报告或者举报。

第七十二条　居民委员会、村民委员会发现其所在区域内的生产经营单位存在事故隐患或者安全生产违法行为时，应当向当地人民政府或者有关部门报告。

第七十三条　县级以上各级人民政府及其有关部门对报告重大事故隐患或者举报安全生产违法行为的有功人员，给予奖励。具体奖励办法由国务院安全生产监督管理部门会同国务院财政部门制定。

第七十四条　新闻、出版、广播、电影、电视等单位有进行安全生产公益宣传教育的义务，有对违反安全生产法律、法规的行为进行舆论监督的权利。

第七十五条　负有安全生产监督管理职责的部门应当建立安全生产违法行为信息库,如实记录生产经营单位的安全生产违法行为信息;对违法行为情节严重的生产经营单位,应当向社会公告,并通报行业主管部门、投资主管部门、国土资源主管部门、证券监督管理机构以及有关金融机构。

第五章　生产安全事故的应急救援与调查处理

第七十六条　国家加强生产安全事故应急能力建设,在重点行业、领域建立应急救援基地和应急救援队伍,鼓励生产经营单位和其他社会力量建立应急救援队伍,配备相应的应急救援装备和物资,提高应急救援的专业化水平。

国务院安全生产监督管理部门建立全国统一的生产安全事故应急救援信息系统,国务院有关部门建立健全相关行业、领域的生产安全事故应急救援信息系统。

第七十七条　县级以上地方各级人民政府应当组织有关部门制定本行政区域内特大生产安全事故应急救援预案,建立应急救援体系。

第七十八条　生产经营单位应当制定本单位生产安全事故应急救援预案,与所在地县级以上地方人民政府组织制定的生产安全事故应急救援预案相衔接,并定期组织演练。

第七十九条　危险物品的生产、经营、储存单位以及矿山、金属冶炼、城市轨道交通运营、建筑施工单位应当建立应急救援组织;生产经营规模较小的,可以不建立应急救援组织,但应当指定兼职的应急救援人员。

危险物品的生产、经营、储存、运输单位以及矿山、金属冶炼、城市轨道交通运营、建筑施工单位应当配备必要的应急救援器材、设备和物资,并进行经常性维护、保养,保证正常运转。

第八十条　生产经营单位发生生产安全事故后,事故现场有关人员应当立即报告本单位负责人。

单位负责人接到事故报告后,应当迅速采取有效措施,组织抢救,防止事故扩大,减少人员伤亡和财产损失,并按照国家有关规定立即如实报告当地负有安全生产监督管理职责的部门,不得隐瞒不报、谎报或者迟报,不得故意破坏事故现场、毁灭有关证据。

第八十一条　负有安全生产监督管理职责的部门接到事故报告后,应当立即按照国家有关规定上报事故情况。负有安全生产监督管理职责的部门和有关地方人民政府对事故情况不得隐瞒不报、谎报或者迟报。

第八十二条　有关地方人民政府和负有安全生产监督管理职责的部门的负责人接到生产安全事故报告后,应当按照生产安全事故应急救援预案的要求立即赶到事故现场,组织事故抢救。

参与事故抢救的部门和单位应当服从统一指挥,加强协同联动,采取有效的应急救援措施,并根据事故救援的需要采取警戒、疏散等措施,防止事故扩大和次生灾害的发生,减少人员伤亡和财产损失。

事故抢救过程中应当采取必要措施,避免或者减少对环境造成的危害。

任何单位和个人都应当支持、配合事故抢救,并提供一切便利条件。

第八十三条　事故调查处理应当按照科学严谨、依法依规、实事求是、注重实效的原则,及时、准确地查清事故原因,查明事故性质和责任,总结事故教训,提出整改措施,并对事故责任者提出处理意见。事故调查报告应当依法及时向社会公布。事故调查和处理的具体办法由国务院制定。

事故发生单位应当及时全面落实整改措施,负有安全生产监督管理职责的部门应当加强监督检查。

第八十四条 生产经营单位发生生产安全事故,经调查确定为责任事故的,除了应当查明事故单位的责任并依法予以追究外,还应当查明对安全生产的有关事项负有审查批准和监督职责的行政部门的责任,对有失职、渎职行为的,依照本法第七十七条的规定追究法律责任。

第八十五条 任何单位和个人不得阻挠和干涉对事故的依法调查处理。

第八十六条 县级以上地方各级人民政府安全生产监督管理部门应当定期统计分析本行政区域内发生生产安全事故的情况,并定期向社会公布。

第六章 法 律 责 任

第八十七条 负有安全生产监督管理职责的部门的工作人员,有下列行为之一的,给予降级或者撤职的处分;构成犯罪的,依照刑法有关规定追究刑事责任:

(一)对不符合法定安全生产条件的涉及安全生产的事项予以批准或者验收通过的;

(二)发现未依法取得批准、验收的单位擅自从事有关活动或者接到举报后不予取缔或者不依法予以处理的;

(三)对已经依法取得批准的单位不履行监督管理职责,发现其不再具备安全生产条件而不撤销原批准或者发现安全生产违法行为不予查处的;

(四)在监督检查中发现重大事故隐患,不依法及时处理的。

负有安全生产监督管理职责的部门的工作人员有前款规定以外的滥用职权、玩忽职守、徇私舞弊行为的,依法给予处分;构成犯罪的,依照刑法有关规定追究刑事责任。

第八十八条 负有安全生产监督管理职责的部门,要求被审查、验收的单位购买其指定的安全设备、器材或者其他产品的,在对安全生产事项的审查、验收中收取费用的,由其上级机关或者监察机关责令改正,责令退还收取的费用;情节严重的,对直接负责的主管人员和其他直接责任人员依法给予处分。

第八十九条 承担安全评价、认证、检测、检验工作的机构,出具虚假证明的,没收违法所得;违法所得在十万元以上的,并处违法所得二倍以上五倍以下的罚款;没有违法所得或者违法所得不足十万元的,单处或者并处十万元以上二十万元以下的罚款;对其直接负责的主管人员和其他直接责任人员处二万元以上五万元以下的罚款;给他人造成损害的,与生产经营单位承担连带赔偿责任;构成犯罪的,依照刑法有关规定追究刑事责任。

对有前款违法行为的机构,吊销其相应资质。

第九十条 生产经营单位的决策机构、主要负责人或者个人经营的投资人不依照本法规定保证安全生产所必需的资金投入,致使生产经营单位不具备安全生产条件的,责令限期改正,提供必需的资金;逾期未改正的,责令生产经营单位停产停业整顿。

有前款违法行为,导致发生生产安全事故的,对生产经营单位的主要负责人给予撤职处分,对个人经营的投资人处二万元以上二十万元以下的罚款;构成犯罪的,依照刑法有关规定追究刑事责任。

第九十一条　生产经营单位的主要负责人未履行本法规定的安全生产管理职责的,责令限期改正;逾期未改正的,处二万元以上五万元以下的罚款,责令生产经营单位停产停业整顿。

生产经营单位的主要负责人有前款违法行为,导致发生生产安全事故的,给予撤职处分;构成犯罪的,依照刑法有关规定追究刑事责任。

生产经营单位的主要负责人依照前款规定受刑事处罚或者撤职处分的,自刑罚执行完毕或者受处分之日起,五年内不得担任任何生产经营单位的主要负责人;对重大、特别重大生产安全事故负有责任的,终身不得担任本行业生产经营单位的主要负责人。

第九十二条　生产经营单位的主要负责人未履行本法规定的安全生产管理职责,导致发生生产安全事故的,由安全生产监督管理部门依照下列规定处以罚款:

(一)发生一般事故的,处上一年年收入百分之三十的罚款;

(二)发生较大事故的,处上一年年收入百分之四十的罚款;

(三)发生重大事故的,处上一年年收入百分之六十的罚款;

(四)发生特别重大事故的,处上一年年收入百分之八十的罚款。

第九十三条　生产经营单位的安全生产管理人员未履行本法规定的安全生产管理职责的,责令限期改正;导致发生生产安全事故的,暂停或者撤销其与安全生产有关的资格;构成犯罪的,依照刑法有关规定追究刑事责任。

第九十四条　生产经营单位有下列行为之一的,责令限期改正,可以处五万元以下的罚款;逾期未改正的,责令停产停业整顿,并处五万元以上十万元以下的罚款,对其直接负责的主管人员和其他直接责任人员处一万元以上二万元以下的罚款:

(一)未按照规定设置安全生产管理机构或者配备安全生产管理人员的;

(二)危险物品的生产、经营、储存单位以及矿山、金属冶炼、建筑施工、道路运输单位的主要负责人和安全生产管理人员未按照规定经考核合格的;

(三)未按照规定对从业人员、被派遣劳动者、实习学生进行安全生产教育和培训,或者未按照规定如实告知有关的安全生产事项的;

(四)未如实记录安全生产教育和培训情况的;

(五)未将事故隐患排查治理情况如实记录或者未向从业人员通报的;

(六)未按照规定制定生产安全事故应急救援预案或者未定期组织演练的;

(七)特种作业人员未按照规定经专门的安全作业培训并取得相应资格,上岗作业的。

第九十五条　生产经营单位有下列行为之一的,责令停止建设或者停产停业整顿,限期改正;逾期未改正的,处五十万元以上一百万元以下的罚款,对其直接负责的主管人员和其他直接责任人员处二万元以上五万元以下的罚款;构成犯罪的,依照刑法有关规定追究刑事责任:

(一)未按照规定对矿山、金属冶炼建设项目或者用于生产、储存、装卸危险物品的建设项目进行安全评价的;

(二)矿山、金属冶炼建设项目或者用于生产、储存、装卸危险物品的建设项目没有安全设施设计或者安全设施设计未按照规定报经有关部门审查同意的;

(三)矿山、金属冶炼建设项目或者用于生产、储存、装卸危险物品的建设项目的施工单位未按照批准的安全设施设计施工的;

（四）矿山、金属冶炼建设项目或者用于生产、储存危险物品的建设项目竣工投入生产或者使用前，安全设施未经验收合格的。

第九十六条 生产经营单位有下列行为之一的，责令限期改正，可以处五万元以下的罚款；逾期未改正的，处五万元以上二十万元以下的罚款，对其直接负责的主管人员和其他直接责任人员处一万元以上二万元以下的罚款；情节严重的，责令停产停业整顿；构成犯罪的，依照刑法有关规定追究刑事责任：

（一）未在有较大危险因素的生产经营场所和有关设施、设备上设置明显的安全警示标志的；

（二）安全设备的安装、使用、检测、改造和报废不符合国家标准或者行业标准的；

（三）未对安全设备进行经常性维护、保养和定期检测的；

（四）未为从业人员提供符合国家标准或者行业标准的劳动防护用品的；

（五）危险物品的容器、运输工具，以及涉及人身安全、危险性较大的海洋石油开采特种设备和矿山井下特种设备未经具有专业资质的机构检测、检验合格，取得安全使用证或者安全标志，投入使用的；

（六）使用应当淘汰的危及生产安全的工艺、设备的。

第九十七条 未经依法批准，擅自生产、经营、运输、储存、使用危险物品或者处置废弃危险物品的，依照有关危险物品安全管理的法律、行政法规的规定予以处罚；构成犯罪的，依照刑法有关规定追究刑事责任。

第九十八条 生产经营单位有下列行为之一的，责令限期改正，可以处十万元以下的罚款；逾期未改正的，责令停产停业整顿，并处十万元以上二十万元以下的罚款，对其直接负责的主管人员和其他直接责任人员处二万元以上五万元以下的罚款；构成犯罪的，依照刑法有关规定追究刑事责任：

（一）生产、经营、运输、储存、使用危险物品或者处置废弃危险物品，未建立专门安全管理制度、未采取可靠的安全措施的；

（二）对重大危险源未登记建档，或者未进行评估、监控，或者未制定应急预案的；

（三）进行爆破、吊装以及国务院安全生产监督管理部门会同国务院有关部门规定的其他危险作业，未安排专门人员进行现场安全管理的；

（四）未建立事故隐患排查治理制度的。

第九十九条 生产经营单位未采取措施消除事故隐患的，责令立即消除或者限期消除；生产经营单位拒不执行的，责令停产停业整顿，并处十万元以上五十万元以下的罚款，对其直接负责的主管人员和其他直接责任人员处二万元以上五万元以下的罚款。

第一百条 生产经营单位将生产经营项目、场所、设备发包或者出租给不具备安全生产条件或者相应资质的单位或者个人的，责令限期改正，没收违法所得；违法所得十万元以上的，并处违法所得二倍以上五倍以下的罚款；没有违法所得或者违法所得不足十万元的，单处或者并处十万元以上二十万元以下的罚款；对其直接负责的主管人员和其他直接责任人员处一万元以上二万元以下的罚款；导致发生生产安全事故给他人造成损害的，与承包方、承租方承担连带赔偿责任。

生产经营单位未与承包单位、承租单位签订专门的安全生产管理协议或者未在承包合同、租赁合同中明确各自的安全生产管理职责,或者未对承包单位、承租单位的安全生产统一协调、管理的,责令限期改正,可以处五万元以下的罚款,对其直接负责的主管人员和其他直接责任人员可以处一万元以下的罚款;逾期未改正的,责令停产停业整顿。

第一百零一条　两个以上生产经营单位在同一作业区域内进行可能危及对方安全生产的生产经营活动,未签订安全生产管理协议或者未指定专职安全生产管理人员进行安全检查与协调的,责令限期改正,可以处五万元以下的罚款,对其直接负责的主管人员和其他直接责任人员可以处一万元以下的罚款;逾期未改正的,责令停产停业。

第一百零二条　生产经营单位有下列行为之一的,责令限期改正,可以处五万元以下的罚款,对其直接负责的主管人员和其他直接责任人员可以处一万元以下的罚款;逾期未改正的,责令停产停业整顿;构成犯罪的,依照刑法有关规定追究刑事责任:

(一)生产、经营、储存、使用危险物品的车间、商店、仓库与员工宿舍在同一座建筑内,或者与员工宿舍的距离不符合安全要求的;

(二)生产经营场所和员工宿舍未设有符合紧急疏散需要、标志明显、保持畅通的出口,或者锁闭、封堵生产经营场所或者员工宿舍出口的。

第一百零三条　生产经营单位与从业人员订立协议,免除或者减轻其对从业人员因生产安全事故伤亡依法应承担的责任的,该协议无效;对生产经营单位的主要负责人、个人经营的投资人处二万元以上十万元以下的罚款。

第一百零四条　生产经营单位的从业人员不服从管理,违反安全生产规章制度或者操作规程的,由生产经营单位给予批评教育,依照有关规章制度给予处分;构成犯罪的,依照刑法有关规定追究刑事责任。

第一百零五条　违反本法规定,生产经营单位拒绝、阻碍负有安全生产监督管理职责的部门依法实施监督检查的,责令改正;拒不改正的,处二万元以上二十万元以下的罚款;对其直接负责的主管人员和其他直接责任人员处一万元以上二万元以下的罚款;构成犯罪的,依照刑法有关规定追究刑事责任。

第一百零六条　生产经营单位的主要负责人在本单位发生生产安全事故时,不立即组织抢救或者在事故调查处理期间擅离职守或者逃匿的,给予降级、撤职的处分,并由安全生产监督管理部门处上一年年收入百分之六十至百分之一百的罚款;对逃匿的处十五日以下拘留;构成犯罪的,依照刑法有关规定追究刑事责任。

生产经营单位的主要负责人对生产安全事故隐瞒不报、谎报或者迟报的,依照前款规定处罚。

第一百零七条　有关地方人民政府、负有安全生产监督管理职责的部门,对生产安全事故隐瞒不报、谎报或者迟报的,对直接负责的主管人员和其他直接责任人员依法给予处分;构成犯罪的,依照刑法有关规定追究刑事责任。

第一百零八条　生产经营单位不具备本法和其他有关法律、行政法规和国家标准或者行业标准规定的安全生产条件,经停产停业整顿仍不具备安全生产条件的,予以关闭;有关部门应当依法吊销其有关证照。

第一百零九条　发生生产安全事故,对负有责任的生产经营单位除要求其依法承担相应的赔偿等责任外,由安全生产监督管理部门依照下列规定处以罚款:

（一）发生一般事故的,处二十万元以上五十万元以下的罚款;

（二）发生较大事故的,处五十万元以上一百万元以下的罚款;

（三）发生重大事故的,处一百万元以上五百万元以下的罚款;

（四）发生特别重大事故的,处五百万元以上一千万元以下的罚款;情节特别严重的,处一千万元以上二千万元以下的罚款。

第一百一十条 本法规定的行政处罚,由安全生产监督管理部门和其他负有安全生产监督管理职责的部门按照职责分工决定。予以关闭的行政处罚由负有安全生产监督管理职责的部门报请县级以上人民政府按照国务院规定的权限决定;给予拘留的行政处罚由公安机关依照治安管理处罚法的规定决定。

第一百一十一条 生产经营单位发生生产安全事故造成人员伤亡、他人财产损失的,应当依法承担赔偿责任;拒不承担或者其负责人逃匿的,由人民法院依法强制执行。

生产安全事故的责任人未依法承担赔偿责任,经人民法院依法采取执行措施后,仍不能对受害人给予足额赔偿的,应当继续履行赔偿义务;受害人发现责任人有其他财产的,可以随时请求人民法院执行。

第七章 附 则

第一百一十二条 本法下列用语的含义:

危险物品,是指易燃易爆物品、危险化学品、放射性物品等能够危及人身安全和财产安全的物品。

重大危险源,是指长期地或者临时地生产、搬运、使用或者储存危险物品,且危险物品的数量等于或者超过临界量的单元(包括场所和设施)。

第一百一十三条 本法规定的生产安全一般事故、较大事故、重大事故、特别重大事故的划分标准由国务院规定。

国务院安全生产监督管理部门和其他负有安全生产监督管理职责的部门应当根据各自的职责分工,制定相关行业、领域重大事故隐患的判定标准。

第一百一十四条 本法自 2002 年 11 月 1 日起施行。

中华人民共和国环境保护法

(1989 年 12 月 26 日第七届全国人民代表大会常务委员会第十一次会议通过。根据
2014 年 4 月 24 日第十二届全国人民代表大会常务委员会第八次会议修订)

第一章 总　　则

第一条　为保护和改善环境,防治污染和其他公害,保障公众健康,推进生态文明建设,促进经济社会可持续发展,制定本法。

第二条　本法所称环境,是指影响人类生存和发展的各种天然的和经过人工改造的自然因素的总体,包括大气、水、海洋、土地、矿藏、森林、草原、湿地、野生生物、自然遗迹、人文遗迹、自然保护区、风景名胜区、城市和乡村等。

第三条　本法适用于中华人民共和国领域和中华人民共和国管辖的其他海域。

第四条　保护环境是国家的基本国策。

国家采取有利于节约和循环利用资源、保护和改善环境、促进人与自然和谐的经济、技术政策和措施,使经济社会发展与环境保护相协调。

第五条　环境保护坚持保护优先、预防为主、综合治理、公众参与、损害担责的原则。

第六条　一切单位和个人都有保护环境的义务。

地方各级人民政府应当对本行政区域的环境质量负责。

企业事业单位和其他生产经营者应当防止、减少环境污染和生态破坏,对所造成的损害依法承担责任。

公民应当增强环境保护意识,采取低碳、节俭的生活方式,自觉履行环境保护义务。

第七条　国家支持环境保护科学技术研究、开发和应用,鼓励环境保护产业发展,促进环境保护信息化建设,提高环境保护科学技术水平。

第八条　各级人民政府应当加大保护和改善环境、防治污染和其他公害的财政投入,提高财政资金的使用效益。

第九条　各级人民政府应当加强环境保护宣传和普及工作,鼓励基层群众性自治组织、社会组织、环境保护志愿者开展环境保护法律法规和环境保护知识的宣传,营造保护环境的良好风气。

教育行政部门、学校应当将环境保护知识纳入学校教育内容,培养学生的环境保护意识。

新闻媒体应当开展环境保护法律法规和环境保护知识的宣传,对环境违法行为进行舆论监督。

第十条　国务院环境保护主管部门,对全国环境保护工作实施统一监督管理;县级以上地方人民政府环境保护主管部门,对本行政区域环境保护工作实施统一监督管理。

县级以上人民政府有关部门和军队环境保护部门,依照有关法律的规定对资源保护和污

染防治等环境保护工作实施监督管理。

第十一条 对保护和改善环境有显著成绩的单位和个人,由人民政府给予奖励。

第十二条 每年6月5日为环境日。

第二章 监督管理

第十三条 县级以上人民政府应当将环境保护工作纳入国民经济和社会发展规划。

国务院环境保护主管部门会同有关部门,根据国民经济和社会发展规划编制国家环境保护规划,报国务院批准并公布实施。

县级以上地方人民政府环境保护主管部门会同有关部门,根据国家环境保护规划的要求,编制本行政区域的环境保护规划,报同级人民政府批准并公布实施。

环境保护规划的内容应当包括生态保护和污染防治的目标、任务、保障措施等,并与主体功能区规划、土地利用总体规划和城乡规划等相衔接。

第十四条 国务院有关部门和省、自治区、直辖市人民政府组织制定经济、技术政策,应当充分考虑对环境的影响,听取有关方面和专家的意见。

第十五条 国务院环境保护主管部门制定国家环境质量标准。

省、自治区、直辖市人民政府对国家环境质量标准中未作规定的项目,可以制定地方环境质量标准;对国家环境质量标准中已作规定的项目,可以制定严于国家环境质量标准的地方环境质量标准。地方环境质量标准应当报国务院环境保护主管部门备案。

国家鼓励开展环境基准研究。

第十六条 国务院环境保护主管部门根据国家环境质量标准和国家经济、技术条件,制定国家污染物排放标准。

省、自治区、直辖市人民政府对国家污染物排放标准中未作规定的项目,可以制定地方污染物排放标准;对国家污染物排放标准中已作规定的项目,可以制定严于国家污染物排放标准的地方污染物排放标准。地方污染物排放标准应当报国务院环境保护主管部门备案。

第十七条 国家建立、健全环境监测制度。国务院环境保护主管部门制定监测规范,会同有关部门组织监测网络,统一规划国家环境质量监测站(点)的设置,建立监测数据共享机制,加强对环境监测的管理。

有关行业、专业等各类环境质量监测站(点)的设置应当符合法律法规规定和监测规范的要求。

监测机构应当使用符合国家标准的监测设备,遵守监测规范。监测机构及其负责人对监测数据的真实性和准确性负责。

第十八条 省级以上人民政府应当组织有关部门或者委托专业机构,对环境状况进行调查、评价,建立环境资源承载能力监测预警机制。

第十九条 编制有关开发利用规划,建设对环境有影响的项目,应当依法进行环境影响评价。

未依法进行环境影响评价的开发利用规划,不得组织实施;未依法进行环境影响评价的建设项目,不得开工建设。

第二十条 国家建立跨行政区域的重点区域、流域环境污染和生态破坏联合防治协调机制,实行统一规划、统一标准、统一监测、统一的防治措施。

前款规定以外的跨行政区域的环境污染和生态破坏的防治,由上级人民政府协调解决,或者由有关地方人民政府协商解决。

第二十一条 国家采取财政、税收、价格、政府采购等方面的政策和措施,鼓励和支持环境保护技术装备、资源综合利用和环境服务等环境保护产业的发展。

第二十二条 企业事业单位和其他生产经营者,在污染物排放符合法定要求的基础上,进一步减少污染物排放的,人民政府应当依法采取财政、税收、价格、政府采购等方面的政策和措施予以鼓励和支持。

第二十三条 企业事业单位和其他生产经营者,为改善环境,依照有关规定转产、搬迁、关闭的,人民政府应当予以支持。

第二十四条 县级以上人民政府环境保护主管部门及其委托的环境监察机构和其他负有环境保护监督管理职责的部门,有权对排放污染物的企业事业单位和其他生产经营者进行现场检查。被检查者应当如实反映情况,提供必要的资料。实施现场检查的部门、机构及其工作人员应当为被检查者保守商业秘密。

第二十五条 企业事业单位和其他生产经营者违反法律法规规定排放污染物,造成或者可能造成严重污染的,县级以上人民政府环境保护主管部门和其他负有环境保护监督管理职责的部门,可以查封、扣押造成污染物排放的设施、设备。

第二十六条 国家实行环境保护目标责任制和考核评价制度。县级以上人民政府应当将环境保护目标完成情况纳入对本级人民政府负有环境保护监督管理职责的部门及其负责人和下级人民政府及其负责人的考核内容,作为对其考核评价的重要依据。考核结果应当向社会公开。

第二十七条 县级以上人民政府应当每年向本级人民代表大会或者人民代表大会常务委员会报告环境状况和环境保护目标完成情况,对发生的重大环境事件应当及时向本级人民代表大会常务委员会报告,依法接受监督。

第三章 保护和改善环境

第二十八条 地方各级人民政府应当根据环境保护目标和治理任务,采取有效措施,改善环境质量。

未达到国家环境质量标准的重点区域、流域的有关地方人民政府,应当制定限期达标规划,并采取措施按期达标。

第二十九条 国家在重点生态功能区、生态环境敏感区和脆弱区等区域划定生态保护红线,实行严格保护。

各级人民政府对具有代表性的各种类型的自然生态系统区域,珍稀、濒危的野生动植物自然分布区域,重要的水源涵养区域,具有重大科学文化价值的地质构造、著名溶洞和化石分布区、冰川、火山、温泉等自然遗迹,以及人文遗迹、古树名木,应当采取措施予以保护,严禁破坏。

第三十条 开发利用自然资源,应当合理开发,保护生物多样性,保障生态安全,依法制定有关生态保护和恢复治理方案并予以实施。

引进外来物种以及研究、开发和利用生物技术,应当采取措施,防止对生物多样性的破坏。

第三十一条　国家建立、健全生态保护补偿制度。

国家加大对生态保护地区的财政转移支付力度。有关地方人民政府应当落实生态保护补偿资金,确保其用于生态保护补偿。

国家指导受益地区和生态保护地区人民政府通过协商或者按照市场规则进行生态保护补偿。

第三十二条　国家加强对大气、水、土壤等的保护,建立和完善相应的调查、监测、评估和修复制度。

第三十三条　各级人民政府应当加强对农业环境的保护,促进农业环境保护新技术的使用,加强对农业污染源的监测预警,统筹有关部门采取措施,防治土壤污染和土地沙化、盐渍化、贫瘠化、石漠化、地面沉降以及防治植被破坏、水土流失、水体富营养化、水源枯竭、种源灭绝等生态失调现象,推广植物病虫害的综合防治。

县级、乡级人民政府应当提高农村环境保护公共服务水平,推动农村环境综合整治。

第三十四条　国务院和沿海地方各级人民政府应当加强对海洋环境的保护。向海洋排放污染物、倾倒废弃物,进行海岸工程和海洋工程建设,应当符合法律法规规定和有关标准,防止和减少对海洋环境的污染损害。

第三十五条　城乡建设应当结合当地自然环境的特点,保护植被、水域和自然景观,加强城市园林、绿地和风景名胜区的建设与管理。

第三十六条　国家鼓励和引导公民、法人和其他组织使用有利于保护环境的产品和再生产品,减少废弃物的产生。

国家机关和使用财政资金的其他组织应当优先采购和使用节能、节水、节材等有利于保护环境的产品、设备和设施。

第三十七条　地方各级人民政府应当采取措施,组织对生活废弃物的分类处置、回收利用。

第三十八条　公民应当遵守环境保护法律法规,配合实施环境保护措施,按照规定对生活废弃物进行分类放置,减少日常生活对环境造成的损害。

第三十九条　国家建立、健全环境与健康监测、调查和风险评估制度;鼓励和组织开展环境质量对公众健康影响的研究,采取措施预防和控制与环境污染有关的疾病。

第四章　防治污染和其他公害

第四十条　国家促进清洁生产和资源循环利用。

国务院有关部门和地方各级人民政府应当采取措施,推广清洁能源的生产和使用。

企业应当优先使用清洁能源,采用资源利用率高、污染物排放量少的工艺、设备以及废弃物综合利用技术和污染物无害化处理技术,减少污染物的产生。

第四十一条　建设项目中防治污染的设施,应当与主体工程同时设计、同时施工、同时投产使用。防治污染的设施应当符合经批准的环境影响评价文件的要求,不得擅自拆除或者闲置。

第四十二条　排放污染物的企业事业单位和其他生产经营者,应当采取措施,防治在生产建设或者其他活动中产生的废气、废水、废渣、医疗废物、粉尘、恶臭气体、放射性物质以及噪声、振动、光辐射、电磁辐射等对环境的污染和危害。

排放污染物的企业事业单位,应当建立环境保护责任制度,明确单位负责人和相关人员的责任。

重点排污单位应当按照国家有关规定和监测规范安装使用监测设备,保证监测设备正常运行,保存原始监测记录。

严禁通过暗管、渗井、渗坑、灌注或者篡改、伪造监测数据,或者不正常运行防治污染设施等逃避监管的方式违法排放污染物。

第四十三条 排放污染物的企业事业单位和其他生产经营者,应当按照国家有关规定缴纳排污费。排污费应当全部专项用于环境污染防治,任何单位和个人不得截留、挤占或者挪作他用。

依照法律规定征收环境保护税的,不再征收排污费。

第四十四条 国家实行重点污染物排放总量控制制度。重点污染物排放总量控制指标由国务院下达,省、自治区、直辖市人民政府分解落实。企业事业单位在执行国家和地方污染物排放标准的同时,应当遵守分解落实到本单位的重点污染物排放总量控制指标。

对超过国家重点污染物排放总量控制指标或者未完成国家确定的环境质量目标的地区,省级以上人民政府环境保护主管部门应当暂停审批其新增重点污染物排放总量的建设项目环境影响评价文件。

第四十五条 国家依照法律规定实行排污许可管理制度。

实行排污许可管理的企业事业单位和其他生产经营者应当按照排污许可证的要求排放污染物;未取得排污许可证的,不得排放污染物。

第四十六条 国家对严重污染环境的工艺、设备和产品实行淘汰制度。任何单位和个人不得生产、销售或者转移、使用严重污染环境的工艺、设备和产品。

禁止引进不符合我国环境保护规定的技术、设备、材料和产品。

第四十七条 各级人民政府及其有关部门和企业事业单位,应当依照《中华人民共和国突发事件应对法》的规定,做好突发环境事件的风险控制、应急准备、应急处置和事后恢复等工作。

县级以上人民政府应当建立环境污染公共监测预警机制,组织制定预警方案;环境受到污染,可能影响公众健康和环境安全时,依法及时公布预警信息,启动应急措施。

企业事业单位应当按照国家有关规定制定突发环境事件应急预案,报环境保护主管部门和有关部门备案。在发生或者可能发生突发环境事件时,企业事业单位应当立即采取措施处理,及时通报可能受到危害的单位和居民,并向环境保护主管部门和有关部门报告。

突发环境事件应急处置工作结束后,有关人民政府应当立即组织评估事件造成的环境影响和损失,并及时将评估结果向社会公布。

第四十八条 生产、储存、运输、销售、使用、处置化学物品和含有放射性物质的物品,应当遵守国家有关规定,防止污染环境。

第四十九条 各级人民政府及其农业等有关部门和机构应当指导农业生产经营者科学种植和养殖,科学合理施用农药、化肥等农业投入品,科学处置农用薄膜、农作物秸秆等农业废弃物,防止农业面源污染。

禁止将不符合农用标准和环境保护标准的固体废物、废水施入农田。施用农药、化肥等农业投入品及进行灌溉,应当采取措施,防止重金属和其他有毒有害物质污染环境。

畜禽养殖场、养殖小区、定点屠宰企业等的选址、建设和管理应当符合有关法律法规规定。从事畜禽养殖和屠宰的单位和个人应当采取措施,对畜禽粪便、尸体和污水等废弃物进行科学处置,防止污染环境。

县级人民政府负责组织农村生活废弃物的处置工作。

第五十条 各级人民政府应当在财政预算中安排资金,支持农村饮用水水源地保护、生活污水和其他废弃物处理、畜禽养殖和屠宰污染防治、土壤污染防治和农村工矿污染治理等环境保护工作。

第五十一条 各级人民政府应当统筹城乡建设污水处理设施及配套管网,固体废物的收集、运输和处置等环境卫生设施,危险废物集中处置设施、场所以及其他环境保护公共设施,并保障其正常运行。

第五十二条 国家鼓励投保环境污染责任保险。

第五章 信息公开和公众参与

第五十三条 公民、法人和其他组织依法享有获取环境信息、参与和监督环境保护的权利。

各级人民政府环境保护主管部门和其他负有环境保护监督管理职责的部门,应当依法公开环境信息、完善公众参与程序,为公民、法人和其他组织参与和监督环境保护提供便利。

第五十四条 国务院环境保护主管部门统一发布国家环境质量、重点污染源监测信息及其他重大环境信息。省级以上人民政府环境保护主管部门定期发布环境状况公报。

县级以上人民政府环境保护主管部门和其他负有环境保护监督管理职责的部门,应当依法公开环境质量、环境监测、突发环境事件以及环境行政许可、行政处罚、排污费的征收和使用情况等信息。

县级以上地方人民政府环境保护主管部门和其他负有环境保护监督管理职责的部门,应当将企业事业单位和其他生产经营者的环境违法信息记入社会诚信档案,及时向社会公布违法者名单。

第五十五条 重点排污单位应当如实向社会公开其主要污染物的名称、排放方式、排放浓度和总量、超标排放情况,以及防治污染设施的建设和运行情况,接受社会监督。

第五十六条 对依法应当编制环境影响报告书的建设项目,建设单位应当在编制时向可能受影响的公众说明情况,充分征求意见。

负责审批建设项目环境影响评价文件的部门在收到建设项目环境影响报告书后,除涉及国家秘密和商业秘密的事项外,应当全文公开;发现建设项目未充分征求公众意见的,应当责成建设单位征求公众意见。

第五十七条 公民、法人和其他组织发现任何单位和个人有污染环境和破坏生态行为的,有权向环境保护主管部门或者其他负有环境保护监督管理职责的部门举报。

公民、法人和其他组织发现地方各级人民政府、县级以上人民政府环境保护主管部门和其他负有环境保护监督管理职责的部门不依法履行职责的,有权向其上级机关或者监察机关举报。

接受举报的机关应当对举报人的相关信息予以保密,保护举报人的合法权益。

第五十八条 对污染环境、破坏生态,损害社会公共利益的行为,符合下列条件的社会组织可以向人民法院提起诉讼:

(一)依法在设区的市级以上人民政府民政部门登记;

(二)专门从事环境保护公益活动连续五年以上且无违法记录。

符合前款规定的社会组织向人民法院提起诉讼,人民法院应当依法受理。

提起诉讼的社会组织不得通过诉讼牟取经济利益。

第六章 法 律 责 任

第五十九条 企业事业单位和其他生产经营者违法排放污染物,受到罚款处罚,被责令改正,拒不改正的,依法作出处罚决定的行政机关可以自责令改正之日的次日起,按照原处罚数额按日连续处罚。

前款规定的罚款处罚,依照有关法律法规按照防治污染设施的运行成本、违法行为造成的直接损失或者违法所得等因素确定的规定执行。

地方性法规可以根据环境保护的实际需要,增加第一款规定的按日连续处罚的违法行为的种类。

第六十条 企业事业单位和其他生产经营者超过污染物排放标准或者超过重点污染物排放总量控制指标排放污染物的,县级以上人民政府环境保护主管部门可以责令其采取限制生产、停产整治等措施;情节严重的,报经有批准权的人民政府批准,责令停业、关闭。

第六十一条 建设单位未依法提交建设项目环境影响评价文件或者环境影响评价文件未经批准,擅自开工建设的,由负有环境保护监督管理职责的部门责令停止建设,处以罚款,并可以责令恢复原状。

第六十二条 违反本法规定,重点排污单位不公开或者不如实公开环境信息的,由县级以上地方人民政府环境保护主管部门责令公开,处以罚款,并予以公告。

第六十三条 企业事业单位和其他生产经营者有下列行为之一,尚不构成犯罪的,除依照有关法律法规规定予以处罚外,由县级以上人民政府环境保护主管部门或者其他有关部门将案件移送公安机关,对其直接负责的主管人员和其他直接责任人员,处十日以上十五日以下拘留;情节较轻的,处五日以上十日以下拘留:

(一)建设项目未依法进行环境影响评价,被责令停止建设,拒不执行的;

(二)违反法律规定,未取得排污许可证排放污染物,被责令停止排污,拒不执行的;

(三)通过暗管、渗井、渗坑、灌注或者篡改、伪造监测数据,或者不正常运行防治污染设施等逃避监管的方式违法排放污染物的;

(四)生产、使用国家明令禁止生产、使用的农药,被责令改正,拒不改正的。

第六十四条 因污染环境和破坏生态造成损害的,应当依照《中华人民共和国侵权责任法》的有关规定承担侵权责任。

第六十五条 环境影响评价机构、环境监测机构以及从事环境监测设备和防治污染设施维护、运营的机构,在有关环境服务活动中弄虚作假,对造成的环境污染和生态破坏负有责任的,除依照有关法律法规规定予以处罚外,还应当与造成环境污染和生态破坏的其他责任者承担连带责任。

第六十六条 提起环境损害赔偿诉讼的时效期间为三年,从当事人知道或者应当知道其受到损害时起计算。

第六十七条 上级人民政府及其环境保护主管部门应当加强对下级人民政府及其有关部门环境保护工作的监督。发现有关工作人员有违法行为,依法应当给予处分的,应当向其任免机关或者监察机关提出处分建议。

依法应当给予行政处罚,而有关环境保护主管部门不给予行政处罚的,上级人民政府环境保护主管部门可以直接作出行政处罚的决定。

第六十八条 地方各级人民政府、县级以上人民政府环境保护主管部门和其他负有环境保护监督管理职责的部门有下列行为之一的,对直接负责的主管人员和其他直接责任人员给予记过、记大过或者降级处分;造成严重后果的,给予撤职或者开除处分,其主要负责人应当引咎辞职:

(一)不符合行政许可条件准予行政许可的;

(二)对环境违法行为进行包庇的;

(三)依法应当作出责令停业、关闭的决定而未作出的;

(四)对超标排放污染物、采用逃避监管的方式排放污染物、造成环境事故以及不落实生态保护措施造成生态破坏等行为,发现或者接到举报未及时查处的;

(五)违反本法规定,查封、扣押企业事业单位和其他生产经营者的设施、设备的;

(六)篡改、伪造或者指使篡改、伪造监测数据的;

(七)应当依法公开环境信息而未公开的;

(八)将征收的排污费截留、挤占或者挪作他用的;

(九)法律法规规定的其他违法行为。

第六十九条 违反本法规定,构成犯罪的,依法追究刑事责任。

第七章　附　　则

第七十条 本法自 2015 年 1 月 1 日起施行。

中华人民共和国特种设备安全法

(2013 年 6 月 29 日第十二届全国人民代表大会常务委员会第三次会议通过)

第一章 总 则

第一条 为了加强特种设备安全工作,预防特种设备事故,保障人身和财产安全,促进经济社会发展,制定本法。

第二条 特种设备的生产(包括设计、制造、安装、改造、修理)、经营、使用、检验、检测和特种设备安全的监督管理,适用本法。

本法所称特种设备,是指对人身和财产安全有较大危险性的锅炉、压力容器(含气瓶)、压力管道、电梯、起重机械、客运索道、大型游乐设施、场(厂)内专用机动车辆,以及法律、行政法规规定适用本法的其他特种设备。

国家对特种设备实行目录管理。特种设备目录由国务院负责特种设备安全监督管理的部门制定,报国务院批准后执行。

第三条 特种设备安全工作应当坚持安全第一、预防为主、节能环保、综合治理的原则。

第四条 国家对特种设备的生产、经营、使用,实施分类的、全过程的安全监督管理。

第五条 国务院负责特种设备安全监督管理的部门对全国特种设备安全实施监督管理。县级以上地方各级人民政府负责特种设备安全监督管理的部门对本行政区域内特种设备安全实施监督管理。

第六条 国务院和地方各级人民政府应当加强对特种设备安全工作的领导,督促各有关部门依法履行监督管理职责。

县级以上地方各级人民政府应当建立协调机制,及时协调、解决特种设备安全监督管理中存在的问题。

第七条 特种设备生产、经营、使用单位应当遵守本法和其他有关法律、法规,建立、健全特种设备安全和节能责任制度,加强特种设备安全和节能管理,确保特种设备生产、经营、使用安全,符合节能要求。

第八条 特种设备生产、经营、使用、检验、检测应当遵守有关特种设备安全技术规范及相关标准。

特种设备安全技术规范由国务院负责特种设备安全监督管理的部门制定。

第九条 特种设备行业协会应当加强行业自律,推进行业诚信体系建设,提高特种设备安全管理水平。

第十条 国家支持有关特种设备安全的科学技术研究,鼓励先进技术和先进管理方法的推广应用,对做出突出贡献的单位和个人给予奖励。

第十一条 负责特种设备安全监督管理的部门应当加强特种设备安全宣传教育,普及特种设备安全知识,增强社会公众的特种设备安全意识。

第十二条　任何单位和个人有权向负责特种设备安全监督管理的部门和有关部门举报涉及特种设备安全的违法行为,接到举报的部门应当及时处理。

第二章　生产、经营、使用

第一节　一般规定

第十三条　特种设备生产、经营、使用单位及其主要负责人对其生产、经营、使用的特种设备安全负责。

特种设备生产、经营、使用单位应当按照国家有关规定配备特种设备安全管理人员、检测人员和作业人员,并对其进行必要的安全教育和技能培训。

第十四条　特种设备安全管理人员、检测人员和作业人员应当按照国家有关规定取得相应资格,方可从事相关工作。特种设备安全管理人员、检测人员和作业人员应当严格执行安全技术规范和管理制度,保证特种设备安全。

第十五条　特种设备生产、经营、使用单位对其生产、经营、使用的特种设备应当进行自行检测和维护保养,对国家规定实行检验的特种设备应当及时申报并接受检验。

第十六条　特种设备采用新材料、新技术、新工艺,与安全技术规范的要求不一致,或者安全技术规范未作要求、可能对安全性能有重大影响的,应当向国务院负责特种设备安全监督管理的部门申报,由国务院负责特种设备安全监督管理的部门及时委托安全技术咨询机构或者相关专业机构进行技术评审,评审结果经国务院负责特种设备安全监督管理的部门批准,方可投入生产、使用。

国务院负责特种设备安全监督管理的部门应当将允许使用的新材料、新技术、新工艺的有关技术要求,及时纳入安全技术规范。

第十七条　国家鼓励投保特种设备安全责任保险。

第二节　生　产

第十八条　国家按照分类监督管理的原则对特种设备生产实行许可制度。特种设备生产单位应当具备下列条件,并经负责特种设备安全监督管理的部门许可,方可从事生产活动:

(一)有与生产相适应的专业技术人员;

(二)有与生产相适应的设备、设施和工作场所;

(三)有健全的质量保证、安全管理和岗位责任等制度。

第十九条　特种设备生产单位应当保证特种设备生产符合安全技术规范及相关标准的要求,对其生产的特种设备的安全性能负责。不得生产不符合安全性能要求和能效指标以及国家明令淘汰的特种设备。

第二十条　锅炉、气瓶、氧舱、客运索道、大型游乐设施的设计文件,应当经负责特种设备安全监督管理的部门核准的检验机构鉴定,方可用于制造。

特种设备产品、部件或者试制的特种设备新产品、新部件以及特种设备采用的新材料,按照安全技术规范的要求需要通过型式试验进行安全性验证的,应当经负责特种设备安全监督管理的部门核准的检验机构进行型式试验。

第二十一条　特种设备出厂时,应当随附安全技术规范要求的设计文件、产品质量合格证明、安装及使用维护保养说明、监督检验证明等相关技术资料和文件,并在特种设备显著位置设置产品铭牌、安全警示标志及其说明。

第二十二条　电梯的安装、改造、修理,必须由电梯制造单位或者其委托的依照本法取得相应许可的单位进行。电梯制造单位委托其他单位进行电梯安装、改造、修理的,应当对其安装、改造、修理进行安全指导和监控,并按照安全技术规范的要求进行校验和调试。电梯制造单位对电梯安全性能负责。

第二十三条　特种设备安装、改造、修理的施工单位应当在施工前将拟进行的特种设备安装、改造、修理情况书面告知直辖市或者设区的市级人民政府负责特种设备安全监督管理的部门。

第二十四条　特种设备安装、改造、修理竣工后,安装、改造、修理的施工单位应当在验收后三十日内将相关技术资料和文件移交特种设备使用单位。特种设备使用单位应当将其存入该特种设备的安全技术档案。

第二十五条　锅炉、压力容器、压力管道元件等特种设备的制造过程和锅炉、压力容器、压力管道、电梯、起重机械、客运索道、大型游乐设施的安装、改造、重大修理过程,应当经特种设备检验机构按照安全技术规范的要求进行监督检验;未经监督检验或者监督检验不合格的,不得出厂或者交付使用。

第二十六条　国家建立缺陷特种设备召回制度。因生产原因造成特种设备存在危及安全的同一性缺陷的,特种设备生产单位应当立即停止生产,主动召回。

国务院负责特种设备安全监督管理的部门发现特种设备存在应当召回而未召回的情形时,应当责令特种设备生产单位召回。

第三节　经　营

第二十七条　特种设备销售单位销售的特种设备,应当符合安全技术规范及相关标准的要求,其设计文件、产品质量合格证明、安装及使用维护保养说明、监督检验证明等相关技术资料和文件应当齐全。

特种设备销售单位应当建立特种设备检查验收和销售记录制度。

禁止销售未取得许可生产的特种设备,未经检验和检验不合格的特种设备,或者国家明令淘汰和已经报废的特种设备。

第二十八条　特种设备出租单位不得出租未取得许可生产的特种设备或者国家明令淘汰和已经报废的特种设备,以及未按照安全技术规范的要求进行维护保养和未经检验或者检验不合格的特种设备。

第二十九条　特种设备在出租期间的使用管理和维护保养义务由特种设备出租单位承担,法律另有规定或者当事人另有约定的除外。

第三十条　进口的特种设备应当符合我国安全技术规范的要求,并经检验合格;需要取得我国特种设备生产许可的,应当取得许可。

进口特种设备随附的技术资料和文件应当符合本法第二十一条的规定,其安装及使用维护保养说明、产品铭牌、安全警示标志及其说明应当采用中文。

特种设备的进出口检验,应当遵守有关进出口商品检验的法律、行政法规。

第三十一条 进口特种设备,应当向进口地负责特种设备安全监督管理的部门履行提前告知义务。

第四节　使　　用

第三十二条 特种设备使用单位应当使用取得许可生产并经检验合格的特种设备。

禁止使用国家明令淘汰和已经报废的特种设备。

第三十三条 特种设备使用单位应当在特种设备投入使用前或者投入使用后三十日内,向负责特种设备安全监督管理的部门办理使用登记,取得使用登记证书。登记标志应当置于该特种设备的显著位置。

第三十四条 特种设备使用单位应当建立岗位责任、隐患治理、应急救援等安全管理制度,制定操作规程,保证特种设备安全运行。

第三十五条 特种设备使用单位应当建立特种设备安全技术档案。安全技术档案应当包括以下内容:

(一)特种设备的设计文件、产品质量合格证明、安装及使用维护保养说明、监督检验证明等相关技术资料和文件;

(二)特种设备的定期检验和定期自行检查记录;

(三)特种设备的日常使用状况记录;

(四)特种设备及其附属仪器仪表的维护保养记录;

(五)特种设备的运行故障和事故记录。

第三十六条 电梯、客运索道、大型游乐设施等为公众提供服务的特种设备的运营使用单位,应当对特种设备的使用安全负责,设置特种设备安全管理机构或者配备专职的特种设备安全管理人员;其他特种设备使用单位,应当根据情况设置特种设备安全管理机构或者配备专职、兼职的特种设备安全管理人员。

第三十七条 特种设备的使用应当具有规定的安全距离、安全防护措施。

与特种设备安全相关的建筑物、附属设施,应当符合有关法律、行政法规的规定。

第三十八条 特种设备属于共有的,共有人可以委托物业服务单位或者其他管理人管理特种设备,受托人履行本法规定的特种设备使用单位的义务,承担相应责任。共有人未委托的,由共有人或者实际管理人履行管理义务,承担相应责任。

第三十九条 特种设备使用单位应当对其使用的特种设备进行经常性维护保养和定期自行检查,并作出记录。

特种设备使用单位应当对其使用的特种设备的安全附件、安全保护装置进行定期校验、检修,并作出记录。

第四十条 特种设备使用单位应当按照安全技术规范的要求,在检验合格有效期届满前一个月向特种设备检验机构提出定期检验要求。

特种设备检验机构接到定期检验要求后,应当按照安全技术规范的要求及时进行安全性能检验。特种设备使用单位应当将定期检验标志置于该特种设备的显著位置。

未经定期检验或者检验不合格的特种设备,不得继续使用。

第四十一条 特种设备安全管理人员应当对特种设备使用状况进行经常性检查,发现问题应当立即处理;情况紧急时,可以决定停止使用特种设备并及时报告本单位有关负责人。

特种设备作业人员在作业过程中发现事故隐患或者其他不安全因素,应当立即向特种设备安全管理人员和单位有关负责人报告;特种设备运行不正常时,特种设备作业人员应当按照操作规程采取有效措施保证安全。

第四十二条　特种设备出现故障或者发生异常情况,特种设备使用单位应当对其进行全面检查,消除事故隐患,方可继续使用。

第四十三条　客运索道、大型游乐设施在每日投入使用前,其运营使用单位应当进行试运行和例行安全检查,并对安全附件和安全保护装置进行检查确认。

电梯、客运索道、大型游乐设施的运营使用单位应当将电梯、客运索道、大型游乐设施的安全使用说明、安全注意事项和警示标志置于易为乘客注意的显著位置。

公众乘坐或者操作电梯、客运索道、大型游乐设施,应当遵守安全使用说明和安全注意事项的要求,服从有关工作人员的管理和指挥;遇有运行不正常时,应当按照安全指引,有序撤离。

第四十四条　锅炉使用单位应当按照安全技术规范的要求进行锅炉水(介)质处理,并接受特种设备检验机构的定期检验。

从事锅炉清洗,应当按照安全技术规范的要求进行,并接受特种设备检验机构的监督检验。

第四十五条　电梯的维护保养应当由电梯制造单位或者依照本法取得许可的安装、改造、修理单位进行。

电梯的维护保养单位应当在维护保养中严格执行安全技术规范的要求,保证其维护保养的电梯的安全性能,并负责落实现场安全防护措施,保证施工安全。

电梯的维护保养单位应当对其维护保养的电梯的安全性能负责;接到故障通知后,应当立即赶赴现场,并采取必要的应急救援措施。

第四十六条　电梯投入使用后,电梯制造单位应当对其制造的电梯的安全运行情况进行跟踪调查和了解,对电梯的维护保养单位或者使用单位在维护保养和安全运行方面存在的问题,提出改进建议,并提供必要的技术帮助;发现电梯存在严重事故隐患时,应当及时告知电梯使用单位,并向负责特种设备安全监督管理的部门报告。电梯制造单位对调查和了解的情况,应当作出记录。

第四十七条　特种设备进行改造、修理,按照规定需要变更使用登记的,应当办理变更登记,方可继续使用。

第四十八条　特种设备存在严重事故隐患,无改造、修理价值,或者达到安全技术规范规定的其他报废条件的,特种设备使用单位应当依法履行报废义务,采取必要措施消除该特种设备的使用功能,并向原登记的负责特种设备安全监督管理的部门办理使用登记证书注销手续。

前款规定报废条件以外的特种设备,达到设计使用年限可以继续使用的,应当按照安全技术规范的要求通过检验或者安全评估,并办理使用登记证书变更,方可继续使用。允许继续使用的,应当采取加强检验、检测和维护保养等措施,确保使用安全。

第四十九条　移动式压力容器、气瓶充装单位,应当具备下列条件,并经负责特种设备安全监督管理的部门许可,方可从事充装活动:

(一)有与充装和管理相适应的管理人员和技术人员;

(二)有与充装和管理相适应的充装设备、检测手段、场地厂房、器具、安全设施;

(三)有健全的充装管理制度、责任制度、处理措施。

充装单位应当建立充装前后的检查、记录制度,禁止对不符合安全技术规范要求的移动式压力容器和气瓶进行充装。

气瓶充装单位应当向气体使用者提供符合安全技术规范要求的气瓶,对气体使用者进行气瓶安全使用指导,并按照安全技术规范的要求办理气瓶使用登记,及时申报定期检验。

第三章　检验、检测

第五十条　从事本法规定的监督检验、定期检验的特种设备检验机构,以及为特种设备生产、经营、使用提供检测服务的特种设备检测机构,应当具备下列条件,并经负责特种设备安全监督管理的部门核准,方可从事检验、检测工作:

(一)有与检验、检测工作相适应的检验、检测人员;

(二)有与检验、检测工作相适应的检验、检测仪器和设备;

(三)有健全的检验、检测管理制度和责任制度。

第五十一条　特种设备检验、检测机构的检验、检测人员应当经考核,取得检验、检测人员资格,方可从事检验、检测工作。

特种设备检验、检测机构的检验、检测人员不得同时在两个以上检验、检测机构中执业;变更执业机构的,应当依法办理变更手续。

第五十二条　特种设备检验、检测工作应当遵守法律、行政法规的规定,并按照安全技术规范的要求进行。

特种设备检验、检测机构及其检验、检测人员应当依法为特种设备生产、经营、使用单位提供安全、可靠、便捷、诚信的检验、检测服务。

第五十三条　特种设备检验、检测机构及其检验、检测人员应当客观、公正、及时地出具检验、检测报告,并对检验、检测结果和鉴定结论负责。

特种设备检验、检测机构及其检验、检测人员在检验、检测中发现特种设备存在严重事故隐患时,应当及时告知相关单位,并立即向负责特种设备安全监督管理的部门报告。

负责特种设备安全监督管理的部门应当组织对特种设备检验、检测机构的检验、检测结果和鉴定结论进行监督抽查,但应当防止重复抽查。监督抽查结果应当向社会公布。

第五十四条　特种设备生产、经营、使用单位应当按照安全技术规范的要求向特种设备检验、检测机构及其检验、检测人员提供特种设备相关资料和必要的检验、检测条件,并对资料的真实性负责。

第五十五条　特种设备检验、检测机构及其检验、检测人员对检验、检测过程中知悉的商业秘密,负有保密义务。

特种设备检验、检测机构及其检验、检测人员不得从事有关特种设备的生产、经营活动,不得推荐或者监制、监销特种设备。

第五十六条　特种设备检验机构及其检验人员利用检验工作故意刁难特种设备生产、经营、使用单位的,特种设备生产、经营、使用单位有权向负责特种设备安全监督管理的部门投诉,接到投诉的部门应当及时进行调查处理。

第四章　监　督　管　理

第五十七条　负责特种设备安全监督管理的部门依照本法规定,对特种设备生产、经营、使用单位和检验、检测机构实施监督检查。

负责特种设备安全监督管理的部门应当对学校、幼儿园以及医院、车站、客运码头、商场、体育场馆、展览馆、公园等公众聚集场所的特种设备,实施重点安全监督检查。

第五十八条　负责特种设备安全监督管理的部门实施本法规定的许可工作,应当依照本法和其他有关法律、行政法规规定的条件和程序以及安全技术规范的要求进行审查;不符合规定的,不得许可。

第五十九条　负责特种设备安全监督管理的部门在办理本法规定的许可时,其受理、审查、许可的程序必须公开,并应当自受理申请之日起三十日内,作出许可或者不予许可的决定;不予许可的,应当书面向申请人说明理由。

第六十条　负责特种设备安全监督管理的部门对依法办理使用登记的特种设备应当建立完整的监督管理档案和信息查询系统;对达到报废条件的特种设备,应当及时督促特种设备使用单位依法履行报废义务。

第六十一条　负责特种设备安全监督管理的部门在依法履行监督检查职责时,可以行使下列职权:

(一)进入现场进行检查,向特种设备生产、经营、使用单位和检验、检测机构的主要负责人和其他有关人员调查、了解有关情况;

(二)根据举报或者取得的涉嫌违法证据,查阅、复制特种设备生产、经营、使用单位和检验、检测机构的有关合同、发票、账簿以及其他有关资料;

(三)对有证据表明不符合安全技术规范要求或者存在严重事故隐患的特种设备实施查封、扣押;

(四)对流入市场的达到报废条件或者已经报废的特种设备实施查封、扣押;

(五)对违反本法规定的行为作出行政处罚决定。

第六十二条　负责特种设备安全监督管理的部门在依法履行职责过程中,发现违反本法规定和安全技术规范要求的行为或者特种设备存在事故隐患时,应当以书面形式发出特种设备安全监察指令,责令有关单位及时采取措施予以改正或者消除事故隐患。紧急情况下要求有关单位采取紧急处置措施的,应当随后补发特种设备安全监察指令。

第六十三条　负责特种设备安全监督管理的部门在依法履行职责过程中,发现重大违法行为或者特种设备存在严重事故隐患时,应当责令有关单位立即停止违法行为、采取措施消除事故隐患,并及时向上级负责特种设备安全监督管理的部门报告。接到报告的负责特种设备安全监督管理的部门应当采取必要措施,及时予以处理。

对违法行为、严重事故隐患的处理需要当地人民政府和有关部门的支持、配合时,负责特种设备安全监督管理的部门应当报告当地人民政府,并通知其他有关部门。当地人民政府和其他有关部门应当采取必要措施,及时予以处理。

第六十四条　地方各级人民政府负责特种设备安全监督管理的部门不得要求已经依照本法规定在其他地方取得许可的特种设备生产单位重复取得许可,不得要求对已经依照本法规定在其他地方检验合格的特种设备重复进行检验。

第六十五条 负责特种设备安全监督管理的部门的安全监察人员应当熟悉相关法律、法规,具有相应的专业知识和工作经验,取得特种设备安全行政执法证件。

特种设备安全监察人员应当忠于职守、坚持原则、秉公执法。

负责特种设备安全监督管理的部门实施安全监督检查时,应当有二名以上特种设备安全监察人员参加,并出示有效的特种设备安全行政执法证件。

第六十六条 负责特种设备安全监督管理的部门对特种设备生产、经营、使用单位和检验、检测机构实施监督检查,应当对每次监督检查的内容、发现的问题及处理情况作出记录,并由参加监督检查的特种设备安全监察人员和被检查单位的有关负责人签字后归档。被检查单位的有关负责人拒绝签字的,特种设备安全监察人员应当将情况记录在案。

第六十七条 负责特种设备安全监督管理的部门及其工作人员不得推荐或者监制、监销特种设备;对履行职责过程中知悉的商业秘密负有保密义务。

第六十八条 国务院负责特种设备安全监督管理的部门和省、自治区、直辖市人民政府负责特种设备安全监督管理的部门应当定期向社会公布特种设备安全总体状况。

第五章 事故应急救援与调查处理

第六十九条 国务院负责特种设备安全监督管理的部门应当依法组织制定特种设备重特大事故应急预案,报国务院批准后纳入国家突发事件应急预案体系。

县级以上地方各级人民政府及其负责特种设备安全监督管理的部门应当依法组织制定本行政区域内特种设备事故应急预案,建立或者纳入相应的应急处置与救援体系。

特种设备使用单位应当制定特种设备事故应急专项预案,并定期进行应急演练。

第七十条 特种设备发生事故后,事故发生单位应当按照应急预案采取措施,组织抢救,防止事故扩大,减少人员伤亡和财产损失,保护事故现场和有关证据,并及时向事故发生地县级以上人民政府负责特种设备安全监督管理的部门和有关部门报告。

县级以上人民政府负责特种设备安全监督管理的部门接到事故报告,应当尽快核实情况,立即向本级人民政府报告,并按照规定逐级上报。必要时,负责特种设备安全监督管理的部门可以越级上报事故情况。对特别重大事故、重大事故,国务院负责特种设备安全监督管理的部门应当立即报告国务院并通报国务院安全生产监督管理部门等有关部门。

与事故相关的单位和人员不得迟报、谎报或者瞒报事故情况,不得隐匿、毁灭有关证据或者故意破坏事故现场。

第七十一条 事故发生地人民政府接到事故报告,应当依法启动应急预案,采取应急处置措施,组织应急救援。

第七十二条 特种设备发生特别重大事故,由国务院或者国务院授权有关部门组织事故调查组进行调查。

发生重大事故,由国务院负责特种设备安全监督管理的部门会同有关部门组织事故调查组进行调查。

发生较大事故,由省、自治区、直辖市人民政府负责特种设备安全监督管理的部门会同有关部门组织事故调查组进行调查。

发生一般事故,由设区的市级人民政府负责特种设备安全监督管理的部门会同有关部门组织事故调查组进行调查。

事故调查组应当依法、独立、公正开展调查,提出事故调查报告。

第七十三条 组织事故调查的部门应当将事故调查报告报本级人民政府,并报上一级人民政府负责特种设备安全监督管理的部门备案。有关部门和单位应当依照法律、行政法规的规定,追究事故责任单位和人员的责任。

事故责任单位应当依法落实整改措施,预防同类事故发生。事故造成损害的,事故责任单位应当依法承担赔偿责任。

第六章 法 律 责 任

第七十四条 违反本法规定,未经许可从事特种设备生产活动的,责令停止生产,没收违法制造的特种设备,处十万元以上五十万元以下罚款;有违法所得的,没收违法所得;已经实施安装、改造、修理的,责令恢复原状或者责令限期由取得许可的单位重新安装、改造、修理。

第七十五条 违反本法规定,特种设备的设计文件未经鉴定,擅自用于制造的,责令改正,没收违法制造的特种设备,处五万元以上五十万元以下罚款。

第七十六条 违反本法规定,未进行型式试验的,责令限期改正;逾期未改正的,处三万元以上三十万元以下罚款。

第七十七条 违反本法规定,特种设备出厂时,未按照安全技术规范的要求随附相关技术资料和文件的,责令限期改正;逾期未改正的,责令停止制造、销售,处二万元以上二十万元以下罚款;有违法所得的,没收违法所得。

第七十八条 违反本法规定,特种设备安装、改造、修理的施工单位在施工前未书面告知负责特种设备安全监督管理的部门即行施工的,或者在验收后三十日内未将相关技术资料和文件移交特种设备使用单位,责令限期改正;逾期未改正的,处一万元以上十万元以下罚款。

第七十九条 违反本法规定,特种设备的制造、安装、改造、重大修理以及锅炉清洗过程,未经监督检验的,责令限期改正;逾期未改正的,处五万元以上二十万元以下罚款;有违法所得的,没收违法所得;情节严重的,吊销生产许可证。

第八十条 违反本法规定,电梯制造单位有下列情形之一的,责令限期改正;逾期未改正的,处一万元以上十万元以下罚款:

(一)未按照安全技术规范的要求对电梯进行校验、调试的;

(二)对电梯的安全运行情况进行跟踪调查和了解时,发现存在严重事故隐患,未及时告知电梯使用单位并向负责特种设备安全监督管理的部门报告的。

第八十一条 违反本法规定,特种设备生产单位有下列行为之一的,责令限期改正;逾期未改正的,责令停止生产,处五万元以上五十万元以下罚款;情节严重的,吊销生产许可证:

(一)不再具备生产条件、生产许可证已经过期或者超出许可范围生产的;

(二)明知特种设备存在同一性缺陷,未立即停止生产并召回的。

违反本法规定,特种设备生产单位生产、销售、交付国家明令淘汰的特种设备的,责令停止生产、销售,没收违法生产、销售、交付的特种设备,处三万元以上三十万元以下罚款;有违法所得的,没收违法所得。

特种设备生产单位涂改、倒卖、出租、出借生产许可证的,责令停止生产,处五万元以上五十万元以下罚款;情节严重的,吊销生产许可证。

第八十二条 违反本法规定,特种设备经营单位有下列行为之一的,责令停止经营,没收违法经营的特种设备,处三万元以上三十万元以下罚款;有违法所得的,没收违法所得:

(一)销售、出租未取得许可生产,未经检验或者检验不合格的特种设备的;

(二)销售、出租国家明令淘汰、已经报废的特种设备,或者未按照安全技术规范的要求进行维护保养的特种设备的。

违反本法规定,特种设备销售单位未建立检查验收和销售记录制度,或者进口特种设备未履行提前告知义务的,责令改正,处一万元以上十万元以下罚款。

特种设备生产单位销售、交付未经检验或者检验不合格的特种设备的,依照本条第一款规定处罚;情节严重的,吊销生产许可证。

第八十三条 违反本法规定,特种设备使用单位有下列行为之一的,责令限期改正;逾期未改正的,责令停止使用有关特种设备,处一万元以上十万元以下罚款:

(一)使用特种设备未按照规定办理使用登记的;

(二)未建立特种设备安全技术档案或者安全技术档案不符合规定要求,或者未依法设置使用登记标志、定期检验标志的;

(三)未对其使用的特种设备进行经常性维护保养和定期自行检查,或者未对其使用的特种设备的安全附件、安全保护装置进行定期校验、检修,并作出记录的;

(四)未按照安全技术规范的要求及时申报并接受检验的;

(五)未按照安全技术规范的要求进行锅炉水(介)质处理的;

(六)未制定特种设备事故应急专项预案的。

第八十四条 违反本法规定,特种设备使用单位有下列行为之一的,责令停止使用有关特种设备,处三万元以上三十万元以下罚款:

(一)使用未取得许可生产,未经检验或者检验不合格的特种设备,或者国家明令淘汰、已经报废的特种设备的;

(二)特种设备出现故障或者发生异常情况,未对其进行全面检查、消除事故隐患,继续使用的;

(三)特种设备存在严重事故隐患,无改造、修理价值,或者达到安全技术规范规定的其他报废条件,未依法履行报废义务,并办理使用登记证书注销手续的。

第八十五条 违反本法规定,移动式压力容器、气瓶充装单位有下列行为之一的,责令改正,处二万元以上二十万元以下罚款;情节严重的,吊销充装许可证:

(一)未按照规定实施充装前后的检查、记录制度的;

(二)对不符合安全技术规范要求的移动式压力容器和气瓶进行充装的。

违反本法规定,未经许可,擅自从事移动式压力容器或者气瓶充装活动的,予以取缔,没收违法充装的气瓶,处十万元以上五十万元以下罚款;有违法所得的,没收违法所得。

第八十六条 违反本法规定,特种设备生产、经营、使用单位有下列情形之一的,责令限期改正;逾期未改正的,责令停止使用有关特种设备或者停产停业整顿,处一万元以上五万元以下罚款:

（一）未配备具有相应资格的特种设备安全管理人员、检测人员和作业人员的；

（二）使用未取得相应资格的人员从事特种设备安全管理、检测和作业的；

（三）未对特种设备安全管理人员、检测人员和作业人员进行安全教育和技能培训的。

第八十七条　违反本法规定，电梯、客运索道、大型游乐设施的运营使用单位有下列情形之一的，责令限期改正；逾期未改正的，责令停止使用有关特种设备或者停产停业整顿，处二万元以上十万元以下罚款：

（一）未设置特种设备安全管理机构或者配备专职的特种设备安全管理人员的；

（二）客运索道、大型游乐设施每日投入使用前，未进行试运行和例行安全检查，未对安全附件和安全保护装置进行检查确认的；

（三）未将电梯、客运索道、大型游乐设施的安全使用说明、安全注意事项和警示标志置于易于为乘客注意的显著位置的。

第八十八条　违反本法规定，未经许可，擅自从事电梯维护保养的，责令停止违法行为，处一万元以上十万元以下罚款；有违法所得的，没收违法所得。

电梯的维护保养单位未按照本法规定以及安全技术规范的要求，进行电梯维护保养的，依照前款规定处罚。

第八十九条　发生特种设备事故，有下列情形之一的，对单位处五万元以上二十万元以下罚款；对主要负责人处一万元以上五万元以下罚款；主要负责人属于国家工作人员的，并依法给予处分：

（一）发生特种设备事故时，不立即组织抢救或者在事故调查处理期间擅离职守或者逃匿的；

（二）对特种设备事故迟报、谎报或者瞒报的。

第九十条　发生事故，对负有责任的单位除要求其依法承担相应的赔偿等责任外，依照下列规定处以罚款：

（一）发生一般事故，处十万元以上二十万元以下罚款；

（二）发生较大事故，处二十万元以上五十万元以下罚款；

（三）发生重大事故，处五十万元以上二百万元以下罚款。

第九十一条　对事故发生负有责任的单位的主要负责人未依法履行职责或者负有领导责任的，依照下列规定处以罚款；属于国家工作人员的，并依法给予处分：

（一）发生一般事故，处上一年年收入百分之三十的罚款；

（二）发生较大事故，处上一年年收入百分之四十的罚款；

（三）发生重大事故，处上一年年收入百分之六十的罚款。

第九十二条　违反本法规定，特种设备安全管理人员、检测人员和作业人员不履行岗位职责，违反操作规程和有关安全规章制度，造成事故的，吊销相关人员的资格。

第九十三条　违反本法规定，特种设备检验、检测机构及其检验、检测人员有下列行为之一的，责令改正，对机构处五万元以上二十万元以下罚款，对直接负责的主管人员和其他直接责任人员处五千元以上五万元以下罚款；情节严重的，吊销机构资质和有关人员的资格：

（一）未经核准或者超出核准范围、使用未取得相应资格的人员从事检验、检测的；

（二）未按照安全技术规范的要求进行检验、检测的；

(三)出具虚假的检验、检测结果和鉴定结论或者检验、检测结果和鉴定结论严重失实的;

(四)发现特种设备存在严重事故隐患,未及时告知相关单位,并立即向负责特种设备安全监督管理的部门报告的;

(五)泄露检验、检测过程中知悉的商业秘密的;

(六)从事有关特种设备的生产、经营活动的;

(七)推荐或者监制、监销特种设备的;

(八)利用检验工作故意刁难相关单位的。

违反本法规定,特种设备检验、检测机构的检验、检测人员同时在两个以上检验、检测机构中执业的,处五千元以上五万元以下罚款;情节严重的,吊销其资格。

第九十四条 违反本法规定,负责特种设备安全监督管理的部门及其工作人员有下列行为之一的,由上级机关责令改正;对直接负责的主管人员和其他直接责任人员,依法给予处分:

(一)未依照法律、行政法规规定的条件、程序实施许可的;

(二)发现未经许可擅自从事特种设备的生产、使用或者检验、检测活动不予取缔或者不依法予以处理的;

(三)发现特种设备生产单位不再具备本法规定的条件而不吊销其许可证,或者发现特种设备生产、经营、使用违法行为不予查处的;

(四)发现特种设备检验、检测机构不再具备本法规定的条件而不撤销其核准,或者对其出具虚假的检验、检测结果和鉴定结论或者检验、检测结果和鉴定结论严重失实的行为不予查处的;

(五)发现违反本法规定和安全技术规范要求的行为或者特种设备存在事故隐患,不立即处理的;

(六)发现重大违法行为或者特种设备存在严重事故隐患,未及时向上级负责特种设备安全监督管理的部门报告,或者接到报告的负责特种设备安全监督管理的部门不立即处理的;

(七)要求已经依照本法规定在其他地方取得许可的特种设备生产单位重复取得许可,或者要求对已经依照本法规定在其他地方检验合格的特种设备重复进行检验的;

(八)推荐或者监制、监销特种设备的;

(九)泄露履行职责过程中知悉的商业秘密的;

(十)接到特种设备事故报告未立即向本级人民政府报告,并按照规定上报的;

(十一)迟报、漏报、谎报或者瞒报事故的;

(十二)妨碍事故救援或者事故调查处理的;

(十三)其他滥用职权、玩忽职守、徇私舞弊的行为。

第九十五条 违反本法规定,特种设备生产、经营、使用单位或者检验、检测机构拒不接受负责特种设备安全监督管理的部门依法实施的监督检查的,责令限期改正;逾期未改正的,责令停产停业整顿,处二万元以上二十万元以下罚款。

特种设备生产、经营、使用单位擅自动用、调换、转移、损毁被查封、扣押的特种设备或者其主要部件的,责令改正,处五万元以上二十万元以下罚款;情节严重的,吊销生产许可证,注销特种设备使用登记证书。

第九十六条 违反本法规定,被依法吊销许可证的,自吊销许可证之日起三年内,负责特种设备安全监督管理的部门不予受理其新的许可申请。

第九十七条　违反本法规定,造成人身、财产损害的,依法承担民事责任。

违反本法规定,应当承担民事赔偿责任和缴纳罚款、罚金,其财产不足以同时支付时,先承担民事赔偿责任。

第九十八条　违反本法规定,构成违反治安管理行为的,依法给予治安管理处罚;构成犯罪的,依法追究刑事责任。

第七章　附　　则

第九十九条　特种设备行政许可、检验的收费,依照法律、行政法规的规定执行。

第一百条　军事装备、核设施、航空航天器使用的特种设备安全的监督管理不适用本法。

铁路机车、海上设施和船舶、矿山井下使用的特种设备以及民用机场专用设备安全的监督管理,房屋建筑工地、市政工程工地用起重机械和场(厂)内专用机动车辆的安装、使用的监督管理,由有关部门依照本法和其他有关法律的规定实施。

第一百零一条　本法自 2014 年 1 月 1 日起施行。

中华人民共和国消防法

(1998 年 4 月 29 日第九届全国人民代表大会常务委员会第二次会议通过。
根据 2019 年 4 月 23 日第十三届全国人民代表大会常务委员会第十次会议
《关于修改〈中华人民共和国建筑法〉等八部法律的决定》修正)

第一章 总 则

第一条 为了预防火灾和减少火灾危害,加强应急救援工作,保护人身、财产安全,维护公共安全,制定本法。

第二条 消防工作贯彻预防为主、防消结合的方针,按照政府统一领导、部门依法监管、单位全面负责、公民积极参与的原则,实行消防安全责任制,建立健全社会化的消防工作网络。

第三条 国务院领导全国的消防工作。地方各级人民政府负责本行政区域内的消防工作。

各级人民政府应当将消防工作纳入国民经济和社会发展计划,保障消防工作与经济社会发展相适应。

第四条 国务院应急管理部门对全国的消防工作实施监督管理。县级以上地方人民政府应急管理部门对本行政区域内的消防工作实施监督管理,并由本级人民政府消防救援机构负责实施。军事设施的消防工作,由其主管单位监督管理,消防救援机构协助;矿井地下部分、核电厂、海上石油天然气设施的消防工作,由其主管单位监督管理。

县级以上人民政府其他有关部门在各自的职责范围内,依照本法和其他相关法律、法规的规定做好消防工作。

法律、行政法规对森林、草原的消防工作另有规定的,从其规定。

第五条 任何单位和个人都有维护消防安全、保护消防设施、预防火灾、报告火警的义务。任何单位和成年人都有参加有组织的灭火工作的义务。

第六条 各级人民政府应当组织开展经常性的消防宣传教育,提高公民的消防安全意识。

机关、团体、企业、事业等单位,应当加强对本单位人员的消防宣传教育。

应急管理部门及消防救援机构应当加强消防法律、法规的宣传,并督促、指导、协助有关单位做好消防宣传教育工作。

教育、人力资源行政主管部门和学校、有关职业培训机构应当将消防知识纳入教育、教学、培训的内容。

新闻、广播、电视等有关单位,应当有针对性地面向社会进行消防宣传教育。

工会、共产主义青年团、妇女联合会等团体应当结合各自工作对象的特点,组织开展消防宣传教育。

村民委员会、居民委员会应当协助人民政府以及公安机关、应急管理等部门,加强消防宣传教育。

第七条　国家鼓励、支持消防科学研究和技术创新,推广使用先进的消防和应急救援技术、设备;鼓励、支持社会力量开展消防公益活动。

对在消防工作中有突出贡献的单位和个人,应当按照国家有关规定给予表彰和奖励。

第二章　火灾预防

第八条　地方各级人民政府应当将包括消防安全布局、消防站、消防供水、消防通信、消防车通道、消防装备等内容的消防规划纳入城乡规划,并负责组织实施。

城乡消防安全布局不符合消防安全要求的,应当调整、完善;公共消防设施、消防装备不足或者不适应实际需要的,应当增建、改建、配置或者进行技术改造。

第九条　建设工程的消防设计、施工必须符合国家工程建设消防技术标准。建设、设计、施工、工程监理等单位依法对建设工程的消防设计、施工质量负责。

第十条　对按照国家工程建设消防技术标准需要进行消防设计的建设工程,实行建设工程消防设计审查验收制度。

第十一条　国务院住房和城乡建设主管部门规定的特殊建设工程,建设单位应当将消防设计文件报送住房和城乡建设主管部门审查,住房和城乡建设主管部门依法对审查的结果负责。

前款规定以外的其他建设工程,建设单位申请领取施工许可证或者申请批准开工报告时应当提供满足施工需要的消防设计图纸及技术资料。

第十二条　特殊建设工程未经消防设计审查或者审查不合格的,建设单位、施工单位不得施工;其他建设工程,建设单位未提供满足施工需要的消防设计图纸及技术资料的,有关部门不得发放施工许可证或者批准开工报告。

第十三条　国务院住房和城乡建设主管部门规定应当申请消防验收的建设工程竣工,建设单位应当向住房和城乡建设主管部门申请消防验收。

前款规定以外的其他建设工程,建设单位在验收后应当报住房和城乡建设主管部门备案,住房和城乡建设主管部门应当进行抽查。

依法应当进行消防验收的建设工程,未经消防验收或者消防验收不合格的,禁止投入使用;其他建设工程经依法抽查不合格的,应当停止使用。

第十四条　建设工程消防设计审查、消防验收、备案和抽查的具体办法,由国务院住房和城乡建设主管部门规定。

第十五条　公众聚集场所在投入使用、营业前,建设单位或者使用单位应当向场所所在地的县级以上地方人民政府消防救援机构申请消防安全检查。

消防救援机构应当自受理申请之日起十个工作日内,根据消防技术标准和管理规定,对该场所进行消防安全检查。未经消防安全检查或者经检查不符合消防安全要求的,不得投入使用、营业。

第十六条　机关、团体、企业、事业等单位应当履行下列消防安全职责:

(一)落实消防安全责任制,制定本单位的消防安全制度、消防安全操作规程,制定灭火和应急疏散预案;

(二)按照国家标准、行业标准配置消防设施、器材,设置消防安全标志,并定期组织检验、维修,确保完好有效;

(三)对建筑消防设施每年至少进行一次全面检测,确保完好有效,检测记录应当完整准确,存档备查;

(四)保障疏散通道、安全出口、消防车通道畅通,保证防火防烟分区、防火间距符合消防技术标准;

(五)组织防火检查,及时消除火灾隐患;

(六)组织进行有针对性的消防演练;

(七)法律、法规规定的其他消防安全职责。

单位的主要负责人是本单位的消防安全责任人。

第十七条 县级以上地方人民政府消防救援机构应当将发生火灾可能性较大以及发生火灾可能造成重大的人身伤亡或者财产损失的单位,确定为本行政区域内的消防安全重点单位,并由应急管理部门报本级人民政府备案。

消防安全重点单位除应当履行本法第十六条规定的职责外,还应当履行下列消防安全职责:

(一)确定消防安全管理人,组织实施本单位的消防安全管理工作;

(二)建立消防档案,确定消防安全重点部位,设置防火标志,实行严格管理;

(三)实行每日防火巡查,并建立巡查记录;

(四)对职工进行岗前消防安全培训,定期组织消防安全培训和消防演练。

第十八条 同一建筑物由两个以上单位管理或者使用的,应当明确各方的消防安全责任,并确定责任人对共用的疏散通道、安全出口、建筑消防设施和消防车通道进行统一管理。

住宅区的物业服务企业应当对管理区域内的共用消防设施进行维护管理,提供消防安全防范服务。

第十九条 生产、储存、经营易燃易爆危险品的场所不得与居住场所设置在同一建筑物内,并应当与居住场所保持安全距离。

生产、储存、经营其他物品的场所与居住场所设置在同一建筑物内的,应当符合国家工程建设消防技术标准。

第二十条 举办大型群众性活动,承办人应当依法向公安机关申请安全许可,制定灭火和应急疏散预案并组织演练,明确消防安全责任分工,确定消防安全管理人员,保持消防设施和消防器材配置齐全、完好有效,保证疏散通道、安全出口、疏散指示标志、应急照明和消防车通道符合消防技术标准和管理规定。

第二十一条 禁止在具有火灾、爆炸危险的场所吸烟、使用明火。因施工等特殊情况需要使用明火作业的,应当按照规定事先办理审批手续,采取相应的消防安全措施;作业人员应当遵守消防安全规定。

进行电焊、气焊等具有火灾危险作业的人员和自动消防系统的操作人员,必须持证上岗,并遵守消防安全操作规程。

第二十二条 生产、储存、装卸易燃易爆危险品的工厂、仓库和专用车站、码头的设置,应当符合消防技术标准。易燃易爆气体和液体的充装站、供应站、调压站,应当设置在符合消防安全要求的位置,并符合防火防爆要求。

已经设置的生产、储存、装卸易燃易爆危险品的工厂、仓库和专用车站、码头,易燃易爆气体和液体的充装站、供应站、调压站,不再符合前款规定的,地方人民政府应当组织、协调有关部门、单位限期解决,消除安全隐患。

第二十三条　生产、储存、运输、销售、使用、销毁易燃易爆危险品,必须执行消防技术标准和管理规定。

进入生产、储存易燃易爆危险品的场所,必须执行消防安全规定。禁止非法携带易燃易爆危险品进入公共场所或者乘坐公共交通工具。

储存可燃物资仓库的管理,必须执行消防技术标准和管理规定。

第二十四条　消防产品必须符合国家标准;没有国家标准的,必须符合行业标准。禁止生产、销售或者使用不合格的消防产品以及国家明令淘汰的消防产品。

依法实行强制性产品认证的消防产品,由具有法定资质的认证机构按照国家标准、行业标准的强制性要求认证合格后,方可生产、销售、使用。实行强制性产品认证的消防产品目录,由国务院产品质量监督部门会同国务院公安部门制定并公布。

新研制的尚未制定国家标准、行业标准的消防产品,应当按照国务院产品质量监督部门会同国务院应急管理部门规定的办法,经技术鉴定符合消防安全要求的,方可生产、销售、使用。

依照本条规定经强制性产品认证合格或者技术鉴定合格的消防产品,国务院应急管理部门应当予以公布。

第二十五条　产品质量监督部门、工商行政管理部门、消防救援机构应当按照各自职责加强对消防产品质量的监督检查。

第二十六条　建筑构件、建筑材料和室内装修、装饰材料的防火性能必须符合国家标准;没有国家标准的,必须符合行业标准。

人员密集场所室内装修、装饰,应当按照消防技术标准的要求,使用不燃、难燃材料。

第二十七条　电器产品、燃气用具的产品标准,应当符合消防安全的要求。

电器产品、燃气用具的安装、使用及其线路、管路的设计、敷设、维护保养、检测,必须符合消防技术标准和管理规定。

第二十八条　任何单位、个人不得损坏、挪用或者擅自拆除、停用消防设施、器材,不得埋压、圈占、遮挡消火栓或者占用防火间距,不得占用、堵塞、封闭疏散通道、安全出口、消防车通道。人员密集场所的门窗不得设置影响逃生和灭火救援的障碍物。

第二十九条　负责公共消防设施维护管理的单位,应当保持消防供水、消防通信、消防车通道等公共消防设施的完好有效。在修建道路以及停电、停水、截断通信线路时有可能影响消防队灭火救援的,有关单位必须事先通知当地消防救援机构。

第三十条　地方各级人民政府应当加强对农村消防工作的领导,采取措施加强公共消防设施建设,组织建立和督促落实消防安全责任制。

第三十一条　在农业收获季节、森林和草原防火期间、重大节假日期间以及火灾多发季节,地方各级人民政府应当组织开展有针对性的消防宣传教育,采取防火措施,进行消防安全检查。

第三十二条　乡镇人民政府、城市街道办事处应当指导、支持和帮助村民委员会、居民委员会开展群众性的消防工作。村民委员会、居民委员会应当确定消防安全管理人,组织制定防火安全公约,进行防火安全检查。

第三十三条 国家鼓励、引导公众聚集场所和生产、储存、运输、销售易燃易爆危险品的企业投保火灾公众责任保险;鼓励保险公司承保火灾公众责任保险。

第三十四条 消防产品质量认证、消防设施检测、消防安全监测等消防技术服务机构和执业人员,应当依法获得相应的资质、资格;依照法律、行政法规、国家标准、行业标准和执业准则,接受委托提供消防技术服务,并对服务质量负责。

第三章 消 防 组 织

第三十五条 各级人民政府应当加强消防组织建设,根据经济社会发展的需要,建立多种形式的消防组织,加强消防技术人才培养,增强火灾预防、扑救和应急救援的能力。

第三十六条 县级以上地方人民政府应当按照国家规定建立国家综合性消防救援队、专职消防队,并按照国家标准配备消防装备,承担火灾扑救工作。

乡镇人民政府应当根据当地经济发展和消防工作的需要,建立专职消防队、志愿消防队,承担火灾扑救工作。

第三十七条 国家综合性消防救援队、专职消防队按照国家规定承担重大灾害事故和其他以抢救人员生命为主的应急救援工作。

第三十八条 国家综合性消防救援队、专职消防队应当充分发挥火灾扑救和应急救援专业力量的骨干作用;按照国家规定,组织实施专业技能训练,配备并维护保养装备器材,提高火灾扑救和应急救援的能力。

第三十九条 下列单位应当建立单位专职消防队,承担本单位的火灾扑救工作:

(一)大型核设施单位、大型发电厂、民用机场、主要港口;

(二)生产、储存易燃易爆危险品的大型企业;

(三)储备可燃的重要物资的大型仓库、基地;

(四)第一项、第二项、第三项规定以外的火灾危险性较大、距离国家综合性消防救援队较远的其他大型企业;

(五)距离国家综合性消防救援队较远、被列为全国重点文物保护单位的古建筑群的管理单位。

第四十条 专职消防队的建立,应当符合国家有关规定,并报当地消防救援机构验收。

专职消防队的队员依法享受社会保险和福利待遇。

第四十一条 机关、团体、企业、事业等单位以及村民委员会、居民委员会根据需要,建立志愿消防队等多种形式的消防组织,开展群众性自防自救工作。

第四十二条 消防救援机构应当对专职消防队、志愿消防队等消防组织进行业务指导;根据扑救火灾的需要,可以调动指挥专职消防队参加火灾扑救工作。

第四章 灭 火 救 援

第四十三条 县级以上地方人民政府应当组织有关部门针对本行政区域内的火灾特点制

定应急预案,建立应急反应和处置机制,为火灾扑救和应急救援工作提供人员、装备等保障。

第四十四条 任何人发现火灾都应当立即报警。任何单位、个人都应当无偿为报警提供便利,不得阻拦报警。严禁谎报火警。

人员密集场所发生火灾,该场所的现场工作人员应当立即组织、引导在场人员疏散。

任何单位发生火灾,必须立即组织力量扑救。邻近单位应当给予支援。

消防队接到火警,必须立即赶赴火灾现场,救助遇险人员,排除险情,扑灭火灾。

第四十五条 消防救援机构统一组织和指挥火灾现场扑救,应当优先保障遇险人员的生命安全。

火灾现场总指挥根据扑救火灾的需要,有权决定下列事项:

(一)使用各种水源;

(二)截断电力、可燃气体和可燃液体的输送,限制用火用电;

(三)划定警戒区,实行局部交通管制;

(四)利用临近建筑物和有关设施;

(五)为了抢救人员和重要物资,防止火势蔓延,拆除或者破损毗邻火灾现场的建筑物、构筑物或者设施等;

(六)调动供水、供电、供气、通信、医疗救护、交通运输、环境保护等有关单位协助灭火救援。

根据扑救火灾的紧急需要,有关地方人民政府应当组织人员、调集所需物资支援灭火。

第四十六条 国家综合性消防救援队、专职消防队参加火灾以外的其他重大灾害事故的应急救援工作,由县级以上人民政府统一领导。

第四十七条 消防车、消防艇前往执行火灾扑救或者应急救援任务,在确保安全的前提下,不受行驶速度、行驶路线、行驶方向和指挥信号的限制,其他车辆、船舶以及行人应当让行,不得穿插超越;收费公路、桥梁免收车辆通行费。交通管理指挥人员应当保证消防车、消防艇迅速通行。

赶赴火灾现场或者应急救援现场的消防人员和调集的消防装备、物资,需要铁路、水路或者航空运输的,有关单位应当优先运输。

第四十八条 消防车、消防艇以及消防器材、装备和设施,不得用于与消防和应急救援工作无关的事项。

第四十九条 国家综合性消防救援队、专职消防队扑救火灾、应急救援,不得收取任何费用。

单位专职消防队、志愿消防队参加扑救外单位火灾所损耗的燃料、灭火剂和器材、装备等,由火灾发生地的人民政府给予补偿。

第五十条 对因参加扑救火灾或者应急救援受伤、致残或者死亡的人员,按照国家有关规定给予医疗、抚恤。

第五十一条 消防救援机构有权根据需要封闭火灾现场,负责调查火灾原因,统计火灾损失。

火灾扑灭后,发生火灾的单位和相关人员应当按照消防救援机构的要求保护现场,接受事故调查,如实提供与火灾有关的情况。

消防救援机构根据火灾现场勘验、调查情况和有关的检验、鉴定意见,及时制作火灾事故认定书,作为处理火灾事故的证据。

第五章 监 督 检 查

第五十二条 地方各级人民政府应当落实消防工作责任制,对本级人民政府有关部门履行消防安全职责的情况进行监督检查。

县级以上地方人民政府有关部门应当根据本系统的特点,有针对性地开展消防安全检查,及时督促整改火灾隐患。

第五十三条 消防救援机构应当对机关、团体、企业、事业等单位遵守消防法律、法规的情况依法进行监督检查。公安派出所可以负责日常消防监督检查、开展消防宣传教育,具体办法由国务院公安部门规定。

消防救援机构、公安派出所的工作人员进行消防监督检查,应当出示证件。

第五十四条 消防救援机构在消防监督检查中发现火灾隐患的,应当通知有关单位或者个人立即采取措施消除隐患;不及时消除隐患可能严重威胁公共安全的,消防救援机构应当依照规定对危险部位或者场所采取临时查封措施。

第五十五条 消防救援机构在消防监督检查中发现城乡消防安全布局、公共消防设施不符合消防安全要求,或者发现本地区存在影响公共安全的重大火灾隐患的,应当由应急管理部门书面报告本级人民政府。

接到报告的人民政府应当及时核实情况,组织或者责成有关部门、单位采取措施,予以整改。

第五十六条 住房和城乡建设主管部门、消防救援机构及其工作人员应当按照法定的职权和程序进行消防设计审查、消防验收、备案抽查和消防安全检查,做到公正、严格、文明、高效。

住房和城乡建设主管部门、消防救援机构及其工作人员进行消防设计审查、消防验收、备案抽查和消防安全检查等,不得收取费用,不得利用职务谋取利益;不得利用职务为用户、建设单位指定或者变相指定消防产品的品牌、销售单位或者消防技术服务机构、消防设施施工单位。

第五十七条 住房和城乡建设主管部门、消防救援机构及其工作人员执行职务,应当自觉接受社会和公民的监督。

任何单位和个人都有权对住房和城乡建设主管部门、消防救援机构及其工作人员在执法中的违法行为进行检举、控告。收到检举、控告的机关,应当按照职责及时查处。

第六章 法 律 责 任

第五十八条 违反本法规定,有下列行为之一的,由住房和城乡建设主管部门、消防救援机构按照各自职权责令停止施工、停止使用或者停产停业,并处三万元以上三十万元以下罚款:

(一)依法应当进行消防设计审查的建设工程,未经依法审查或者审查不合格,擅自施工的；

（二）依法应当进行消防验收的建设工程,未经消防验收或者消防验收不合格,擅自投入使用的；

（三）本法第十三条规定的其他建设工程验收后经依法抽查不合格,不停止使用的；擅自投入使用的；

（四）公众聚集场所未经消防安全检查或者经检查不符合消防安全要求,擅自投入使用、营业的。

建设单位未依照本法规定在验收后报住房和城乡建设主管部门备案的,由住房和城乡建设主管部门责令改正,处五千元以下罚款。

第五十九条 违反本法规定,有下列行为之一的,由住房和城乡建设主管部门责令改正或者停止施工,并处一万元以上十万元以下罚款：

（一）建设单位要求建筑设计单位或者建筑施工企业降低消防技术标准设计、施工的；

（二）建筑设计单位不按照消防技术标准强制性要求进行消防设计的；

（三）建筑施工企业不按照消防设计文件和消防技术标准施工,降低消防施工质量的；

（四）工程监理单位与建设单位或者建筑施工企业串通,弄虚作假,降低消防施工质量的。

第六十条 单位违反本法规定,有下列行为之一的,责令改正,处五千元以上五万元以下罚款：

（一）消防设施、器材或者消防安全标志的配置、设置不符合国家标准、行业标准,或者未保持完好有效的；

（二）损坏、挪用或者擅自拆除、停用消防设施、器材的；

（三）占用、堵塞、封闭疏散通道、安全出口或者有其他妨碍安全疏散行为的；

（四）埋压、圈占、遮挡消火栓或者占用防火间距的；

（五）占用、堵塞、封闭消防车通道,妨碍消防车通行的；

（六）人员密集场所在门窗上设置影响逃生和灭火救援的障碍物的；

（七）对火灾隐患经消防救援机构通知后不及时采取措施消除的。

个人有前款第二项、第三项、第四项、第五项行为之一的,处警告或者五百元以下罚款。

有本条第一款第三项、第四项、第五项、第六项行为,经责令改正拒不改正的,强制执行,所需费用由违法行为人承担。

第六十一条 生产、储存、经营易燃易爆危险品的场所与居住场所设置在同一建筑物内,或者未与居住场所保持安全距离的,责令停产停业,并处五千元以上五万元以下罚款。

生产、储存、经营其他物品的场所与居住场所设置在同一建筑物内,不符合消防技术标准的,依照前款规定处罚。

第六十二条 有下列行为之一的,依照《中华人民共和国治安管理处罚法》的规定处罚：

（一）违反有关消防技术标准和管理规定生产、储存、运输、销售、使用、销毁易燃易爆危险品的；

（二）非法携带易燃易爆危险品进入公共场所或者乘坐公共交通工具的；

（三）谎报火警的；

（四）阻碍消防车、消防艇执行任务的；

（五）阻碍消防救援机构的工作人员依法执行职务的。

第六十三条 违反本法规定，有下列行为之一的，处警告或者五百元以下罚款；情节严重的，处五日以下拘留：

（一）违反消防安全规定进入生产、储存易燃易爆危险品场所的；

（二）违反规定使用明火作业或者在具有火灾、爆炸危险的场所吸烟、使用明火的。

第六十四条 违反本法规定，有下列行为之一，尚不构成犯罪的，处十日以上十五日以下拘留，可以并处五百元以下罚款；情节较轻的，处警告或者五百元以下罚款：

（一）指使或者强令他人违反消防安全规定，冒险作业的；

（二）过失引起火灾的；

（三）在火灾发生后阻拦报警，或者负有报告职责的人员不及时报警的；

（四）扰乱火灾现场秩序，或者拒不执行火灾现场指挥员指挥，影响灭火救援的；

（五）故意破坏或者伪造火灾现场的；

（六）擅自拆封或者使用被消防救援机构查封的场所、部位的。

第六十五条 违反本法规定，生产、销售不合格的消防产品或者国家明令淘汰的消防产品的，由产品质量监督部门或者工商行政管理部门依照《中华人民共和国产品质量法》的规定从重处罚。

人员密集场所使用不合格的消防产品或者国家明令淘汰的消防产品的，责令限期改正；逾期不改正的，处五千元以上五万元以下罚款，并对其直接负责的主管人员和其他直接责任人员处五百元以上二千元以下罚款；情节严重的，责令停产停业。

消防救援机构对于本条第二款规定的情形，除依法对使用者予以处罚外，应当将发现不合格的消防产品和国家明令淘汰的消防产品的情况通报产品质量监督部门、工商行政管理部门。产品质量监督部门、工商行政管理部门应当对生产者、销售者依法及时查处。

第六十六条 电器产品、燃气用具的安装、使用及其线路、管路的设计、敷设、维护保养、检测不符合消防技术标准和管理规定的，责令限期改正；逾期不改正的，责令停止使用，可以并处一千元以上五千元以下罚款。

第六十七条 机关、团体、企业、事业等单位违反本法第十六条、第十七条、第十八条、第二十一条第二款规定的，责令限期改正；逾期不改正的，对其直接负责的主管人员和其他直接责任人员依法给予处分或者给予警告处罚。

第六十八条 人员密集场所发生火灾，该场所的现场工作人员不履行组织、引导在场人员疏散的义务，情节严重，尚不构成犯罪的，处五日以上十日以下拘留。

第六十九条 消防产品质量认证、消防设施检测等消防技术服务机构出具虚假文件的，责令改正，处五万元以上十万元以下罚款，并对直接负责的主管人员和其他直接责任人员处一万元以上五万元以下罚款；有违法所得的，并处没收违法所得；给他人造成损失的，依法承担赔偿责任；情节严重的，由原许可机关依法责令停止执业或者吊销相应资质、资格。

前款规定的机构出具失实文件，给他人造成损失的，依法承担赔偿责任；造成重大损失的，由原许可机关依法责令停止执业或者吊销相应资质、资格。

第七十条 本法规定的行政处罚，除应当由公安机关依照《中华人民共和国治安管理处罚法》的有关规定决定的外，由住房和城乡建设主管部门、消防救援机构按照各自职权决定。

被责令停止施工、停止使用、停产停业的,应当在整改后向作出决定的部门或者机构报告,经检查合格,方可恢复施工、使用、生产、经营。

当事人逾期不执行停产停业、停止使用、停止施工决定的,由作出决定的部门或者机构强制执行。

责令停产停业,对经济和社会生活影响较大的,由住房和城乡建设主管部门或者应急管理部门报请本级人民政府依法决定。

第七十一条　住房和城乡建设主管部门、消防救援机构的工作人员滥用职权、玩忽职守、徇私舞弊,有下列行为之一,尚不构成犯罪的,依法给予处分:

(一)对不符合消防安全要求的消防设计文件、建设工程、场所准予审查合格、消防验收合格、消防安全检查合格的;

(二)无故拖延消防设计审查、消防验收、消防安全检查,不在法定期限内履行职责的;

(三)发现火灾隐患不及时通知有关单位或者个人整改的;

(四)利用职务为用户、建设单位指定或者变相指定消防产品的品牌、销售单位或者消防技术服务机构、消防设施施工单位的;

(五)将消防车、消防艇以及消防器材、装备和设施用于与消防和应急救援无关的事项的;

(六)其他滥用职权、玩忽职守、徇私舞弊的行为。

产品质量监督、工商行政管理等其他有关行政主管部门的工作人员在消防工作中滥用职权、玩忽职守、徇私舞弊,尚不构成犯罪的,依法给予处分。

第七十二条　违反本法规定,构成犯罪的,依法追究刑事责任。

第七章　附　则

第七十三条　本法下列用语的含义:

(一)消防设施,是指火灾自动报警系统、自动灭火系统、消火栓系统、防烟排烟系统以及应急广播和应急照明、安全疏散设施等。

(二)消防产品,是指专门用于火灾预防、灭火救援和火灾防护、避难、逃生的产品。

(三)公众聚集场所,是指宾馆、饭店、商场、集贸市场、客运车站候车室、客运码头候船厅、民用机场航站楼、体育场馆、会堂以及公共娱乐场所等。

(四)人员密集场所,是指公众聚集场所,医院的门诊楼、病房楼,学校的教学楼、图书馆、食堂和集体宿舍,养老院、福利院、托儿所、幼儿园,公共图书馆的阅览室,公共展览馆、博物馆的展示厅,劳动密集型企业的生产加工车间和员工集体宿舍,旅游、宗教活动场所等。

第七十四条　本法自 2009 年 5 月 1 日起施行。

中华人民共和国标准化法

(1988 年 12 月 29 日第七届全国人民代表大会常务委员会第五次会议通过。
2017 年 11 月 4 日第十二届全国人民代表大会常务委员会第三十次会议修订)

第一章 总 则

第一条 为了加强标准化工作,提升产品和服务质量,促进科学技术进步,保障人身健康和生命财产安全,维护国家安全、生态环境安全,提高经济社会发展水平,制定本法。

第二条 本法所称标准(含标准样品),是指农业、工业、服务业以及社会事业等领域需要统一的技术要求。

标准包括国家标准、行业标准、地方标准和团体标准、企业标准。国家标准分为强制性标准、推荐性标准,行业标准、地方标准是推荐性标准。

强制性标准必须执行。国家鼓励采用推荐性标准。

第三条 标准化工作的任务是制定标准、组织实施标准以及对标准的制定、实施进行监督。

县级以上人民政府应当将标准化工作纳入本级国民经济和社会发展规划,将标准化工作经费纳入本级预算。

第四条 制定标准应当在科学技术研究成果和社会实践经验的基础上,深入调查论证,广泛征求意见,保证标准的科学性、规范性、时效性,提高标准质量。

第五条 国务院标准化行政主管部门统一管理全国标准化工作。国务院有关行政主管部门分工管理本部门、本行业的标准化工作。

县级以上地方人民政府标准化行政主管部门统一管理本行政区域内的标准化工作。县级以上地方人民政府有关行政主管部门分工管理本行政区域内本部门、本行业的标准化工作。

第六条 国务院建立标准化协调机制,统筹推进标准化重大改革,研究标准化重大政策,对跨部门跨领域、存在重大争议标准的制定和实施进行协调。

设区的市级以上地方人民政府可以根据工作需要建立标准化协调机制,统筹协调本行政区域内标准化工作重大事项。

第七条 国家鼓励企业、社会团体和教育、科研机构等开展或者参与标准化工作。

第八条 国家积极推动参与国际标准化活动,开展标准化对外合作与交流,参与制定国际标准,结合国情采用国际标准,推进中国标准与国外标准之间的转化运用。

国家鼓励企业、社会团体和教育、科研机构等参与国际标准化活动。

第九条 对在标准化工作中做出显著成绩的单位和个人,按照国家有关规定给予表彰和奖励。

第二章　标准的制定

第十条　对保障人身健康和生命财产安全、国家安全、生态环境安全以及满足经济社会管理基本需要的技术要求,应当制定强制性国家标准。

国务院有关行政主管部门依据职责负责强制性国家标准的项目提出、组织起草、征求意见和技术审查。国务院标准化行政主管部门负责强制性国家标准的立项、编号和对外通报。国务院标准化行政主管部门应当对拟制定的强制性国家标准是否符合前款规定进行立项审查,对符合前款规定的予以立项。

省、自治区、直辖市人民政府标准化行政主管部门可以向国务院标准化行政主管部门提出强制性国家标准的立项建议,由国务院标准化行政主管部门会同国务院有关行政主管部门决定。社会团体、企业事业组织以及公民可以向国务院标准化行政主管部门提出强制性国家标准的立项建议,国务院标准化行政主管部门认为需要立项的,会同国务院有关行政主管部门决定。

强制性国家标准由国务院批准发布或者授权批准发布。

法律、行政法规和国务院决定对强制性标准的制定另有规定的,从其规定。

第十一条　对满足基础通用、与强制性国家标准配套、对各有关行业起引领作用等需要的技术要求,可以制定推荐性国家标准。

推荐性国家标准由国务院标准化行政主管部门制定。

第十二条　对没有推荐性国家标准、需要在全国某个行业范围内统一的技术要求,可以制定行业标准。

行业标准由国务院有关行政主管部门制定,报国务院标准化行政主管部门备案。

第十三条　为满足地方自然条件、风俗习惯等特殊技术要求,可以制定地方标准。

地方标准由省、自治区、直辖市人民政府标准化行政主管部门制定;设区的市级人民政府标准化行政主管部门根据本行政区域的特殊需要,经所在地省、自治区、直辖市人民政府标准化行政主管部门批准,可以制定本行政区域的地方标准。地方标准由省、自治区、直辖市人民政府标准化行政主管部门报国务院标准化行政主管部门备案,由国务院标准化行政主管部门通报国务院有关行政主管部门。

第十四条　对保障人身健康和生命财产安全、国家安全、生态环境安全以及经济社会发展所急需的标准项目,制定标准的行政主管部门应当优先立项并及时完成。

第十五条　制定强制性标准、推荐性标准,应当在立项时对有关行政主管部门、企业、社会团体、消费者和教育、科研机构等方面的实际需求进行调查,对制定标准的必要性、可行性进行论证评估;在制定过程中,应当按照便捷有效的原则采取多种方式征求意见,组织对标准相关事项进行调查分析、实验、论证,并做到有关标准之间的协调配套。

第十六条　制定推荐性标准,应当组织由相关方组成的标准化技术委员会,承担标准的起草、技术审查工作。制定强制性标准,可以委托相关标准化技术委员会承担标准的起草、技术审查工作。未组成标准化技术委员会的,应当成立专家组承担相关标准的起草、技术审查工作。标准化技术委员会和专家组的组成应当具有广泛代表性。

第十七条　强制性标准文本应当免费向社会公开。国家推动免费向社会公开推荐性标准文本。

第十八条 国家鼓励学会、协会、商会、联合会、产业技术联盟等社会团体协调相关市场主体共同制定满足市场和创新需要的团体标准,由本团体成员约定采用或者按照本团体的规定供社会自愿采用。

制定团体标准,应当遵循开放、透明、公平的原则,保证各参与主体获取相关信息,反映各参与主体的共同需求,并应当组织对标准相关事项进行调查分析、实验、论证。

国务院标准化行政主管部门会同国务院有关行政主管部门对团体标准的制定进行规范、引导和监督。

第十九条 企业可以根据需要自行制定企业标准,或者与其他企业联合制定企业标准。

第二十条 国家支持在重要行业、战略性新兴产业、关键共性技术等领域利用自主创新技术制定团体标准、企业标准。

第二十一条 推荐性国家标准、行业标准、地方标准、团体标准、企业标准的技术要求不得低于强制性国家标准的相关技术要求。

国家鼓励社会团体、企业制定高于推荐性标准相关技术要求的团体标准、企业标准。

第二十二条 制定标准应当有利于科学合理利用资源,推广科学技术成果,增强产品的安全性、通用性、可替换性,提高经济效益、社会效益、生态效益,做到技术上先进、经济上合理。

禁止利用标准实施妨碍商品、服务自由流通等排除、限制市场竞争的行为。

第二十三条 国家推进标准化军民融合和资源共享,提升军民标准通用化水平,积极推动在国防和军队建设中采用先进适用的民用标准,并将先进适用的军用标准转化为民用标准。

第二十四条 标准应当按照编号规则进行编号。标准的编号规则由国务院标准化行政主管部门制定并公布。

第三章 标准的实施

第二十五条 不符合强制性标准的产品、服务,不得生产、销售、进口或者提供。

第二十六条 出口产品、服务的技术要求,按照合同的约定执行。

第二十七条 国家实行团体标准、企业标准自我声明公开和监督制度。企业应当公开其执行的强制性标准、推荐性标准、团体标准或者企业标准的编号和名称;企业执行自行制定的企业标准的,还应当公开产品、服务的功能指标和产品的性能指标。国家鼓励团体标准、企业标准通过标准信息公共服务平台向社会公开。

企业应当按照标准组织生产经营活动,其生产的产品、提供的服务应当符合企业公开标准的技术要求。

第二十八条 企业研制新产品、改进产品,进行技术改造,应当符合本法规定的标准化要求。

第二十九条 国家建立强制性标准实施情况统计分析报告制度。

国务院标准化行政主管部门和国务院有关行政主管部门、设区的市级以上地方人民政府标准化行政主管部门应当建立标准实施信息反馈和评估机制,根据反馈和评估情况对其制定的标准进行复审。标准的复审周期一般不超过五年。经过复审,对不适应经济社会发展需要和技术进步的应当及时修订或者废止。

第三十条　国务院标准化行政主管部门根据标准实施信息反馈、评估、复审情况,对有关标准之间重复交叉或者不衔接配套的,应当会同国务院有关行政主管部门作出处理或者通过国务院标准化协调机制处理。

第三十一条　县级以上人民政府应当支持开展标准化试点示范和宣传工作,传播标准化理念,推广标准化经验,推动全社会运用标准化方式组织生产、经营、管理和服务,发挥标准对促进转型升级、引领创新驱动的支撑作用。

第四章　监 督 管 理

第三十二条　县级以上人民政府标准化行政主管部门、有关行政主管部门依据法定职责,对标准的制定进行指导和监督,对标准的实施进行监督检查。

第三十三条　国务院有关行政主管部门在标准制定、实施过程中出现争议的,由国务院标准化行政主管部门组织协商;协商不成的,由国务院标准化协调机制解决。

第三十四条　国务院有关行政主管部门、设区的市级以上地方人民政府标准化行政主管部门未依照本法规定对标准进行编号、复审或者备案的,国务院标准化行政主管部门应当要求其说明情况,并限期改正。

第三十五条　任何单位或者个人有权向标准化行政主管部门、有关行政主管部门举报、投诉违反本法规定的行为。

标准化行政主管部门、有关行政主管部门应当向社会公开受理举报、投诉的电话、信箱或者电子邮件地址,并安排人员受理举报、投诉。对实名举报人或者投诉人,受理举报、投诉的行政主管部门应当告知处理结果,为举报人保密,并按照国家有关规定对举报人给予奖励。

第五章　法 律 责 任

第三十六条　生产、销售、进口产品或者提供服务不符合强制性标准,或者企业生产的产品、提供的服务不符合其公开标准的技术要求的,依法承担民事责任。

第三十七条　生产、销售、进口产品或者提供服务不符合强制性标准的,依照《中华人民共和国产品质量法》《中华人民共和国进出口商品检验法》《中华人民共和国消费者权益保护法》等法律、行政法规的规定查处,记入信用记录,并依照有关法律、行政法规的规定予以公示;构成犯罪的,依法追究刑事责任。

第三十八条　企业未依照本法规定公开其执行的标准的,由标准化行政主管部门责令限期改正;逾期不改正的,在标准信息公共服务平台上公示。

第三十九条　国务院有关行政主管部门、设区的市级以上地方人民政府标准化行政主管部门制定的标准不符合本法第二十一条第一款、第二十二条第一款规定的,应当及时改正;拒不改正的,由国务院标准化行政主管部门公告废止相关标准;对负有责任的领导人员和直接责任人员依法给予处分。

社会团体、企业制定的标准不符合本法第二十一条第一款、第二十二条第一款规定的,由标准化行政主管部门责令限期改正;逾期不改正的,由省级以上人民政府标准化行政主管部门废止相关标准,并在标准信息公共服务平台上公示。

违反本法第二十二条第二款规定,利用标准实施排除、限制市场竞争行为的,依照《中华人民共和国反垄断法》等法律、行政法规的规定处理。

第四十条 国务院有关行政主管部门、设区的市级以上地方人民政府标准化行政主管部门未依照本法规定对标准进行编号或者备案,又未依照本法第三十四条的规定改正的,由国务院标准化行政主管部门撤销相关标准编号或者公告废止未备案标准;对负有责任的领导人员和直接责任人员依法给予处分。

国务院有关行政主管部门、设区的市级以上地方人民政府标准化行政主管部门未依照本法规定对其制定的标准进行复审,又未依照本法第三十四条的规定改正的,对负有责任的领导人员和直接责任人员依法给予处分。

第四十一条 国务院标准化行政主管部门未依照本法第十条第二款规定对制定强制性国家标准的项目予以立项,制定的标准不符合本法第二十一条第一款、第二十二条第一款规定,或者未依照本法规定对标准进行编号、复审或者予以备案的,应当及时改正;对负有责任的领导人员和直接责任人员可以依法给予处分。

第四十二条 社会团体、企业未依照本法规定对团体标准或者企业标准进行编号的,由标准化行政主管部门责令限期改正;逾期不改正的,由省级以上人民政府标准化行政主管部门撤销相关标准编号,并在标准信息公共服务平台上公示。

第四十三条 标准化工作的监督、管理人员滥用职权、玩忽职守、徇私舞弊的,依法给予处分;构成犯罪的,依法追究刑事责任。

第六章 附 则

第四十四条 军用标准的制定、实施和监督办法,由国务院、中央军事委员会另行制定。

第四十五条 本法自 2018 年 1 月 1 日起施行。

中华人民共和国产品质量法

(1993 年 2 月 22 日第七届全国人民代表大会常务委员会第三十次会议通过。
根据 2018 年 12 月 29 日第十三届全国人民代表大会常务委员会第七次
会议通过全国人民代表大会常务委员会《关于修改〈中华人民共和国
产品质量法〉等五部法律的决定》第三次修正)

第一章 总　　则

第一条　为了加强对产品质量的监督管理,提高产品质量水平,明确产品质量责任,保护消费者的合法权益,维护社会经济秩序,制定本法。

第二条　在中华人民共和国境内从事产品生产、销售活动,必须遵守本法。本法所称产品是指经过加工、制作,用于销售的产品。

建设工程不适用本法规定;但是,建设工程使用的建筑材料、建筑构配件和设备,属于前款规定的产品范围的,适用本法规定。

第三条　生产者、销售者应当建立健全内部产品质量管理制度,严格实施岗位质量规范、质量责任以及相应的考核办法。

第四条　生产者、销售者依照本法规定承担产品质量责任。

第五条　禁止伪造或者冒用认证标志等质量标志;禁止伪造产品的产地,伪造或者冒用他人的厂名、厂址;禁止在生产、销售的产品中掺杂、掺假,以假充真,以次充好。

第六条　国家鼓励推行科学的质量管理方法,采用先进的科学技术,鼓励企业产品质量达到并且超过行业标准、国家标准和国际标准。

对产品质量管理先进和产品质量达到国际先进水平、成绩显著的单位和个人,给予奖励。

第七条　各级人民政府应当把提高产品质量纳入国民经济和社会发展规划,加强对产品质量工作的统筹规划和组织领导,引导、督促生产者、销售者加强产品质量管理,提高产品质量,组织各有关部门依法采取措施,制止产品生产、销售中违反本法规定的行为,保障本法的施行。

第八条　国务院市场监督管理部门主管全国产品质量监督工作。国务院有关部门在各自的职责范围内负责产品质量监督工作。

县级以上地方市场监督管理部门主管本行政区域内的产品质量监督工作。县级以上地方人民政府有关部门在各自的职责范围内负责产品质量监督工作。

法律对产品质量的监督部门另有规定的,依照有关法律的规定执行。

第九条　各级人民政府工作人员和其他国家机关工作人员不得滥用职权、玩忽职守或者徇私舞弊,包庇、放纵本地区、本系统发生的产品生产、销售中违反本法规定的行为,或者阻挠、干预依法对产品生产、销售中违反本法规定的行为进行查处。

各级地方人民政府和其他国家机关有包庇、放纵产品生产、销售中违反本法规定的行为的,依法追究其主要负责人的法律责任。

第十条 任何单位和个人有权对违反本法规定的行为,向市场监督管理部门或者其他有关部门检举。

市场监督管理部门和有关部门应当为检举人保密,并按照省、自治区、直辖市人民政府的规定给予奖励。

第十一条 任何单位和个人不得排斥非本地区或者非本系统企业生产的质量合格产品进入本地区、本系统。

第二章 产品质量的监督

第十二条 产品质量应当检验合格,不得以不合格产品冒充合格产品。

第十三条 可能危及人体健康和人身、财产安全的工业产品,必须符合保障人体健康和人身、财产安全的国家标准、行业标准;未制定国家标准、行业标准的,必须符合保障人体健康和人身、财产安全的要求。

禁止生产、销售不符合保障人体健康和人身、财产安全的标准和要求的工业产品。具体管理办法由国务院规定。

第十四条 国家根据国际通用的质量管理标准,推行企业质量体系认证制度。企业根据自愿原则可以向国务院市场监督管理部门认可的或者国务院市场监督管理部门授权的部门认可的认证机构申请企业质量体系认证。经认证合格的,由认证机构颁发企业质量体系认证证书。

国家参照国际先进的产品标准和技术要求,推行产品质量认证制度。企业根据自愿原则可以向国务院市场监督管理部门认可的或者国务院市场监督管理部门授权的部门认可的认证机构申请产品质量认证。经认证合格的,由认证机构颁发产品质量认证证书,准许企业在产品或者其包装上使用产品质量认证标志。

第十五条 国家对产品质量实行以抽查为主要方式的监督检查制度,对可能危及人体健康和人身、财产安全的产品,影响国计民生的重要工业产品以及消费者、有关组织反映有质量问题的产品进行抽查。抽查的样品应当在市场上或者企业成品仓库内的待销产品中随机抽取。监督抽查工作由国务院市场监督管理部门规划和组织。县级以上地方市场监督管理部门在本行政区域内也可以组织监督抽查。法律对产品质量的监督检查另有规定的,依照有关法律的规定执行。

国家监督抽查的产品,地方不得另行重复抽查;上级监督抽查的产品,下级不得另行重复抽查。

根据监督抽查的需要,可以对产品进行检验。检验抽取样品的数量不得超过检验的合理需要,并不得向被检查人收取检验费用。监督抽查所需检验费用按照国务院规定列支。

生产者、销售者对抽查检验的结果有异议的,可以自收到检验结果之日起十五日内向实施监督抽查的市场监督管理部门或者其上级市场监督管理部门申请复检,由受理复检的市场监督管理部门作出复检结论。

第十六条 对依法进行的产品质量监督检查,生产者、销售者不得拒绝。

第十七条　依照本法规定进行监督抽查的产品质量不合格的,由实施监督抽查的市场监督管理部门责令其生产者、销售者限期改正。逾期不改正的,由省级以上人民政府市场监督管理部门予以公告;公告后经复查仍不合格的,责令停业,限期整顿;整顿期满后经复查产品质量仍不合格的,吊销营业执照。

监督抽查的产品有严重质量问题的,依照本法第五章的有关规定处罚。

第十八条　县级以上市场监督管理部门根据已经取得的违法嫌疑证据或者举报,对涉嫌违反本法规定的行为进行查处时,可以行使下列职权:

(一)对当事人涉嫌从事违反本法的生产、销售活动的场所实施现场检查;

(二)向当事人的法定代表人、主要负责人和其他有关人员调查、了解与涉嫌从事违反本法的生产、销售活动有关的情况;

(三)查阅、复制当事人有关的合同、发票、账簿以及其他有关资料;

(四)对有根据认为不符合保障人体健康和人身、财产安全的国家标准、行业标准的产品或者有其他严重质量问题的产品,以及直接用于生产、销售该项产品的原辅材料、包装物、生产工具,予以查封或者扣押。

第十九条　产品质量检验机构必须具备相应的检测条件和能力,经省级以上人民政府市场监督管理部门或者其授权的部门考核合格后,方可承担产品质量检验工作。法律、行政法规对产品质量检验机构另有规定的,依照有关法律、行政法规的规定执行。

第二十条　从事产品质量检验、认证的社会中介机构必须依法设立,不得与行政机关和其他国家机关存在隶属关系或者其他利益关系。

第二十一条　产品质量检验机构、认证机构必须依法按照有关标准,客观、公正地出具检验结果或者认证证明。

产品质量认证机构应当依照国家规定对准许使用认证标志的产品进行认证后的跟踪检查;对不符合认证标准而使用认证标志的,要求其改正;情节严重的,取消其使用认证标志的资格。

第二十二条　消费者有权就产品质量问题,向产品的生产者、销售者查询;向市场监督管理部门及有关部门申诉,接受申诉的部门应当负责处理。

第二十三条　保护消费者权益的社会组织可以就消费者反映的产品质量问题建议有关部门负责处理,支持消费者对因产品质量造成的损害向人民法院起诉。

第二十四条　国务院和省、自治区、直辖市人民政府的市场监督管理部门应当定期发布其监督抽查的产品的质量状况公告。

第二十五条　市场监督管理部门或者其他国家机关以及产品质量检验机构不得向社会推荐生产者的产品;不得以对产品进行监制、监销等方式参与产品经营活动。

第三章　生产者、销售者的产品质量责任和义务

第一节　生产者的产品质量责任和义务

第二十六条　生产者应当对其生产的产品质量负责。

产品质量应当符合下列要求:

（一）不存在危及人身、财产安全的不合理的危险，有保障人体健康和人身、财产安全的国家标准、行业标准的，应当符合该标准；

（二）具备产品应当具备的使用性能，但是，对产品存在使用性能的瑕疵作出说明的除外；

（三）符合在产品或者其包装上注明采用的产品标准，符合以产品说明、实物样品等方式表明的质量状况。

第二十七条 产品或者其包装上的标识必须真实，并符合下列要求：

（一）有产品质量检验合格证明；

（二）有中文标明的产品名称、生产厂厂名和厂址；

（三）根据产品的特点和使用要求，需要标明产品规格、等级、所含主要成分的名称和含量的，用中文相应予以标明；需要事先让消费者知晓的，应当在外包装上标明，或者预先向消费者提供有关资料；

（四）限期使用的产品，应当在显著位置清晰地标明生产日期和安全使用期或者失效日期；

（五）使用不当，容易造成产品本身损坏或者可能危及人身、财产安全的产品，应当有警示标志或者中文警示说明。

裸装的食品和其他根据产品的特点难以附加标识的裸装产品，可以不附加产品标识。

第二十八条 易碎、易燃、易爆、有毒、有腐蚀性、有放射性等危险物品以及储运中不能倒置和其他有特殊要求的产品，其包装质量必须符合相应要求，依照国家有关规定作出警示标志或者中文警示说明，标明储运注意事项。

第二十九条 生产者不得生产国家明令淘汰的产品。

第三十条 生产者不得伪造产地，不得伪造或者冒用他人的厂名、厂址。

第三十一条 生产者不得伪造或者冒用认证标志等质量标志。

第三十二条 生产者生产产品，不得掺杂、掺假，不得以假充真、以次充好，不得以不合格产品冒充合格产品。

第二节 销售者的产品质量责任和义务

第三十三条 销售者应当建立并执行进货检查验收制度，验明产品合格证明和其他标识。

第三十四条 销售者应当采取措施，保持销售产品的质量。

第三十五条 销售者不得销售国家明令淘汰并停止销售的产品和失效、变质的产品。

第三十六条 销售者销售的产品的标识应当符合本法第二十七条的规定。

第三十七条 销售者不得伪造产地，不得伪造或者冒用他人的厂名、厂址。

第三十八条 销售者不得伪造或者冒用认证标志等质量标志。

第三十九条 销售者销售产品，不得掺杂、掺假，不得以假充真、以次充好，不得以不合格产品冒充合格产品。

第四章 损害赔偿

第四十条 售出的产品有下列情形之一的，销售者应当负责修理、更换、退货；给购买产品的消费者造成损失的，销售者应当赔偿损失：

（一）不具备产品应当具备的使用性能而事先未作说明的；

（二）不符合在产品或者其包装上注明采用的产品标准的；

（三）不符合以产品说明、实物样品等方式表明的质量状况的。

销售者依照前款规定负责修理、更换、退货、赔偿损失后，属于生产者的责任或者属于向销售者提供产品的其他销售者(以下简称供货者)的责任的，销售者有权向生产者、供货者追偿。

销售者未按照第一款规定给予修理、更换、退货或者赔偿损失的，由市场监督管理部门责令改正。

生产者之间，销售者之间，生产者与销售者之间订立的买卖合同、承揽合同有不同约定的，合同当事人按照合同约定执行。

第四十一条　因产品存在缺陷造成人身、缺陷产品以外的其他财产(以下简称他人财产)损害的，生产者应当承担赔偿责任。

生产者能够证明有下列情形之一的，不承担赔偿责任：

(一)未将产品投入流通的；

(二)产品投入流通时，引起损害的缺陷尚不存在的；

(三)将产品投入流通时的科学技术水平尚不能发现缺陷的存在的。

第四十二条　由于销售者的过错使产品存在缺陷，造成人身、他人财产损害的，销售者应当承担赔偿责任。销售者不能指明缺陷产品的生产者也不能指明缺陷产品的供货者的，销售者应当承担赔偿责任。

第四十三条　因产品存在缺陷造成人身、他人财产损害的，受害人可以向产品的生产者要求赔偿，也可以向产品的销售者要求赔偿。属于产品的生产者的责任，产品的销售者赔偿的，产品的销售者有权向产品的生产者追偿。属于产品的销售者的责任，产品的生产者赔偿的，产品的生产者有权向产品的销售者追偿。

第四十四条　因产品存在缺陷造成受害人人身伤害的，侵害人应当赔偿医疗费、治疗期间的护理费、因误工减少的收入等费用；造成残疾的，还应当支付残疾者生活自助具费、生活补助费、残疾赔偿金以及由其扶养的人所必需的生活费等费用；造成受害人死亡的，并应当支付丧葬费、死亡赔偿金以及由死者生前扶养的人所必需的生活费等费用。

因产品存在缺陷造成受害人财产损失的，侵害人应当恢复原状或者折价赔偿。受害人因此遭受其他重大损失的，侵害人应当赔偿损失。

第四十五条　因产品存在缺陷造成损害要求赔偿的诉讼时效期间为二年，自当事人知道或者应当知道其权益受到损害时起计算。

因产品存在缺陷造成损害要求赔偿的请求权，在造成损害的缺陷产品交付最初消费者满十年丧失；但是，尚未超过明示的安全使用期的除外。

第四十六条　本法所称缺陷，是指产品存在危及人身、他人财产安全的不合理的危险；产品有保障人体健康和人身、财产安全的国家标准、行业标准的，是指不符合该标准。

第四十七条　因产品质量发生民事纠纷时，当事人可以通过协商或者调解解决。当事人不愿通过协商、调解解决或者协商、调解不成的，可以根据当事人各方的协议向仲裁机构申请仲裁；当事人各方没有达成仲裁协议或者仲裁协议无效的，可以直接向人民法院起诉。

第四十八条　仲裁机构或者人民法院可以委托本法第十九条规定的产品质量检验机构，

对有关产品质量进行检验。

第五章 罚 则

第四十九条 生产、销售不符合保障人体健康和人身、财产安全的国家标准、行业标准的产品的，责令停止生产、销售，没收违法生产、销售的产品，并处违法生产、销售产品（包括已售出和未售出的产品，下同）货值金额等值以上三倍以下的罚款；有违法所得的，并处没收违法所得；情节严重的，吊销营业执照；构成犯罪的，依法追究刑事责任。

第五十条 在产品中掺杂、掺假，以假充真，以次充好，或者以不合格产品冒充合格产品的，责令停止生产、销售，没收违法生产、销售的产品，并处违法生产、销售产品货值金额百分之五十以上三倍以下的罚款；有违法所得的，并处没收违法所得；情节严重的，吊销营业执照；构成犯罪的，依法追究刑事责任。

第五十一条 生产国家明令淘汰的产品的，销售国家明令淘汰并停止销售的产品的，责令停止生产、销售，没收违法生产、销售的产品，并处违法生产、销售产品货值金额等值以下的罚款；有违法所得的，并处没收违法所得；情节严重的，吊销营业执照。

第五十二条 销售失效、变质的产品的，责令停止销售，没收违法销售的产品，并处违法销售产品货值金额二倍以下的罚款；有违法所得的，并处没收违法所得；情节严重的，吊销营业执照；构成犯罪的，依法追究刑事责任。

第五十三条 伪造产品产地的，伪造或者冒用他人厂名、厂址的，伪造或者冒用认证标志等质量标志的，责令改正，没收违法生产、销售的产品，并处违法生产、销售产品货值金额等值以下的罚款；有违法所得的，并处没收违法所得；情节严重的，吊销营业执照。

第五十四条 产品标识不符合本法第二十七条规定的，责令改正；有包装的产品标识不符合本法第二十七条第（四）项、第（五）项规定，情节严重的，责令停止生产、销售，并处违法生产、销售产品货值金额百分之三十以下的罚款；有违法所得的，并处没收违法所得。

第五十五条 销售者销售本法第四十九条至第五十三条规定禁止销售的产品，有充分证据证明其不知道该产品为禁止销售的产品并如实说明其进货来源的，可以从轻或者减轻处罚。

第五十六条 拒绝接受依法进行的产品质量监督检查的，给予警告，责令改正；拒不改正的，责令停业整顿；情节特别严重的，吊销营业执照。

第五十七条 产品质量检验机构、认证机构伪造检验结果或者出具虚假证明的，责令改正，对单位处五万元以上十万元以下的罚款，对直接负责的主管人员和其他直接责任人员处一万元以上五万元以下的罚款；有违法所得的，并处没收违法所得；情节严重的，取消其检验资格、认证资格；构成犯罪的，依法追究刑事责任。

产品质量检验机构、认证机构出具的检验结果或者证明不实，造成损失的，应当承担相应的赔偿责任；造成重大损失的，撤销其检验资格、认证资格。

产品质量认证机构违反本法第二十一条第二款的规定，对不符合认证标准而使用认证标志的产品，未依法要求其改正或者取消其使用认证标志资格的，对因产品不符合认证标准给消费者造成的损失，与产品的生产者、销售者承担连带责任；情节严重的，撤销其认证资格。

第五十八条 社会团体、社会中介机构对产品质量作出承诺、保证，而该产品又不符合其承诺、保证的质量要求，给消费者造成损失的，与产品的生产者、销售者承担连带责任。

第五十九条　在广告中对产品质量作虚假宣传,欺骗和误导消费者的,依照《中华人民共和国广告法》的规定追究法律责任。

第六十条　对生产者专门用于生产本法第四十九条、第五十一条所列的产品或者以假充真的产品的原辅材料、包装物、生产工具,应当予以没收。

第六十一条　知道或者应当知道属于本法规定禁止生产、销售的产品而为其提供运输、保管、仓储等便利条件的,或者为以假充真的产品提供制假生产技术的,没收全部运输、保管、仓储或者提供制假生产技术的收入,并处违法收入百分之五十以上三倍以下的罚款;构成犯罪的,依法追究刑事责任。

第六十二条　服务业的经营者将本法第四十九条至第五十二条规定禁止销售的产品用于经营性服务的,责令停止使用;对知道或者应当知道所使用的产品属于本法规定禁止销售的产品的,按照违法使用的产品(包括已使用和尚未使用的产品)的货值金额,依照本法对销售者的处罚规定处罚。

第六十三条　隐匿、转移、变卖、损毁被市场监督管理部门查封、扣押的物品的,处被隐匿、转移、变卖、损毁物品货值金额等值以上三倍以下的罚款;有违法所得的,并处没收违法所得。

第六十四条　违反本法规定,应当承担民事赔偿责任和缴纳罚款、罚金,其财产不足以同时支付时,先承担民事赔偿责任。

第六十五条　各级人民政府工作人员和其他国家机关工作人员有下列情形之一的,依法给予行政处分;构成犯罪的,依法追究刑事责任:

(一)包庇、放纵产品生产、销售中违反本法规定行为的;

(二)向从事违反本法规定的生产、销售活动的当事人通风报信,帮助其逃避查处的;

(三)阻挠、干预市场监督管理部门依法对产品生产、销售中违反本法规定的行为进行查处,造成严重后果的。

第六十六条　市场监督管理部门在产品质量监督抽查中超过规定的数量索取样品或者向被检查人收取检验费用的,由上级市场监督管理部门或者监察机关责令退还;情节严重的,对直接负责的主管人员和其他直接责任人员依法给予行政处分。

第六十七条　市场监督管理部门或者其他国家机关违反本法第二十五条的规定,向社会推荐生产者的产品或者以监制、监销等方式参与产品经营活动的,由其上级机关或者监察机关责令改正,消除影响,有违法收入的予以没收;情节严重的,对直接负责的主管人员和其他直接责任人员依法给予行政处分。

产品质量检验机构有前款所列违法行为的,由市场监督管理部门责令改正,消除影响,有违法收入的予以没收,可以并处违法收入一倍以下的罚款;情节严重的,撤销其质量检验资格。

第六十八条　市场监督管理部门的工作人员滥用职权、玩忽职守、徇私舞弊,构成犯罪的,依法追究刑事责任;尚不构成犯罪的,依法给予行政处分。

第六十九条　以暴力、威胁方法阻碍市场监督管理部门的工作人员依法执行职务的,依法追究刑事责任;拒绝、阻碍未使用暴力、威胁方法的,由公安机关依照治安管理处罚法的规定处罚。

第七十条　本法第四十九条至第五十七条、第六十条至第六十三条规定的行政处罚由市场监督管理部门决定。法律、行政法规对行使行政处罚权的机关另有规定的,依照有关法律、行政法规的规定执行。

第七十一条 对依照本法规定没收的产品,依照国家有关规定进行销毁或者采取其他方式处理。

第七十二条 本法第四十九条至第五十四条、第六十二条、第六十三条所规定的货值金额以违法生产、销售产品的标价计算;没有标价的,按照同类产品的市场价格计算。

<h2 style="text-align:center">第六章 附 则</h2>

第七十三条 军工产品质量监督管理办法,由国务院、中央军事委员会另行制定。

因核设施、核产品造成损害的赔偿责任,法律、行政法规另有规定的,依照其规定。

第七十四条 本法自 1993 年 9 月 1 日起施行。

第二部分

法规

建设工程勘察设计管理条例

(2009 年 9 月 25 日国务院令第 293 号发布。根据 2017 年 10 月 7 日国务院令第 687 号
《国务院关于修改部分行政法规的决定》修订)

第一章 总 则

第一条 为了加强对建设工程勘察、设计活动的管理,保证建设工程勘察、设计质量,保护人民生命和财产安全,制定本条例。

第二条 从事建设工程勘察、设计活动,必须遵守本条例。

本条例所称建设工程勘察,是指根据建设工程的要求,查明、分析、评价建设场地的地质地理环境特征和岩土工程条件,编制建设工程勘察文件的活动。

本条例所称建设工程设计,是指根据建设工程的要求,对建设工程所需的技术、经济、资源、环境等条件进行综合分析、论证,编制建设工程设计文件的活动。

第三条 建设工程勘察、设计应当与社会、经济发展水平相适应,做到经济效益、社会效益和环境效益相统一。

第四条 从事建设工程勘察、设计活动,应当坚持先勘察、后设计、再施工的原则。

第五条 县级以上人民政府建设行政主管部门和交通、水利等有关部门应当依照本条例的规定,加强对建设工程勘察、设计活动的监督管理。

建设工程勘察、设计单位必须依法进行建设工程勘察、设计,严格执行工程建设强制性标准,并对建设工程勘察、设计的质量负责。

第六条 国家鼓励在建设工程勘察、设计活动中采用先进技术、先进工艺、先进设备、新型材料和现代管理方法。

第二章 资质资格管理

第七条 国家对从事建设工程勘察、设计活动的单位,实行资质管理制度。具体办法由国务院建设行政主管部门商国务院有关部门制定。

第八条 建设工程勘察、设计单位应当在其资质等级许可的范围内承揽建设工程勘察、设计业务。

禁止建设工程勘察、设计单位超越其资质等级许可的范围或者以其他建设工程勘察、设计单位的名义承揽建设工程勘察、设计业务。禁止建设工程勘察、设计单位允许其他单位或者个人以本单位的名义承揽建设工程勘察、设计业务。

第九条 国家对从事建设工程勘察、设计活动的专业技术人员,实行执业资格注册管理制度。

未经注册的建设工程勘察、设计人员,不得以注册执业人员的名义从事建设工程勘察、设

计活动。

第十条　建设工程勘察、设计注册执业人员和其他专业技术人员只能受聘于一个建设工程勘察、设计单位;未受聘于建设工程勘察、设计单位的,不得从事建设工程的勘察、设计活动。

第十一条　建设工程勘察、设计单位资质证书和执业人员注册证书,由国务院建设行政主管部门统一制作。

第三章　建设工程勘察设计发包与承包

第十二条　建设工程勘察、设计发包依法实行招标发包或者直接发包。

第十三条　建设工程勘察、设计应当依照《中华人民共和国招标投标法》的规定,实行招标发包。

第十四条　建设工程勘察、设计方案评标,应当以投标人的业绩、信誉和勘察、设计人员的能力以及勘察、设计方案的优劣为依据,进行综合评定。

第十五条　建设工程勘察、设计的招标人应当在评标委员会推荐的候选方案中确定中标方案。但是,建设工程勘察、设计的招标人认为评标委员会推荐的候选方案不能最大限度满足招标文件规定的要求的,应当依法重新招标。

第十六条　下列建设工程的勘察、设计,经有关主管部门批准,可以直接发包:

(一)采用特定的专利或者专有技术的;

(二)建筑艺术造型有特殊要求的;

(三)国务院规定的其他建设工程的勘察、设计。

第十七条　发包方不得将建设工程勘察、设计业务发包给不具有相应勘察、设计资质等级的建设工程勘察、设计单位。

第十八条　发包方可以将整个建设工程的勘察、设计发包给一个勘察、设计单位;也可以将建设工程的勘察、设计分别发包给几个勘察、设计单位。

第十九条　除建设工程主体部分的勘察、设计外,经发包方书面同意,承包方可以将建设工程其他部分的勘察、设计再分包给其他具有相应资质等级的建设工程勘察、设计单位。

第二十条　建设工程勘察、设计单位不得将所承揽的建设工程勘察、设计转包。

第二十一条　承包方必须在建设工程勘察、设计资质证书规定的资质等级和业务范围内承揽建设工程的勘察、设计业务。

第二十二条　建设工程勘察、设计的发包方与承包方,应当执行国家规定的建设工程勘察、设计程序。

第二十三条　建设工程勘察、设计的发包方与承包方应当签订建设工程勘察、设计合同。

第二十四条　建设工程勘察、设计发包方与承包方应当执行国家有关建设工程勘察费、设计费的管理规定。

第四章　建设工程勘察设计文件的编制与实施

第二十五条　编制建设工程勘察、设计文件,应当以下列规定为依据:

(一)项目批准文件;

（二）城乡规划；

（三）工程建设强制性标准；

（四）国家规定的建设工程勘察、设计深度要求。

铁路、交通、水利等专业建设工程，还应当以专业规划的要求为依据。

第二十六条　编制建设工程勘察文件，应当真实、准确，满足建设工程规划、选址、设计、岩土治理和施工的需要。

编制方案设计文件，应当满足编制初步设计文件和控制概算的需要。

编制初步设计文件，应当满足编制施工招标文件、主要设备材料订货和编制施工图设计文件的需要。

编制施工图设计文件，应当满足设备材料采购、非标准设备制作和施工的需要，并注明建设工程合理使用年限。

第二十七条　设计文件中选用的材料、构配件、设备，应当注明其规格、型号、性能等技术指标，其质量要求必须符合国家规定的标准。

除有特殊要求的建筑材料、专用设备和工艺生产线等外，设计单位不得指定生产厂、供应商。

第二十八条　建设单位、施工单位、监理单位不得修改建设工程勘察、设计文件；确需修改建设工程勘察、设计文件的，应当由原建设工程勘察、设计单位修改。经原建设工程勘察、设计单位书面同意，建设单位也可以委托其他具有相应资质的建设工程勘察、设计单位修改。修改单位对修改的勘察、设计文件承担相应责任。

施工单位、监理单位发现建设工程勘察、设计文件不符合工程建设强制性标准、合同约定的质量要求的，应当报告建设单位，建设单位有权要求建设工程勘察、设计单位对建设工程勘察、设计文件进行补充、修改。

建设工程勘察、设计文件内容需要作重大修改的，建设单位应当报经原审批机关批准后，方可修改。

第二十九条　建设工程勘察、设计文件中规定采用的新技术、新材料，可能影响建设工程质量和安全，又没有国家技术标准的，应当由国家认可的检测机构进行试验、论证，出具检测报告，并经国务院有关部门或者省、自治区、直辖市人民政府有关部门组织的建设工程技术专家委员会审定后，方可使用。

第三十条　建设工程勘察、设计单位应当在建设工程施工前，向施工单位和监理单位说明建设工程勘察、设计意图，解释建设工程勘察、设计文件。

建设工程勘察、设计单位应当及时解决施工中出现的勘察、设计问题。

第五章　监督管理

第三十一条　国务院建设行政主管部门对全国的建设工程勘察、设计活动实施统一监督管理。国务院铁路、交通、水利等有关部门按照国务院规定的职责分工，负责对全国的有关专业建设工程勘察、设计活动的监督管理。

县级以上地方人民政府建设行政主管部门对本行政区域内的建设工程勘察、设计活动实施监督管理。县级以上地方人民政府交通、水利等有关部门在各自的职责范围内，负责对本行政区域内的有关专业建设工程勘察、设计活动的监督管理。

第三十二条　建设工程勘察、设计单位在建设工程勘察、设计资质证书规定的业务范围内跨部门、跨地区承揽勘察、设计业务的,有关地方人民政府及其所属部门不得设置障碍,不得违反国家规定收取任何费用。

第三十三条　施工图设计文件审查机构应当对房屋建筑工程、市政基础设施工程施工图设计文件中涉及公共利益、公众安全、工程建设强制性标准的内容进行审查。县级以上人民政府交通运输等有关部门应当按照职责对施工图设计文件中涉及公共利益、公众安全、工程建设强制性标准的内容进行审查。

施工图设计文件未经审查批准的,不得使用。

第三十四条　任何单位和个人对建设工程勘察、设计活动中的违法行为都有权检举、控告、投诉。

第六章　罚　　则

第三十五条　违反本条例第八条规定的,责令停止违法行为,处合同约定的勘察费、设计费1倍以上2倍以下的罚款,有违法所得的,予以没收;可以责令停业整顿,降低资质等级;情节严重的,吊销资质证书。

未取得资质证书承揽工程的,予以取缔,依照前款规定处以罚款;有违法所得的,予以没收。

以欺骗手段取得资质证书承揽工程的,吊销资质证书,依照本条第一款规定处以罚款;有违法所得的,予以没收。

第三十六条　违反本条例规定,未经注册,擅自以注册建设工程勘察、设计人员的名义从事建设工程勘察、设计活动的,责令停止违法行为,没收违法所得,处违法所得2倍以上5倍以下罚款;给他人造成损失的,依法承担赔偿责任。

第三十七条　违反本条例规定,建设工程勘察、设计注册执业人员和其他专业技术人员未受聘于一个建设工程勘察、设计单位或者同时受聘于两个以上建设工程勘察、设计单位,从事建设工程勘察、设计活动的,责令停止违法行为,没收违法所得,处违法所得2倍以上5倍以下的罚款;情节严重的,可以责令停止执行业务或者吊销资格证书;给他人造成损失的,依法承担赔偿责任。

第三十八条　违反本条例规定,发包方将建设工程勘察、设计业务发包给不具有相应资质等级的建设工程勘察、设计单位的,责令改正,处50万元以上100万元以下的罚款。

第三十九条　违反本条例规定,建设工程勘察、设计单位将所承揽的建设工程勘察、设计转包的,责令改正,没收违法所得,处合同约定的勘察费、设计费25%以上50%以下的罚款,可以责令停业整顿,降低资质等级;情节严重的,吊销资质证书。

第四十条　违反本条例规定,勘察、设计单位未依据项目批准文件,城乡规划及专业规划,国家规定的建设工程勘察、设计深度要求编制建设工程勘察、设计文件的,责令限期改正;逾期不改正的,处10万元以上30万元以下的罚款;造成工程质量事故或者环境污染和生态破坏的,责令停业整顿,降低资质等级;情节严重的,吊销资质证书;造成损失的,依法承担赔偿责任。

第四十一条　违反本条例规定,有下列行为之一的,依照《建设工程质量管理条例》第六十三条的规定给予处罚:

(一)勘察单位未按照工程建设强制性标准进行勘察的;

(二)设计单位未根据勘察成果文件进行工程设计的;

(三)设计单位指定建筑材料、建筑构配件的生产厂、供应商的;

(四)设计单位未按照工程建设强制性标准进行设计的。

第四十二条　本条例规定的责令停业整顿、降低资质等级和吊销资质证书、资格证书的行政处罚,由颁发资质证书、资格证书的机关决定;其他行政处罚,由建设行政主管部门或者其他有关部门依据法定职权范围决定。

依照本条例规定被吊销资质证书的,由工商行政管理部门吊销其营业执照。

第四十三条　国家机关工作人员在建设工程勘察、设计活动的监督管理工作中玩忽职守、滥用职权、徇私舞弊,构成犯罪的,依法追究刑事责任;尚不构成犯罪的,依法给予行政处分。

第七章　附　　则

第四十四条　抢险救灾及其他临时性建筑和农民自建两层以下住宅的勘察、设计活动,不适用本条例。

第四十五条　军事建设工程勘察、设计的管理,按照中央军事委员会的有关规定执行。

第四十六条　本条例自公布之日起施行。

中华人民共和国招标投标法实施条例

(2011 年 12 月 20 日国务院令第 613 号发布。根据 2019 年 3 月 2 日国务院令第 709 号
《国务院关于修改部分行政法规的决定》第三次修订)

第一章 总 则

第一条 为了规范招标投标活动,根据《中华人民共和国招标投标法》(以下简称招标投标法),制定本条例。

第二条 招标投标法第三条所称工程建设项目,是指工程以及与工程建设有关的货物、服务。

前款所称工程,是指建设工程,包括建筑物和构筑物的新建、改建、扩建及其相关的装修、拆除、修缮等;所称与工程建设有关的货物,是指构成工程不可分割的组成部分,且为实现工程基本功能所必需的设备、材料等;所称与工程建设有关的服务,是指为完成工程所需的勘察、设计、监理等服务。

第三条 依法必须进行招标的工程建设项目的具体范围和规模标准,由国务院发展改革部门会同国务院有关部门制订,报国务院批准后公布施行。

第四条 国务院发展改革部门指导和协调全国招标投标工作,对国家重大建设项目的工程招标投标活动实施监督检查。国务院工业和信息化、住房城乡建设、交通运输、铁道、水利、商务等部门,按照规定的职责分工对有关招标投标活动实施监督。

县级以上地方人民政府发展改革部门指导和协调本行政区域的招标投标工作。县级以上地方人民政府有关部门按照规定的职责分工,对招标投标活动实施监督,依法查处招标投标活动中的违法行为。县级以上地方人民政府对其所属部门有关招标投标活动的监督职责分工另有规定的,从其规定。

财政部门依法对实行招标投标的政府采购工程建设项目的政府采购政策执行情况实施监督。

监察机关依法对与招标投标活动有关的监察对象实施监察。

第五条 设区的市级以上地方人民政府可以根据实际需要,建立统一规范的招标投标交易场所,为招标投标活动提供服务。招标投标交易场所不得与行政监督部门存在隶属关系,不得以营利为目的。

国家鼓励利用信息网络进行电子招标投标。

第六条 禁止国家工作人员以任何方式非法干涉招标投标活动。

第二章 招 标

第七条 按照国家有关规定需要履行项目审批、核准手续的依法必须进行招标的项目,其

招标范围、招标方式、招标组织形式应当报项目审批、核准部门审批、核准。项目审批、核准部门应当及时将审批、核准确定的招标范围、招标方式、招标组织形式通报有关行政监督部门。

第八条 国有资金占控股或者主导地位的依法必须进行招标的项目,应当公开招标;但有下列情形之一的,可以邀请招标:

(一)技术复杂、有特殊要求或者受自然环境限制,只有少量潜在投标人可供选择;

(二)采用公开招标方式的费用占项目合同金额的比例过大。

有前款第二项所列情形,属于本条例第七条规定的项目,由项目审批、核准部门在审批、核准项目时作出认定;其他项目由招标人申请有关行政监督部门作出认定。

第九条 除招标投标法第六十六条规定的可以不进行招标的特殊情况外,有下列情形之一的,可以不进行招标:

(一)需要采用不可替代的专利或者专有技术;

(二)采购人依法能够自行建设、生产或者提供;

(三)已通过招标方式选定的特许经营项目投资人依法能够自行建设、生产或者提供;

(四)需要向原中标人采购工程、货物或者服务,否则将影响施工或者功能配套要求;

(五)国家规定的其他特殊情形。

招标人为适用前款规定弄虚作假的,属于招标投标法第四条规定的规避招标。

第十条 招标投标法第十二条第二款规定的招标人具有编制招标文件和组织评标能力,是指招标人具有与招标项目规模和复杂程度相适应的技术、经济等方面的专业人员。

第十一条 国务院住房城乡建设、商务、发展改革、工业和信息化等部门,按照规定的职责分工对招标代理机构依法实施监督管理。

第十二条 招标代理机构应当拥有一定数量的具备编制招标文件、组织评标等相应能力的专业人员。

第十三条 招标代理机构在招标人委托的范围内开展招标代理业务,任何单位和个人不得非法干涉。

招标代理机构代理招标业务,应当遵守招标投标法和本条例关于招标人的规定。招标代理机构不得在所代理的招标项目中投标或者代理投标,也不得为所代理的招标项目的投标人提供咨询。

第十四条 招标人应当与被委托的招标代理机构签订书面委托合同,合同约定的收费标准应当符合国家有关规定。

第十五条 公开招标的项目,应当依照招标投标法和本条例的规定发布招标公告、编制招标文件。

招标人采用资格预审办法对潜在投标人进行资格审查的,应当发布资格预审公告、编制资格预审文件。

依法必须进行招标的项目的资格预审公告和招标公告,应当在国务院发展改革部门依法指定的媒介发布。在不同媒介发布的同一招标项目的资格预审公告或者招标公告的内容应当一致。指定媒介发布依法必须进行招标的项目的境内资格预审公告、招标公告,不得收取费用。

编制依法必须进行招标的项目的资格预审文件和招标文件,应当使用国务院发展改革部门会同有关行政监督部门制定的标准文本。

第十六条 招标人应当按照资格预审公告、招标公告或者投标邀请书规定的时间、地点发售资格预审文件或者招标文件。资格预审文件或者招标文件的发售期不得少于5日。

招标人发售资格预审文件、招标文件收取的费用应当限于补偿印刷、邮寄的成本支出，不得以营利为目的。

第十七条 招标人应当合理确定提交资格预审申请文件的时间。依法必须进行招标的项目提交资格预审申请文件的时间，自资格预审文件停止发售之日起不得少于5日。

第十八条 资格预审应当按照资格预审文件载明的标准和方法进行。

国有资金占控股或者主导地位的依法必须进行招标的项目，招标人应当组建资格审查委员会审查资格预审申请文件。资格审查委员会及其成员应当遵守招标投标法和本条例有关评标委员会及其成员的规定。

第十九条 资格预审结束后，招标人应当及时向资格预审申请人发出资格预审结果通知书。未通过资格预审的申请人不具有投标资格。

通过资格预审的申请人少于3个的，应当重新招标。

第二十条 招标人采用资格后审办法对投标人进行资格审查的，应当在开标后由评标委员会按照招标文件规定的标准和方法对投标人的资格进行审查。

第二十一条 招标人可以对已发出的资格预审文件或者招标文件进行必要的澄清或者修改。澄清或者修改的内容可能影响资格预审申请文件或者投标文件编制的，招标人应当在提交资格预审申请文件截止时间至少3日前，或者投标截止时间至少15日前，以书面形式通知所有获取资格预审文件或者招标文件的潜在投标人；不足3日或者15日的，招标人应当顺延提交资格预审申请文件或者投标文件的截止时间。

第二十二条 潜在投标人或者其他利害关系人对资格预审文件有异议的，应当在提交资格预审申请文件截止时间2日前提出；对招标文件有异议的，应当在投标截止时间10日前提出。招标人应当自收到异议之日起3日内作出答复；作出答复前，应当暂停招标投标活动。

第二十三条 招标人编制的资格预审文件、招标文件的内容违反法律、行政法规的强制性规定，违反公开、公平、公正和诚实信用原则，影响资格预审结果或者潜在投标人投标的，依法必须进行招标的项目的招标人应当在修改资格预审文件或者招标文件后重新招标。

第二十四条 招标人对招标项目划分标段的，应当遵守招标投标法的有关规定，不得利用划分标段限制或者排斥潜在投标人。依法必须进行招标的项目的招标人不得利用划分标段规避招标。

第二十五条 招标人应当在招标文件中载明投标有效期。投标有效期从提交投标文件的截止之日起算。

第二十六条 招标人在招标文件中要求投标人提交投标保证金的，投标保证金不得超过招标项目估算价的2%。投标保证金有效期应当与投标有效期一致。

依法必须进行招标的项目的境内投标单位，以现金或者支票形式提交的投标保证金应当从其基本账户转出。

招标人不得挪用投标保证金。

第二十七条 招标人可以自行决定是否编制标底。一个招标项目只能有一个标底。标底必须保密。

接受委托编制标底的中介机构不得参加受托编制标底项目的投标,也不得为该项目的投标人编制投标文件或者提供咨询。

招标人设有最高投标限价的,应当在招标文件中明确最高投标限价或者最高投标限价的计算方法。招标人不得规定最低投标限价。

第二十八条　招标人不得组织单个或者部分潜在投标人踏勘项目现场。

第二十九条　招标人可以依法对工程以及与工程建设有关的货物、服务全部或者部分实行总承包招标。以暂估价形式包括在总承包范围内的工程、货物、服务属于依法必须进行招标的项目范围且达到国家规定规模标准的,应当依法进行招标。

前款所称暂估价,是指总承包招标时不能确定价格而由招标人在招标文件中暂时估定的工程、货物、服务的金额。

第三十条　对技术复杂或者无法精确拟定技术规格的项目,招标人可以分两阶段进行招标。

第一阶段,投标人按照招标公告或者投标邀请书的要求提交不带报价的技术建议,招标人根据投标人提交的技术建议确定技术标准和要求,编制招标文件。

第二阶段,招标人向在第一阶段提交技术建议的投标人提供招标文件,投标人按照招标文件的要求提交包括最终技术方案和投标报价的投标文件。

招标人要求投标人提交投标保证金的,应当在第二阶段提出。

第三十一条　招标人终止招标的,应当及时发布公告,或者以书面形式通知被邀请的或者已经获取资格预审文件、招标文件的潜在投标人。已经发售资格预审文件、招标文件或者已经收取投标保证金的,招标人应当及时退还所收取的资格预审文件、招标文件的费用,以及所收取的投标保证金及银行同期存款利息。

第三十二条　招标人不得以不合理的条件限制、排斥潜在投标人或者投标人。

招标人有下列行为之一的,属于以不合理条件限制、排斥潜在投标人或者投标人:

(一)就同一招标项目向潜在投标人或者投标人提供有差别的项目信息;

(二)设定的资格、技术、商务条件与招标项目的具体特点和实际需要不相适应或者与合同履行无关;

(三)依法必须进行招标的项目以特定行政区域或者特定行业的业绩、奖项作为加分条件或者中标条件;

(四)对潜在投标人或者投标人采取不同的资格审查或者评标标准;

(五)限定或者指定特定的专利、商标、品牌、原产地或者供应商;

(六)依法必须进行招标的项目非法限定潜在投标人或者投标人的所有制形式或者组织形式;

(七)以其他不合理条件限制、排斥潜在投标人或者投标人。

第三章　投　　标

第三十三条　投标人参加依法必须进行招标的项目的投标,不受地区或者部门的限制,任何单位和个人不得非法干涉。

第三十四条　与招标人存在利害关系可能影响招标公正性的法人、其他组织或者个人,不得参加投标。

单位负责人为同一人或者存在控股、管理关系的不同单位,不得参加同一标段投标或者未划分标段的同一招标项目投标。

违反前两款规定的,相关投标均无效。

第三十五条　投标人撤回已提交的投标文件,应当在投标截止时间前书面通知招标人。招标人已收取投标保证金的,应当自收到投标人书面撤回通知之日起 5 日内退还。

投标截止后投标人撤销投标文件的,招标人可以不退还投标保证金。

第三十六条　未通过资格预审的申请人提交的投标文件,以及逾期送达或者不按照招标文件要求密封的投标文件,招标人应当拒收。

招标人应当如实记载投标文件的送达时间和密封情况,并存档备查。

第三十七条　招标人应当在资格预审公告、招标公告或者投标邀请书中载明是否接受联合体投标。

招标人接受联合体投标并进行资格预审的,联合体应当在提交资格预审申请文件前组成。资格预审后联合体增减、更换成员的,其投标无效。

联合体各方在同一招标项目中以自己名义单独投标或者参加其他联合体投标的,相关投标均无效。

第三十八条　投标人发生合并、分立、破产等重大变化的,应当及时书面告知招标人。投标人不再具备资格预审文件、招标文件规定的资格条件或者其投标影响招标公正性的,其投标无效。

第三十九条　禁止投标人相互串通投标。

有下列情形之一的,属于投标人相互串通投标:

(一)投标人之间协商投标报价等投标文件的实质性内容;

(二)投标人之间约定中标人;

(三)投标人之间约定部分投标人放弃投标或者中标;

(四)属于同一集团、协会、商会等组织成员的投标人按照该组织要求协同投标;

(五)投标人之间为谋取中标或者排斥特定投标人而采取的其他联合行动。

第四十条　有下列情形之一的,视为投标人相互串通投标:

(一)不同投标人的投标文件由同一单位或者个人编制;

(二)不同投标人委托同一单位或者个人办理投标事宜;

(三)不同投标人的投标文件载明的项目管理成员为同一人;

(四)不同投标人的投标文件异常一致或者投标报价呈规律性差异;

(五)不同投标人的投标文件相互混装;

(六)不同投标人的投标保证金从同一单位或者个人的账户转出。

第四十一条　禁止招标人与投标人串通投标。

有下列情形之一的,属于招标人与投标人串通投标:

(一)招标人在开标前开启投标文件并将有关信息泄露给其他投标人;

(二)招标人直接或者间接向投标人泄露标底、评标委员会成员等信息;

（三）招标人明示或者暗示投标人压低或者抬高投标报价；

（四）招标人授意投标人撤换、修改投标文件；

（五）招标人明示或者暗示投标人为特定投标人中标提供方便；

（六）招标人与投标人为谋求特定投标人中标而采取的其他串通行为。

第四十二条　使用通过受让或者租借等方式获取的资格、资质证书投标的,属于招标投标法第三十三条规定的以他人名义投标。

投标人有下列情形之一的,属于招标投标法第三十三条规定的以其他方式弄虚作假的行为：

（一）使用伪造、变造的许可证件；

（二）提供虚假的财务状况或者业绩；

（三）提供虚假的项目负责人或者主要技术人员简历、劳动关系证明；

（四）提供虚假的信用状况；

（五）其他弄虚作假的行为。

第四十三条　提交资格预审申请文件的申请人应当遵守招标投标法和本条例有关投标人的规定。

第四章　开标、评标和中标

第四十四条　招标人应当按照招标文件规定的时间、地点开标。

投标人少于 3 个的,不得开标；招标人应当重新招标。

投标人对开标有异议的,应当在开标现场提出,招标人应当当场作出答复,并制作记录。

第四十五条　国家实行统一的评标专家专业分类标准和管理办法。具体标准和办法由国务院发展改革部门会同国务院有关部门制定。

省级人民政府和国务院有关部门应当组建综合评标专家库。

第四十六条　除招标投标法第三十七条第三款规定的特殊招标项目外,依法必须进行招标的项目,其评标委员会的专家成员应当从评标专家库内相关专业的专家名单中以随机抽取方式确定。任何单位和个人不得以明示、暗示等任何方式指定或者变相指定参加评标委员会的专家成员。

依法必须进行招标的项目的招标人非因招标投标法和本条例规定的事由,不得更换依法确定的评标委员会成员。更换评标委员会的专家成员应当依照前款规定进行。

评标委员会成员与投标人有利害关系的,应当主动回避。

有关行政监督部门应当按照规定的职责分工,对评标委员会成员的确定方式、评标专家的抽取和评标活动进行监督。行政监督部门的工作人员不得担任本部门负责监督项目的评标委员会成员。

第四十七条　招标投标法第三十七条第三款所称特殊招标项目,是指技术复杂、专业性强或者国家有特殊要求,采取随机抽取方式确定的专家难以保证胜任评标工作的项目。

第四十八条　招标人应当向评标委员会提供评标所必需的信息,但不得明示或者暗示其倾向或者排斥特定投标人。

招标人应当根据项目规模和技术复杂程度等因素合理确定评标时间。超过三分之一的评标委员会成员认为评标时间不够的,招标人应当适当延长。

评标过程中,评标委员会成员有回避事由、擅离职守或者因健康等原因不能继续评标的,应当及时更换。被更换的评标委员会成员作出的评审结论无效,由更换后的评标委员会成员重新进行评审。

第四十九条 评标委员会成员应当依照招标投标法和本条例的规定,按照招标文件规定的评标标准和方法,客观、公正地对投标文件提出评审意见。招标文件没有规定的评标标准和方法不得作为评标的依据。

评标委员会成员不得私下接触投标人,不得收受投标人给予的财物或者其他好处,不得向招标人征询确定中标人的意向,不得接受任何单位或者个人明示或者暗示提出的倾向或者排斥特定投标人的要求,不得有其他不客观、不公正履行职务的行为。

第五十条 招标项目设有标底的,招标人应当在开标时公布。标底只能作为评标的参考,不得以投标报价是否接近标底作为中标条件,也不得以投标报价超过标底上下浮动范围作为否决投标的条件。

第五十一条 有下列情形之一的,评标委员会应当否决其投标:

(一)投标文件未经投标单位盖章和单位负责人签字;

(二)投标联合体没有提交共同投标协议;

(三)投标人不符合国家或者招标文件规定的资格条件;

(四)同一投标人提交两个以上不同的投标文件或者投标报价,但招标文件要求提交备选投标的除外;

(五)投标报价低于成本或者高于招标文件设定的最高投标限价;

(六)投标文件没有对招标文件的实质性要求和条件作出响应;

(七)投标人有串通投标、弄虚作假、行贿等违法行为。

第五十二条 投标文件中有含义不明确的内容、明显文字或者计算错误,评标委员会认为需要投标人作出必要澄清、说明的,应当书面通知该投标人。投标人的澄清、说明应当采用书面形式,并不得超出投标文件的范围或者改变投标文件的实质性内容。

评标委员会不得暗示或者诱导投标人作出澄清、说明,不得接受投标人主动提出的澄清、说明。

第五十三条 评标完成后,评标委员会应当向招标人提交书面评标报告和中标候选人名单。中标候选人应当不超过3个,并标明排序。

评标报告应当由评标委员会全体成员签字。对评标结果有不同意见的评标委员会成员应当以书面形式说明其不同意见和理由,评标报告应当注明该不同意见。评标委员会成员拒绝在评标报告上签字又不书面说明其不同意见和理由的,视为同意评标结果。

第五十四条 依法必须进行招标的项目,招标人应当自收到评标报告之日起3日内公示中标候选人,公示期不得少于3日。

投标人或者其他利害关系人对依法必须进行招标的项目的评标结果有异议的,应当在中标候选人公示期间提出。招标人应当自收到异议之日起3日内作出答复;作出答复前,应当暂停招标投标活动。

第五十五条 国有资金占控股或者主导地位的依法必须进行招标的项目,招标人应当确定排名第一的中标候选人为中标人。排名第一的中标候选人放弃中标、因不可抗力不能履行合同、不按照招标文件要求提交履约保证金,或者被查实存在影响中标结果的违法行为等情形,不符合中标条件的,招标人可以按照评标委员会提出的中标候选人名单排序依次确定其他中标候选人为中标人,也可以重新招标。

第五十六条　中标候选人的经营、财务状况发生较大变化或者存在违法行为,招标人认为可能影响其履约能力的,应当在发出中标通知书前由原评标委员会按照招标文件规定的标准和方法审查确认。

第五十七条　招标人和中标人应当依照招标投标法和本条例的规定签订书面合同,合同的标的、价款、质量、履行期限等主要条款应当与招标文件和中标人的投标文件的内容一致。招标人和中标人不得再行订立背离合同实质性内容的其他协议。

招标人最迟应当在书面合同签订后 5 日内向中标人和未中标的投标人退还投标保证金及银行同期存款利息。

第五十八条　招标文件要求中标人提交履约保证金的,中标人应当按照招标文件的要求提交。履约保证金不得超过中标合同金额的10% 。

第五十九条　中标人应当按照合同约定履行义务,完成中标项目。中标人不得向他人转让中标项目,也不得将中标项目肢解后分别向他人转让。

中标人按照合同约定或者经招标人同意,可以将中标项目的部分非主体、非关键性工作分包给他人完成。接受分包的人应当具备相应的资格条件,并不得再次分包。

中标人应当就分包项目向招标人负责,接受分包的人就分包项目承担连带责任。

第五章　投诉与处理

第六十条　投标人或者其他利害关系人认为招标投标活动不符合法律、行政法规规定的,可以自知道或者应当知道之日起 10 日内向有关行政监督部门投诉。投诉应当有明确的请求和必要的证明材料。

就本条例第二十二条、第四十四条、第五十四条规定事项投诉的,应当先向招标人提出异议,异议答复期间不计算在前款规定的期限内。

第六十一条　投诉人就同一事项向两个以上有权受理的行政监督部门投诉的,由最先收到投诉的行政监督部门负责处理。

行政监督部门应当自收到投诉之日起 3 个工作日内决定是否受理投诉,并自受理投诉之日起 30 个工作日内作出书面处理决定;需要检验、检测、鉴定、专家评审的,所需时间不计算在内。

投诉人捏造事实、伪造材料或者以非法手段取得证明材料进行投诉的,行政监督部门应当予以驳回。

第六十二条　行政监督部门处理投诉,有权查阅、复制有关文件、资料,调查有关情况,相关单位和人员应当予以配合。必要时,行政监督部门可以责令暂停招标投标活动。

行政监督部门的工作人员对监督检查过程中知悉的国家秘密、商业秘密,应当依法予以保密。

第六章　法　律　责　任

第六十三条　招标人有下列限制或者排斥潜在投标人行为之一的,由有关行政监督部门依照招标投标法第五十一条的规定处罚:

(一)依法应当公开招标的项目不按照规定在指定媒介发布资格预审公告或者招标公告;

(二)在不同媒介发布的同一招标项目的资格预审公告或者招标公告的内容不一致,影响潜在投标人申请资格预审或者投标。

依法必须进行招标的项目的招标人不按照规定发布资格预审公告或者招标公告,构成规避招标的,依照招标投标法第四十九条的规定处罚。

第六十四条　招标人有下列情形之一的,由有关行政监督部门责令改正,可以处10万元以下的罚款:

(一)依法应当公开招标而采用邀请招标;

(二)招标文件、资格预审文件的发售、澄清、修改的时限,或者确定的提交资格预审申请文件、投标文件的时限不符合招标投标法和本条例规定;

(三)接受未通过资格预审的单位或者个人参加投标;

(四)接受应当拒收的投标文件。

招标人有前款第一项、第三项、第四项所列行为之一的,对单位直接负责的主管人员和其他直接责任人员依法给予处分。

第六十五条　招标代理机构在所代理的招标项目中投标、代理投标或者向该项目投标人提供咨询的,接受委托编制标底的中介机构参加受托编制标底项目的投标或者为该项目的投标人编制投标文件、提供咨询的,依照招标投标法第五十条的规定追究法律责任。

第六十六条　招标人超过本条例规定的比例收取投标保证金、履约保证金或者不按照规定退还投标保证金及银行同期存款利息的,由有关行政监督部门责令改正,可以处5万元以下的罚款;给他人造成损失的,依法承担赔偿责任。

第六十七条　投标人相互串通投标或者与招标人串通投标的,投标人向招标人或者评标委员会成员行贿谋取中标的,中标无效;构成犯罪的,依法追究刑事责任;尚不构成犯罪的,依照招标投标法第五十三条的规定处罚。投标人未中标的,对单位的罚款金额按照招标项目合同金额依照招标投标法规定的比例计算。

投标人有下列行为之一的,属于招标投标法第五十三条规定的情节严重行为,由有关行政监督部门取消其1年至2年内参加依法必须进行招标的项目的投标资格:

(一)以行贿谋取中标;

(二)3年内2次以上串通投标;

(三)串通投标行为损害招标人、其他投标人或者国家、集体、公民的合法利益,造成直接经济损失30万元以上;

(四)其他串通投标情节严重的行为。

投标人自本条第二款规定的处罚执行期限届满之日起3年内又有该款所列违法行为之一的,或者串通投标、以行贿谋取中标情节特别严重的,由工商行政管理机关吊销营业执照。

法律、行政法规对串通投标报价行为的处罚另有规定的,从其规定。

第六十八条　投标人以他人名义投标或者以其他方式弄虚作假骗取中标的,中标无效;构成犯罪的,依法追究刑事责任;尚不构成犯罪的,依照招标投标法第五十四条的规定处罚。依法必须进行招标的项目的投标人未中标的,对单位的罚款金额按照招标项目合同金额依照招标投标法规定的比例计算。

投标人有下列行为之一的,属于招标投标法第五十四条规定的情节严重行为,由有关行政监督部门取消其1年至3年内参加依法必须进行招标的项目的投标资格:

(一)伪造、变造资格、资质证书或者其他许可证件骗取中标;

(二)3年内2次以上使用他人名义投标;

(三)弄虚作假骗取中标给招标人造成直接经济损失30万元以上;

(四)其他弄虚作假骗取中标情节严重的行为。

投标人自本条第二款规定的处罚执行期限届满之日起3年内又有该款所列违法行为之一的,或者弄虚作假骗取中标情节特别严重的,由工商行政管理机关吊销营业执照。

第六十九条　出让或者出租资格、资质证书供他人投标的,依照法律、行政法规的规定给予行政处罚;构成犯罪的,依法追究刑事责任。

第七十条　依法必须进行招标的项目的招标人不按照规定组建评标委员会,或者确定、更换评标委员会成员违反招标投标法和本条例规定的,由有关行政监督部门责令改正,可以处10万元以下的罚款,对单位直接负责的主管人员和其他直接责任人员依法给予处分;违法确定或者更换的评标委员会成员作出的评审结论无效,依法重新进行评审。

国家工作人员以任何方式非法干涉选取评标委员会成员的,依照本条例第八十一条的规定追究法律责任。

第七十一条　评标委员会成员有下列行为之一的,由有关行政监督部门责令改正;情节严重的,禁止其在一定期限内参加依法必须进行招标的项目的评标;情节特别严重的,取消其担任评标委员会成员的资格:

(一)应当回避而不回避;

(二)擅离职守;

(三)不按照招标文件规定的评标标准和方法评标;

(四)私下接触投标人;

(五)向招标人征询确定中标人的意向或者接受任何单位或者个人明示或者暗示提出的倾向或者排斥特定投标人的要求;

(六)对依法应当否决的投标不提出否决意见;

(七)暗示或者诱导投标人作出澄清、说明或者接受投标人主动提出的澄清、说明;

(八)其他不客观、不公正履行职务的行为。

第七十二条　评标委员会成员收受投标人的财物或者其他好处的,没收收受的财物,处3000元以上5万元以下的罚款,取消担任评标委员会成员的资格,不得再参加依法必须进行招标的项目的评标;构成犯罪的,依法追究刑事责任。

第七十三条　依法必须进行招标的项目的招标人有下列情形之一的,由有关行政监督部门责令改正,可以处中标项目金额10‰以下的罚款;给他人造成损失的,依法承担赔偿责任;对单位直接负责的主管人员和其他直接责任人员依法给予处分:

（一）无正当理由不发出中标通知书；

（二）不按照规定确定中标人；

（三）中标通知书发出后无正当理由改变中标结果；

（四）无正当理由不与中标人订立合同；

（五）在订立合同时向中标人提出附加条件。

第七十四条　中标人无正当理由不与招标人订立合同,在签订合同时向招标人提出附加条件,或者不按照招标文件要求提交履约保证金的,取消其中标资格,投标保证金不予退还。对依法必须进行招标的项目的中标人,由有关行政监督部门责令改正,可以处中标项目金额10‰以下的罚款。

第七十五条　招标人和中标人不按照招标文件和中标人的投标文件订立合同,合同的主要条款与招标文件、中标人的投标文件的内容不一致,或者招标人、中标人订立背离合同实质性内容的协议的,由有关行政监督部门责令改正,可以处中标项目金额5‰以上10‰以下的罚款。

第七十六条　中标人将中标项目转让给他人的,将中标项目肢解后分别转让给他人的,违反招标投标法和本条例规定将中标项目的部分主体、关键性工作分包给他人的,或者分包人再次分包的,转让、分包无效,处转让、分包项目金额5‰以上10‰以下的罚款;有违法所得的,并处没收违法所得;可以责令停业整顿;情节严重的,由工商行政管理机关吊销营业执照。

第七十七条　投标人或者其他利害关系人捏造事实、伪造材料或者以非法手段取得证明材料进行投诉,给他人造成损失的,依法承担赔偿责任。

招标人不按照规定对异议作出答复,继续进行招标投标活动的,由有关行政监督部门责令改正,拒不改正或者不能改正并影响中标结果的,依照本条例第八十二条的规定处理。

第七十八条　国家建立招标投标信用制度。有关行政监督部门应当依法公告对招标人、招标代理机构、投标人、评标委员会成员等当事人违法行为的行政处理决定。

第七十九条　项目审批、核准部门不依法审批、核准项目招标范围、招标方式、招标组织形式的,对单位直接负责的主管人员和其他直接责任人员依法给予处分。

有关行政监督部门不依法履行职责,对违反招标投标法和本条例规定的行为不依法查处,或者不按照规定处理投诉、不依法公告对招标投标当事人违法行为的行政处理决定的,对直接负责的主管人员和其他直接责任人员依法给予处分。

项目审批、核准部门和有关行政监督部门的工作人员徇私舞弊、滥用职权、玩忽职守,构成犯罪的,依法追究刑事责任。

第八十条　国家工作人员利用职务便利,以直接或者间接、明示或者暗示等任何方式非法干涉招标投标活动,有下列情形之一的,依法给予记过或者记大过处分;情节严重的,依法给予降级或者撤职处分;情节特别严重的,依法给予开除处分;构成犯罪的,依法追究刑事责任:

（一）要求对依法必须进行招标的项目不招标,或者要求对依法应当公开招标的项目不公开招标;

（二）要求评标委员会成员或者招标人以其指定的投标人作为中标候选人或者中标人,或者以其他方式非法干涉评标活动,影响中标结果;

（三）以其他方式非法干涉招标投标活动。

第八十一条　依法必须进行招标的项目的招标投标活动违反招标投标法和本条例的规定,对中标结果造成实质性影响,且不能采取补救措施予以纠正的,招标、投标、中标无效,应当依法重新招标或者评标。

第七章　附　则

第八十二条　招标投标协会按照依法制定的章程开展活动,加强行业自律和服务。

第八十三条　政府采购的法律、行政法规对政府采购货物、服务的招标投标另有规定的,从其规定。

第八十四条　本条例自 2012 年 2 月 1 日起施行。

建设工程质量管理条例

(2000 年 1 月 30 日国务院令第 279 号发布。根据 2019 年 04 月 23 日国务院令第 714 号《国务院关于修改部分行政法规的决定》修正)

第一章 总 则

第一条 为了加强对建设工程质量的管理,保证建设工程质量,保护人民生命和财产安全,根据《中华人民共和国建筑法》,制定本条例。

第二条 凡在中华人民共和国境内从事建设工程的新建、扩建、改建等有关活动及实施对建设工程质量监督管理的,必须遵守本条例。本条例所称建设工程,是指土木工程、建筑工程、线路管道和设备安装工程及装修工程。

第三条 建设单位、勘察单位、设计单位、施工单位、工程监理单位依法对建设工程质量负责。

第四条 县级以上人民政府建设行政主管部门和其他有关部门应当加强对建设工程质量的监督管理。

第五条 从事建设工程活动,必须严格执行基本建设程序,坚持先勘察、后设计、再施工的原则。

县级以上人民政府及其有关部门不得超越权限审批建设项目或者擅自简化基本建设程序。

第六条 国家鼓励采用先进的科学技术和管理方法,提高建设工程质量。

第二章 建设单位的质量责任和义务

第七条 建设单位应当将工程发包给具有相应资质等级的单位。

建设单位不得将建设工程肢解发包。

第八条 建设单位应当依法对工程建设项目的勘察、设计、施工、监理以及与工程建设有关的重要设备、材料等的采购进行招标。

第九条 建设单位必须向有关的勘察、设计、施工、工程监理等单位提供与建设工程有关的原始资料。

原始资料必须真实、准确、齐全。

第十条 建设工程发包单位不得迫使承包方以低于成本的价格竞标,不得任意压缩合理工期。

建设单位不得明示或者暗示设计单位或者施工单位违反工程建设强制性标准,降低建设工程质量。

第十一条　施工图设计文件审查的具体办法,由国务院建设行政主管部门、国务院其他有关部门制定。

施工图设计文件未经审查批准的,不得使用。

第十二条　实行监理的建设工程,建设单位应当委托具有相应资质等级的工程监理单位进行监理,也可以委托具有工程监理相应资质等级并与被监理工程的施工承包单位没有隶属关系或者其他利害关系的该工程的设计单位进行监理。

下列建设工程必须实行监理:

(一)国家重点建设工程;

(二)大中型公用事业工程;

(三)成片开发建设的住宅小区工程;

(四)利用外国政府或者国际组织贷款、援助资金的工程;

(五)国家规定必须实行监理的其他工程。

第十三条　建设单位在开工前,应当按照国家有关规定办理工程质量监督手续,工程质量监督手续可以与施工许可证或者开工报告合并办理。

第十四条　按照合同约定,由建设单位采购建筑材料、建筑构配件和设备的,建设单位应当保证建筑材料、建筑构配件和设备符合设计文件和合同要求。

建设单位不得明示或者暗示施工单位使用不合格的建筑材料、建筑构配件和设备。

第十五条　涉及建筑主体和承重结构变动的装修工程,建设单位应当在施工前委托原设计单位或者具有相应资质等级的设计单位提出设计方案;没有设计方案的,不得施工。

房屋建筑使用者在装修过程中,不得擅自变动房屋建筑主体和承重结构。

第十六条　建设单位收到建设工程竣工报告后,应当组织设计、施工、工程监理等有关单位进行竣工验收。

建设工程竣工验收应当具备下列条件:

(一)完成建设工程设计和合同约定的各项内容;

(二)有完整的技术档案和施工管理资料;

(三)有工程使用的主要建筑材料、建筑构配件和设备的进场试验报告;

(四)有勘察、设计、施工、工程监理等单位分别签署的质量合格文件;

(五)有施工单位签署的工程保修书。

建设工程经验收合格的,方可交付使用。

第十七条　建设单位应当严格按照国家有关档案管理的规定,及时收集、整理建设项目各环节的文件资料,建立、健全建设项目档案,并在建设工程竣工验收后,及时向建设行政主管部门或者其他有关部门移交建设项目档案。

第三章　勘察、设计单位的质量责任和义务

第十八条　从事建设工程勘察、设计的单位应当依法取得相应等级的资质证书,并在其资质等级许可的范围内承揽工程。

禁止勘察、设计单位超越其资质等级许可的范围或者以其他勘察、设计单位的名义承揽工程。禁止勘察、设计单位允许其他单位或者个人以本单位的名义承揽工程。

勘察、设计单位不得转包或者违法分包所承揽的工程。

第十九条 勘察、设计单位必须按照工程建设强制性标准进行勘察、设计，并对其勘察、设计的质量负责。

注册建筑师、注册结构工程师等注册执业人员应当在设计文件上签字，对设计文件负责。

第二十条 勘察单位提供的地质、测量、水文等勘察成果必须真实、准确。

第二十一条 设计单位应当根据勘察成果文件进行建设工程设计。

设计文件应当符合国家规定的设计深度要求，注明工程合理使用年限。

第二十二条 设计单位在设计文件中选用的建筑材料、建筑构配件和设备，应当注明规格、型号、性能等技术指标，其质量要求必须符合国家规定的标准。

除有特殊要求的建筑材料、专用设备、工艺生产线等外，设计单位不得指定生产厂、供应商。

第二十三条 设计单位应当就审查合格的施工图设计文件向施工单位作出详细说明。

第二十四条 设计单位应当参与建设工程质量事故分析，并对因设计造成的质量事故，提出相应的技术处理方案。

第四章　施工单位的质量责任和义务

第二十五条 施工单位应当依法取得相应等级的资质证书，并在其资质等级许可的范围内承揽工程。

禁止施工单位超越本单位资质等级许可的业务范围或者以其他施工单位的名义承揽工程。禁止施工单位允许其他单位或者个人以本单位的名义承揽工程。

施工单位不得转包或者违法分包工程。

第二十六条 施工单位对建设工程的施工质量负责。

施工单位应当建立质量责任制，确定工程项目的项目经理、技术负责人和施工管理负责人。

建设工程实行总承包的，总承包单位应当对全部建设工程质量负责；建设工程勘察、设计、施工、设备采购的一项或者多项实行总承包的，总承包单位应当对其承包的建设工程或者采购的设备的质量负责。

第二十七条 总承包单位依法将建设工程分包给其他单位的，分包单位应当按照分包合同的约定对其分包工程的质量向总承包单位负责，总承包单位与分包单位对分包工程的质量承担连带责任。

第二十八条 施工单位必须按照工程设计图纸和施工技术标准施工，不得擅自修改工程设计，不得偷工减料。

施工单位在施工过程中发现设计文件和图纸有差错的，应当及时提出意见和建议。

第二十九条 施工单位必须按照工程设计要求、施工技术标准和合同约定，对建筑材料、建筑构配件、设备和商品混凝土进行检验，检验应当有书面记录和专人签字；未经检验或者检验不合格的，不得使用。

第三十条 施工单位必须建立、健全施工质量的检验制度，严格工序管理，作好隐蔽工程的质量检查和记录。隐蔽工程在隐蔽前，施工单位应当通知建设单位和建设工程质量监督机构。

第三十一条 施工人员对涉及结构安全的试块、试件以及有关材料,应当在建设单位或者工程监理单位监督下现场取样,并送具有相应资质等级的质量检测单位进行检测。

第三十二条 施工单位对施工中出现质量问题的建设工程或者竣工验收不合格的建设工程,应当负责返修。

第三十三条 施工单位应当建立、健全教育培训制度,加强对职工的教育培训;未经教育培训或者考核不合格的人员,不得上岗作业。

第五章 工程监理单位的质量责任和义务

第三十四条 工程监理单位应当依法取得相应等级的资质证书,并在其资质等级许可的范围内承担工程监理业务。

禁止工程监理单位超越本单位资质等级许可的范围或者以其他工程监理单位的名义承担工程监理业务。禁止工程监理单位允许其他单位或者个人以本单位的名义承担工程监理业务。

工程监理单位不得转让工程监理业务。

第三十五条 工程监理单位与被监理工程的施工承包单位以及建筑材料、建筑构配件和设备供应单位有隶属关系或者其他利害关系的,不得承担该项建设工程的监理业务。

第三十六条 工程监理单位应当依照法律、法规以及有关技术标准、设计文件和建设工程承包合同,代表建设单位对施工质量实施监理,并对施工质量承担监理责任。

第三十七条 工程监理单位应当选派具备相应资格的总监理工程师和监理工程师进驻施工现场。

未经监理工程师签字,建筑材料、建筑构配件和设备不得在工程上使用或者安装,施工单位不得进行下一道工序的施工。未经总监理工程师签字,建设单位不拨付工程款,不进行竣工验收。

第三十八条 监理工程师应当按照工程监理规范的要求,采取旁站、巡视和平行检验等形式,对建设工程实施监理。

第六章 建设工程质量保修

第三十九条 建设工程实行质量保修制度。

建设工程承包单位在向建设单位提交工程竣工验收报告时,应当向建设单位出具质量保修书。质量保修书中应当明确建设工程的保修范围、保修期限和保修责任等。

第四十条 在正常使用条件下,建设工程的最低保修期限为:

(一)基础设施工程、房屋建筑的地基基础工程和主体结构工程,为设计文件规定的该工程的合理使用年限;

(二)屋面防水工程、有防水要求的卫生间、房间和外墙面的防渗漏,为 5 年;

(三)供热与供冷系统,为 2 个采暖期、供冷期;

(四)电气管线、给排水管道、设备安装和装修工程,为 2 年。

其他项目的保修期限由发包方与承包方约定。

建设工程的保修期,自竣工验收合格之日起计算。

第四十一条 建设工程在保修范围和保修期限内发生质量问题的,施工单位应当履行保修义务,并对造成的损失承担赔偿责任。

第四十二条 建设工程在超过合理使用年限后需要继续使用的,产权所有人应当委托具有相应资质等级的勘察、设计单位鉴定,并根据鉴定结果采取加固、维修等措施,重新界定使用期。

第七章 监 督 管 理

第四十三条 国家实行建设工程质量监督管理制度。

国务院建设行政主管部门对全国的建设工程质量实施统一监督管理。国务院铁路、交通、水利等有关部门按照国务院规定的职责分工,负责对全国的有关专业建设工程质量的监督管理。

县级以上地方人民政府建设行政主管部门对本行政区域内的建设工程质量实施监督管理。县级以上地方人民政府交通、水利等有关部门在各自的职责范围内,负责对本行政区域内的专业建设工程质量的监督管理。

第四十四条 国务院建设行政主管部门和国务院铁路、交通、水利等有关部门应当加强对有关建设工程质量的法律、法规和强制性标准执行情况的监督检查。

第四十五条 国务院发展计划部门按照国务院规定的职责,组织稽查特派员,对国家出资的重大建设项目实施监督检查。

国务院经济贸易主管部门按照国务院规定的职责,对国家重大技术改造项目实施监督检查。

第四十六条 建设工程质量监督管理,可以由建设行政主管部门或者其他有关部门委托的建设工程质量监督机构具体实施。

从事房屋建筑工程和市政基础设施工程质量监督的机构,必须按照国家有关规定经国务院建设行政主管部门或者省、自治区、直辖市人民政府建设行政主管部门考核;从事专业建设工程质量监督的机构,必须按照国家有关规定经国务院有关部门或者省、自治区、直辖市人民政府有关部门考核。经考核合格后,方可实施质量监督。

第四十七条 县级以上地方人民政府建设行政主管部门和其他有关部门应当加强对有关建设工程质量的法律、法规和强制性标准执行情况的监督检查。

第四十八条 县级以上人民政府建设行政主管部门和其他有关部门履行监督检查职责时,有权采取下列措施:

(一)要求被检查的单位提供有关工程质量的文件和资料;

(二)进入被检查单位的施工现场进行检查;

(三)发现有影响工程质量的问题时,责令改正。

第四十九条 建设单位应当自建设工程竣工验收合格之日起15日内,将建设工程竣工验收报告和规划、公安消防、环保等部门出具的认可文件或者准许使用文件报建设行政主管部门或者其他有关部门备案。

建设行政主管部门或者其他有关部门发现建设单位在竣工验收过程中有违反国家有关建设工程质量管理规定行为的,责令停止使用,重新组织竣工验收。

第五十条　有关单位和个人对县级以上人民政府建设行政主管部门和其他有关部门进行的监督检查应当支持与配合,不得拒绝或者阻碍建设工程质量监督检查人员依法执行职务。

第五十一条　供水、供电、供气、公安消防等部门或者单位不得明示或者暗示建设单位、施工单位购买其指定的生产供应单位的建筑材料、建筑构配件和设备。

第五十二条　建设工程发生质量事故,有关单位应当在 24 小时内向当地建设行政主管部门和其他有关部门报告。对重大质量事故,事故发生地的建设行政主管部门和其他有关部门应当按照事故类别和等级向当地人民政府和上级建设行政主管部门和其他有关部门报告。

特别重大质量事故的调查程序按照国务院有关规定办理。

第五十三条　任何单位和个人对建设工程的质量事故、质量缺陷都有权检举、控告、投诉。

第八章　罚　　则

第五十四条　违反本条例规定,建设单位将建设工程发包给不具有相应资质等级的勘察、设计、施工单位或者委托给不具有相应资质等级的工程监理单位的,责令改正,处 50 万元以上 100 万元以下的罚款。

第五十五条　违反本条例规定,建设单位将建设工程肢解发包的,责令改正,处工程合同价款百分之零点五以上百分之一以下的罚款;对全部或者部分使用国有资金的项目,并可以暂停项目执行或者暂停资金拨付。

第五十六条　违反本条例规定,建设单位有下列行为之一的,责令改正,处 20 万元以上 50 万元以下的罚款:

(一)迫使承包方以低于成本的价格竞标的;

(二)任意压缩合理工期的;

(三)明示或者暗示设计单位或者施工单位违反工程建设强制性标准,降低工程质量的;

(四)施工图设计文件未经审查或者审查不合格,擅自施工的;

(五)建设项目必须实行工程监理而未实行工程监理的;

(六)未按照国家规定办理工程质量监督手续的;

(七)明示或者暗示施工单位使用不合格的建筑材料、建筑构配件和设备的;

(八)未按照国家规定将竣工验收报告、有关认可文件或者准许使用文件报送备案的。

第五十七条　违反本条例规定,建设单位未取得施工许可证或者开工报告未经批准,擅自施工的,责令停止施工,限期改正,处工程合同价款百分之一以上百分之二以下的罚款。

第五十八条　违反本条例规定,建设单位有下列行为之一的,责令改正,处工程合同价款百分之二以上百分之四以下的罚款;造成损失的,依法承担赔偿责任:

(一)未组织竣工验收,擅自交付使用的;

(二)验收不合格,擅自交付使用的;

(三)对不合格的建设工程按照合格工程验收的。

第五十九条　违反本条例规定,建设工程竣工验收后,建设单位未向建设行政主管部门或者其他有关部门移交建设项目档案的,责令改正,处 1 万元以上 10 万元以下的罚款。

第六十条 违反本条例规定,勘察、设计、施工、工程监理单位超越本单位资质等级承揽工程的,责令停止违法行为,对勘察、设计单位或者工程监理单位处合同约定的勘察费、设计费或者监理酬金1倍以上2倍以下的罚款;对施工单位处工程合同价款百分之二以上百分之四以下的罚款,可以责令停业整顿,降低资质等级;情节严重的,吊销资质证书;有违法所得的,予以没收。

未取得资质证书承揽工程的,予以取缔,依照前款规定处以罚款;有违法所得的,予以没收。

以欺骗手段取得资质证书承揽工程的,吊销资质证书,依照本条第一款规定处以罚款;有违法所得的,予以没收。

第六十一条 违反本条例规定,勘察、设计、施工、工程监理单位允许其他单位或者个人以本单位名义承揽工程的,责令改正,没收违法所得,对勘察、设计单位和工程监理单位处合同约定的勘察费、设计费和监理酬金1倍以上2倍以下的罚款;对施工单位处工程合同价款百分之二以上百分之四以下的罚款;可以责令停业整顿,降低资质等级;情节严重的,吊销资质证书。

第六十二条 违反本条例规定,承包单位将承包的工程转包或者违法分包的,责令改正,没收违法所得,对勘察、设计单位处合同约定的勘察费、设计费百分之二十五以上百分之五十以下的罚款;对施工单位处工程合同价款百分之零点五以上百分之一以下的罚款;可以责令停业整顿,降低资质等级;情节严重的,吊销资质证书。

工程监理单位转让工程监理业务的,责令改正,没收违法所得,处合同约定的监理酬金百分之二十五以上百分之五十以下的罚款;可以责令停业整顿,降低资质等级;情节严重的,吊销资质证书。

第六十三条 违反本条例规定,有下列行为之一的,责令改正,处10万元以上30万元以下的罚款:

(一)勘察单位未按照工程建设强制性标准进行勘察的;

(二)设计单位未根据勘察成果文件进行工程设计的;

(三)设计单位指定建筑材料、建筑构配件的生产厂、供应商的;

(四)设计单位未按照工程建设强制性标准进行设计的。

有前款所列行为,造成工程质量事故的,责令停业整顿,降低资质等级;情节严重的,吊销资质证书;造成损失的,依法承担赔偿责任。

第六十四条 违反本条例规定,施工单位在施工中偷工减料的,使用不合格的建筑材料、建筑构配件和设备的,或者有不按照工程设计图纸或者施工技术标准施工的其他行为的,责令改正,处工程合同价款百分之二以上百分之四以下的罚款;造成建设工程质量不符合规定的质量标准的,负责返工、修理,并赔偿因此造成的损失;情节严重的,责令停业整顿,降低资质等级或者吊销资质证书。

第六十五条 违反本条例规定,施工单位未对建筑材料、建筑构配件、设备和商品混凝土进行检验,或者未对涉及结构安全的试块、试件以及有关材料取样检测的,责令改正,处10万元以上20万元以下的罚款;情节严重的,责令停业整顿,降低资质等级或者吊销资质证书;造成损失的,依法承担赔偿责任。

第六十六条 违反本条例规定,施工单位不履行保修义务或者拖延履行保修义务的,责令改正,处 10 万元以上 20 万元以下的罚款,并对在保修期内因质量缺陷造成的损失承担赔偿责任。

第六十七条　工程监理单位有下列行为之一的,责令改正,处 50 万元以上 100 万元以下的罚款,降低资质等级或者吊销资质证书;有违法所得的,予以没收;造成损失的,承担连带赔偿责任:

(一)与建设单位或者施工单位串通,弄虚作假、降低工程质量的;

(二)将不合格的建设工程、建筑材料、建筑构配件和设备按照合格签字的。

第六十八条　违反本条例规定,工程监理单位与被监理工程的施工承包单位以及建筑材料、建筑构配件和设备供应单位有隶属关系或者其他利害关系承担该项建设工程的监理业务的,责令改正,处 5 万元以上 10 万元以下的罚款,降低资质等级或者吊销资质证书;有违法所得的,予以没收。

第六十九条　违反本条例规定,涉及建筑主体或者承重结构变动的装修工程,没有设计方案擅自施工的,责令改正,处 50 万元以上 100 万元以下的罚款;房屋建筑使用者在装修过程中擅自变动房屋建筑主体和承重结构的,责令改正,处 5 万元以上 10 万元以下的罚款。

有前款所列行为,造成损失的,依法承担赔偿责任。

第七十条　发生重大工程质量事故隐瞒不报、谎报或者拖延报告期限的,对直接负责的主管人员和其他责任人员依法给予行政处分。

第七十一条　违反本条例规定,供水、供电、供气、公安消防等部门或者单位明示或者暗示建设单位或者施工单位购买其指定的生产供应单位的建筑材料、建筑构配件和设备的,责令改正。

第七十二条　违反本条例规定,注册建筑师、注册结构工程师、监理工程师等注册执业人员因过错造成质量事故的,责令停止执业 1 年;造成重大质量事故的,吊销执业资格证书,5 年以内不予注册;情节特别恶劣的,终身不予注册。

第七十三条　依照本条例规定,给予单位罚款处罚的,对单位直接负责的主管人员和其他直接责任人员处单位罚款数额百分之五以上百分之十以下的罚款。

第七十四条　建设单位、设计单位、施工单位、工程监理单位违反国家规定,降低工程质量标准,造成重大安全事故,构成犯罪的,对直接责任人员依法追究刑事责任。

第七十五条　本条例规定的责令停业整顿,降低资质等级和吊销资质证书的行政处罚,由颁发资质证书的机关决定;其他行政处罚,由建设行政主管部门或者其他有关部门依照法定职权决定。

依照本条例规定被吊销资质证书的,由工商行政管理部门吊销其营业执照。

第七十六条　国家机关工作人员在建设工程质量监督管理工作中玩忽职守、滥用职权、徇私舞弊,构成犯罪的,依法追究刑事责任;尚不构成犯罪的,依法给予行政处分。

第七十七条　建设、勘察、设计、施工、工程监理单位的工作人员因调动工作、退休等原因离开该单位后,被发现在该单位工作期间违反国家有关建设工程质量管理规定,造成重大工程质量事故的,仍应当依法追究法律责任。

第九章 附 则

第七十八条 本条例所称肢解发包，是指建设单位将应当由一个承包单位完成的建设工程分解成若干部分发包给不同的承包单位的行为。

本条例所称违法分包，是指下列行为：

（一）总承包单位将建设工程分包给不具备相应资质条件的单位的；

（二）建设工程总承包合同中未有约定，又未经建设单位认可，承包单位将其承包的部分建设工程交由其他单位完成的；

（三）施工总承包单位将建设工程主体结构的施工分包给其他单位的；

（四）分包单位将其承包的建设工程再分包的。

本条例所称转包，是指承包单位承包建设工程后，不履行合同约定的责任和义务，将其承包的全部建设工程转给他人或者将其承包的全部建设工程肢解以后以分包的名义分别转给其他单位承包的行为。

第七十九条 本条例规定的罚款和没收的违法所得，必须全部上缴国库。

第八十条 抢险救灾及其他临时性房屋建筑和农民自建低层住宅的建设活动，不适用本条例。

第八十一条 军事建设工程的管理，按照中央军事委员会的有关规定执行。

第八十二条 本条例自发布之日起施行。

附刑法有关条款 第一百三十七条 建设单位、设计单位、施工单位、工程监理单位违反国家规定，降低工程质量标准，造成重大安全事故的，对直接责任人员处五年以下有期徒刑或者拘役，并处罚金；后果特别严重的，处五年以上十年以下有期徒刑，并处罚金。

建设工程安全生产管理条例

(2003 年 11 月 24 日国务院令第 393 号发布)

第一章　总　　则

第一条　为了加强建设工程安全生产监督管理,保障人民群众生命和财产安全,根据《中华人民共和国建筑法》《中华人民共和国安全生产法》,制定本条例。

第二条　在中华人民共和国境内从事建设工程的新建、扩建、改建和拆除等有关活动及实施对建设工程安全生产的监督管理,必须遵守本条例。

本条例所称建设工程,是指土木工程、建筑工程、线路管道和设备安装工程及装修工程。

第三条　建设工程安全生产管理,坚持安全第一、预防为主的方针。

第四条　建设单位、勘察单位、设计单位、施工单位、工程监理单位及其他与建设工程安全生产有关的单位,必须遵守安全生产法律、法规的规定,保证建设工程安全生产,依法承担建设工程安全生产责任。

第五条　国家鼓励建设工程安全生产的科学技术研究和先进技术的推广应用,推进建设工程安全生产的科学管理。

第二章　建设单位的安全责任

第六条　建设单位应当向施工单位提供施工现场及毗邻区域内供水、排水、供电、供气、供热、通信、广播电视等地下管线资料,气象和水文观测资料,相邻建筑物和构筑物、地下工程的有关资料,并保证资料的真实、准确、完整。

建设单位因建设工程需要,向有关部门或者单位查询前款规定的资料时,有关部门或者单位应当及时提供。

第七条　建设单位不得对勘察、设计、施工、工程监理等单位提出不符合建设工程安全生产法律、法规和强制性标准规定的要求,不得压缩合同约定的工期。

第八条　建设单位在编制工程概算时,应当确定建设工程安全作业环境及安全施工措施所需费用。

第九条　建设单位不得明示或者暗示施工单位购买、租赁、使用不符合安全施工要求的安全防护用具、机械设备、施工机具及配件、消防设施和器材。

第十条　建设单位在申请领取施工许可证时,应当提供建设工程有关安全施工措施的资料。

依法批准开工报告的建设工程,建设单位应当自开工报告批准之日起 15 日内,将保证安全施工的措施报送建设工程所在地的县级以上地方人民政府建设行政主管部门或者其他有关部门备案。

第十一条 建设单位应当将拆除工程发包给具有相应资质等级的施工单位。

建设单位应当在拆除工程施工 15 日前,将下列资料报送建设工程所在地的县级以上地方人民政府建设行政主管部门或者其他有关部门备案:

(一)施工单位资质等级证明;

(二)拟拆除建筑物、构筑物及可能危及毗邻建筑的说明;

(三)拆除施工组织方案;

(四)堆放、清除废弃物的措施。

实施爆破作业的,应当遵守国家有关民用爆炸物品管理的规定。

第三章 勘察、设计、工程监理及其他有关单位的安全责任

第十二条 勘察单位应当按照法律、法规和工程建设强制性标准进行勘察,提供的勘察文件应当真实、准确,满足建设工程安全生产的需要。

勘察单位在勘察作业时,应当严格执行操作规程,采取措施保证各类管线、设施和周边建筑物、构筑物的安全。

第十三条 设计单位应当按照法律、法规和工程建设强制性标准进行设计,防止因设计不合理导致生产安全事故的发生。

设计单位应当考虑施工安全操作和防护的需要,对涉及施工安全的重点部位和环节在设计文件中注明,并对防范生产安全事故提出指导意见。

采用新结构、新材料、新工艺的建设工程和特殊结构的建设工程,设计单位应当在设计中提出保障施工作业人员安全和预防生产安全事故的措施建议。

设计单位和注册建筑师等注册执业人员应当对其设计负责。

第十四条 工程监理单位应当审查施工组织设计中的安全技术措施或者专项施工方案是否符合工程建设强制性标准。

工程监理单位在实施监理过程中,发现存在安全事故隐患的,应当要求施工单位整改;情况严重的,应当要求施工单位暂时停止施工,并及时报告建设单位。施工单位拒不整改或者不停止施工的,工程监理单位应当及时向有关主管部门报告。

工程监理单位和监理工程师应当按照法律、法规和工程建设强制性标准实施监理,并对建设工程安全生产承担监理责任。

第十五条 为建设工程提供机械设备和配件的单位,应当按照安全施工的要求配备齐全有效的保险、限位等安全设施和装置。

第十六条 出租的机械设备和施工机具及配件,应当具有生产(制造)许可证、产品合格证。

出租单位应当对出租的机械设备和施工机具及配件的安全性能进行检测,在签订租赁协议时,应当出具检测合格证明。

禁止出租检测不合格的机械设备和施工机具及配件。

第十七条 在施工现场安装、拆卸施工起重机械和整体提升脚手架、模板等自升式架设设施,必须由具有相应资质的单位承担。

安装、拆卸施工起重机械和整体提升脚手架、模板等自升式架设设施,应当编制拆装方案、制定安全施工措施,并由专业技术人员现场监督。

施工起重机械和整体提升脚手架、模板等自升式架设设施安装完毕后,安装单位应当自检,出具自检合格证明,并向施工单位进行安全使用说明,办理验收手续并签字。

第十八条 施工起重机械和整体提升脚手架、模板等自升式架设设施的使用达到国家规定的检验检测期限的,必须经具有专业资质的检验检测机构检测。经检测不合格的,不得继续使用。

第十九条 检验检测机构对检测合格的施工起重机械和整体提升脚手架、模板等自升式架设设施,应当出具安全合格证明文件,并对检测结果负责。

第四章 施工单位的安全责任

第二十条 施工单位从事建设工程的新建、扩建、改建和拆除等活动,应当具备国家规定的注册资本、专业技术人员、技术装备和安全生产等条件,依法取得相应等级的资质证书,并在其资质等级许可的范围内承揽工程。

第二十一条 施工单位主要负责人依法对本单位的安全生产工作全面负责。施工单位应当建立健全安全生产责任制度和安全生产教育培训制度,制定安全生产规章制度和操作规程,保证本单位安全生产条件所需资金的投入,对所承担的建设工程进行定期和专项安全检查,并做好安全检查记录。

施工单位的项目负责人应当由取得相应执业资格的人员担任,对建设工程项目的安全施工负责,落实安全生产责任制度、安全生产规章制度和操作规程,确保安全生产费用的有效使用,并根据工程的特点组织制定安全施工措施,消除安全事故隐患,及时、如实报告生产安全事故。

第二十二条 施工单位对列入建设工程概算的安全作业环境及安全施工措施所需费用,应当用于施工安全防护用具及设施的采购和更新、安全施工措施的落实、安全生产条件的改善,不得挪作他用。

第二十三条 施工单位应当设立安全生产管理机构,配备专职安全生产管理人员。

专职安全生产管理人员负责对安全生产进行现场监督检查。发现安全事故隐患,应当及时向项目负责人和安全生产管理机构报告;对违章指挥、违章操作的,应当立即制止。

专职安全生产管理人员的配备办法由国务院建设行政主管部门会同国务院其他有关部门制定。

第二十四条 建设工程实行施工总承包的,由总承包单位对施工现场的安全生产负总责。

总承包单位应当自行完成建设工程主体结构的施工。

总承包单位依法将建设工程分包给其他单位的,分包合同中应当明确各自的安全生产方面的权利、义务。总承包单位和分包单位对分包工程的安全生产承担连带责任。

分包单位应当服从总承包单位的安全生产管理,分包单位不服从管理导致生产安全事故的,由分包单位承担主要责任。

第二十五条 垂直运输机械作业人员、安装拆卸工、爆破作业人员、起重信号工、登高架设作业人员等特种作业人员,必须按照国家有关规定经过专门的安全作业培训,并取得特种作业操作资格证书后，方可上岗作业。

第二十六条 施工单位应当在施工组织设计中编制安全技术措施和施工现场临时用电方案，对下列达到一定规模的危险性较大的分部分项工程编制专项施工方案，并附具安全验算结果，经施工单位技术负责人、总监理工程师签字后实施，由专职安全生产管理人员进行现场监督：

（一）基坑支护与降水工程；

（二）土方开挖工程；

（三）模板工程；

（四）起重吊装工程；

（五）脚手架工程；

（六）拆除、爆破工程；

（七）国务院建设行政主管部门或者其他有关部门规定的其他危险性较大的工程。

对前款所列工程中涉及深基坑、地下暗挖工程、高大模板工程的专项施工方案，施工单位还应当组织专家进行论证、审查。

本条第一款规定的达到一定规模的危险性较大工程的标准，由国务院建设行政主管部门会同国务院其他有关部门制定。

第二十七条 建设工程施工前，施工单位负责项目管理的技术人员应当对有关安全施工的技术要求向施工作业班组、作业人员作出详细说明，并由双方签字确认。

第二十八条 施工单位应当在施工现场入口处、施工起重机械、临时用电设施、脚手架、出入通道口、楼梯口、电梯井口、孔洞口、桥梁口、隧道口、基坑边沿、爆破物及有害危险气体和液体存放处等危险部位，设置明显的安全警示标志。安全警示标志必须符合国家标准。

施工单位应当根据不同施工阶段和周围环境及季节、气候的变化，在施工现场采取相应的安全施工措施。施工现场暂时停止施工的，施工单位应当做好现场防护，所需费用由责任方承担，或者按照合同约定执行。

第二十九条 施工单位应当将施工现场的办公、生活区与作业区分开设置，并保持安全距离；办公、生活区的选址应当符合安全性要求。职工的膳食、饮水、休息场所等应当符合卫生标准。施工单位不得在尚未竣工的建筑物内设置员工集体宿舍。

施工现场临时搭建的建筑物应当符合安全使用要求。施工现场使用的装配式活动房屋应当具有产品合格证。

第三十条 施工单位对因建设工程施工可能造成损害的毗邻建筑物、构筑物和地下管线等，应当采取专项防护措施。

施工单位应当遵守有关环境保护法律、法规的规定，在施工现场采取措施，防止或者减少粉尘、废气、废水、固体废物、噪声、振动和施工照明对人和环境的危害和污染。

在城市市区内的建设工程，施工单位应当对施工现场实行封闭围挡。

第三十一条 施工单位应当在施工现场建立消防安全责任制度，确定消防安全责任人，制定用火、用电、使用易燃易爆材料等各项消防安全管理制度和操作规程，设置消防通道、消防水源，配备消防设施和灭火器材，并在施工现场入口处设置明显标志。

第三十二条 施工单位应当向作业人员提供安全防护用具和安全防护服装，并书面告知危险岗位的操作规程和违章操作的危害。

作业人员有权对施工现场的作业条件、作业程序和作业方式中存在的安全问题提出批评、检举和控告,有权拒绝违章指挥和强令冒险作业。

在施工中发生危及人身安全的紧急情况时,作业人员有权立即停止作业或者在采取必要的应急措施后撤离危险区域。

第三十三条　作业人员应当遵守安全施工的强制性标准、规章制度和操作规程,正确使用安全防护用具、机械设备等。

第三十四条　施工单位采购、租赁的安全防护用具、机械设备、施工机具及配件,应当具有生产(制造)许可证、产品合格证,并在进入施工现场前进行查验。

施工现场的安全防护用具、机械设备、施工机具及配件必须由专人管理,定期进行检查、维修和保养,建立相应的资料档案,并按照国家有关规定及时报废。

第三十五条　施工单位在使用施工起重机械和整体提升脚手架、模板等自升式架设设施前,应当组织有关单位进行验收,也可以委托具有相应资质的检验检测机构进行验收;使用承租的机械设备和施工机具及配件的,由施工总承包单位、分包单位、出租单位和安装单位共同进行验收。验收合格的方可使用。

《特种设备安全监察条例》规定的施工起重机械,在验收前应当经有相应资质的检验检测机构监督检验合格。

施工单位应当自施工起重机械和整体提升脚手架、模板等自升式架设设施验收合格之日起 30 日内,向建设行政主管部门或者其他有关部门登记。登记标志应当置于或者附着于该设备的显著位置。

第三十六条　施工单位的主要负责人、项目负责人、专职安全生产管理人员应当经建设行政主管部门或者其他有关部门考核合格后方可任职。

施工单位应当对管理人员和作业人员每年至少进行一次安全生产教育培训,其教育培训情况记入个人工作档案。安全生产教育培训考核不合格的人员,不得上岗。

第三十七条　作业人员进入新的岗位或者新的施工现场前,应当接受安全生产教育培训。未经教育培训或者教育培训考核不合格的人员,不得上岗作业。

施工单位在采用新技术、新工艺、新设备、新材料时,应当对作业人员进行相应的安全生产教育培训。

第三十八条　施工单位应当为施工现场从事危险作业的人员办理意外伤害保险。

意外伤害保险费由施工单位支付。实行施工总承包的,由总承包单位支付意外伤害保险费。意外伤害保险期限自建设工程开工之日起至竣工验收合格止。

第五章　监督管理

第三十九条　国务院负责安全生产监督管理的部门依照《中华人民共和国安全生产法》的规定,对全国建设工程安全生产工作实施综合监督管理。

县级以上地方人民政府负责安全生产监督管理的部门依照《中华人民共和国安全生产法》的规定,对本行政区域内建设工程安全生产工作实施综合监督管理。

第四十条　国务院建设行政主管部门对全国的建设工程安全生产实施监督管理。国务院铁路、交通、水利等有关部门按照国务院规定的职责分工,负责有关专业建设工程安全生产的监督管理。

县级以上地方人民政府建设行政主管部门对本行政区域内的建设工程安全生产实施监督管理。县级以上地方人民政府交通、水利等有关部门在各自的职责范围内,负责本行政区域内的专业建设工程安全生产的监督管理。

第四十一条 建设行政主管部门和其他有关部门应当将本条例第十条、第十一条规定的有关资料的主要内容抄送同级负责安全生产监督管理的部门。

第四十二条 建设行政主管部门在审核发放施工许可证时,应当对建设工程是否有安全施工措施进行审查,对没有安全施工措施的,不得颁发施工许可证。

建设行政主管部门或者其他有关部门对建设工程是否有安全施工措施进行审查时,不得收取费用。

第四十三条 县级以上人民政府负有建设工程安全生产监督管理职责的部门在各自的职责范围内履行安全监督检查职责时,有权采取下列措施:

(一)要求被检查单位提供有关建设工程安全生产的文件和资料;

(二)进入被检查单位施工现场进行检查;

(三)纠正施工中违反安全生产要求的行为;

(四)对检查中发现的安全事故隐患,责令立即排除;重大安全事故隐患排除前或者排除过程中无法保证安全的,责令从危险区域内撤出作业人员或者暂时停止施工。

第四十四条 建设行政主管部门或者其他有关部门可以将施工现场的监督检查委托给建设工程安全监督机构具体实施。

第四十五条 国家对严重危及施工安全的工艺、设备、材料实行淘汰制度。具体目录由国务院建设行政主管部门会同国务院其他有关部门制定并公布。

第四十六条 县级以上人民政府建设行政主管部门和其他有关部门应当及时受理对建设工程生产安全事故及安全事故隐患的检举、控告和投诉。

第六章 生产安全事故的应急救援和调查处理

第四十七条 县级以上地方人民政府建设行政主管部门应当根据本级人民政府的要求,制定本行政区域内建设工程特大生产安全事故应急救援预案。

第四十八条 施工单位应当制定本单位生产安全事故应急救援预案,建立应急救援组织或者配备应急救援人员,配备必要的应急救援器材、设备,并定期组织演练。

第四十九条 施工单位应当根据建设工程施工的特点、范围,对施工现场易发生重大事故的部位、环节进行监控,制定施工现场生产安全事故应急救援预案。实行施工总承包的,由总承包单位统一组织编制建设工程生产安全事故应急救援预案,工程总承包单位和分包单位按照应急救援预案,各自建立应急救援组织或者配备应急救援人员,配备救援器材、设备,并定期组织演练。

第五十条 施工单位发生生产安全事故,应当按照国家有关伤亡事故报告和调查处理的规定,及时、如实地向负责安全生产监督管理的部门、建设行政主管部门或者其他有关部门报告;特种设备发生事故的,还应当同时向特种设备安全监督管理部门报告。接到报告的部门应当按照国家有关规定,如实上报。

实行施工总承包的建设工程,由总承包单位负责上报事故。

第五十一条　发生生产安全事故后,施工单位应当采取措施防止事故扩大,保护事故现场。需要移动现场物品时,应当做出标记和书面记录,妥善保管有关证物。

第五十二条　建设工程生产安全事故的调查、对事故责任单位和责任人的处罚与处理,按照有关法律、法规的规定执行。

第七章　法律责任

第五十三条　违反本条例的规定,县级以上人民政府建设行政主管部门或者其他有关行政管理部门的工作人员,有下列行为之一的,给予降级或者撤职的行政处分;构成犯罪的,依照刑法有关规定追究刑事责任:

(一)对不具备安全生产条件的施工单位颁发资质证书的;

(二)对没有安全施工措施的建设工程颁发施工许可证的;

(三)发现违法行为不予查处的;

(四)不依法履行监督管理职责的其他行为。

第五十四条　违反本条例的规定,建设单位未提供建设工程安全生产作业环境及安全施工措施所需费用的,责令限期改正;逾期未改正的,责令该建设工程停止施工。

建设单位未将保证安全施工的措施或者拆除工程的有关资料报送有关部门备案的,责令限期改正,给予警告。

第五十五条　违反本条例的规定,建设单位有下列行为之一的,责令限期改正,处20万元以上50万元以下的罚款;造成重大安全事故,构成犯罪的,对直接责任人员,依照刑法有关规定追究刑事责任;造成损失的,依法承担赔偿责任:

(一)对勘察、设计、施工、工程监理等单位提出不符合安全生产法律、法规和强制性标准规定的要求的;

(二)要求施工单位压缩合同约定的工期的;

(三)将拆除工程发包给不具有相应资质等级的施工单位的。

第五十六条　违反本条例的规定,勘察单位、设计单位有下列行为之一的,责令限期改正,处10万元以上30万元以下的罚款;情节严重的,责令停业整顿,降低资质等级,直至吊销资质证书;造成重大安全事故,构成犯罪的,对直接责任人员,依照刑法有关规定追究刑事责任;造成损失的,依法承担赔偿责任:

(一)未按照法律、法规和工程建设强制性标准进行勘察、设计的;

(二)采用新结构、新材料、新工艺的建设工程和特殊结构的建设工程,设计单位未在设计中提出保障施工作业人员安全和预防生产安全事故的措施建议的。

第五十七条　违反本条例的规定,工程监理单位有下列行为之一的,责令限期改正;逾期未改正的,责令停业整顿,并处10万元以上30万元以下的罚款;情节严重的,降低资质等级,直至吊销资质证书;造成重大安全事故,构成犯罪的,对直接责任人员,依照刑法有关规定追究刑事责任;造成损失的,依法承担赔偿责任:

(一)未对施工组织设计中的安全技术措施或者专项施工方案进行审查的;

(二)发现安全事故隐患未及时要求施工单位整改或者暂时停止施工的;

（三）施工单位拒不整改或者不停止施工，未及时向有关主管部门报告的；

（四）未依照法律、法规和工程建设强制性标准实施监理的。

第五十八条 注册执业人员未执行法律、法规和工程建设强制性标准的，责令停止执业3个月以上1年以下；情节严重的，吊销执业资格证书，5年内不予注册；造成重大安全事故的，终身不予注册；构成犯罪的，依照刑法有关规定追究刑事责任。

第五十九条 违反本条例的规定，为建设工程提供机械设备和配件的单位，未按照安全施工的要求配备齐全有效的保险、限位等安全设施和装置的，责令限期改正，处合同价款1倍以上3倍以下的罚款；造成损失的，依法承担赔偿责任。

第六十条 违反本条例的规定，出租单位出租未经安全性能检测或者经检测不合格的机械设备和施工机具及配件的，责令停业整顿，并处5万元以上10万元以下的罚款；造成损失的，依法承担赔偿责任。

第六十一条 违反本条例的规定，施工起重机械和整体提升脚手架、模板等自升式架设设施安装、拆卸单位有下列行为之一的，责令限期改正，处5万元以上10万元以下的罚款；情节严重的，责令停业整顿，降低资质等级，直至吊销资质证书；造成损失的，依法承担赔偿责任：

（一）未编制拆装方案、制定安全施工措施的；

（二）未由专业技术人员现场监督的；

（三）未出具自检合格证明或者出具虚假证明的；

（四）未向施工单位进行安全使用说明，办理移交手续的。

施工起重机械和整体提升脚手架、模板等自升式架设设施安装、拆卸单位有前款规定的第（一）项、第（三）项行为，经有关部门或者单位职工提出后，对事故隐患仍不采取措施，因而发生重大伤亡事故或者造成其他严重后果，构成犯罪的，对直接责任人员，依照刑法有关规定追究刑事责任。

第六十二条 违反本条例的规定，施工单位有下列行为之一的，责令限期改正；逾期未改正的，责令停业整顿，依照《中华人民共和国安全生产法》的有关规定处以罚款；造成重大安全事故，构成犯罪的，对直接责任人员，依照刑法有关规定追究刑事责任：

（一）未设立安全生产管理机构、配备专职安全生产管理人员或者分部分项工程施工时无专职安全生产管理人员现场监督的；

（二）施工单位的主要负责人、项目负责人、专职安全生产管理人员、作业人员或者特种作业人员，未经安全教育培训或者经考核不合格即从事相关工作的；

（三）未在施工现场的危险部位设置明显的安全警示标志，或者未按照国家有关规定在施工现场设置消防通道、消防水源、配备消防设施和灭火器材的；

（四）未向作业人员提供安全防护用具和安全防护服装的；

（五）未按照规定在施工起重机械和整体提升脚手架、模板等自升式架设设施验收合格后登记的；

（六）使用国家明令淘汰、禁止使用的危及施工安全的工艺、设备、材料的。

第六十三条 违反本条例的规定，施工单位挪用列入建设工程概算的安全生产作业环境及安全施工措施所需费用的，责令限期改正，处挪用费用20%以上50%以下的罚款；造成损失的，依法承担赔偿责任。

第六十四条 违反本条例的规定,施工单位有下列行为之一的,责令限期改正;逾期未改正的,责令停业整顿,并处 5 万元以上 10 万元以下的罚款;造成重大安全事故,构成犯罪的,对直接责任人员,依照刑法有关规定追究刑事责任:

(一)施工前未对有关安全施工的技术要求作出详细说明的;

(二)未根据不同施工阶段和周围环境及季节、气候的变化,在施工现场采取相应的安全施工措施,或者在城市市区内的建设工程的施工现场未实行封闭围挡的;

(三)在尚未竣工的建筑物内设置员工集体宿舍的;

(四)施工现场临时搭建的建筑物不符合安全使用要求的;

(五)未对因建设工程施工可能造成损害的毗邻建筑物、构筑物和地下管线等采取专项防护措施的。

施工单位有前款规定第(四)项、第(五)项行为,造成损失的,依法承担赔偿责任。

第六十五条 违反本条例的规定,施工单位有下列行为之一的,责令限期改正;逾期未改正的,责令停业整顿,并处 10 万元以上 30 万元以下的罚款;情节严重的,降低资质等级,直至吊销资质证书;造成重大安全事故,构成犯罪的,对直接责任人员,依照刑法有关规定追究刑事责任;造成损失的,依法承担赔偿责任:

(一)安全防护用具、机械设备、施工机具及配件在进入施工现场前未经查验或者查验不合格即投入使用的;

(二)使用未经验收或者验收不合格的施工起重机械和整体提升脚手架、模板等自升式架设设施的;

(三)委托不具有相应资质的单位承担施工现场安装、拆卸施工起重机械和整体提升脚手架、模板等自升式架设设施的;

(四)在施工组织设计中未编制安全技术措施、施工现场临时用电方案或者专项施工方案的。

第六十六条 违反本条例的规定,施工单位的主要负责人、项目负责人未履行安全生产管理职责的,责令限期改正;逾期未改正的,责令施工单位停业整顿;造成重大安全事故、重大伤亡事故或者其他严重后果,构成犯罪的,依照刑法有关规定追究刑事责任。

作业人员不服管理、违反规章制度和操作规程冒险作业造成重大伤亡事故或者其他严重后果,构成犯罪的,依照刑法有关规定追究刑事责任。

施工单位的主要负责人、项目负责人有前款违法行为,尚不够刑事处罚的,处 2 万元以上 20 万元以下的罚款或者按照管理权限给予撤职处分;自刑罚执行完毕或者受处分之日起,5 年内不得担任任何施工单位的主要负责人、项目负责人。

第六十七条 施工单位取得资质证书后,降低安全生产条件的,责令限期改正;经整改仍未达到与其资质等级相适应的安全生产条件的,责令停业整顿,降低其资质等级直至吊销资质证书。

第六十八条 本条例规定的行政处罚,由建设行政主管部门或者其他有关部门依照法定职权决定。

违反消防安全管理规定的行为,由公安消防机构依法处罚。

有关法律、行政法规对建设工程安全生产违法行为的行政处罚决定机关另有规定的,从其规定。

第八章　附　则

第六十九条　抢险救灾和农民自建低层住宅的安全生产管理,不适用本条例。

第七十条　军事建设工程的安全生产管理,按照中央军事委员会的有关规定执行。

第七十一条　本条例自 2004 年 2 月 1 日起施行。

安全生产许可证条例

(2004 年 1 月 13 日国务院令第 397 号发布。根据 2014 年 7 月 29 日国务院令第 653 号
《国务院关于修改部分行政法规的决定》修订)

第一条 为了严格规范安全生产条件,进一步加强安全生产监督管理,防止和减少生产安全事故,根据《中华人民共和国安全生产法》的有关规定,制定本条例。

第二条 国家对矿山企业、建筑施工企业和危险化学品、烟花爆竹、民用爆炸物品生产企业(以下统称企业)实行安全生产许可制度。

企业未取得安全生产许可证的,不得从事生产活动。

第三条 国务院安全生产监督管理部门负责中央管理的非煤矿矿山企业和危险化学品、烟花爆竹生产企业安全生产许可证的颁发和管理。

省、自治区、直辖市人民政府安全生产监督管理部门负责前款规定以外的非煤矿矿山企业和危险化学品、烟花爆竹生产企业安全生产许可证的颁发和管理,并接受国务院安全生产监督管理部门的指导和监督。

国家煤矿安全监察机构负责中央管理的煤矿企业安全生产许可证的颁发和管理。

在省、自治区、直辖市设立的煤矿安全监察机构负责前款规定以外的其他煤矿企业安全生产许可证的颁发和管理,并接受国家煤矿安全监察机构的指导和监督。

第四条 省、自治区、直辖市人民政府建设主管部门负责建筑施工企业安全生产许可证的颁发和管理,并接受国务院建设主管部门的指导和监督。

第五条 省、自治区、直辖市人民政府民用爆炸物品行业主管部门负责民用爆炸物品生产企业安全生产许可证的颁发和管理,并接受国务院民用爆炸物品行业主管部门的指导和监督。

第六条 企业取得安全生产许可证,应当具备下列安全生产条件:

(一)建立、健全安全生产责任制,制定完备的安全生产规章制度和操作规程;

(二)安全投入符合安全生产要求;

(三)设置安全生产管理机构,配备专职安全生产管理人员;

(四)主要负责人和安全生产管理人员经考核合格;

(五)特种作业人员经有关业务主管部门考核合格,取得特种作业操作资格证书;

(六)从业人员经安全生产教育和培训合格;

(七)依法参加工伤保险,为从业人员缴纳保险费;

(八)厂房、作业场所和安全设施、设备、工艺符合有关安全生产法律、法规、标准和规程的要求;

(九)有职业危害防治措施,并为从业人员配备符合国家标准或者行业标准的劳动防护用品;

（十）依法进行安全评价；

（十一）有重大危险源检测、评估、监控措施和应急预案；

（十二）有生产安全事故应急救援预案、应急救援组织或者应急救援人员，配备必要的应急救援器材、设备；

（十三）法律、法规规定的其他条件。

第七条　企业进行生产前，应当依照本条例的规定向安全生产许可证颁发管理机关申请领取安全生产许可证，并提供本条例第六条规定的相关文件、资料。安全生产许可证颁发管理机关应当自收到申请之日起45日内审查完毕，经审查符合本条例规定的安全生产条件的，颁发安全生产许可证；不符合本条例规定的安全生产条件的，不予颁发安全生产许可证，书面通知企业并说明理由。

煤矿企业应当以矿（井）为单位，依照本条例的规定取得安全生产许可证。

第八条　安全生产许可证由国务院安全生产监督管理部门规定统一的式样。

第九条　安全生产许可证的有效期为3年。安全生产许可证有效期满需要延期的，企业应当于期满前3个月向原安全生产许可证颁发管理机关办理延期手续。

企业在安全生产许可证有效期内，严格遵守有关安全生产的法律法规，未发生死亡事故的，安全生产许可证有效期届满时，经原安全生产许可证颁发管理机关同意，不再审查，安全生产许可证有效期延期3年。

第十条　安全生产许可证颁发管理机关应当建立、健全安全生产许可证档案管理制度，并定期向社会公布企业取得安全生产许可证的情况。

第十一条　煤矿企业安全生产许可证颁发管理机关、建筑施工企业安全生产许可证颁发管理机关、民用爆炸物品生产企业安全生产许可证颁发管理机关，应当每年向同级安全生产监督管理部门通报其安全生产许可证颁发和管理情况。

第十二条　国务院安全生产监督管理部门和省、自治区、直辖市人民政府安全生产监督管理部门对建筑施工企业、民用爆炸物品生产企业、煤矿企业取得安全生产许可证的情况进行监督。

第十三条　企业不得转让、冒用安全生产许可证或者使用伪造的安全生产许可证。

第十四条　企业取得安全生产许可证后，不得降低安全生产条件，并应当加强日常安全生产管理，接受安全生产许可证颁发管理机关的监督检查。

安全生产许可证颁发管理机关应当加强对取得安全生产许可证的企业的监督检查，发现其不再具备本条例规定的安全生产条件的，应当暂扣或者吊销安全生产许可证。

第十五条　安全生产许可证颁发管理机关工作人员在安全生产许可证颁发、管理和监督检查工作中，不得索取或者接受企业的财物，不得谋取其他利益。

第十六条　监察机关依照《中华人民共和国行政监察法》的规定，对安全生产许可证颁发管理机关及其工作人员履行本条例规定的职责实施监察。

第十七条　任何单位或者个人对违反本条例规定的行为，有权向安全生产许可证颁发管理机关或者监察机关等有关部门举报。

第十八条　安全生产许可证颁发管理机关工作人员有下列行为之一的，给予降级或者撤职的行政处分；构成犯罪的，依法追究刑事责任：

（一）向不符合本条例规定的安全生产条件的企业颁发安全生产许可证的；

（二）发现企业未依法取得安全生产许可证擅自从事生产活动，不依法处理的；

（三）发现取得安全生产许可证的企业不再具备本条例规定的安全生产条件，不依法处理的；

（四）接到对违反本条例规定行为的举报后，不及时处理的；

（五）在安全生产许可证颁发、管理和监督检查工作中，索取或者接受企业的财物，或者谋取其他利益的。

第十九条　违反本条例规定，未取得安全生产许可证擅自进行生产的，责令停止生产，没收违法所得，并处 10 万元以上 50 万元以下的罚款；造成重大事故或者其他严重后果，构成犯罪的，依法追究刑事责任。

第二十条　违反本条例规定，安全生产许可证有效期满未办理延期手续，继续进行生产的，责令停止生产，限期补办延期手续，没收违法所得，并处 5 万元以上 10 万元以下的罚款；逾期仍不办理延期手续，继续进行生产的，依照本条例第十九条的规定处罚。

第二十一条　违反本条例规定，转让安全生产许可证的，没收违法所得，处 10 万元以上 50 万元以下的罚款，并吊销其安全生产许可证；构成犯罪的，依法追究刑事责任；接受转让的，依照本条例第十九条的规定处罚。

冒用安全生产许可证或者使用伪造的安全生产许可证的，依照本条例第十九条的规定处罚。

第二十二条　本条例施行前已经进行生产的企业，应当自本条例施行之日起 1 年内，依照本条例的规定向安全生产许可证颁发管理机关申请办理安全生产许可证；逾期不办理安全生产许可证，或者经审查不符合本条例规定的安全生产条件，未取得安全生产许可证，继续进行生产的，依照本条例第十九条的规定处罚。

第二十三条　本条例规定的行政处罚，由安全生产许可证颁发管理机关决定。

第二十四条　本条例自公布之日起施行。

生产安全事故报告和调查处理条例

(2007 年 4 月 9 日国务院令第 493 号发布)

第一章 总 则

第一条 为了规范生产安全事故的报告和调查处理,落实生产安全事故责任追究制度,防止和减少生产安全事故,根据《中华人民共和国安全生产法》和有关法律,制定本条例。

第二条 生产经营活动中发生的造成人身伤亡或者直接经济损失的生产安全事故的报告和调查处理,适用本条例;环境污染事故、核设施事故、国防科研生产事故的报告和调查处理不适用本条例。

第三条 根据生产安全事故(以下简称事故)造成的人员伤亡或者直接经济损失,事故一般分为以下等级:

(一)特别重大事故,是指造成 30 人以上死亡,或者 100 人以上重伤(包括急性工业中毒,下同),或者 1 亿元以上直接经济损失的事故;

(二)重大事故,是指造成 10 人以上 30 人以下死亡,或者 50 人以上 100 人以下重伤,或者 5000 万元以上 1 亿元以下直接经济损失的事故;

(三)较大事故,是指造成 3 人以上 10 人以下死亡,或者 10 人以上 50 人以下重伤,或者 1000 万元以上 5000 万元以下直接经济损失的事故;

(四)一般事故,是指造成 3 人以下死亡,或者 10 人以下重伤,或者 1000 万元以下直接经济损失的事故。

国务院安全生产监督管理部门可以会同国务院有关部门,制定事故等级划分的补充性规定。

本条第一款所称的"以上"包括本数,所称的"以下"不包括本数。

第四条 事故报告应当及时、准确、完整,任何单位和个人对事故不得迟报、漏报、谎报或者瞒报。

事故调查处理应当坚持实事求是、尊重科学的原则,及时、准确地查清事故经过、事故原因和事故损失,查明事故性质,认定事故责任,总结事故教训,提出整改措施,并对事故责任者依法追究责任。

第五条 县级以上人民政府应当依照本条例的规定,严格履行职责,及时、准确地完成事故调查处理工作。

事故发生地有关地方人民政府应当支持、配合上级人民政府或者有关部门的事故调查处理工作,并提供必要的便利条件。

参加事故调查处理的部门和单位应当互相配合,提高事故调查处理工作的效率。

第六条 工会依法参加事故调查处理,有权向有关部门提出处理意见。

第七条　任何单位和个人不得阻挠和干涉对事故的报告和依法调查处理。

第八条　对事故报告和调查处理中的违法行为,任何单位和个人有权向安全生产监督管理部门、监察机关或者其他有关部门举报,接到举报的部门应当依法及时处理。

第二章　事　故　报　告

第九条　事故发生后,事故现场有关人员应当立即向本单位负责人报告;单位负责人接到报告后,应当于1小时内向事故发生地县级以上人民政府安全生产监督管理部门和负有安全生产监督管理职责的有关部门报告。

情况紧急时,事故现场有关人员可以直接向事故发生地县级以上人民政府安全生产监督管理部门和负有安全生产监督管理职责的有关部门报告。

第十条　安全生产监督管理部门和负有安全生产监督管理职责的有关部门接到事故报告后,应当依照下列规定上报事故情况,并通知公安机关、劳动保障行政部门、工会和人民检察院:

(一)特别重大事故、重大事故逐级上报至国务院安全生产监督管理部门和负有安全生产监督管理职责的有关部门;

(二)较大事故逐级上报至省、自治区、直辖市人民政府安全生产监督管理部门和负有安全生产监督管理职责的有关部门;

(三)一般事故上报至设区的市级人民政府安全生产监督管理部门和负有安全生产监督管理职责的有关部门。

安全生产监督管理部门和负有安全生产监督管理职责的有关部门依照前款规定上报事故情况,应当同时报告本级人民政府。国务院安全生产监督管理部门和负有安全生产监督管理职责的有关部门以及省级人民政府接到发生特别重大事故、重大事故的报告后,应当立即报告国务院。

必要时,安全生产监督管理部门和负有安全生产监督管理职责的有关部门可以越级上报事故情况。

第十一条　安全生产监督管理部门和负有安全生产监督管理职责的有关部门逐级上报事故情况,每级上报的时间不得超过2小时。

第十二条　报告事故应当包括下列内容:

(一)事故发生单位概况;

(二)事故发生的时间、地点以及事故现场情况;

(三)事故的简要经过;

(四)事故已经造成或者可能造成的伤亡人数(包括下落不明的人数)和初步估计的直接经济损失;

(五)已经采取的措施;

(六)其他应当报告的情况。

第十三条　事故报告后出现新情况的,应当及时补报。

自事故发生之日起30日内,事故造成的伤亡人数发生变化的,应当及时补报。道路交通事故、火灾事故自发生之日起7日内,事故造成的伤亡人数发生变化的,应当及时补报。

第十四条　事故发生单位负责人接到事故报告后,应当立即启动事故相应应急预案,或者采取有效措施,组织抢救,防止事故扩大,减少人员伤亡和财产损失。

第十五条　事故发生地有关地方人民政府、安全生产监督管理部门和负有安全生产监督管理职责的有关部门接到事故报告后,其负责人应当立即赶赴事故现场,组织事故救援。

第十六条　事故发生后,有关单位和人员应当妥善保护事故现场以及相关证据,任何单位和个人不得破坏事故现场、毁灭相关证据。

因抢救人员、防止事故扩大以及疏通交通等原因,需要移动事故现场物件的,应当做出标志,绘制现场简图并做出书面记录,妥善保存现场重要痕迹、物证。

第十七条　事故发生地公安机关根据事故的情况,对涉嫌犯罪的,应当依法立案侦查,采取强制措施和侦查措施。犯罪嫌疑人逃匿的,公安机关应当迅速追捕归案。

第十八条　安全生产监督管理部门和负有安全生产监督管理职责的有关部门应当建立值班制度,并向社会公布值班电话,受理事故报告和举报。

第三章　事故调查

第十九条　特别重大事故由国务院或者国务院授权有关部门组织事故调查组进行调查。

重大事故、较大事故、一般事故分别由事故发生地省级人民政府、设区的市级人民政府、县级人民政府负责调查。省级人民政府、设区的市级人民政府、县级人民政府可以直接组织事故调查组进行调查,也可以授权或者委托有关部门组织事故调查组进行调查。

未造成人员伤亡的一般事故,县级人民政府也可以委托事故发生单位组织事故调查组进行调查。

第二十条　上级人民政府认为必要时,可以调查由下级人民政府负责调查的事故。

自事故发生之日起 30 日内(道路交通事故、火灾事故自发生之日起 7 日内),因事故伤亡人数变化导致事故等级发生变化,依照本条例规定应当由上级人民政府负责调查的,上级人民政府可以另行组织事故调查组进行调查。

第二十一条　特别重大事故以下等级事故,事故发生地与事故发生单位不在同一个县级以上行政区域的,由事故发生地人民政府负责调查,事故发生单位所在地人民政府应当派人参加。

第二十二条　事故调查组的组成应当遵循精简、效能的原则。

根据事故的具体情况,事故调查组由有关人民政府、安全生产监督管理部门、负有安全生产监督管理职责的有关部门、监察机关、公安机关以及工会派人组成,并应当邀请人民检察院派人参加。

事故调查组可以聘请有关专家参与调查。

第二十三条　事故调查组成员应当具有事故调查所需要的知识和专长,并与所调查的事故没有直接利害关系。

第二十四条　事故调查组组长由负责事故调查的人民政府指定。事故调查组组长主持事故调查组的工作。

第二十五条　事故调查组履行下列职责:

(一)查明事故发生的经过、原因、人员伤亡情况及直接经济损失;

（二）认定事故的性质和事故责任；

（三）提出对事故责任者的处理建议；

（四）总结事故教训，提出防范和整改措施；

（五）提交事故调查报告。

第二十六条　事故调查组有权向有关单位和个人了解与事故有关的情况，并要求其提供相关文件、资料，有关单位和个人不得拒绝。

事故发生单位的负责人和有关人员在事故调查期间不得擅离职守，并应当随时接受事故调查组的询问，如实提供有关情况。

事故调查中发现涉嫌犯罪的，事故调查组应当及时将有关材料或者其复印件移交司法机关处理。

第二十七条　事故调查中需要进行技术鉴定的，事故调查组应当委托具有国家规定资质的单位进行技术鉴定。必要时，事故调查组可以直接组织专家进行技术鉴定。技术鉴定所需时间不计入事故调查期限。

第二十八条　事故调查组成员在事故调查工作中应当诚信公正、恪尽职守，遵守事故调查组的纪律，保守事故调查的秘密。

未经事故调查组组长允许，事故调查组成员不得擅自发布有关事故的信息。

第二十九条　事故调查组应当自事故发生之日起60日内提交事故调查报告；特殊情况下，经负责事故调查的人民政府批准，提交事故调查报告的期限可以适当延长，但延长的期限最长不超过60日。

第三十条　事故调查报告应当包括下列内容：

（一）事故发生单位概况；

（二）事故发生经过和事故救援情况；

（三）事故造成的人员伤亡和直接经济损失；

（四）事故发生的原因和事故性质；

（五）事故责任的认定以及对事故责任者的处理建议；

（六）事故防范和整改措施。

事故调查报告应当附具有关证据材料。事故调查组成员应当在事故调查报告上签名。

第三十一条　事故调查报告报送负责事故调查的人民政府后，事故调查工作即告结束。事故调查的有关资料应当归档保存。

第四章　事 故 处 理

第三十二条　重大事故、较大事故、一般事故，负责事故调查的人民政府应当自收到事故调查报告之日起15日内做出批复；特别重大事故，30日内做出批复，特殊情况下，批复时间可以适当延长，但延长的时间最长不超过30日。

有关机关应当按照人民政府的批复，依照法律、行政法规规定的权限和程序，对事故发生单位和有关人员进行行政处罚，对负有事故责任的国家工作人员进行处分。

事故发生单位应当按照负责事故调查的人民政府的批复，对本单位负有事故责任的人员进行处理。

负有事故责任的人员涉嫌犯罪的,依法追究刑事责任。

第三十三条 事故发生单位应当认真吸取事故教训,落实防范和整改措施,防止事故再次发生。防范和整改措施的落实情况应当接受工会和职工的监督。

安全生产监督管理部门和负有安全生产监督管理职责的有关部门应当对事故发生单位落实防范和整改措施的情况进行监督检查。

第三十四条 事故处理的情况由负责事故调查的人民政府或者其授权的有关部门、机构向社会公布,依法应当保密的除外。

第五章 法 律 责 任

第三十五条 事故发生单位主要负责人有下列行为之一的,处上一年年收入40%至80%的罚款;属于国家工作人员的,并依法给予处分;构成犯罪的,依法追究刑事责任:

(一)不立即组织事故抢救的;

(二)迟报或者漏报事故的;

(三)在事故调查处理期间擅离职守的。

第三十六条 事故发生单位及其有关人员有下列行为之一的,对事故发生单位处100万元以上500万元以下的罚款;对主要负责人、直接负责的主管人员和其他直接责任人员处上一年年收入60%至100%的罚款;属于国家工作人员的,并依法给予处分;构成违反治安管理行为的,由公安机关依法给予治安管理处罚;构成犯罪的,依法追究刑事责任:

(一)谎报或者瞒报事故的;

(二)伪造或者故意破坏事故现场的;

(三)转移、隐匿资金、财产,或者销毁有关证据、资料的;

(四)拒绝接受调查或者拒绝提供有关情况和资料的;

(五)在事故调查中作伪证或者指使他人作伪证的;

(六)事故发生后逃匿的。

第三十七条 事故发生单位对事故发生负有责任的,依照下列规定处以罚款:

(一)发生一般事故的,处10万元以上20万元以下的罚款;

(二)发生较大事故的,处20万元以上50万元以下的罚款;

(三)发生重大事故的,处50万元以上200万元以下的罚款;

(四)发生特别重大事故的,处200万元以上500万元以下的罚款。

第三十八条 事故发生单位主要负责人未依法履行安全生产管理职责,导致事故发生的,依照下列规定处以罚款;属于国家工作人员的,并依法给予处分;构成犯罪的,依法追究刑事责任:

(一)发生一般事故的,处上一年年收入30%的罚款;

(二)发生较大事故的,处上一年年收入40%的罚款;

(三)发生重大事故的,处上一年年收入60%的罚款;

(四)发生特别重大事故的,处上一年年收入80%的罚款。

第三十九条 有关地方人民政府、安全生产监督管理部门和负有安全生产监督管理职责的有关部门有下列行为之一的,对直接负责的主管人员和其他直接责任人员依法给予处分;构

成犯罪的,依法追究刑事责任:

(一)不立即组织事故抢救的;

(二)迟报、漏报、谎报或者瞒报事故的;

(三)阻碍、干涉事故调查工作的;

(四)在事故调查中作伪证或者指使他人作伪证的。

第四十条　事故发生单位对事故发生负有责任的,由有关部门依法暂扣或者吊销其有关证照;对事故发生单位负有事故责任的有关人员,依法暂停或者撤销其与安全生产有关的执业资格、岗位证书;事故发生单位主要负责人受到刑事处罚或者撤职处分的,自刑罚执行完毕或者受处分之日起,5年内不得担任任何生产经营单位的主要负责人。

为发生事故的单位提供虚假证明的中介机构,由有关部门依法暂扣或者吊销其有关证照及其相关人员的执业资格;构成犯罪的,依法追究刑事责任。

第四十一条　参与事故调查的人员在事故调查中有下列行为之一的,依法给予处分;构成犯罪的,依法追究刑事责任:

(一)对事故调查工作不负责任,致使事故调查工作有重大疏漏的;

(二)包庇、袒护负有事故责任的人员或者借机打击报复的。

第四十二条　违反本条例规定,有关地方人民政府或者有关部门故意拖延或者拒绝落实经批复的对事故责任人的处理意见的,由监察机关对有关责任人员依法给予处分。

第四十三条　本条例规定的罚款的行政处罚,由安全生产监督管理部门决定。

法律、行政法规对行政处罚的种类、幅度和决定机关另有规定的,依照其规定。

第六章　附　　则

第四十四条　没有造成人员伤亡,但是社会影响恶劣的事故,国务院或者有关地方人民政府认为需要调查处理的,依照本条例的有关规定执行。

国家机关、事业单位、人民团体发生的事故的报告和调查处理,参照本条例的规定执行。

第四十五条　特别重大事故以下等级事故的报告和调查处理,有关法律、行政法规或者国务院另有规定的,依照其规定。

第四十六条　本条例自2007年6月1日起施行。国务院1989年3月29日公布的《特别重大事故调查程序暂行规定》和1991年2月22日公布的《企业职工伤亡事故报告和处理规定》同时废止。

第三部分

部门规章

公路建设监督管理办法

(2006 年 6 月 8 日交通部令 2006 年第 6 号公布)

第一章 总 则

第一条 为促进公路事业持续、快速、健康发展,加强公路建设监督管理,维护公路建设市场秩序,根据《中华人民共和国公路法》、《建设工程质量管理条例》和国家有关法律、法规,制定本办法。

第二条 在中华人民共和国境内从事公路建设的单位和人员必须遵守本办法。

本办法所称公路建设是指公路、桥梁、隧道、交通工程及沿线设施和公路渡口的项目建议书、可行性研究、勘察、设计、施工、竣(交)工验收和后评价全过程的活动。

第三条 公路建设监督管理实行统一领导,分级管理。

交通部主管全国公路建设监督管理;县级以上地方人民政府交通主管部门主管本行政区域内公路建设监督管理。

第四条 县级以上人民政府交通主管部门必须依照法律、法规及本办法的规定对公路建设实施监督管理。

有关单位和个人应当接受县级以上人民政府交通主管部门依法进行的公路建设监督检查,并给予支持与配合,不得拒绝或阻碍。

第二章 监督部门的职责与权限

第五条 公路建设监督管理的职责包括:

(一)监督国家有关公路建设工作方针、政策和法律、法规、规章、强制性技术标准的执行;

(二)监督公路建设项目建设程序的履行;

(三)监督公路建设市场秩序;

(四)监督公路工程质量和工程安全;

(五)监督公路建设资金的使用;

(六)指导、检查下级人民政府交通主管部门的监督管理工作;

(七)依法查处公路建设违法行为。

第六条 交通部对全国公路建设项目进行监督管理,依据职责负责国家高速公路网建设项目和交通部确定的其他重点公路建设项目前期工作、施工许可、招标投标、工程质量、工程进度、资金、安全管理的监督和竣工验收工作。

除应当由交通部实施的监督管理职责外,省级人民政府交通主管部门依据职责负责本行政区域内公路建设项目的监督管理,具体负责本行政区域内的国家高速公路网建设项目、交通部和省级人民政府确定的其他重点公路建设项目的监督管理。

设区的市和县级人民政府交通主管部门按照有关规定负责本行政区域内公路建设项目的监督管理。

第七条 县级以上人民政府交通主管部门在履行公路建设监督管理职责时,有权要求:

(一)被检查单位提供有关公路建设的文件和资料;

(二)进入被检查单位的工作现场进行检查;

(三)对发现的工程质量和安全问题以及其他违法行为依法处理。

第三章 建设程序的监督管理

第八条 公路建设应当按照国家规定的建设程序和有关规定进行。

政府投资公路建设项目实行审批制,企业投资公路建设项目实行核准制。县级以上人民政府交通主管部门应当按职责权限审批或核准公路建设项目,不得越权审批、核准项目或擅自简化建设程序。

第九条 政府投资公路建设项目的实施,应当按照下列程序进行:

(一)根据规划,编制项目建议书;

(二)根据批准的项目建议书,进行工程可行性研究,编制可行性研究报告;

(三)根据批准的可行性研究报告,编制初步设计文件;

(四)根据批准的初步设计文件,编制施工图设计文件;

(五)根据批准的施工图设计文件,组织项目招标;

(六)根据国家有关规定,进行征地拆迁等施工前准备工作,并向交通主管部门申报施工许可;

(七)根据批准的项目施工许可,组织项目实施;

(八)项目完工后,编制竣工图表、工程决算和竣工财务决算,办理项目交、竣工验收和财产移交手续;

(九)竣工验收合格后,组织项目后评价。

国务院对政府投资公路建设项目建设程序另有简化规定的,依照其规定执行。

第十条 企业投资公路建设项目的实施,应当按照下列程序进行:

(一)根据规划,编制工程可行性研究报告;

(二)组织投资人招标工作,依法确定投资人;

(三)投资人编制项目申请报告,按规定报项目审批部门核准;

(四)根据核准的项目申请报告,编制初步设计文件,其中涉及公共利益、公众安全、工程建设强制性标准的内容应当按项目隶属关系报交通主管部门审查;

(五)根据初步设计文件编制施工图设计文件;

(六)根据批准的施工图设计文件组织项目招标;

(七)根据国家有关规定,进行征地拆迁等施工前准备工作,并向交通主管部门申报施工许可;

(八)根据批准的项目施工许可,组织项目实施;

(九)项目完工后,编制竣工图表、工程决算和竣工财务决算,办理项目交、竣工验收;

（十）竣工验收合格后，组织项目后评价。

第十一条 县级以上人民政府交通主管部门根据国家有关规定，按照职责权限负责组织公路建设项目的项目建议书、工程可行性研究工作、编制设计文件、经营性项目的投资人招标、竣工验收和项目后评价工作。

公路建设项目的项目建议书、工程可行性研究报告、设计文件、招标文件、项目申请报告等应按照国家颁发的编制办法或有关规定编制，并符合国家规定的工作质量和深度要求。

第十二条 公路建设项目法人应当依法选择勘察、设计、施工、咨询、监理单位，采购与工程建设有关的重要设备、材料，办理施工许可，组织项目实施，组织项目交工验收，准备项目竣工验收和后评价。

第十三条 公路建设项目应当按照国家有关规定实行项目法人责任制度、招标投标制度、工程监理制度和合同管理制度。

第十四条 公路建设项目必须符合公路工程技术标准。施工单位必须按批准的设计文件施工，任何单位和人员不得擅自修改工程设计。

已批准的公路工程设计，原则上不得变更。确需设计变更的，应当按照交通部制定的《公路工程设计变更管理办法》的规定履行审批手续。

第十五条 公路建设项目验收分为交工验收和竣工验收两个阶段。项目法人负责组织对各合同段进行交工验收，并完成项目交工验收报告报交通主管部门备案。交通主管部门在 15 天内没有对备案项目的交工验收报告提出异议，项目法人可开放交通进入试运营期。试运营期不得超过 3 年。

通车试运营 2 年后，交通主管部门应组织竣工验收，经竣工验收合格的项目可转为正式运营。对未进行交工验收、交工验收不合格或没有备案的工程开放交通进行试运营的，由交通主管部门责令停止试运营。

公路建设项目验收工作应当符合交通部制定的《公路工程竣（交）工验收办法》的规定。

第四章 建设市场的监督管理

第十六条 县级以上人民政府交通主管部门依据职责，负责对公路建设市场的监督管理，查处建设市场中的违法行为。对经营性公路建设项目投资人、公路建设从业单位和主要从业人员的信用情况应进行记录并及时向社会公布。

第十七条 公路建设市场依法实行准入管理。公路建设项目法人或其委托的项目建设管理单位的项目建设管理机构、主要负责人的技术和管理能力应当满足拟建项目的管理需要，符合交通部有关规定的要求。公路工程勘察、设计、施工、监理、试验检测等从业单位应当依法取得有关部门许可的相应资质后，方可进入公路建设市场。

公路建设市场必须开放，任何单位和个人不得对公路建设市场实行地方保护，不得限制符合市场准入条件的从业单位和从业人员依法进入公路建设市场。

第十八条 公路建设从业单位从事公路建设活动，必须遵守国家有关法律、法规、规章和公路工程技术标准，不得损害社会公共利益和他人合法权益。

第十九条 公路建设项目法人应当承担公路建设相关责任和义务，对建设项目质量、投资和工期负责。

公路建设项目法人必须依法开展招标活动,不得接受投标人低于成本价的投标,不得随意压缩建设工期,禁止指定分包和指定采购。

第二十条 公路建设从业单位应当依法取得公路工程资质证书并按照资质管理有关规定,在其核定的业务范围内承揽工程,禁止无证或越级承揽工程。

公路建设从业单位必须按合同规定履行其义务,禁止转包或违法分包。

第五章 质量与安全的监督管理

第二十一条 县级以上人民政府交通主管部门应当加强对公路建设从业单位的质量与安全生产管理机构的建立、规章制度落实情况的监督检查。

第二十二条 公路建设实行工程质量监督管理制度。公路工程质量监督机构应当根据交通主管部门的委托依法实施工程质量监督,并对监督工作质量负责。

第二十三条 公路建设项目实施过程中,监理单位应当依照法律、法规、规章以及有关技术标准、设计文件、合同文件和监理规范的要求,采用旁站、巡视和平行检验形式对工程实施监理,对不符合工程质量与安全要求的工程应当责令施工单位返工。

未经监理工程师签认,施工单位不得将建筑材料、构件和设备在工程上使用或安装,不得进行下一道工序施工。

第二十四条 公路工程质量监督机构应当具备与质量监督工作相适应的试验检测条件,根据国家有关工程质量的法律、法规、规章和交通部制定的技术标准、规范、规程以及质量检验评定标准等,对工程质量进行监督、检查和鉴定。任何单位和个人不得干预或阻挠质量监督机构的质量鉴定工作。

第二十五条 公路建设从业单位应当对工程质量和安全负责。工程实施中应当加强对职工的教育与培训,按照国家有关规定建立健全质量和安全保证体系,落实质量和安全生产责任制,保证工程质量和工程安全。

第二十六条 公路建设项目发生工程质量事故,项目法人应在24小时内按项目管理隶属关系向交通主管部门报告,工程质量事故同时报公路工程质量监督机构。

省级人民政府交通主管部门或受委托的公路工程质量监督机构负责调查处理一般工程质量事故;交通部会同省级人民政府交通主管部门负责调查处理重大工程质量事故;特别重大工程质量事故和安全事故的调查处理按照国家有关规定办理。

第六章 建设资金的监督管理

第二十七条 对于使用财政性资金安排的公路建设项目,县级以上人民政府交通主管部门必须对公路建设资金的筹集、使用和管理实行全过程监督检查,确保建设资金的安全。

公路建设项目法人必须按照国家有关法律、法规、规章的规定,合理安排和使用公路建设资金。

第二十八条 对于企业投资公路建设项目,县级以上人民政府交通主管部门要依法对资金到位情况、使用情况进行监督检查。

第二十九条 公路建设资金监督管理的主要内容:

（一）是否严格执行建设资金专款专用、专户存储、不准侵占、挪用等有关管理规定；

（二）是否严格执行概预算管理规定，有无将建设资金用于计划外工程；

（三）资金来源是否符合国家有关规定，配套资金是否落实、及时到位；

（四）是否按合同规定拨付工程进度款，有无高估冒算，虚报冒领情况，工程预备费使用是否符合有关规定；

（五）是否在控制额度内按规定使用建设管理费，按规定的比例预留工程质量保证金，有无非法扩大建设成本的问题；

（六）是否按规定编制项目竣工财务决算，办理财产移交手续，形成的资产是否及时登记入账管理；

（七）财会机构是否建立健全，并配备相适应的财会人员。各项原始记录、统计台账、凭证账册、会计核算、财务报告、内部控制制度等基础性工作是否健全、规范。

第三十条 县级以上人民政府交通主管部门对公路建设资金监督管理的主要职责：

（一）制定公路建设资金管理制度；

（二）按规定审核、汇总、编报、批复年度公路建设支出预算、财务决算和竣工财务决算；

（三）合理安排资金，及时调度、拨付和使用公路建设资金；

（四）监督管理建设项目工程概预算、年度投资计划安排与调整、财务决算；

（五）监督检查公路建设项目资金筹集、使用和管理，及时纠正违法问题，对重大问题提出意见报上级交通主管部门；

（六）收集、汇总、报送公路建设资金管理信息，审查、编报公路建设项目投资效益分析报告；

（七）督促项目法人及时编报工程财务决算，做好竣工验收准备工作；

（八）督促项目法人及时按规定办理财产移交手续，规范资产管理。

第七章 社会监督

第三十一条 县级以上人民政府交通主管部门应定期向社会公开发布公路建设市场管理、工程进展、工程质量情况、工程质量和安全事故处理等信息，接受社会监督。

第三十二条 公路建设施工现场实行标示牌管理。标示牌应当标明该项工程的作业内容，项目法人、勘察、设计、施工、监理单位名称和主要负责人姓名，接受社会监督。

第三十三条 公路建设实行工程质量举报制度，任何单位和个人对公路建设中违反国家法律、法规的行为，工程质量事故和质量缺陷都有权向县级以上人民政府交通主管部门或质量监督机构检举和投诉。

第三十四条 县级以上人民政府交通主管部门可聘请社会监督员对公路建设活动和工程质量进行监督。

第三十五条 对举报内容属实的单位和个人，县级以上人民政府交通主管部门可予以表彰或奖励。

第八章 罚 则

第三十六条 违反本办法第四条规定，拒绝或阻碍依法进行公路建设监督检查工作的，责令改正,构成犯罪的,依法追究刑事责任。

第三十七条 违反本办法第八条规定,越权审批、核准或擅自简化基本建设程序的,责令限期补办手续,可给予警告处罚;造成严重后果的,对全部或部分使用财政性资金的项目,可暂停项目执行或暂缓资金拨付,对直接责任人依法给予行政处分。

第三十八条 违反本办法第十二条规定,项目法人将工程发包给不具有相应资质等级的勘察、设计、施工和监理单位的,责令改正,处 50 万元以上 100 万元以下的罚款;未按规定办理施工许可擅自施工的,责令停止施工、限期改正,视情节可处工程合同价款 1% 以上 2% 以下罚款。

第三十九条 违反本办法第十四条规定,未经批准擅自修改工程设计,责令限期改正,可给予警告处罚;情节严重的,对全部或部分使用财政性资金的项目,可暂停项目执行或暂缓资金拨付。

第四十条 违反本办法第十五条规定,未组织项目交工验收或验收不合格擅自交付使用的,责令改正并停止使用,处工程合同价款 2% 以上 4% 以下的罚款;对收费公路项目应当停止收费。

第四十一条 违反本办法第十九条规定,项目法人指定分包和指定采购,随意压缩工期,侵犯他人合法权益的,责令限期改正,可处 20 万元以上 50 万元以下的罚款;造成严重后果的,对全部或部分使用财政性资金的项目,可暂停项目执行或暂缓资金拨付。

第四十二条 违反本办法第二十条规定,承包单位弄虚作假、无证或越级承揽工程任务的,责令停止违法行为,对勘察、设计单位或工程监理单位处合同约定的勘察费、设计费或监理酬金 1 倍以上 2 倍以下的罚款;对施工单位处工程合同价款 2% 以上 4% 以下的罚款,可以责令停业整顿,降低资质等级;情节严重的,吊销资质证书;有违法所得的,予以没收。承包单位转包或违法分包工程的,责令改正,没收违法所得,对勘察、设计、监理单位处合同约定的勘察费、设计费、监理酬金的 25% 以上 50% 以下的罚款;对施工单位处工程合同价款 0.5% 以上 1% 以下的罚款。

第四十三条 违反本办法第二十二条规定,公路工程质量监督机构不履行公路工程质量监督职责、不承担质量监督责任的,由交通主管部门视情节轻重,责令整改或者给予警告。公路工程质量监督机构工作人员在公路工程质量监督管理工作中玩忽职守、滥用职权、徇私舞弊的,由交通主管部门或者公路工程质量监督机构依法给予行政处分;构成犯罪的,依法追究刑事责任。

第四十四条 违反本办法第二十三条规定,监理单位将不合格的工程、建筑材料、构件和设备按合格予以签认的,责令改正,可给予警告处罚,情节严重的,处 50 万元以上 100 万元以下的罚款;施工单位在工程上使用或安装未经监理签认的建筑材料、构件和设备的,责令改正,可给予警告处罚,情节严重的,处工程合同价款 2% 以上 4% 以下的罚款。

第四十五条 违反本办法第二十五条规定,公路建设从业单位忽视工程质量和安全管理,造成质量或安全事故的,对项目法人给予警告、限期整改,情节严重的,暂停资金拨付;对勘察、设计、施工和监理等单位视情节轻重给予警告、取消其 2 年至 5 年内参加依法必须进行招标项目的投标资格的处罚;对情节严重的监理单位,还可给予责令停业整顿、降低资质等级和吊销资质证书的处罚。

第四十六条 违反本办法第二十六条规定,项目法人对工程质量事故隐瞒不报、谎报或拖延报告期限的,给予警告处罚,对直接责任人依法给予行政处分。

第四十七条 违反本办法第二十九条规定,项目法人侵占、挪用公路建设资金,非法扩大建设成本,责令限期整改,可给予警告处罚;情节严重的,对全部或部分使用财政性资金的项目,可暂停项目执行或暂缓资金拨付,对直接责任人依法给予行政处分。

第四十八条 公路建设从业单位有关人员,具有行贿、索贿、受贿行为,损害国家、单位合法权益,构成犯罪的,依法追究刑事责任。

第四十九条 政府交通主管部门工作人员玩忽职守、滥用职权、徇私舞弊的,依法给予行政处分;构成犯罪的,依法追究刑事责任。

第九章 附 则

第五十条 本办法由交通部负责解释。

第五十一条 本办法自 2006 年 8 月 1 日起施行。交通部 2000 年 8 月 28 日公布的《公路建设监督管理办法》(交通部令 2000 年第 8 号)同时废止。

公路建设市场管理办法

(2004 年 12 月 21 日交通部令 2004 年第 14 号发布。根据 2015 年 6 月 26 日交通运输部令 2015 年第 11 号《关于修改〈公路建设市场管理办法〉的决定》第二次修正)

第一章 总 则

第一条 为加强公路建设市场管理,规范公路建设市场秩序,保证公路工程质量,促进公路建设市场健康发展,根据《中华人民共和国公路法》、《中华人民共和国招标投标法》、《建设工程质量管理条例》,制定本办法。

第二条 本办法适用于各级交通运输主管部门对公路建设市场的监督管理活动。

第三条 公路建设市场遵循公平、公正、公开、诚信的原则。

第四条 国家建立和完善统一、开放、竞争、有序的公路建设市场,禁止任何形式的地区封锁。

第五条 本办法中下列用语的含义是指:

公路建设市场主体是指公路建设的从业单位和从业人员。

从业单位是指从事公路建设的项目法人,项目建设管理单位,咨询、勘察、设计、施工、监理、试验检测单位,提供相关服务的社会中介机构以及设备和材料的供应单位。

从业人员是指从事公路建设活动的人员。

第二章 管 理 职 责

第六条 公路建设市场管理实行统一管理、分级负责。

第七条 国务院交通运输主管部门负责全国公路建设市场的监督管理工作,主要职责是:

(一)贯彻执行国家有关法律、法规,制定全国公路建设市场管理的规章制度;

(二)组织制定和监督执行公路建设的技术标准、规范和规程;

(三)依法实施公路建设市场准入管理、市场动态管理,并依法对全国公路建设市场进行监督检查;

(四)建立公路建设行业评标专家库,加强评标专家管理;

(五)发布全国公路建设市场信息;

(六)指导和监督省级地方人民政府交通运输主管部门的公路建设市场管理工作;

(七)依法受理举报和投诉,依法查处公路建设市场违法行为;

(八)法律、行政法规规定的其他职责。

第八条 省级人民政府交通运输主管部门负责本行政区域内公路建设市场的监督管理工作,主要职责是:

（一）贯彻执行国家有关法律、法规、规章和公路建设技术标准、规范和规程，结合本行政区域内的实际情况，制定具体的管理制度；

（二）依法实施公路建设市场准入管理，对本行政区域内公路建设市场实施动态管理和监督检查；

（三）建立本地区公路建设招标评标专家库，加强评标专家管理；

（四）发布本行政区域公路建设市场信息，并按规定向国务院交通运输主管部门报送本行政区域公路建设市场的信息；

（五）指导和监督下级交通运输主管部门的公路建设市场管理工作；

（六）依法受理举报和投诉，依法查处本行政区域内公路建设市场违法行为；

（七）法律、法规、规章规定的其他职责。

第九条　省级以下地方人民政府交通运输主管部门负责本行政区域内公路建设市场的监督管理工作，主要职责是：

（一）贯彻执行国家有关法律、法规、规章和公路建设技术标准、规范和规程；

（二）配合省级地方人民政府交通运输主管部门进行公路建设市场准入管理和动态管理；

（三）对本行政区域内公路建设市场进行监督检查；

（四）依法受理举报和投诉，依法查处本行政区域内公路建设市场违法行为；

（五）法律、法规、规章规定的其他职责。

第三章　市场准入管理

第十条　凡符合法律、法规规定的市场准入条件的从业单位和从业人员均可进入公路建设市场，任何单位和个人不得对公路建设市场实行地方保护，不得对符合市场准入条件的从业单位和从业人员实行歧视待遇。

第十一条　公路建设项目依法实行项目法人负责制。项目法人可自行管理公路建设项目，也可委托具备法人资格的项目建设管理单位进行项目管理。

项目法人或者其委托的项目建设管理单位的组织机构、主要负责人的技术和管理能力应当满足拟建项目的管理需要，符合国务院交通运输主管部门有关规定的要求。

第十二条　收费公路建设项目法人和项目建设管理单位进入公路建设市场实行备案制度。

收费公路建设项目可行性研究报告批准或依法核准后，项目投资主体应当成立或者明确项目法人。项目法人应当按照项目管理的隶属关系将其或者其委托的项目建设管理单位的有关情况报交通运输主管部门备案。

对不符合规定要求的项目法人或者项目建设管理单位，交通运输主管部门应当提出整改要求。

第十三条　公路工程勘察、设计、施工、监理、试验检测等从业单位应当按照法律、法规的规定，取得有关管理部门颁发的相应资质后，方可进入公路建设市场。

第十四条　法律、法规对公路建设从业人员的执业资格作出规定的，从业人员应当依法取得相应的执业资格后，方可进入公路建设市场。

第四章　市场主体行为管理

第十五条　公路建设从业单位和从业人员在公路建设市场中必须严格遵守国家有关法律、法规和规章,严格执行公路建设行业的强制性标准、各类技术规范及规程的要求。

第十六条　公路建设项目法人必须严格执行国家规定的基本建设程序,不得违反或者擅自简化基本建设程序。

第十七条　公路建设项目法人负责组织有关专家或者委托有相应工程咨询或者设计资质的单位,对施工图设计文件进行审查。施工图设计文件审查的主要内容包括:

(一)是否采纳工程可行性研究报告、初步设计批复意见;

(二)是否符合公路工程强制性标准、有关技术规范和规程要求;

(三)施工图设计文件是否齐全,是否达到规定的技术深度要求;

(四)工程结构设计是否符合安全和稳定性要求。

第十八条　公路建设项目法人应当按照项目管理隶属关系将施工图设计文件报交通运输主管部门审批。施工图设计文件未经审批的,不得使用。

第十九条　申请施工图设计文件审批应当向相关的交通运输主管部门提交以下材料:

(一)施工图设计的全套文件;

(二)专家或者委托的审查单位对施工图设计文件的审查意见;

(三)项目法人认为需要提交的其他说明材料。

第二十条　交通运输主管部门应当自收到完整齐备的申请材料之日起20日内审查完毕。经审查合格的,批准使用,并将许可决定及时通知申请人。审查不合格的,不予批准使用,应当书面通知申请人并说明理由。

第二十一条　公路建设项目法人应当按照公开、公平、公正的原则,依法组织公路建设项目的招标投标工作。不得规避招标,不得对潜在投标人和投标人实行歧视政策,不得实行地方保护和暗箱操作。

第二十二条　公路工程的勘察、设计、施工、监理单位和设备、材料供应单位应当依法投标,不得弄虚作假,不得串通投标,不得以行贿等不合法手段谋取中标。

第二十三条　公路建设项目法人与中标人应当根据招标文件和投标文件签订合同,不得附加不合理、不公正条款,不得签订虚假合同。

国家投资的公路建设项目,项目法人与施工、监理单位应当按照国务院交通运输主管部门的规定,签订廉政合同。

第二十四条　公路建设项目依法实行施工许可制度。国家和国务院交通运输主管部门确定的重点公路建设项目的施工许可由省级人民政府交通运输主管部门实施,其他公路建设项目的施工许可按照项目管理权限由县级以上地方人民政府交通运输主管部门实施。

第二十五条　项目施工应当具备以下条件:

(一)项目已列入公路建设年度计划;

(二)施工图设计文件已经完成并经审批同意;

(三)建设资金已经落实,并经交通运输主管部门审计;

(四)征地手续已办理,拆迁基本完成;

（五）施工、监理单位已依法确定；

（六）已办理质量监督手续，已落实保证质量和安全的措施。

第二十六条 项目法人在申请施工许可时应当向相关的交通运输主管部门提交以下材料：

（一）施工图设计文件批复；

（二）交通运输主管部门对建设资金落实情况的审计意见；

（三）国土资源部门关于征地的批复或者控制性用地的批复；

（四）建设项目各合同段的施工单位和监理单位名单、合同价情况；

（五）应当报备的资格预审报告、招标文件和评标报告；

（六）已办理的质量监督手续材料；

（七）保证工程质量和安全措施的材料。

第二十七条 交通运输主管部门应当自收到完整齐备的申请材料之日起20日内作出行政许可决定。予以许可的，应当将许可决定及时通知申请人；不予许可的，应当书面通知申请人并说明理由。

第二十八条 公路建设从业单位应当按照合同约定全面履行义务：

（一）项目法人应当按照合同约定履行相应的职责，为项目实施创造良好的条件；

（二）勘察、设计单位应当按照合同约定，按期提供勘察设计资料和设计文件。工程实施过程中，应当按照合同约定派驻设计代表，提供设计后续服务；

（三）施工单位应当按照合同约定组织施工，管理和技术人员及施工设备应当及时到位，以满足工程需要。要均衡组织生产，加强现场管理，确保工程质量和进度，做到文明施工和安全生产；

（四）监理单位应当按照合同约定配备人员和设备，建立相应的现场监理机构，健全监理管理制度，保持监理人员稳定，确保对工程的有效监理；

（五）设备和材料供应单位应当按照合同约定，确保供货质量和时间，做好售后服务工作；

（六）试验检测单位应当按照试验规程和合同约定进行取样、试验和检测，提供真实、完整的试验检测资料。

第二十九条 公路工程实行政府监督、法人管理、社会监理、企业自检的质量保证体系。交通运输主管部门及其所属的质量监督机构对工程质量负监督责任，项目法人对工程质量负管理责任，勘察设计单位对勘察设计质量负责，施工单位对施工质量负责，监理单位对工程质量负现场管理责任，试验检测单位对试验检测结果负责，其他从业单位和从业人员按照有关规定对其产品或者服务质量负相应责任。

第三十条 各级交通运输主管部门及其所属的质量监督机构对工程建设项目进行监督检查时，公路建设从业单位和从业人员应当积极配合，不得拒绝和阻挠。

第三十一条 公路建设从业单位和从业人员应当严格执行国家有关安全生产的法律、法规、国家标准及行业标准，建立健全安全生产的各项规章制度，明确安全责任，落实安全措施，履行安全管理的职责。

第三十二条 发生工程质量、安全事故后，从业单位应当按照有关规定及时报有关主管部门，不得拖延和隐瞒。

第三十三条　公路建设项目法人应当合理确定建设工期,严格按照合同工期组织项目建设。项目法人不得随意要求更改合同工期。如遇特殊情况,确需缩短合同工期的,经合同双方协商一致,可以缩短合同工期,但应当采取措施,确保工程质量,并按照合同规定给予经济补偿。

第三十四条　公路建设项目法人应当按照国家有关规定管理和使用公路建设资金,做到专款专用,专户储存;按照工程进度,及时支付工程款;按照规定的期限及时退还保证金、办理工程结算。不得拖欠工程款和征地拆迁款,不得挤占挪用建设资金。

施工单位应当加强工程款管理,做到专款专用,不得拖欠分包人的工程款和农民工工资;项目法人对工程款使用情况进行监督检查时,施工单位应当积极配合,不得阻挠和拒绝。

第三十五条　公路建设从业单位和从业人员应当严格执行国家和地方有关环境保护和土地管理的规定,采取有效措施保护环境和节约用地。

第三十六条　公路建设项目法人、监理单位和施工单位对勘察设计中存在的问题应当及时提出设计变更的意见,并依法履行审批手续。设计变更应当符合国家制定的技术标准和设计规范要求。

任何单位和个人不得借设计变更虚报工程量或者提高单价。

重大工程变更设计应当按有关规定报原初步设计审批部门批准。

第三十七条　勘察、设计单位经项目法人批准,可以将工程设计中跨专业或者有特殊要求的勘察、设计工作委托给有相应资质条件的单位,但不得转包或者二次分包。

监理工作不得分包或者转包。

第三十八条　施工单位可以将非关键性工程或者适合专业化队伍施工的工程分包给具有相应资格条件的单位,并对分包工程负连带责任。允许分包的工程范围应当在招标文件中规定。分包工程不得再次分包,严禁转包。

任何单位和个人不得违反规定指定分包、指定采购或者分割工程。

项目法人应当加强对施工单位工程分包的管理,所有分包合同须经监理审查,并报项目法人备案。

第三十九条　施工单位可以直接招用农民工或者将劳务作业发包给具有劳务分包资质的劳务分包人。施工单位招用农民工的,应当依法签订劳动合同,并将劳动合同报项目监理工程师和项目法人备案。

施工单位和劳务分包人应当按照合同按时支付劳务工资,落实各项劳动保护措施,确保农民工安全。

劳务分包人应当接受施工单位的管理,按照技术规范要求进行劳务作业。劳务分包人不得将其分包的劳务作业再次分包。

第四十条　项目法人和监理单位应当加强对施工单位使用农民工的管理,对不签订劳动合同、非法使用农民工的,或者拖延和克扣农民工工资的,要予以纠正。拒不纠正的,项目法人要及时将有关情况报交通运输主管部门调查处理。

第四十一条　项目法人应当按照交通部《公路工程竣(交)工验收办法》的规定及时组织项目的交工验收,并报请交通运输主管部门进行竣工验收。

第五章　动　态　管　理

第四十二条　各级交通运输主管部门应当加强对公路建设从业单位和从业人员的市场行为的动态管理。应当建立举报投诉制度,查处违法行为,对有关责任单位和责任人依法进行处理。

第四十三条　国务院交通运输主管部门和省级地方人民政府交通运输主管部门应当建立公路建设市场的信用管理体系,对进入公路建设市场的从业单位和主要从业人员在招投标活动、签订合同和履行合同中的信用情况进行记录并向社会公布。

第四十四条　公路工程勘察、设计、施工、监理等从业单位应当按照项目管理的隶属关系,向交通运输主管部门提供本单位的基本情况、承接任务情况和其他动态信息,并对所提供信息的真实性、准确性和完整性负责。项目法人应当将其他从业单位在建设项目中的履约情况,按照项目管理的隶属关系报交通运输主管部门,由交通运输主管部门核实后记入从业单位信用记录中。

第四十五条　从业单位和主要从业人员的信用记录应当作为公路建设项目招标资格审查和评标工作的重要依据。

第六章　法　律　责　任

第四十六条　对公路建设从业单位和从业人员违反本办法规定进行的处罚,国家有关法律、法规和交通运输部规章已有规定的,适用其规定;没有规定的,由交通运输主管部门根据各自的职责按照本办法规定进行处罚。

第四十七条　项目法人违反本办法规定,实行地方保护的或者对公路建设从业单位和从业人员实行歧视待遇的,由交通运输主管部门责令改正。

第四十八条　从业单位违反本办法规定,在申请公路建设从业许可时,隐瞒有关情况或者提供虚假材料的,行政机关不予受理或者不予行政许可,并给予警告;行政许可申请人在1年内不得再次申请该行政许可。

被许可人以欺骗、贿赂等不正当手段取得从业许可的,行政机关应当依照法律、法规给予行政处罚;申请人在3年内不得再次申请该行政许可;构成犯罪的,依法追究刑事责任。

第四十九条　投标人相互串通投标或者与招标人串通投标的,投标人以向招标人或者评标委员会成员行贿的手段谋取中标的,中标无效,处中标项目金额5‰以上10‰以下的罚款,对单位直接负责的主管人员和其他直接责任人员处单位罚款数额5%以上10%以下的罚款;有违法所得的,并处没收违法所得;情节严重的,取消其1年至2年内参加依法必须进行招标的项目的投标资格并予以公告;构成犯罪的,依法追究刑事责任。给他人造成损失的,依法承担赔偿责任。

第五十条　投标人以他人名义投标或者以其他方式弄虚作假,骗取中标的,中标无效,给招标人造成损失的,依法承担赔偿责任;构成犯罪的,依法追究刑事责任。

依法必须进行招标的项目的投标人有前款所列行为尚未构成犯罪的,处中标项目金额5‰以上10‰以下的罚款,对单位直接负责的主管人员和其他直接责任人员处单位罚款数额

5%以上10%以下的罚款;有违法所得的,并处没收违法所得;情节严重的,取消其1年至3年内参加依法必须进行招标的项目的投标资格并予以公告。

第五十一条 项目法人违反本办法规定,拖欠工程款和征地拆迁款的,由交通运输主管部门责令改正,并由有关部门依法对有关责任人员给予行政处分。

第五十二条 除因不可抗力不能履行合同的,中标人不按照与招标人订立的合同履行施工质量、施工工期等义务,造成重大或者特大质量和安全事故,或者造成工期延误的,取消其2年至5年内参加依法必须进行招标的项目的投标资格并予以公告。

第五十三条 施工单位有以下违法违规行为的,由交通运输主管部门责令改正,并由有关部门依法对有关责任人员给予行政处分。

(一)违反本办法规定,拖欠分包人工程款和农民工工资的;

(二)违反本办法规定,造成生态环境破坏和乱占土地的;

(三)违反本办法规定,在变更设计中弄虚作假的;

(四)违反本办法规定,不按规定签订劳动合同的。

第五十四条 违反本办法规定,承包单位将承包的工程转包或者违法分包的,责令改正,没收违法所得,对勘察、设计单位处合同约定的勘察费、设计费25%以上50%以下的罚款;对施工单位处工程合同价款5‰以上10‰以下的罚款;可以责令停业整顿,降低资质等级;情节严重的,吊销资质证书。

工程监理单位转让工程监理业务的,责令改正,没收违法所得,处合同约定的监理酬金25%以上50%以下的罚款;可以责令停业整顿,降低资质等级;情节严重的,吊销资质证书。

第五十五条 公路建设从业单位违反本办法规定,在向交通运输主管部门填报有关市场信息时弄虚作假的,由交通运输主管部门责令改正。

第五十六条 各级交通运输主管部门和其所属的质量监督机构的工作人员违反本办法规定,在建设市场管理中徇私舞弊、滥用职权或者玩忽职守的,按照国家有关规定处理。构成犯罪的,由司法部门依法追究刑事责任。

第七章 附 则

第五十七条 本办法由交通运输部负责解释。

第五十八条 本办法自2005年3月1日起施行。交通部1996年7月11日公布的《公路建设市场管理办法》同时废止。

公路工程建设项目招标投标管理办法

（2015 年 12 月 8 日交通运输部令 2015 年第 24 号公布）

第一章 总 则

第一条 为规范公路工程建设项目招标投标活动,完善公路工程建设市场管理体系,根据《中华人民共和国公路法》《中华人民共和国招标投标法》《中华人民共和国招标投标法实施条例》等法律、行政法规,制定本办法。

第二条 在中华人民共和国境内从事公路工程建设项目勘察设计、施工、施工监理等的招标投标活动,适用本办法。

第三条 交通运输部负责全国公路工程建设项目招标投标活动的监督管理工作。

省级人民政府交通运输主管部门负责本行政区域内公路工程建设项目招标投标活动的监督管理工作。

第四条 各级交通运输主管部门应当按照国家有关规定,推进公路工程建设项目招标投标活动进入统一的公共资源交易平台进行。

第五条 各级交通运输主管部门应当按照国家有关规定,推进公路工程建设项目电子招标投标工作。招标投标活动信息应当公开,接受社会公众监督。

第六条 公路工程建设项目的招标人或者其指定机构应当对资格审查、开标、评标等过程录音录像并存档备查。

第二章 招 标

第七条 公路工程建设项目招标人是提出招标项目、进行招标的项目法人或者其他组织。

第八条 对于按照国家有关规定需要履行项目审批、核准手续的依法必须进行招标的公路工程建设项目,招标人应当按照项目审批、核准部门确定的招标范围、招标方式、招标组织形式开展招标。

公路工程建设项目履行项目审批或者核准手续后,方可开展勘察设计招标;初步设计文件批准后,方可开展施工监理、设计施工总承包招标;施工图设计文件批准后,方可开展施工招标。

施工招标采用资格预审方式的,在初步设计文件批准后,可以进行资格预审。

第九条 有下列情形之一的公路工程建设项目,可以不进行招标:

（一）涉及国家安全、国家秘密、抢险救灾或者属于利用扶贫资金实行以工代赈、需要使用农民工等特殊情况;

（二）需要采用不可替代的专利或者专有技术；

（三）采购人自身具有工程施工或者提供服务的资格和能力，且符合法定要求；

（四）已通过招标方式选定的特许经营项目投资人依法能够自行施工或者提供服务；

（五）需要向原中标人采购工程或者服务，否则将影响施工或者功能配套要求；

（六）国家规定的其他特殊情形。

招标人不得为适用前款规定弄虚作假，规避招标。

第十条　公路工程建设项目采用公开招标方式的，原则上采用资格后审办法对投标人进行资格审查。

第十一条　公路工程建设项目采用资格预审方式公开招标的，应当按照下列程序进行：

（一）编制资格预审文件；

（二）发布资格预审公告，发售资格预审文件，公开资格预审文件关键内容；

（三）接收资格预审申请文件；

（四）组建资格审查委员会对资格预审申请人进行资格审查，资格审查委员会编写资格审查报告；

（五）根据资格审查结果，向通过资格预审的申请人发出投标邀请书；向未通过资格预审的申请人发出资格预审结果通知书，告知未通过的依据和原因；

（六）编制招标文件；

（七）发售招标文件，公开招标文件的关键内容；

（八）需要时，组织潜在投标人踏勘项目现场，召开投标预备会；

（九）接收投标文件，公开开标；

（十）组建评标委员会评标，评标委员会编写评标报告、推荐中标候选人；

（十一）公示中标候选人相关信息；

（十二）确定中标人；

（十三）编制招标投标情况的书面报告；

（十四）向中标人发出中标通知书，同时将中标结果通知所有未中标的投标人；

（十五）与中标人订立合同。

采用资格后审方式公开招标的，在完成招标文件编制并发布招标公告后，按照前款程序第（七）项至第（十五）项进行。

采用邀请招标的，在完成招标文件编制并发出投标邀请书后，按照前款程序第（七）项至第（十五）项进行。

第十二条　国有资金占控股或者主导地位的依法必须进行招标的公路工程建设项目，采用资格预审的，招标人应当按照有关规定组建资格审查委员会审查资格预审申请文件。资格审查委员会的专家抽取以及资格审查工作要求，应当适用本办法关于评标委员会的规定。

第十三条　资格预审审查办法原则上采用合格制。

资格预审审查办法采用合格制的，符合资格预审文件规定审查标准的申请人均应当通过资格预审。

第十四条　资格预审审查工作结束后，资格审查委员会应当编制资格审查报告。资格审查报告应当载明下列内容：

  （一）招标项目基本情况；

  （二）资格审查委员会成员名单；

  （三）监督人员名单；

  （四）资格预审申请文件递交情况；

  （五）通过资格审查的申请人名单；

  （六）未通过资格审查的申请人名单以及未通过审查的理由；

  （七）评分情况；

  （八）澄清、说明事项纪要；

  （九）需要说明的其他事项；

  （十）资格审查附表。

  除前款规定的第（一）、（三）、（四）项内容外，资格审查委员会所有成员应当在资格审查报告上逐页签字。

  第十五条 资格预审申请人对资格预审审查结果有异议的，应当自收到资格预审结果通知书后 3 日内提出。招标人应当自收到异议之日起 3 日内作出答复；作出答复前，应当暂停招标投标活动。

  招标人未收到异议或者收到异议并已作出答复的，应当及时向通过资格预审的申请人发出投标邀请书。未通过资格预审的申请人不具有投标资格。

  第十六条 对依法必须进行招标的公路工程建设项目，招标人应当根据交通运输部制定的标准文本，结合招标项目具体特点和实际需要，编制资格预审文件和招标文件。

  资格预审文件和招标文件应当载明详细的评审程序、标准和方法，招标人不得另行制定评审细则。

  第十七条 招标人应当按照省级人民政府交通运输主管部门的规定，将资格预审文件及其澄清、修改，招标文件及其澄清、修改报相应的交通运输主管部门备案。

  第十八条 招标人应当自资格预审文件或者招标文件开始发售之日起，将其关键内容上传至具有招标监督职责的交通运输主管部门政府网站或者其指定的其他网站上进行公开，公开内容包括项目概况、对申请人或者投标人的资格条件要求、资格审查办法、评标办法、招标人联系方式等，公开时间至提交资格预审申请文件截止时间 2 日前或者投标截止时间 10 日前结束。

  招标人发出的资格预审文件或者招标文件的澄清或者修改涉及前款规定的公开内容的，招标人应当在向交通运输主管部门备案的同时，将澄清或者修改的内容上传至前款规定的网站。

  第十九条 潜在投标人或者其他利害关系人可以按照国家有关规定对资格预审文件或者招标文件提出异议。招标人应当对异议作出书面答复。未在规定时间内作出书面答复的，应当顺延提交资格预审申请文件截止时间或者投标截止时间。

  招标人书面答复内容涉及影响资格预审申请文件或者投标文件编制的，应当按照有关澄清或者修改的规定，调整提交资格预审申请文件截止时间或者投标截止时间，并以书面形式通知所有获取资格预审文件或者招标文件的潜在投标人。

第二十条　招标人应当合理划分标段、确定工期,提出质量、安全目标要求,并在招标文件中载明。标段的划分应当有利于项目组织和施工管理、各专业的衔接与配合,不得利用划分标段规避招标、限制或者排斥潜在投标人。

招标人可以实行设计施工总承包招标、施工总承包招标或者分专业招标。

第二十一条　招标人结合招标项目的具体特点和实际需要,设定潜在投标人或者投标人的资质、业绩、主要人员、财务能力、履约信誉等资格条件,不得以不合理的条件限制、排斥潜在投标人或者投标人。

除《中华人民共和国招标投标法实施条例》第三十二条规定的情形外,招标人有下列行为之一的,属于以不合理的条件限制、排斥潜在投标人或者投标人:

(一)设定的资质、业绩、主要人员、财务能力、履约信誉等资格、技术、商务条件与招标项目的具体特点和实际需要不相适应或者与合同履行无关;

(二)强制要求潜在投标人或者投标人的法定代表人、企业负责人、技术负责人等特定人员亲自购买资格预审文件、招标文件或者参与开标活动;

(三)通过设置备案、登记、注册、设立分支机构等无法律、行政法规依据的不合理条件,限制潜在投标人或者投标人进入项目所在地进行投标。

第二十二条　招标人应当根据国家有关规定,结合招标项目的具体特点和实际需要,合理确定对投标人主要人员以及其他管理和技术人员的数量和资格要求。投标人拟投入的主要人员应当在投标文件中进行填报,其他管理和技术人员的具体人选由招标人和中标人在合同谈判阶段确定。对于特别复杂的特大桥梁和特长隧道项目主体工程和其他有特殊要求的工程,招标人可以要求投标人在投标文件中填报其他管理和技术人员。

本办法所称主要人员是指设计负责人、总监理工程师、项目经理和项目总工程师等项目管理和技术负责人。

第二十三条　招标人可以自行决定是否编制标底或者设置最高投标限价。招标人不得规定最低投标限价。

接受委托编制标底或者最高投标限价的中介机构不得参加该项目的投标,也不得为该项目的投标人编制投标文件或者提供咨询。

第二十四条　招标人应当严格遵守有关法律、行政法规关于各类保证金收取的规定,在招标文件中载明保证金收取的形式、金额以及返还时间。

招标人不得以任何名义增设或者变相增设保证金或者随意更改招标文件载明的保证金收取形式、金额以及返还时间。招标人不得在资格预审期间收取任何形式的保证金。

第二十五条　招标人在招标文件中要求投标人提交投标保证金的,投标保证金不得超过招标标段估算价的2%。投标保证金有效期应当与投标有效期一致。

依法必须进行招标的公路工程建设项目的投标人,以现金或者支票形式提交投标保证金的,应当从其基本账户转出。投标人提交的投标保证金不符合招标文件要求的,应当否决其投标。

招标人不得挪用投标保证金。

第二十六条　招标人应当按照国家有关法律法规规定,在招标文件中明确允许分包的或者不得分包的工程和服务,分包人应当满足的资格条件以及对分包实施的管理要求。

招标人不得在招标文件中设置对分包的歧视性条款。

招标人有下列行为之一的,属于前款所称的歧视性条款:

(一)以分包的工作量规模作为否决投标的条件;

(二)对投标人符合法律法规以及招标文件规定的分包计划设定扣分条款;

(三)按照分包的工作量规模对投标人进行区别评分;

(四)以其他不合理条件限制投标人进行分包的行为。

第二十七条 招标人应当在招标文件中合理划分双方风险,不得设置将应由招标人承担的风险转嫁给勘察设计、施工、监理等投标人的不合理条款。招标文件应当设置合理的价格调整条款,明确约定合同价款支付期限、利息计付标准和日期,确保双方主体地位平等。

第二十八条 招标人应当根据招标项目的具体特点以及本办法的相关规定,在招标文件中合理设定评标标准和方法。评标标准和方法中不得含有倾向或者排斥潜在投标人的内容,不得妨碍或者限制投标人之间的竞争。禁止采用抽签、摇号等博彩性方式直接确定中标候选人。

第二十九条 以暂估价形式包括在招标项目范围内的工程、货物、服务,属于依法必须进行招标的项目范围且达到国家规定规模标准的,应当依法进行招标。招标项目的合同条款中应当约定负责实施暂估价项目招标的主体以及相应的招标程序。

第三章 投 标

第三十条 投标人是响应招标、参加投标竞争的法人或者其他组织。

投标人应当具备招标文件规定的资格条件,具有承担所投标项目的相应能力。

第三十一条 投标人在投标文件中填报的资质、业绩、主要人员资历和目前在岗情况、信用等级等信息,应当与其在交通运输主管部门公路建设市场信用信息管理系统上填报并发布的相关信息一致。

第三十二条 投标人应当按照招标文件要求装订、密封投标文件,并按照招标文件规定的时间、地点和方式将投标文件送达招标人。

公路工程勘察设计和施工监理招标的投标文件应当以双信封形式密封,第一信封内为商务文件和技术文件,第二信封内为报价文件。

对公路工程施工招标,招标人采用资格预审方式进行招标且评标方法为技术评分最低标价法的,或者采用资格后审方式进行招标的,投标文件应当以双信封形式密封,第一信封内为商务文件和技术文件,第二信封内为报价文件。

第三十三条 投标文件按照要求送达后,在招标文件规定的投标截止时间前,投标人修改或者撤回投标文件的,应当以书面函件形式通知招标人。

修改投标文件的函件是投标文件的组成部分,其编制形式、密封方式、送达时间等,适用对投标文件的规定。

投标人在投标截止时间前撤回投标文件且招标人已收取投标保证金的,招标人应当自收到投标人书面撤回通知之日起 5 日内退还其投标保证金。

投标截止后投标人撤销投标文件的,招标人可以不退还投标保证金。

第三十四条 投标人根据招标文件有关分包的规定,拟在中标后将中标项目的部分工作进行分包的,应当在投标文件中载明。

投标人在投标文件中未列入分包计划的工程或者服务,中标后不得分包,法律法规或者招标文件另有规定的除外。

第四章　开标、评标和中标

第三十五条　开标应当在招标文件确定的提交投标文件截止时间的同一时间公开进行;开标地点应当为招标文件中预先确定的地点。

投标人少于 3 个的,不得开标,投标文件应当当场退还给投标人;招标人应当重新招标。

第三十六条　开标由招标人主持,邀请所有投标人参加。开标过程应当记录,并存档备查。投标人对开标有异议的,应当在开标现场提出,招标人应当当场作出答复,并制作记录。未参加开标的投标人,视为对开标过程无异议。

第三十七条　投标文件按照招标文件规定采用双信封形式密封的,开标分两个步骤公开进行:

第一步骤对第一信封内的商务文件和技术文件进行开标,对第二信封不予拆封并由招标人予以封存;

第二步骤宣布通过商务文件和技术文件评审的投标人名单,对其第二信封内的报价文件进行开标,宣读投标报价。未通过商务文件和技术文件评审的,对其第二信封不予拆封,并当场退还给投标人;投标人未参加第二信封开标的,招标人应当在评标结束后及时将第二信封原封退还投标人。

第三十八条　招标人应当按照国家有关规定组建评标委员会负责评标工作。

国家审批或者核准的高速公路、一级公路、独立桥梁和独立隧道项目,评标委员会专家应当由招标人从国家重点公路工程建设项目评标专家库相关专业中随机抽取;其他公路工程建设项目的评标委员会专家可以从省级公路工程建设项目评标专家库相关专业中随机抽取,也可以从国家重点公路工程建设项目评标专家库相关专业中随机抽取。

对于技术复杂、专业性强或者国家有特殊要求,采取随机抽取方式确定的评标专家难以保证胜任评标工作的特殊招标项目,可以由招标人直接确定。

第三十九条　交通运输部负责国家重点公路工程建设项目评标专家库的管理工作。

省级人民政府交通运输主管部门负责本行政区域公路工程建设项目评标专家库的管理工作。

第四十条　评标委员会应当民主推荐一名主任委员,负责组织评标委员会成员开展评标工作。评标委员会主任委员与评标委员会的其他成员享有同等权利与义务。

第四十一条　招标人应当向评标委员会提供评标所必需的信息,但不得明示或者暗示其倾向或者排斥特定投标人。

评标所必需的信息主要包括招标文件、招标文件的澄清或者修改、开标记录、投标文件、资格预审文件。招标人可以协助评标委员会开展下列工作并提供相关信息:

(一)根据招标文件,编制评标使用的相应表格;

(二)对投标报价进行算术性校核;

(三)以评标标准和方法为依据,列出投标文件相对于招标文件的所有偏差,并进行归类

汇总;

(四)查询公路建设市场信用信息管理系统,对投标人的资质、业绩、主要人员资历和目前在岗情况、信用等级进行核实。

招标人不得对投标文件作出任何评价,不得故意遗漏或者片面摘录,不得在评标委员会对所有偏差定性之前透露存有偏差的投标人名称。

评标委员会应当根据招标文件规定,全面、独立评审所有投标文件,并对招标人提供的上述相关信息进行核查,发现错误或者遗漏的,应当进行修正。

第四十二条 评标委员会应当按照招标文件确定的评标标准和方法进行评标。招标文件没有规定的评标标准和方法不得作为评标的依据。

第四十三条 公路工程勘察设计和施工监理招标,应当采用综合评估法进行评标,对投标人的商务文件、技术文件和报价文件进行评分,按照综合得分由高到低排序,推荐中标候选人。评标价的评分权重不宜超过 10%,评标价得分应当根据评标价与评标基准价的偏离程度进行计算。

第四十四条 公路工程施工招标,评标采用综合评估法或者经评审的最低投标价法。综合评估法包括合理低价法、技术评分最低标价法和综合评分法。

合理低价法,是指对通过初步评审的投标人,不再对其施工组织设计、项目管理机构、技术能力等因素进行评分,仅依据评标基准价对评标价进行评分,按照得分由高到低排序,推荐中标候选人的评标方法。

技术评分最低标价法,是指对通过初步评审的投标人的施工组织设计、项目管理机构、技术能力等因素进行评分,按照得分由高到低排序,对排名在招标文件规定数量以内的投标人的报价文件进行评审,按照评标价由低到高的顺序推荐中标候选人的评标方法。招标人在招标文件中规定的参与报价文件评审的投标人数量不得少于 3 个。

综合评分法,是指对通过初步评审的投标人的评标价、施工组织设计、项目管理机构、技术能力等因素进行评分,按照综合得分由高到低排序,推荐中标候选人的评标方法。其中评标价的评分权重不得低于 50%。

经评审的最低投标价法,是指对通过初步评审的投标人,按照评标价由低到高排序,推荐中标候选人的评标方法。

公路工程施工招标评标,一般采用合理低价法或者技术评分最低标价法。技术特别复杂的特大桥梁和特长隧道项目主体工程,可以采用综合评分法。工程规模较小、技术含量较低的工程,可以采用经评审的最低投标价法。

第四十五条 实行设计施工总承包招标的,招标人应当根据工程地质条件、技术特点和施工难度确定评标办法。

设计施工总承包招标的评标采用综合评分法的,评分因素包括评标价、项目管理机构、技术能力、设计文件的优化建议、设计施工总承包管理方案、施工组织设计等因素,评标价的评分权重不得低于 50%。

第四十六条 评标委员会成员应当客观、公正、审慎地履行职责,遵守职业道德。评标委员会成员应当依据评标办法规定的评审顺序和内容逐项完成评标工作,对本人提出的评审意见以及评分的公正性、客观性、准确性负责。

除评标价和履约信誉评分项外,评标委员会成员对投标人商务和技术各项因素的评分一般不得低于招标文件规定该因素满分值的 60% ;评分低于满分值 60% 的,评标委员会成员应当在评标报告中作出说明。

招标人应当对评标委员会成员在评标活动中的职责履行情况予以记录,并在招标投标情况的书面报告中载明。

第四十七条 招标人应当根据项目规模、技术复杂程度、投标文件数量和评标方法等因素合理确定评标时间。超过三分之一的评标委员会成员认为评标时间不够的,招标人应当适当延长。

评标过程中,评标委员会成员有回避事由、擅离职守或者因健康等原因不能继续评标的,应当及时更换。被更换的评标委员会成员作出的评审结论无效,由更换后的评标委员会成员重新进行评审。

根据前款规定被更换的评标委员会成员如为评标专家库专家,招标人应当从原评标专家库中按照原方式抽取更换后的评标委员会成员,或者在符合法律规定的前提下相应减少评标委员会中招标人代表数量。

第四十八条 评标委员会应当查询交通运输主管部门的公路建设市场信用信息管理系统,对投标人的资质、业绩、主要人员资历和目前在岗情况、信用等级等信息进行核实。若投标文件载明的信息与公路建设市场信用信息管理系统发布的信息不符,使得投标人的资格条件不符合招标文件规定的,评标委员会应当否决其投标。

第四十九条 评标委员会发现投标人的投标报价明显低于其他投标人报价或者在设有标底时明显低于标底的,应当要求该投标人对相应投标报价作出书面说明,并提供相关证明材料。

投标人不能证明可以按照其报价以及招标文件规定的质量标准和履行期限完成招标项目的,评标委员会应当认定该投标人以低于成本价竞标,并否决其投标。

第五十条 评标委员会应当根据《中华人民共和国招标投标法实施条例》第三十九条、第四十条、第四十一条的有关规定,对在评标过程中发现的投标人与投标人之间、投标人与招标人之间存在的串通投标的情形进行评审和认定。

第五十一条 评标委员会对投标文件进行评审后,因有效投标不足 3 个使得投标明显缺乏竞争的,可以否决全部投标。未否决全部投标的,评标委员会应当在评标报告中阐明理由并推荐中标候选人。

投标文件按照招标文件规定采用双信封形式密封的,通过第一信封商务文件和技术文件评审的投标人在 3 个以上的,招标人应当按照本办法第三十七条规定的程序进行第二信封报价文件开标;在对报价文件进行评审后,有效投标不足 3 个的,评标委员会应当按照本条第一款规定执行。

通过第一信封商务文件和技术文件评审的投标人少于 3 个的,评标委员会可以否决全部投标;未否决全部投标的,评标委员会应当在评标报告中阐明理由,招标人应当按照本办法第三十七条规定的程序进行第二信封报价文件开标,但评标委员会在进行报价文件评审时仍有权否决全部投标;评标委员会未在报价文件评审时否决全部投标的,应当在评标报告中阐明理由并推荐中标候选人。

第五十二条 评标完成后,评标委员会应当向招标人提交书面评标报告。评标报告中推荐的中标候选人应当不超过 3 个,并标明排序。

评标报告应当载明下列内容:

(一)招标项目基本情况;

(二)评标委员会成员名单;

(三)监督人员名单;

(四)开标记录;

(五)符合要求的投标人名单;

(六)否决的投标人名单以及否决理由;

(七)串通投标情形的评审情况说明;

(八)评分情况;

(九)经评审的投标人排序;

(十)中标候选人名单;

(十一)澄清、说明事项纪要;

(十二)需要说明的其他事项;

(十三)评标附表。

对评标监督人员或者招标人代表干预正常评标活动,以及对招标投标活动的其他不正当言行,评标委员会应当在评标报告第(十二)项内容中如实记录。

除第二款规定的第(一)、(三)、(四)项内容外,评标委员会所有成员应当在评标报告上逐页签字。对评标结果有不同意见的评标委员会成员应当以书面形式说明其不同意见和理由,评标报告应当注明该不同意见。评标委员会成员拒绝在评标报告上签字又不书面说明其不同意见和理由的,视为同意评标结果。

第五十三条 依法必须进行招标的公路工程建设项目,招标人应当自收到评标报告之日起 3 日内,在对该项目具有招标监督职责的交通运输主管部门政府网站或者其指定的其他网站上公示中标候选人,公示期不得少于 3 日,公示内容包括:

(一)中标候选人排序、名称、投标报价;

(二)中标候选人在投标文件中承诺的主要人员姓名、个人业绩、相关证书编号;

(三)中标候选人在投标文件中填报的项目业绩;

(四)被否决投标的投标人名称、否决依据和原因;

(五)招标文件规定公示的其他内容。

投标人或者其他利害关系人对依法必须进行招标的公路工程建设项目的评标结果有异议的,应当在中标候选人公示期间提出。招标人应当自收到异议之日起 3 日内作出答复;作出答复前,应当暂停招标投标活动。

第五十四条 除招标人授权评标委员会直接确定中标人外,招标人应当根据评标委员会提出的书面评标报告和推荐的中标候选人确定中标人。国有资金占控股或者主导地位的依法必须进行招标的公路工程建设项目,招标人应当确定排名第一的中标候选人为中标人。排名第一的中标候选人放弃中标、因不可抗力不能履行合同、不按照招标文件要求提交履约保证金,或者被查实存在影响中标结果的违法行为等情形,不符合中标条件的,招标人可以按照评标委员会提出的中标候选人名单排序依次确定其他中标候选人为中标人，也可以重新招标。

第五十五条 依法必须进行招标的公路工程建设项目，招标人应当自确定中标人之日起15日内，将招标投标情况的书面报告报对该项目具有招标监督职责的交通运输主管部门备案。

前款所称书面报告至少应当包括下列内容：

（一）招标项目基本情况；

（二）招标过程简述；

（三）评标情况说明；

（四）中标候选人公示情况；

（五）中标结果；

（六）附件，包括评标报告、评标委员会成员履职情况说明等。

有资格预审情况说明、异议及投诉处理情况和资格审查报告的，也应当包括在书面报告中。

第五十六条 招标人应当及时向中标人发出中标通知书，同时将中标结果通知所有未中标的投标人。

第五十七条 招标人和中标人应当自中标通知书发出之日起30日内，按照招标文件和中标人的投标文件订立书面合同，合同的标的、价格、质量、安全、履行期限、主要人员等主要条款应当与上述文件的内容一致。招标人和中标人不得再行订立背离合同实质性内容的其他协议。

招标人最迟应当在中标通知书发出后5日内向中标候选人以外的其他投标人退还投标保证金，与中标人签订书面合同后5日内向中标人和其他中标候选人退还投标保证金。以现金或者支票形式提交的投标保证金，招标人应当同时退还投标保证金的银行同期活期存款利息，且退还至投标人的基本账户。

第五十八条 招标文件要求中标人提交履约保证金的，中标人应当按照招标文件的要求提交。履约保证金不得超过中标合同金额的10%。招标人不得指定或者变相指定履约保证金的支付形式，由中标人自主选择银行保函或者现金、支票等支付形式。

第五十九条 招标人应当加强对合同履行的管理，建立对中标人主要人员的到位率考核制度。

省级人民政府交通运输主管部门应当定期组织开展合同履约评价工作的监督检查，将检查情况向社会公示，同时将检查结果记入中标人单位以及主要人员个人的信用档案。

第六十条 依法必须进行招标的公路工程建设项目，有下列情形之一的，招标人在分析招标失败的原因并采取相应措施后，应当依照本办法重新招标：

（一）通过资格预审的申请人少于3个的；

（二）投标人少于3个的；

（三）所有投标均被否决的；

（四）中标候选人均未与招标人订立书面合同的。

重新招标的，资格预审文件、招标文件和招标投标情况的书面报告应当按照本办法的规定重新报交通运输主管部门备案。

重新招标后投标人仍少于 3 个的,属于按照国家有关规定需要履行项目审批、核准手续的依法必须进行招标的公路工程建设项目,报经项目审批、核准部门批准后可以不再进行招标;其他项目可由招标人自行决定不再进行招标。

依照本条规定不再进行招标的,招标人可以邀请已提交资格预审申请文件的申请人或者已提交投标文件的投标人进行谈判,确定项目承担单位,并将谈判报告报对该项目具有招标监督职责的交通运输主管部门备案。

第五章　监督管理

第六十一条　各级交通运输主管部门应当按照《中华人民共和国招标投标法》《中华人民共和国招标投标法实施条例》等法律法规、规章以及招标投标活动行政监督职责分工,加强对公路工程建设项目招标投标活动的监督管理。

第六十二条　各级交通运输主管部门应当建立健全公路工程建设项目招标投标信用体系,加强信用评价工作的监督管理,维护公平公正的市场竞争秩序。

招标人应当将交通运输主管部门的信用评价结果应用于公路工程建设项目招标。鼓励和支持招标人优先选择信用等级高的从业企业。

招标人对信用等级高的资格预审申请人、投标人或者中标人,可以给予增加参与投标的标段数量,减免投标保证金,减少履约保证金、质量保证金等优惠措施。优惠措施以及信用评价结果的认定条件应当在资格预审文件和招标文件中载明。

资格预审申请人或者投标人的信用评价结果可以作为资格审查或者评标中履约信誉项的评分因素,各信用评价等级的对应得分应当符合省级人民政府交通运输主管部门有关规定,并在资格预审文件或者招标文件中载明。

第六十三条　投标人或者其他利害关系人认为招标投标活动不符合法律、行政法规规定的,可以自知道或者应当知道之日起 10 日内向交通运输主管部门投诉。

就本办法第十五条、第十九条、第三十六条、第五十三条规定事项投诉的,应当先向招标人提出异议,异议答复期间不计算在前款规定的期限内。

第六十四条　投诉人投诉时,应当提交投诉书。投诉书应当包括下列内容:

(一)投诉人的名称、地址及有效联系方式;

(二)被投诉人的名称、地址及有效联系方式;

(三)投诉事项的基本事实;

(四)异议的提出及招标人答复情况;

(五)相关请求及主张;

(六)有效线索和相关证明材料。

对本办法规定应先提出异议的事项进行投诉的,应当提交已提出异议的证明文件。未按规定提出异议或者未提交已提出异议的证明文件的投诉,交通运输主管部门可以不予受理。

第六十五条　投诉人就同一事项向两个以上交通运输主管部门投诉的,由具体承担该项目招标投标活动监督管理职责的交通运输主管部门负责处理。

交通运输主管部门应当自收到投诉之日起 3 个工作日内决定是否受理投诉,并自受理投诉之日起 30 个工作日内作出书面处理决定;需要检验、检测、鉴定、专家评审的,所需时间不计算在内。

投诉人缺乏事实根据或者法律依据进行投诉的,或者有证据表明投诉人捏造事实、伪造材料的,或者投诉人以非法手段取得证明材料进行投诉的,交通运输主管部门应当予以驳回,并对恶意投诉按照有关规定追究投诉人责任。

第六十六条 交通运输主管部门处理投诉,有权查阅、复制有关文件、资料,调查有关情况,相关单位和人员应当予以配合。必要时,交通运输主管部门可以责令暂停招标投标活动。

交通运输主管部门的工作人员对监督检查过程中知悉的国家秘密、商业秘密,应当依法予以保密。

第六十七条 交通运输主管部门对投诉事项作出的处理决定,应当在对该项目具有招标监督职责的交通运输主管部门政府网站上进行公告,包括投诉的事由、调查结果、处理决定、处罚依据以及处罚意见等内容。

第六章 法律责任

第六十八条 招标人有下列情形之一的,由交通运输主管部门责令改正,可以处三万元以下的罚款:

(一)不满足本办法第八条规定的条件而进行招标的;

(二)不按照本办法规定将资格预审文件、招标文件和招标投标情况的书面报告备案的;

(三)邀请招标不依法发出投标邀请书的;

(四)不按照项目审批、核准部门确定的招标范围、招标方式、招标组织形式进行招标的;

(五)不按照本办法规定编制资格预审文件或者招标文件的;

(六)由于招标人原因导致资格审查报告存在重大偏差且影响资格预审结果的;

(七)挪用投标保证金,增设或者变相增设保证金的;

(八)投标人数量不符合法定要求不重新招标的;

(九)向评标委员会提供的评标信息不符合本办法规定的;

(十)不按照本办法规定公示中标候选人的;

(十一)招标文件中规定的履约保证金的金额、支付形式不符合本办法规定的。

第六十九条 投标人在投标过程中存在弄虚作假、与招标人或者其他投标人串通投标、以行贿谋取中标、无正当理由放弃中标以及进行恶意投诉等投标不良行为的,除依照有关法律、法规进行处罚外,省级交通运输主管部门还可以扣减其年度信用评价分数或者降低年度信用评价等级。

第七十条 评标委员会成员未对招标人根据本办法第四十一条第二款(一)至(四)项规定提供的相关信息进行认真核查,导致评标出现疏漏或者错误的,由交通运输主管部门责令改正。

第七十一条 交通运输主管部门应当依法公告对公路工程建设项目招标投标活动中招标人、招标代理机构、投标人以及评标委员会成员等的违法违规或者恶意投诉等行为的行政处理决定,并将其作为招标投标不良行为信息记入相应当事人的信用档案。

第七章 附 则

第七十二条 使用国际组织或者外国政府贷款、援助资金的项目进行招标,贷款方、资金提供方对招标投标的具体条件和程序有不同规定的,可以适用其规定,但违背中华人民共和国的社会公共利益的除外。

第七十三条 采用电子招标投标的,应当按照本办法和国家有关电子招标投标的规定执行。

第七十四条 本办法自 2016 年 2 月 1 日起施行。《公路工程施工招标投标管理办法》(交通部令 2006 年第 7 号)、《公路工程施工监理招标投标管理办法》(交通部令 2006 年第 5 号)、《公路工程勘察设计招标投标管理办法》(交通部令 2001 年第 6 号)和《关于修改〈公路工程勘察设计招标投标管理办法〉的决定》(交通运输部令 2013 年第 3 号)、《关于贯彻国务院办公厅关于进一步规范招投标活动的若干意见的通知》(交公路发〔2004〕688 号)、《关于公路建设项目货物招标严禁指定材料产地的通知》(厅公路字〔2007〕224 号)、《公路工程施工招标资格预审办法》(交公路发〔2006〕57 号)、《关于加强公路工程评标专家管理工作的通知》(交公路发〔2003〕464 号)、《关于进一步加强公路工程施工招标评标管理工作的通知》(交公路发〔2008〕261 号)、《关于进一步加强公路工程施工招标资格审查工作的通知》(交公路发〔2009〕123 号)、《关于改革使用国际金融组织或者外国政府贷款公路建设项目施工招标管理制度的通知》(厅公路字〔2008〕40 号)、《公路工程勘察设计招标评标办法》(交公路发〔2001〕582 号)、《关于认真贯彻执行公路工程勘察设计招标投标管理办法的通知》(交公路发〔2002〕303 号)同时废止。

公路工程设计变更管理办法

(2005 年 5 月 9 日交通部令 2005 年第 5 号公布)

第一条 为加强公路工程建设管理,规范公路工程设计变更行为,保证公路工程质量,保护人民生命及财产安全,根据《中华人民共和国公路法》、《建设工程质量管理条例》、《建设工程勘察设计管理条例》等相关法律和行政法规,制定本办法。

第二条 对交通部批准初步设计的新建、改建公路工程的设计变更,应当遵守本规定。

本办法所称设计变更,是指自公路工程初步设计批准之日起至通过竣工验收正式交付使用之日止,对已批准的初步设计文件、技术设计文件或施工图设计文件所进行的修改、完善等活动。

第三条 各级交通主管部门应当加强对公路工程设计变更活动的监督管理。

第四条 公路工程设计变更应当符合国家有关公路工程强制性标准和技术规范的要求,符合公路工程质量和使用功能的要求,符合环境保护的要求。

第五条 公路工程设计变更分为重大设计变更、较大设计变更和一般设计变更。

有下列情形之一的属于重大设计变更:

(一)连续长度 10 公里以上的路线方案调整的;

(二)特大桥的数量或结构型式发生变化的;

(三)特长隧道的数量或通风方案发生变化的;

(四)互通式立交的数量发生变化的;

(五)收费方式及站点位置、规模发生变化的;

(六)超过初步设计批准概算的。

有下列情形之一的属于较大设计变更:

(一)连续长度 2 公里以上的路线方案调整的;

(二)连接线的标准和规模发生变化的;

(三)特殊不良地质路段处置方案发生变化的;

(四)路面结构类型、宽度和厚度发生变化的;

(五)大中桥的数量或结构型式发生变化的;

(六)隧道的数量或方案发生变化的;

(七)互通式立交的位置或方案发生变化的;

(八)分离式立交的数量发生变化的;

(九)监控、通讯系统总体方案发生变化的;

(十)管理、养护和服务设施的数量和规模发生变化的;

(十一)其他单项工程费用变化超过 500 万元的;

(十二)超过施工图设计批准预算的。

一般设计变更是指除重大设计变更和较大设计变更以外的其他设计变更。

第六条 公路工程重大、较大设计变更实行审批制。

公路工程重大、较大设计变更,属于对设计文件内容作重大修改,应当按照本办法规定的程序进行审批。未经审查批准的设计变更不得实施。

任何单位或者个人不得违反本办法规定擅自变更已经批准的公路工程初步设计、技术设计和施工图设计文件。不得肢解设计变更规避审批。

经批准的设计变更一般不得再次变更。

第七条 重大设计变更由交通部负责审批。较大设计变更由省级交通主管部门负责审批。

第八条 项目法人负责对一般设计变更进行审查,并应当加强对公路工程设计变更实施的管理。

第九条 公路工程勘察设计、施工及监理等单位可以向项目法人提出公路工程设计变更的建议。

设计变更的建议应当以书面形式提出,并应当注明变更理由。

项目法人也可以直接提出公路工程设计变更的建议。

第十条 项目法人对设计变更的建议及理由应当进行审查核实。必要时,项目法人可以组织勘察设计、施工、监理等单位及有关专家对设计变更建议进行经济、技术论证。

第十一条 对一般设计变更建议,由项目法人根据审查核实情况或者论证结果决定是否开展设计变更的勘察设计工作。

对较大设计变更和重大设计变更建议,项目法人经审查论证确认后,向省级交通主管部门提出公路工程设计变更的申请,并提交以下材料:

(一)设计变更申请书。包括拟变更设计的公路工程名称、公路工程的基本情况、原设计单位、设计变更的类别、变更的主要内容、变更的主要理由等;

(二)对设计变更申请的调查核实情况、合理性论证情况;

(三)省级交通主管部门要求提交的其他相关材料。

省级交通主管部门自受理申请之日起15日内作出是否同意开展设计变更的勘察设计工作的决定,并书面通知申请人。

第十二条 设计变更的勘察设计应当由公路工程的原勘察设计单位承担。经原勘察设计单位书面同意,项目法人也可以选择其他具有相应资质的勘察设计单位承担。设计变更勘察设计单位应当及时完成勘察设计,形成设计变更文件,并对设计变更文件承担相应责任。

第十三条 设计变更文件完成后,项目法人应当组织对设计变更文件进行审查。

一般设计变更文件由项目法人审查确认后决定是否实施。项目法人应当在15日内完成审查确认工作。

重大及较大设计变更文件经项目法人审查确认后报省级交通主管部门审查。其中,重大设计变更文件由省级交通主管部门审查后报交通部批准;较大设计变更文件由省级交通主管部门批准,并报交通部备案。若设计变更与可行性研究报告批复内容不一致,应征得原可行性研究报告批复部门的同意。

第十四条 项目法人在报审设计变更文件时,应当提交以下材料:

(一)设计变更说明;

(二)设计变更的勘察设计图纸及原设计相应图纸;

(三)工程量、投资变化对照清单和分项概、预算文件。

第十五条 设计变更文件的审批应当在 20 日内完成。无正当理由,超过审批时间未对设计变更文件的审查予以答复的,视为同意。

需要专家评审的,所需时间不计算在上述期限内。审批机关应当将所需时间书面告知申请人。

第十六条 对需要进行紧急抢险的公路工程设计变更,项目法人可先进行紧急抢险处理,同时按照规定的程序办理设计变更审批手续,并附相关的影像资料说明紧急抢险的情形。

第十七条 公路工程设计变更工程的施工原则上由原施工单位承担。原施工单位不具备承担设计变更工程的资质等级时,项目法人应通过招标选择施工单位。

第十八条 项目法人应当建立公路工程设计变更管理台账,定期对设计变更情况进行汇总,并应当每半年将汇总情况报省级交通主管部门备案。

省级交通主管部门可以对管理台账随时进行检查。

第十九条 交通主管部门审查批准公路工程设计变更文件时,工程费用按《公路基本建设工程概算、预算编制办法》核定。

第二十条 由于公路工程勘察设计、施工等有关单位的过失引起公路工程设计变更并造成损失的,有关单位应当承担相应的费用和相关责任。

由于公路工程设计变更发生的建筑安装工程费、勘察设计费和监理费等费用的变化,按照有关合同约定执行。

由于公路工程设计变更发生的工程建设单位管理费、征地拆迁费等费用的变化,按照国家有关规定执行。

第二十一条 按照本办法规定经过审查批准的公路工程设计变更,其费用变化纳入决算。未经批准的设计变更,其费用变化不得进入决算。

第二十二条 设计变更审批部门违反本办法规定,不按照规定权限、条件和程序审查批准公路工程设计变更文件的,上级交通主管部门或者监察部门责令改正;造成严重后果的,对直接负责的主管人员和其他直接责任人员依法给予行政处分;构成犯罪的,依法追究刑事责任。

较大设计变更审批部门违反本办法规定,情节严重的,对全部或者部分使用国有资金的项目,可以暂停项目执行。

第二十三条 交通主管部门工作人员在设计变更审查批准过程中滥用职权、玩忽职守、谋取不正当利益的,由主管部门或者监察部门给予行政处分;构成犯罪的,依法追究刑事责任。

第二十四条 项目法人有以下行为之一的,交通主管部门责令改正;情节严重的,对全部或者部分使用国有资金的项目,暂停项目执行。构成犯罪的,依法追究刑事责任:

(一)不按照规定权限、条件和程序审查、报批公路工程设计变更文件的;

(二)将公路工程设计变更肢解规避审批的;

(三)未经审查批准或者审查不合格,擅自实施设计变更的。

第二十五条 施工单位不按照批准的设计变更文件施工的,交通主管部门责令改正;造成建设工程质量不符合规定的质量标准的,负责返工、修理,并赔偿因此造成的损失;情节严重的,责令停业整顿,降低资质等级或者吊销资质证书。

第二十六条　交通部批准初步设计以外的新建、改建公路工程的设计变更,参照本办法执行。

第二十七条　本办法自 2005 年 7 月 1 日起施行。

公路工程竣(交)工验收办法

(2004 年 3 月 31 日交通部令 2004 年第 3 号公布)

第一章 总 则

第一条 为规范公路工程竣(交)工验收工作,保障公路安全有效运营,根据《中华人民共和国公路法》,制定本办法。

第二条 本办法适用于中华人民共和国境内新建和改建的公路工程竣(交)工验收活动。

第三条 公路工程应按本办法进行竣(交)工验收,未经验收或者验收不合格的,不得交付使用。

第四条 公路工程验收分为交工验收和竣工验收两个阶段。

交工验收是检查施工合同的执行情况,评价工程质量是否符合技术标准及设计要求,是否可以移交下一阶段施工或是否满足通车要求,对各参建单位工作进行初步评价。

竣工验收是综合评价工程建设成果,对工程质量、参建单位和建设项目进行综合评价。

第五条 公路工程竣(交)工验收的依据是:

(一)批准的工程可行性研究报告;

(二)批准的工程初步设计、施工图设计及变更设计文件;

(三)批准的招标文件及合同文本;

(四)行政主管部门的有关批复、批示文件;

(五)交通部颁布的公路工程技术标准、规范、规程及国家有关部门的相关规定。

第六条 交工验收由项目法人负责。

竣工验收由交通主管部门按项目管理权限负责。交通部负责国家、部重点公路工程项目中 100 公里以上的高速公路、独立特大型桥梁和特长隧道工程的竣工验收工作;其他公路工程建设项目,由省级人民政府交通主管部门确定的相应交通主管部门负责竣工验收工作。

第七条 公路工程竣(交)工验收工作应当做到公正、真实和科学。

第二章 交 工 验 收

第八条 公路工程(合同段)进行交工验收应具备以下条件:

(一)合同约定的各项内容已完成;

(二)施工单位按交通部制定的《公路工程质量检验评定标准》及相关规定的要求对工程质量自检合格;

(三)监理工程师对工程质量的评定合格;

(四)质量监督机构按交通部规定的公路工程质量鉴定办法对工程质量进行检测(必要时

可委托有相应资质的检测机构承担检测任务），并出具检测意见；

（五）竣工文件已按交通部规定的内容编制完成；

（六）施工单位、监理单位已完成本合同段的工作总结。

第九条 公路工程各合同段符合交工验收条件后，经监理工程师同意，由施工单位向项目法人提出申请，项目法人应及时组织对该合同段进行交工验收。

第十条 交工验收的主要工作内容是：

（一）检查合同执行情况；

（二）检查施工自检报告、施工总结报告及施工资料；

（三）检查监理单位独立抽检资料、监理工作报告及质量评定资料；

（四）检查工程实体，审查有关资料，包括主要产品质量的抽（检）测报告；

（五）核查工程完工数量是否与批准的设计文件相符，是否与工程计量数量一致；

（六）对合同是否全面执行、工程质量是否合格作出结论，按交通主管部门规定的格式签署合同段交工验收证书；

（七）按交通部规定的办法对设计单位、监理单位、施工单位的工作进行初步评价。

第十一条 项目法人负责组织公路工程各合同段的设计、监理、施工等单位参加交工验收。拟交付使用的工程，应邀请运营、养护管理单位参加。参加验收单位的主要职责是：

项目法人负责组织各合同段参建单位完成交工验收工作的各项内容，总结合同执行过程中的经验，对工程质量是否合格作出结论；

设计单位负责检查已完成的工程是否与设计相符，是否满足设计要求；

监理单位负责完成监理资料的汇总、整理，协助项目法人检查施工单位的合同执行情况，核对工程数量，科学公正地对工程质量进行评定；

施工单位负责提交竣工资料，完成交工验收准备工作。

第十二条 项目法人组织监理单位按《公路工程质量检验评定标准》的要求对各合同段的工程质量进行评定。

监理单位根据独立抽检资料对工程质量进行评定，当监理按规定完成的独立抽检资料不能满足评定要求时，可以采用经监理确认的施工自检资料。

项目法人根据对工程质量的检查及平时掌握的情况，对监理单位所做的工程质量评定进行审定。

第十三条 各合同段工程质量评分采用所含各单位工程质量评分的加权平均值。即：

工程各合同段交工验收结束后，由项目法人对整个工程项目进行工程质量评定，工程质量评分采用各合同段工程质量评分的加权平均值。即：

工程质量等级评定分为合格和不合格，工程质量评分值大于等于75分的为合格，小于75分的为不合格。

第十四条 公路工程各合同段验收合格后，项目法人应按交通部规定的要求及时完成项目交工验收报告，并向交通主管部门备案。国家、部重点公路工程项目中100公里以上的高速公路、独立特大型桥梁和特长隧道工程向省级人民政府交通主管部门备案，其他公路工程按省级人民政府交通主管部门的规定向相应的交通主管部门备案。

公路工程各合同段验收合格后，质量监督机构应向交通主管部门提交项目的检测报告。

交通主管部门在 15 天内未对备案的项目交工验收报告提出异议,项目法人可开放交通进入试运营期。试运营期不得超过 3 年。

第十五条　交工验收提出的工程质量缺陷等遗留问题,由施工单位限期完成。

第三章　竣 工 验 收

第十六条　公路工程进行竣工验收应具备以下条件:

(一)通车试运营 2 年后;

(二)交工验收提出的工程质量缺陷等遗留问题已处理完毕,并经项目法人验收合格;

(三)工程决算已按交通部规定的办法编制完成,竣工决算已经审计,并经交通主管部门或其授权单位认定;

(四)竣工文件已按交通部规定的内容完成;

(五)对需进行档案、环保等单项验收的项目,已经有关部门验收合格;

(六)各参建单位已按交通部规定的内容完成各自的工作报告;

(七)质量监督机构已按交通部规定的公路工程质量鉴定办法对工程质量检测鉴定合格,并形成工程质量鉴定报告。

第十七条　公路工程符合竣工验收条件后,项目法人应按照项目管理权限及时向交通主管部门申请验收。交通主管部门应当自收到申请之日起 30 日内,对申请人递交的材料进行审查,对于不符合竣工验收条件的,应当及时退回并告知理由;对于符合验收条件的,应自收到申请文件之日起 3 个月内组织竣工验收。

第十八条　竣工验收的主要工作内容是:

(一)成立竣工验收委员会;

(二)听取项目法人、设计单位、施工单位、监理单位的工作报告;

(三)听取质量监督机构的工作报告及工程质量鉴定报告;

(四)检查工程实体质量、审查有关资料;

(五)按交通部规定的办法对工程质量进行评分,并确定工程质量等级;

(六)按交通部规定的办法对参建单位进行综合评价;

(七)对建设项目进行综合评价;

(八)形成并通过竣工验收鉴定书。

第十九条　竣工验收委员会由交通主管部门、公路管理机构、质量监督机构、造价管理机构等单位代表组成。大中型项目及技术复杂工程,应邀请有关专家参加。国防公路应邀请军队代表参加。

项目法人、设计单位、监理单位、施工单位、接管养护等单位参加竣工验收工作。

第二十条　参加竣工验收工作各方的主要职责是:

竣工验收委员会负责对工程实体质量及建设情况进行全面检查。按交通部规定的办法对工程质量进行评分,对各参建单位进行综合评价,对建设项目进行综合评价,确定工程质量和建设项目等级,形成工程竣工验收鉴定书。

项目法人负责提交项目执行报告及验收所需资料,协助竣工验收委员会开展工作;

设计单位负责提交设计工作报告,配合竣工验收检查工作;

监理单位负责提交监理工作报告,提供工程监理资料,配合竣工验收检查工作;

施工单位负责提交施工总结报告,提供各种资料,配合竣工验收检查工作。

第二十一条 竣工验收工程质量评分采取加权平均法计算,其中交工验收工程质量得分权值为0.2,质量监督机构工程质量鉴定得分权值为0.6,竣工验收委员会对工程质量评定得分权值为0.2。

工程质量评定得分大于等于90分为优良,小于90分且大于等于75分为合格,小于75分为不合格。

第二十二条 竣工验收委员会按交通部规定的办法对参建单位的工作进行综合评价。

评定得分大于等于90分且工程质量等级优良的为好,大于等于75分为中,小于75分为差。

第二十三条 竣工验收建设项目综合评分采取加权平均法计算,其中竣工验收工程质量得分权值为0.7,参建单位工作评价得分权值为0.3(项目法人占0.15,设计、施工、监理各占0.05)。

评定得分大于等于90分且工程质量等级优良的为优良,大于等于75分为合格,小于75分为不合格。

第二十四条 负责组织竣工验收的交通主管部门对通过验收的建设项目按交通部规定的要求签发《公路工程竣工验收鉴定书》。

通过竣工验收的工程,由质量监督机构依据竣工验收结论,按照交通部规定的格式对各参建单位签发工作综合评价等级证书。

第四章 罚 则

第二十五条 项目法人违反本办法规定,对不具备交工验收条件的公路工程组织交工验收,交工验收无效,由交通主管部门责令改正。

第二十六条 项目法人违反本办法规定,对未进行交工验收、交工验收不合格或未备案的工程开放交通进行试运营的,由交通主管部门责令停止试运营,并予以警告处罚。

第二十七条 项目法人对试运营期超过3年的公路工程不申请组织竣工验收的,由交通主管部门责令改正。对责令改正后仍不申请组织竣工验收的,由交通主管部门责令停止试运营。

第二十八条 质量监督机构人员在验收工作中滥用职权、玩忽职守、徇私舞弊的,依法给予行政处分,构成犯罪的,依法追究刑事责任。

第五章 附 则

第二十九条 公路工程建设项目建成后,施工单位、监理单位、项目法人应负责编制工程竣工文件、图表、资料,并装订成册,其编制费用分别由施工单位、监理单位、项目法人承担。

各合同段交工验收工作所需的费用由施工单位承担。整个建设项目竣(交)工验收期间质量监督机构进行工程质量检测所需的费用由项目法人承担。

第三十条 对通过验收的工程,由项目法人按照国家规定,分别向档案管理部门和公路管理机构、接管养护单位办理有关档案资料和资产移交手续。

第三十一条 对于规模较小、等级较低的小型项目,可将交工验收和竣工验收合并进行。规模较小、等级较低的小型项目的具体标准由省级人民政府交通主管部门结合本地区的具体情况制订。

第三十二条 本办法由交通部负责解释。

第三十三条 本办法自 2004 年 10 月 1 日起施行。交通部颁布的《公路工程竣工验收办法》(交公路发〔1995〕1081 号)同时废止。

公路水运工程质量监督管理规定

(2017 年 9 月 4 日交通运输部令 2017 年第 28 号公布)

第一章 总 则

第一条 为了加强公路水运工程质量监督管理,保证工程质量,根据《中华人民共和国公路法》《中华人民共和国港口法》《中华人民共和国航道法》《建设工程质量管理条例》等法律、行政法规,制定本规定。

第二条 公路水运工程质量监督管理,适用本规定。

第三条 本规定所称公路水运工程,是指经依法审批、核准或者备案的公路、水运基础设施的新建、改建、扩建等建设项目。

本规定所称公路水运工程质量,是指有关公路水运工程建设的法律、法规、规章、技术标准、经批准的设计文件以及工程合同对建设公路水运工程的安全、适用、经济、美观等特性的综合要求。

本规定所称从业单位,是指从事公路、水运工程建设、勘察、设计、施工、监理、试验检测等业务活动的单位。

第四条 交通运输部负责全国公路水运工程质量监督管理工作。交通运输部长江航务管理局按照规定的职责对长江干线航道工程质量监督管理。

县级以上地方人民政府交通运输主管部门按照规定的职责负责本行政区域内的公路水运工程质量监督管理工作。

公路水运工程质量监督管理,可以由交通运输主管部门委托的建设工程质量监督机构具体实施。

第五条 交通运输主管部门应当制定完善公路水运工程质量监督管理制度、政策措施,依法加强质量监督管理,提高质量监督管理水平。

第六条 公路水运工程建设领域鼓励和支持质量管理新理念、新技术、新方法的推广应用。

第二章 质量管理责任和义务

第七条 从业单位应当建立健全工程质量保证体系,制定质量管理制度,强化工程质量管理措施,完善工程质量目标保障机制。

公路水运工程施行质量责任终身制。建设、勘察、设计、施工、监理等单位应当书面明确相应的项目负责人和质量负责人。从业单位的相关人员按照国家法律法规和有关规定在工程合理使用年限内承担相应的质量责任。

第八条　建设单位对工程质量负管理责任,应当科学组织管理,落实国家法律、法规、工程建设强制性标准的规定,严格执行国家有关工程建设管理程序,建立健全项目管理责任机制,完善工程项目管理制度,严格落实质量责任制。

第九条　建设单位应当与勘察、设计、施工、监理等单位在合同中明确工程质量目标、质量管理责任和要求,加强对涉及质量的关键人员、施工设备等方面的合同履约管理,组织开展质量检查,督促有关单位及时整改质量问题。

第十条　勘察、设计单位对勘察、设计质量负责,应当按照有关规定、强制性标准进行勘察、设计,保证勘察、设计工作深度和质量。勘察单位提供的勘察成果文件应当满足工程设计的需要。设计单位应当根据勘察成果文件进行工程设计。

第十一条　设计单位应当按照相关规定,做好设计交底、设计变更和后续服务工作,保障设计意图在施工中得以贯彻落实,及时处理施工中与设计相关的质量技术问题。

第十二条　公路水运工程交工验收前,设计单位应当对工程建设内容是否满足设计要求、是否达到使用功能等方面进行综合检查和分析评价,向建设单位出具工程设计符合性评价意见。

第十三条　施工单位对工程施工质量负责,应当按合同约定设立现场质量管理机构、配备工程技术人员和质量管理人员,落实工程施工质量责任制。

第十四条　施工单位应当严格按照工程设计图纸、施工技术标准和合同约定施工,对原材料、混合料、构配件、工程实体、机电设备等进行检验;按规定施行班组自检、工序交接检、专职质检员检验的质量控制程序;对分项工程、分部工程和单位工程进行质量自评。检验或者自评不合格的,不得进入下道工序或者投入使用。

第十五条　施工单位应当加强施工过程质量控制,并形成完整、可追溯的施工质量管理资料,主体工程的隐蔽部位施工还应当保留影像资料。对施工中出现的质量问题或者验收不合格的工程,应当负责返工处理;对在保修范围和保修期限内发生质量问题的工程,应当履行保修义务。

第十六条　勘察、设计、施工单位应当依法规范分包行为,并对各自承担的工程质量负总责,分包单位对分包合同范围内的工程质量负责。

第十七条　监理单位对施工质量负监理责任,应当按合同约定设立现场监理机构,按规定程序和标准进行工程质量检查、检测和验收,对发现的质量问题及时督促整改,不得降低工程质量标准。

公路水运工程交工验收前,监理单位应当根据有关标准和规范要求对工程质量进行检查验证,编制工程质量评定或者评估报告,并提交建设单位。

第十八条　施工、监理单位应当按照合同约定设立工地临时试验室,严格按照工程技术标准、检测规范和规程,在核定的试验检测参数范围内开展试验检测活动。

施工、监理单位应当对其设立的工地临时试验室所出具的试验检测数据和报告的真实性、客观性、准确性负责。

第十九条　材料和设备的供应单位应当按照有关规定和合同约定对其产品或者服务质量负责。

第三章 监督管理

第二十条 公路水运工程实行质量监督管理制度。

交通运输主管部门及其委托的建设工程质量监督机构应当依据法律、法规和强制性标准等,科学、规范、公正地开展公路水运工程质量监督管理工作。任何单位和个人不得非法干预或者阻挠质量监督管理工作。

第二十一条 交通运输主管部门委托的建设工程质量监督机构应当满足以下基本条件:

(一)从事质量监督管理工作的专业技术人员数量不少于本单位职工总数的 70% ,且专业结构配置合理,满足质量监督管理工作需要,从事现场执法的人员应当按规定取得行政执法证件;

(二)具备开展质量监督管理的工作条件,按照有关装备标准配备质量监督检查所必要的检测设备、执法装备等;

(三)建立健全质量监督管理制度和工作机制,落实监督管理工作责任,加强业务培训。

质量监督管理工作经费应当由交通运输主管部门按照国家规定协调有关部门纳入同级财政预算予以保障。

第二十二条 交通运输主管部门或者其委托的建设工程质量监督机构依法要求建设单位按规定办理质量监督手续。

建设单位应当按照国家规定向交通运输主管部门或者其委托的建设工程质量监督机构提交以下材料,办理工程质量监督手续:

(一)公路水运工程质量监督管理登记表;

(二)交通运输主管部门批复的施工图设计文件;

(三)施工、监理合同及招投标文件;

(四)建设单位现场管理机构、人员、质量保证体系等文件;

(五)本单位以及勘察、设计、施工、监理、试验检测等单位对其项目负责人、质量负责人的书面授权委托书、质量保证体系等文件;

(六)依法要求提供的其他相关材料。

第二十三条 建设单位提交的材料符合规定的,交通运输主管部门或者其委托的建设工程质量监督机构应当在 15 个工作日内为其办理工程质量监督手续,出具公路水运工程质量监督管理受理通知书。

公路水运工程质量监督管理受理通知书中应当明确监督人员、内容和方式等。

第二十四条 建设单位在办理工程质量监督手续后、工程开工前,应当按照国家有关规定办理施工许可或者开工备案手续。

交通运输主管部门或者其委托的建设工程质量监督机构应当自建设单位办理完成施工许可或者开工备案手续之日起,至工程竣工验收完成之日止,依法开展公路水运工程建设的质量监督管理工作。

第二十五条 公路水运工程交工验收前,建设单位应当组织对工程质量是否合格进行检测,出具交工验收质量检测报告,连同设计单位出具的工程设计符合性评价意见、监理单位提交的工程质量评定或者评估报告一并提交交通运输主管部门委托的建设工程质量监督机构。

交通运输主管部门委托的建设工程质量监督机构应当对建设单位提交的报告材料进行审核,并对工程质量进行验证性检测,出具工程交工质量核验意见。

工程交工质量核验意见应当包括交工验收质量检测工作组织、质量评定或者评估程序执行、监督管理过程中发现的质量问题整改以及工程质量验证性检测结果等情况。

第二十六条 公路水运工程竣工验收前,交通运输主管部门委托的建设工程质量监督机构应当根据交通运输主管部门拟定的验收工作计划,组织对工程质量进行复测,并出具项目工程质量鉴定报告,明确工程质量水平;同时出具项目工程质量监督管理工作报告,对项目建设期质量监督管理工作进行全面总结。

工程质量鉴定报告应当以工程交工质量核验意见为参考,包括交工遗留问题和试运行期间出现的质量问题及整改、是否存在影响工程正常使用的质量缺陷、工程质量用户满意度调查及工程质量复测和鉴定结论等情况。

交通运输主管部门委托的建设工程质量监督机构应当将项目工程质量鉴定报告和项目工程质量监督管理工作报告提交负责组织竣工验收的交通运输主管部门。

第二十七条 交通运输主管部门委托的建设工程质量监督机构具备相应检测能力的,可以自行对工程质量进行检测;不具备相应检测能力的,可以委托具有相应能力等级的第三方试验检测机构负责相应检测工作。委托试验检测机构开展检测工作的,应当遵守政府采购有关法律法规的要求。

第二十八条 交通运输主管部门或者其委托的建设工程质量监督机构可以采取随机抽查、备案核查、专项督查等方式对从业单位实施监督检查。

公路水运工程质量监督管理工作实行项目监督责任制,可以明确专人或者设立工程项目质量监督组,实施项目质量监督管理工作。

第二十九条 交通运输主管部门或者其委托的建设工程质量监督机构应当制定年度工程质量监督检查计划,确定检查内容、方式、频次以及有关要求等。监督检查的内容主要包括:

(一)从业单位对工程质量法律、法规的执行情况;

(二)从业单位对公路水运工程建设强制性标准的执行情况;

(三)从业单位质量责任落实及质量保证体系运行情况;

(四)主要工程材料、构配件的质量情况;

(五)主体结构工程实体质量等情况。

第三十条 实施监督检查时,应当有2名以上人员参加,并出示有效执法证件。检查人员对涉及被检查单位的技术秘密和商业秘密,应当为其保密。

第三十一条 监督检查过程中,检查人员发现质量问题的,应当当场提出检查意见并做好记录。质量问题较为严重的,检查人员应当将检查时间、地点、内容、主要问题及处理意见形成书面记录,并由检查人员和被检查单位现场负责人签字。被检查单位现场负责人拒绝签字的,检查人员应当将情况记录在案。

第三十二条 交通运输主管部门或者其委托的建设工程质量监督机构履行监督检查职责时,有权采取下列措施:

(一)进入被检查单位和施工现场进行检查;

(二)询问被检查单位工作人员,要求其说明有关情况;

（三）要求被检查单位提供有关工程质量的文件和材料；

（四）对工程材料、构配件、工程实体质量进行抽样检测；

（五）对发现的质量问题，责令改正，视情节依法对责任单位采取通报批评、罚款、停工整顿等处理措施。

第三十三条　从业单位及其工作人员应当主动接受、配合交通运输主管部门或者其委托的建设工程质量监督机构的监督检查，不得拒绝或者阻碍。

第三十四条　公路水运工程发生质量事故，建设、施工单位应当按照交通运输部制定的公路水运建设工程质量事故等级划分和报告制度，及时、如实报告。交通运输主管部门或者其委托的建设工程质量监督机构接到事故报告后，应当按有关规定上报事故情况，并及时组织事故抢救，组织或者参与事故调查。

第三十五条　任何单位和个人都有权如实向交通运输主管部门及其委托的建设工程质量监督机构举报、投诉工程质量事故和质量问题。

第三十六条　交通运输主管部门应当加强对工程质量数据的统计分析，建立健全质量动态信息发布和质量问题预警机制。

第三十七条　交通运输主管部门应当完善公路水运工程质量信用档案，健全质量信用评价体系，加强对公路水运工程质量的信用评价管理，并按规定将有关信用信息纳入交通运输和相关统一信用信息共享平台。

第三十八条　交通运输主管部门应当健全违法违规信息公开制度，将从业单位及其人员的失信行为、举报投诉并被查实的质量问题、发生的质量事故、监督检查结果等情况，依法向社会公开。

第四章　法律责任

第三十九条　违反本规定第十条规定，勘察、设计单位未按照工程建设强制性标准进行勘察、设计的，设计单位未根据勘察成果文件进行工程设计的，依照《建设工程质量管理条例》第六十三条规定，责令改正，按以下标准处以罚款；造成质量事故的，责令停工整顿：

（一）工程尚未开工建设的，处 10 万元以上 20 万元以下的罚款；

（二）工程已开工建设的，处 20 万元以上 30 万元以下的罚款。

第四十条　违反本规定第十四条规定，施工单位不按照工程设计图纸或者施工技术标准施工的，依照《建设工程质量管理条例》第六十四条规定，责令改正，按以下标准处以罚款；情节严重的，责令停工整顿：

（一）未造成工程质量事故的，处所涉及单位工程合同价款2%的罚款；

（二）造成工程质量一般事故的，处所涉及单位工程合同价款2%以上3%以下的罚款；

（三）造成工程质量较大及以上等级事故的，处所涉及单位工程合同价款3%以上4%以下的罚款。

第四十一条　违反本规定第十四条规定，施工单位未按规定对原材料、混合料、构配件等进行检验的，依照《建设工程质量管理条例》第六十五条规定，责令改正，按以下标准处以罚款；情节严重的，责令停工整顿：

（一）未造成工程质量事故的，处 10 万元以上 15 万元以下的罚款；

（二）造成工程质量事故的，处 15 万元以上 20 万元以下的罚款。

第四十二条 违反本规定第十五条规定，施工单位对施工中出现的质量问题或者验收不合格的工程，未进行返工处理或者拖延返工处理的，责令改正，处 1 万元以上 3 万元以下的罚款。

施工单位对保修范围和保修期限内发生质量问题的工程，不履行保修义务或者拖延履行保修义务的，依照《建设工程质量管理条例》第六十六条规定，责令改正，按以下标准处以罚款：

（一）未造成工程质量事故的，处 10 万元以上 15 万元以下的罚款；

（二）造成工程质量事故的，处 15 万元以上 20 万元以下的罚款。

第四十三条 违反本规定第十七条规定，监理单位在监理工作中弄虚作假、降低工程质量的，或者将不合格的建设工程、建筑材料、建筑构配件和设备按照合格签字的，依照《建设工程质量管理条例》第六十七条规定，责令改正，按以下标准处以罚款，降低资质等级或者吊销资质证书；有违法所得的，予以没收：

（一）未造成工程质量事故的，处 50 万元以上 60 万元以下的罚款；

（二）造成工程质量一般事故的，处 60 万元以上 70 万元以下的罚款；

（三）造成工程质量较大事故的，处 70 万元以上 80 万元以下的罚款；

（四）造成工程质量重大及以上等级事故的，处 80 万元以上 100 万元以下的罚款。

第四十四条 违反本规定第十八条规定，设立工地临时实验室的单位弄虚作假、出具虚假数据报告的，责令改正，处 1 万元以上 3 万元以下的罚款。

第四十五条 违反本规定第二十二条规定，建设单位未按照规定办理工程质量监督手续的，依照《建设工程质量管理条例》第五十六条规定，责令改正，按以下标准处以罚款：

（一）未造成工程质量事故的，处 20 万元以上 30 万元以下的罚款；

（二）造成工程质量一般事故的，处 30 万元以上 40 万元以下的罚款；

（三）造成工程质量较大及以上等级事故的，处 40 万元以上 50 万元以下的罚款。

第四十六条 依照《建设工程质量管理条例》规定给予单位罚款处罚的，对单位直接负责的主管人员和其他直接责任人员处单位罚款数额 5% 以上 10% 以下的罚款。

第四十七条 交通运输主管部门及其委托的建设工程质量监督机构的工作人员在监督管理工作中玩忽职守、滥用职权、徇私舞弊的，依法给予处分；构成犯罪的，依法追究刑事责任。

第五章 附 则

第四十八条 乡道、村道工程建设的质量监督管理参照本规定执行。

第四十九条 本规定自 2017 年 12 月 1 日起施行。交通部于 1999 年 2 月 24 日发布的《公路工程质量管理办法》（交公路发〔1999〕90 号）、2000 年 6 月 7 日发布的《水运工程质量监督规定》（交通部令 2000 年第 3 号）和 2005 年 5 月 8 日发布的《公路工程质量监督规定》（交通部令 2005 年第 4 号）同时废止。

公路水运工程安全生产监督管理办法

(2017 年 6 月 12 日交通运输部令 2017 年第 25 号公布)

第一章 总 则

第一条 为了加强公路水运工程安全生产监督管理,防止和减少生产安全事故,保障人民群众生命和财产安全,根据《中华人民共和国安全生产法》《建设工程安全生产管理条例》《生产安全事故报告和调查处理条例》等法律、行政法规,制定本办法。

第二条 公路水运工程建设活动的安全生产行为及对其实施监督管理,应当遵守本办法。

第三条 本办法所称公路水运工程,是指经依法审批、核准或者备案的公路、水运基础设施的新建、改建、扩建等建设项目。

本办法所称从业单位,是指从事公路、水运工程建设、勘察、设计、施工、监理、试验检测、安全服务等工作的单位。

第四条 公路水运工程安全生产工作应当以人民为中心,坚持安全第一、预防为主、综合治理的方针,强化和落实从业单位的主体责任,建立从业单位负责、职工参与、政府监管、行业自律和社会监督的机制。

第五条 交通运输部负责全国公路水运工程安全生产的监督管理工作。

长江航务管理局承担长江干线航道工程安全生产的监督管理工作。

县级以上地方人民政府交通运输主管部门按照规定的职责负责本行政区域内的公路水运工程安全生产监督管理工作。

第六条 交通运输主管部门应当按照保障安全生产的要求,依法制修订公路水运工程安全应急标准体系。

第七条 交通运输主管部门应当建立公路水运工程从业单位和从业人员安全生产违法违规行为信息库,实行安全生产失信黑名单制度,并按规定将有关信用信息及时纳入交通运输和相关统一信用信息共享平台,依法向社会公开。

第八条 有关行业协会依照法律、法规、规章和协会章程,为从业单位提供有关安全生产信息、培训等服务,发挥行业自律作用,促进从业单位加强安全生产管理。

第九条 国家鼓励和支持公路水运工程安全生产科学技术研究成果和先进技术的推广应用,鼓励从业单位运用科技和信息化等手段对存在重大安全风险的施工部位加强监控。

第十条 在改善项目安全生产条件、防止生产安全事故、参加抢险救援等方面取得显著成绩的单位和个人,交通运输主管部门依法给予奖励。

第二章 安全生产条件

第十一条 从业单位从事公路水运工程建设活动,应当具备法律、法规、规章和工程建设强制性标准规定的安全生产条件。任何单位和个人不得降低安全生产条件。

第十二条　公路水运工程应当坚持先勘察后设计再施工的程序。施工图设计文件依法经审批后方可使用。

第十三条　公路水运工程施工招标文件及施工合同中应当载明项目安全管理目标、安全生产职责、安全生产条件、安全生产信用情况及专职安全生产管理人员配备的标准等要求。

第十四条　施工单位从事公路水运工程建设活动,应当取得安全生产许可证及相应等级的资质证书。施工单位的主要负责人和安全生产管理人员应当经交通运输主管部门对其安全生产知识和管理能力考核合格。

施工单位应当设置安全生产管理机构或者配备专职安全生产管理人员。施工单位应当根据工程施工作业特点、安全风险以及施工组织难度,按照年度施工产值配备专职安全生产管理人员,不足 5000 万元的至少配备 1 名;5000 万元以上不足 2 亿元的按每 5000 万元不少于 1 名的比例配备;2 亿元以上的不少于 5 名,且按专业配备。

第十五条　从业单位应当依法对从业人员进行安全生产教育和培训。未经安全生产教育和培训合格的从业人员,不得上岗作业。

第十六条　公路水运工程从业人员中的特种作业人员应当按照国家有关规定取得相应资格,方可上岗作业。

第十七条　施工中使用的施工机械、设施、机具以及安全防护用品、用具和配件等应当具有生产(制造)许可证、产品合格证或者法定检验检测合格证明,并设立专人查验、定期检查和更新,建立相应的资料档案。无查验合格记录的不得投入使用。

第十八条　特种设备使用单位应当依法取得特种设备使用登记证书,建立特种设备安全技术档案,并将登记标志置于该特种设备的显著位置。

第十九条　翻模、滑(爬)模等自升式架设设施,以及自行设计、组装或者改装的施工挂(吊)篮、移动模架等设施在投入使用前,施工单位应当组织有关单位进行验收,或者委托具有相应资质的检验检测机构进行验收。验收合格后方可使用。

第二十条　对严重危及公路水运工程生产安全的工艺、设备和材料,应当依法予以淘汰。交通运输主管部门可以会同安全生产监督管理部门联合制定严重危及公路水运工程施工安全的工艺、设备和材料的淘汰目录并对外公布。

从业单位不得使用已淘汰的危及生产安全的工艺、设备和材料。

第二十一条　从业单位应当保证本单位所应具备的安全生产条件必需的资金投入。

建设单位在编制工程招标文件及项目概预算时,应当确定保障安全作业环境及安全施工措施所需的安全生产费用,并不得低于国家规定的标准。

施工单位在工程投标报价中应当包含安全生产费用并单独计提,不得作为竞争性报价。

安全生产费用应当经监理工程师审核签认,并经建设单位同意后,在项目建设成本中据实列支,严禁挪用。

第二十二条　公路水运工程施工现场的办公、生活区与作业区应当分开设置,并保持安全距离。办公、生活区的选址应当符合安全性要求,严禁在已发现的泥石流影响区、滑坡体等危险区域设置施工驻地。

施工作业区应当根据施工安全风险辨识结果,确定不同风险等级的管理要求,合理布设。

在风险等级较高的区域应当设置警戒区和风险告知牌。

施工作业点应当设置明显的安全警示标志,按规定设置安全防护设施。施工便道便桥、临时码头应当满足通行和安全作业要求,施工便桥和临时码头还应当提供临边防护和水上救生等设施。

第二十三条 施工单位与从业人员订立的劳动合同,应当载明有关保障从业人员劳动安全、防止职业危害等事项。施工单位还应当向从业人员书面告知危险岗位的操作规程。

施工单位应当向作业人员提供符合标准的安全防护用品,监督、教育从业人员按照使用规则佩戴、使用。

第二十四条 公路水运工程建设应当实施安全生产风险管理,按规定开展设计、施工安全风险评估。

设计单位应当依据风险评估结论,对设计方案进行修改完善。

施工单位应当依据风险评估结论,对风险等级较高的分部分项工程编制专项施工方案,并附安全验算结果,经施工单位技术负责人签字后报监理工程师批准执行。

必要时,施工单位应当组织专家对专项施工方案进行论证、审核。

第二十五条 建设、施工等单位应当针对工程项目特点和风险评估情况分别制定项目综合应急预案、合同段施工专项应急预案和现场处置方案,告知相关人员紧急避险措施,并定期组织演练。

施工单位应当依法建立应急救援组织或者指定工程现场兼职的、具有一定专业能力的应急救援人员,配备必要的应急救援器材、设备和物资,并进行经常性维护、保养。

第二十六条 从业单位应当依法参加工伤保险,为从业人员缴纳保险费。

鼓励从业单位投保安全生产责任保险和意外伤害保险。

第三章 安全生产责任

第二十七条 从业单位应当建立健全安全生产责任制,明确各岗位的责任人员、责任范围和考核标准等内容。从业单位应当建立相应的机制,加强对安全生产责任制落实情况的监督考核。

第二十八条 建设单位对公路水运工程安全生产负管理责任。依法开展项目安全生产条件审核,按规定组织风险评估和安全生产检查。根据项目风险评估等级,在工程沿线受影响区域作出相应风险提示。

建设单位不得对勘察、设计、监理、施工、设备租赁、材料供应、试验检测、安全服务等单位提出不符合安全生产法律、法规和工程建设强制性标准规定的要求。不得违反或者擅自简化基本建设程序。不得随意压缩工期。工期确需调整的,应当对影响安全的风险进行论证和评估,经合同双方协商一致,提出相应的施工组织和安全保障措施。

第二十九条 勘察单位应当按照法律、法规、规章、工程建设强制性标准和合同文件进行实地勘察,针对不良地质、特殊性岩土、有毒有害气体等不良情形或者其他可能引发工程生产安全事故的情形加以说明并提出防治建议。

勘察单位提交的勘察文件必须真实、准确,满足公路水运工程安全生产的需要。

勘察单位及勘察人员对勘察结论负责。

第三十条　设计单位应当按照法律、法规、规章、工程建设强制性标准和合同文件进行设计,防止因设计不合理导致生产安全事故的发生。

设计单位应当考虑施工安全操作和防护的需要,对涉及施工安全的重点部位和环节在设计文件中加以注明,提出安全防范意见。依据设计风险评估结论,对存在较高安全风险的工程部位还应当增加专项设计,并组织专家进行论证。

采用新结构、新工艺、新材料的工程和特殊结构工程,设计单位应当在设计文件中提出保障施工作业人员安全和预防生产安全事故的措施建议。

设计单位和设计人员应当对其设计负责,并按合同要求做好安全技术交底和现场服务。

第三十一条　监理单位应当按照法律、法规、规章、工程建设强制性标准和合同文件进行监理,对工程安全生产承担监理责任。

监理单位应当审核施工项目安全生产条件,审查施工组织设计中安全措施和专项施工方案。在实施监理过程中,发现存在安全事故隐患的,应当要求施工单位整改;情节严重的,应当下达工程暂停令,并及时报告建设单位。施工单位拒不整改或者不停止施工的,监理单位应当及时向有关主管部门书面报告,并有权拒绝计量支付审核。

监理单位应当如实记录安全事故隐患和整改验收情况,对有关文字、影像资料应当妥善保存。

第三十二条　依合同承担试验检测或者施工监测的单位应当按照法律、法规、规章、工程建设强制性标准和合同文件开展工作。所提交的试验检测或者施工监测数据应当真实、准确,数据出现异常时应当及时向合同委托方报告。

第三十三条　依法设立的为安全生产提供技术、管理服务的机构,依照法律、法规、规章和执业准则,接受从业单位的委托为其安全生产工作提供技术、管理服务。

从业单位委托前款规定的机构提供安全生产技术、管理服务的,保障安全生产的责任仍由本单位负责。

第三十四条　施工单位应当按照法律、法规、规章、工程建设强制性标准和合同文件组织施工,保障项目施工安全生产条件,对施工现场的安全生产负主体责任。施工单位主要负责人依法对项目安全生产工作全面负责。

建设工程实行施工总承包的,由总承包单位对施工现场的安全生产负总责。分包单位应当服从总承包单位的安全生产管理,分包单位不服从管理导致生产安全事故的,由分包单位承担主要责任。

第三十五条　施工单位应当书面明确本单位的项目负责人,代表本单位组织实施项目施工生产。

项目负责人对项目安全生产工作负有下列职责:

(一)建立项目安全生产责任制,实施相应的考核与奖惩;

(二)按规定配足项目专职安全生产管理人员;

(三)结合项目特点,组织制定项目安全生产规章制度和操作规程;

(四)组织制定项目安全生产教育和培训计划;

(五)督促项目安全生产费用的规范使用;

(六)依据风险评估结论,完善施工组织设计和专项施工方案;

（七）建立安全预防控制体系和隐患排查治理体系，督促、检查项目安全生产工作，确认重大事故隐患整改情况；

（八）组织制定本合同段施工专项应急预案和现场处置方案，并定期组织演练；

（九）及时、如实报告生产安全事故并组织自救。

第三十六条 施工单位的专职安全生产管理人员履行下列职责：

（一）组织或者参与拟订本单位安全生产规章制度、操作规程，以及合同段施工专项应急预案和现场处置方案；

（二）组织或者参与本单位安全生产教育和培训，如实记录安全生产教育和培训情况；

（三）督促落实本单位施工安全风险管控措施；

（四）组织或者参与本合同段施工应急救援演练；

（五）检查施工现场安全生产状况，做好检查记录，提出改进安全生产标准化建设的建议；

（六）及时排查、报告安全事故隐患，并督促落实事故隐患治理措施；

（七）制止和纠正违章指挥、违章操作和违反劳动纪律的行为。

第三十七条 施工单位应当推进本企业承接项目的施工场地布置、现场安全防护、施工工艺操作、施工安全管理活动记录等方面的安全生产标准化建设，并加强对安全生产标准化实施情况的自查自纠。

第三十八条 施工单位应当根据施工规模和现场消防重点建立施工现场消防安全责任制度，确定消防安全责任人，制定消防管理制度和操作规程，设置消防通道，配备相应的消防设施、物资和器材。

施工单位对施工现场临时用火、用电的重点部位及爆破作业各环节应当加强消防安全检查。

第三十九条 施工单位应当将专业分包单位、劳务合作单位的作业人员及实习人员纳入本单位统一管理。

新进人员和作业人员进入新的施工现场或者转入新的岗位前，施工单位应当对其进行安全生产培训考核。

施工单位采用新技术、新工艺、新设备、新材料的，应当对作业人员进行相应的安全生产教育培训，生产作业前还应当开展岗位风险提示。

第四十条 施工单位应当建立健全安全生产技术分级交底制度，明确安全技术分级交底的原则、内容、方法及确认手续。

分项工程实施前，施工单位负责项目管理的技术人员应当按规定对有关安全施工的技术要求向施工作业班组、作业人员详细说明，并由双方签字确认。

第四十一条 施工单位应当按规定开展安全事故隐患排查治理，建立职工参与的工作机制，对隐患排查、登记、治理等全过程闭合管理情况予以记录。事故隐患排查治理情况应当向从业人员通报，重大事故隐患还应当按规定上报和专项治理。

第四十二条 事故发生单位应当依法如实向项目建设单位和负有安全生产监督管理职责的有关部门报告。不得隐瞒不报、谎报或者迟报。

发生生产安全事故，施工单位负责人接到事故报告后，应当迅速组织抢救，减少人员伤亡，防止事故扩大。组织抢救时，应当妥善保护现场，不得故意破坏事故现场、毁灭有关证据。

事故调查处置期间,事故发生单位的负责人、项目主要负责人和有关人员应当配合事故调查,不得擅离职守。

第四十三条 作业人员应当遵守安全施工的规章制度和操作规程,正确使用安全防护用具、机械设备。发现安全事故隐患或者其他不安全因素,应当向现场专(兼)职安全生产管理人员或者本单位项目负责人报告。

作业人员有权了解其作业场所和工作岗位存在的风险因素、防范措施及事故应急措施,有权对施工现场存在的安全问题提出检举和控告,有权拒绝违章指挥和强令冒险作业。

在施工中发生可能危及人身安全的紧急情况时,作业人员有权立即停止作业或者在采取可能的应急措施后撤离危险区域。

第四章 监督管理

第四十四条 交通运输主管部门应当对公路水运工程安全生产行为和下级交通运输主管部门履行安全生产监督管理职责情况进行监督检查。

交通运输主管部门应当依照安全生产法律、法规、规章及工程建设强制性标准,制定年度监督检查计划,确定检查重点、内容、方式和频次。加强与其他安全生产监管部门的合作,推进联合检查执法。

第四十五条 交通运输主管部门对公路水运工程安全生产行为的监督检查主要包括下列内容:

(一)被检查单位执行法律、法规、规章及工程建设强制性标准情况;

(二)本办法规定的项目安全生产条件落实情况;

(三)施工单位在施工场地布置、现场安全防护、施工工艺操作、施工安全管理活动记录等方面的安全生产标准化建设推进情况。

第四十六条 交通运输主管部门在职责范围内开展安全生产监督检查时,有权采取下列措施:

(一)进入被检查单位进行检查,调阅有关工程安全管理的文件和相关照片、录像及电子文本等资料,向有关单位和人员了解情况;

(二)进入被检查单位施工现场进行监督抽查;

(三)责令相关单位立即或者限期停止、改正违法行为;

(四)法律、行政法规规定的其他措施。

第四十七条 交通运输主管部门对监督检查中发现的安全问题或者安全事故隐患,应当根据情况作出如下处理:

(一)被检查单位存在安全管理问题需要整改的,以书面方式通知存在问题的单位限期整改;

(二)发现严重安全生产违法行为的,予以通报,并按规定依法实施行政处罚或者移交有关部门处理;

(三)被检查单位存在安全事故隐患的,责令立即排除;重大事故隐患排除前或者排除过程中无法保证安全的,责令其从危险区域撤出作业人员,暂时停止施工,并按规定专项治理,纳入重点监管的失信黑名单;

（四）被检查单位拒不执行交通运输主管部门依法作出的相关行政决定,有发生生产安全事故的现实危险的,在保证安全的前提下,经本部门负责人批准,可以提前 24 小时以书面方式通知有关单位和被检查单位,采取停止供电、停止供应民用爆炸物品等措施,强制被检查单位履行决定;

（五）因建设单位违规造成重大生产安全事故的,对全部或者部分使用财政性资金的项目,可以建议相关职能部门暂停项目执行或者暂缓资金拨付;

（六）督促负有直接监督管理职责的交通运输主管部门,对存在安全事故隐患整改不到位的被检查单位主要负责人约谈警示;

（七）对违反本办法有关规定的行为实行相应的安全生产信用记录,对列入失信黑名单的单位及主要责任人按规定向社会公布;

（八）法律、行政法规规定的其他措施。

第四十八条　交通运输主管部门执行监督检查任务时,应当将检查的时间、地点、内容、发现的问题及其处理情况作出书面记录,并由检查人员和被检查单位的负责人签字。被检查单位负责人拒绝签字的,检查人员应当将情况记录在案,向本单位领导报告,并抄告被检查单位所在的企业法人。

第四十九条　交通运输主管部门对有下列情形之一的从业单位及其直接负责的主管人员和其他直接责任人员给予违法违规行为失信记录并对外公开,公开期限一般自公布之日起 12 个月:

（一）因违法违规行为导致工程建设项目发生一般及以上等级的生产安全责任事故并承担主要责任的;

（二）交通运输主管部门在监督检查中,发现因从业单位违法违规行为导致工程建设项目存在安全事故隐患的;

（三）存在重大事故隐患,经交通运输主管部门指出或者责令限期消除,但从业单位拒不采取措施或者未按要求消除隐患的;

（四）对举报或者新闻媒体报道的违法违规行为,经交通运输主管部门查实的;

（五）交通运输主管部门依法认定的其他违反安全生产相关法律法规的行为。

对违法违规行为情节严重的从业单位及主要责任人员,应当列入安全生产失信黑名单,将具体情节抄送相关行业主管部门。

第五十条　交通运输主管部门在专业性较强的监督检查中,可以委托具备相应资质能力的机构或者专家开展检查、检测和评估,所需费用按照本级政府购买服务的相关程序要求进行申请。

第五十一条　交通运输主管部门应当健全工程建设安全监管制度,协调有关部门依法保障监督执法经费和装备,加强对监督管理人员的教育培训,提高执法水平。

监督管理人员应当忠于职守,秉公执法,坚持原则。

第五十二条　交通运输主管部门在进行安全生产责任追究时,被问责部门及其工作人员按照法律、法规、规章和工程建设强制性标准规定的方式、程序、计划已经履行安全生产督查职责,但仍有下列情形之一的,可不承担责任:

（一）对发现的安全生产违法行为和安全事故隐患已经依法查处,因从业单位及其从业人

员拒不执行导致生产安全责任事故的;

（二）从业单位非法生产或者经责令停工整顿后仍不具备安全生产条件,已经依法提请县级以上地方人民政府决定中止或者取缔施工的;

（三）对拒不执行行政处罚决定的从业单位,已经依法申请人民法院强制执行的;

（四）工程项目中止施工后发生生产安全责任事故的;

（五）因自然灾害等不可抗力导致生产安全事故的;

（六）依法不承担责任的其他情形。

第五十三条　交通运输主管部门应当建立举报制度,及时受理对公路水运工程生产安全事故、事故隐患以及监督检查人员违法行为的检举、控告和投诉。

任何单位或者个人对安全事故隐患、安全生产违法行为或者事故险情等,均有权向交通运输主管部门报告或者举报。

第五章　法　律　责　任

第五十四条　从业单位及相关责任人违反本办法规定,国家有关法律、行政法规对其法律责任有规定的,适用其规定;没有规定的,由交通运输主管部门根据各自的职责按照本办法规定进行处罚。

第五十五条　从业单位及相关责任人违反本办法规定,有下列行为之一的,责令限期改正;逾期未改正的,对从业单位处 1 万元以上 3 万元以下的罚款;构成犯罪的,依法移送司法部门追究刑事责任:

（一）从业单位未全面履行安全生产责任,导致重大事故隐患的;

（二）未按规定开展设计、施工安全风险评估,或者风险评估结论与实际情况严重不符,导致重大事故隐患未被及时发现的;

（三）未按批准的专项施工方案进行施工,导致重大事故隐患的;

（四）在已发现的泥石流影响区、滑坡体等危险区域设置施工驻地,导致重大事故隐患的。

第五十六条　施工单位有下列行为之一的,责令限期改正,可以处 5 万元以下的罚款;逾期未改正的,责令停产停业整顿,并处 5 万元以上 10 万元以下的罚款,对其直接负责的主管人员和其他直接责任人员处 1 万元以上 2 万元以下的罚款:

（一）未按照规定设置安全生产管理机构或者配备安全生产管理人员的;

（二）主要负责人和安全生产管理人员未按照规定经考核合格的。

第五十七条　交通运输主管部门及其工作人员违反本办法规定,有下列情形之一的,对直接负责的主管人员和其他直接责任人员依法给予行政处分;构成犯罪的,依法移送司法部门追究刑事责任:

（一）发现公路水运工程重大事故隐患、生产安全事故不予查处的;

（二）对涉及施工安全的重大检举、投诉不依法及时处理的;

（三）在监督检查过程中索取或者接受他人财物,或者谋取其他利益的。

第六章　附　　则

第五十八条　地方人民政府对农村公路建设的安全生产另有规定的,适用其规定。

第五十九条 本办法自 2017 年 8 月 1 日起施行。交通部于 2007 年 2 月 14 日以交通部令 2007 年第 1 号发布、交通运输部于 2016 年 3 月 7 日以交通运输部令 2016 年第 9 号修改的《公路水运工程安全生产监督管理办法》同时废止。

公路建设项目代建管理办法

(2015 年 5 月 7 日交通运输部令 2015 年第 3 号公布)

第一章 总 则

第一条 为提高公路建设项目专业化管理水平,推进现代工程管理,根据《公路法》等有关法律、行政法规,制定本办法。

第二条 公路建设项目的代建活动,适用本办法。

本办法所称代建,是指受公路建设项目的项目法人(以下简称"项目法人")委托,由专业化的项目管理单位(以下简称"代建单位")承担项目建设管理及相关工作的建设管理模式。

第三条 交通运输部负责指导全国公路代建工作并对公路代建市场进行监督管理。

省级交通运输主管部门负责本行政区域内公路代建工作和代建市场的监督管理。

第四条 项目法人具备交通运输主管部门规定的能力要求的,可以自行进行项目建设管理。项目法人不具备规定的相应项目建设管理能力的,应当按照本办法规定,委托符合要求的代建单位进行项目建设管理。

代建单位依合同承担项目质量、安全、投资及工期等管理责任。

第五条 公路建设项目代建可以从施工阶段开始,也可以从初步设计或者施工图设计阶段开始。

第六条 公路建设项目代建应当遵循择优选择,责权一致,界面清晰,目标管理的原则。

第七条 各级交通运输主管部门应当依法加强代建市场管理,将代建单位和代建管理人员纳入公路建设市场信用体系,促进代建市场健康发展。

第二章 代建单位选择及代建合同

第八条 高速公路、一级公路及独立桥梁、隧道建设项目的项目法人,需要委托代建时,应当选择满足以下要求的项目管理单位为代建单位:

(一)具有法人资格,有满足公路工程项目建设需要的组织机构和质量、安全、环境保护等方面的管理制度;

(二)承担过 5 个以上高速公路、一级公路或者独立桥梁、隧道工程的建设项目管理相关工作,具有良好的履约评价和市场信誉;

(三)拥有专业齐全、结构合理的专业技术人才队伍,工程技术系列中级以上职称人员不少于 50 人,其中具有高级职称人员不少于 15 人。

高速公路、一级公路及独立桥梁、隧道以外的其他公路建设项目,其代建单位的选择,可由省级交通运输主管部门根据本地区的实际进行规范。

项目法人选择代建单位时,应当从符合要求的代建单位中,优先选择业绩和信用良好、管理能力强的代建单位。

省级交通运输主管部门可以根据本地公路建设的具体需要,细化代建单位的要求。鼓励符合代建条件的公路建设管理单位及公路工程监理企业、勘察设计企业进入代建市场,开展代建工作。

第九条 代建单位派驻工程现场的建设管理机构、专职管理人员应当满足项目建设管理工作需要。代建项目现场负责人、技术负责人、工程管理部门负责人应当在代建单位工作 3 年以上,且具有 10 年以上的公路建设行业从业经验、高级以上专业技术职称,以及至少 2 个同类项目建设管理经历。

代建单位派驻现场的管理人员和技术人员不得在其他公路建设项目中兼职。

第十条 代建单位应当依法通过招标等方式选择。采用招标方式的,应当使用交通运输部统一制定的标准招标文件。

代建单位在递交投标文件时,应当按照要求列明本单位在资格、能力、业绩、信誉等方面的情况以及拟任现场管理人员、技术人员及备选人员的情况。

评标可以采用固定标价评分法、技术评分合理标价法、综合评标法以及法律、法规允许的其他评标方法,并应当重点评价代建单位的建设管理能力。

第十一条 项目法人应当与所选择的代建单位签订代建合同。

代建合同应当包括以下内容:

(一)代建工作内容;

(二)项目法人和代建单位的职责、权利与义务;

(三)对其他参建单位的管理方式;

(四)代建管理目标;

(五)代建工作条件;

(六)代建组织机构;

(七)代建单位服务标准;

(八)代建服务费及支付方式;

(九)履约担保要求及方式、利益分享办法;

(十)绩效考核办法及奖励办法、违约责任、合同争议的解决方式等。

第十二条 代建服务费应当根据代建工作内容、代建单位投入、项目特点及风险分担等因素合理约定。

第十三条 代建项目实行目标管理。代建单位依据代建合同及其他参建单位签订的合同中约定的管理目标,细化、分解工程质量、安全、进度、投资、环保等目标责任,开展建设管理工作,制定代建管理的各项制度,确保目标实现。

第十四条 项目法人依据代建合同对代建单位的管理和目标控制进行考核和奖惩,督促代建单位严格履行合同。代建服务费宜按照工程进度和目标考核情况分期支付。

第十五条 由于征地拆迁或者资金到位不及时等非代建单位原因造成工期延误等管理目标无法实现的,项目法人和代建单位应当依据合同约定,合理调整代建管理目标。

第三章 代 建 管 理

第十六条 项目法人依据代建合同对项目实施过程进行监督。

项目法人的主要职责包括:

(一)依法承担公路建设项目的工程质量和安全等管理责任;

(二)严格执行国家基本建设程序和有关规定,依法组织办理相关审批手续,督促相关参建单位落实相关要求;

(三)审定代建单位工作方案、项目管理目标和主要工作计划,定期组织检查与考核;

(四)可以授权代建单位依法选定勘察设计、施工、材料设备供应等单位,代表项目法人与上述单位签订合同,明确项目法人、代建单位与上述单位的权利义务。项目法人直接与勘察设计、施工、材料设备供应等单位签订合同的,应当在合同中明确代建单位对上述单位的管理职责;

(五)配合地方人民政府和有关部门完成征地拆迁工作;

(六)筹措建设资金,及时支付工程建设各项费用;

(七)检查项目质量、安全管理及强制性标准执行等情况,审核代建单位报送的一般、较大及重大设计变更方案,依法办理相关变更手续,督促代建单位依据概算严格控制工程投资;

(八)组织项目交工验收、竣工决算并做好竣工验收准备工作;

(九)其他法定职责。

第十七条 订立、变更、终止代建合同,项目法人应当向省级交通运输主管部门备案。

项目法人发现代建单位在建设管理中存在过失或者偏差行为,可能造成重大损失或者严重影响代建管理目标实现的,应当对代建单位法人代表进行约谈,必要时可以依据代建合同的约定终止代建合同。

第十八条 项目法人不得有以下行为:

(一)干预代建单位正常的建设管理行为;

(二)无故拖欠工程款和代建服务费;

(三)违反合同约定要求代建单位和施工单位指定分包或者指定材料、设备供应商;

(四)擅自调整工期、质量、投资等代建管理目标;

(五)国家规定和合同约定的其他禁止性行为。

第十九条 代建单位依据合同开展代建工作。主要职责包括:

(一)严格执行国家基本建设程序和有关规定,协助项目法人办理相关审批手续并落实相关要求,配合国家有关部门依法组织检查、考核等,负责落实整改;

(二)协助项目法人或者受项目法人委托,组织编制招标文件,完成勘察设计、施工、监理、材料设备供应等招标工作;

(三)对勘察设计、施工、监理、材料设备供应、技术咨询等单位进行合同管理,根据合同约定,细化、分解项目管理目标,落实目标责任;

(四)依据相关法规和合同,履行工程质量、安全、进度、计量、资金支付、环境保护等相关责任,审核、签发项目建设管理有关文件;

(五)依据合同协助完成征地拆迁工作;

（六）拟定项目进度计划、资金使用计划、工程质量和安全保障措施等，并报经项目法人同意；

（七）审定一般设计变更并报送项目法人，协助项目法人办理较大及重大设计变更报批手续；

（八）组织中间验收，协助项目法人组织交工验收；

（九）承担项目档案及有关技术资料的收集、整理、归档等工作，组织有关单位编制竣工文件；

（十）负责质量缺陷责任期内的缺陷维修工作管理，配合项目法人准备竣工验收相关工作；

（十一）代建合同约定的其他职责。

第二十条 代建单位不得有以下行为：

（一）以围标、串标等非法行为谋取中标；

（二）将代建管理业务转包或者分包；

（三）在所代建的项目中同时承担勘察设计、施工、供应材料设备，或者与以上单位有隶属关系及其他直接利益关系；

（四）擅自调整建设内容、建设规模、建设标准及代建管理目标；

（五）与勘察设计、施工、材料设备供应单位等串通，谋取不正当利益或者降低工程质量和标准，损害项目法人的利益；

（六）国家规定和合同约定的其他禁止性行为。

第二十一条 代建单位应当依法接受交通运输主管部门及其他有关部门的监督、检查和审计部门的审计。

第二十二条 代建单位具有监理能力的，其代建项目的工程监理可以由代建单位负责，承担监理相应责任。代建单位相关人员应当依法具备监理资格要求和相应工作经验。代建单位不具备监理能力的，应当依法招标选择监理单位。

第二十三条 勘察设计、施工、监理、材料设备供应等单位应当按照相关法规和合同约定，接受代建单位管理，依法承担相应职责和工程质量终身责任。

第二十四条 各级交通运输主管部门及所属监督机构应当依法加强公路代建项目的监督管理，重点对国家法律、法规、政策落实情况，基本建设程序及强制性标准执行情况，代建合同履约情况等进行监督检查，发现问题及时通知项目法人和代建单位进行整改。

第二十五条 交通运输部建立公路建设项目代建单位信用评估制度，在全国统一的公路建设市场信用信息平台上及时发布代建单位的信用信息。对违法违规、扰乱代建市场秩序或者违反本办法第二十条规定的代建单位，列入黑名单。

省级交通运输主管部门应当及时收集并记录代建单位的信用情况，建立代建单位信用等级评估机制。

第二十六条 项目法人和代建单位违反本办法及相关法规，由交通运输主管部门或者其他相关部门依法给予相应处罚。

第四章　附　　则

第二十七条 本办法自 2015 年 7 月 1 日起施行。

公路工程设计施工总承包管理办法

(2015年6月26日交通运输部令2015年第10号发布)

第一章 总 则

第一条 为促进公路工程设计与施工相融合,提高公路工程设计施工质量,推进现代工程管理,依据有关法律、行政法规,制定本办法。

第二条 公路新建、改建、扩建工程和独立桥梁、隧道(以下简称公路工程)的设计施工总承包,适用本办法。

本办法所称设计施工总承包(以下简称总承包),是指将公路工程的施工图勘察设计、工程施工等工程内容由总承包单位统一实施的承发包方式。

第三条 国家鼓励具备条件的公路工程实行总承包。

总承包可以实行项目整体总承包,也可以分路段实行总承包,或者对交通机电、房建及绿化工程等实行专业总承包。

项目法人可以根据项目实际情况,确定采用总承包的范围。

第四条 各级交通运输主管部门依据职责负责对公路工程总承包的监督管理。

交通运输主管部门应当对总承包合同相关当事方执行法律、法规、规章和强制性标准等情况进行督查,对初步设计、施工图设计、设计变更等进行管理。按照有关规定对总承包单位进行信用评价。

第二章 总承包单位选择及合同要求

第五条 总承包单位由项目法人依法通过招标方式确定。

项目法人负责组织公路工程总承包招标。

公路工程总承包招标应当在初步设计文件获得批准并落实建设资金后进行。

第六条 总承包单位应当具备以下要求:

(一)同时具备与招标工程相适应的勘察设计和施工资质,或者由具备相应资质的勘察设计和施工单位组成联合体;

(二)具有与招标工程相适应的财务能力,满足招标文件中提出的关于勘察设计、施工能力、业绩等方面的条件要求;

(三)以联合体投标的,应当根据项目的特点和复杂程度,合理确定牵头单位,并在联合体协议中明确联合体成员单位的责任和权利;

(四)总承包单位(包括总承包联合体成员单位,下同)不得是总承包项目的初步设计单位、代建单位、监理单位或以上单位的附属单位。

第七条 总承包招标文件的编制应当使用交通运输部统一制定的标准招标文件。

在总承包招标文件中,应当对招标内容、投标人的资格条件、报价组成、合同工期、分包的相关要求、勘察设计与施工技术要求、质量等级、缺陷责任期工程修复要求、保险要求、费用支付办法等作出明确规定。

第八条 总承包招标应当向投标人提供初步设计文件和相应的勘察资料,以及项目有关批复文件和前期咨询意见。

第九条 总承包投标文件应当结合工程地质条件和技术特点,按照招标文件要求编制。投标文件应当包括以下内容:

(一)初步设计的优化建议;

(二)项目实施与设计施工进度计划;

(三)拟分包专项工程;

(四)报价清单及说明;

(五)按招标人要求提供的施工图设计技术方案;

(六)以联合体投标的,还应当提交联合体协议;

(七)以项目法人和总承包单位的联合名义依法投保相关的工程保险的承诺。

第十条 招标人应当合理确定投标文件的编制时间,自招标文件开始发售之日起至投标人提交投标文件截止时间止,不得少于60天。

招标人应当根据项目实际情况,提出投标人在投标文件中提供施工图设计技术方案的具体要求。招标人在招标文件中明确中标人有权使用未中标人的技术方案的,一般应当同时明确给予相应的费用补偿。

第十一条 招标人应当根据工程地质条件、技术特点和施工难度确定评标方法。

评标专家抽取应当符合有关法律法规的规定。评标委员会应当包含勘察设计、施工等专家,总人数应当不少于9人。

第十二条 项目法人应当与中标单位签订总承包合同。

第十三条 项目法人和总承包单位应当在招标文件或者合同中约定总承包风险的合理分担。风险分担可以参照以下因素约定:

项目法人承担的风险一般包括:

(一)项目法人提出的工期调整、重大或者较大设计变更、建设标准或者工程规模的调整;

(二)因国家税收等政策调整引起的税费变化;

(三)钢材、水泥、沥青、燃油等主要工程材料价格与招标时基价相比,波动幅度超过合同约定幅度的部分;

(四)施工图勘察设计时发现的在初步设计阶段难以预见的滑坡、泥石流、突泥、涌水、溶洞、采空区、有毒气体等重大地质变化,其损失与处治费用可以约定由项目法人承担,或者约定项目法人和总承包单位的分担比例。工程实施中出现重大地质变化的,其损失与处治费用除保险公司赔付外,可以约定由总承包单位承担,或者约定项目法人与总承包单位的分担比例。因总承包单位施工组织、措施不当造成的上述问题,其损失与处治费用由总承包单位承担;

(五)其他不可抗力所造成的工程费用的增加。

除项目法人承担的风险外,其他风险可以约定由总承包单位承担。

第十四条 总承包费用或者投标报价应当包括相应工程的施工图勘察设计费、建筑安装工程费、设备购置费、缺陷责任期维修费、保险费等。总承包采用总价合同,除应当由项目法人承担的风险费用外,总承包合同总价一般不予调整。

项目法人应当在初步设计批准概算范围内确定最高投标限价。

第三章　总承包管理

第十五条 项目法人应当依据合同加强总承包管理,督促总承包单位履行合同义务,加强工程勘察设计管理和地质勘察验收,严格对工程质量、安全、进度、投资和环保等环节进行把关。

项目法人对总承包单位在合同履行中存在过失或偏差行为,可能造成重大损失或者严重影响合同目标实现的,应当对总承包单位法人代表进行约谈,必要时可以依据合同约定,终止总承包合同。

第十六条 采用总承包的项目,初步设计应当加大设计深度,加强地质勘察,明确重大技术方案,严格核定工程量和概算。

初步设计单位负责总承包项目初步设计阶段的勘察设计,按照项目法人要求对施工图设计或者设计变更进行咨询核查。

第十七条 总承包单位应当按照合同规定和工程施工需要,分阶段提交详勘资料和施工图设计文件,并按照审查意见进行修改完善。施工图设计应当符合经审批的初步设计文件要求,满足工程质量、耐久和安全的强制性标准和相关规定,经项目法人同意后,按照相关规定报交通运输主管部门审批。施工图设计经批准后方可组织实施。

第十八条 总承包单位依据总承包合同,对施工图设计及工程质量、安全、进度负总责。负责施工图勘察设计、工程施工和缺陷责任期工程修复工作,配合项目法人完成征地拆迁、地方协调、项目审计及交竣工验收等工作。

第十九条 项目法人根据建设项目的规模、技术复杂程度等要素,依据有关规定程序选择社会化的监理开展工程监理工作。监理单位应当依据有关规定和合同,对总承包施工图勘察设计、工程质量、施工安全、进度、环保、计量支付和缺陷责任期工程修复等进行监理,对总承包单位编制的勘察设计计划、采购与施工的组织实施计划、施工图设计文件、专项技术方案、项目实施进度计划、质量安全保障措施、计量支付、工程变更等进行审核。

第二十条 总承包工程应当按照批准的施工图设计组织施工。总承包单位应当根据工程特点和合同约定,细化设计施工组织计划,拟定设计施工进度安排、工程质量和施工安全目标、环境保护措施、投资完成计划。

第二十一条 总承包单位应当加强设计与施工的协调,建立工程管理与协调制度,根据工程实际及时完善、优化设计,改进施工方案,合理调配设计和施工力量,完善质量保证体系。

第二十二条 工程永久使用的大宗材料、关键设备和主要构件可由项目法人依法招标采购,也可由总承包单位按规定采购。招标人在招标文件中应当明确采购责任。由总承包单位采购的,应当采取集中采购的方式,采购方案应当经项目法人同意,并接受项目法人的监督。

第二十三条 总承包单位应当加强对分包工程的管理。选择的分包单位应当具备相应资格条件,并经项目法人同意,分包合同应当送项目法人。

第二十四条 总承包工程应当按照招标文件明确的计量支付办法与程序进行计量支付。

当采用工程量清单方式进行管理时,总承包单位应当依据交通运输主管部门批准的施工图设计文件,按照各分项工程合计总价与合同总价一致的原则,调整工程量清单,经项目法人审定后作为支付依据;工程实施中,按照清单及合同条款约定进行计量支付;项目完成后,总承包单位应当根据调整后最终的工程量清单编制竣工文件和工程决算。

第二十五条 总承包工程实施过程中需要设计变更的,较大变更或者重大变更应当依据有关规定报交通运输主管部门审批。一般变更应当在实施前告知监理单位和项目法人,项目法人认为变更不合理的有权予以否定。任何设计变更不得降低初步设计批复的质量安全标准,不得降低工程质量、耐久性和安全度。

设计变更引起的工程费用变化,按照风险划分原则处理。其中,属于总承包单位风险范围的设计变更(含完善设计),超出原报价部分由总承包单位自付,低于原报价部分,按第二十四条规定支付。属于项目法人风险范围的设计变更,工程量清单与合同总价均调整,按规定报批后执行。

项目法人应当根据设计变更管理规定,制定鼓励总承包单位优化设计、节省造价的管理制度。

第二十六条 总承包单位应当按照有关规定和合同要求,负责缺陷责任期的工程修复等工作,确保公路技术状况符合规定要求。

第二十七条 总承包单位完成合同约定的全部工程,符合质量安全标准,在缺陷责任期内履行规定义务后,项目法人应当按照合同完成全部支付。

第二十八条 总承包单位应当按照交、竣工验收的有关规定,编制和提交竣工图纸和相关文件资料。

第四章 附 则

第二十九条 本办法自 2015 年 8 月 1 日起施行。

公路水运工程监理企业资质管理规定

(2018 年 5 月 17 日交通运输部令 2018 年第 7 号发布。根据 2019 年 11 月 28 日交通运输部令 2019 年第 37 号《交通运输部关于修改〈公路水运工程监理企业资质管理规定〉的决定》修正)

第一章　总　　则

第一条　为加强公路、水运工程监理企业的资质管理,规范公路、水运建设市场秩序,保证公路、水运工程建设质量,根据《建设工程质量管理条例》,制定本规定。

第二条　公路、水运工程监理企业资质的取得及监督管理,适用本规定。

第三条　从事公路、水运工程监理活动,应当按照本规定取得公路、水运工程监理企业资质后方可开展相应的监理业务。

第四条　交通运输部负责全国公路、水运工程监理企业资质监督管理工作。

省、自治区、直辖市人民政府交通运输主管部门负责本行政区域内公路、水运工程监理企业资质管理工作,省、自治区、直辖市人民政府交通运输主管部门可以委托其所属的质量监督机构具体负责本行政区域内公路、水运工程监理企业资质的监督管理工作。

第二章　资质等级和从业范围

第五条　公路、水运工程监理企业资质按专业划分为公路工程和水运工程两个专业。

公路工程专业监理资质分为甲级、乙级、丙级三个等级和特殊独立大桥专项、特殊独立隧道专项、公路机电工程专项;水运工程专业监理资质分为甲级、乙级、丙级三个等级和水运机电工程专项。

第六条　公路、水运工程监理企业应当按照其取得的资质等级在下列业务范围内开展监理业务:

(一)取得公路工程专业甲级监理资质,可在全国范围内从事一、二、三类公路工程、桥梁工程、隧道工程项目的监理业务;

(二)取得公路工程专业乙级监理资质,可在全国范围内从事二、三类公路工程、桥梁工程、隧道工程项目的监理业务;

(三)取得公路工程专业丙级监理资质,可在企业所在地的省级行政区域内从事三类公路工程、桥梁工程、隧道工程项目的监理业务;

(四)取得公路工程专业特殊独立大桥专项监理资质,可在全国范围内从事特殊独立大桥项目的监理业务;

(五)取得公路工程专业特殊独立隧道专项监理资质,可在全国范围内从事特殊独立隧道项目的监理业务;

（六）取得公路工程专业公路机电工程专项监理资质，可在全国范围内从事各等级公路、桥梁、隧道工程通讯、监控、收费等机电工程项目的监理业务；

（七）取得水运工程专业甲级监理资质，可在全国范围内从事大、中、小型水运工程项目的监理业务；

（八）取得水运工程专业乙级监理资质，可在全国范围内从事中、小型水运工程项目的监理业务；

（九）取得水运工程专业丙级监理资质，可在企业所在地的省级行政区域内从事小型水运工程项目的监理业务；

（十）取得水运工程专业水运机电工程专项监理资质，可在全国范围内从事水运机电工程项目的监理业务。

公路、水运工程监理业务的分级标准见本规定附件3。

第三章　申请与许可

第七条　申请公路、水运工程监理资质的企业，应当具备本规定附件1、附件2规定的相应资质条件。

第八条　交通运输部负责公路工程专业甲级、乙级监理资质，公路工程专业特殊独立大桥专项、特殊独立隧道专项、公路机电工程专项监理资质的行政许可工作。

省、自治区、直辖市人民政府交通运输主管部门负责公路工程专业丙级监理资质，水运工程专业甲级、乙级、丙级监理资质，水运机电工程专项监理资质的行政许可工作。

第九条　申请人申请公路、水运工程监理资质应当向第八条规定的许可机关提交下列申请材料或信息：

（一）《公路水运工程监理企业资质申请表》；

（二）企业统一社会信用代码；

（三）企业章程和制度；

（四）监理工程师和中级职称以上人员名单；

（五）企业、人员从业业绩清单；

（六）主要试验检测仪器和设备清单。

申请人应当按照规定，将人员、业绩、仪器设备等情况，录入全国或者省级交通运输公路、水运建设市场信用信息管理系统。

全国或者省级交通运输公路、水运建设市场信用信息管理系统应当向社会公开，接受社会监督。

申请人应当如实向许可机关提交有关材料和反映真实情况，并对其提交材料实质内容的真实性负责。

第十条　属于交通运输部受理的申请，申请人在向交通运输部提交申请材料的同时，应当向企业注册地的省、自治区、直辖市人民政府交通运输主管部门提交申请材料副本。

有关省、自治区、直辖市人民政府交通运输主管部门自收到申请人的申请材料副本之日起十日内提出审查意见报交通运输部。

交通运输部自收到申请人完整齐备的申请材料之日起二十日内作出行政许可决定。准予许可的,颁发相应的《监理资质证书》;不予许可的,应当书面通知申请人并说明理由。

第十一条　属于省、自治区、直辖市人民政府交通运输主管部门受理的申请,申请人应当向企业注册地的省、自治区、直辖市人民政府交通运输主管部门提交本规定第九条规定的申请材料或信息。省、自治区、直辖市人民政府交通运输主管部门自收到完整齐备的申请材料之日起二十日内作出行政许可决定。准予许可的,颁发相应的《监理资质证书》,并在三十日内向交通运输部报备;不予许可的,应当书面通知申请人并说明理由。

第十二条　许可机关在作出行政许可决定的过程中可以聘请专家对申请材料进行评审,并且将评审结果向社会公示。

专家评审的时间不计算在行政许可期限内,但应当将专家评审需要的时间告知申请人。专家评审的时间最长不得超过六十日。

第十三条　许可机关聘请的评审专家应当从其建立的公路、水运工程监理专家库中选定。

选择专家应当符合回避的要求;参与评审的专家应当履行公正评审、保守企业商业秘密的义务。

第十四条　许可机关在许可过程中需要核查申请人有关条件的,可以对申请人的有关情况进行实地核查,申请人应当配合。

第十五条　许可机关作出的准予许可决定,应当向社会公开,公众有权查阅。

第十六条　《监理资质证书》有效期限为四年。

第十七条　《监理资质证书》有效期届满,企业拟继续从事监理业务的,应当在《监理资质证书》有效期届满六十日前,向原许可机关提出延续资质申请,提交《公路水运工程监理企业延续资质申请表》,并按照资质延续的相关要求提交材料。

第十八条　许可机关对提出延续资质申请企业的各项条件进行审查,自收到企业资质申请之日起二十日内作出是否准予延续许可的决定。对符合资质延续条件的企业,许可机关准予资质延续四年。

第十九条　监理企业在领取新的资质证书时,应当将原资质证书交回原许可机关。

第四章　监　督　检　查

第二十条　监理企业应当依法、依合同对公路、水运工程建设项目实施监理。

第二十一条　监理企业和各有关机构必须如实填写《项目监理评定书》。《项目监理评定书》的格式由交通运输部规定。

第二十二条　监理企业资质实行定期检验制度,每两年检验一次。

定期检验的内容是检查监理企业现状与资质等级条件的符合程度以及监理企业在检验期内的业绩情况。

第二十三条　申请定期检验的企业应当在其资质证书使用期满两年前三十日内向检验机构提出定期检验申请,并提交以下材料:

(一)《公路水运工程监理企业资质检验表》;

(二)本检验期内的《项目监理评定书》。

第二十四条　监理企业的定期检验工作由作出许可决定的许可机关或者委托其所属的质量监督机构负责。

负责检验的许可机关或者质量监督机构应当自收到完整齐备的申请材料二十日内作出定期检验结论。

第二十五条 对定期检验合格的监理企业,由原许可机关或者质量监督机构在其《监理资质证书》上签署意见并盖章。

对定期检验不合格的监理企业,原许可机关或者质量监督机构应当责令其在六个月内进行整改。整改期满仍不能达到规定条件的,由原许可机关对其予以降低资质等级或者撤销对其的资质许可。

第二十六条 监理企业未按照规定的期限申请资质定期检验的,其资质证书失效。

第二十七条 有下列情形之一的,监理企业应当及时向许可机关交回资质证书,许可机关应当注销其监理资质:

(一)未按照规定期限申请资质延续的;

(二)企业依法终止的;

(三)资质被依法撤销、撤回或者资质证书依法被吊销的;

(四)法律、法规规定的应当注销资质的其他情形。

第二十八条 监理企业遗失《监理资质证书》,应当在公开媒体和许可机关指定的网站上声明作废,并到原许可机关办理补证手续。

第二十九条 监理企业的名称、地址、法定代表人等一般事项变更,应当在变更事项发生后十日内向原许可机关申请签注变更。

监理企业发生合并、分立、重组、改制等重大事项变更,应当在变更事项发生后十日内向原许可机关申请变更,由原许可机关重新核定企业资质等级。

第三十条 各级交通运输主管部门及其质量监督机构应当加强对监理企业以及监理现场工作的监督检查,有关单位应当配合。

第三十一条 交通运输部和省、自治区、直辖市人民政府交通运输主管部门依据职权有权对利害关系人的举报进行调查核实,有关单位应当配合。

第三十二条 监理企业违反本规定,由交通运输部或者省、自治区、直辖市人民政府交通运输主管部门依据《建设工程质量管理条例》及有关规定给予相应处罚。

第三十三条 交通运输主管部门工作人员在资质许可和监督管理工作中玩忽职守、滥用职权、徇私舞弊等严重失职的,由所在单位或者其上级机关依照国家有关规定给予行政处分;构成犯罪的,依法追究刑事责任。

第五章 附 则

第三十四条 监理企业的《监理资质证书》由许可机关按照交通运输部规定的统一格式印制,正本一份,副本二份,副本与正本具有同等法律效力。

第三十五条 本规定自2018年7月1日起施行。2004年6月30日以交通部令2004年第5号发布的《公路水运工程监理企业资质管理规定》、2014年4月9日以交通运输部令2014年第7号发布的《关于修改〈公路水运工程监理企业资质管理规定〉的决定》、2015年5月12日以交通运输部令2015年第4号发布的《关于修改〈公路水运工程监理企业资质管理规定〉的决定》同时废止。

附件 1

公路水运工程监理企业资质等级条件

一、公路工程

（一）甲级监理资质条件

1. 人员、业绩和人员结构条件

企业负责人和技术负责人中至少有 2 人具有公路或者相关专业高级技术职称,10 年以上从事公路、桥梁、隧道工程工作经历,5 年以上监理或者建设管理工作经历,已取得监理工程师资格。

企业拥有中级职称以上各类专业技术人员不少于 50 人。其中,持监理工程师资格证书的人数不少于 30 人,工程系列高级专业技术职称人数不少于 10 人;高、中级经济师,高、中级会计师或者造价工程师不少于 3 人。上述各类人员中,与企业签订 3 年以上劳动合同的人数不低于 70%。

企业具有公路工程乙级监理资质,且具备不少于 5 项二类企业监理业绩,其中桥梁、隧道类业绩不超过 2 项。持监理工程师证书人员中,不少于 9 人具有 2 项一类工程监理业绩,不少于 3 人具有高级驻地监理工程师经历;上述人员与企业签订的劳动合同期限不少于 3 年。

企业各类专业技术人员结构合理。主要包括路基路面、桥隧结构、试验检测、工程地质、工程经济、合同管理等专业人员。

2. 企业拥有材料、路基路面等工程试验检测设备和测量放样等仪器,具备建立工地试验室条件(见附件 2)。

3. 企业具有完善的规章制度和组织体系。

4. 企业作为工程质量安全事故当事人,已经有关主管部门认定无责任,或者虽受到有关主管部门的行政处罚但处罚实施已满 1 年。

5. 企业信誉良好。最近一期公路建设市场全国综合信用评价等级不低于 A 级。

6. 甲级监理资质延续,应当满足上述第 1、2、3 项条件,并符合下列要求,但第 1 项条件中的企业业绩、监理工程师的个人业绩和经历不再考核:

(1)原资质有效期内,监理企业具备 2 项一类业绩,或者同时具备 1 项一类和 2 项二类工程业绩。

(2)最近两期公路建设市场全国综合信用评价等级为 B 级以上(含 B 级)。

（二）乙级监理资质条件

1. 人员、业绩和人员结构条件

企业负责人和技术负责人中至少有 2 人具有公路或者相关专业中级技术职称,8 年以上从事公路、桥梁、隧道工程工作经历,3 年以上监理或者建设管理工作经历,已取得监理工程师资格。

企业拥有中级职称以上各类专业技术人员不少于 30 人。其中,持监理工程师资格证书的人数不少于 18 人,工程系列高级专业技术职称人数不少于 5 人,经济师、会计师或者造价工程师不少于 2 人。上述各类人员中,与企业签订 3 年以上劳动合同的人数不低于 70%。

持监理工程师证书的人员中,不少于 9 人具有 2 项二类及以上工程监理业绩,不少于 3 人具有高级驻地监理工程师经历;上述人员与企业签订的劳动合同期限不少于 3 年。不具备前述监理工程师个人业绩及经历条件,但具备以下条件者视为符合条件:监理企业具备不少于 5 项三类工程业绩。

各类专业技术人员结构合理。主要包括路基路面、桥隧结构、试验检测、工程地质、工程经济、合同管理等专业人员。

2. 企业拥有材料、路基路面等工程试验检测设备和测量放样等仪器,具有建立工地试验室的条件(见附件 2)。

3. 企业具有完善的规章制度和组织体系。

4. 企业作为工程质量安全事故当事人,已经有关主管部门认定无责任,或者虽受到有关主管部门的行政处罚但处罚实施已满 1 年。

5. 企业信誉良好。最近一期公路建设市场全国综合信用评价等级不低于 A 级。

6. 乙级监理资质延续,应当满足上述第 1、2、3 项条件,并符合下列要求,但第 1 项条件中的企业业绩、监理工程师的个人业绩和经历不再考核:

(1)原资质有效期内,监理企业具备 2 项二类业绩,或者同时具备 1 项二类和 2 项三类工程业绩。

(2)最近两期公路建设市场全国综合信用评价等级为 B 级以上(含 B 级)。

(三)丙级监理资质条件

1. 人员、业绩和人员结构条件

企业负责人和技术负责人中至少有 2 人具有公路或者相关专业中级技术职称,5 年以上从事公路、桥梁、隧道工程工作经历,2 年以上监理或者建设管理工作经历,已取得监理工程师资格。

企业拥有中级职称以上各类专业技术人员不少于 20 人。其中,持监理工程师资格证书的人数不少于 8 人,工程系列高级专业技术职称人数不少于 3 人,经济师、会计师或者造价工程师不少于 1 人。上述各类人员中,与企业签订 3 年以上劳动合同的人数不低于 70%。

持监理工程师证书的人员中,不少于 3 人具有 2 项三类及以上工程监理业绩,上述人员与企业签订的劳动合同期限不少于 3 年。

各类专业技术人员结构合理。主要包括路基路面、桥隧结构、试验检测、工程地质、工程经济、合同管理等专业人员。

2. 企业拥有必要的试验检测设备和测量放样仪器(见附件 2)。

3. 企业拥有完善的规章制度和组织体系。

4. 企业作为工程质量安全事故当事人,已经有关主管部门认定无责任,或者虽受到有关主管部门的行政处罚但处罚实施已满 1 年。

5. 丙级监理资质延续应当满足本条第 1、2、3、4 项条件。

(四)特殊独立大桥专项监理资质条件

1.已取得公路工程甲级监理资质。

2.持监理工程师证书人员中,有不少于20人具有特大桥监理业绩,上述人员与企业签订的劳动合同期限不少于3年。不具备本条前述条件,但具备以下条件者视为符合本条条件:监理企业具有4项以上特大桥监理业绩。

3.企业作为工程质量安全事故当事人,已经有关主管部门认定无责任,或者虽受到有关主管部门的行政处罚但处罚实施已满1年。

4.企业信誉良好。最近两期公路建设市场全国综合信用评价等级不低于A级。

5.特殊独立大桥专项监理资质延续,应当满足上述第1项条件,并符合下列要求:

(1)原资质有效期内监理企业具备1项特殊独立大桥或者2项特大桥工程业绩。

(2)最近两期公路建设市场全国综合信用评价等级为B级以上(含B级)。

(五)特殊独立隧道专项监理资质条件

1.已取得公路工程甲级监理资质。

2.持监理工程师证书人员中,有不少于20人具有特长隧道监理业绩,有不少于10人是隧道专业监理工程师,上述人员与企业签订的劳动合同期限不少于3年。不具备本条前述条件,但具备以下条件者视为符合本条条件:监理企业具有2项以上特长隧道监理业绩。

3.企业作为工程质量安全事故当事人,已经有关主管部门认定无责任,或者虽受到有关主管部门的行政处罚但处罚实施已满1年。

4.企业信誉良好。最近两期公路建设市场全国综合信用评价等级不低于A级。

5.特殊独立隧道专项监理资质延续,应当满足上述第1项条件,并符合下列要求:

(1)原资质有效期内监理企业具备1项特殊独立隧道或者2项长隧道工程业绩。

(2)最近两期公路建设市场全国综合信用评价等级为B级以上(含B级)。

(六)公路机电工程专项监理资质条件

1.人员、业绩和人员结构条件

企业负责人和技术负责人中至少2人以上具有机电专业高级技术职称,8年以上从事相关专业工作经历,5年以上监理或者建设管理工作经历,已取得公路机电专业监理工程师资格。

企业拥有中级职称以上各类专业技术人员不少于30人。其中,持公路机电专业监理工程师资格证书人数不少于15人,高级专业技术职称人数不少于10人,经济师、会计师或者造价工程师不少于2人。上述各类人员中,与企业签订3年以上劳动合同的人数不低于70%。

持监理工程师证书人员中,不少于8人具有公路机电工程监理业绩,以上人员与企业签订的劳动合同期限不少于3年。

2.企业拥有公路机电工程所需的常用试验检测设备(见附件2)。

3.企业具有完善的规章制度和组织体系。

4.企业作为工程质量安全事故当事人,已经有关主管部门认定无责任,或者虽受到有关主管部门的行政处罚但处罚实施已满1年。

5.企业信誉良好。最近一期公路建设市场全国综合信用评价等级不低于A级。

6.公路机电工程专项监理资质延续,应当满足上述第1、2、3项条件,并符合下列要求,但第1项条件中的监理工程师的个人业绩和经历不再考核:

(1)原资质有效期内监理企业具备2项公路机电工程业绩。

(2)最近两期公路建设市场全国综合信用评价等级为B级以上(含B级)。

二、水运工程

(一)甲级监理资质条件

1.人员、业绩和人员结构条件

企业负责人中至少有1人具备10年以上水运工程建设的经历,具有监理工程师资格;技术负责人应当具有15年以上水运工程建设的经历,承担过大型水运工程项目的总监工作,具有水运工程系列高级专业技术职称和监理工程师资格。

企业拥有中级技术职称以上各类专业技术人员不少于40人。其中,持监理工程师资格证书的人员不少于25人,取得港口、航道监理工程师资格证书的人员不少于18人,工程系列高级技术专业职称人数不少于10人,经济师、会计师或者造价工程师不少于2人。上述各类人员中,与企业签订3年以上劳动合同的人数不低于70%。

企业需具有水运工程乙级监理资质,且具备不少于5项中型水运工程监理业绩。持监理工程师资格证书人员中,不少于9人具有大型工程监理业绩,不少于3人具有大型工程监理项目负责人经历。上述人员与企业签订的劳动合同期限不少于3年。

各类专业技术人员结构合理。主要包括港口、航道、工民建、测量、试验检测、合同管理等专业人员。

2.企业拥有材料、土工等工程试验仪器和检测设备,具有建立工地试验室的条件(见附件2)。

3.企业具有完善的规章制度和组织体系。

4.企业作为工程质量安全事故当事人,已经有关主管部门认定无责任,或者虽受到有关主管部门的行政处罚但处罚实施已满1年。

5.企业信誉良好。最近一期水运建设市场全国综合信用评价等级不低于A级。

6.甲级监理资质延续,应当满足上述第1、2、3项条件,并符合下列要求,但第1项条件中的企业业绩、监理工程师的个人业绩和经历不再考核:

(1)原资质有效期内,监理企业具备2项大型水运工程业绩,或者同时具备1项大型水运工程业绩和2项中型水运工程业绩。

(2)最近两期水运建设市场全国综合信用评价等级为B级以上(含B级)。

(二)乙级监理资质条件

1.人员、业绩和人员结构条件

企业负责人中至少有1人具有8年以上水运工程建设的经历,具有监理工程师资格;技术负责人应当具有10年以上水运工程建设的经历,承担过中型水运工程项目的总监工作,具有水运工程系列高级专业技术职称和监理工程师资格。

企业拥有中级技术职称以上各类专业技术人员不少于30人。其中,持监理工程师资格证书的人员不少于15人,取得港口、航道监理工程师资格证书的人员不少于10人,工程系列高级技术专业职称人数不少于5人,经济师、会计师或者造价工程师不少于1人。上述各类人员中,与企业签订3年以上劳动合同的人数不低于70%。

持监理工程师资格证书的人员中,不少于5人具有中型水运工程监理业绩,不少于2人具有中型水运工程监理项目负责人经历,上述人员与企业签订的劳动合同期限不少于3年;不具备前述监理工程师个人业绩及经历条件,但具备以下条件者视为符合条件:具备5项以上小型水运工程业绩。

各类专业技术人员结构合理。主要包括港口、航道、工民建、测量、试验检测、合同管理等专业人员。

2. 企业拥有材料、土工等工程试验仪器和检测设备,具有建立工地试验室的条件(见附件2)。

3. 企业具有完善的规章制度和组织体系。

4. 企业作为工程质量安全事故当事人,已经有关主管部门认定无责任,或者虽受到有关主管部门的行政处罚但处罚实施已满1年。

5. 企业信誉良好。最近一期水运建设市场全国综合信用评价等级不低于A级。

6. 乙级监理资质延续,应当满足上述第1、2、3项条件,并符合下列要求,但第1项条件中的企业业绩、监理工程师的个人业绩和经历不再考核:

(1)原资质有效期内,监理企业具备2项中型水运工程业绩,或者同时具备1项中型水运工程业绩和2项小型水运工程业绩。

(2)最近两期水运建设市场全国综合信用评价等级为B级以上(含B级)。

(三)丙级监理资质条件

1. 人员、业绩和人员结构条件

企业负责人中至少有1人具有5年以上水运工程建设的经历,具有监理工程师资格;技术负责人应当具有8年以上水运工程建设的经历,承担过小型水运工程项目的总监工作,具有水运工程监理工程师资格。

企业拥有中级技术职称以上各类专业技术人员不少于15人。其中,持监理工程师资格证书的人员不少于8人,工程系列高级技术专业职称人数不少于3人。上述各类人员中,与企业签订3年以上劳动合同的人数不低于70%。

持监理工程师资格证书的人员中,不少于3人具有小型水运工程监理业绩,不少于2人具有小型水运工程监理项目负责人经历,上述人员与企业签订的劳动合同期限不少于3年。

2. 企业具有完善的规章制度和组织体系。

3. 企业作为工程质量安全事故当事人,已经有关主管部门认定无责任,或者虽受到有关主管部门的行政处罚但处罚实施已满1年。

4. 丙级监理资质延续应当满足本条第1、2、3项条件。

(四)水运机电工程专项监理资质条件

1. 人员、业绩和人员结构条件

企业负责人中至少有1人具备10年以上水运机电工程建设的经历,具有监理工程师资格;技术负责人应当具有 15 年以上水运机电工程建设的经历,承担过水运机电工程项目的总监工作,具有水运工程系列高级专业技术职称和水运机电监理工程师资格。

企业拥有中级技术职称以上各类专业技术人员不少于 25 人。其中,持监理工程师资格证书的人员不少于 15 人,取得机电监理工程师资格证书的人员不少于 10 人,工程系列高级技术专业职称人数不少于 10 人,经济师、会计师或者造价工程师不少于 2 人。上述各类人员中,与企业签订 3 年以上劳动合同的人数不低于 70%。

持监理工程师资格证书人员中,不少于 8 人具有水运机电工程监理业绩,不少于 3 人具有水运机电工程监理项目负责人经历,上述人员与企业签订的劳动合同期限不少于 3 年。

各类专业技术人员结构合理。主要包括机电、测量、试验检测、合同管理等专业人员。

2. 企业拥有机电工程试验仪器和检测设备,具有建立工地试验室的条件(见附件 2)。

3. 企业具有完善的规章制度和组织体系。

4. 企业作为工程质量安全事故当事人,已经有关主管部门认定无责任,或者虽受到有关主管部门的行政处罚但处罚实施已满 1 年。

5. 企业信誉良好。最近一期水运建设市场全国综合信用评价等级不低于 A 级。

6. 水运机电工程专项监理资质延续,应当满足上述第 1、2、3 项条件,并符合下列要求,但第 1 项条件中的监理工程师的个人业绩和经历不再考核:

(1)原资质有效期内,监理企业具备 2 项水运机电工程业绩。

(2)最近两期水运建设市场全国综合信用评价等级为 B 级以上(含 B 级)。

说明:

1. 信用评价结果。最近一期无全国综合信用评价结果的,采用其上一年度结果;无全国综合信用评价结果的,可采用省级信用评价结果;无省级信用评价结果且未发现严重不良行为的,可视为信誉良好。

2. 监理工程师。指在公路、水运建设市场信用信息管理系统中完成监理工程师岗位登记的人员。

3. 人员监理业绩。指在公路、水运建设市场信用信息管理系统中登记且已完工的个人监理业绩。

4. 企业监理业绩。新申请资质的,指近 10 年内竣(交)工的工程业绩;延续资质的,包括在建和竣(交)工的工程业绩。其中三级(含)以上公路、独立招标的特大桥、大桥、特长隧道、长隧道、中隧道、公路机电工程等须在公路建设市场信用信息管理系统中完成业绩登记;水运工程业绩应当在水运建设市场信用信息管理系统中完成业绩登记。

附件2

公路水运工程监理企业基本试验检测能力或仪器设备配备标准

一、公路工程

（一）甲级监理资质

1. 土工试验（筛分、密度、含水量、塑液限、击实）

2. 石灰试验（有效钙镁含量）

3. 水泥混凝土（坍落度、抗压强度、抗折强度）、砂浆强度试验、配合比设计

4. 沥青指标试验（针入度、延度、软化点）

5. 沥青混凝土配合比设计

6. 路面基层材料试验（击实、无侧限抗压强度、灰剂量、配合比设计）

7. 路基、路面、构造物几何尺寸检测

8. 路基路面检测（压实度、厚度、平整度、弯沉、路面构造深度、摩擦系数）

9. 砌石工程常规试验检测

10. 钢材、焊接试验

11. 测量设备（经纬仪、水准仪、测距仪、全站仪）

（二）乙级监理资质

1. 土工试验（筛分、密度、含水量、塑液限、击实）

2. 石灰试验（有效钙镁含量）

3. 水泥混凝土（坍落度、抗压强度、抗折强度）、砂浆强度试验、配合比设计

4. 沥青指标试验（针入度、延度、软化点）

5. 路面基层材料试验（击实、无侧限抗压强度、灰剂量、配合比设计）

6. 路基、路面、构造物几何尺寸检测

7. 路基路面检测（压实度、厚度、平整度、弯沉、路面构造深度、摩擦系数）

8. 砌石工程常规试验检测

9. 钢材、焊接试验

10. 测量设备（经纬仪、水准仪、测距仪）

（三）丙级监理资质

1. 土工试验（筛分、密度、含水量、塑液限、击实）

2. 石灰试验（有效钙镁含量）

3. 水泥混凝土（坍落度）、砂浆强度试验、配合比设计

4. 路基、路面、构造物几何尺寸检测

5. 路基路面（压实度、厚度、平整度、摩擦系数）

6. 砌石工程常规试验检测

7. 测量设备(经纬仪、水准仪)

(四)公路机电工程专项监理资质

1. 光功率计/光源

2. 光时域反射仪

3. 误码仪

4. 音频信号发生器

5. SDH 综合测试仪

6. 音频性能分析仪

7. 声压计

8. 数据通信测试分析仪

9. PCM 综合测试仪

10. 综合布线认证分析仪

11. 计算机网络分析仪

12. 秒表

13. 低速数据测试仪

14. 脉冲数字线路故障测试器

15. 视频分析仪/信号源

16. 色彩色差计

17. 雷达测速器

18. 数字式功率计

19. 风速仪

20. 闭路电视测试仪

21. 远红外线湿度测试仪

22. 轻便气象综合测试仪

23. 交流电源分析仪

24. 绝缘电阻测试仪

25. 耐压强度测试仪

26. 数字式地阻仪

27. 直流高压发生器

28. 钳流表

29. 照度测试仪

30. 经纬仪

31. 亮度计

32. 电缆故障测试仪

33. 焊口探伤仪

34. 数字万用表

35. 数显卡尺

36. 材料阻燃性能分析仪

37. RCL 测试仪

38. 逆反射系数测定仪

39. 双臂电桥

40. 电子涂层测厚仪

41. 超声波测厚仪

42. 数字存储示波器

二、水运工程

(一)甲级监理资质

1. 测量(经纬仪、水准仪、测距仪、全站仪)

2. 砂试验(筛分、含泥量、泥块含量、密度)

3. 石试验(筛分、含泥量、泥块含量、密度、压碎指标)

4. 混凝土、砂浆试验(配合比设计、稠度、强度)

5. 钢筋试验(钢筋力学和工艺性能、焊接接头机械性能)

6. 土工试验(筛分、密度、含水率、强度)

7. 非破损检测

(二)乙级监理资质

1. 测量(经纬仪、水准仪、测距仪)

2. 砂试验(筛分、含泥量、泥块含量、密度)

3. 石试验(筛分、含泥量、泥块含量、密度、压碎指标)

4. 混凝土、砂浆试验(配合比设计、稠度、强度)

5. 土工试验(筛分、密度、含水量、击实)

6. 非破损检测

(三)水运机电工程专项监理资质

1. 经纬仪、水准仪、测距仪

2. 拉压力传感器

3. 荷重传感器

4. 手持数字转速表

5. 数字多用表

6. 数字钳形表

7. 绝缘电阻表

8. 照度计

9. 超声波测厚仪

10. 超声波探测仪

11. 超声波涂层测厚仪

12. 尺寸检测量具

13. 红外式温度计

14. 接地电阻测试仪

15. 噪声计

16. 水平仪

17. 风速仪

公路水运工程试验检测管理办法

(2005 年 10 月 19 日交通部令 2005 年第 12 号发布。根据 2019 年 11 月 28 日交通运输部令 2019 年第 38 号《交通运输部关于修改〈公路水运工程试验检测管理办法〉的决定》第二次修正)

第一章 总 则

第一条 为规范公路水运工程试验检测活动,保证公路水运工程质量及人民生命和财产安全,根据《建设工程质量管理条例》,制定本办法。

第二条 从事公路水运工程试验检测活动,应当遵守本办法。

第三条 本办法所称公路水运工程试验检测,是指根据国家有关法律、法规的规定,依据工程建设技术标准、规范、规程,对公路水运工程所用材料、构件、工程制品、工程实体的质量和技术指标等进行的试验检测活动。

本办法所称公路水运工程试验检测机构(以下简称检测机构),是指承担公路水运工程试验检测业务并对试验检测结果承担责任的机构。

本办法所称公路水运工程试验检测人员(以下简称检测人员),是指具备相应公路水运工程试验检测知识、能力,并承担相应公路水运工程试验检测业务的专业技术人员。

第四条 公路水运工程试验检测活动应当遵循科学、客观、严谨、公正的原则。

第五条 交通运输部负责公路水运工程试验检测活动的统一监督管理。交通运输部工程质量监督机构(以下简称部质量监督机构)具体实施公路水运工程试验检测活动的监督管理。

省级人民政府交通运输主管部门负责本行政区域内公路水运工程试验检测活动的监督管理。省级交通质量监督机构(以下简称省级交通质监机构)具体实施本行政区域内公路水运工程试验检测活动的监督管理。

部质量监督机构和省级交通质监机构以下称质监机构。

第二章 检测机构等级评定

第六条 检测机构等级,是依据检测机构的公路水运工程试验检测水平、主要试验检测仪器设备及检测人员的配备情况、试验检测环境等基本条件对检测机构进行的能力划分。

检测机构等级,分为公路工程和水运工程专业。

公路工程专业分为综合类和专项类。公路工程综合类设甲、乙、丙 3 个等级。公路工程专项类分为交通工程和桥梁隧道工程。

水运工程专业分为材料类和结构类。水运工程材料类设甲、乙、丙 3 个等级。水运工程结构类设甲、乙 2 个等级。

检测机构等级标准由部质量监督机构另行制定。

第七条 部质量监督机构负责公路工程综合类甲级、公路工程专项类和水运工程材料类及结构类甲级的等级评定工作。

省级交通质监机构负责公路工程综合类乙、丙级和水运工程材料类乙、丙级、水运工程结构类乙级的等级评定工作。

第八条 检测机构可以同时申请不同专业、不同类别的等级。

检测机构被评为丙级、乙级后须满1年且具有相应的试验检测业绩方可申报上一等级的评定。

第九条 申请公路水运工程试验检测机构等级评定,应向所在地省级交通质监机构提交以下材料:

(一)《公路水运工程试验检测机构等级评定申请书》;

(二)质量保证体系文件。

第十条 公路水运工程试验检测机构等级评定工作分为受理、初审、现场评审3个阶段。

第十一条 省级交通质监机构认为所提交的申请材料齐备、规范、符合规定要求的,应当予以受理;材料不符合规定要求的,应当及时退还申请人,并说明理由。

所申请的等级属于部质量监督机构评定范围的,省级交通质监机构核查后出具核查意见并转送部质量监督机构。

第十二条 初审主要包括以下内容:

(一)试验检测水平、人员及检测环境等条件是否与所申请的等级标准相符;

(二)申报的试验检测项目范围及设备配备与所申请的等级是否相符;

(三)采用的试验检测标准、规范和规程是否合法有效;

(四)检定和校准是否按规定进行;

(五)质量保证体系是否具有可操作性;

(六)是否具有良好的试验检测业绩。

第十三条 初审合格的进入现场评审阶段;初审认为有需要补正的,质监机构应当通知申请人予以补正直至合格;初审不合格的,质监机构应当及时退还申请材料,并说明理由。

第十四条 现场评审是通过对申请人完成试验检测项目的实际能力、检测机构申报材料与实际状况的符合性、质量保证体系和运转等情况的全面核查。

现场评审所抽查的试验检测项目,原则上应当覆盖申请人所申请的试验检测各大项目。抽取的具体参数应当通过抽签方式确定。

第十五条 现场评审由专家评审组进行。

专家评审组由质监机构组建,3人以上单数组成(含3人)。评审专家从质监机构建立的试验检测专家库中选取,与申请人有利害关系的不得进入专家评审组。

专家评审组应当独立、公正地开展评审工作。专家评审组成员应当客观、公正地履行职责,遵守职业道德,并对所提出的评审意见承担个人责任。

第十六条 专家评审组应当向质监机构出具《现场评审报告》,主要内容包括:

(一)现场考核评审意见;

(二)《公路水运工程试验检测机构等级评分表》;

(三)现场操作考核项目一览表;

（四）两份典型试验检测报告。

第十七条 质监机构依据《现场评审报告》及检测机构等级标准对申请人进行等级评定。

质监机构的评定结果,应当通过交通运输主管部门指定的报刊、信息网络等媒体向社会公示,公示期不得少于 7 天。

公示期内,任何单位和个人有权就评定结果向质监机构提出异议,质监机构应当及时受理、核实和处理。

公示期满无异议或者经核实异议不成立的,由质监机构根据评定结果向申请人颁发《公路水运工程试验检测机构等级证书》(以下简称《等级证书》);经核实异议成立的,应当书面通知申请人,并说明理由,同时应当为异议人保密。

省级交通质监机构颁发证书的同时应当报部质量监督机构备案。

第十八条 《公路水运工程试验检测机构等级评定申请书》和《等级证书》由部质量监督机构统一规定格式。

《等级证书》应当注明检测机构从事公路水运工程试验检测的专业、类别、等级和项目范围。

第十九条 《等级证书》有效期为 5 年。

《等级证书》期满后拟继续开展公路水运工程试验检测业务的,检测机构应提前 3 个月向原发证机构提出换证申请。

第二十条 换证的申请、复核程序按照本办法规定的等级评定程序进行,并可以适当简化。在申请等级评定时已经提交过且未发生变化的材料可以不再重复提交。

第二十一条 换证复核以书面审查为主。必要时,可以组织专家进行现场评审。

换证复核的重点是核查检测机构人员、仪器设备、试验检测项目、场所的变动情况,试验检测工作的开展情况,质量保证体系文件的执行情况,违规与投诉情况等。

第二十二条 换证复核合格的,予以换发新的《等级证书》。不合格的,质监机构应当责令其在 6 个月内进行整改,整改期内不得承担质量评定和工程验收的试验检测业务。整改期满仍不能达到规定条件的,质监机构根据实际达到的试验检测能力条件重新作出评定,或者注销《等级证书》。

换证复核结果应当向社会公布。

第二十三条 检测机构名称、地址、法定代表人或者机构负责人、技术负责人等发生变更的,应当自变更之日起 30 日内到原发证质监机构办理变更登记手续。

第二十四条 检测机构停业时,应当自停业之日起 15 日内向原发证质监机构办理《等级证书》注销手续。

第二十五条 等级评定不得收费,有关具体事务性工作可以通过政府购买服务等方式实施。

第二十六条 《等级证书》遗失或者污损的,可以向原发证质监机构申请补发。

第二十七条 任何单位和个人不得伪造、涂改、转让、租借《等级证书》。

第三章　试验检测活动

第二十八条 取得《等级证书》,同时按照《计量法》的要求经过计量行政部门考核合格的检测机构,可在《等级证书》注明的项目范围内,向社会提供试验检测服务。

第二十九条 取得《等级证书》的检测机构,可设立工地临时试验室,承担相应公路水运工程的试验检测业务,并对其试验检测结果承担责任。

工程所在地省级交通质监机构应当对工地临时试验室进行监督。

第三十条 检测机构应当严格按照现行有效的国家和行业标准、规范和规程独立开展检测工作,不受任何干扰和影响,保证试验检测数据客观、公正、准确。

第三十一条 检测机构应当建立严密、完善、运行有效的质量保证体系。应当按照有关规定对仪器设备进行正常维护,定期检定与校准。

第三十二条 检测机构应当建立样品管理制度,提倡盲样管理。

第三十三条 检测机构应当重视科技进步,及时更新试验检测仪器设备,不断提高业务水平。

第三十四条 检测机构应当建立健全档案制度,保证档案齐备,原始记录和试验检测报告内容必须清晰、完整、规范。

第三十五条 检测机构在同一公路水运工程项目标段中不得同时接受业主、监理、施工等多方的试验检测委托。

第三十六条 检测机构依据合同承担公路水运工程试验检测业务,不得转包、违规分包。

第三十七条 检测人员分为试验检测师和助理试验检测师。

检测机构的技术负责人应当由试验检测师担任。

试验检测报告应当由试验检测师审核、签发。

第三十八条 检测人员应当重视知识更新,不断提高试验检测业务水平。

第三十九条 检测人员应当严守职业道德和工作程序,独立开展检测工作,保证试验检测数据科学、客观、公正,并对试验检测结果承担法律责任。

第四十条 检测人员不得同时受聘于两家以上检测机构,不得借工作之便推销建设材料、构配件和设备。

第四章 监督检查

第四十一条 质监机构应当建立健全公路水运工程试验检测活动监督检查制度,对检测机构进行定期或不定期的监督检查,及时纠正、查处违反本规定的行为。

第四十二条 公路水运工程试验检测监督检查,主要包括下列内容:

(一)《等级证书》使用的规范性,有无转包、违规分包、超范围承揽业务和涂改、租借《等级证书》的行为;

(二)检测机构能力变化与评定的能力等级的符合性;

(三)原始记录、试验检测报告的真实性、规范性和完整性;

(四)采用的技术标准、规范和规程是否合法有效,样品的管理是否符合要求;

(五)仪器设备的运行、检定和校准情况;

(六)质量保证体系运行的有效性;

(七)检测机构和检测人员试验检测活动的规范性、合法性和真实性;

(八)依据职责应当监督检查的其他内容。

第四十三条 质监机构实施监督检查时,有权采取以下措施:

(一)查阅、记录、录音、录像、照相和复制与检查相关的事项和资料;

(二)进入检测机构的工作场地(包括施工现场)进行抽查;

(三)发现有不符合国家有关标准、规范、规程和本办法规定的试验检测行为时,责令即时改正或限期整改。

第四十四条 质监机构应当组织比对试验,验证检测机构的能力。

部质量监督机构不定期开展全国检测机构的比对试验。各省级交通质监机构每年年初应当制定本行政区域检测机构年度比对试验计划,报部质量监督机构备案,并于年末将比对试验的实施情况报部质量监督机构。

检测机构应当予以配合,如实说明情况和提供相关资料。

第四十五条 任何单位和个人都有权向质监机构投诉或举报违法违规的试验检测行为。

质监机构的监督检查活动,应当接受交通运输主管部门和社会公众的监督。

第四十六条 质监机构在监督检查中发现检测机构有违反本规定行为的,应当予以警告、限期整改,情节严重的列入违规记录并予以公示,质监机构不再委托其承担检测业务。

实际能力已达不到《等级证书》能力等级的检测机构,质监机构应当给予整改期限。整改期满仍达不到规定条件的,质监机构应当视情况注销《等级证书》或者重新评定检测机构等级。重新评定的等级低于原来评定等级的,检测机构1年内不得申报升级。被注销等级的检测机构,2年内不得再次申报。

质监机构应当及时向社会公布监督检查的结果。

第四十七条 质监机构在监督检查中发现检测人员违反本办法的规定,出具虚假试验检测数据或报告的,应当给予警告,情节严重的列入违规记录并予以公示。

第四十八条 质监机构工作人员在试验检测管理活动中,玩忽职守、徇私舞弊、滥用职权的,应当依法给予行政处分。

第五章 附 则

第四十九条 本办法施行前检测机构通过的资质评审,期满复核时应当按照本办法的规定进行《等级证书》的评定。

第五十条 本办法自2005年12月1日起施行。交通部1997年12月10日公布的《水运工程试验检测暂行规定》(交基发〔1997〕803号)和2002年6月26日公布的《交通部水运工程试验检测机构资质管理办法》(交通部令2002年第4号)同时废止。

经营性公路建设项目投资人招标投标管理规定

(2007 年 10 月 16 日交通部发布。根据 2015 年 6 月 24 日交通运输部
《关于修改〈经营性公路建设项目投资人招标投标管理规定〉的决定》修正)

第一章 总 则

第一条 为规范经营性公路建设项目投资人招标投标活动,根据《中华人民共和国公路法》、《中华人民共和国招标投标法》和《收费公路管理条例》,制定本规定。

第二条 在中华人民共和国境内的经营性公路建设项目投资人招标投标活动,适用本规定。

本规定所称经营性公路是指符合《收费公路管理条例》的规定,由国内外经济组织投资建设,经批准依法收取车辆通行费的公路(含桥梁和隧道)。

第三条 经营性公路建设项目投资人招标投标活动应当遵循公开、公平、公正、诚信、择优的原则。

任何单位和个人不得非法干涉招标投标活动。

第四条 国务院交通主管部门负责全国经营性公路建设项目投资人招标投标活动的监督管理工作。主要职责是:

(一)根据有关法律、行政法规,制定相关规章和制度,规范和指导全国经营性公路建设项目投资人招标投标活动;

(二)监督全国经营性公路建设项目投资人招标投标活动,依法受理举报和投诉,查处招标投标活动中的违法行为;

(三)对全国经营性公路建设项目投资人进行动态管理,定期公布投资人信用情况。

第五条 省级人民政府交通主管部门负责本行政区域内经营性公路建设项目投资人招标投标活动的监督管理工作。主要职责是:

(一)贯彻执行有关法律、行政法规、规章,结合本行政区域内的实际情况,制定具体管理制度;

(二)确定下级人民政府交通主管部门对经营性公路建设项目投资人招标投标活动的监督管理职责;

(三)发布本行政区域内经营性公路建设项目投资人招标信息;

(四)负责组织对列入国家高速公路网规划和省级人民政府确定的重点经营性公路建设项目的投资人招标工作;

(五)指导和监督本行政区域内的经营性公路建设项目投资人招标投标活动,依法受理举报和投诉,查处招标投标活动中的违法行为。

第六条 省级以下人民政府交通主管部门的主要职责是:

（一）贯彻执行有关法律、行政法规、规章和相关制度；

（二）负责组织本行政区域内除第五条第（四）项规定以外的经营性公路建设项目投资人招标工作；

（三）按照省级人民政府交通主管部门的规定，对本行政区域内的经营性公路建设项目投资人招标投标活动进行监督管理。

第二章 招 标

第七条 需要进行投资人招标的经营性公路建设项目应当符合下列条件：

（一）符合国家和省、自治区、直辖市公路发展规划；

（二）符合《收费公路管理条例》第十八条规定的技术等级和规模；

（三）已经编制项目可行性研究报告。

第八条 招标人是依照本规定提出经营性公路建设项目、组织投资人招标工作的交通主管部门。

招标人可以自行组织招标或委托具有相应资格的招标代理机构代理有关招标事宜。

第九条 经营性公路建设项目投资人招标应当采用公开招标方式。

第十条 经营性公路建设项目投资人招标实行资格审查制度。资格审查方式采取资格预审或资格后审。

资格预审，是指招标人在投标前对潜在投标人进行资格审查。

资格后审，是指招标人在开标后对投标人进行资格审查。

实行资格预审的，一般不再进行资格后审，但招标文件另有规定的除外。

第十一条 资格审查的基本内容应当包括投标人的财务状况、注册资本、净资产、投融资能力、初步融资方案、从业经验和商业信誉等情况。

第十二条 经营性公路建设项目招标工作应当按照以下程序进行：

（一）发布招标公告；

（二）潜在投标人提出投资意向；

（三）招标人向提出投资意向的潜在投标人推介投资项目；

（四）潜在投标人提出投资申请；

（五）招标人向提出投资申请的潜在投标人详细介绍项目情况，可以组织潜在投标人踏勘项目现场并解答有关问题；

（六）实行资格预审的，由招标人向提出投资申请的潜在投标人发售资格预审文件；实行资格后审的，由招标人向提出投资申请的投标人发售招标文件；

（七）实行资格预审的，潜在投标人编制资格预审申请文件，并递交招标人；招标人应当对递交资格预审申请文件的潜在投标人进行资格审查，并向资格预审合格的潜在投标人发售招标文件；

（八）投标人编制投标文件，并提交招标人；

（九）招标人组织开标，组建评标委员会；

（十）实行资格后审的，评标委员会应当在开标后首先对投标人进行资格审查；

（十一）评标委员会进行评标，推荐中标候选人；

（十二）招标人确定中标人，并发出中标通知书；

（十三）招标人与中标人签订投资协议。

第十三条 招标人应通过国家指定的全国性报刊、信息网络等媒介发布招标公告。

采用国际招标的，应通过相关国际媒介发布招标公告。

第十四条 招标人应当参照国务院交通主管部门制定的经营性公路建设项目投资人招标资格预审文件范本编制资格预审文件，并结合项目特点和需要确定资格审查标准。

招标人应当组建资格预审委员会对递交资格预审申请文件的潜在投标人进行资格审查。资格预审委员会由招标人代表和公路、财务、金融等方面的专家组成，成员人数为七人以上单数。

第十五条 招标人应当参照国务院交通主管部门制定的经营性公路建设项目投资人招标文件范本，并结合项目特点和需要编制招标文件。

招标人编制招标文件时，应当充分考虑项目投资回收能力和预期收益的不确定性，合理分配项目的各类风险，并对特许权内容、最长收费期限、相关政策等予以说明。招标人编制的可行性研究报告应当作为招标文件的组成部分。

第十六条 招标人应当合理确定资格预审申请文件和投标文件的编制时间。

编制资格预审申请文件时间，自资格预审文件开始发售之日起至潜在投标人提交资格预审申请文件截止之日止，不得少于三十个工作日。

编制投标文件的时间，自招标文件开始发售之日起至投标人提交投标文件截止之日止，不得少于四十五个工作日。

第十七条 列入国家高速公路网规划和需经国务院投资主管部门核准的经营性公路建设项目投资人招标投标活动，应当按照招标工作程序，及时将招标文件、资格预审结果、评标报告报国务院交通主管部门备案。国务院交通主管部门应当在收到备案文件七个工作日内，对不符合法律、法规规定的内容提出处理意见，及时行使监督职责。

其他经营性公路建设项目投资人招标投标活动的备案工作按照省级人民政府交通主管部门的有关规定执行。

第三章　投　　标

第十八条 投标人是响应招标、参加投标竞争的国内外经济组织。

采用资格预审方式招标的，潜在投标人通过资格预审后，方可参加投标。

第十九条 投标人应当具备以下基本条件：

（一）总资产六亿元人民币以上，净资产二亿五千万元人民币以上；

（二）最近连续三年每年均为盈利，且年度财务报告应当经具有法定资格的中介机构审计；

（三）具有不低于项目估算的投融资能力，其中净资产不低于项目估算投资的百分之三十五；

（四）商业信誉良好，无重大违法行为。

招标人可以根据招标项目的实际情况，提高对投标人的条件要求。

第二十条 两个以上的国内外经济组织可以组成一个联合体，以一个投标人的身份共同投标。联合体各方均应符合招标人对投标人的资格审查标准。

以联合体形式参加投标的,应提交联合体各方签订的共同投标协议。共同投标协议应当明确约定联合体各方的出资比例、相互关系、拟承担的工作和责任。联合体中标的,联合体各方应当共同与招标人签订项目投资协议,并向招标人承担连带责任。

联合体的控股方为联合体主办人。

第二十一条 投标人应当按照招标文件的要求编制投标文件,投标文件应当对招标文件提出的实质性要求和条件作出响应。

第二十二条 招标文件明确要求提交投标担保的,投标人应按照招标文件要求的额度、期限和形式提交投标担保。投标人未按照招标文件的要求提交投标担保的,其提交的投标文件为废标。

投标担保的额度一般为项目投资的千分之三,但最高不得超过五百万元人民币。

第二十三条 投标人参加投标,不得弄虚作假,不得与其他投标人串通投标,不得采取商业贿赂以及其他不正当手段谋取中标,不得妨碍其他投标人投标。

第四章 开标与评标

第二十四条 开标应当在招标文件确定的提交投标文件截止时间的同一时间公开进行。

开标由招标人主持,邀请所有投标人代表参加。招标人对开标过程应当记录,并存档备查。

第二十五条 评标由招标人依法组建的评标委员会负责。评标委员会由招标人代表和公路、财务、金融等方面的专家组成,成员人数为七人以上单数。招标人代表的人数不得超过评标委员会总人数的三分之一。

与投标人有利害关系以及其他可能影响公正评标的人员不得进入相关项目的评标委员会,已经进入的应当更换。

评标委员会成员的名单在中标结果确定前应当保密。

第二十六条 评标委员会可以直接或者通过招标人以书面方式要求投标人对投标文件中含义不明确、对同类问题表述不一致或者有明显文字错误的内容作出必要的澄清或者说明,但是澄清或者说明不得超出或者改变投标文件的范围或者改变投标文件的实质性内容。

第二十七条 经营性公路建设项目投资人招标的评标办法应当采用综合评估法或者最短收费期限法。

采用综合评估法的,应当在招标文件中载明对收费期限、融资能力、资金筹措方案、融资经验、项目建设方案、项目运营、移交方案等评价内容的评分权重,根据综合得分由高到低推荐中标候选人。

采用最短收费期限法的,应当在投标人实质性响应招标文件的前提下,推荐经评审的收费期限最短的投标人为中标候选人,但收费期限不得违反国家有关法规的规定。

第二十八条 评标委员会完成评标后,应当向招标人提出书面评标报告,推荐一至三名中标候选人,并标明排名顺序。

评标报告需要由评标委员会全体成员签字。

第五章 中标与协议的签订

第二十九条 招标人应当确定排名第一的中标候选人为中标人。招标人也可以授权评标委员会直接确定中标人。

排名第一的中标候选人有下列情形之一的,招标人可以确定排名第二的中标候选人为中标人:

(一)自动放弃中标;

(二)因不可抗力提出不能履行合同;

(三)不能按照招标文件要求提交履约保证金;

(四)存在违法行为被有关部门依法查处,且其违法行为影响中标结果的。

如果排名第二的中标候选人存在上述情形之一,招标人可以确定排名第三的中标候选人为中标人。

三个中标候选人都存在本条第二款所列情形的,招标人应当依法重新招标。

招标人不得在评标委员会推荐的中标候选人之外确定中标人。

第三十条 提交投标文件的投标人少于三个或者因其他原因导致招标失败的,招标人应当依法重新招标。重新招标前,应当根据前次的招标情况,对招标文件进行适当调整。

第三十一条 招标人确定中标人后,应当在十五个工作日内向中标人发出中标通知书,同时通知所有未中标的投标人。

第三十二条 招标文件要求中标人提供履约担保的,中标人应当提供。担保的金额一般为项目资本金出资额的百分之十。

履约保证金应当在中标人履行项目投资协议后三十日内予以退还。其他形式的履约担保,应当在中标人履行项目投资协议后三十日内予以撤销。

第三十三条 招标人和中标人应当自中标通知书发出之日起三十个工作日内按照招标文件和中标人的投标文件订立书面投资协议。投资协议应包括以下内容:

(一)招标人与中标人的权利义务;

(二)履约担保的有关要求;

(三)违约责任;

(四)免责事由;

(五)争议的解决方式;

(六)双方认为应当规定的其他事项。

招标人应当在与中标人签订投资协议后五个工作日内向所有投标人退回投标担保。

第三十四条 中标人应在签订项目投资协议后九十日内到工商行政管理部门办理项目法人的工商登记手续,完成项目法人组建。

第三十五条 招标人与项目法人应当在完成项目核准手续后签订项目特许权协议。特许权协议应当参照国务院交通主管部门制定的特许权协议示范文本并结合项目的特点和需要制定。特许权协议应当包括以下内容:

(一)特许权的内容及期限;

(二)双方的权利及义务;

(三)项目建设要求;

(四)项目运营管理要求;

(五)有关担保要求;

(六)特许权益转让要求;

(七)违约责任;

(八)协议的终止;

(九)争议的解决;

(十)双方认为应规定的其他事项。

第六章　附　则

第三十六条　对招投标活动中的违法行为,应当按照国家有关法律、法规的规定予以处罚。

第三十七条　招标人违反本办法规定,以不合理的条件限制或者排斥潜在投标人,对潜在投标人实行歧视待遇的,由上级交通主管部门责令改正。

第三十八条　本规定自 2008 年 1 月 1 日起施行。

生产安全事故应急预案管理办法

(2009 年 4 月 1 日国家安全生产监督管理总局令第 17 号公布。根据 2019 年 7 月 11 日应急管理部令第 2 号《应急管理部关于修改〈生产安全事故应急预案管理办法〉的决定》修正)

第一章 总 则

第一条 为规范生产安全事故应急预案管理工作,迅速有效处置生产安全事故,依据《中华人民共和国突发事件应对法》《中华人民共和国安全生产法》《生产安全事故应急条例》等法律、行政法规和《突发事件应急预案管理办法》(国办发〔2013〕101 号),制定本办法。

第二条 生产安全事故应急预案(以下简称应急预案)的编制、评审、公布、备案、实施及监督管理工作,适用本办法。

第三条 应急预案的管理实行属地为主、分级负责、分类指导、综合协调、动态管理的原则。

第四条 应急管理部负责全国应急预案的综合协调管理工作。国务院其他负有安全生产监督管理职责的部门在各自职责范围内,负责相关行业、领域应急预案的管理工作。

县级以上地方各级人民政府应急管理部门负责本行政区域内应急预案的综合协调管理工作。县级以上地方各级人民政府其他负有安全生产监督管理职责的部门按照各自的职责负责有关行业、领域应急预案的管理工作。

第五条 生产经营单位主要负责人负责组织编制和实施本单位的应急预案,并对应急预案的真实性和实用性负责;各分管负责人应当按照职责分工落实应急预案规定的职责。

第六条 生产经营单位应急预案分为综合应急预案、专项应急预案和现场处置方案。

综合应急预案,是指生产经营单位为应对各种生产安全事故而制定的综合性工作方案,是本单位应对生产安全事故的总体工作程序、措施和应急预案体系的总纲。

专项应急预案,是指生产经营单位为应对某一种或者多种类型生产安全事故,或者针对重要生产设施、重大危险源、重大活动防止生产安全事故而制定的专项性工作方案。

现场处置方案,是指生产经营单位根据不同生产安全事故类型,针对具体场所、装置或者设施所制定的应急处置措施。

第二章 应急预案的编制

第七条 应急预案的编制应当遵循以人为本、依法依规、符合实际、注重实效的原则,以应急处置为核心,明确应急职责、规范应急程序、细化保障措施。

第八条 应急预案的编制应当符合下列基本要求:

(一)有关法律、法规、规章和标准的规定;

(二)本地区、本部门、本单位的安全生产实际情况;

(三)本地区、本部门、本单位的危险性分析情况;

(四)应急组织和人员的职责分工明确,并有具体的落实措施;

(五)有明确、具体的应急程序和处置措施,并与其应急能力相适应;

(六)有明确的应急保障措施,满足本地区、本部门、本单位的应急工作需要;

(七)应急预案基本要素齐全、完整,应急预案附件提供的信息准确;

(八)应急预案内容与相关应急预案相互衔接。

第九条　编制应急预案应当成立编制工作小组,由本单位有关负责人任组长,吸收与应急预案有关的职能部门和单位的人员,以及有现场处置经验的人员参加。

第十条　编制应急预案前,编制单位应当进行事故风险辨识、评估和应急资源调查。

事故风险辨识、评估,是指针对不同事故种类及特点,识别存在的危险危害因素,分析事故可能产生的直接后果以及次生、衍生后果,评估各种后果的危害程度和影响范围,提出防范和控制事故风险措施的过程。

应急资源调查,是指全面调查本地区、本单位第一时间可以调用的应急资源状况和合作区域内可以请求援助的应急资源状况,并结合事故风险辨识评估结论制定应急措施的过程。

第十一条　地方各级人民政府应急管理部门和其他负有安全生产监督管理职责的部门应当根据法律、法规、规章和同级人民政府以及上一级人民政府应急管理部门和其他负有安全生产监督管理职责的部门的应急预案,结合工作实际,组织编制相应的部门应急预案。

部门应急预案应当根据本地区、本部门的实际情况,明确信息报告、响应分级、指挥权移交、警戒疏散等内容。

第十二条　生产经营单位应当根据有关法律、法规、规章和相关标准,结合本单位组织管理体系、生产规模和可能发生的事故特点,与相关预案保持衔接,确立本单位的应急预案体系,编制相应的应急预案,并体现自救互救和先期处置等特点。

第十三条　生产经营单位风险种类多、可能发生多种类型事故的,应当组织编制综合应急预案。

综合应急预案应当规定应急组织机构及其职责、应急预案体系、事故风险描述、预警及信息报告、应急响应、保障措施、应急预案管理等内容。

第十四条　对于某一种或者多种类型的事故风险,生产经营单位可以编制相应的专项应急预案,或将专项应急预案并入综合应急预案。

专项应急预案应当规定应急指挥机构与职责、处置程序和措施等内容。

第十五条　对于危险性较大的场所、装置或者设施,生产经营单位应当编制现场处置方案。

现场处置方案应当规定应急工作职责、应急处置措施和注意事项等内容。

事故风险单一、危险性小的生产经营单位,可以只编制现场处置方案。

第十六条　生产经营单位应急预案应当包括向上级应急管理机构报告的内容、应急组织机构和人员的联系方式、应急物资储备清单等附件信息。附件信息发生变化时,应当及时更新,确保准确有效。

第十七条　生产经营单位组织应急预案编制过程中,应当根据法律、法规、规章的规定或者实际需要,征求相关应急救援队伍、公民、法人或者其他组织的意见。

第十八条　生产经营单位编制的各类应急预案之间应当相互衔接,并与相关人民政府及其部门、应急救援队伍和涉及的其他单位的应急预案相衔接。

第十九条　生产经营单位应当在编制应急预案的基础上,针对工作场所、岗位的特点,编制简明、实用、有效的应急处置卡。

应急处置卡应当规定重点岗位、人员的应急处置程序和措施,以及相关联络人员和联系方式,便于从业人员携带。

第三章　应急预案的评审、公布和备案

第二十条　地方各级人民政府应急管理部门应当组织有关专家对本部门编制的部门应急预案进行审定;必要时,可以召开听证会,听取社会有关方面的意见。

第二十一条　矿山、金属冶炼企业和易燃易爆物品、危险化学品的生产、经营(带储存设施的,下同)、储存、运输企业,以及使用危险化学品达到国家规定数量的化工企业、烟花爆竹生产、批发经营企业和中型规模以上的其他生产经营单位,应当对本单位编制的应急预案进行评审,并形成书面评审纪要。

前款规定以外的其他生产经营单位可以根据自身需要,对本单位编制的应急预案进行论证。

第二十二条　参加应急预案评审的人员应当包括有关安全生产及应急管理方面的专家。

评审人员与所评审应急预案的生产经营单位有利害关系的,应当回避。

第二十三条　应急预案的评审或者论证应当注重基本要素的完整性、组织体系的合理性、应急处置程序和措施的针对性、应急保障措施的可行性、应急预案的衔接性等内容。

第二十四条　生产经营单位的应急预案经评审或者论证后,由本单位主要负责人签署,向本单位从业人员公布,并及时发放到本单位有关部门、岗位和相关应急救援队伍。

事故风险可能影响周边其他单位、人员的,生产经营单位应当将有关事故风险的性质、影响范围和应急防范措施告知周边的其他单位和人员。

第二十五条　地方各级人民政府应急管理部门的应急预案,应当报同级人民政府备案,同时抄送上一级人民政府应急管理部门,并依法向社会公布。

地方各级人民政府其他负有安全生产监督管理职责的部门的应急预案,应当抄送同级人民政府应急管理部门。

第二十六条　易燃易爆物品、危险化学品等危险物品的生产、经营、储存、运输单位,矿山、金属冶炼、城市轨道交通运营、建筑施工单位,以及宾馆、商场、娱乐场所、旅游景区等人员密集场所经营单位,应当在应急预案公布之日起 20 个工作日内,按照分级属地原则,向县级以上人民政府应急管理部门和其他负有安全生产监督管理职责的部门进行备案,并依法向社会公布。

前款所列单位属于中央企业的,其总部(上市公司)的应急预案,报国务院主管的负有安全生产监督管理职责的部门备案,并抄送应急管理部;其所属单位的应急预案报所在地的省、自治区、直辖市或者设区的市级人民政府主管的负有安全生产监督管理职责的部门备案,并抄送同级人民政府应急管理部门。

本条第一款所列单位不属于中央企业的,其中非煤矿山、金属冶炼和危险化学品生产、经

营、储存、运输企业，以及使用危险化学品达到国家规定数量的化工企业、烟花爆竹生产、批发经营企业的应急预案，按照隶属关系报所在地县级以上地方人民政府应急管理部门备案；本款前述单位以外的其他生产经营单位应急预案的备案，由省、自治区、直辖市人民政府负有安全生产监督管理职责的部门确定。

油气输送管道运营单位的应急预案，除按照本条第一款、第二款的规定备案外，还应当抄送所经行政区域的县级人民政府应急管理部门。

海洋石油开采企业的应急预案，除按照本条第一款、第二款的规定备案外，还应当抄送所经行政区域的县级人民政府应急管理部门和海洋石油安全监管机构。

煤矿企业的应急预案除按照本条第一款、第二款的规定备案外，还应当抄送所在地的煤矿安全监察机构。

第二十七条 生产经营单位申报应急预案备案，应当提交下列材料：

（一）应急预案备案申报表；

（二）本办法第二十一条所列单位，应当提供应急预案评审意见；

（三）应急预案电子文档；

（四）风险评估结果和应急资源调查清单。

第二十八条 受理备案登记的负有安全生产监督管理职责的部门应当在 5 个工作日内对应急预案材料进行核对，材料齐全的，应当予以备案并出具应急预案备案登记表；材料不齐全的，不予备案并一次性告知需要补齐的材料。逾期不予备案又不说明理由的，视为已经备案。

对于实行安全生产许可的生产经营单位，已经进行应急预案备案的，在申请安全生产许可证时，可以不提供相应的应急预案，仅提供应急预案备案登记表。

第二十九条 各级人民政府负有安全生产监督管理职责的部门应当建立应急预案备案登记建档制度，指导、督促生产经营单位做好应急预案的备案登记工作。

第四章　应急预案的实施

第三十条 各级人民政府应急管理部门、各类生产经营单位应当采取多种形式开展应急预案的宣传教育，普及生产安全事故避险、自救和互救知识，提高从业人员和社会公众的安全意识与应急处置技能。

第三十一条 各级人民政府应急管理部门应当将本部门应急预案的培训纳入安全生产培训工作计划，并组织实施本行政区域内重点生产经营单位的应急预案培训工作。

生产经营单位应当组织开展本单位的应急预案、应急知识、自救互救和避险逃生技能的培训活动，使有关人员了解应急预案内容，熟悉应急职责、应急处置程序和措施。

应急培训的时间、地点、内容、师资、参加人员和考核结果等情况应当如实记入本单位的安全生产教育和培训档案。

第三十二条 各级人民政府应急管理部门应当至少每两年组织一次应急预案演练，提高本部门、本地区生产安全事故应急处置能力。

第三十三条 生产经营单位应当制定本单位的应急预案演练计划，根据本单位的事故风险特点，每年至少组织一次综合应急预案演练或者专项应急预案演练，每半年至少组织一次现场处置方案演练。

易燃易爆物品、危险化学品等危险物品的生产、经营、储存、运输单位,矿山、金属冶炼、城市轨道交通运营、建筑施工单位,以及宾馆、商场、娱乐场所、旅游景区等人员密集场所经营单位,应当至少每半年组织一次生产安全事故应急预案演练,并将演练情况报送所在地县级以上地方人民政府负有安全生产监督管理职责的部门。

县级以上地方人民政府负有安全生产监督管理职责的部门应当对本行政区域内前款规定的重点生产经营单位的生产安全事故应急救援预案演练进行抽查;发现演练不符合要求的,应当责令限期改正。

第三十四条 应急预案演练结束后,应急预案演练组织单位应当对应急预案演练效果进行评估,撰写应急预案演练评估报告,分析存在的问题,并对应急预案提出修订意见。

第三十五条 应急预案编制单位应当建立应急预案定期评估制度,对预案内容的针对性和实用性进行分析,并对应急预案是否需要修订作出结论。

矿山、金属冶炼、建筑施工企业和易燃易爆物品、危险化学品等危险物品的生产、经营、储存、运输企业、使用危险化学品达到国家规定数量的化工企业、烟花爆竹生产、批发经营企业和中型规模以上的其他生产经营单位,应当每三年进行一次应急预案评估。

应急预案评估可以邀请相关专业机构或者有关专家、有实际应急救援工作经验的人员参加,必要时可以委托安全生产技术服务机构实施。

第三十六条 有下列情形之一的,应急预案应当及时修订并归档:

(一)依据的法律、法规、规章、标准及上位预案中的有关规定发生重大变化的;

(二)应急指挥机构及其职责发生调整的;

(三)安全生产面临的风险发生重大变化的;

(四)重要应急资源发生重大变化的;

(五)在应急演练和事故应急救援中发现需要修订预案的重大问题的;

(六)编制单位认为应当修订的其他情况。

第三十七条 应急预案修订涉及组织指挥体系与职责、应急处置程序、主要处置措施、应急响应分级等内容变更的,修订工作应当参照本办法规定的应急预案编制程序进行,并按照有关应急预案报备程序重新备案。

第三十八条 生产经营单位应当按照应急预案的规定,落实应急指挥体系、应急救援队伍、应急物资及装备,建立应急物资、装备配备及其使用档案,并对应急物资、装备进行定期检测和维护,使其处于适用状态。

第三十九条 生产经营单位发生事故时,应当第一时间启动应急响应,组织有关力量进行救援,并按照规定将事故信息及应急响应启动情况报告事故发生地县级以上人民政府应急管理部门和其他负有安全生产监督管理职责的部门。

第四十条 生产安全事故应急处置和应急救援结束后,事故发生单位应当对应急预案实施情况进行总结评估。

第五章 监督管理

第四十一条 各级人民政府应急管理部门和煤矿安全监察机构应当将生产经营单位应急

预案工作纳入年度监督检查计划,明确检查的重点内容和标准,并严格按照计划开展执法检查。

第四十二条 地方各级人民政府应急管理部门应当每年对应急预案的监督管理工作情况进行总结,并报上一级人民政府应急管理部门。

第四十三条 对于在应急预案管理工作中做出显著成绩的单位和人员,各级人民政府应急管理部门、生产经营单位可以给予表彰和奖励。

第六章 法 律 责 任

第四十四条 生产经营单位有下列情形之一的,由县级以上人民政府应急管理等部门依照《中华人民共和国安全生产法》第九十四条的规定,责令限期改正,可以处 5 万元以下罚款;逾期未改正的,责令停产停业整顿,并处 5 万元以上 10 万元以下的罚款,对直接负责的主管人员和其他直接责任人员处 1 万元以上 2 万元以下的罚款:

(一)未按照规定编制应急预案的;

(二)未按照规定定期组织应急预案演练的。

第四十五条 生产经营单位有下列情形之一的,由县级以上人民政府应急管理部门责令限期改正,可以处 1 万元以上 3 万元以下的罚款:

(一)在应急预案编制前未按照规定开展风险辨识、评估和应急资源调查的;

(二)未按照规定开展应急预案评审的;

(三)事故风险可能影响周边单位、人员的,未将事故风险的性质、影响范围和应急防范措施告知周边单位和人员的;

(四)未按照规定开展应急预案评估的;

(五)未按照规定进行应急预案修订的;

(六)未落实应急预案规定的应急物资及装备的。

生产经营单位未按照规定进行应急预案备案的,由县级以上人民政府应急管理等部门依照职责责令限期改正;逾期未改正的,处 3 万元以上 5 万元以下的罚款,对直接负责的主管人员和其他直接责任人员处 1 万元以上 2 万元以下的罚款。

第七章 附 则

第四十六条 《生产经营单位生产安全事故应急预案备案申报表》和《生产经营单位生产安全事故应急预案备案登记表》由应急管理部统一制定。

第四十七条 各省、自治区、直辖市应急管理部门可以依据本办法的规定,结合本地区实际制定实施细则。

第四十八条 对储存、使用易燃易爆物品、危险化学品等危险物品的科研机构、学校、医院等单位的安全事故应急预案的管理,参照本办法的有关规定执行。

第四十九条 本办法自 2016 年 7 月 1 日起施行。

生产安全事故罚款处罚规定(试行)

(2007 年 7 月 12 日国家安全监管总局令第 13 号公布。根据 2015 年 4 月 2 日
国家安全监管总局令第 77 号第二次修正)

第一条 为防止和减少生产安全事故,严格追究生产安全事故发生单位及其有关责任人员的法律责任,正确适用事故罚款的行政处罚,依照《安全生产法》、《生产安全事故报告和调查处理条例》(以下简称《条例》)的规定,制定本规定。

第二条 安全生产监督管理部门和煤矿安全监察机构对生产安全事故发生单位(以下简称事故发生单位)及其主要负责人、直接负责的主管人员和其他责任人员等有关责任人员依照《安全生产法》和《条例》实施罚款的行政处罚,适用本规定。

第三条 本规定所称事故发生单位是指对事故发生负有责任的生产经营单位。

本规定所称主要负责人是指有限责任公司、股份有限公司的董事长或者总经理或者个人经营的投资人,其他生产经营单位的厂长、经理、局长、矿长(含实际控制人)等人员。

第四条 本规定所称事故发生单位主要负责人、直接负责的主管人员和其他直接责任人员的上一年年收入,属于国有生产经营单位的,是指该单位上级主管部门所确定的上一年年收入总额;属于非国有生产经营单位的,是指经财务、税务部门核定的上一年年收入总额。

生产经营单位提供虚假资料或者由于财务、税务部门无法核定等原因致使有关人员的上一年年收入难以确定的,按照下列办法确定:

(一)主要负责人的上一年年收入,按照本省、自治区、直辖市上一年度职工平均工资的 5 倍以上 10 倍以下计算;

(二)直接负责的主管人员和其他直接责任人员的上一年年收入,按照本省、自治区、直辖市上一年度职工平均工资的 1 倍以上 5 倍以下计算。

第五条 《条例》所称的迟报、漏报、谎报和瞒报,依照下列情形认定:

(一)报告事故的时间超过规定时限的,属于迟报;

(二)因过失对应当上报的事故或者事故发生的时间、地点、类别、伤亡人数、直接经济损失等内容遗漏未报的,属于漏报;

(三)故意不如实报告事故发生的时间、地点、初步原因、性质、伤亡人数和涉险人数、直接经济损失等有关内容的,属于谎报;

(四)隐瞒已经发生的事故,超过规定时限未向安全监管监察部门和有关部门报告,经查证属实的,属于瞒报。

第六条 对事故发生单位及其有关责任人员处以罚款的行政处罚,依照下列规定决定:

(一)对发生特别重大事故的单位及其有关责任人员罚款的行政处罚,由国家安全生产监督管理总局决定;

（二）对发生重大事故的单位及其有关责任人员罚款的行政处罚,由省级人民政府安全生产监督管理部门决定;

（三）对发生较大事故的单位及其有关责任人员罚款的行政处罚,由设区的市级人民政府安全生产监督管理部门决定;

（四）对发生一般事故的单位及其有关责任人员罚款的行政处罚,由县级人民政府安全生产监督管理部门决定。

上级安全生产监督管理部门可以指定下一级安全生产监督管理部门对事故发生单位及其有关责任人员实施行政处罚。

第七条　对煤矿事故发生单位及其有关责任人员处以罚款的行政处罚,依照下列规定执行:

（一）对发生特别重大事故的煤矿及其有关责任人员罚款的行政处罚,由国家煤矿安全监察局决定;

（二）对发生重大事故和较大事故的煤矿及其有关责任人员罚款的行政处罚,由省级煤矿安全监察机构决定;

（三）对发生一般事故的煤矿及其有关责任人员罚款的行政处罚,由省级煤矿安全监察机构所属分局决定。

上级煤矿安全监察机构可以指定下一级煤矿安全监察机构对事故发生单位及其有关责任人员实施行政处罚。

第八条　特别重大事故以下等级事故,事故发生地与事故发生单位所在地不在同一个县级以上行政区域的,由事故发生地的安全生产监督管理部门或者煤矿安全监察机构依照本规定第六条　或者第七条　规定的权限实施行政处罚。

第九条　安全生产监督管理部门和煤矿安全监察机构对事故发生单位及其有关责任人员实施罚款的行政处罚,依照《安全生产违法行为行政处罚办法》规定的程序执行。

第十条　事故发生单位及其有关责任人员对安全生产监督管理部门和煤矿安全监察机构给予的行政处罚,享有陈述、申辩的权利;对行政处罚不服的,有权依法申请行政复议或者提起行政诉讼。

第十一条　事故发生单位主要负责人有《安全生产法》第一百零六条、《条例》第三十五条规定的下列行为之一的,依照下列规定处以罚款:

（一）事故发生单位主要负责人在事故发生后不立即组织事故抢救的,处上一年年收入100%的罚款;

（二）事故发生单位主要负责人迟报事故的,处上一年年收入60%至80%的罚款;漏报事故的,处上一年年收入40%至60%的罚款;

（三）事故发生单位主要负责人在事故调查处理期间擅离职守的,处上一年年收入80%至100%的罚款。

第十二条　事故发生单位有《条例》第三十六条规定行为之一的,依照《国家安全监管总局关于印发〈安全生产行政处罚自由裁量标准〉的通知》(安监总政法〔2010〕137号)等规定给予罚款。

第十三条　事故发生单位的主要负责人、直接负责的主管人员和其他直接责任人员有

《安全生产法》第一百零六条、《条例》第三十六条规定的下列行为之一的,依照下列规定处以罚款:

（一）伪造、故意破坏事故现场,或者转移、隐匿资金、财产、销毁有关证据、资料,或者拒绝接受调查,或者拒绝提供有关情况和资料,或者在事故调查中作伪证,或者指使他人作伪证的,处上一年年收入 80% 至 90% 的罚款;

（二）谎报、瞒报事故或者事故发生后逃匿的,处上一年年收入 100% 的罚款。

第十四条　事故发生单位对造成 3 人以下死亡,或者 3 人以上 10 人以下重伤(包括急性工业中毒,下同),或者 300 万元以上 1000 万元以下直接经济损失的一般事故负有责任的,处 20 万元以上 50 万元以下的罚款。

事故发生单位有本条第一款规定的行为且有谎报或者瞒报事故情节的,处 50 万元的罚款。

第十五条　事故发生单位对较大事故发生负有责任的,依照下列规定处以罚款:

（一）造成 3 人以上 6 人以下死亡,或者 10 人以上 30 人以下重伤,或者 1000 万元以上 3000 万元以下直接经济损失的,处 50 万元以上 70 万元以下的罚款;

（二）造成 6 人以上 10 人以下死亡,或者 30 人以上 50 人以下重伤,或者 3000 万元以上 5000 万元以下直接经济损失的,处 70 万元以上 100 万元以下的罚款。

事故发生单位对较大事故发生负有责任且有谎报或者瞒报情节的,处 100 万元的罚款。

第十六条　事故发生单位对重大事故发生负有责任的,依照下列规定处以罚款:

（一）造成 10 人以上 15 人以下死亡,或者 50 人以上 70 人以下重伤,或者 5000 万元以上 7000 万元以下直接经济损失的,处 100 万元以上 300 万元以下的罚款;

（二）造成 15 人以上 30 人以下死亡,或者 70 人以上 100 人以下重伤,或者 7000 万元以上 1 亿元以下直接经济损失的,处 300 万元以上 500 万元以下的罚款。

事故发生单位对重大事故发生负有责任且有谎报或者瞒报情节的,处 500 万元的罚款。

第十七条　事故发生单位对特别重大事故发生负有责任的,依照下列规定处以罚款:

（一）造成 30 人以上 40 人以下死亡,或者 100 人以上 120 人以下重伤,或者 1 亿元以上 1.2 亿元以下直接经济损失的,处 500 万元以上 1000 万元以下的罚款;

（二）造成 40 人以上 50 人以下死亡,或者 120 人以上 150 人以下重伤,或者 1.2 亿元以上 1.5 亿元以下直接经济损失的,处 1000 万元以上 1500 万元以下的罚款;

（三）造成 50 人以上死亡,或者 150 人以上重伤,或者 1.5 亿元以上直接经济损失的,处 1500 万元以上 2000 万元以下的罚款。

事故发生单位对特别重大事故发生负有责任且有下列情形之一的,处 2000 万元的罚款:

（一）谎报特别重大事故的;

（二）瞒报特别重大事故的;

（三）未依法取得有关行政审批或者证照擅自从事生产经营活动的;

（四）拒绝、阻碍行政执法的;

（五）拒不执行有关停产停业、停止施工、停止使用相关设备或者设施的行政执法指令的;

（六）明知存在事故隐患,仍然进行生产经营活动的;

（七）一年内已经发生 2 起以上较大事故,或者 1 起重大以上事故,再次发生特别重大事

故的;

(八)地下矿山负责人未按照规定带班下井的。

第十八条 事故发生单位主要负责人未依法履行安全生产管理职责,导致事故发生的,依照下列规定处以罚款:

(一)发生一般事故的,处上一年年收入30%的罚款;

(二)发生较大事故的,处上一年年收入40%的罚款;

(三)发生重大事故的,处上一年年收入60%的罚款;

(四)发生特别重大事故的,处上一年年收入80%的罚款。

第十九条 个人经营的投资人未依照《安全生产法》的规定保证安全生产所必需的资金投入,致使生产经营单位不具备安全生产条件,导致发生生产安全事故的,依照下列规定对个人经营的投资人处以罚款:

(一)发生一般事故的,处2万元以上5万元以下的罚款;

(二)发生较大事故的,处5万元以上10万元以下的罚款;

(三)发生重大事故的,处10万元以上15万元以下的罚款;

(四)发生特别重大事故的,处15万元以上20万元以下的罚款。

第二十条 违反《条例》和本规定,事故发生单位及其有关责任人员有两种以上应当处以罚款的行为的,安全生产监督管理部门或者煤矿安全监察机构应当分别裁量,合并作出处罚决定。

第二十一条 对事故发生负有责任的其他单位及其有关责任人员处以罚款的行政处罚,依照相关法律、法规和规章的规定实施。

第二十二条 本规定自公布之日起施行。

公路工程造价管理暂行办法

(2016 年 9 月 2 日交通运输部令 2016 年第 67 号公布)

第一章 总 则

第一条 为加强公路工程造价管理,规范造价行为,合理控制建设成本,保障公路工程质量和安全,根据《中华人民共和国公路法》等法律、行政法规,制定本办法。

第二条 在中华人民共和国境内的公路新建、改建、扩建工程(以下统称公路工程)的造价活动,适用本办法。

本办法所称公路工程造价活动,是指公路工程建设项目从筹建到竣工验收交付使用所需全部费用的确定与控制,包括投资估算、设计概算、施工图预算、标底或者最高投标限价、合同价、变更费用、竣工决算等费用的确定与控制。

第三条 公路工程造价活动应当遵循客观科学、公平合理、诚实信用、厉行节约的原则。

第四条 交通运输部负责全国公路工程造价的监督管理。

省级交通运输主管部门负责本行政区域内公路工程造价的监督管理。

第二章 造 价 依 据

第五条 交通运输部制定公路工程造价依据。省级交通运输主管部门可以根据交通运输部发布的公路工程造价依据,结合本地实际,组织制定补充性造价依据。

前款所称造价依据,是指用于编制各阶段造价文件所依据的办法、规则、定额、费用标准、造价指标以及其他相关的计价标准。

第六条 交通运输部对通用性强、技术成熟的建设工艺,编制统一的公路工程定额。

省级交通运输主管部门对公路工程定额中缺项的,或者地域性强且技术成熟的建设工艺,可以编制补充性定额规定。

第七条 对交通运输主管部门制定的公路工程造价依据中未涵盖但公路工程需要的造价依据,公路工程建设单位应当根据该工程施工工艺要求等因素组织开展成本分析。

第八条 交通运输主管部门应当及时组织造价依据的编制和修订工作,促进造价依据与公路技术进步相适应。公路工程建设、勘察设计、监理、施工、造价咨询等单位应当给予支持和配合。

第九条 编制造价文件使用的造价软件,应当符合公路工程造价依据,满足造价文件编制需要。

第三章 造价确定和控制

第十条 公路工程造价应当针对公路工程建设的不同阶段,根据项目的建设方案、工程规模、质量和安全等建设目标,结合建设条件等因素,按照相应的造价依据进行合理确定和有效控制。

第十一条 建设单位承担公路工程造价控制的主体责任,在设计、施工等过程中,履行以下职责,接受交通运输主管部门的监督检查:

(一)严格履行基本建设程序,负责组织项目投资估算、设计概算、施工图预算、标底或者最高投标限价、变更费用、工程结算、竣工决算的编制;

(二)对造价进行全过程管理和控制,建立公路工程造价管理台账,实现设计概算控制目标;

(三)负责公路工程造价信息的收集、分析和报送;

(四)依法应当履行的其他职责。

第十二条 勘察设计单位应当综合分析项目建设条件,结合项目使用功能,注重设计方案的技术经济比选,充分考虑工程质量、施工安全和运营养护需要,科学确定设计方案,合理计算工程造价。

勘察设计单位应当对其编制的造价文件的质量负责,做好前后阶段的造价对比,重点加强对设计概算超投资估算、施工图预算超设计概算等的预控。

第十三条 施工单位应当按照合同约定,编制工程计量与支付、工程结算等造价文件。

第十四条 从事公路工程造价活动的人员应当具备相应的专业技术技能。鼓励从事公路工程造价活动的人员参加继续教育,不断提升职业素质。

从事公路工程造价活动的人员应当对其编制的造价文件的质量和真实性负责。

第十五条 公路工程建设项目立项阶段,投资估算应当按照《公路工程基本建设项目投资估算编制办法》等规定编制。

第十六条 公路工程建设项目设计阶段,设计概算和施工图预算应当按照《公路工程基本建设项目概算预算编制办法》等规定编制。

初步设计概算的静态投资部分不得超过经审批或者核准的投资估算的静态投资部分的110%。

施工图预算不得超过经批准的初步设计概算。

第十七条 公路工程建设项目实行招标的,应当在招标文件中载明工程计量计价事项。

设有标底或者最高投标限价的,标底或者最高投标限价应当根据造价依据并结合市场因素进行编制,并不得超出经批准的设计概算或者施工图预算对应部分。建设单位应当进行标底或者最高投标限价与设计概算或者施工图预算的对比分析,合理控制建设项目造价。

投标报价由投标人根据市场及企业经营状况编制,不得低于工程成本。

第十八条 国家重点公路工程项目和省级人民政府相关部门批准初步设计的公路工程项目的建设单位应当在施工阶段,将施工合同的工程量清单报省级交通运输主管部门备案。

第十九条 勘察设计单位应当保证承担的公路工程建设项目符合国家规定的勘察设计深度要求和勘察设计质量,避免因设计变更发生费用变更。发生设计变更的,建设单位按照有关规定完成审批程序后,合理确定变更费用。

第二十条 在公路工程建设项目建设期内,建设单位应当根据年度工程计划及时编制该项目年度费用预算,并根据工程进度及时编制工程造价管理台账,对工程投资执行情况与经批准的设计概算或者施工图预算进行对比分析。

第二十一条　由于价格上涨、定额调整、征地拆迁、贷款利率调整等因素需要调整设计概算的，应当向原初步设计审批部门申请调整概算。原初步设计审批部门应当进行审查。

未经批准擅自增加建设内容、扩大建设规模、提高建设标准、改变设计方案等造成超概算的，不予调整设计概算。

由于地质条件发生重大变化、设计方案变更等因素造成的设计概算调整，实际投资调增幅度超过静态投资估算10%的，应当报项目可行性研究报告审批或者核准部门调整投资估算后，再由原初步设计审批部门审查调整设计概算；实际投资调增幅度不超过静态投资估算10%的，由原初步设计审批部门直接审查调整设计概算。

第二十二条　公路工程建设项目竣工验收前，建设单位应当编制竣工决算报告及公路工程建设项目造价执行情况报告。审计部门对竣工决算报告提出审计意见和调整要求的，建设单位应当按照要求对竣工决算报告进行调整。

第四章　监督管理

第二十三条　交通运输主管部门应当按照职责权限加强对公路工程造价活动的监督检查。被监督检查的单位和人员应当予以配合，不得妨碍和阻挠依法进行的监督检查活动。

第二十四条　公路工程造价监督检查主要包括以下内容：

（一）相关单位对公路工程造价管理法律、法规、规章、制度以及公路工程造价依据的执行情况；

（二）各阶段造价文件编制、审查、审批、备案以及对批复意见的落实情况；

（三）建设单位工程造价管理台账和计量支付制度的建立与执行、造价全过程管理与控制情况；

（四）设计变更原因及费用变更情况；

（五）建设单位对项目造价信息的收集、分析及报送情况；

（六）从事公路工程造价活动的单位和人员的信用情况；

（七）其他相关事项。

第二十五条　省级以上交通运输主管部门组织对从事公路工程造价活动的人员和造价咨询企业的信用情况进行监管，纳入统一的公路建设市场监管体系。

第二十六条　交通运输主管部门应当按照国家有关规定，及时公开公路工程造价相关信息，并接受社会监督。

交通运输部建立公路工程造价信息化标准体系，建立部级公路工程造价信息平台。

省级交通运输主管部门建立省级公路工程造价信息平台，并与部级公路工程造价信息平台实现互联互通和信息共享。

公路工程造价信息公开应当严格审核，遵守信息安全管理规定，不得侵犯相关单位和个人的合法权益。

第二十七条　交通运输主管部门应当对公路工程造价信息及公路工程建设项目造价执行情况进行动态跟踪、分析评估，为造价依据调整和造价监督提供支撑。

第二十八条　交通运输主管部门应当将监督检查活动中发现的问题及时向相关单位和人

员通报,责令其限期整改。监督检查结果应当纳入公路建设市场监管体系。

第五章 附 则

第二十九条 公路养护工程可以根据作业类别和规模参照本办法执行。

第三十条 本办法自 2016 年 11 月 1 日起施行。

必须招标的工程项目规定

(2018 年 3 月 27 日国家发展改革委令第 16 号公布)

第一条 为了确定必须招标的工程项目,规范招标投标活动,提高工作效率、降低企业成本、预防腐败,根据《中华人民共和国招标投标法》第三条的规定,制定本规定。

第二条 全部或者部分使用国有资金投资或者国家融资的项目包括:

(一)使用预算资金 200 万元人民币以上,并且该资金占投资额 10% 以上的项目;

(二)使用国有企业事业单位资金,并且该资金占控股或者主导地位的项目。

第三条 使用国际组织或者外国政府贷款、援助资金的项目包括:

(一)使用世界银行、亚洲开发银行等国际组织贷款、援助资金的项目;

(二)使用外国政府及其机构贷款、援助资金的项目。

第四条 不属于本规定第二条、第三条规定情形的大型基础设施、公用事业等关系社会公共利益、公众安全的项目,必须招标的具体范围由国务院发展改革部门会同国务院有关部门按照确有必要、严格限定的原则制订,报国务院批准。

第五条 本规定第二条至第四条规定范围内的项目,其勘察、设计、施工、监理以及与工程建设有关的重要设备、材料等的采购达到下列标准之一的,必须招标:

(一)施工单项合同估算价在 400 万元人民币以上;

(二)重要设备、材料等货物的采购,单项合同估算价在 200 万元人民币以上;

(三)勘察、设计、监理等服务的采购,单项合同估算价在 100 万元人民币以上。

同一项目中可以合并进行的勘察、设计、施工、监理以及与工程建设有关的重要设备、材料等的采购,合同估算价合计达到前款规定标准的,必须招标。

第六条 本规定自 2018 年 6 月 1 日起施行。

第四部分

规范性文件

关于在交通基础设施建设中
推行廉政合同的通知

(2000 年 9 月 29 日 交通部 交监察发〔2000〕516 号)

各省、自治区、直辖市、新疆生产建设兵团交通厅(局、委),上海、天津市政工程局,部属各单位,部内各单位:

为加强交通基础设施建设中的廉政建设工作,保证工程建设的高效优质,确保建设资金的安全和有效使用,按照部《在交通部基础设施建设中加强廉政建设的若干意见(试行)》的要求,决定在国家重点交通基础设施建设中推行《廉政合同》。现将有关事项通知如下:

一、从 2001 年 1 月 1 日起,凡由国家计委或交通部审批可行性研究报告,且由国内企业进行施工和监理,项目法人(建设单位)行政关系隶属于交通部门的新开工基础设施项目,项目法人(建设单位)与承包商(施工单位、监理单位)在签订工程合同的同时签订《廉政合同》。上述基础设施项目包括公路、水运和交通支持系统建设。

二、《廉政合同》的内容包括:合同双方按照国家法律、法规和政策应该履行的廉政行为;各方在廉政建设中的权力、义务和责任;各方的违约责任;合同履行情况的监督电位及进行检查的方法、标准及时间约定等(见《廉政合同范本》)。

《廉政合同范本》为推荐文本,可根据本地区、本单位的实际增加条款,但内容不得与推荐范本相悖。

三、项目法人(建设单位)对《廉政合同》的签订和合同的样本要事先声明,与工程招标文件一起提供给参加施工、监理投标的单位,并在招标书中明确有关要求。

四、《廉政合同》的监督单位要加强对合同履行情况的监督检查。检查情况应形成文字材料与工程合同一并归档备查。工程验收时应将《廉政合同》的内容一起检查验收,没有签订《廉政合同》的,在工程验收时应视为缺损项目进行考评。

五、推行《廉政合同》是一项涉及面广、政策性强的工作,各级党政领导,特别是一把手要加强领导,把推行《廉政合同》作为在交通基础设施建设中加强廉政建设的一项重要措施,精心组织,抓好落实。要加强对项目管理和参建单位广大干部、职工的宣传、教育和培训,使之了解推行《廉政合同》的重要意义,掌握《廉政合同》的内容与具体操作方法。交通建设主管部门和纪检监察机关要密切配合,做好协调工作。

六、各地区、各单位在推行《廉政合同》中要注意总结经验,抓好试点,树立典型,把握好推行《廉政合同》的关键环节。在具体操作时,要注意规范程序,保证《廉政合同》签订和履行的严肃性。对在推行中发现的新情况和新问题,要及时向上级有关部门报告。

_____建设工程廉政合同
（项目法人与监理单位）

　　根据交通部《关于在交通基础设施建设中加强廉政建设的若干意见》以及有关工程建设、廉政建设的规定，为做好工程建设中的党风廉政建设，保证工程建设高效优质，保证建设资金的安全和有效使用以及投资效益，_____建设工程的项目法人_____（以下称甲方）与监理单位_____（以下称乙方），特订立如下合同。

　　第一条　甲乙双方的权利和义务

　　（一）严格遵守党和国家有关法律及交通部的有关规定。

　　（二）严格执行_____工程监理的合同文件，自觉按合同办事。

　　（三）双方的业务活动坚持公开、公正、诚信、透明的原则（除法律认定的商业秘密和合同文件另有规定之外），不得损害国家和集体利益，违反工程建设管理规章制度。

　　（四）建立健全廉政制度，开展廉政教育，设立廉政告示牌，公布举报电话，监督并认真查处违法违纪行为。

　　（五）发现对方在业务活动中有违反廉政规定的行为，有及时提醒对方纠正的权利和义务。

　　（六）发现对方严重违反本合同义务条款的行为，有向上级有关部门举报、建议给予处理并要求告知处理结果的权利。

　　第二条　甲方的义务

　　（一）甲方及其工作人员不得索要或接受乙方的礼金，有价证券和贵重物品，不得在乙方报销任何应由甲方或个人支付的费用等。

　　（二）甲方工作人员不得参加乙方安排的超标准宴请和娱乐活动；不得接受乙方提供的通讯工具、交通工具和高档办公用品等。

　　（三）甲方及其工作人员不得要求或者接受乙方为其住房装修、婚丧嫁娶活动、配偶子女的工作安排以及出国出境、旅游等提供方便等。

　　（四）甲方工作人员的配偶、子女不得从事与甲方工程有关的监理分包项目。

　　第三条　乙方义务

　　（一）乙方不得以任何理由向甲方及其工作人员行贿或馈赠礼金、有价证券、贵重礼品。

　　（二）乙方不得以任何名义为甲方及其工作人员报销由甲方单位或个人支付的任何费用。

　　（三）乙方不得以任何理由安排甲方工作人员参加超标准宴请及娱乐活动。

　　（四）乙方不得为甲方单位和个人购置或提供通讯工具、交通工具和高档办公用品等。

　　（五）乙方及其工作人员不得索取或接受工单位的礼金、有价证券和贵重物品，不得在施工单位报销任何应由乙方或个人支付的费用。

　　（六）乙方及其工作人员必须严格按照监理规程办事，不得与施工单位串通，损害甲方利益。

　　第四条　违约责任

　　（一）甲方及其工作人员违反本合同第一、二条，按管理权限，依据有关规定给予党纪、政纪或组织处理;涉嫌犯罪的,移交司法机关追究刑事责任;给乙方单位造成经济损失的,应予以赔偿。

（二）乙方及其工作人员违反本合同第一、三条,按管理权限,依据有关规定,给予党纪、政纪或组织处理;给甲方单位造成经济损失的,应予以赔偿;情节严重的,甲方建议交通工程建设主管部门给予乙方一至三年内不得进入其主管的交通工程建设市场的处罚。

第五条 双方约定:本合同由双方上级单位的纪检监察机关负责监督执行。由甲方或甲方上级单位的纪检监察机关约请乙方或乙方上级单位纪检监察机关对本合同执行情况进行检查;提出在本合同规定范围内的裁定意见。

第六条 本合同有效期为甲乙双方签署之日起至该工程项目竣工验收后止。

第七条 本合同作为＿＿＿＿工程监理合同的附件,与工程监理合同具有同等的法律效力,经合同双方签署立即生效。

第八条 本合同甲、乙双方各执一份,送交双方监督单位一份。

甲方单位:(盖章)　　　　　　　　乙方单位:(盖章)

法定代表人:　　　　　　　　　　法定代表人:

地址:　　　　　　　　　　　　　地址:

电话:　　　　　　　　　　　　　电话:

甲方监督单位:(盖章)　　　　　　乙方监督单位:(盖章)

建设工程廉政合同
（项目法人与施工单位）

根据交通部《关于在交通基础设施建设中加强廉政建设的若干意见》以及有关工程建设、廉政建设的规定,为做好工程建设中的党风廉政建设,保证工程建设高效优质,保证建设资金的安全和有效使用以及投资效益,＿＿＿＿建设工程的项目法人＿＿＿＿(以下称甲方)与施工单位＿＿＿＿(以下称乙方),特订立如下合同。

第一条 甲乙双方的权利和义务

（一）严格遵守党和国家有关法律及交通部的有关规定。

（二）严格执行＿＿＿＿;建设工程的合同文件,自觉按合同办事。

（三）双方的业务活动坚持公开、公正、诚信、透明的原则(除法律认定的商业秘密和合同文件另有规定之外),不得损害国家和集体利益,违反工程建设管理规章制度。

（四）建立健全廉政制度,开展廉政教育,设立廉政告示牌,公布举报电话,监督并认真查处违法违纪行为。

（五）发现对方在业务活动中有违反廉政规定的行为,有及时提醒对方纠正的权利和义务。

（六）发现对方严重违反本合同义务条款的行为,有向上级有关部门举报、建议给予处理并要求告知处理结果的权利。

第二条 甲方的义务

（一）甲方及其工作人员不得索要或接受乙方的礼金,有价证券和贵重物品,不得在乙方报销任何应由甲方或个人支付的费用等。

(二)甲方工作人员不得参加乙方安排的超标准宴请和娱乐活动;不得接受乙方提供的通讯工具、交通工具和高档办公用品等。

(三)甲方及其工作人员不得要求或者接受乙方为其住房装修、婚丧嫁娶活动、配偶子女的工作安排以及出国出境、旅游等提供方便等。

(四)甲方工作人员的配偶、子女不得从事与甲方工程有关的材料设备供应、工程分包、劳务等经济活动等。

(五)甲方及其工作人员不得以任何理由向乙方推荐分包单位,不得要求乙方购买合同规定外的材料和设备。

第三条　乙方义务

(一)乙方不得以任何理由向甲方及其工作人员行贿或馈赠礼金、有价证券、贵重礼品。

(二)乙方不得以任何名义为甲方及其工作人员报销由甲方单位或个人支付的任何费用。

(三)乙方不得以任何理由安排甲方工作人员参加超标准宴请及娱乐活动。

(四)乙方不得为甲方单位和个人购置或提供通讯工具、交通工具和高档办公用品等。

第四条　违约责任

(一)甲方及其工作人员违反本合同第一、二条,按管理权限,依据有关规定给予党纪、政纪或组织处理;涉嫌犯罪的,移交司法机关追究刑事责任;给乙方单位造成经济损失的,应予以赔偿。

(二)乙方及其工作人员违反本合同第一、三条,按管理权限,依据有关规定,给予党纪、政纪或组织处理;给甲方单位造成经济损失的,应予以赔偿;情节严重的,甲方建议交通工程建设主管部门给予乙方一至三年内不得进入其主管的交通工程建设市场的处罚。

第五条　双方约定:本合同由双方上级单位的纪检监察机关负责监督执行。由甲方或甲方上级单位的纪检监察机关约请乙方或乙方上级单位纪检监察机关对本合同履行情况进行检查;提出在本合同规定范围内的裁定意见。

第六条　本合同有效期为甲乙双方签署之日起至该工程项目竣工验收后止。

第七条　本合同作为_____工程施工合同的附件,与工程施工合同具有同等的法律效力,经合同双方签署立即生效。

第八条　本合同甲、乙双方各执一份,送交双方监督单位一份。

公路工程竣(交)工验收办法实施细则

(2010 年 04 月 30 日　交通运输部　交公路发〔2010〕65 号)

第一章 总 则

第一条 为进一步规范和完善公路工程竣(交)工验收工作,根据《公路工程竣(交)工验收办法》(交通部令 2004 年第 3 号),制定本细则。

第二条 公路工程验收分为交工验收和竣工验收两个阶段。

交工验收阶段,其主要工作是:检查施工合同的执行情况,评价工程质量,对各参建单位工作进行初步评价。

竣工验收阶段,其主要工作是:对工程质量、参建单位和建设项目进行综合评价,并对工程建设项目作出整体性综合评价。

第三条 公路工程竣(交)工验收的依据是:

(一)批准的项目建议书、工程可行性研究报告。

(二)批准的工程初步设计、施工图设计及设计变更文件。

(三)施工许可。

(四)招标文件及合同文本。

(五)行政主管部门的有关批复、批示文件。

(六)公路工程技术标准、规范、规程及国家有关部门的相关规定。

第二章 交 工 验 收

第四条 公路工程交工验收工作一般按合同段进行,并应具备以下条件:

(一)合同约定的各项内容已全部完成。各方就合同变更的内容达成书面一致意见。

(二)施工单位按《公路工程质量检验评定标准》及相关规定对工程质量自检合格。

(三)监理单位对工程质量评定合格。

(四)质量监督机构按"公路工程质量鉴定办法"(见附件 1)对工程质量进行检测,并出具检测意见。检测意见中需整改的问题已经处理完毕。

(五)竣工文件按公路工程档案管理的有关要求,完成"公路工程项目文件归档范围"(附件 2)第三、四、五部分(不含缺陷责任期资料)内容的收集、整理及归档工作。

(六) 施工单位、监理单位完成本合同段的工作总结报告。

第五条 交工验收程序:

(一)施工单位完成合同约定的全部工程内容,且经施工自检和监理检验评定均合格后,提出合同段交工验收申请报监理单位审查。交工验收申请应附自检评定资料和施工总结报告。

(二)监理单位根据工程实际情况、抽检资料以及对合同段工程质量评定结果,对施工单位交工验收申请及其所附资料进行审查并签署意见。监理单位审查同意后,应同时向项目法人提交独立抽检资料、质量评定资料和监理工作报告。

(三)项目法人对施工单位的交工验收申请、监理单位的质量评定资料进行核查,必要时可委托有相应资质的检测机构进行重点抽查检测,认为合同段满足交工验收条件时应及时组织交工验收。

(四)对若干合同段完工时间相近的,项目法人可合并组织交工验收。对分段通车的项目,项目法人可按合同约定分段组织交工验收。

(五)通过交工验收的合同段,项目法人应及时颁发"公路工程交工验收证书"(见附件3)。

(六)各合同段全部验收合格后,项目法人应及时完成"公路工程交工验收报告"(见附件4)。

第六条 交工验收的主要工作内容:

(一)检查合同执行情况。

(二)检查施工自检报告、施工总结报告及施工资料。

(三)检查监理单位独立抽检资料、监理工作报告及质量评定资料。

(四)检查工程实体,审查有关资料,包括主要产品的质量抽(检)测报告。

(五)核查工程完工数量是否与批准的设计文件相符,是否与工程计量数量一致。

(六)对合同是否全面执行、工程质量是否合格做出结论。

(七)按合同段分别对设计、监理、施工等单位进行初步评价(评价表见附件6-2~6-4)。

第七条 各合同段的设计、施工、监理等单位参加交工验收工作,由项目法人负责组织。路基工程作为单独合同段进行交工验收时,应邀请路面施工单位参加。拟交付使用的工程,应邀请运营、养护管理等相关单位参加。交通运输主管部门、公路管理机构、质量监督机构视情况参加交工验收。

第八条 合同段工程质量评分采用所含各单位工程质量评分的加权平均值。即:

$$合同段工程质量评分值 = \frac{\sum(单位工程质量评分值 \times 该单位工程投资额)}{\sum 单位工程投资额}$$

工程各合同段交工验收结束后,由项目法人对整个工程项目进行工程质量评定,工程质量评分采用各合同段工程质量评分的加权平均值。即:

$$工程项目质量评分值 = \frac{\sum(合同段工程质量评分值 \times 该合同段投资额)}{\sum 合同段投资额}$$

投资额原则使用结算价,当结算价暂时未确定时,可使用招标合同价,但在评分计算时应统一。

第九条 交工验收工程质量等级评定分为合格和不合格,工程质量评分值大于等于75分的为合格,小于75分的为不合格。

第十条 交工验收不合格的工程应返工整改,直至合格。

交工验收提出的工程质量缺陷等遗留问题,由项目法人责成施工单位限期完成整改。

第十一条 对通过交工验收的工程,应及时安排养护管理。

第三章 竣 工 验 收

第十二条 按照公路工程管理权限,各级交通运输主管部门应于年初制定年度竣工验收计划,并按计划组织竣工验收工作。列入竣工验收计划的项目,项目法人应提前完成竣工验收前的准备工作。

第十三条 公路工程竣工验收应具备以下条件:

(一)通车试运营 2 年以上。

(二)交工验收提出的工程质量缺陷等遗留问题已全部处理完毕,并经项目法人验收合格。

(三)工程决算编制完成,竣工决算已经审计,并经交通运输主管部门或其授权单位认定。

(四)竣工文件已完成"公路工程项目文件归档范围"的全部内容。

(五)档案、环保等单项验收合格,土地使用手续已办理。

(六)各参建单位完成工作总结报告。

(七)质量监督机构对工程质量检测鉴定合格,并形成工程质量鉴定报告。

第十四条 竣工验收准备工作程序:

(一)公路工程符合竣工验收条件后,项目法人应按照公路工程管理权限及时向相关交通运输主管部门提出验收申请,其主要内容包括:

1.交工验收报告。

2.项目执行报告、设计工作报告、施工总结报告和监理工作报告。

3.项目基本建设程序的有关批复文件。

4.档案、环保等单项验收意见。

5.土地使用证或建设用地批复文件。

6.竣工决算的核备意见、审计报告及认定意见。

(二)相关交通运输主管部门对验收申请进行审查,必要时可组织现场核查。审查同意后报负责竣工验收的交通运输主管部门。

(三)以上文件齐全且符合条件的项目,由负责竣工验收的交通运输主管部门通知所属的质量监督机构开展质量鉴定工作。

(四)质量监督机构按要求完成质量鉴定工作,出具工程质量鉴定报告,并审核交工验收对设计、施工、监理初步评价结果,报送交通运输主管部门。

(五)工程质量鉴定等级为合格及以上的项目,负责竣工验收的交通运输主管部门及时组织竣工验收。

第十五条 竣工验收主要工作内容:

(一)成立竣工验收委员会。

(二)听取公路工程项目执行报告、设计工作报告、施工总结报告、监理工作报告及接管养护单位项目使用情况报告(见附件5"公路工程参建单位工作总结报告")。

(三)听取公路工程质量监督报告及工程质量鉴定报告。

(四)竣工验收委员会成立专业检查组检查工程实体质量,审阅有关资料,形成书面检查意见。

(五)对项目法人建设管理工作进行综合评价。审定交工验收对设计单位、施工单位、监理单位的初步评价(见附件6"公路工程参建单位工作综合评价表")。

(六)对工程质量进行评分,确定工程质量等级,并综合评价建设项目(见附件7"公路工程竣工验收评价表")。

(七)形成并通过《公路工程竣工验收鉴定书》(见附件8)。

(八)负责竣工验收的交通运输主管部门印发《公路工程竣工验收鉴定书》。

(九)质量监督机构依据竣工验收结论,对各参建单位签发"公路工程参建单位工作综合评价等级证书"(见附件9)。

第十六条 竣工验收委员会由交通运输主管部门、公路管理机构、质量监督机构、造价管理机构等单位代表组成。国防公路应邀请军队代表参加。大中型项目及技术复杂工程,应邀请有关专家参加。

项目法人、设计、施工、监理、接管养护等单位代表参加竣工验收工作,但不作为竣工验收委员会成员。

第十七条 参加竣工验收工作各方的主要职责是:

竣工验收委员会负责对工程实体质量及建设情况进行全面检查。对工程质量进行评分,对各参建单位及建设项目进行综合评价,确定工程质量和建设项目等级,形成工程竣工验收鉴定书。

项目法人负责提交项目执行报告及验收工作所需资料,协助竣工验收委员会开展工作。

设计单位负责提交设计工作报告,配合竣工验收检查工作。

施工单位负责提交施工总结报告,提供各种资料,配合竣工验收检查工作。

监理单位负责提交监理工作报告,提供工程监理资料,配合竣工验收检查工作。

接管养护单位负责提交项目使用情况报告,配合竣工验收检查工作。

公路建设项目设计、施工、监理、接管养护等有多家单位的,项目法人应组织汇总设计工作报告、施工总结报告、监理工作报告、项目使用情况报告。竣工验收时选派代表向竣工验收委员会汇报。

第十八条 竣工验收工程质量评分采取加权平均法计算,其中交工验收工程质量得分权值为0.2,质量监督机构工程质量鉴定得分权值为0.6,竣工验收委员会对工程质量的评分权值为0.2。

对于交工验收和竣工验收合并进行的小型项目,质量监督机构工程质量鉴定得分权值为0.6,监理单位对工程质量评定得分权值为0.1,竣工验收委员会对工程质量的评分权值为0.3。

工程质量评分大于等于90分为优良,小于90分且大于等于75分为合格,小于75分为不合格。

第十九条 对建设项目出现以下特别严重问题的合同段,整改合格后,合同段工程质量不得评为优良,质量鉴定得分按照整改前的鉴定得分,超出75分的按75分,不足75分的按原得分;建设项目竣工验收工程质量等级和综合评定等级直接确定为合格。

(一)路基工程的大段落路基沉陷、大面积高边坡失稳。

(二)路面工程车辙深度大于10mm的路段累计长度超过该合同段车道总长度的5%。

（三）特大桥梁主要受力结构需要或进行过加固、补强。

（四）隧道工程渗漏水经处治效果不明显，衬砌出现影响结构安全裂缝，衬砌厚度合格率小于90%或有小于设计厚度二分之一的部位，空洞累计长度超过隧道长度的3%或单个空洞面积大于$3m^2$。

（五）重大质量事故或严重质量缺陷，造成历史性缺陷的工程。

第二十条 对建设项目出现以下严重问题的合同段，整改合格后，合同段工程质量不得评为优良，质量鉴定得分按75分计算；并视对建设项目的影响，由竣工验收委员会决定建设项目工程质量是否评为优良。

（一）路基工程的重要支挡工程严重变形。

（二）路面工程出现修补、唧浆、推移、网裂等病害路段累计长度超过路线的3%或累计面积大于总面积的1.5%；竣工验收复测路面弯沉合格率小于90%。

（三）大桥、中桥主要受力结构需要或进行过加固、补强。

第二十一条 竣工验收委员会对项目法人及设计、施工、监理单位工作进行综合评价。评定得分大于等于90分且工程质量等级优良的为好，小于90分且大于等于75分为中，小于75分为差。

第二十二条 竣工验收建设项目综合评分采取加权平均法计算，其中竣工验收工程质量得分权值为0.7，参建单位工作评价得分权值为0.3（项目法人占0.15，设计、施工、监理各占0.05）。

评定得分大于等于90分且工程质量等级优良的为优良，小于90分且大于等于75分为合格，小于75分为不合格。

第二十三条 发生过重大及以上生产安全事故的建设项目综合评定等级不得评为优良。

第二十四条 根据《国务院关于促进节约用地的通知》（国发〔2008〕3号）要求，竣工验收时需要核验建设项目依法用地和履行土地出让合同、划拨等情况。

第四章 附　则

第二十五条 各合同段交工验收工作所需的费用由施工单位承担。整个建设项目竣（交）工验收期间质量监督机构进行工程质量检测所需的费用由项目法人承担。

质量监督机构可委托有相应资质的检测机构承担竣（交）工验收的检测工作。

第二十六条 本细则自2010年5月1日起施行。《关于贯彻执行公路工程竣交工验收办法有关事宜的通知》（交公路发〔2004〕第446号）同时废止。

附件1

公路工程质量鉴定办法

一、质量鉴定要求

（一）基本要求。

1.公路工程质量鉴定由该建设项目的质量监督机构或竣工验收单位指定的质量监督机构负责组织。

2.公路工程质量鉴定工作包括工程实体检测、外观检查和内业资料审查。

3.公路工程质量鉴定依据质量监督机构在交工验收前和竣工验收前的工程质量检测资料，同时可结合监督过程中的检查资料进行评定（必要时工程质量检测工作可委托有相应资质的检测机构承担）。

（二）单位工程和分部工程的划分。

1.单位工程。

每个合同段范围内的路基工程、路面工程、交通安全设施、机电工程、房屋建筑工程分别作为一个单位工程；特大桥、大桥、中桥、隧道以每座作为一个单位工程（特大桥、大桥、特长隧道、长隧道分为多个合同段施工时，以每个合同段作为一个单位工程）；互通式立体交叉的路基、路面、交通安全设施按合同段纳入相应单位工程，桥梁工程按特大桥、大桥、中桥分别作为一个单位工程。

2.分部工程。

每个合同段的路基土石方、排水、小桥、涵洞、支挡、路面面层、标志、标线、防护栏等分别作为一个分部工程；桥梁上部、下部、桥面系分别作为一个分部工程；隧道衬砌、总体、路面分别作为一个分部工程；机电工程监控、通信、收费系统分别作为一个分部工程；房屋建筑工程按其专业工程质量检验评定标准评定。

（三）鉴定方法。

1.分部工程质量鉴定方法。

工程实体检测以本办法规定的抽查项目及频率为基础，按抽查项目的合格率加权平均乘100作为分部工程实测得分；外观检查发现的缺陷，在分部工程实测得分的基础上采用扣分制，扣分累计不得超过15分。

$$分部工程实测得分 = \frac{\Sigma（抽查项目合格率 \times 权值）}{\Sigma 权值} \times 100$$

$$分部工程得分 = 分部工程实测得分 - 外观扣分$$

2.单位工程、合同段、建设项目工程质量鉴定方法。

根据分部工程得分采用加权平均值计算单位工程得分，再逐级加权计算合同段工程质量得分。内业资料审查发现的问题，在合同段工程质量得分的基础上采用扣分制，扣分累计不得超过5分；合同段工程质量得分减去内业资料扣分为该合同段工程质量鉴定得分。采用加权平均值计算建设项目工程质量鉴定得分。

$$单位工程实测得分 = \frac{\sum(分部工程得分 \times 权值)}{\sum 权值}$$

$$合同段工程质量鉴定得分 = \frac{\sum(单位工程得分 \times 单位工程投资额)}{\sum 单位工程投资额} - 内业资料扣分$$

$$建设项目工程质量鉴定得分 = \frac{\sum(合同段工程质量鉴定得分 \times 合同段工程投资额)}{\sum 合同段工程投资额}$$

公式中的投资额原则使用结算价,当结算价暂时无法确定时,可使用招标合同价。但无论采用结算价还是招标合同价,计算时各单位工程或合同段均应统一。

(四)工程质量等级鉴定。

1.总体要求。

路基整体稳定;路面无严重缺陷;桥梁、隧道等构造物结构安全稳定,混凝土强度、桩基检测、预应力构件的张拉应力、桥梁承载力等均符合设计要求;工程质量经施工自检和监理评定均合格,并经项目法人确认。不满足上述要求的工程质量鉴定不予通过。

2.工程质量等级划分。

工程质量等级应按分部工程、单位工程、合同段、建设项目逐级进行评定,分部工程质量等级分为合格、不合格两个等级;单位工程、合同段、建设项目工程质量等级分为优良、合格、不合格三个等级。

分部工程得分大于或等于75分,则分部工程质量为合格,否则为不合格。

单位工程所含各分部工程均合格,且单位工程得分大于或等于90分,质量等级为优良;所含各分部工程均合格且得分大于或等于75分,小于90分,质量等级为合格;否则为不合格。

合同段(建设项目)所含单位工程(合同段)均合格,且工程质量鉴定得分大于或等于90分,工程质量鉴定等级为优良;所含单位工程均合格,且得分大于或等于75分、小于90分,工程质量鉴定等级为合格;否则为不合格。

不合格分部工程经整修、加固、补强或返工后可重新进行鉴定,直至合格。

二、工程实体检测

(一)抽查频率。

1.路基工程压实度、边坡每公里抽查不少于一处,每个合同段路基压实度检查点数不少于10个。路基弯沉检测,高速、一级公路以每半幅每公里为评定单元,其他等级公路以每公里为评定单元。

2.排水工程的断面尺寸每公里抽查2-3处,铺砌厚度按合同段抽查不少于3处。

3.小桥抽查不少于总数的20%且每种类型抽查不少于1座。

4.涵洞抽查不少于总数的10%且每种类型抽查不少于1道。

5.支挡工程抽查不少于总数的10%且每种类型抽查不少于1处。

6.路面工程的弯沉、平整度检测,高速、一级公路以每半幅每公里为评定单元,其他等级公路以每公里为评定单元。其他抽查项目每公里不少于1处。

7.特大桥、大桥逐座检查;中桥抽查不少于总数的30%且每种桥型抽查不少于1座。

桥梁下部工程抽查不少于墩台总数的20%且不少于5个,墩台数量少于5个时全部检测。每种结构形式抽查不少于1个。

桥梁上部工程抽查不少于总孔数的20%且不少于5个,孔数少于5个时全部检测。每种结构形式抽查不少于1个。

8.隧道逐座检查。

9.交通安全设施中防护栏、标线每公里抽查不少于1处;标志抽查不少于总数的10%。

10.机电工程各类设施抽查不少于10%,每类设施少于3个时全部检测。

11.房屋建筑工程逐处检查。

(二)抽查项目

公路工程质量鉴定抽查项目

单位工程	分部工程类别	抽查项目	权值	备　　注	权值
路基工程	路基土石方	压实度	3	每处每车道不少于1点。	3
		弯沉	3	每评定单元检测不少于40点,各车道交替检测。	
		边坡	1	每处两侧各测不少于两个坡面。	
	排水工程	断面尺寸	1	每处抽不少于两个断面。	1
		铺砌厚度	3	每处开挖检查不少于1个断面。	
	小桥	混凝土强度	3	每座用回弹仪或超声波测上、下部结构各不少于10个测区。	2
		主要结构尺寸	1	每座抽10~20个。	
	涵洞	混凝土强度	3	每处用回弹仪或超声波测不少于10个测区。	1
		结构尺寸	2	每道5~10个。	
	支挡工程	混凝土强度	3	每处用回弹仪或超声波测不少于10个测区。	2
		断面尺寸	3	每处开挖检查不少于1个断面。	
路面工程	路面面层	沥青路面压实度	3	每处不少于1点。	1
		沥青路面弯沉*	3	每评定单元检测不少于40点,各车道交替检测。	
		沥青路面车辙*	1	允许偏差:≤10mm;每处每车道至少测1个断面。	
		沥青路面渗水系数	2	每处不少于1点。	
		混凝土路面强度	3	每处不少于1点。	
		混凝土路面相邻板高差*	1	每处测膨胀缝位置相邻板高差不少于3点。	
		平整度*	2	高速、一级公路连续检测。	
		抗滑*	2	高速、一级公路检测摩擦系数、构造深度。	
		厚度	3	每处不少于1点。	
		横坡	1	每处1~2个断面。	

单位工程	分部工程类别	抽查项目	权值	备 注	权值
桥梁（不含小桥）	下部	墩台混凝土强度	3	每墩台用回弹仪或超声波测不少于2个测区，测区总数不少于10个。	2
		主要结构尺寸	1	每个墩台测不少于2点。	
		钢筋保护层厚度	1	每墩台测2~4处。	
		墩台垂直度	1	每个墩台测两个方向。	
	上部	混凝土强度	3	抽查主要承重构件，每孔用回弹仪或超声波测不少于10个测区。	3
		主要结构尺寸	2	每座桥测10~20点。	
		钢筋保护层厚度	1	每孔测2~4处。	
	桥面系	桥面铺装平整度 *	1	每联>100m时用连续式平整度仪分车道检测；不足100m时每段用三米直尺测3处，每处3尺，最大间隙 h：高速、一级公路允许偏差3mm，其他公路允许偏差5mm。	2
		横坡	1	每100m测不少于3个断面	
		桥面抗滑 *	2	每200m测不少于3处。	
隧道工程	衬砌	衬砌强度	3	用回弹仪或超声波每座中、短隧道测不少于10个测区，特长、长隧道测不少于20个测区。	3
		衬砌厚度	3	用高频地质雷达连续检测拱顶、拱腰三条线或钻孔检查。	
		大面平整度	1	衬砌平整度实测每座中、短隧道测5~10处，长隧道测10~20处，特长隧道测20处以上。	
	总体	宽度	1	每座中、短隧道测5~10点，长隧道测10~20点，特长隧道测不少于20点。	1
		净空	2	每座中、短隧道测5~10点，长隧道测10~20点，特长隧道测不少于20点。	
	隧道路面	面层		按照路面要求。	2
交通安全设施	标志	立柱竖直度	1	每柱测两个方向。	1
		标志板净空	2	取不利点。	
		标志板厚度	1	每块测不少于2点。	
		标志面反光膜等级及逆射光系数	2	每块测不少于2点。	
	标线	反光标线逆反射系数	2	每处测不少于5点。	1
		标线厚度	2	每处测不少于5点。	
	防护栏	波形梁板基底金属厚度	2	每处不少于5点。	2
		波形梁钢护栏立柱壁厚	2	每处不少于5点。	
		波形梁钢护栏立柱埋入深度	2	每处不少于1根。	
		波形梁钢护栏横梁中心高度	1	每处不少于5点。	
		混凝土护栏强度	2	用回弹仪或超声波每处不少于2个测区，测区总数不少于10个。	
		混凝土护栏断面尺寸	2	每处不少于5点。	

单位工程	分部工程类别	抽查项目	权值	备 注	权值
机电工程	监控系统	闭路电视监视系统传输通道指标	1	测点数不少于3个,少于3个时全部检测。	1
		可变标志显示屏平均亮度	1	测点数不少于3个,少于3个时全部检测。	
		计算机网健康测试	1	测点数不少于3个,少于3个时全部检测。	
		接地电阻、绝缘电阻	1	测点数不少于3个,少于3个时全部检测。	
	通信系统	光纤接头损耗平均值	1	测点数不少于3个,少于3个时全部检测。	1
		光纤数字传输误码指标	1	测点数不少于3个,少于3个时全部检测。	
		数字程控交换接通率	1	测点数不少于3个,少于3个时全部检测。	
	收费系统	车道设备各车种处理流程	1	测点数不少于3个,少于3个时全部检测。	1
		接地电阻、绝缘电阻	1	测点数不少于3个,少于3个时全部检测。	
房屋建筑工程	(按其专业工程质量检验评定标准评定)				

注:表中"支挡工程"指挡土墙、抗滑桩、铺砌式坡面防护、喷锚等防护工程。

(三)抽查要求。

1. 本办法规定的抽查项目均应在合同段交工验收前完成检测。竣工验收前,应对带"＊"的抽查项目进行复测,复测结果和其他抽查项目在交工验收时的检测结果,作为竣工验收质量评定的依据。沥青路面弯沉、平整度、抗滑等复测指标的质量评定标准根据相关规范及当地实际情况确定。

2. 本办法未列出的检查项目、竣工验收复测项目以及技术复杂的悬索桥、斜拉桥等工程,质量监督机构均可根据工程实际情况增加检测、复测项目。

3. 本办法未明确规定抽查项目的规定值或允许偏差的,按照《公路工程质量检验评定标准》执行。

4. 对弯沉、路面厚度、平整度、摩擦系数、隧道衬砌混凝土强度及厚度等抽查项目优先采用自动化检测(或无损检测)设备进行检测,也可采用常规方法进行检测。采用无测试规程的自动化检测(或无损检测)结果有争议时,由交通运输主管部门组织有关专家确定。

5. 竣工验收前复测的沥青路面弯沉值评定方法;采用数理统计方法评定,以每评定单元计算实测弯沉代表值,可采用3倍标准差方法对特异数据进行一次性舍弃;若计算实测弯沉代表值满足设计要求该评定单元为合格,否则为不合格;以合同段内合格的评定单元数与总的评定单元数比值为该合同段内竣工验收复测路面弯沉合格率。对于大于3倍标准差的舍弃点及不合格单元要加强观察。

三、外观检查

(一)基本要求。

1. 由该项目工程质量鉴定的质量监督机构或其委托的有资质的检测单位负责在交工验收前和竣工验收前对工程外观进行全面检查。

2.工程外观存在严重缺陷、安全隐患或已降低服务水平的建设项目不予验收，经整修达到设计要求后方可组织验收。

3.项目交工验收前应对桥梁、隧道、重点支挡工程、高边坡等涉及安全运营的重要工程部位进行详细检查。

(二)检查内容及扣分标准。

公路工程质量鉴定外观检查

单位工程	分部工程类别	检查内容及扣分标准	备　注
路基工程	路基土石方	1.路基边坡坡面平顺、稳定，曲线圆滑，不得亏坡，不符合要求时，单向累计长度每50米扣1~2分。 2.路基沉陷、开裂，每处扣2~5分。	按每公里累计扣分的平均值扣分
路基工程	排水工程	1.排水沟内侧及沟底应平顺，无阻水现象，外侧无脱空，不符合要求时，每处扣1~2分。 2.砌体坚实、勾缝牢固，不符合要求时，每5米扣1分。	按每公里累计扣分的平均值扣分
路基工程	小桥	1.混凝土表面粗糙，模板接缝处不平顺，有漏浆现象，扣1~3分。 2.梁板及接缝渗、漏水，每处缝扣1分。 3.混凝土表面蜂窝麻面面积不得超过该部位面积的0.5%，不符合要求时，每超过0.5%扣3分。 4.桥梁的内外轮廓线条应顺滑清晰，栏杆、护栏应牢固、直顺、美观，不符合要求时扣1~3分。 5.桥头路面平顺，无跳车现象，不符合要求时扣2~4分。 6.桥下施工弃料应清理干净，不符合要求时扣1~3分。	按每座累计扣分的平均值扣分
路基工程	涵洞	1.涵洞进出口不顺适，洞身不直顺，帽石、八字墙、一字墙不平直，存在翘曲现象，洞内有杂物、淤泥、阻水现象时，每种病害扣1~3分。 2.台身、涵底铺砌、拱圈、盖板有裂缝时，每道裂缝扣1~3分。 3.涵洞处路面平顺，无跳车现象，不符合要求时扣2~4分。	按每道累计扣分的平均值扣分
路基工程	支挡工程	1.砌体表面平整，砌缝完好，无开裂现象，勾缝平顺，无脱落现象，不符合要求时扣1~3分。 2.沉降缝垂直、整齐，上下贯通，不符合要求时，扣1~3分。 3.泄水孔坡度向外，无阻塞现象，不符合要求时，扣1~3分。 4.混凝土表面的蜂窝麻面不得超过该部位面积的0.5%，不符合要求时，每超过0.5%扣3分。 5.墙身裂缝，局部破损，每处扣3分。	按每处累计扣分值的平均值扣分
路面工程	面层	水泥混凝土路面： 1.混凝土板的断裂块数，高速公路和一级公路不得超过0.2%；其他公路不得超过0.4%，每超过0.1%扣2分。 2.混凝土板表面的脱皮、印痕、裂纹、石子外露和缺边掉角等病害现象，高速公路和一级公路不得超过受检面积的0.2%；其他公路不得超过0.3%，不符合要求时，每超过0.1%扣2分。对于连续配筋的混凝土路面和钢筋混凝土路面，因干缩、温缩产生的裂缝，可扣分。 3.路面侧石应直顺、曲线圆滑，越位20mm以上者，每处扣1~2分。 4.接缝填筑应饱满密实，不污染路面。不符合要求时，累计长度每100米扣2分。 5.胀缝有明显缺陷时，每条扣1~2分。	按每公里累计扣分的平均值扣分

单位工程	分部工程类别	检查内容及扣分标准	备注
路面工程	面层	沥青混凝土面层、沥青碎石面层: 1. 面层有修补现象,每处扣1～3分。 2. 表面应平整密实,不应有泛油、松散、裂缝和明显离析等现象,对于高速公路和一级公路,有上述缺陷的面积(凡属单条的裂缝,则按其实际长度乘以0.2米宽度,折算成面积)之和不得超过受检面积的0.03%,其他公路不得超过0.05%。不符合要求时每超过0.03%或0.05%扣2分;半刚性基层的反射裂缝可不计作施工缺陷,但应及时进行灌缝处理。 3. 搭接处应紧密、平顺,烫缝不应枯焦。不符合要求时,累计每10米长扣1分。 4. 面层与路缘石及其他构筑物应密贴接顺,不得有积水或漏水现象,不符合要求时,每处扣1～2分。 沥青表面处治: 1. 表面应平整密实,不应有松散、油包、波浪、泛油、封面料明显散失等现象,有上述缺陷的面积之和不得超过受检面积的0.2%,不符合要求时每超过0.2%扣2分。 2. 无明显碾压轮迹。不符合要求时,每处扣1分。 3. 面层与路缘石及其他构筑物应密贴接顺,不得有积水现象。不符合要求时,每处扣1～2分。	按每公里累计扣分的平均值扣分
桥梁工程(不含小桥)	下部工程、上部工程及桥面系	基本要求: 1. 混凝土表面平滑,模板接缝处平顺,无漏浆现象,不符合要求时扣1～3分。 2. 混凝土表面蜂窝麻面面积不得超过该部位面积的0.5%,不符合要求时,每超过0.5%扣3分。 3. 混凝土表面出现非受力裂缝,减1～3分;结构出现受力裂缝宽度超过设计规定或设计未规定时,超过0.15mm,每条扣2～3分,项目法人应对其是否影响结构承载力组织分析论证。 4. 混凝土结构有空洞或钢筋外露,每处扣2～5分,并应进行处理。 5. 施工临时预埋件、设施及建筑垃圾、杂物等未清除处理时扣1～2分。 下部结构要求: 1. 支座位置应准确,不得有偏歪、不均匀受力、脱空及非正常变形现象,不符合要求时每个扣1分。 2. 锥、护坡按路基工程的支挡工程标准检查扣分,若沉陷,每处扣1～3分,并应进行处理。 上部结构要求: 1. 预制构件安装应平整,不符合要求时每处扣减1分。 2. 悬臂浇筑的各梁段之间应接缝平顺,色泽一致,无明显错台,不符合要求时每处扣2～5分。 3. 主体钢结构外露部分的涂装和钢缆的防护防蚀层必须保护完好,不符合要求时扣1～2分,并应及时处理。 4. 拱桥主拱圈线形圆滑无局部凹凸,不符合要求时扣2～5分,拱圈无裂缝,不符合要求时扣2～5分,并对其是否影响结构承载力进行分析论证。 5. 梁板及接缝梁间湿接缝渗、漏水,每处扣1分。 桥面系要求: 1. 桥梁的内外轮廓线应顺滑清晰,不符合要求时,扣1～3分。 2. 栏杆、护栏应牢固、直顺、美观,不符合要求时,扣1～2分。 3. 桥面铺装沥青混凝土表面应平整密实,不应有泛油、松散、裂缝、明显离析等现象,有上述缺陷的面积(凡属单条的裂缝,则按其实际长度乘以0.2米宽度,折算成面积)之和不得超过受检面积的0.03%,不符合要求时每超过0.03%扣1分。 4. 伸缩缝无阻塞、变形、开裂现象,不符合要求时减1～3分;桥头有跳车现象,每处扣2～4分。 5. 泄水管安装不阻水,桥面无低凹,排水良好,不符合要求时扣3～5分。	基本要求同时适用于下部结构、上部结构和桥面系

单位工程	分部工程类别	检查内容及扣分标准	备注
隧道工程	衬砌	1. 混凝土衬砌表面密实,任一延米的隧道面积中,蜂窝麻面和气泡面积不超过0.5%,不符合要求时,每超过0.5%扣0.5~1分;蜂窝麻面深度超过5mm时不论面积大小,每处扣1分。 2. 施工缝平顺无错台,不符合要求时每处扣1~2分。 3. 隧道衬砌混凝土表面出现裂缝,每条裂缝扣0.5~2分;出现受力裂缝时,钢筋混凝土结构裂缝宽度大于0.2mm或混凝土结构裂缝宽度大于0.4mm的,每条扣2~5分,项目法人应对其是否影响结构安全组织分析论证。	
	总体	1. 洞内没有渗漏水现象,不符合要求时,高速公路、一级公路扣5~10分,其他公路隧道扣1~5分。冻融地区存在渗漏现象时扣分取高限。 2. 洞内排水系统应畅通、无阻塞,不符合要求时扣2~5分,并应查明原因进行处理。 3. 隧道洞门按支挡工程的要求检查扣分。	
	隧道路面	按路面工程的扣分标准检查扣分。	
交通安全设施	标志	1. 金属构件镀锌面不得有划痕、擦伤等损伤,不符合要求时,每一构件扣2分。 2. 标志板面不得有划痕、较大气泡和颜色不均匀等表面缺陷,不符合要求时,每块板扣2分。	标志按每块累计扣分的平均值扣分
	标线	1. 标线施工污染路面应及时清理,每处污染面积不超过10cm^2,不符合要求时,每处减1分。 2. 标线线形应流畅,与道路线形相协调,曲线圆滑,不允许出现折线,不符合要求时,每处扣2分。 3. 反光标线玻璃珠应撒布均匀,附着牢固,反光均匀,不符合要求时,每处扣2分。 4. 标线表面不应出现网状裂缝、断裂裂缝、起泡现象,不符合要求时,每处扣1分。	按每公里累计扣分的平均值扣分
	防护栏	1. 波形梁线形顺适,色泽一致,不符合要求时,每处扣1~2分。 2. 立柱顶部应无明显塌边、变形、开裂等现象,不符合要求时,每处扣2分。 3. 混凝土护栏预制块不得有断裂现象,不符合要求时每处扣1分;掉边、掉角长度每处不得超过2cm,否则每块混凝土构件扣1分;混凝土表面蜂窝、麻面、裂缝、脱皮等缺陷面积不超过该构件面积的0.5%,不符合要求时,每超过0.5%扣2分。	按每公里累计扣分的平均值扣分
机电工程	监控、通信、收费系统	1. 各系统基本功能齐全、运行稳定,满足设计和管理要求,每一个系统不符合要求时扣2~4分。 2. 机电设施布置安装合理,方便操作、维护;各设备表面光泽一致,保护措施得当,无明显划伤、剥落、锈蚀、积水现象;部件排列整齐、有序,牢固可靠,标识正确、清楚;不符合要求时每处扣0.5~1分。	按每系统累计扣分
房屋建筑工程		(按其专业工程质量检验评定标准扣分)	

四、内业资料审查

内业资料主要审查以下质量保证资料:

1. 所用原材料、半成品和成品质量检验结果。

2. 材料配比、拌和加工控制检验和试验数据。

3. 地基处理、隐蔽工程施工记录和大桥、隧道施工监控资料。

4. 各项质量控制指标的试验记录和质量检验汇总图表。

5. 施工过程中遇到的非正常情况记录及其对工程质量影响分析。

6. 施工过程中如发生质量事故,经处理补救后,达到设计要求的认可证明文件。

7. 中间交工验收资料。

8. 施工过程各方指出较大质量问题、交工验收遗留问题及试运营期出现的质量问题处理情况资料。

分部工程、单位工程、合同段工程和建设项目质量鉴定表分别见表1-1至表1-4。

内业资料要求及扣分标准如下:

1. 质量保证资料及最基本的数据、资料齐全后方可组织鉴定。

2. 资料应真实、可靠,应有施工过程中的原始记录、原始资料(原件),不应有伪造涂改现象,有欠缺时扣2~4分。

3. 资料应齐全、完整,有欠缺时扣1~3分。

4. 资料应系统、客观,反映出检查项目、频率、质量指标满足有关标准、规范要求,有欠缺时扣1~3分。

5. 资料记录应字迹清晰、内容详细、计算准确,整理应分类编排、装订整齐,有欠缺时扣1~2分。

6. 基本数据(原材料、标准试验、工艺试验等)、检验评定数据有严重不真实的,在合同段扣5分。

五、工程质量检测意见、项目检测报告、质量鉴定报告内容

质量监督机构的检测意见、项目检测报告、质量鉴定报告应在对检测结果分析的基础上提出。

工程质量检测意见主要包括:检测工作是否完成,指出工程质量存在的缺陷,交工验收前需完善的问题,主要意见。

项目检测报告主要包括:检测结果及工程质量的基本评价,工程质量存在的主要问题和缺陷,工程质量是否具备试运营条件。

质量鉴定报告主要包括:鉴定工作依据,抽查项目检测数据、外观检查、内业资料审查及复测部分指标情况,交工验收提出的质量问题、质量监督机构指出的问题及试运营期间出现的质量缺陷等的处理情况、鉴定评分及质量等级。

分部工程质量鉴定表

表 1-1

合同段： 分部工程名称： 所属建设项目：

工程部位： 施工单位： 监理单位：

（桩号、墩台号、孔号）

	项次	抽查项目	规定值或允许偏差	实测值或实测偏差值										质量评定		
				1	2	3	4	5	6	7	8	9	10	合格率（%）	权值	加权得分
实测项目																
	合计															
实测得分				外观扣分			分部工程得分								质量等级		

单位工程质量鉴定表 表 1-2

单位工程名称：　　　　　　所属建设项目：

路线名称：　　　　　　　　工程地点、桩号：

施工单位：　　　　　　　　监理单位：

合同段	分部工程				备　注
	工程名称	质量评定			
		实得分数	权值	加权得分	
	合计				
单位工程得分			质量等级		

鉴定负责人：　　　　　计算：　　　　　复核：　　　　　年　月　日

合同段工程质量鉴定表

表 1-3

合同段名称：　　　　　　　　　　　所属建设项目：

施工单位：　　　　　　　　　　　　监理单位：

单位工程名称	实　得　分	投　资　额	实得分×投资额	质量等级	备　注
合　计					
合同段实测得分			内业资料扣分		
合同段鉴定得分			质量等级		

鉴定负责人：　　　　　　计算：　　　　　　复核：　　　　　　年　月　日

建设项目质量鉴定表

表 1-4

项目名称：　　　　　　　　　　路线名称：

起讫桩号：　　　　　　　　　　完工日期：

合　同　段	实　得　分	投　资　额	实得分×投资额	质　量　等　级	备　　注
合　计					
鉴定得分			质量等级		

鉴定负责人：　　　　计算：　　　　复核：　　　　年　月　日

附件 2

公路工程项目文件归档范围

第一部分　综 合 文 件

一、竣(交)工验收文件

(一)竣工验收文件(附件 6、7、8 相关内容及竣工验收委员会各专业检查组意见)。

(二)交工验收文件(附件 3、4 相关内容)。

(三)工程单项验收文件(环保、档案等)。

(四)各参建单位总结报告。

(五)接管养护单位项目使用情况报告。

二、建设依据及上级有关指示

(一)项目建议书及批准文件。

(二)工程可行性研究报告及批准文件。

(三)水土保持批准文件。

(四)环境影响评价及批准文件。

(五)文物调查、保护等文件。

(六)初步设计文件及批准文件。

(七)施工图设计文件及批准文件。

(八)设计变更文件及批准文件。

(九)设计中重大技术问题来往文件、会议纪要。

(十)施工许可批准文件。

(十一)上级单位有关指示。

三、征地拆迁资料

(一)征地拆迁合同协议。

(二)征地批文。

(三)征用土地数量一览表。

(四)占地图及土地使用证。

(五)拆迁数量一览表。

四、工程管理文件

(一)招标文件。

(二)投标文件、评标报告。

(三)合同书、协议书。

(四)技术文件及补充文件。

(五)建设单位往来文件。

(六)工程质量责任登记表。

(七)其他文件及资料。

第二部分　决算和审计文件

一、支付报表

二、财务决算文件

三、工程决算文件

四、项目审计文件

五、其他文件

第三部分　监　理　资　料

一、监理管理文件

二、工程质量控制文件

(一)质量控制措施、规定及往来文件。

(二)监理独立抽检资料(注:编排顺序参照第四部分)。

(三)交工验收工程质量评定资料。

三、工程进度计划管理文件

四、工程合同管理文件

五、其他文件

六、其他资料

监理日志,会议记录、纪要,工程照片,音像资料。

监理机构及人员情况,各级监理人员的工作范围、责任划分、工作制度。

第四部分　施　工　资　料

一、竣工图表

(一)变更设计一览表。

(二)变更图纸。

(三)工程竣工图。

二、工程管理文件

施工组织机构及人员,岗位责任划分,施工组织设计,技术交底文件,会议纪要等。

三、施工质量控制文件

(一)工程质量管理文件。

1.工程质量往来文件(质量保证体系,专项技术方案等)。

2.工程质量自检报告及工程质量检验评定资料。

3.工程质量事故及处理情况报告、补救后达到要求的认可证明文件。

4.桥梁荷载试验报告。

5.桥梁基础检验汇总资料。

6.施工中遇到的非正常情况记录、处理方案、施工工艺、质量检测记录及观察记录、对工程质量影响分析。

7.交工验收施工单位的自检评定资料。

(二)材料及标准试验。

1.原材料、外购成品、半成品抽检试验报告及资料。

2.外购材料(产品)出厂合格证书、检验报告及质量鉴定报告。

3.各种标准试验、配合比设计报告。

(三) 施工工序资料。

1.路基工程。

(1)路基土石方工程。

i.地表处理资料。

ii.不良地质处理方案、施工资料、检测资料。

iii.分层压实资料。

iv.路基检测、验收资料。

v.分段资料汇总。

(2)防护工程。

i.基坑放样、开挖处理、试验检测资料。

ii.各工序施工记录、检测、试验资料。

iii.成品检测资料。

iv.砂浆(混凝土)强度试验资料。

(3)小桥工程。

i.基坑放样、开挖处理、试验检测资料。

ii.基础施工检查、试验资料,桩基检测资料。

iii.各分项施工工序检查、成品检测资料。

iv.砂浆强度、混凝土强度、台背回填压实度等试验报告及汇总表。

(4)排水工程。

i.基坑放样、开挖处理、试验检测资料。

ii.各施工工序检查、成品检测资料。

iii.砂浆、混凝土强度试验资料。

(5)涵洞工程。

i.基坑放样、开挖处理、试验检测资料。

ii.各施工工序检查、成品检测资料。

iii.砂浆强度、混凝土强度、台背回填压实度等试验报告及汇总表。

2.路面工程。

(1)施工工序检查资料。

(2)材料配合比抽检(油石比、马歇尔试验等)资料。

(3)压实度、弯沉、强度等试验检测报告及汇总资料。

3.桥梁工程。

(1)基坑放样、开挖处理、试验检测资料。

(2)基础施工检查、试验资料,桩基检测资料。

(3)墩台、现浇构件、预制构件、预应力等施工工序检查、成品检测资料。

(4)各工序施工、检测记录。

(5)砂浆强度、混凝土强度、台背回填压实度等试验报告及汇总表。

(6)引道工程施工检测、试验资料。

4.隧道工程。

(1)洞身开挖施工、检查资料。

(2)衬砌施工、检验资料。

(3)隧道路面工程施工、检查资料。

(4)照明、通风、消防设施施工、检查资料。

(5)洞口施工检查资料。

(6)各种附属设施检验施工资料

(7)各环节工序检查、验收资料。

(8)隧道衬砌厚度、混凝土(砂浆)强度试验检测资料。

5.交通安全设施。

(1)各种标志牌制作安装检查记录。

(2)标线检查资料、施工记录。

(3)防撞护栏、隔离栅及附属设施施工、检查资料。

(4)照明系统施工、检测资料。

(5)各中间环节检测资料。

(6)成品检测资料。

6.房屋建筑工程。

按建筑部门有关法规、资料编制办法管理、汇总。

7.机电工程。

8.绿化工程。

(四)缺陷责任期资料。

四、施工安全及文明施工文件

(一)安全生产的有关文件。

安全组织机构及人员、岗位责任、安全保证体系、施工专项技术方案、技术交底文件等。

(二)安全事故的调查处理文件。

(三)文明施工的有关文件。

五、进度控制文件

(一)进度计划(文件、图表)、批准文件。

(二)进度执行情况(文件、图表)。

(三)有关进度的往来文件。

六、计量支付文件

七、合同管理文件

八、施工原始记录

(一)施工日志。

（二）天气、温度及自然灾害记录。

（三）测量原始记录。

（四）各工序施工原始记录（未汇入施工质量控制文件的部分）。

（五）会议记录、纪要。

（六）施工照片、音像资料。

（七）其他原始记录。

第五部分　科研、新技术资料

一、科研资料

二、新技术应用资料

（批准的所有科研、新技术资料均要整理归档）

附件 3

公路工程交工验收证书

交工验收时间：　　　　　　　　　　合同段交工验收证书第　　号

工程名称：		合同段名称及编号：	
项目法人：		设计单位：	
施工单位：		监理单位：	
本合同段主要工程量：			
本合同段价款	原合同		实际	
本合同段工期	原合同		实际	

对工程质量、合同执行情况的评价、遗留问题、缺陷的处理意见及有关决定（内容较多时，可用附件）

（施工单位的意见）

施工单位法人代表或授权人（签字）　　　　　　　单位盖章
年　　月　　日

（合同段监理单位对有关问题的意见）

合同段监理单位法人代表或授权人（签字）　　　　　　单位盖章
年　　月　　日

（设计单位的意见）

设计单位法人代表或授权人（签字）　　　　　　　单位盖章
年　　月　　日

（项目法人的意见）

项目法人代表或授权人（签字）　　　　　　　单位盖章
年　　月　　日

注：表中内容较多时，可用附件。

附件 4

公路工程交工验收报告

一	工程名称	
二	工程地点及主要控制点	
三	建设依据	
四	技术标准与主要指标	
五	建设规模及性质	
六	开工日期	年　　月　　日
	完工日期	年　　月　　日
七	批准概算	
八	工程建设主要内容	
九	实际征用土地数(亩)	
十	建设项目工程质量交工验收结论	
十一	存在问题处理措施	
十二	附件	1. 公路工程交工验收合同段工程质量评分一览表 2. 公路工程交工验收证书(见附件3)

公路工程交工验收合同段工程质量评分一览表

项目名称:

施工合同段号	实 得 分	监理合同段号	设计合同段号	备　　注
工程项目质量评分				

计算:　　　　　　　　　复核:　　　　　　　　　　年　月　日

附件 5

公路工程参建单位工作总结报告

第一部分　公路工程项目执行报告

一、概况

（一）建设依据。

（二）建设规模及主要技术指标。

（三）工程进度。

（四）项目投资及来源。

（五）主要工程数量。

（六）主要参建单位，包括设计、施工、监理等单位一览表。

二、建设管理情况

（一）前期工作。

1. 设计单位招标。

2. 施工单位招标。

3. 监理单位招标。

（二）征地拆迁。

（三）项目管理。

1. 项目管理机构设置及职能。

2. 质量控制措施与效果（包括发生重大及以上质量事故及处理情况）。

3. 安全生产（包括发生重大及以上生产安全事故及处理情况）。

4. 进度管理。

5. 工程变更。

6. 工程造价控制（包括工程决算、工程款支付）。

7. 廉政建设（包括措施建设和执行，有无人员违法、违纪，以及因不廉政被处分或被起诉）。

8. 其他情况。

三、交工验收及相关问题

（一）各合同段交工验收，存在主要问题及处理情况。

（二）交工验收、工程质量鉴定提出的及缺陷责任期、试运营期间出现的质量问题处理结果。

（三）档案、环保等单项验收及竣工决算审计。

四、科研和新技术应用

五、对各参与单位的总体评价

（一）对设计单位的评价。

（二）对施工单位的评价。

（三）对监理单位的评价。

六、对工程质量的总体评价

七、项目管理体会

注：对建设规模、标准、工程数量、造价等有较大变更或变更较多的，应增加附表与批复情况对比，并说明理由。

第二部分 公路工程设计工作报告

一、概况

（一）任务来源及依据。

（二）沿线自然地理概况。

（三）主要技术指标的运用情况。

二、设计要点

（一）路线设计。

（二）路基路面及防护工程设计。

（三）桥梁、涵洞、通道设计。

（四）隧道设计。

（五）立体交叉工程设计。

（六）环保、景观等工程设计。

（七）交通工程及沿线设施设计。

（八）房建等其他工程设计。

三、施工期间设计服务情况

四、设计变更情况

（一）重大设计变更理由。

（二）设计中存在问题的变更。

（三）设计变更一览表（与原设计工程量和造价比较）。

五、设计体会

第三部分 公路工程施工总结报告

一、工程概况

合同段工程起止时间、主要工程内容。

二、机构组成

主要人员、设备投入情况、管理机构设置。

三、质量管理情况

质量控制措施；施工中工程质量自检情况及工程质量问题的处理情况；对完工质量的评价。

四、施工进度控制

五、施工安全与文明施工情况

六、环境保护与节约用地措施

七、施工中新技术、新材料、新工艺的应用情况

八、工程款支付情况

承认工程款全部支付到位,一切劳务、机械、材料等债务纠纷与建设单位无关。

九、施工体会

第四部分　公路工程监理工作报告

一、监理工作概况

合同段监理组织形式、管理结构、人员投入情况。

二、工程质量管理

质量管理措施;施工过程中质量检查情况汇总;质量问题和事故处理情况总结;工程质量评定情况。

三、计量支付、工程进度和合同管理情况

四、设计变更情况

五、交工验收中存在问题及处理情况

六、监理工作体会

第五部分　公路工程质量监督报告

一、质量监督概况

二、质量保证体系监督检查

(一)建设单位质量管理。

(二)施工单位自检体系。

(三)监理单位抽检体系。

(四)动态管理。

三、监理工作监督检查

四、施工过程质量监督(工程实体质量、质量行为、存在问题处理结果及对工程质量的意见)

五、交工验收前工程质量检测

六、对设计单位、施工单位、监理单位的评价

七、对建设单位管理情况的评价

八、监督工作体会

第六部分　接管养护单位使用情况报告

一、试运营期间养护管理基本情况

二、运营交通量、收费、运营安全状况

三、项目总体使用情况(设施使用性能、功能满足情况)

四、修复完善和养护状况(包括维修费用)

五、存在的问题及建议

附件6

公路工程参建单位工作综合评价表

公路工程建设管理工作综合评价表　　　　　　　　　　　　表6-1

工程名称：　　　　　　　　　　　　项目法人：

序号	项目	评 定 方 法	应得分	实得分
一	建设程序	应依法办理的项目建议书、可行性研究、初步设计、施工图设计、施工许可等批复情况,每缺一项扣2分。	10	
二	执行法规	未按规定招标选择设计、施工、监理单位,一个方面有问题扣2分,未按规定申请质量监督扣2分,未落实质量与安全责任扣2分,未按批准规模、标准组织建设扣2分,其他方面未执行有关法规的,每一项扣2分。	10	
三	履行合同	拖欠应支付款时,按合同约定每欠一个单位一期计量工程款扣1分,其他方面视情节轻重酌情扣分。	10	
四	工程进度	按合同工期每拖延一个月扣2分,随意提前工期每三个月扣2分。	10	
五	投资控制	每超概算(或批准的调整概算)1%扣1分。	10	
六	安全环保	每发生一起重大安全事故扣5分,每发生一起较大安全事故扣3分,每发生一起一般安全事故扣1分。 环境保护出现问题的扣1~5分。	10	
七	廉政建设	措施不健全扣2分,有廉政问题的扣5分,有被起诉的扣10分。	10	
八	工程质量	以工程质量鉴定得分乘以30%,作为本项得分。	30	
	合计		100	
评定等级				

注:竣工验收委员会根据项目执行报告和有关资料对一至七项进行综合评价,最终实得分以竣工验收委会委员得分的平均值计。

公路工程设计工作综合评价表 表6-2

工程名称:

设计段编号: 设计单位:

序号	项目	评 定 方 法	应得分	实得分
一	设计方案	总体方案是否经济合理,存在不足扣2~10分。 不符合有关标准、规范,每处问题扣2~5分。 设计深度不足,设计变更较多的扣2~5分。	20	
二	设计文件	未按编制办法编制扣2~10分。 错、漏严重的扣10分,一般扣2~5分。 因设计失误造成质量安全事故,较大事故扣30分,一般事故每起扣2~10分。 因设计原因造成环境问题的扣2~10分。 设计变更造成工程费用的变化,每增加合同价的1%扣2分。	30	
三	设计服务	未按合同协议派驻设计代表每缺1人或1人不称职扣1~5分。 服务不及时扣2~5分。	20	
四	工程质量	以所设计的各施工合同段工程质量鉴定得分按合同段投资额加权平均后,乘以30%,作为本项得分。	30	
合计			100	
质量监督机构审查意见				
竣工验收委员会审定意见			评定等级:	

注:交工验收时,项目法人按照本表内容(工程质量除外)对设计单位进行初步评价,不定等级;竣工验收时,项目法人填写完善表格,经质量监督机构审查后提交验收委员会审定。

公路工程监理工作综合评价表

表 6-3

工程名称：

监理段编号：   监理单位：

序号	项目	评 定 方 法	应得分	实得分
一	人员机构	监理工程师未按要求持证上岗，每 1 人扣 1 分。 监理工程师未按合同进场，每 1 人扣 1 分；其他人员未按合同进场，每 1 人扣 0.5 分。 监理工程师自行更换，每 1 人扣 1 分。 监理工程师被清退，每 1 人扣 2 分。 内部管理制度不健全、工作责任不明确，或落实不到位扣 3~5 分。 试验仪器、交通工具、办公设备未按合同要求配备扣 1~3 分。	10	
二	质量控制	独立抽检频率达不到合同要求的扣 2~5 分，工地巡查、重要工序旁站不足扣 2~5 分；资料签认不规范扣 1~3 分，发生重大质量事故扣 5 分，每发生一起较大质量事故扣 3 分，每发生一起一般质量事故扣 1 分，扣完为止。	10	
三	进度控制	拖延工期每月扣 1 分。	5	
四	投资控制	根据计量支付和设计变更工作情况酌情扣分。	5	
五	安全生产	发生重大安全事故扣 5 分，每发生一起较大安全事故扣 3 分，每发生一起一般安全事故扣 1 分。	5	
六	环境保护	出现环境保护问题的扣 1~5 分。	5	
七	监理资料	不符合竣工验收要求时扣 1~5 分。	5	
八	廉政建设	措施不健全扣 2 分，因不廉政被清退或处分每人次扣 5 分，有被起诉的，每人次扣 5 分。	5	
九	工程质量	以所监理的各施工合同段工程质量鉴定得分按合同段投资额加权平均后，乘以 50%，作为本项得分。	50	
	合计		100	
质量监督机构审查意见				
竣工验收委员会审定意见			评定等级：	

注：交工验收时，项目法人按照本表内容（工程质量除外）对监理单位进行初步评价，不定等级；竣工验收时，项目法人填写完善表格，经质量监督机构审查后提交验收委员会审定。

公路工程施工管理综合评价表   表 6-4

工程名称：

合同段编号：   施工单位：

序号	项目	评 定 方 法	应得分	实得分
一	工期进度	每拖延一个月扣 2 分。 生产组织不均衡扣 1 分。	10	
二	履行合同	项目经理、总工程师每更换 1 人次或 1 人不称职扣 2 分,专业工程师每更换 1 人次扣 1 分,主要机械不足或性能不良扣 1 分,进场不及时或未经许可撤离,扣 0.5 分,试验室达不到要求扣 2~5 分,有拖欠分包人工程款和劳务人员工资的,扣 2~5 分。	15	
三	竣工文件	竣工图与竣工工程不符每处扣 1 分;施工原始记录、自检资料不齐全扣 2~4 分;资料的真实可信度有问题扣 2~4 分。	5	
四	安全生产	发生重大安全事故扣 10 分,每发生一起较大安全事故扣 5 分,每发生一起一般安全事故扣 2 分。	10	
五	文明施工	规章制度不健全扣 1~2 分,文明工地建设差扣 2~3 分,出现破坏环境和乱占土地等问题的,扣 3~5 分。	5	
六	廉政建设	措施不健全扣 1 分,因不廉政被清退或处分每人次扣 2 分,有被起诉的,每人次扣 5 分。	5	
七	工程质量	竣工验收时本合同段工程质量鉴定得分乘以 50%,作为本项得分。	50	
合计			100	

质量监督机构审查意见	
竣工验收委员会审定意见	评定等级:

注:交工验收时项目法人按照本表内容(工程质量除外)对施工单位进行初步评价,不定等级;竣工验收时,项目法人填写完善表格,经质量监督机构审查后提交验收委员会审定。

附件7

公路工程竣工验收评价表

公路工程竣工验收委员会工程质量评分表

表7-1

项目名称：

序号	项目	评定内容	分值	实得分
一	主体工程质量	路基边线直顺度、路基沉陷、亏坡、松石、涵洞及排水系统完善状况，支挡工程外观和稳定情况。 路面平整度、裂缝、脱皮、石子外露、沉陷、车辙、桥头(台背)跳车现象，泛油、碾压痕迹等。 桥面平整度、栏杆扶手、灯柱、伸缩缝、混凝土外观状况。 隧道渗漏、松石、排水、通风、照明以及衬砌外观状况。 交通安全设施及交叉工程的外观及使用效果等。	70	
二	沿线服务设施	房屋及机电系统等功能和外观；其他设施，如加油站、食宿服务等设施的使用效果及外观。	10	
三	环境保护工程	绿化工程、隔音消声屏等，是否符合设计要求。施工现场清理及还耕情况。与自然环境、景观的协调情况。	10	
四	竣工图表	内容齐全，书写打印清晰、装订整齐，符合相关要求。	10	
	合计		100	

注：1. 缺二、三项时，应得分仍按100分计。例如：缺项目二时，实得分应除以0.9；项目二、三均缺时，实得分应除以0.8，依次类推。

2. 主体工程评定内容缺项时，其应得分仍按70分计。

3. 工程质量评分以各委员打分的平均值计。

公路工程竣工验收工程质量评分表 表 7-2

项目名称:

名　称	实 得 分	权　值	加 权 得 分	备　注
交工验收工程质量				
质量监督机构工程质量鉴定				
竣工验收委员会工程质量				
合计		1.0		
加权平均分			质量等级	

公路工程竣工验收建设项目综合评价表 表 7-3

项目名称:

名　称	实 得 分	权　值	加 权 得 分	备　注
竣工验收工程质量		0.7		
项目建设管理工作综合评价		0.15		
项目设计工作综合评价		0.05		
项目监理工作综合评价		0.05		
项目施工管理综合评价		0.05		
合计		1.0		
加权平均分			建设项目综合评价等级	

公路工程合同段工程质量鉴定评分一览表　　　　表 7-4

项目名称：

施工合同段号	工程质量		监理合同段号	设计合同段号	备注
	评分	等级			
工程项目质量评分：			工程项目质量等级：		

注：由项目法人填写质量监督机构对施工各合同段的质量鉴定评分和等级，提交竣工验收委员会。

公路工程参建单位工作综合评价一览表　　　　　　　　　　　　　表 7-5

项目名称：

工作内容	合同段号	参建单位名称	竣工验收		备注
			得分	等级	
建设管理					
设计					
施工					
监理					

注：由项目法人填写经质量监督机构审定的设计、施工、监理单位工作综合评分和等级,提交竣工验收委员会。

附件8

公路工程竣工验收鉴定书

（项 目 名 称）

（组织竣工验收机关盖章）

年　　月

公路工程竣工验收鉴定书

一	工程名称	
二	工程地点及 主要控制点	
三	建设依据	
四	技术标准与 主要指标	1. 公路等级: 2. 设计行车速度: 3. 桥涵设计荷载: 4. 设计洪水频率: 5. 路基宽度: 6. 最大纵坡: 7. 最小平曲线半径: ……
五	建设规模 及性质	
六	开工日期	年　　　月　　　日
	完工日期	年　　　月　　　日
七	原批准概算	
	调整概算	
	竣工决算	竣工决算:　　　　　其中 建筑安装工程投资: 设备及工具器具购置费用: 其他基本建设费:
八	工程建设 主要内容	1. 2. 3. ……
九	主要材料 实际消耗	
十	实际征用土 地数(亩)	
十一	建设项目工程 质量鉴定结论 及质量评价	(交工验收基本情况) (竣工验收前,质量监督机构鉴定情况) (竣工验收鉴定结论及质量评价)

十二	对建设、设计、施工、监理单位的综合评价	对建设单位综合评价： 对设计单位综合评价： 对施工单位综合评价： 对监理单位综合评价：
十三	建设项目综合评价及等级	(竣工验收委员会评价意见) 经竣工验收委员会综合评定和审议,对参建单位及建设项目综合评分如下: 建设管理综合评分： 分 设计工作综合评分： 分 监理工作综合评分： 分 施工管理综合评分： 分 建设项目综合评分： 分 该工程建设项目综合评价等级为:
十四	有关问题的决定和建议	

附表:1. 公路工程竣工验收委员会名单
　　　2. 公路工程交接单位代表签名表

公路工程竣工验收委员会名单

	姓 名	所 在 单 位	职务或职称	签 名
主任委员				
副主任委员				
委员				

公路工程交接单位代表签名表

	姓 名	所 在 单 位	职务或职称	签 名
主管部门				
监督单位				
公路管理单位				
项目法人				
设计单位				
监理单位				
施工单位				
接养单位				

附件 9

公路工程参建单位工作综合评价等级证书

工程名称：
单位名称：
承担工程的内容：
竣工验收结论：   　　项目质量监督机构负责人（签字）　　　　　　　　　　　　盖章（项目质量监督机构） 　　　　　　　　　　　　　　　　　　　　　　　　　　　　　　年　　月　　日

注：1. 项目参建单位包括项目法人、设计单位、施工单位、监理单位。

　　2. 竣工验收结论根据《公路工程竣工验收鉴定书》，填写参建单位承担任务的工程质量评定得分、等级和工作综合评价得分、等级。

公路工程施工分包管理办法

（2011 年 11 月 22 日　交通运输部　交公路发〔2011〕685 号）

第一章　总　　则

第一条　为规范公路工程施工分包活动,加强公路建设市场管理,保证工程质量,保障施工安全,根据《中华人民共和国公路法》、《中华人民共和国招标投标法》、《建设工程质量管理条例》、《建设工程安全生产管理条例》等法律、法规,结合公路工程建设实际情况,制定本办法。

第二条　在中华人民共和国境内从事新建、改（扩）建的国省道公路工程施工分包活动,适用本办法。

第三条　公路工程施工分包活动实行统一管理、分级负责。

第四条　鼓励公路工程施工进行专业化分包,但必须依法进行。禁止承包人以劳务合作的名义进行施工分包。

第二章　管理职责

第五条　国务院交通运输主管部门负责制定全国公路工程施工分包管理的规章制度,对省级人民政府交通运输主管部门的公路工程施工分包活动进行指导和监督检查。

第六条　省级人民政府交通运输主管部门负责本行政区域内公路工程施工分包活动的监督与管理工作;制定本行政区域公路工程施工分包管理的实施细则、分包专项类别以及相应的资格条件、统一的分包合同格式和劳务合作合同格式等。

第七条　发包人应当按照本办法规定和合同约定加强对施工分包活动的管理,建立健全分包管理制度,负责对分包的合同签订与履行、质量与安全管理、计量支付等活动监督检查,并建立台账,及时制止承包人的违法分包行为。

第八条　除承包人设定的项目管理机构外,分包人也应当分别设立项目管理机构,对所承包或者分包工程的施工活动实施管理。

项目管理机构应当具有与承包或者分包工程的规模、技术复杂程度相适应的技术、经济管理人员,其中项目负责人和技术、财务、计量、质量、安全等主要管理人员必须是本单位人员。

第三章　分包的条件

第九条　承包人可以将适合专业化队伍施工的专项工程分包给具有相应资格的单位。不得分包的专项工程,发包人应当在招标文件中予以明确。

分包人不得将承接的分包工程再进行分包。

第十条　分包人应当具备如下条件:

（一）具有经工商登记的法人资格；

（二）具有与分包工程相适应的注册资金；

（三）具有从事类似工程经验的管理与技术人员；

（四）具有(自有或租赁)分包工程所需的施工设备。

第十一条　承包人对拟分包的专项工程及规模,应当在投标文件中予以明确。

未列入投标文件的专项工程,承包人不得分包。但因工程变更增加了有特殊性技术要求、特殊工艺或者涉及专利保护等的专项工程,且按规定无须再进行招标的,由承包人提出书面申请,经发包人书面同意,可以分包。

第四章　合同管理

第十二条　承包人有权依据承包合同自主选择符合资格的分包人。任何单位和个人不得违规指定分包。

第十三条　承包人和分包人应当按照交通运输主管部门制定的统一格式依法签订分包合同,并履行合同约定的义务。分包合同必须遵循承包合同的各项原则,满足承包合同中的质量、安全、进度、环保以及其他技术、经济等要求。承包人应在工程实施前,将经监理审查同意后的分包合同报发包人备案。

第十四条　承包人应当建立健全相关分包管理制度和台账,对分包工程的质量、安全、进度和分包人的行为等实施全过程管理,按照本办法规定和合同约定对分包工程的实施向发包人负责,并承担赔偿责任。分包合同不免除承包合同中规定的承包人的责任或者义务。

第十五条　分包人应当依据分包合同的约定,组织分包工程的施工,并对分包工程的质量、安全和进度等实施有效控制。分包人对其分包的工程向承包人负责,并就所分包的工程向发包人承担连带责任。

第五章　行为管理

第十六条　禁止将承包的公路工程进行转包。

承包人未在施工现场设立项目管理机构和派驻相应人员对分包工程的施工活动实施有效管理,并且有下列情形之一的,属于转包：

（一）承包人将承包的全部工程发包给他人的；

（二）承包人将承包的全部工程肢解后以分包的名义分别发包给他人的；

（三）法律、法规规定的其他转包行为。

第十七条　禁止违法分包公路工程。

有下列情形之一的,属于违法分包：

（一）承包人未在施工现场设立项目管理机构和派驻相应人员对分包工程的施工活动实施有效管理的；

（二）承包人将工程分包给不具备相应资格的企业或者个人的；

（三）分包人以他人名义承揽分包工程的；

（四）承包人将合同文件中明确不得分包的专项工程进行分包的；

（五）承包人未与分包人依法签订分包合同或者分包合同未遵循承包合同的各项原则，不满足承包合同中相应要求的；

（六）分包合同未报发包人备案的；

（七）分包人将分包工程再进行分包的；

（八）法律、法规规定的其他违法分包行为。

第十八条　按照信用评价的有关规定，承包人和分包人应当互相开展信用评价，并向发包人提交信用评价结果。

发包人应当对承包人和分包人提交的信用评价结果进行核定，并且报送相关交通运输主管部门。

交通运输主管部门应当将发包人报送的承包人和分包人的信用评价结果纳入信用评价体系，对其进行信用管理。

第十九条　发包人应当在招标文件中明确统一采购的主要材料及构、配件等的采购主体及方式。承包人授权分包人进行相关采购时，必须经发包人书面同意。

第二十条　为确保分包合同的履行，承包人可以要求分包人提供履约担保。分包人提供担保后，如要求承包人同时提供分包工程付款担保的，承包人也应当予以提供。

第二十一条　承包人与分包人应当依法纳税。承包人因为税收抵扣向发包人申请出具相关手续的，发包人应当予以办理。

第二十二条　分包人有权与承包人共同享有分包工程业绩。分包人业绩证明由承包人与发包人共同出具。

分包人以分包业绩证明承接工程的，发包人应当予以认可。分包人以分包业绩证明申报资质的，相关交通运输主管部门应当予以认可。

劳务合作不属于施工分包。劳务合作企业以分包人名义申请业绩证明的，承包人与发包人不得出具。

第六章　附　　则

第二十三条　发包人、承包人或者分包人违反本办法相关条款规定的，法律、法规对处罚机关和处罚方式有相关规定的，依照法律、法规的规定执行；法律、法规未作规定的，由交通运输主管部门给予通报批评、警告、责令改正以及罚款等处罚。

第二十四条　本办法所称施工分包，是指承包人将其所承包工程中的专项工程发包给其他专业施工企业完成的活动。

本办法所称发包人，是指公路工程建设的项目法人或者受其委托的建设管理单位。

本办法所称监理人，是指受发包人委托对发包工程实施监理的法人或者其他组织。

本办法所称承包人，是指由发包人授标，并与发包人签署正式合同的施工企业。

本办法所称分包人，是指从承包人处分包专项工程的专业施工企业。

本办法所称本单位人员，是指与本单位签订了合法的劳动合同，并为其办理了人事、工资及社会保险关系的人员。

本办法所称专项工程是指省级人民政府交通运输主管部门制定的分包资格中的相应工程内容。

第二十五条 除施工分包以外,承包人与他人合作完成的其他以劳务活动为主的施工活动统称为劳务合作。

第二十六条 承包人应当按照合同约定对劳务合作企业的劳务作业人员进行管理。承包人对其所管理的劳务作业人员行为向发包人承担全部责任。劳务作业人员应当具备相应资格,经培训后上岗。

第二十七条 本办法由交通运输部负责解释。

第二十八条 本办法自 2012 年 1 月 1 日起施行。

公路水运工程监理信用评价办法

(2012 年 12 月 25 日 交通运输部 交质监发〔2012〕774 号)

第一章 总 则

第一条 为加强公路水运工程监理市场管理,维护公平有序竞争的市场秩序,增强监理企业和监理工程师诚信意识,推动诚信体系的建设,根据《中华人民共和国招标投标法》《中华人民共和国安全生产法》《建设工程质量管理条例》《建设工程安全生产管理条例》等法律法规,制定本办法。

第二条 本办法所称信用评价是指交通运输主管部门依据有关法律法规和合同文件等,对监理企业和监理工程师从业承诺履行状况的评定。

监理企业和监理工程师在工程项目监理过程中的行为,监理企业在资质许可、定期检验、资质复查、资质变更、投标活动以及履行监理合同等过程中的行为,监理工程师在岗位登记、业绩填报、履行合同等过程中的行为,属于从业承诺履行行为。

第三条 本办法所称监理企业是指依法取得交通运输部颁发的甲、乙级及专项监理资质证书的企业。

本办法所称监理工程师是指具有交通运输部核准的监理工程师或专业监理工程师资格的人员。

第四条 本办法第二条第二款中的工程项目,是指列入交通运输质量监督机构监督范围、监理合同额 50 万元(含)以上的公路水运工程项目。其中公路工程项目还应满足以下条件:合同工期大于等于 3 个月的二级(含)以上项目。

第五条 不属于第四条规定的工程项目范围,但属于下列情形之一的,纳入信用评价范围:

(一)在交通运输主管部门或其质量监督机构受理的举报事件中查实存在违法违规问题的监理企业和监理工程师;

(二)在重大质量事故中涉及的监理企业和监理工程师;

(三)在较大及以上等级安全生产责任事故中涉及的监理企业和监理工程师;

(四)从业过程中有本办法附件 1 中"直接定为 D 级"行为的监理企业。

第六条 信用评价应遵循公开、公平、公正的原则。

第七条 信用评价工作实行评价人签认负责制度和评价结果公示、公告制度。

第八条 信用评价工作实行统一管理、分级负责。

交通运输部负责全国范围内从业的监理企业和监理工程师的信用评价管理工作,交通运输部质量监督机构负责对具体信用评价工作进行指导并负责综合信用评价。

省级交通运输主管部门负责在本地区从业的监理企业和监理工程师的信用评价管理工作,省级交通运输质量监督机构负责本地区信用评价的具体工作。

项目业主负责本项目监理企业和监理工程师的信用评价初评工作。

监理企业负责本企业信用评价申报以及相关基本信息录入工作。

第九条 下列资料可以作为信用评价采信的基础资料:

(一)交通运输主管部门及其质量监督机构文件(含督查、检查、通报文件)和执法文书;

(二)质量监督机构发出的监督意见通知书、停工通知书、质量安全问题整改通知单;

(三)工程其他监管部门稽查、督查(察)、检查等活动中形成的检查文件;

(四)举报投诉调查处理的相关文件和专家鉴定意见;

(五)质量、安全事故调查处理及责任认定相关文件;

(六)项目业主有关现场监理机构和监理人员履约、质量和安全问题的处理意见;

(七)总监办、项目监理部、驻地办有关质量安全问题的处理意见;

(八)项目业主向质量监督机构提供的项目监理人员履约情况(包括合同规定监理人员、实际到位人员及人员变更情况等内容)。

第十条 项目业主、项目交通运输质量监督机构、省级交通运输质量监督机构及省级交通运输主管部门应对收集的基础资料进行分析、确认,对有疑问或证据不充足的资料应查证后作为评价依据。

项目交通运输质量监督机构应对纳入信用评价范围的工程项目每年不少于1次进行现场检查评价。

第十一条 监理企业信用评价周期为1年,从每年1月1日起,至当年12月31日止。

监理工程师信用评价周期为3年,从第一年1月1日起,至第三年12月31日止。

第十二条 监理企业负责组织项目监理机构于每年1月10日前将上一年度项目监理情况向项目业主提出信用评价申报,并将项目监理机构和扣分监理工程师的相关信用自评信息录入部信用信息数据库。项目业主应于每年1月底前将上一年度对监理企业和监理工程师的初评结果、扣分依据等相关资料报项目交通运输质量监督机构,同时将初评结果抄送相关监理企业。监理企业如有异议可于收到初评结果后5个工作日内向项目交通运输质量监督机构申诉。项目交通运输质量监督机构根据现场检查评价情况、申诉调查结论等对项目业主的初评结果进行核实,将核实后的初评结果报省级交通运输质量监督机构。

省级交通运输质量监督机构根据项目交通运输质量监督机构核实后的初评结果,并结合收集的其他资料进行审核和综合评分后,将评价结论报省级交通运输主管部门审定。

第十三条 省级交通运输主管部门应于每年3月底前将审定后的评价结果委托省级交通运输质量监督机构录入部信用信息数据库,并同时将书面文件报部。

交通运输部质量监督机构在汇总各省评分的基础上,结合掌握的相关企业和个人的信用情况,对监理企业和监理工程师进行综合评价。

第二章 监理企业信用评价

第十四条 监理企业信用评价实行信用综合评分制。监理企业信用评分的基准分为100

分,以每个单独签订合同的公路水运工程监理合同段为一评价单元进行扣分,具体扣分标准按照附件 1 执行。对有多个监理合同段的企业,按照监理合同额进行加权,计算其综合评分。

联合体在工程监理过程中的失信行为,对联合体各方均按照扣分标准进行扣分或确定信用等级。合同额不进行拆分。

第十五条 项目业主对监理企业的初评评分按附件 3 中的公式(四)计算。

监理企业在从业省份及全国范围内的信用综合评分按附件 3 中的公式(一)、(二)分别计算。

第十六条 对于评价当年交工验收的工程项目,除按照本办法规定对监理企业当年的从业承诺履行状况进行评价外,还应对监理企业在该工程项目建设期间的从业承诺履行状况进行总体评价。

监理企业在工程项目建设期间的信用总体评价的评分按附件 3 中的公式(三)计算。

第十七条 监理企业信用评价分为 AA、A、B、C、D 五个等级。评分对应的信用等级分别为:

AA 级:95 分<评分≤100 分,信用好;

A 级:85 分<评分≤95 分,信用较好;

B 级:70 分<评分≤85 分,信用一般;

C 级:60 分≤评分≤70 分,信用较差;

D 级:评分<60 分,信用很差。

第十八条 监理企业首次参与监理信用评价的,当年全国信用评价等级最高为 A 级。任一年内,水运工程监理企业仅在 1 个省从业的,当年全国信用评价等级最高为 A 级。

第十九条 对信用行为"直接定为 D 级"的监理企业实行动态评价,自省级交通运输主管部门认定之日起,企业在该省和全国范围内当年的信用等级定为 D 级,且定为 D 级的时间为一年。

第二十条 监理企业在工程项目建设期间,任一年在该工程项目上发生"直接定为 D 级"行为之一的,其在该项目上的总体信用评价等级最高为 B 级。

第二十一条 监理企业有本办法附件 1 中第 35 项行为的,在任一年内每发生一次,其在全国当年的信用等级降低一级,直至降到 D 级。

第三章 监理工程师信用评价

第二十二条 监理工程师信用评价实行累计扣分制,具体扣分标准按照附件 2 执行。

第二十三条 评价周期内,对监理工程师失信行为扣分进行累加。

第二十四条 对评价周期内累计扣分分值大于等于 12 分、但小于 24 分的监理工程师,在其数据库资料中标注"评价周期内从业承诺履行状况较差"。

对评价周期内累计扣分分值大于等于 24 分的监理工程师,在其数据库资料中标注"评价周期内从业承诺履行状况很差"。

第四章 信用评价管理

第二十五条 交通运输主管部门应将评价结果公示,公示时间不应少于 10 个工作日。交通运输主管部门应将最终确定的评价结果向社会公告。

第二十六条　监理企业的信用评价结果自正式公告之日起 4 年内,向社会提供公开查询。

"评价周期内从业承诺履行状况较差"和"评价周期内从业承诺履行状况很差"监理工程师的扣分情况,向社会提供公开查询。

第二十七条　交通运输主管部门应将信用评价等级为 D 级的企业、累计扣分大于等于 24 分的监理工程师列入"信用不良的重点监管对象"加强管理。

第二十八条　省级交通运输质量监督机构应指定专人负责信用评价资料的整理和归档等工作。录入交通运输部数据库的信用数据资料应经省级交通运输质量监督机构负责人签认。

第二十九条　交通运输部质量监督机构负责信用评价数据库的管理和维护。省级交通运输质量监督机构负责本地区监理企业和监理工程师信用评价资料的管理。

监理企业信用评价纸质资料及信用评(扣)分、信用等级等的电子数据资料保存期限应不少于 5 年。监理工程师的信用评价资料应不少于 6 年。

第三十条　监理企业或监理工程师对省级交通运输主管部门的信用评价公示结果有异议的,应按时向省级交通运输主管部门申诉;如对省级交通运输主管部门申诉处理结果有异议的,可向上一级交通运输主管部门再次申诉。

第三十一条　交通运输部不定期组织对全国信用评价情况进行监督检查。

第五章　附　　则

第三十二条　在本办法第四条规定范围以外的其他项目上从业的甲、乙级及专项监理资质企业和监理工程师的信用评价工作,由省级交通运输主管部门参照本办法制定评价办法。

第三十三条　本办法自印发之日起施行。

第三十四条　本办法由交通运输部负责解释。

附件 1

公路水运工程监理企业信用评价标准

评价内容			失信行为代码	失 信 行 为	信用等级或扣分标准
投标行为			JJX101001	出借监理企业资质的	直接定为 D 级
			JJX101002	以他人名义或弄虚作假进行投标的,以向招标人或评标委员会成员行贿的手段谋取中标的,或串标、围标的	直接定为 D 级
			JJX101003	监理企业中标后无正当理由放弃中标的	在全国信用评价总分中扣 5 分/次
履约行为	严重不良行为		JJX101004	分包、转包工程监理工作的	直接定为 D 级
			JJX101005	弄虚作假,故意降低工程质量标准的	直接定为 D 级
			JJX101006	在重大质量事故或较大及以上等级安全生产责任事故中,监理企业负有主要责任的	直接定为 D 级
			JJX101007	在重大质量事故或较大及以上等级安全生产责任事故中,监理企业负有责任的	20 分/次
	质量、安全生产、环保监理		JJX101008	将不合格的单位、分部、分项工程、工序按照合格签字的	15 分/次
			JJX101009	将不合格的建筑材料、建筑构配件或设备按照合格签字的	10 分/次
			JJX101010	在环保事件中负有责任的	10 分/次
			JJX101011	在一般质量事故或安全生产责任事故中,监理企业负有责任的	10 分/次
			JJX101012	工程项目出现重大安全生产事故隐患,监理企业负有责任的	6 分/次
			JJX101013	工程项目出现质量问题,监理企业负有责任的	5 分/次
			JJX101014	对交通运输主管部门或质量监督机构检查(督查)提出的监理问题未整改、整改不及时或经整改达不到要求的	5 分/次
			JJX101015	未按规定对施工组织设计、专项施工方案等进行审批的,或监理计划(规划)、监理实施细则未按规定审批的	5 分/次
			JJX101016	未按规定进行隐蔽工程验收或进行中间交工验收和质量评定的	5 分/次
			JJX101017	存在假数据、假资料问题的	5 分/类·次
			JJX101018	对施工现场发现的质量问题、安全隐患、环保问题,未及时提出书面指令督促施工单位整改的	3 分/项·次
			JJX101019	未按规定频率进行抽检和质量检验(评定)的	3 分/次
			JJX101020	监理日志、巡视、旁站记录中重要内容未记录的	2 分/项·次
	费用监理		JJX101021	工程量计量不真实的	5 分/次
	进度监理		JJX101022	由于施工单位原因导致工期滞后,监理未及时提出书面指令督促施工单位整改的	3 分/次
	人员设备到位		JJX101023	企业所属监理人员冒用他人证书从事监理工作的	10 分/人次
			JJX101024	监理人员使用假证书从事监理工作的	5 分/人次
			JJX101025	监理人员有吃拿卡要行为的	5 分/人次
			JJX101026	未按投标承诺的条件配备总监、副总监、驻地监理、总监代表的	5 分/人次

续上表

评价内容		失信行为代码	失信行为	信用等级或扣分标准
履约行为	严重不良行为人员设备到位	JJX101027	派驻到工程建设项目上的总监、副总监、驻地监理、总监代表未在中标监理企业从业登记的	5分/人次
		JJX101028	派驻到工程建设项目上的监理工程师在中标监理企业从业登记的人数不足合同约定监理工程师总人数50%的	每少1人,扣5分/人次
		JJX101029	未经业主许可调换总监、副总监、驻地监理、总监代表的	5分/人次
		JJX101030	实际到岗监理工程师不足合同约定70%的	3分/次
		JJX101031	监理工地试验室未经质量监督机构备案审核或实际工作中不满足备案要求的	3分/次
		JJX101032	监理工程师同时在两个及以上高速公路或大型水运工程项目中从业的	2分/人次
	其他行为	JJX101033	监理企业应申请评价而拒绝申请评价的	直接定为D级
		JJX101034	被交通运输部通报批评的	直接定为D级
		JJX101035	在申请资质许可、定期检验、资质复查及变更等过程中存在企业业绩弄虚作假的	发现一次,在全国信用等级降一级
		JJX101036	监理企业在资质许可、资质复查、定期检验等过程中,存在监理工程师业绩虚假的	在全国信用评价总分中扣2分/人次
		JJX101037	监理企业根据交通运输主管部门要求填报向社会公布的信息存在虚假的	在全国信用评价总分中扣3分/次
		JJX101038	被省级交通运输主管部门、质量监督机构或省级其他行政主管部门通报批评或行政处罚的	15分/次
		JJX101039	被地(市)级交通运输主管部门、质量监督机构或地(市)级其他行政主管部门通报批评或行政处罚的	5分/次

注:1. JJX101006、JJX101007、JJX101010、JJX101011、JJX101013,应根据事故调查组《事故认定或结案报告》,对监理责任认定情况及事故等级或程度进行相应扣分。质量事故、安全事故、质量问题等级划分标准见《公路工程质量事故等级划分及事故报告》(交公路发〔1999〕90号)、《水运工程质量事故等级划分及事故报告》(交通部水运质监字〔1999〕404号)、《生产安全事故报告和调查处理条例》(国务院第493号令)、《安全生产事故隐患排查治理暂行规定》(安监总局2007年第16号令)等文件。质量问题还包括被交通运输主管部门或质量监督机构责令返工、报废处理,或结构物加固补强造成永久性质量缺陷等情况。

JJX101012,安全事故隐患的分级情况见《2008年交通基础设施建设安全生产隐患排查治理工作实施意见》(厅质监字〔2008〕48号)的有关规定。本标准中的重大安全生产事故隐患(简称重大隐患)指列入各级交通运输主管部门挂牌督办范围的重大隐患。

2. JJX101015,"未按规定对施工组织设计、专项施工方案等进行审批的,或监理计划(规划)、监理实施细则未按规定审批的",是指监理未对施工单位提交的施工组织设计进行审批,包括安全技术措施、环保技术措施、施工现场临时用电方案、专项施工方案等,或者监理计划(规划)、监理实施细则未按规定审批的,扣5分/次。

3. JJX101017,"存在假数据、假资料问题的",主要扣分情况分以下几类:

(1)监理企业抽检数据不真实或出现严重偏差的;

(2)巡视、旁站、监理日志等记录不真实,与实际施工情况或监理事项不符;

(3)质量安全问题处理复查记录存在编造或不属实;

(4)标准试验、配合比设计验证审批资料虚假;

(5)其他监理文件和资料存在编造或不属实的;

(6)监理资料中存在违规代签现象的。

以上各类情况发现一次扣5分/类,多类同时发现的累加扣分。

4. JJX101018,"对施工现场发现的质量问题、安全隐患、环保问题,未及时提出书面指令督促施工单位整改的":指工程现场发生质量问题、安全隐患或环保问题时,监理应及时向施工单位发出书面监理指令,督促施工单位整改,并对整改情况予以验收和书面确认。未按上述程序实施的,扣3分/项·次,"项"指的是按照质量问题、安全隐患、环保问题分项。

5. JJX101020,监理日志、巡视、旁站记录中重要内容未记录的,扣2分/项·次,"项"指的是按照监理日志、巡视和旁站分项。

6. JJX101026,"未按投标承诺的条件配备总监、副总监、驻地监理工程师、总监代表的":指监理企业派驻现场关键人的岗位能力不满足合同要求,如主要业绩、职称、专业、资格要求等。主要扣分情况分以下几类:

(1)派驻关键人条件有降低的,即使有履行变更手续经业主同意的情形,或关键人到岗时间不足合同约定时间的2/3,扣5分/人次;

(2)关键人条件无降低,但每一个关键人岗位在施工监理期内累计变更次数达到两次(含)以上的,从第二次变更起,施工监理期每变更一次扣2分/人次(只变更一次不扣分);

(3)关键人条件有降低,且每一个岗位在施工监理期内累计变更次数超过两次(含)以上,应按照上述第(2)和(3)条累加扣分。

7. JJX101028,"派驻到工程建设项目上的监理工程师在中标监理企业从业登记的人数不足合同约定监理工程师总人数50%的":指监理工程师在中标企业从业登记人数少于合同约定监理工程师总人数的50%时,每少1人扣5分/次,不够1人按1人扣分计算;登记在中标企业监理工程师人数大于等于总人数50%时不扣分。

8. JJX101032,"监理工程师同时在两个及以上高速公路或大型水运工程项目中从业的":指监理工程师同时在两个及以上高速公路或大型水运工程项目中兼职的,扣2分/人次,但其中有暂停施工的项目除外。

9. JJX101037,"监理企业根据交通运输主管部门要求填报向社会公布的信息存在虚假的":监理企业向社会公布的信息包括企业基本信息、企业业绩、主要从业人员信息、人员业绩等,经查实,存在虚假的,在全国信用评价总分上扣3分/次。

10. JJX101038和JJX101039,被省级或地(市)级交通运输主管部门、质量监督机构、省级或地(市)级其他行政主管部门通报批评或行政处罚的:当通报批评或行政处罚涉及标准中其他具体失信行为时,原则上不重复扣分,应按"就高不就低"原则进行扣分。

11. 关于监理企业在项目实施中发生失信行为扣分的"次",作如下解释:有关主管部门在检查中发现的监理企业存在失信行为,依据标准进行相应扣分,并要求监理企业在一定时限内整改,整改期内不重复扣分。整改期后,相关主管部门仍发现同一失信行为时,可进行下一次扣分。

附件2

公路水运工程监理工程师信用评价标准

序号	失信行为代码	失 信 行 为	扣 分 标 准
1	JJX102001	监理工作中,有吃拿卡要等行为的	24分/次
2	JJX102002	使用假监理工程师或专业监理工程师资格证书的	24分/次
3	JJX102003	被交通运输部通报批评的	24分/次
4	JJX102004	在重大质量事故或较大及以上等级安全生产责任事故中负有主要责任的	24分/次
5	JJX102005	将不合格的单位、分部、分项工程按合格签字的	20分/次
6	JJX102006	将不合格的工序、建筑材料、建筑配件和设备按照合格签字的	16分/次
7	JJX102007	在环保事件中负有责任的	6~12分/次(视责任程度扣)
8	JJX102008	监理工程师存在造假行为的	12分/次
9	JJX102009	被省级交通运输主管部门、质量监督机构或省级其他行政主管部门通报批评或行政处罚的	12分/次
10	JJX102010	在重大质量事故或较大及以上等级安全生产责任事故中负有责任的	12分/次
11	JJX102011	在一般质量事故或安全生产责任事故中负有责任的	8分/次
12	JJX102012	在重大安全生产事故隐患中负有责任的	8分/次
13	JJX102013	在质量问题中负有责任的	6分/次
14	JJX102014	被地(市)级交通运输主管部门、质量监督机构或地(市)级其他行政主管部门通报批评或行政处罚的	6分/次
15	JJX102015	出借资格证书的	6分/次
16	JJX102016	无正当理由,不履行劳动合同的	6分/次
17	JJX102017	从事监理工作未进行从业登记或业绩登记的	6分/次
18	JJX102018	违规代签监理资料的	3分/次
19	JJX102019	现场监理工程师无正当理由不到岗、不出勤的	2分/次

注:1. JJX102004、JJX102010 至 JJX102013 的相关说明参见《公路水运工程监理企业信用评价标准》注1。

2. JJX102008,"监理工程师存在造假行为的":包括编造、伪造试验资料或监理资料,以及在从业登记和业绩登记中提供虚假资料,扣12 分 / 次。

3. JJX102009、JJX102014,"被省级或地(市)级及以上交通运输主管部门、质量监督机构、省级或地(市)级其他行政主管部门通报批评的":当通报批评涉及标准中其他失信行为时,原则上不重复扣分,应按"就高不就低"原则进行扣分。

4. JJX102015,"出借资格证书的":是指监理工程师与监理企业无劳动关系,仅将其资格证书信息登记在该企业,并提供证书供企业投标、办理资质许可相关事宜的行为,应扣6 分 / 次。

5. JJX102017,"从事监理工作未进行从业登记或业绩登记的":是指监理工程师未按规定在交通运输部质量监督局网站"监理工程师岗位登记系统"中进行了从业登记和业绩登记。

6. 关于监理工程师在项目实施中发生失信行为扣分的"次",作如下解释:有关主管部门在检查中发现的监理工程师存在失信行为,依据标准进行相应扣分,并要求监理工程师在一定时限内整改,整改期内不重复扣分。整改期后,相关主管部门仍发现同一失信行为时,可进行下一次扣分。

附件 3

公路水运工程监理信用评价相关计算公式

（一）监理企业在从业省份的信用综合评分计算公式。

$$S = \sum_{i=1}^{n} (F_i \cdot H_i) / \sum_{i=1}^{n} H_i$$

式中：S——企业在某省的信用综合评分；

　F_i——企业在某省内某一合同段的信用评分；

　H_i——企业在某省内某一合同段的合同额；

　n——企业在某省内从业的监理合同段总数。

（二）监理企业在全国范围内的信用综合评分计算公式。

$$G = \sum_{j=1}^{m} (S_j \cdot I_j) / \sum_{j=1}^{m} I_j$$

式中：G——企业在全国范围内的信用综合评分；

　S_j——企业在某省的信用综合评分；

　I_j——企业在某省的合同总额；

　m——企业从业的省份总数。

（三）监理企业在工程项目建设期间的信用总体评价的评分计算公式。

$$X = \sum_{i=1}^{k} N_i / k$$

式中：X——企业在工程项目建设期间的信用总体评分；

　N_i——企业在工程项目建设期间某一年的信用综合评分，按公式（四）计算；

　k——企业在工程项目上的从业年份数量。

（四）监理企业在工程项目建设期间某一年的信用综合评分计算公式。

$$N = \sum_{i=1}^{n} (F_i \cdot H_i) / \sum_{i=1}^{n} H_i$$

式中：F_i——企业在工程项目某一合同段的信用评分；

　H_i——企业在工程项目上某一合同段的合同额；

　n——企业在工程项目上的合同段总数。

国家发展改革委关于进一步放开建设项目
专业服务价格的通知

(2015 年 2 月 11 日　国家发展和改革委员会　发改价格〔2015〕299 号)

国务院有关部门、直属机构,各省、自治区、直辖市发展改革委、物价局:

为贯彻落实党的十八届三中全会精神,按照国务院部署,充分发挥市场在资源配置中的决定性作用,决定进一步放开建设项目专业服务价格。现将有关事项通知如下:

一、在已放开非政府投资及非政府委托的建设项目专业服务价格的基础上,全面放开以下实行政府指导价管理的建设项目专业服务价格,实行市场调节价。

(一)建设项目前期工作咨询费,指工程咨询机构接受委托,提供建设项目专题研究、编制和评估项目建议书或者可行性研究报告,以及其他与建设项目前期工作有关的咨询等服务收取的费用。

(二)工程勘察设计费,包括工程勘察收费和工程设计收费。工程勘察收费,指工程勘察机构接受委托,提供收集已有资料、现场踏勘、制定勘察纲要,进行测绘、勘探、取样、试验、测试、检测、监测等勘察作业,以及编制工程勘察文件和岩土工程设计文件等服务收取的费用;工程设计收费,指工程设计机构接受委托,提供编制建设项目初步设计文件、施工图设计文件、非标准设备设计文件、施工图预算文件、竣工图文件等服务收取的费用。

(三)招标代理费,指招标代理机构接受委托,提供代理工程、货物、服务招标,编制招标文件、审查投标人资格,组织投标人踏勘现场并答疑,组织开标、评标、定标,以及提供招标前期咨询、协调合同的签订等服务收取的费用。

(四)工程监理费,指工程监理机构接受委托,提供建设工程施工阶段的质量、进度、费用控制管理和安全生产监督管理、合同、信息等方面协调管理等服务收取的费用。

(五)环境影响咨询费,指环境影响咨询机构接受委托,提供编制环境影响报告书、环境影响报告表和对环境影响报告书、环境影响报告表进行技术评估等服务收取的费用。

二、上述 5 项服务价格实行市场调节价后,经营者应严格遵守《价格法》、《关于商品和服务实行明码标价的规定》等法律法规规定,告知委托人有关服务项目、服务内容、服务质量,以及服务价格等,并在相关服务合同中约定。经营者提供的服务,应当符合国家和行业有关标准规范,满足合同约定的服务内容和质量等要求。不得违反标准规范规定或合同约定,通过降低服务质量、减少服务内容等手段进行恶性竞争,扰乱正常市场秩序。

三、各有关行业主管部门要加强对本行业相关经营主体服务行为监管。要建立健全服务标准规范,进一步完善行业准入和退出机制,为市场主体创造公开、公平的市场竞争环境,引导行业健康发展;要制定市场主体和从业人员信用评价标准,推进工程建设服务市场信用体系建设,加大对有重大失信行为的企业及负有责任的从业人员的惩戒力度。充分发挥行业协会服务企业和行业自律作用,加强对本行业经营者的培训和指导。

四、政府有关部门对建设项目实施审批、核准或备案管理,需委托专业服务机构等中介提供评估评审等服务的,有关评估评审费用等由委托评估评审的项目审批、核准或备案机关承担,评估评审机构不得向项目单位收取费用。

五、各级价格主管部门要加强对建设项目服务市场价格行为监管,依法查处各种截留定价权,利用行政权力指定服务、转嫁成本,以及串通涨价、价格欺诈等行为,维护正常的市场秩序,保障市场主体合法权益。

六、本通知自 2015 年 3 月 1 日起执行。此前与本通知不符的有关规定,同时废止。

国家发展改革委
2015 年 2 月 11 日

交通运输部关于深化公路建设管理
体制改革的若干意见

(2015 年 04 月 21 日　交通运输部　交公路发〔2015〕54 号)

各省、自治区、直辖市、新疆生产建设兵团交通运输厅(局、委)：

为深入推进交通运输改革,全面推行现代工程管理,提高公路建设管理水平,现就深化公路建设管理体制改革提出如下意见：

一、深化改革的指导思想和基本原则

(一)指导思想。

贯彻落实党的十八大、十八届三中、四中全会精神,按照全面深化改革、全面推进依法治国、推进国家治理体系和治理能力现代化的总体要求,处理好政府和市场的关系,使市场在资源配置中起决定性作用和更好发挥政府作用,以完善市场机制、创新管理模式和政府监管方式、落实建设管理责任为重点,改革完善建设管理制度,建立与现代工程管理相适应的公路建设管理体系,为促进公路建设科学发展、安全发展提供制度保障。

(二)基本原则。

依法管理。完善公路建设管理相关法律法规,推进公路建设法治化,做到依法建设,依法管理,依法监督。

责权一致。明确公路建设项目相关主体的责权,做到责权对等、责任落实。

科学高效。整合项目管理职责,减少管理层级,创新管理模式,推行专业化管理,提高管理效能和建设管理水平。

公开透明。健全和规范公路建设市场,加强政府监管,规范权力运行,铲除公路建设中滋生腐败行为的土壤和条件。

二、完善公路建设管理四项制度

(三)落实项目法人责任制。

公路建设项目法人由项目出资人和项目建设管理法人组成。项目出资人依法履行出资人职责;项目建设管理法人是经依法设立或认定,具有注册法人资格的企、事业单位,负责公路项目的建设管理,承担工程质量、安全、进度、投资控制等法定责任。

公路建设项目应实行项目法人责任制。对于目前由地方政府或交通运输主管部门直接负责建设管理的国省干线公路、农村公路项目,应按照政企分开、政事分开、监管与执行分开的原则,逐步过渡到由公路管理机构履行项目建设管理法人职责,或通过代建方式由专业化的项目管理单位负责建设。

按照项目投资性质,政府作为出资人的,应依法确定企业或事业单位作为建设管理法人;企业作为出资人的,应组建项目建设管理法人。项目建设管理法人应具备与项目建设管理相适应的管理能力,并承担项目建设管理职能及相应的法律责任。当项目建设管理法人不具备相应的项目建设管理能力时,应委托符合项目建设管理要求的代建单位进行建设管理,并依法承担各自相应的法律责任。项目法人在报送项目设计文件时,应将项目建设管理法人相关资料作为文件的组成内容一并上报。交通运输主管部门在设计审批时,应对项目建设管理法人的管理能力情况进行审核。对不满足项目建设管理要求的,应按规定要求其补充完善或委托代建。

地方交通运输主管部门应按照交通运输部《关于进一步加强公路项目建设单位管理的若干意见》(交公路发〔2011〕438 号),结合本地区实际及具体项目情况,制定针对项目的建设管理能力要求,主要包括项目管理机构组成、职责分工、项目负责人等关键岗位人员的配置及资格、工程建设管理经验等方面内容。

交通运输主管部门要以项目为单位对项目建设管理法人和法人代表及项目管理主要人员开展考核和信用评价,不断完善对项目建设管理法人的监督约束机制和责任追究机制。考核内容涵盖项目建设管理法人和主要负责人的管理行为和项目建设的质量、安全、进度、造价等控制情况。通过考核激励和责任追究,强化项目建设管理法人的主体意识和责任意识,提高项目管理专业化水平。

(四)改革工程监理制。

坚持和完善工程监理制,更好地发挥监理作用。按照项目的投资类型及建设管理模式,由项目建设管理法人自主决定工程监理的实现形式。

明确监理定位。工程监理在项目管理中不作为独立的第三方,监理单位是对委托人负责的受托方,按合同要求和监理规范提供监理咨询服务。

明确监理职责和权利。监理工作是项目建设管理工作的重要组成部分。监理单位根据项目建设管理法人要求,按照合同约定的权利和义务,依法、依合同开展监理工作。工程施工质量和安全的第一责任人是施工单位,勘察设计质量和安全的第一责任人是勘察设计单位,监理单位依法承担监理合同范围内规定的相应责任。

调整完善监理工作机制。监理工作应改进方式,以质量、安全为重点,加强程序控制、工序验收和抽检评定,加强对隐蔽工程和关键部位的监理,精简内业工作量,明确环境监理和安全监理工作内容,落实对质量安全等问题的监督权和否决权。

引导监理企业和监理从业人员转型发展。引导监理企业逐步向代建、咨询、可行性研究、设计和监理一体化方向发展,拓展业务范围,根据市场需求,提供高层次、多样化的管理咨询服务。政府部门也可通过购买服务的方式委托监理企业开展相关工作。深化监理人员执业资格制度改革,提高监理人员的实际能力、专业技术水平和职业道德水平。引导监理市场规范有序发展,维护监理企业的合理利润和监理人员的合理待遇。

(五)完善招标投标制。

坚持依法择优导向。遵循"公平、公正、公开、择优"原则,尊重项目建设管理法人依法选择参建单位的自主权。改进资格审查和评标工作,加强信用评价结果在招投标中的应用,采取有效措施防止恶意低价抢标、围标串标。大力推进电子招投标,完善限额以下简易招标制度。加强对评标专家的管理,实行评标专家信用管理制度。

健全规章制度体系。加快制定公路建设项目代建、设计施工总承包招投标管理办法及标准招标文件,加快修订施工、设计、监理等招投标管理办法。对出资人自行设计和施工的项目,要进一步完善投资人招标等有关规定。

加强政府监管。交通运输主管部门要按照当地政府的有关规定,具备条件的公路建设项目招投标应进入公共资源交易市场。要依法纠正招投标中的违法行为,不得干预招标人的正常招标活动。要坚持信息公开,鼓励社会监督,规范招投标行为。

(六)强化合同管理制。

各级交通运输主管部门和从业单位应强化法律意识和契约意识,杜绝非法合同、口头协议和纸外合同等不规范现象。不断完善合同管理体系,研究制定《公路建设项目合同管理办法》,健全标准合同范本体系,制定代建、设计施工总承包、公路简明施工等标准合同范本,坚持以合同为依据规范项目建设管理工作。

加强对合同谈判、签订、履行、变更、结算等全过程管理,进一步完善工作机制和管理制度,注重培养合同管理人才,提高合同管理的科学化水平。强化合同执行情况的监督,通过履约考核、信用评价、奖励处罚等措施,督促合同双方履约守信。

三、创新项目建设管理模式

根据公路建设实际和投融资体制改革的要求,为提高项目管理专业化水平,各地可结合本地区实际情况和建设项目特点选用以下三种项目建设管理模式。同时,为进一步激发社会资本活力,鼓励各地进一步探索政府和社会资本合作(PPP)模式等新的融资模式下的其他有效建设管理模式。

(七)自管模式。由项目建设管理法人统一负责项目的全部建设管理工作和监理工作。项目建设管理法人必须具备相应的管理能力和技术能力,并配备具有相应执业资格的专业人员,能够完成项目管理全部工作,包括《公路工程施工监理规范》规定的相关工作,对项目质量、安全、进度、投资、环保等负总责。根据建设项目的规模和技术复杂程度,项目建设管理法人应依据自身监管能力从具有相应资质等级的监理单位聘请有相应资格的监理人员负责监理工作。

(八)改进的传统模式。由项目建设管理法人通过招标等方式,选择符合相应资质要求的监理单位对项目实行监理。按照监理制度改革的新要求,在监理合同中应明确项目建设管理法人与监理单位的职责界面,项目建设管理法人对项目建设管理负总责,监理单位受其委托,按照合同约定和授权依法履行相应的职责。

(九)代建模式。由出资人或项目建设管理法人通过招标等方式选择符合项目建设管理要求的代建单位承担项目建设管理工作。代建单位依据代建合同开展工作,履行合同规定的职权,承担相应的责任。鼓励代建单位统一负责项目建设管理工作和监理工作。

(十)建设管理模式确定程序。项目法人在向交通运输主管部门报送设计文件时,应明确拟采用的建设管理模式(包括相应的监理选择方式)并提交相关的材料。设计文件批复时要明确项目建设管理模式,以及建设管理法人、法人代表及项目主要负责人等,采用代建模式的,应明确代建单位及主要负责人等。项目建设管理模式、项目建设管理法人等变更时,应报原审批设计文件的交通运输主管部门备案。

四、逐步推行设计施工总承包方式

(十一)各级交通运输主管部门应鼓励项目建设管理法人根据项目特点,科学选择工程承发包方式,逐步推行设计施工总承包。设计施工总承包单位应按有关规定通过招标等方式确定,由其负责施工图勘察设计、工程施工和缺陷责任期修复等工作。要通过合同明确项目建设管理法人与总承包单位的职责分工和风险划分。设计施工总承包可以实行项目整体总承包,也可以分路段实行总承包,或者对机电、房建、绿化工程等实行专业总承包。实行设计施工总承包方式,要深化初步设计及概算工作,加强设计审查及设计变更管理,确保质量安全标准不降低,工程耐久性符合要求。探索推行设计、施工和固定年限养护相结合的总承包方式。

五、建立健全统一开放的公路建设市场体系

(十二)完善公路建设市场信用体系。

加强信用信息的基础性建设工作。完善全国统一的从业单位和从业人员数据库,利用信息化手段,实现信息共享,做到市场主体信用信息公开、透明、有效。规范信用信息的应用管理,完善守信激励和失信惩戒的相关制度。

要拓展对市场主体的评价工作。做好对勘察设计、施工、监理、试验检测等单位的信用评价工作,试行对项目建设管理法人、代建单位的信用评价,并将各市场主体的信用情况与招投标、资质审查等工作挂钩。

建立主要从业人员信用评价体系。对项目建设管理法人、代建单位、勘察设计、施工、监理及试验检测等各参建单位的项目负责人、技术负责人、安全生产负责人及其他关键岗位负责人等主要从业人员,建立个人执业信息登记和公开制度,开展个人信用评价,将评价结果计入个人信用信息档案,并与招投标等工作挂钩。大力整治从业人员非法挂靠、虚报资格(质)、履约不到位等问题,以净化市场环境。

(十三)加强代建市场的培育。各级交通运输主管部门要建立健全代建项目管理的规章制度,推进项目管理专业化。要通过政策引导和有效管理,促进代建市场规范有序发展。

(十四)加强从业人员管理工作。交通运输主管部门、项目法人及有关从业单位应充分考虑不同层次、不同岗位从业人员的差别化需求,加强各类培训和经验交流。公路建设项目各参建单位对一线操作人员要积极创造学习条件,定期举办技术交流培训,促使操作人员熟练掌握工作技能,不断提高文化和职业素质。

(十五)完善工程保险制度。根据项目规模、技术复杂程度、企业业绩、管理水平等,逐步实行差别化保险费率和浮动费率。通过市场风险管理机制,促使企业增强品牌意识、诚信意识和法律意识,规范市场行为。

六、强化政府监管

(十六)强化事中事后监管。各级交通运输主管部门要按照行政管理体制改革要求,逐步

精简事前审批事项,减少市场准入限制,加强对项目的事中事后监管,特别是对项目出资人资金到位情况、招标投标、设计审查、工程变更、工程验收等关键环节的监管,重点整治招投标中的非法干预、暗箱操作、围标串标行为,以及试验数据和变更设计造假、层层转包和非法分包、虚报工程量、多计工程款等违法违规行为,加强对工人工资支付情况的监管。实行项目建设管理法人及其他参建单位责任登记制度,细化、分解相关单位及人员的责任。建立工程质量终身责任追究制度和工程造价监督管理制度,完善设计变更管理制度、工程项目信息公开制度和材料设备阳光采购制度。对存在违法违规行为的参建单位和个人要依法严惩,列入"黑名单",给予限期不准参加招标投标、吊销资质证书、停止执业、吊销执业证书等相应处罚。

（十七）创新监管方式。要研究制定针对新的项目管理模式和新的融资方式的建设项目的监管模式、重点和措施,对社会资本投资的项目,要制定相应的监管方案,明确监管单位、人员、职责和监管措施,提高监管的针对性。要认真审核特许经营协议中关于质量、安全、工期、环保、检测频率等内容条款,明确项目建设管理法人的相关责任、义务和权利。严格审查技术标准、建设规模和重大技术方案,重点加强对建设程序执行、建设资金使用、质量安全等措施的监管。必要时政府可通过招标等方式选择第三方专业机构,提供技术审查咨询、试验检测等相关技术服务,丰富监管手段,有效发挥监管作用。

七、有关要求

（十八）提高思想认识,加强组织领导。省级交通运输主管部门要高度重视公路建设管理体制改革工作,按照部公路建设管理体制改革的总体部署,因地制宜地制定本地区改革实施方案,明确责任、精心组织、狠抓落实,推进公路建设管理体制改革不断深化。

（十九）积极开展试点,稳步推进改革。省级交通运输主管部门要结合本地区实际情况组织开展自管模式、代建模式、监理改革和设计施工总承包等试点工作,改革试点方案报部备案。处理好改革、发展、稳定的关系,既要积极推进改革,又要稳妥可靠,既要做好改革的顶层设计和总体规划,又要因地制宜提出具有可操作性的解决方案。要跟踪试点进展情况,及时研究解决试点中发现的问题,总结经验,完善制度,加以推广。

（二十）完善法规体系,实现依法建设。根据公路建设管理体制改革的总体要求,结合试点情况,及时修订有关法规、规章及规范性文件,完善管理制度,细化配套措施,健全法规体系,不断提升公路建设管理水平,实现公路建设管理的法制化。

交通运输部

2015 年 4 月 13 日

公路建设市场督查工作规则

(2015 年 4 月 20 日　交通运输部　交公路发〔2015〕59 号)

第一章 总 则

第一条 为加强公路建设市场管理,建设统一开放、竞争有序的公路建设市场环境,维护公平、公正、诚信的公路建设市场,保护国家、社会公共利益和从业者合法权益,根据《中华人民共和国公路法》、《公路建设市场管理办法》等法律、规章,制定本规则。

第二条 本规则适用于交通运输部及各省级交通运输主管部门依法组织的公路建设市场监督检查活动。

公路建设、设计、施工、监理、咨询和检测等市场从业单位和有关人员应依法接受监督检查。

第三条 督查工作实行统一组织、分级管理、部省联动、专家参与的工作方式。

交通运输部负责制定全国公路建设市场督查工作制度,建立部级督查专家库,编制督查工作计划,组织实施全国公路建设市场重点督查,指导省级交通运输主管部门开展公路建设市场督查工作。

省级交通运输主管部门负责制定本辖区公路建设市场督查工作规则,建立省级督查专家库,编制年度督查计划并组织实施,组织本辖区公路建设市场督查工作;根据交通运输部制定的全国公路建设市场督查计划,配合部督查工作组开展督查工作。

第四条 督查依据和标准:

(一)公路建设管理相关法律、法规、规章;

(二)国家及行业的技术标准和规范;

(三)工程项目的相关批复文件、设计文件、招标投标文件及合同文件;

(四)国家及行业其他相关规定。

第五条 督查工作应遵循公平公正、科学规范、严肃认真、廉洁高效的原则。

第二章 督查内容与方式

第六条 督查包括以下专项内容。

(一)市场准入管理;

(二)建设程序执行;

(三)招标投标管理;

(四)信用体系建设;

(五)合同履约管理;

(六)其他相关工作。

(具体内容见附件1公路建设市场督查考评表及评分方法)

第七条　督查工作采取综合督查与专项督查相结合的方式进行。

综合督查是对所有督查专项内容和相关项目执行情况进行的全面督查。

专项督查是对部分督查专项内容和相关项目执行情况进行的详细督查。

第八条　督查工作实行督查工作组负责制,由交通运输主管部门根据督查内容和项目特点,在督查专家库中选调相关方面专家组成工作组,组长由交通运输主管部门选派,或委托下级交通运输主管部门作为组长单位派出。

第九条　督查工作一般按照下达督查通知、组成督查工作组、听取工作介绍、现场督查、交换督查意见、提交督查报告的工作程序组织进行(具体工作流程见附件2)。必要时,也可采取随机抽查、暗访、委托取样试验等辅助形式。

第三章　督查工作要求

第十条　交通运输部根据全国公路建设市场总体情况,在每年第一季度制订年度督查工作计划,明确督查省份和相关要求,统一部署全国公路建设市场督查工作。

省级交通运输主管部门根据本地情况,确定年度督查地区、重点项目和具体要求,制定督查计划并组织实施。

第十一条　督查项目由督查工作组根据督查内容在赴现场前确定。

交通运输部重点督查国家高速公路网等重点建设项目,也可选择其他高速公路或国、省干线公路项目。原则上每省(区、市)选取2个项目,每个项目抽查的合同段一般不少于3个,合同段总数少于3个时选取全部合同段。

第十二条　省级交通运输主管部门应建立督查专家库,并实行动态管理。综合督查工作组专家不宜少于5名;专项督查工作组专家不宜少于3名。对督查专家的选择实行回避制度。督查专家应严格遵守有关规定,执行督查标准,对督查工作负责。

第十三条　督查工作组完成现场督查后,应按照《公路建设市场督查考评表》(详见附件1)对督查内容进行督查评价,督查评价包括行业管理和项目管理两部分内容。

综合督查以被督查地区行业管理和项目管理为评价对象,分别对每个单项工作进行评分,再进行加权综合评价。

专项督查以单项工作为评价对象,分别对行业管理和项目管理进行评价,再进行加权综合评价。

第十四条　督查结束后一周内形成督查报告,交通运输主管部门根据督查报告,形成督查意见书。督查意见书应指出督查中发现的问题,提出问题处理意见及整改要求;对存在重大问题的,应进一步调查核实,依法处理。

第十五条　督查人员应严格遵守中央八项规定、廉政准则和工作纪律,认真执行督查程序和标准。

被督查地区和单位应严格遵守有关规定,不得以任何名义超标准接待,严格控制会议规模和陪检人员、车辆数量等。

第四章 结 果 处 理

第十六条 被督查地区交通运输主管部门负责组织相关单位按督查意见书(或通报)提出的整改要求,在接到督查通报后一个月内,向组织督查的交通运输主管部门提交书面报告。组织督查的交通运输主管部门根据整改情况可适时组织复查,直至达到整改要求。

第十七条 根据督查结果,对管理严格、市场秩序规范、项目实施良好的可给予表扬;对发现的严重违法违规行为,按管理权限依法给予相应处罚。

第十八条 交通运输主管部门应将市场督查所涉及从业单位和人员的相关信息纳入信用管理,在公路建设市场信用信息管理系统中予以记录,并纳入年度信用评价。

第十九条 交通运输主管部门应建立公路建设市场督查情况通报制度,将全年公路建设市场各类督查情况进行通报,对行业管理和项目管理好的经验和做法予以推广,对督查中发现问题多、性质严重的地区、项目和有关从业单位给予通报批评。各省级交通运输主管部门应将年度督查工作情况报交通运输部。

第二十条 交通运输主管部门将年度督查情况,以及在督查中发现的违法违规行为和处理结果等相关信息,通过信用信息平台或媒体向社会公开。

第五章 附 则

第二十一条 各省级交通运输主管部门应根据督查工作需要,落实责任单位、人员和工作经费,确保督查工作效果。

第二十二条 各省级交通运输主管部门可依照本规则,制定本地区公路建设市场督查工作规则。

第二十三条 本规则由交通运输部负责解释。

第二十四条 本规则自发布之日起施行,原《公路建设市场督查工作规则》(交公路发〔2012〕210号)同时废止。

附件 1

公路建设市场督查考评表

(   )省(区、市)

考评总分:＿＿＿＿＿＿

督查工作组负责人:＿＿＿＿＿＿

填表时间:＿＿年＿＿月＿＿日

中华人民共和国交通运输部　印制

建设市场管理考评表

表 1-1

项目名称：_____　项目法人：_____　主管部门：_____　填表人：_____　日期：_____

序号	考评对象	考评子项	考评内容	分值	评分标准	得分	备注
1	行业管理（基准分100分，实得分：_____）	市场主体资格（40分）	是否执行国家、部设定的统一市场准入条件。市场准入条件设置是否带有地方保护性质，是否对准入条件的从业单位和人员有歧视政策或行为。	20	未执行国家、部设定的统一市场准入条件的扣5分/项处。发现地方保护或其他市场不公平条款扣5分/项。		
2			项目法人是否符合标准，是否将项目法人的组织管理机构等情况进行备案管理。	10	项目法人不符合标准扣5分，未将项目法人组织机构情况进行备案扣5分/项目。		
3			是否通过信用信息管理系统对市场主体实施动态监管。	10	未使用用信用信息系统进行管理扣10分，信息录入、发布不及时，不准确扣2分/项。		
4		动态监管（60分）	是否按要求制定市场管理规章制度。	15	未按国家或部有关规定建立健全市场准入、招标投标、信用体系、分包管理等相关制度的扣3分/项。		
5			是否整改落实近2年部、省督查对违规行为的处理意见。	15	未进行整改落实，无整改报告的扣5分/项次；整改不到位的扣3分/项次。		
6			是否依法实行公路建设市场退出机制。	10	未按规定对被处罚从业单位限制在本地区的从业活动扣5分/家。		
7			对近2年出现的工程转包、违法分包、出借资质，围标串标等违规行为是否依法查处。	20	未按规定查处的扣4分/项次。		
8	项目管理（基准分100分，实得分：_____）	从业单位资格（15分）	是否对从业单位资质资格进行严格检查。	15	从业单位不具备相应资质资格扣10分/家。		
9		从业人员资格（35分）	是否对从业人员资格进行严格检查。	35	从业人员不具备相应资格扣5分/人。		
10		从业行为管理（50分）	是否建立健全从业单位管理相关规章制度。	15	未按国家、部有关规定或项目合同约定建立健全相关制度的扣3分/项。		
11			是否对从业违规行为按合同约定进行处罚。	15	未按合同约定对违规行为进行处罚的扣5分/次。		
12			对上级有关部门和监督执法单位监督检查发现的市场管理问题是否整改落实。	20	相关检查问题无整改落实报告的扣5分/项次。		

建设程序执行考评表

表1-2

项目名称：_____　项目法人：_____　主管部门：_____　填表人：_____　日期：_____

序号	考评对象	考评子项	考评内容	分值	评分标准	得分	备注
1	行业管理 （基准分100分，实得分：____）	基本建设程序履行（30分）	是否严格执行可行性研究、初步设计、施工图设计、施工许可等程序及土地、环保等程序进行严格监督。	30	项目开工前基本建设程序缺少任一项扣5分，缺少土地、环保等报批手续任一项扣5分，未对项目基本建设程序进行监督检查扣10分。		
2		标准执行（20分）	设计批复、施工许可、验收是否符合国家和行业标准规定；项目是否严格执行公路工程技术标准。	20	各环节不符合有关强制性标准规定的扣5分/项；项目未严格执行有关强制性标准要求的扣5分/项。		
3		施工图设计审批（10分）	是否按管理权限及时对施工图设计文件进行审查。	10	未及时对施工图设计文件进行审查扣5分/项。		
4		设计变更和造价管理（20分）	是否制定严格的设计变更管理规定，是否严格执行设计变更文件的审查，批复或上报程序；造价管理是否严格规范，是否存在借设计变更虚报，用设计变更掩盖工程质量问题。	15	未制定设计变更相关规定扣5分，未严格执行设计变更回复、审查、批复或上报程序扣2分/项；未按规定制度、造价有效实施管理的扣2分/项；存在借设计变更虚报，增加工程量，用设计变更掩盖工程质量问题的扣5分/项。		
5			是否对项目法人设计变更进行检查督促整改并有关问题。	5	未对项目法人进行检查扣5分，发现有关问题督促整改落实到位的扣2分/项。		
6		项目验收（20分）	是否按规定及时组织或报请项目验收。	20	未按规定及时组织验收的扣5分/项，未按规定报请验收的扣10分/项，未验收即通车运营的扣20分。		
7	项目管理 （基准分100分，实得分：____）	项目管理机构（10分）	项目管理机构及人员配备符合规定，责任明确，建立了相关管理制度。	10	机构设置不健全扣3分/项，人员配备不足扣5分/项，管理制度不健全扣2分/项。		
8		基本建设程序履行（20分）	是否严格执行可行性研究、初步设计、施工图设计、施工许可批复的程序。	20	缺项或未批先建扣20分，任一环节顺序倒置扣10分。		

续上表

序号	考评对象	考评子项	考评内容	分值	评分标准	得分	备注
9	项目管理（基准分100分）	标准执行（20分）	设计批复、施工许可、验收等是否符合国家和行业标准；项目是否严格执行公路工程技术标准。	20	各环节不符合有关标准规定的扣4分/项，项目未严格执行有关标准要求的扣4分/项。		
10		施工图设计审查（10分）	是否组织对施工图设计文件进行审查。	5	未组织有关专家或委托有相应工程咨询或设计资质的单位对施工图文件按规定进行审查的扣2分/项。		
11			是否按照项目管理隶属关系将施工图设计文件报交通运输主管部门审批。	5	未将施工图设计文件上报交通运输主管部门审批扣5分/项。		
12		施工许可办理（10分）	建设资金是否已经落实，并经交通运输主管部门审计；征地手续是否已批准、拆迁基本完成；施工、监理单位是否已落实确定；是否已落实质量和安全的保障措施。	10	未履行任一环节施工的扣5分/项。		
13		设计变更和造价管理（15分）	是否建立了设计变更管理台账；是否按照规定权限、条件和程序审查批准一般变更或重大设计变更，或重大变更批准后未经批准先行实施变更。	10	未建立设计变更管理台账扣5分；未按照规定权限、条件和程序审查批准一般变更扣3分，或重大设计变更，或报规避审批扣3分/项次；重大变更肢解规避审批，重大变更未经批准先行实施变更扣3分/项次。		
14			造价管理是否严格规范；是否存在虚列变更项目或虚报施工质量问题。	5	未按规定建立造价管理台账，未实施有效造价管理的扣2分/项；存在虚列变更项目或虚报施工工程量，多结算工程款，或采用设计变更掩盖施工质量问题扣3分/项。		
15		交竣工验收（15分）	是否按照部《公路工程竣（交）工验收办法》的规定及时组织项目的交工验收。	10	未及时组织项目交工验收扣5分/项，未通过交工验收试运行的扣10分。		
16			缺陷责任期后，是否及时报上级交通运输主管部门进行竣工验收。	5	未及时报上级交通运输主管部门进行竣工验收扣2分/项。		

招标投标管理考评表

表 1-3

项目名称：＿＿＿＿＿　项目法人：＿＿＿＿＿　主管部门：＿＿＿＿＿　填表人：＿＿＿＿＿　日期：＿＿＿＿＿

序号	考评对象	考评子项	考 评 内 容	分值	评 分 标 准	得分	备注
1	行业管理（基准分100分，实得分：　）	行为监管（60分）	是否建立健全招投标管理制度；是否对投标人或潜在投标人实行地方保护，是否实行地方保护。	20	未建立招投标管理制度扣10分；招标过程中存在歧视政策或实行地方保护和暗箱操作的扣10分/项。		
2			是否对招投标中的弄虚作假、串通投标或以行贿等不合法手段谋取中标行为有效监管。	20	对弄虚作假、串通投标或以行贿等不合法手段谋取中标等有履行监管职责扣10分/项。		
3			对招投标过程是否存在行政干预；是否对有关诉及时有效处理。	20	存在行政干预招投标行为扣10分/项；未对投诉进行及时有效处理的扣5分/项。		
4		程序监督（40分）	招投标资料备案监督是否到位。	20	未对投标资料备案进行监督的扣10分/项；资格条件设置明显不符合国家国招投标政策的扣10分/项。		
5			对评标专家的管理及抽取监督是否到位。	20	未对评标专家进行资格审核、专家培训及动态管理的扣5分/项；专家抽取监督未进行监督的扣5分/项。		
6	项目管理（基准分100分，实得分：　）	核准事项（5分）	是否执行核准的招标范围，招标组织形式和招标方式；是否存在规避招标或未经审批邀请招标。	5	未按核准事项严格执行的扣2.5分/项；存在规避招标或未经审批邀请招标的扣5分。		
7		招标条件（5分）	招标时是否已具备规定的条件。	5	尚未具备条件即开始招标的扣5分。		
8		招标程序（25分）	是否按规定将资格预审评结果、招标文件和评标报告上报。	5	未按规定报备5分。		
9			是否在指定媒介发布招标公告。	3	未在指定媒介发布公告的扣3分。		
10			资审文件或招标文件出售的时间是否符合规定。	3			
11			对资审文件或招标文件澄清或修改的时间是否符合规定。	3	存在问题扣1.5分/项次。		
12			提交资审申请文件或投标文件的时间是否符合规定。	3			

续上表

序号	考评对象	考评子项	考评内容	分值	评分标准	得分	备注
13	项目管理（基准分100分）	招标程序（25分）	开标时间是否符合规定。	2	存在问题扣1分/项次。		
14			评标时间是否合理。	2			
15			评标结果公示时间是否符合规定。	2			
16			签订合同时间是否符合规定。	2			
17		资格预审文件和招标文件编制（25分）	是否按规定执行标准招标文件。	5	未执行的扣2.5分/项次。		
18			是否详细列明全部评审因素和标准、废标条款明确。	4	存在任何一项问题的该考评子项得分为0。		
19			是否以不合理条件限制或者排斥潜在投标人。	4			
20			是否合理设置资质、人员、业绩等条件。	4			
21			评标办法分值设置是否符合规定。	4			
22			是否存在其他问题。	4	存在问题酌扣1~4分。		
23		清标评标（25分）	清标结果是否有倾向性、不公正、遗漏和重大偏差。	5	存在任何一项问题的该考评子项得分为0。		
24			是否按照资审文件或招标文件规定的标准和方法进行评审。	4			
25			资审评审委员会或评标委员会组建及人员组成是否符合规定。	4			
26			评委打分是否公正。	4	存在问题扣2分/项次。		
27			资审评审或评标是否有遗漏和重大偏差。	4			
28			是否存在其他问题。	4			
29		定标	是否在评标委员会推荐的中标候选人以外确定中标人。	5	未按规定确定中标人的本表总分为0。		
30		签订合同（5分）	是否按招标文件和投标文件订立合同。	5	未按规定订立合同的扣5分。		
31		招标代理监管（5分）	是否对招标代理进行了有效监督、管理	5	招标代理资质、合同订立存在问题每项扣1分，过程管理及评价措施不到位每项扣1.5分。		
32		投诉及问题处理（5分）	是否对招投标过程中的投诉及反映的问题进行及时有效处理。	5	未及时进行处理的，扣2分/项。		
33		其他	有违反招投标相关法规的其他内容。	5	酌情扣1~10分。		

信用建设管理考评表

表1-4

项目名称：_____　　项目法人：_____　　主管部门：_____　　填表人：_____　　日期：_____　　得分：_____

序号	考评对象	考评子项	考评内容	分值	评分标准	得分	备注
1	行业管理（基准分100分，实际得分：____）	制度体系（20分）	是否按照信息管理办法和评价规则制定实施办法或细则等配套制度。	8	无配套管理办法扣8分，管理办法操作性不强扣4分。		
2			管理制度是否符合统一原则和框架。	4	与统一原则不符扣4分。		
3			是否建立公路建设市场的信用管理体系，涵盖设计、施工、监理等单位信用评价。	8	管理体系缺少设计、施工、监理扣4分/项。		
4			是否设置信用管理专门机构，专职人员；信用管理记录是否齐备、完善。	10	未设置信用管理专门机构扣5分，专职人员不满足工作要求扣2分；信用管理记录缺失扣5分，资料不全、不完善扣2分/项。		
5		信用监管与应用（35分）	是否严格落实信用评价公示、复议制度。	10	未落实信用评价公示、复议制度扣5分/项。		
6			是否将从业单位和主要从业人员的信用记录应用于公路建设项目招标资格审查和评标工作。	15	未将信用结果在资审或评标中应用的扣15分，信用记录应用不准确、不全面，应用不合理扣3分/项次。		
7			部级信用平台企业信息录入与变更审核。	6	未进行企业信息录入与变更审核不及时扣3分/项；录入或审核不及时扣1分/项。		
8		平台建设与维护（15分）	建立省级平台并运行。	4	未建立省级平台扣4分。		
9			省级平台信息维护。	2	省级平台信息更新、发布等维护不及时扣2分。		
10			与部级互联互通。	3	未与部级互联互通扣3分。		
11	行业管理（基准分100分，实际得分：____）	信用台账管理（15分）	建立信用管理台账。	4	未建立信用管理台账扣4分；台账信息不准确、不全面扣1分/项/次。		
12			信用台账及时更新。	3	台账更新不及时扣3分。		
13			实行电子化管理台账。	4	未实行电子化管理台账扣4分。		
14			台账情况及时公示或告知相关主体。	4	未及时将台账情况公示或告知相关主体扣4分/项/次。		
15		信用评价工作（15分）	评价基础信息全面、准确。	4	基础信息不全面、不准确扣2分/项/次。		
16			正确运用信用评价规则。	3	评价规则运用不规范扣1分/次。		
17			按时完成信用评价工作。	4	未按时完成信用评价工作扣2分/次。		
18			执行公示、公告制度。	4	未执行公示、公告制度扣4分。		
19		加分项	对招标代理、项目法人、代建单位、咨询单位等进行信用管理。		有的每项加4分。		

续上表

序号	考评对象	考评子项	考 评 内 容	分值	评 分 标 准	得分	备注
20	项目管理 （基准分 100 分， 实得分： _____）	机构人员 （10 分）	设置专职人员。	5	未设置专职人员扣 5 分。		
21			工作人员业务水平。	5	工作人员业务水平不熟练扣 5 分/人。		
22		平台维护 （15 分）	部、省平台项目信息录入及维护。	15	未按照规定时间录入或未在一周内录入维护扣 3 分/项次。		
23		台账管理 （25 分）	建立信用管理台账。	10	未建立台账扣 10 分。		
24			台账及时更新。	5	一周内未及时更新的扣 1 分/项次。		
25		台账管理 （25 分）	实行电子化管理台账。	5	未实现电子台账管理的扣 3 分；实现简单电脑登记管理的扣 2 分；以具备功能统计汇总等功能管理的扣 1 分；实现与部省平台实时链接的不扣分。		
26			台账情况及时公示或告知相关主体。	5	未按照规定时间或未在一周内公示或告知的扣 2 分；定期公示或告知的扣 1 分；实时公示或告知的不扣分。		
27	项目管理 （基准分 100 分）	评价工作 （30 分）	基础信息全面、准确。	10	基础信息错漏的扣 1 分/项次。		
28			正确运用评价规则。	15	未正确运用评价规则（如与评分规则不一致，违规设置加分项，对不同从业单位评价标准不一致等）扣 3 分/项次。		
29			按时完成信用评价工作。	5	未按规定时间完成评价工作的扣 5 分。		
30		结果应用 （20 分）	评价结果在项目招投标、履约监管等方面得以应用。	20	未应用的扣 20 分。信用记录应用不准确、不全面、应用不合理扣 3 分/项次。		

表1-5

合同履约管理考评表

项目名称：　　　　　　项目法人：　　　　　　参建单位：　　　　　　填表人：　　　　　　日期：

序号	考评对象	考评项目	考评内容	分值	评分标准	得分	备注
1	项目法人 （基准分 100分， 实得分： ————）	组织管理 （10分）	派驻现场的建设管理机构、管理人员是否符合有关要求。	8	未按要求建立管理机构的扣5分，管理人员不符合要求扣1分/人。		
2			是否及时向行业主管部门上报组织机构、管理人员等。	2	未上报扣2分。		
3		履约能力 （10分）	主要管理人员是否履行约定。	10	人员履约率低于70%扣5分/项，未履行变更手续扣2分/人。		
4		施工工期计划 （12分）	项目法人应当合理确定建设工期并报主管部门备案，严格按照合同工期组织项目建设。	4	合同工期未经主管部门备案的扣4分。		
5			除特殊情况外，项目法人不得随意要求更改合同工期，合同工期更改需报主管部门审批。	8	任意压缩或延长合同工期扣4分，合同工期改未经审批扣8分。		
6	项目 管理 （基准分 100分， 实得分： ————）	设计变更管理 （16分）	是否建立设计变更管理台账对变更进行有效管理。	3	没有台账扣3分，管理混乱扣2分。		
7			设计变更方案是否合理，是否存在虚列变更项目或虚报工程量、多结算工程款，或用设计变更掩盖施工质量问题。	10	设计变更方案不合理扣4分/项；存在虚列变更项目或虚报工程量、多结算工程款，或用设计变更掩盖施工质量问题扣4分/项。		
8		分包管理 （5分）	造价控制是否合理、有效。	3	造价未控制在规定范围内扣3分。		
9			对合法的分包申请进行审核备案。	5	没有对分包申请进行审核的扣5分，没有对分包进行备案的扣2分/家；存在转包和违法分包扣5分。		
10		标准化管理 （5分）	是否制定并执行施工标准化及考核评价制度。	5	未制定扣3分，未开展考核评价工作扣3分/项。		
11	项目 管理 （基准分 100分）100分	质量安全管理 （12分）	是否按规定建立落实质量安全生产的责任制度、管理制度。	4	未建立落实质量保证体系、质量管理制度、安全生产管理制度和应急预案，扣2分/项。		
12			是否对工程质量与安全生产工作进行检查，并督促施工、监理单位就安全问题进行检查、整改。	4	未进行质量安全检查工作扣4分，督促质量安全问题整改、整改不到位扣1分/项。		
13			是否发生过工程质量与安全生产事故，事故后是否有针对性措施防范类似问题。	4	发生重大及以上质量或安全事故扣4分；发生较大或一般安全事故扣3分；发生一般质量安全事故扣2分；事故后未建立针对性措施防范类似问题本项得分为0。		
14		资金拨付 （10分）	是否按照合同约定和工程进度及时支付工程款，是否拖欠征地拆迁类费用。	5	超前或未及时支付工程款扣3分/次，未及时支付征地拆迁费用扣2分/次。		
15			是否按照规定的期限及时退还保证金，办理工程结算。	5	拖欠保证金扣5分/次，未及时办理工程结算扣3分/次。		

续上表

序号	考评对象	考评项目	考评内容	分值	评分标准	得分	备注
16	项目法人（基准分100分）项目管理（基准分100分）	财务管理（10分）	是否建立健全财务管理机构和财务管理制度。	5	财务管理机构和财务管理制度不健全扣5分。		
17		财务管理（10分）	对农民工工资支付是否有效监管。	5	对农民工工资支付无监管办法或监管不到位扣3分。		
18		项目审计（5分）	是否按要求开展项目审计工作，及时处理审计问题。	5	未按要求开展项目审计工作扣5分，审计问题未处理扣3分/项。		
19		信息公开（5分）	是否按照信息公开要求及时公开项目建设相关信息。	5	未及时公开项目建设信息扣1分/次。		
20		履约能力（20分）	是否按照合同约定组织施工，管理和技术人员及设施工设备及时到位，以满足工程需要。	15	人员履约率低于70%扣8分，主要管理和技术人员、主要设备不符合合同约定扣2分/人、台。		
21			主要管理人员变更是否履行规定的变更手续。	5	未履行变更手续扣2分/人。		
22		工期计划（10分）	除特殊情况外，施工单位是否按照规定的工期完成工程项目。	10	无故拖延合同工期扣10分。		
23	施工单位（基准分100分）项目管理（基准分100分；实得分：____）	工程变更及造价控制（25分）	设计变更方案，工程量，造价是否合理；是否虚列变更项目或虚报施工量，或用设计变更掩盖施工质量问题。	15	设计变更不合理扣5分/项；虚列变更项目或虚报施工量，多结算工程款扣5分/项次；或用设计变更掩盖施工质量问题扣5分/项。		
24			设计变更上报是否及时，是否未批先干。	5	设计变更上报不及时，未批先干扣3分/项。		
25			造价控制是否在规定范围内。	5	造价控制未在规定范围内扣3分/项。		
26		分包管理（20分）	分包的工程项目和分包队伍的选择应该符合合同要求和有关规定，分包工程禁止再次分包转包。	15	分包的工程项目不符合规定扣10分/次；分包队伍不符合规定5分/次，二次分包或转包本项得分为0。		
27			分包工程是否按规定报监理业主审批、备案。	5	分包队伍未报监理、业主审批扣5分。		
28		标准化管理（5分）	是否履行了标准化工地建设。	5	标准化建设没有推行扣5分，不合格扣1分/处。		
29		质量安全管理（10分）	是否按规定建立落实安全生产的责任制度，管理制度。	4	未建立质量保证体系、质量管理制度、安全生产管理制度，和应急预案，扣2分/项。		
30			现场安全生产管理及防护是否符合规定	3	特种设备检测、使用，管理不符合规定扣1分/项次；危险物品安全管理措施不到位扣1分/项次；现场防护不到位，存在安全隐患扣1分/项次。		
31			是否发生过工程质量与安全生产事故，事故后是否有针对性措施预防类似问题。	3	发生重大及以上质量或安全事故扣3分；发生一般质量事故扣2分；事故后未建立针对性措施预防类似问题本项得分为0。		
32		资金拨付（10分）	施工单位是否按时支付分包队伍、农民工工资。	10	未按时支付分包队伍工程款扣2分/项，未按时支付农民工工资扣1分/人。		

续上表

序号	考评对象	考评项目	考评内容	分值	评分标准	得分	备注
33	监理单位 项目管理(基准分100分,实得分:____)	履约能力(20分)	是否按照合同约定配备监理人员和设备,建立相应的现场监理机构。	15	监理机构设置不合理扣5分;人员履约率低于70%扣8分,人员、设备未按合同及时到位扣2分/人、台。		
34			现场监理人员变更是否履行规定的变更手续。	5	未履行变更手续扣2分/人。		
35		现场监管(30分)	抽检、试验频率是否符合合同要求。	8	抽检、试验频率未达到合同要求扣4分/次。		
36			监理是否存在超前计量及提前计量现象。	7	监理提前计量或超计量扣4分/次。		
37			监理人员是否按监理规范要求进行旁站。	8	一般工程未进行旁站扣2分/项,关键工程及隐蔽工程未进行旁站扣4分/项。		
38			监理日志记录是否规范。	7	未记录监理日志扣4分/人,监理日志记录不规范扣2分/人。		
39		质量安全管理(10分)	是否按规定落实质量和安全生产的责任制度。	4	未落实质量保证体系、质量管理制度、安全生产管理制度,扣2分/项。		
40			现场安全生产检查是否符合规定。	3	未按规定进行现场安全生产监管扣1分/项次。		
41			是否发生过工程质量与安全生产事故,事故后是否有针对性措施对同类似问题。	3	发生重大及以上质量安全事故扣3分;发生较大事故扣3分;发生一般质量事故扣2分,事故未建立针对性措施预防同类似问题本项得分为0。		
42		工程设计变更(15分)	是否建立工程设计变更管理台账对变更进行有效管理。	5	没有台账扣5分,管理混乱扣3分。		
43			设计变更审核、造价审查是否合理。	10	设计变更审核不合理扣3分/项。		
44		分包管理(25分)	监理单位是否对施工单位提出的分包工程和分包队伍进行审查。	15	监理分包扣15分。		
45				10	未审批或审批不当扣5分/次。		
46	设计单位 项目管理(基准分100分,实得分:____)	履约能力(60分)	是否按照合同约定,按期提供勘察设计资料和设计文件,在工程实施过程中,是否能按照合同约定派驻设计代表,提供设计后续服务。	40	未按期提供勘察设计资料和设计文件扣10分/次。未派设计代表驻设计扣10分/次。		
47			现场设计代表变更是否履行规定的变更手续。	20	未履行变更手续扣5分/人。		
48		工程设计变更(40分)	设计变更应符合变更程序,且符合国家制定的技术标准和设计规范要求。	20	因设计单位原因造成的违规变更,扣5分/次。		
49			是否由于设计缺陷造成设计变更。	20	原设计与现场严重不符,发生较大及以上设计变更扣10分/项;发生较大以下设计变更扣5分/项。		

注:项目管理权值分配项目法人权值为3,施工单位为4,监理单位为2,设计单位为1。

公路建设市场督查综合评分方法

督查工作组应按照现场督查情况,依据如下公式计算被督查省份及项目的得分,具体为:

一、行业监管得分

$$Y = \left[\sum_{i=1}^{n} y_i \times \alpha_i \right] / \sum_{i=1}^{n} \alpha_i$$

式中:Y——行业主管部门的行业管理得分;

y_i——第 i 个考评指标得分(详见附表);

α_i——第 i 个考评指标的权值(建设市场管理权值为2,建设程序执行权值为2,招标投标管理权值为3,信用建设管理权值为4);

n——考评指标数。

二、被督查项目得分

$$X = \left[\sum_{i=1}^{n} x_i \times \beta_i \right] / \sum_{i=1}^{n} \beta_i$$

式中:X——被督查项目得分;

x_i——第 i 个考评指标得分(详见附表);

β_i——第 i 个考评指标的权值(建设市场管理权值为2,建设程序执行权值为2,招标投标管理权值为3,信用建设管理权值为3,合同履约管理权值为4);

n——考评指标数。

三、被督查省份得分

$$Z = Y \times 0.4 + \left[\sum_{j=1}^{n} X_j / n \right] \times 0.6$$

式中:Z——被督查省份得分;

Y——行业主管部门的行业管理得分;

X_j——第 j 个被督查项目得分;

n——督查项目数。

附件 2

公路建设市场督查工作程序

一、交通运输主管部门根据年度督查工作计划和各地区公路建设进展情况,确定具体督查地区、工程项目、检查内容、行程安排,向被督查地区下达督查通知,选调督查专家组成督查工作组。

二、被督查地区交通运输主管部门和项目建设单位接到通知后,应准备以下基础资料。

(一)综合督查。

1. 被督查地区交通运输主管部门应提供的资料。

a. 公路建设总体情况;

b. 公路建设法律法规执行情况和配套规章制度建设情况;

c. 基本建设程序履行情况;

d. 市场准入管理和动态监管情况;

e. 信用体系建设及应用情况;

f. 招标投标监管情况;

g. 建设项目监管和违法违规查处情况;

h. 以往检查中发现的有关问题及整改落实总体情况;

i. 行业监管存在问题及好的经验做法。

2. 项目建设单位应提供的资料。

a. 项目概况,包括项目在本省的地理位置图及路线布置图(比例尺 1∶100000～1∶500000)等;

b. 设计、施工、监理等标段划分情况,包括建设、设计、施工与监理等驻地位置、主要工程量、重要结构物位置及名称、构件预制场及拌和场位置等资料(应列表或标于平面图上);

c. 基本建设程序执行情况;

d. 项目招标投标情况;

e. 项目信用管理情况;

f. 项目合同履约情况(含质量安全部分);

g. 项目管理制度、办法和资料文件等情况;

h. 项目存在的问题及整改落实情况与好的经验做法。

(二)专项督查。

1. 被督查地区交通运输主管部门针对专项督查内容应提供的资料。

a. 相关工作总体情况;

b. 有关问题及整改落实情况;

c. 行业监管存在问题及好的经验做法。

2. 项目建设单位针对专项督查内容应提供的资料。

a. 项目概况,包括项目在本省的地理位置图及路线布置图(比例尺 1∶100000～1∶500000),设计、施工、监理标段划分情况等;

b. 项目相关工作开展情况及经验做法；

c. 项目存在的问题及整改落实情况。

三、督查工作组到达被督查地区后,应组织召开督查工作预备会议,确定抽查合同段、督查内容和时间安排,划分督查工作小组、明确督查工作组成员工作分工,宣布督查工作纪律和廉政要求。被督查地区交通运输主管部门和项目法人应按照通知要求内容,向督查工作组介绍公路建设市场监管情况和项目建设总体情况,明确督查工作协调负责人,做好相关准备。

四、督查工作组应按照督查内容和要求,采取查阅资料、询问核查、巡视现场等方式进行分组检查。必要时,部分工作内容可采取随机抽查、暗访、委托取样试验等形式。

督查工作组成员对被督查省份及项目进行检查记录,在相关督查工作记录表格署名。督查过程中应对存在问题的工程实体和资料进行拍照记录。

五、督查工作组组长召集内部评议会议,各督查小组汇报检查情况和主要问题,并对被督查省份及项目形成初步评价意见。

六、督查工作组应组织召开督查工作反馈会议,与被督查地区交通运输主管部门及相关单位交换意见,被督查地区提出异议的,督查工作组应根据具体情况进行复核,形成最终综合督查意见。

七、督查工作组应在督查结束后 10 个工作日内,向负责组织督查的交通运输主管部门提交书面督查报告及考评表。

公路水运建设工程质量安全督查办法

(2016 年 5 月 10 日　交通运输部　交安监发〔2016〕86 号)

第一章　总　　则

第一条　为进一步规范公路水运建设工程质量与安全监督抽查工作,提高督查的科学性,促进行业质量与安全管理水平提升,根据《建设工程质量管理条例》《建设工程安全生产管理条例》以及有关公路水运建设工程质量和安全生产管理规章,制定本办法。

第二条　本办法适用于交通运输部组织对省级交通运输主管部门公路水运建设工程质量安全监管工作情况和列入国家基本建设计划的公路水运工程建设项目开展的质量安全监督抽查活动。

第三条　部通过开展质量安全督查工作,旨在指导和督促省级交通运输主管部门掌握公路水运建设工程质量和安全生产管理状况,加强工程质量安全监督管理,促进工程质量安全管理水平不断提升。

第四条　质量安全督查工作依据:

(一)国家和行业有关公路水运建设工程质量安全政策、法律法规、部门规章和规范性文件;

(二)国家和行业公路水运建设工程有关技术标准及强制性条文。

第五条　质量安全督查工作由部安全与质量监督管理部门组织实施。具体督查工作实行督查组负责制,督查组由部组织行业有关专家组成。督查组成员对督查意见和评分负责,并在督查记录表上签注。

第六条　质量安全督查工作应坚持依法、科学、客观、公正、廉洁的原则。督查组成员应自觉遵守各项廉政规定。

第二章　督查分类和内容

第七条　质量安全督查分为综合督查和专项督查两类,通过查看现场、查阅资料、询问核查、对单检查、随机抽检等方式开展。

第八条　综合督查是指对省级交通运输主管部门落实国家公路水运建设工程质量安全政策、法律法规,开展工程质量安全监管和相关专项工作等情况的抽查,以及对工程项目建设和监理、设计、施工等主要参建单位的工程质量安全管理行为、施工工艺、现场安全生产状况、工程实体质量情况等的抽查。

督查内容、抽检指标等见附件 1~6,督查项目工程建设质量安全督查计分方法见附件 7。

第九条　专项督查是指根据国家统一部署或行业监管重点,对公路水运工程建设存在的突出质量安全问题所采取的针对性抽查。

第三章 督查程序和要求

第十条 部根据各省、自治区、直辖市公路水运工程建设规模和质量安全总体情况,制订年度督查省份计划。每年督查省份一般不少于 10 个。

第十一条 对于每个督查省份,可根据其工程类别、建设规模、工程进度等情况,抽查 1 至 2 个督查项目。

公路工程每个综合督查项目宜抽查不少于 3 个合同段或在建工程的 30%;每个专项督查项目宜抽查不少于 2 个合同段或具体结构物。

水运工程综合督查项目抽查应以水工主体结构物为主,专项督查项目宜抽查不少于 1 个主要合同段或具体结构物。

第十二条 督查工作按下列程序进行:

(一)根据督查省份的年度公路或水运工程在建项目情况,确定督查项目;

(二)针对督查项目的工程专业内容,从专家库中抽取督查专家,组成督查组;

(三)印发督查通知,督查组赴督查省份开展督查工作;

(四)召开预备会,督查组专家分工,随机确定抽查合同段或结构物;

(五)督查组了解督查省份工程建设质量安全监管状况以及督查项目工程质量安全管理情况,抽查省级交通运输主管部门有关资料;

(六)督查组抽查工程项目有关资料、施工工艺、工地现场安全、工程实体质量;

(七)督查组汇总评议,形成督查意见;

(八)督查组反馈督查意见;

(九)印发督查意见书。

第十三条 采取突击检查、随机抽查方式开展督查的,应从督查省份的年度公路水运工程在建项目汇总表中随机抽取工程项目和标段,针对督查项目的工程专业内容,从专家库中随机抽取督查专家,组成督查组。督查情况由被检查单位负责人签字确认。

第十四条 部安全与质量监督管理部门按照就近、回避、专业能力适应的原则,根据部有关政府购买服务的规定,委托具有甲级检测能力等级且信用优良的检测机构承担相应工程实体抽检任务。

检测机构根据确定的检测内容,对督查项目工程实体进行随机抽检,按规定时限提交检测数据和报告。

第十五条 检测机构应按照诚信、科学、客观、严谨的原则,依据公路水运工程试验检测相关规程开展抽检工作,提交正式的检测报告,并对所提交的检测数据、报告的真实性、准确性负责。

第十六条 督查项目确定后,项目建设单位应向督查组提交下列资料:

(一)项目基本情况;

(二)项目施工平面布置(示意)图。图中应标注主体工程施工与监理合同段划分(里程桩号)及主要结构物、施工项目部、监理驻地、拌和站、预制场、试验室位置等;

(三)交通运输主管部门、项目质量监督机构组织的监督抽查发现的工程质量安全主要问题清单及整改落实情况。

第四章 督查结果处理

第十七条 督查完成后,督查组及时向督查省份交通运输主管部门反馈督查意见,提出整改要求。部督查意见一般于督查组工作结束后 10 个工作日内印发。

第十八条 省级交通运输主管部门根据督查组反馈意见提出整改方案,于督查反馈会后 15 个工作日内书面报部,并负责督促相关单位按方案确定的时限和内容逐一整改落实,结果及时报部;对一时难以整改的问题应书面说明,采取保证工程质量和安全的必要措施,并负责督促落实到位。

第十九条 对督查发现的重大质量缺陷问题或重大事故隐患,督查组应将该问题移交省级交通运输主管部门负责及时处理。

第二十条 对督查发现的违法违规行为,省级交通运输主管部门应确认,并依法对相关单位给予相应的行政处罚并曝光,按规定进行信用评价。

第二十一条 对督查中发现省级交通运输主管部门或工程建设项目存在突出问题的,按规定约谈省级交通主管部门相关负责人,并可视情况将督查意见抄告相应的省级人民政府。

第二十二条 部对年度建设工程质量安全督查情况进行汇总分析,对于共性问题、存在重大事故隐患,或质量安全督查评分排名靠后的项目或参建单位,部将在行业内进行通报。

第二十三条 督查专家现场记录、评价资料等应交由部安全与质量监督管理部门统一保存,一般保存 3 年。

检测数据、报告由检测机构交督查项目的质量监督机构存档。

第五章 附 则

第二十四条 本办法由交通运输部安全与质量监督管理司负责解释。

第二十五条 本办法自 2016 年 5 月 10 日起施行,有效期 5 年,《交通运输部关于印发〈公路水运工程质量安全督查办法〉的通知》(交安监发〔2014〕122)号,同时废止。

附件1

公路水运工程质量安全监管工作督查表

序号	督查内容		抽查的文件资料	相关要求	评价
1	法律法规及行业规章、规范性文件贯彻情况	《安全生产法》《建设工程质量管理条例》《建设工程安全生产管理条例》等法律法规及近2年部出台的有关工程质量安全的规章和规范性文件落实与工作开展情况	相关文件、管理制度及资料	结合本地公路、水运工程建设实际,组织开展法规宣贯学习,健全有关规章制度或规范性文件,措施合法有效。任务和措施明确,落实和执行到位	
2	质量安全监管责任落实情况	明晰质量安全监管职责,规范履职行为,建立考核评价机制,落实质量安全监管责任	相应文件、管理制度及资料	健全有关监管责任规章制度或规范性文件,相关工作责任明确,强化监管职责落实和能力保障	
3	质量安全监管工作开展情况	质量安全监管的体制机制和体系建设、制度建设、监管模式、监管措施、质量安全技术进步或创新等情况	相应文件、管理制度及资料	不断完善质量、安全监管体制机制和体系建设,监管工作成效明显,推动监管措施,保障质量安全的技术进步或创新情况	
4	行政执法工作情况	日常监督检查,发现问题处理以及事故、重大隐患责任追究;质量、安全举报的调查处理	事故调查、举报调查处理、行政执法等相关文件、管理制度及资料	建立相关台账,调查工作方法得当,程序严谨,调查深入,结果客观,追究责任到位	
5	专项工作开展情况	国家或行业开展的专项行动;品质工程、"平安工地"考评与创建工作;施工标准化工作等	相应活动方案、文件、管理制度及资料	制定了具体方案,工作内容明确、相关职责落实,质量、安全管理工作开展到位,健全长效管理机制	

注:评价采用好、较好、一般三个评价等级。

附件2

公路、水运工程项目质量安全管理行为督查表

参建单位	抽查内容（分值）	序号	抽查指标项（分值）	相关要求
建设单位	管理体系（20分）	1	目标和制度(10分)	质量、安全管理目标明确,质量安全责任、检查、安全生产费用等制度合理,可操作。
		2	机构与职责(10分)	质量安全管理机构和岗位职责明确,责任落实。
	保障条件（40分）	3	基础条件(20分)	依法依规办理质量监督手续和审查安全生产条件,已开展安全风险管理,编制应急预案。
		4	合同管理(20分)	质量安全目标、保障条件和责任条款明确;工期按批复文件执行。
	管理效能（40分）	5	质量安全管控(20分)	创新管理手段,推行先进技术工艺,有效开展项目自查,管理措施有效、针对性强。
		6	问题与隐患整改(20分)	对自查及交通运输主管部门、质量安全监管机构抽查出的质量问题或安全隐患,及时组织整改到位。
设计单位	勘察设计工作质量（100分）	7	工作质量(40分)	设计符合工程实际,无重大错、漏、碰现象,无设计深度不足导致的补充勘察或重大设计变更;设计服务工作到位、高效。
		8	变更管理(35分)	设计变更合理,办理及时,程序规范。
		9	风险预控(25分)	开展设计风险评估,对项目安全生产管理有指导作用。
监理单位	机构建设（20分）	10	主要人员条件及岗位职责(20分)	总监、驻地监理工程师、实验室主任、桥梁(隧道、港口、航道)专业监理工程师条件和能力符合投标(文件)承诺。质量安全监理责任明确。
	监理工作（80分）	11	监理细则(10分)	监理细则对关键环节等具有针对性和可控性。
		12	审批报验(20分)	施工组织设计及专项施工方案审查程序规范,审批及时,符合强制性标准要求。
		13	旁站巡视(15分)	按规定旁站和巡视,记录准确、详细、连续。
		14	监理指令(15分)	指令闭合,要求准确。
		15	隐蔽工程交验(20分)	验收及评定及时、规范,资料真实可信。
施工单位	管理体系（20分）	16	目标和制度（10分）	质量、安全管理目标与合同一致性,质量安全制度合理,有针对性。
		17	机构与职责（10分）	质量安全管理机构和岗位职责明确,责任落实,相关证件齐全。
	施工组织（20分）	18	施工组织设计及专项施工方案（10分）	施工组织设计及专项施工方案符合工程实际,具有针对性和可操作性,按规定程序审查、审批;大型临时工程设计方案计算资料齐全、校验审核程序规范。
		19	大型设备或船舶(5分)	相关证书齐全、有效,检验合格,管理台账规范。
		20	施工技术交底与培训（5分）	交底到一线人员,记录翔实。施工单位或项目部培训制度健全、有计划,有记录,有检查。

续上表

参建单位	抽查内容（分值）	序号	抽查指标项（分值）	相 关 要 求
施工单位	质量管理（30分）	21	原材料及产品(10分)	原材料、产品出厂合格证齐全;自验规定健全,程序规范。
		22	施工自检(10分)	体系健全,管理规范,测量和自检数据和报告客观、真实、完整。
		23	质量问题整改(10分)	对交通运输主管部门、质监机构、建设和监理单位检查(监理指令)提出的质量问题举一反三,对照要求及时整改落实到位。
	安全管理（30分）	24	风险防控(10分)	按规定开展施工安全风险评估,专项施工方案、应急预案编制及时并按规定审查和实施。有效开展安全隐患排查和平安工地建设等各项工作。
		25	安全投入(10分)	安全专项费用使用规范,安全投入满足施工安全需要。
		26	安全隐患整改(10分)	按照相关规定,对安全隐患及时整改。
得分				

注:1.督查采用扣分制,各抽查指标项可在规定分值内扣分;

2.各单位得分为100减去各抽查指标项的扣分值。

附件3

公路工程项目施工工艺及现场安全督查表

抽查内容(分值)		序号	抽查指标项(分值)	相 关 要 求
基本条件 (100分)		1	场地建设 (50分)	施工临时场地(办公区、生活区、加工区等)选址建设符合要求,便桥、便道设置合理,安全标示标牌清晰;施工临时用电满足规范要求;原材料存放规范。
		2	设备机具 (50分)	机具、设备安全标识、防护装置齐全。起重、升降等特种设备按规定检验或验收合格,操作人员持证上岗。
路基工程 (100分)		3	开挖与填筑 (40分)	路堑开挖有序;路基填料符合要求,路堤分层填筑、压实作业规范;防排水设施完善、合理。
		4	高边坡施工 (30分)	高边坡爆破、开挖或装运作业规范,风险评估报告所要求的主要措施得到落实;滑坡体、危石段设置风险源告知牌;脚手架搭设正确、防护有效;靠近交通要道作业时设置隔离措施。
		5	小型结构 (30分)	材料符合要求;小桥和通道、涵洞和边沟及挡墙等砌筑、勾缝、沉降缝、墩台、梁板、防水及混凝土施工等符合要求,墙背填土及压实规范,安全防护到位。
路面工程 (100分)	管理要求 (20分)	6	施工安全 (20分)	施工区域交通管制有序,摊铺机、压路机及运输车辆现场作业组织符合施工安全要求。
	沥青混凝土面层 (50分)	7	混合料生产(20分)	设备工作正常,材料符合要求,配合比、生产温度控制满足要求。
		8	铺筑施工 (30分)	施工气候条件适宜,设备工作正常,摊铺温度、宽度满足要求。压实温度适宜。层间无污染,黏结牢固、有效。
	水泥混凝土面层 (50分)	9	混凝土生产(20分)	设备工作正常,材料符合要求,拌制均匀,配合比控制满足要求。
		10	铺筑施工 (20分)	施工气候条件适宜,设备工作正常,混凝土和易性好,运送、摊铺及时,连续摊铺,振捣充分,结合面处理规范。
		11	养生与切缝(10分)	养生及时、到位,养生方法规范。切缝及时,灌缝工艺规范。
	半刚性基层底基层 (30分)	12	混合料生产(10分)	设备工作正常,材料符合要求,配合比控制满足要求。
		13	铺筑施工 (10分)	机具设备工作正常,生产能力匹配,摊铺规范,施工条件满足要求。压实及时,压实功充足。
		14	养生(10分)	养生及时、到位,养生方法规范。
桥梁工程 (100分)		15	安全防护 (10分)	个人及工程防护用品使用规范。高空作业临边(空)、跨线桥施工、水上等危险作业区域安全防护、救生措施和警示标志设置符合要求。
		16	支架及脚手架 (10分)	管材有出厂合格证,架体搭设规范,按规定预压、验收。高大架体搭设和拆除按照专项施工方案实施。
		17	构件预制 (20分)	钢筋加工安装规范,原材料及混合料质量符合要求;模板安装稳固、严密;保护层厚度控制方法得当;混凝土养生规范。预应力锚夹具符合规定;张拉及灌浆工艺规范,符合要求。
		18	下部结构施工 (15分)	基础开挖、警示标志设置及施工安全防护符合规定,回填及时。扩大基础、桩基础周边防护、孔内通风符合要求;深度5m以上基坑应按专项设计实施支护。基础、墩台、盖梁等混凝土施工规范。桩基成孔记录完整,按规定检测桩身完整性。

抽查内容(分值)	序号	抽查指标项(分值)	相 关 要 求
桥梁工程 (100分)	19	桥面系施工 (15分)	混凝土防撞护栏钢筋绑扎与浇筑作业规范,桥面防水处理有效,混凝土铺装施工及养生规范。
	20	支座及伸缩缝安装 (10分)	支座、伸缩缝规格满足规范或设计要求。支座垫石混凝土平整密实,支座位置准确,安装规范。伸缩缝安装牢固,稳固混凝土密实、平整。
	21	预制梁施工 (20分)	梁板吊装与安装规范;预留钢筋规整,横向联系可靠,混凝土密实,外观无过量气泡、水纹和色差,负弯矩区预应力施工规范。
	22	现浇梁施工 (20分)	原材料及混合料质量符合要求。钢筋设置符合设计要求,安装规范。混凝土配合比满足要求,施工、养生规范,按规定埋设预埋件。
	23	拱桥施工 (20分)	原材料及混合料质量符合要求。施工顺序及合拢温度满足设计及规范要求,工人操作、拱背填土及压实作业规范,拱架基础处理良好并按规范制作,落架科学。
	24	悬索桥、斜拉桥施工 (20分)	索塔、锚碇混凝土浇筑控制满足要求。悬索桥主缆架设及防护施工规范;斜拉索安装作业规范。
隧道工程 (100分)	25	管理要求 (10分)	设立门禁系统和值班制度。危险作业区域安全防护措施齐全,人员防护措施齐备;按规定设置逃生通道、通风设备、防坠设施、消防及通信器材,用电和照明规范。
	26	开挖 (20分)	开挖方案合理;超前支护符合要求;监控量测及时有效;长大隧道和不良地质隧道应采用超前地质预报;超欠挖控制到位。
	27	初期支护 (20分)	材料满足设计和规范要求;支护及时,锁脚锚杆等施工工艺规范,渗漏水处理得当,喷射混凝土外观质量好。
	28	仰拱施工 (10分)	材料满足设计和规范要求;仰拱开挖、拱架安装到位,回填符合设计和规范要求,封闭及时;仰拱开挖与掌子面距离控制规范。
	29	二次衬砌 (25分)	材料满足设计和规范要求,防水板、止水条(带)按设计要求施工,混凝土施工规范。与掌子面距离符合要求。
	30	施工环境 (15分)	洞口排水系统完善;洞内通风、照明、防尘及有毒有害气体监测设备设施齐备,运行正常;瓦斯隧道瓦斯监测与预警有效,采用防爆型机具、器材,现场消防设施齐备。
得分			

注:1. 一般情况下,高速公路为沥青路面或者水泥混凝土路面,桥梁工程中21～24项按实际督查的桥型种类取平均分;

　　2. 督查采用扣分制,各抽查指标项分值减去扣分为该项得分,各项得分之和除以其分值之和再乘以100为该施工单位工艺和现场安全得分。

附件 4

公路工程项目实体质量督查表

督查内容		序号	抽检指标项	检测方法和频率	评价方法和标准	得分
路基工程	土石方	1	压实度▲	采用灌砂法,每个标段随机选取3个薄弱测点。	按检评标准规定值计算合格率。	
		2	路床弯沉	采用落锤式弯沉仪或自动化检测设备检测,每个标段随机抽查1公里,检测不少于50个测点;随机检测时测点数不少于50个。	连续检测:代表值大于设计值为不合格,评0分;代表值小于设计值,按单点大于$L+2S$为不合格,计算总合格率;随机检测:按单点大于$L+2S$为不合格,计算总合格率。	
路面工程	面层	3	沥青层压实度	采用表干密度法检测,每个标段随机取芯3个。	按单点值大于等于最大理论密度的92%(SMA为94%)或试验室标准密度的96%(SMA为98%)为合格,计算合格率。	
		4	厚度▲	每个标段随机取芯3个;或每标段采用雷达随机抽查500米,每20米一个测点。	按单点总厚度大(等)于设计值的95%,上面层厚度大(等)于设计值的90%时为合格,计算合格率。	
		5	路面渗水系数	采用路面渗水仪检测,每个标段随机测试4个点。	按检评标准规定值计算合格率。	
		6	水泥混凝土路面强度	每个标段随机取芯3个。	按检评标准规定值计算合格率。	
	基层底基层	7	厚度▲	采用取芯方法,每个标段随机取芯3个。	按单点厚度大(等)于设计值－15mm为合格,计算合格率。	
		8	整体性▲		芯样完整为合格,计算合格率。	
		9	基层裂缝	每个标段随机抽查100m。	按统计方法评定合格率。	
桥梁工程	混凝土	10	混凝土强度▲	采用回弹法,每个标段抽查墩柱及梁板等主要构件3个,每个构件3个测区。	强度推定值大于设计强度为合格,计算合格率。也可利用标养试件统计评价。	
		11	硬化混凝土氯离子含量	采用滴定法,抽查3~5个构件,每构件1测区,每测区3测点。	按统计方法评定合格率。	
		12	硬化混凝土碱含量	采用电极法,抽查3~5个构件,每构件1测区,每测区3测点。	按统计方法评定合格率。	
		13	混凝土添加剂	采用添加剂对混凝土工作性能检测的方法,每个标段抽检3组。	按统计方法评定合格率。	
	上、下部结构	14	钢筋保护层厚度▲	采用电磁方法检测,每标段抽查墩柱、现浇和预制梁板等构件各2个,每构件布置1×2m测区并检测10点。	按统计方法评定,特征值与设计值比值介于0.9~1.3的为合格,计算合格率。	
		15	钢筋位置▲		按检评标准的允许偏差计算合格率。	

续上表

督查内容		序号	抽检指标项	检测方法和频率	评价方法和标准	得分
桥梁工程	上、下部结构	16	构件几何尺寸▲	用钢尺和激光测距仪检测,每标段抽查墩柱和梁板各 2 个构件,其中:墩柱沿高度每间隔 1 米测两个正交直径,测 3 组数据,圆柱墩可测周长换算为直径,以及桥墩竖直度。梁、板按图纸测量顶、底板轴线梁长,两端轴线梁高,梁宽根据梁长按等分点至少测 3 个断面。	按检评标准的允许偏差计算合格率。	
		17	锚具及张拉预应力	按照检测规程检测锚具洛氏硬度、静载锚固性能等和张拉预应力。随机抽取 2 组模具(其中 1 组为备样),每组 3 对。对张拉完成、未压浆构件进行单根钢绞线拉拔试验。	按检评标准和设计值的允许偏差计算合格率。	
		18	板式橡胶支座及安装质量	按照检测规程检测抗压弹性模量、极限抗压强度、抗剪弹性模量、四氟板与不锈钢板摩擦系数和安装质量等。随机抽取 2 组板式橡胶支座(其中 1 组为备样),每组 4 ~ 6 块。抽查 4 ~ 8 个已安装的支座。	按检评标准的允许偏差计算合格率。	
		19	桥面系顶面标高	按二等工程水准测量要求进行单跨测量截面不宜少于 5 个闭合水准测量。	按设计值的允许偏差计算合格率。	
		20	裂缝宽度	用读数显微镜或裂缝宽度测试仪测量,抽查 3 个构件。单个构件 10 条以内的裂缝全部记录;10 条以上的记录总数,并选择 10 条长度最长及宽度超过前 10 条的 5 条裂缝,记录长度及最大表口宽度。	按《工程建设标准强制性条文》(公路工程部分)有关标准评价,如有超出本项计 0 分。	
		21	桩基	采用钻芯法、雷达法、反射波法等检测桩基完整性、桩长和偏差或钢筋笼长度,检测数量 3 ~ 5 根。	符合设计规定、检评标准允许偏差为合格,计算合格率。	
隧道工程	支护	22	锚杆长度、注浆密实度及安装间距▲	锚杆检测仪测定/弹性波法检测;尺量;随机抽查 5 ~ 10 对同类型锚杆。	按实测值不大于设计值为合格,计算合格率。	
		23	锚杆抗拔力或长度	随机抽查 5 ~ 10 根同类型锚杆。	按检评标准的规定值评价,计算合格率。	
		24	钢支撑安装间距▲	Ⅳ级及以上围岩段随机抽取连续的 20m,尺量相邻两榀同一高度的间距。		
		25	喷射混凝土喷层厚度、空洞	在喷射混凝土区段随机凿孔 1 处检测,不满足时加凿 1 孔。	实测值 ≥ 设计值为合格,计算合格率。发现 1 处空洞本项计 0 分。	

督查内容		序号	抽检指标项	检测方法和频率	评价方法和标准	得分
隧道工程	防排水	26	防水板质量及焊接或粘接缝宽▲	随机选取1份样品检测防水板的厚度或抗拉强度;随机选取防水板搭接1处,尺量10点缝宽。	按检评标准的规定值评价,计算合格率。	
	衬砌	27	混凝土强度▲	采用回弹法,随机选择28d<龄期≤60d的衬砌混凝土3模,在每模混凝土的任意一侧边墙布置10个进行测区检测。	推定值大于设计为合格,每模为一评价单元,计算评价单元合格率。	
		28	厚度	选取衬砌施工缝端头处混凝土侧面用尺量厚度,从拱顶中线起每2m检查1点。	按单点值不小于设计值为合格,计算合格率。	
		29	衬砌钢筋主筋间距▲	随机选取20m长区段2处或以上,每处随机用尺量5点。	按检评标准的规定值评价,计算合格率。	
	超前支护	30	超前小导管(管棚)数量或间距	使用尺量、雷达法、破检法按照现行检测方法,视情况随机选取1处。	按单点值不小于设计值为合格,计算合格率。	
交通安全设施		31	构件基底厚度	采用板厚千分尺、超声波测厚仪和磁性测厚仪,每个标段抽取3段100m,每段测试20点。	4(0,+0.22)mm,3(0,+0.18)mm,4.5(-0.25,+0.5)mm,计算合格率。	
		32	构件防腐层厚度	采用磁性测厚仪,每个标段抽取3段100m,每段测试20点。	≥85μm,计算合格率。	
		33	护栏横梁中心高度	采用水平尺和钢卷尺,每标段随机抽测50点。	±20mm,计算合格率。	
		34	护栏立柱埋入深度	采用直尺,每个标段抽取5根施工完的立柱实测。	符合设计规定为合格,计算合格率。	
		35	拼接螺栓抗拉强度▲	抽样做拉力试验,每个标段抽取33套,其中1套备用。	3套以上不合格判定为抽检不合格。	
得分						

注:1. 各抽检指标项均以其实测合格率乘以100为该项得分;

　　2. 实体质量督查评分以各项评分的平均值计,表中所列带"▲"的均为必查项;

　　3. 督查专家可根据工程情况随机指定抽检原材料种类及实测指标项。

附件 5

水运工程项目施工工艺及现场安全督查表

检查内容(分值)	序号	抽检指标项(分值)	标准和要求
临时设施及施工机具、设备 (100分)	1	施工场地布设 (30分)	施工现场"三区"选址及场地布设满足安全生产、文明施工和消防要求,标示标牌清晰,交通顺畅,实施封闭管理。
			施工临时用电设计、布设满足规范要求;危险品的存放、使用等符合规范要求。
			原材料或成品、半成品存放场地硬化,材料分类堆存,标识清晰;有防雨、防潮、防倾覆措施。
	2	主要施工船舶、设备 (30分)	施工船舶和设备按合同约定进场,证书齐全,检验合格,安全防护和应急物资配备满足要求。
			施工作业船舶和设备的配员符合要求,人员资格证书齐全、有效。
			陆用施工机械上驳船应附具船舶稳定性和结构强度验算结果,船上施工设备稳固措施有效,作业符合安全要求。 船舶水上作业规范,设备操作符合要求。
	3	大型临时设施及现场安全防护 (40分)	临时码头、水上作业平台、栈桥、围堰等应编制专项施工方案,并进行必要的稳定性观测。
			拌和站设置合理,搅拌机操作平台稳固;拌合楼等高大设备应合理设置缆风绳及防雷装置。
			临水、临边和高处作业等安全防护措施设置规范,警示标志标牌齐全。
基础施工 (100分)	4	桩基 (30分)	沉桩区域设置明显的安全警示标志,使用的吊桩绳扣、滑车、索具满足安全要求。
			沉桩施工顺序正确,先削坡后沉桩;贯入度、桩尖标高、垂直度、桩位、拼接桩接头处理等满足设计与规范要求,及时夹桩,无拉桩纠偏现象。
			灌注桩成孔尺度、终孔土质、沉渣厚度等控制措施合理;钢筋笼控制偏位及上浮措施有效;桩顶浮浆和松散混凝土凿除干净。
			异常桩按要求处理。
			灌注桩施工应设置泥浆池,废浆处理满足环保规定,泥浆池周围设有安全防护栏和安全警示标志。
	5	基槽和岸坡开挖 (20分)	深度超过5m的基坑应按照专项支护设计实施支护,并开展变形监测;基坑临边防护和排(降)水措施得当,坑边堆物符合规范要求。
			水下基槽基底土质符合设计要求,开挖的断面尺寸不小于设计规定;超深、超宽偏差符合规范要求。
			陆上基底土质和边坡坡度符合设计要求;位置及标高偏差符合规范规定,槽底超挖补填规范;基槽底层若受水浸泡或受冻应进行处理。
	6	抛石基床 (15分)	抛石前应对基槽尺寸、标高及回淤沉积物进行检查;块石规格、级配和质量符合设计要求。
			夯实方法、遍数应符合设计和规范规定;爆夯满足设计和工艺控制指标;基床夯实验收平均沉降量符合规范要求。

续上表

检查内容(分值)	序号	抽检指标项(分值)	标准和要求
基础施工 (100分)	7	软土地基加固 (15分)	塑料排水板偏位、回带长度、板底标高、外露长度控制等符合设计与规范要求。
			挤密砂(碎石)桩和砂井的灌砂率、灌砂或灌石量、底标高、顶部处理等符合规范规定。
			真空预压最终稳定真空度及卸载条件符合设计要求;堆载预压分期、分级加载和卸载应符合设计和规范要求。
			振冲留振时间、振冲点位置等符合设计要求和试验段所确定的参数。
			强夯夯能、夯击次数、遍数及间歇时间等符合设计要求和试验段所确定的参数。
	8	航道整治工程基础 (20分)	陆上基础临时排水符合要求;回填分层厚度符合设计要求。
			砌筑和勾缝组砌形式符合设计要求;砂浆饱满,勾缝密实牢固。
			软体排铺设方法、设备精度满足设计要求和施工需要;软体排搭接宽度满足要求。
结构施工 (100分)	9	混凝土(30分)	配合比设计符合要求,商品混凝土配合比设计符合水运工程检验标准要求,配合比报告审核符合要求。
			混凝土浇筑过程坍落度、含气量、试块留置符合规范要求;振捣、凿毛、养护等满足精细化施工要求。
			水下混凝土施工和水上现浇混凝土乘潮水施工时应提前编制专项施工方案、施工缝留置及处理符合规范要求。
	10	钢筋模板 (20分)	钢筋加工制作、焊接、连接和安装符合要求;预应力筋张拉、放松、锚固、灌浆、封锚符合规范要求;垫块使用符合要求。
			钢筋作业符合要求,操作规程齐全,安全防护措施有效;钢筋冷拉或对焊应设立警戒区及警告标志。
			大型模板支撑体系和高大脚手架应编制安装、拆除专项方案;模板和支架具有足够的强度、刚度和稳定性,拼缝平顺、严密,按规定验收后使用;模板和脚手管的存放、修补、保养措施得当。
	11	混凝土构件安装 (15分)	脱模剂涂刷、底模拆除时间、拉杆切割和孔眼封堵满足要求。
			氧气瓶、乙炔瓶的存放、使用符合规范要求。
			构件存放符合要求;起吊强度满足设计要求;大型构件应编制吊运方案。
			沉箱出运按规定对气囊额定工作压力、牵引设施、移运通道等进行试验或检查;浮运前,对吃水、压载、浮游进行验算;移运和安装前,划定作业区,布设警戒线。
			沉箱等大型构件安装后及时进行稳定回填;梁、板等构件安装时铺垫砂浆饱满,加固及时;沉井下沉时,混凝土强度满足设计要求;下沉均匀,井体无裂缝,封底接缝无渗水。

检查内容(分值)	序号	抽检指标项(分值)	标准和要求
结构施工 (100分)	12	钢结构(10分)	钢结构焊接前进行焊接工艺评定;螺栓连接的初拧和终拧扭矩符合要求;螺栓穿入方向应一致,外露丝扣不少于2扣。
			涂装除锈、油漆涂刷遍数和厚度符合要求;防尘措施满足要求。
			有毒、有害及强腐蚀性涂装材料安全防护符合要求;涂装过程消防、防尘措施到位。
	13	航道整治建筑物及驳岸(25分)	坝体抛筑定位准确,抛填均匀;坝面构件安装块体完整,摆放均匀,数量符合设计要求;坝面混凝土浇注和养护符合要求;铺砌平整,勾缝饱满,组砌形式满足设计要求。
			砌筑挡墙分段合理,接缝平顺,沉降缝及排水处理良好;砌筑紧密,填缝饱满,组砌形式满足设计要求;板桩挡土墙契合良好,入土深度符合设计和规范要求。
			土工织物拼幅、搭接及缝接满足设计要求和规范规定;防老化措施有效;倒滤层分层、级配和铺设范围满足设计要求。
			护坡砌块铺砌平整、砌筑紧密,组砌形式符合设计及规范要求;明沟排水畅通。
疏浚炸礁吹填 (100分)	14	疏浚(20分)	测量定位准确;运输抛卸和管道输送满足要求。
	15	炸礁 (40分)	爆破参数满足施工组织设计要求;炸药和雷管的使用和管理符合规范要求;按要求进行工序检查,设置水上警戒线,公布警戒时间。
	16	吹填及围埝 (40分)	围埝基底处理满足设计要求,抛填顺序和速率满足设计要求;倒滤层分段、分层施工的接茬处理满足设计和规范要求。
试验检测和测量 (100分)	17	试验检测 (30分)	检验批次符合规定,试样具有代表性;检测报告数据真实,报告出具规范。
	18	测量放样 (20分)	GPS等测量仪器检定符合要求;工程测量控制点验收资料完整,施工测量基线和水准点验收记录完整,程序符合要求,过程记录和计算书完整。
	19	位移观测 (30分)	观测方案科学合理,布点及时,连续记录,定期分析。
	20	地基基础现场监测 (20分)	监测点布设符合要求,受损点恢复及时;监测数据真实,频率符合规范要求;分析细致,结论准确,报告及时。

附件6

水运工程项目实体质量督查表

督查内容	序号	抽检指标项	标准和评价方法	得分
原材料	1	常用原材料	原材料质量证明材料齐全，进场复检、检验批次及频率符合规范要求；现场随机抽检钢筋、水泥、砂、石、土工织物、排布、加筋条等常用原材料。	
	2	石料	查看石料风化状况及石料大小规格，随机抽检石料强度，低于设计要求值为不合格，计算合格率。	
混凝土结构	3	混凝土抗压强度▲	采用超声回弹法或取芯法检测，强度低于设计值为不合格，计算测点合格率。	
	4	钢筋保护层厚度▲	按检验标准规定允许偏差值和检验方法抽测，超出标准允许值为不合格，计算合格率，低于80%或偏差值超过最大限值1.5倍，计0分。	
	5	混凝土表面缺陷及修补	视露筋、空洞、缝隙夹渣等严重缺陷和蜂窝、麻面、砂斑、砂线等一般缺陷超标状况，确定得分。	
	6	尺寸偏差	按检验标准规定的允许偏差和检验方法抽测，计算合格率。	
	7	接茬及接缝	检查现浇混凝土与构件接茬以及分层浇注施工缝连接、错牙情况，确定得分。	
	8	钢筋绑扎与装设	按检验标准规定允许偏差值和检验方法，抽测钢筋骨架外轮廓尺寸、间距、弯起点位置、箍筋等，计算合格率。	
	9	表面平整度	按检验标准规定允许偏差值和检验方法抽测，计算合格率。	
	10	预制构件尺寸及重量▲	现场抽查预制构件的外形尺寸，抽查压载块等预制构件重量，计算合格率。	
混凝土预制构件安装	11	安装偏差	按检验标准规定的允许偏差和检验方法，抽测沉箱临水面错台、接缝宽度，抽测梁板轴线、搁置长度、支垫处理，抽测半圆体、挡浪墙等其他大型预制构件安装缝宽、错牙等，计算合格率。	
	12	构件碰损及修补	检查构件成品保护情况，针对碰损数量及修补状况，确定得分。	
沉降缝、伸缩缝及止水	13	缝宽及顺直	按检验标准规定允许偏差值和检验方法抽测，计算合格率。	
	14	沉降缝、伸缩缝止水▲	抽测止水安装位置偏差，与混凝土结合是否严密，确定得分。在缝内、缝宽两侧50mm及钢筋净保护层范围内打眼、割口或用钉子固定止水带，得0分。	
裂缝	15	裂缝宽度▲	裂缝控制等级为一级的构件出现裂缝时，得0分；其他裂缝控制等级的构件，采用常规检测方法对裂缝宽度进行检测，根据检测结果及裂缝表现特征确定得分。	
预埋件	16	位置	检查平面位置，与混凝土面高差，是否有漏埋、补埋，确定得分。	
钢（铁）结构	17	防腐涂层厚度	按检验标准规定允许偏差值和检验方法抽测，计算合格率。	
	18	焊缝质量	检查焊缝探伤报告和表面缺陷，确定得分。	
护岸	19	厚度▲	按检验标准规定允许偏差值和检验方法抽查，计算合格率。	
	20	表面平整度		

督查内容	序号	抽检指标项	标准和评价方法	得分
软体排	21	软体排缝制偏差	按检验标准规定允许偏差和检验方法,抽测排体幅长、宽、加筋带间距、系结条间距等,计算合格率。	
	22	压载物厚度或数量▲	按检验标准规定的允许偏差和检验方法,抽测散抛石压载厚度、系结压载物脱落个数,计算合格率。	
块石(混凝土)护面	23	厚度▲	按检验标准规定的相应允许偏差和检验方法抽测,计算合格率。	
	24	平整度	按检验标准规定的相应允许偏差和检验方法抽测,计算合格率。	
	25	混凝土强度	采用取芯法或超声回弹法抽测,低于设计值为不合格,计算测点合格率。	
护面块体安放	26	安放方式	按检验标准规定的相应允许偏差和检验方法抽测,计算合格率。	
	27	数量	按检验标准规定的相应允许偏差和检验方法抽测,计算合格率。	
其他	28	回填料压实度	按检验标准规定允许偏差值和检验方法抽测,计算合格率。	
	29	小型预制件铺砌	按检验标准规定允许偏差抽测平整度、缝宽,计算合格率。	

注:1. 检测数量:在现场存放和使用中的原材料视情况部分抽取检测,并以现场存料为一批,按检验标准的抽样组批原则抽检;对具备检测条件的预制和现浇构件,按相关检测规程和检验标准随机抽样检测,港口工程中的沉箱、胸墙、挡浪墙等大型构件,宜取一件(段),梁、板等构件宜取不少于两件;船闸工程中的边墩、闸墙、闸底板各不少于1段;航道整治工程宜取1~2个施工分段。出现不合格指标时加倍检测,加倍检测不合格的,该指标得0分;

2. 表中所列项带"▲"的均为必查项;

3. 每个抽检指标满分为10分;各实测实量抽检指标合格率达到80%以上乘以10为该项评分,合格率低于60%为0分,合格率在60%和80%之间内插记分;工程实体质量督查最终得分以实得分除以应得分乘100计。

附件 7

督查项目工程建设质量安全督查计分方法

1. 项目质量安全管理行为督查评分 M：

$M = 0.2 \times A + 0.1 \times (B_1 + B_2 + \cdots + B_n)/n + 0.25 \times (C_1 + C_2 + \cdots + C_n)/n + 0.45 \times (D_1 + D_2 + \cdots + D_n)/n$

其中：A、B、C、D 分别为建设单位、设计单位、监理单位、施工单位的安全生产管理行为评分，n 为督查的相应合同段数量。

2. 项目施工工艺和现场安全督查评分 T：

$$T = 100 \times (t_1/T_1 + t_2/T_2 + \cdots + t_n/T_n)/n$$

其中：t_n 为督查合同段施工工艺和现场安全所抽查内容的得分；T_n 为督查合同段施工工艺和现场安全所抽查内容的应得分值。

3. 项目工程实体质量督查评分 Q：

采用被抽查合同段工程实体质量督查得分的加权平均值计。即：

$$Q = \sum_{i=1}^{n} L_n \times f_n / \sum_{i=1}^{n} f_n$$

其中：L_n 为合同段工程实体质量得分，按实体质量督查内容中各抽查指标项得分的平均值计算；f_n 为合同段的合同额。

4. 督查项目工程建设质量安全督查综合评分 P（满分 100 分）：

$$P = (M + T + Q)/3$$

交通运输部关于打造公路水运品质工程的指导意见

(2016 年 12 月 23 日　交通运输部　交安监发〔2016〕216 号)

为贯彻落实国务院《质量发展纲要(2011—2020)》,推进公路水运品质工程建设,提升公路水运工程质量,为人民群众安全便利出行和社会物资高效畅通运输提供更加可靠的保障,现就打造公路水运品质工程提出如下意见。

一、深刻认识打造品质工程的意义和内涵

打造品质工程是公路水运建设贯彻落实五大发展理念和建设"四个交通"的重要载体,是深化交通运输基础设施供给侧结构性改革的重要举措,是今后一个时期推动公路水运工程质量和安全水平全面提升的有效途径,是推进实施现代工程管理和技术创新升级的不竭动力,对进一步推动我国交通运输基础设施建设向强国迈进具有重要意义。

品质工程是践行现代工程管理发展的新要求,追求工程内在质量和外在品位的有机统一,以优质耐久、安全舒适、经济环保、社会认可为建设目标的公路水运工程建设成果。

品质工程具体内涵是建设理念体现以人为本、本质安全、全寿命周期管理、价值工程等理念;管理举措体现精益建造导向,突出责任落实和诚信塑造,深化人本化、专业化、标准化、信息化和精细化;技术进步展现科技创新与突破,先进技术理论和方法得以推广运用,包括先进适用的新技术、新工艺、新材料、新装备和新标准的探索与完善;质量管理以保障工程耐久性为基础,体现建设与运营维护相协调、工程与自然人文相和谐,工程实体质量、功能质量、外观质量和服务质量均衡发展;安全管理以追求工程本质安全和风险可控为目标,促进工程结构安全、施工安全和使用安全协调发展;工程建设坚持可持续发展,体现在生态环保、资源节约和节能减排等方面取得明显成效。

二、总体要求

(一)指导思想。

深入贯彻党的十八大和十八届三中、四中、五中、六中全会精神,践行创新、协调、绿色、开放、共享五大发展理念,落实"四个交通"发展要求,坚持管理和技术的传承与创新,深化现代工程管理,全面提升公路水运工程基础设施建设的质量安全水平,推动公路水运工程建设协调发展和转型升级,为建设开放共享、人民满意的交通奠定基础。

(二)基本原则。

1. 目标导向,创新驱动。把满足人民群众对高品质交通运输服务的需求作为目标,着力加强工程建设的理念创新、管理创新、技术创新,为打造品质工程注入动力。

2.功能提升,注重效益。立足功能的完善与提升,科学处理打造品质工程过程中建设与造价、功能与成本的关系,既着力提升工程品质,又避免盲目高成本、高投入,实现全寿命周期成本最优,提高工程投资效益和社会效益。

3.政府引领,企业创建。充分发挥政府政策引导作用,完善项目建设评价体系,健全激励和约束机制,营造良好发展环境,激发参建各方创建品质工程的内生动力。

4.统筹推进,示范带动。坚持统筹规划,充分发挥示范带动作用,从实际需求出发,因地制宜、量力而行,注重专项攻关和重点突破,不盲目求高求全。及时总结经验,研究建立全面推进打造品质工程的管理机制。

(三)主要目标。

到2020年,公路水运品质工程理念深入人心,品质工程评价体系基本建立,建设一批品质工程示范项目,形成一批可复制可推广的经验,实现一批建设技术及管理制度的创新,推进相关标准规范更新升级,逐步形成品质工程标准体系和管理模式,带动全国公路水运工程质量水平明显提升。

三、主要措施

(一)提升工程设计水平。

1.强化系统设计。以工程质量安全耐久为核心,强化工程全寿命周期设计,明确耐久性指标控制要求。坚持需求和目标引导设计,系统考虑工程建设施工和运营维护,加强可施工性、可维护性、可扩展性、环境保护、灾害防御、经济性等系统设计,实现工程建设可持续发展。加强设计效果跟踪评估,及时调整优化设计,提高设计服务水平。

2.注重统筹设计。以推进模块化建设为方向,深入推广标准化设计,鼓励构件设计标准化和通用化。切实加强精细化设计,注重工程薄弱环节设计的协调统一,统筹考虑施工的可操作性和维护的便捷性。努力推行宽容设计,充分考虑工程使用状态的不利情形,对可能的风险做好防范设计。加强生态选线选址,推行生态环保设计和生态防护技术。

3.倡导设计创作。以用户体验安全、舒适、便捷为目标,强化工程及配套服务设施的人性化设计,体现地域和人文特点及传统特色文化,追求自然朴实,融入工程美学和景观设计,体现工程与自然人文的和谐、融合与共享;坚持因地制宜,突出功能实效,避免刻意追求"新、奇、特"或盲目追求"之最"和"第一"。

(二)提升工程管理水平。

4.推进建设管理专业化。深化工程建设管理模式改革,强化建设单位专业化管理能力建设。健全专业化分包管理制度,加强分包管理,着力提高专业化施工能力。鼓励应用质量健康安全环境四位一体管理体系(QHSE管理体系),推进管理标准化。

5.推进工程施工标准化。立足于推进工程现代化组织管理模式,积极推广工厂化生产、装配化施工,着力推进施工工艺标准化,施工管理模式体系化,施工场站建设规范化,逐步推进工程建设向产业化方向发展。

6.推进工程管理精细化。倡导工程全寿命周期集成化管理,强化主体结构与附属设施的施工精细化管理,推动实施精益建造,提升工程整体质量。建立"实施有标准、操作有程序、过程有控制、结果有考核"的标准化管理体系。

7. 推进工程管理信息化。探索"互联网＋交通基础设施"发展新思路,推进大数据与项目管理系统深度融合,逐步实现工程全寿命周期关键信息的互联共享。推进建筑信息模型(BIM)技术,积极推广工艺监测、安全预警、隐蔽工程数据采集、远程视频监控等设施设备在施工管理中的集成应用,推行"智慧工地"建设,提升项目管理信息化水平。

8. 推进班组管理规范化。建立健全施工班组管理制度,强化班组能力建设。加强施工技术交底,实行班前教育和工后总结制度。推行班组首次作业合格确认制,强化班组作业标准化、规范化和精细化。全面推行班组人员实名制管理,强化班组的考核与奖惩,夯实基层基础工作。

(三)提升工程科技创新能力。

9. 积极推广应用"四新技术"。强化科研与设计施工联动,开展集中攻关和"微创新",大力推广性能可靠、先进适用的新技术、新材料、新设备、新工艺,淘汰影响工程质量安全的落后工艺工法和设施设备,推动工程技术提升。

10. 发挥技术标准先导作用。坚持品质工程目标导向,鼓励参建单位采用先进工艺标准,切实提升工程质量。鼓励社会团体、企业联盟开展技术创新,制定提升质量、提高效率的工艺标准。完善具有自主知识产权的先进技术标准,推进优势及特色标准国际化,实施工程标准"走出去"。

11. 探索建立全产业链继承与创新体系。总结特色有效的传统工艺和工法,针对工程设计、施工、管养、材料、装备等全产业链开展技术创新与集成创新,推进信息技术和工程建养技术深度融合,打造以信息化、智能化和绿色建造为特征的工程全产业链创新体系,实现资源共享、优势互补。

(四)提升工程质量水平。

12. 落实工程质量责任。健全工程质量责任体系,明确界定建设、勘察、设计、施工和监理单位等责任主体质量责任,推动企业建立关键人履职标准和各岗位工作规范,建立岗位责任人质量记录档案,强化考核和责任追究,实现质量责任可追溯,推动落实质量责任终身制。

13. 推进质量风险预防管理。工程项目应强化质量风险预控管理,加强质量风险分析与评估,完善质量风险控制措施和运行机制。健全施工组织设计编制、审查和执行落实体系,严格专项施工方案论证审查制度,强化技术方案分级分类审核责任,全面推行首件工程制,夯实工程质量管理基础。

14. 加强过程质量控制。工程项目建立质量目标导向管理机制,严格执行工序自检、交接检、专检"三检制"。加强设计符合性核查评价,深入实施质量通病治理,实施成品及半成品验收标识、隐蔽工程过程影像管理等措施,强化质量形成全过程闭环可追溯。积极应用先进检测技术和装备,建立工程质量信息化动态管理平台,加强过程质量管控。

15. 强化工程耐久性保障措施。加强工程耐久性基础研究工作,创新施工工艺,加强关键结构、隐蔽工程和重要材料的质量检验和控制,切实提高工程耐久性。

(五)提升工程安全保障水平。

16. 加强工程安全风险管理基础体系建设。推行工程安全生产风险管理,建立安全风险分级管控和隐患治理双重预防体系,推动重大安全风险管控和重大事故隐患治理清单化、信息化、闭环化动态可追溯管理,夯实安全管理基础。

17.提升工程结构安全。树立本质安全理念,强化桥梁隧道、港口工程等的施工和运行安全风险评估工作,切实加强工程结构安全关键指标的实时监测与分析,积极探索智能预警技术,确保工程结构安全状态可知、可控。

18.深化"平安工地"建设。加强施工安全标准化建设,推进危险作业"机械化换人、自动化减人",提高机械化作业程度。推行安全防护设备设施工具化、定型化、装配化。落实安全生产责任,健全安全工作制度,强化安全管理和风险预控,加强隐患排查治理,提升针对性应急处置能力,确保施工安全。

19.提升工程安全服务水平。加强公路交通安全评价,强化公路管理和服务设施的科学合理配置,加强道路、桥梁、隧道、港口等安全运行监测与预警系统建设,提高工程运行管理水平和应急服务能力。建立健全工程巡查排险机制,提升工程安全防护设施和管理服务设施的有效性。

(六)提升工程绿色环保水平。

20.注重生态环保。严格落实生态保护和水土保持措施,加强生态脆弱区域的环境监测和生态修复,降低公路水运工程建设对陆域、水生动植物及其生存环境的影响。

21.注重资源节约。节约利用土地资源,因地制宜采取有效措施减少耕地和基本农田占用。高效利用临时工程及临时设施,注重就地取材,积极应用节水、节材施工工艺,实现资源节约与高效利用。综合考虑工程性质、施工条件、旧料类型及材质等因素,推进废旧材料再生循环利用。

22.注重节能减排。积极应用节能技术和清洁能源,使用符合国家标准的节能产品。加强设备使用管理,选用能耗低、工效高、工艺先进的施工机械设备,淘汰高能耗老旧设备。优化施工组织,合理安排工序,提高设备使用效率,降低施工能耗。

(七)提升打造品质工程的软实力。

23.加强管理人员素质建设。从业单位加强人才培养制度建设,强化管理人员的岗位考核和继续教育,创新人才激励与保障机制,着力培养和锻炼一支具备现代工程管理能力、专业技能、良好职业道德的工程管理骨干队伍。

24.提升一线工人队伍素质。从业单位应落实培训主体责任,按规定严格实行"上岗必考、合格方用"的培训考核制度。开展职业技能竞赛,建立优秀技工激励机制,推行师徒制模式,鼓励企业建立稳定的技术工人队伍。保障员工合法权益,注重人文关怀,提供体面工作的基本条件。

25.培育品质工程文化。积极培育以提升质量、保障安全为核心,以人为本、精益求精、全心投入为主要特征的品质工程文化。大力弘扬工匠精神,广泛宣传,积极推动全员参与品质工程创建活动,形成人人关心品质、人人创造品质、人人分享品质的浓郁的文化氛围。

26.实施品牌战略。将品质工程作为工程项目和企业创建品牌的重要载体,引导企业把品质工程作为自身信誉和荣誉的价值追求。通过打造品质工程,提升中国交通和企业品牌形象,增强企业核心竞争力。

四、保障要求

(一)加强组织领导。健全部、省交通运输主管部门联动机制,加强行业指导,建立工作协调机制和专家咨询机制,强化组织保障。加强与地方政府和有关部门沟通协调,加强与国内外质量管理先进机构交流合作,加强品质工程创建经验总结和宣传,凝聚社会共识,争取各方支持,促进品质工程建设深入人心。

(二)强化基本保障。坚持科学规划和设计,严格工程项目基本建设程序管理。建立健全工程项目合理工期的科学论证制度,加强工期调整、工程变更等的管理,保障合理的勘察设计周期和有效的施工工期。坚持合理标价,完善招投标管理机制,倡导优质优价,保障建设资金到位。

(三)加强示范引导。省级交通运输主管部门应坚持试点先行、示范引导,按照部开展品质工程示范创建的统一部署和要求,制定本地区创建工作实施方案,优先选择新开工和在建项目开展示范创建,加强技术咨询和经验总结,完善创建管理制度,探索建立本地区品质工程考核评价体系,推进品质工程深入实施。部将研究建立品质工程评价体系,开展品质工程示范评估,构建工程质量安全提升发展新机制。

(四)完善激励机制。部将研究建立品质工程创建工作激励机制,探索将品质工程与行业信用评价、工程招投标、工程质量奖项评选等挂钩。省级交通运输主管部门应建立本地区激励机制,落实并完善配套措施,对品质工程创建工作中成绩突出的单位和个人予以奖励或表扬。

交通运输部
2016 年 12 月 12 日

国务院办公厅关于促进建筑业
持续健康发展的意见

（2017年2月21日　国务院办公厅　国办发〔2017〕19号）

各省、自治区、直辖市人民政府，国务院各部委、各直属机构：

建筑业是国民经济的支柱产业。改革开放以来，我国建筑业快速发展，建造能力不断增强，产业规模不断扩大，吸纳了大量农村转移劳动力，带动了大量关联产业，对经济社会发展、城乡建设和民生改善作出了重要贡献。但也要看到，建筑业仍然大而不强，监管体制机制不健全、工程建设组织方式落后、建筑设计水平有待提高、质量安全事故时有发生、市场违法违规行为较多、企业核心竞争力不强、工人技能素质偏低等问题较为突出。为贯彻落实《中共中央 国务院关于进一步加强城市规划建设管理工作的若干意见》，进一步深化建筑业"放管服"改革，加快产业升级，促进建筑业持续健康发展，为新型城镇化提供支撑，经国务院同意，现提出以下意见：

一、总体要求

全面贯彻党的十八大和十八届二中、三中、四中、五中、六中全会以及中央经济工作会议、中央城镇化工作会议、中央城市工作会议精神，深入贯彻习近平总书记系列重要讲话精神和治国理政新理念新思想新战略，认真落实党中央、国务院决策部署，统筹推进"五位一体"总体布局和协调推进"四个全面"战略布局，牢固树立和贯彻落实创新、协调、绿色、开放、共享的发展理念，坚持以推进供给侧结构性改革为主线，按照适用、经济、安全、绿色、美观的要求，深化建筑业"放管服"改革，完善监管体制机制，优化市场环境，提升工程质量安全水平，强化队伍建设，增强企业核心竞争力，促进建筑业持续健康发展，打造"中国建造"品牌。

二、深化建筑业简政放权改革

（一）优化资质资格管理。进一步简化工程建设企业资质类别和等级设置，减少不必要的资质认定。选择部分地区开展试点，对信用良好、具有相关专业技术能力、能够提供足额担保的企业，在其资质类别内放宽承揽业务范围限制，同时，加快完善信用体系、工程担保及个人执业资格等相关配套制度，加强事中事后监管。强化个人执业资格管理，明晰注册执业人员的权利、义务和责任，加大执业责任追究力度。有序发展个人执业事务所，推动建立个人执业保险制度。大力推行"互联网＋政务服务"，实行"一站式"网上审批，进一步提高建筑领域行政审批效率。

（二）完善招标投标制度。加快修订《工程建设项目招标范围和规模标准规定》，缩小并严格界定必须进行招标的工程建设项目范围,放宽有关规模标准,防止工程建设项目实行招标"一刀切"。在民间投资的房屋建筑工程中,探索由建设单位自主决定发包方式。将依法必须招标的工程建设项目纳入统一的公共资源交易平台,遵循公平、公正、公开和诚信的原则,规范招标投标行为。进一步简化招标投标程序,尽快实现招标投标交易全过程电子化,推行网上异地评标。对依法通过竞争性谈判或单一来源方式确定供应商的政府采购工程建设项目,符合相应条件的应当颁发施工许可证。

三、完善工程建设组织模式

(三)加快推行工程总承包。装配式建筑原则上应采用工程总承包模式。政府投资工程应完善建设管理模式,带头推行工程总承包。加快完善工程总承包相关的招标投标、施工许可、竣工验收等制度规定。按照总承包负总责的原则,落实工程总承包单位在工程质量安全、进度控制、成本管理等方面的责任。除以暂估价形式包括在工程总承包范围内且依法必须进行招标的项目外,工程总承包单位可以直接发包总承包合同中涵盖的其他专业业务。

(四)培育全过程工程咨询。鼓励投资咨询、勘察、设计、监理、招标代理、造价等企业采取联合经营、并购重组等方式发展全过程工程咨询,培育一批具有国际水平的全过程工程咨询企业。制定全过程工程咨询服务技术标准和合同范本。政府投资工程应带头推行全过程工程咨询,鼓励非政府投资工程委托全过程工程咨询服务。在民用建筑项目中,充分发挥建筑师的主导作用,鼓励提供全过程工程咨询服务。

四、加强工程质量安全管理

(五)严格落实工程质量责任。全面落实各方主体的工程质量责任,特别要强化建设单位的首要责任和勘察、设计、施工单位的主体责任。严格执行工程质量终身责任制,在建筑物明显部位设置永久性标牌,公示质量责任主体和主要责任人。对违反有关规定、造成工程质量事故的,依法给予责任单位停业整顿、降低资质等级、吊销资质证书等行政处罚并通过国家企业信用信息公示系统予以公示,给予注册执业人员暂停执业、吊销资格证书、一定时间直至终身不得进入行业等处罚。对发生工程质量事故造成损失的,要依法追究经济赔偿责任,情节严重的要追究有关单位和人员的法律责任。参与房地产开发的建筑业企业应依法合规经营,提高住宅品质。

(六)加强安全生产管理。全面落实安全生产责任,加强施工现场安全防护,特别要强化对深基坑、高支模、起重机械等危险性较大的分部分项工程的管理,以及对不良地质地区重大工程项目的风险评估或论证。推进信息技术与安全生产深度融合,加快建设建筑施工安全监管信息系统,通过信息化手段加强安全生产管理。建立健全全覆盖、多层次、经常性的安全生产培训制度,提升从业人员安全素质以及各方主体的本质安全水平。

(七)全面提高监管水平。完善工程质量安全法律法规和管理制度,健全企业负责、政府监管、社会监督的工程质量安全保障体系。强化政府对工程质量的监管,明确监管范围,落实监管责任,加大抽查抽测力度,重点加强对涉及公共安全的工程地基基础、主体结构等部位和竣工验收等环节的监督检查。加强工程质量监督队伍建设,监督机构履行职能所需经费由同级财政预算全额保障。政府可采取购买服务的方式,委托具备条件的社会力量进行工程质量监督检查。推进工程质量安全标准化管理,督促各方主体健全质量安全管控机制。强化对工程监理的监管,选择部分地区开展监理单位向政府报告质量监理情况的试点。加强工程质量检测机构管理,严厉打击出具虚假报告等行为。推动发展工程质量保险。

五、优化建筑市场环境

(八)建立统一开放市场。打破区域市场准入壁垒,取消各地区、各行业在法律、行政法规和国务院规定外对建筑业企业设置的不合理准入条件;严禁擅自设立或变相设立审批、备案事项,为建筑业企业提供公平市场环境。完善全国建筑市场监管公共服务平台,加快实现与全国信用信息共享平台和国家企业信用信息公示系统的数据共享交换。建立建筑市场主体黑名单制度,依法依规全面公开企业和个人信用记录,接受社会监督。

(九)加强承包履约管理。引导承包企业以银行保函或担保公司保函的形式,向建设单位提供履约担保。对采用常规通用技术标准的政府投资工程,在原则上实行最低价中标的同时,有效发挥履约担保的作用,防止恶意低价中标,确保工程投资不超预算。严厉查处转包和违法分包等行为。完善工程量清单计价体系和工程造价信息发布机制,形成统一的工程造价计价规则,合理确定和有效控制工程造价。

(十)规范工程价款结算。审计机关应依法加强对以政府投资为主的公共工程建设项目的审计监督,建设单位不得将未完成审计作为延期工程结算、拖欠工程款的理由。未完成竣工结算的项目,有关部门不予办理产权登记。对长期拖欠工程款的单位不得批准新项目开工。严格执行工程预付款制度,及时按合同约定足额向承包单位支付预付款。通过工程款支付担保等经济、法律手段约束建设单位履约行为,预防拖欠工程款。

六、提高从业人员素质

(十一)加快培养建筑人才。积极培育既有国际视野又有民族自信的建筑师队伍。加快培养熟悉国际规则的建筑业高级管理人才。大力推进校企合作,培养建筑业专业人才。加强工程现场管理人员和建筑工人的教育培训。健全建筑业职业技能标准体系,全面实施建筑业技术工人职业技能鉴定制度。发展一批建筑工人技能鉴定机构,开展建筑工人技能评价工作。通过制定施工现场技能工人基本配备标准、发布各个技能等级和工种的人工成本信息等方式,引导企业将工资分配向关键技术技能岗位倾斜。大力弘扬工匠精神,培养高素质建筑工人,到2020年建筑业中级工技能水平以上的建筑工人数量达到300万,2025年达到1000万。

(十二)改革建筑用工制度。推动建筑业劳务企业转型,大力发展木工、电工、砌筑、钢筋制作等以作业为主的专业企业。以专业企业为建筑工人的主要载体,逐步实现建筑工人公司化、专业化管理。鼓励现有专业企业进一步做专做精,增强竞争力,推动形成一批以作业为主的建筑业专业企业。促进建筑业农民工向技术工人转型,着力稳定和扩大建筑业农民工就业创业。建立全国建筑工人管理服务信息平台,开展建筑工人实名制管理,记录建筑工人的身份信息、培训情况、职业技能、从业记录等信息,逐步实现全覆盖。

(十三)保护工人合法权益。全面落实劳动合同制度,加大监察力度,督促施工单位与招用的建筑工人依法签订劳动合同,到2020年基本实现劳动合同全覆盖。健全工资支付保障制度,按照谁用工谁负责和总承包负总责的原则,落实企业工资支付责任,依法按月足额发放工人工资。将存在拖欠工资行为的企业列入黑名单,对其采取限制市场准入等惩戒措施,情节严重的降低资质等级。建立健全与建筑业相适应的社会保险参保缴费方式,大力推进建筑施工单位参加工伤保险。施工单位应履行社会责任,不断改善建筑工人的工作环境,提升职业健康水平,促进建筑工人稳定就业。

七、推进建筑产业现代化

(十四)推广智能和装配式建筑。坚持标准化设计、工厂化生产、装配化施工、一体化装修、信息化管理、智能化应用,推动建造方式创新,大力发展装配式混凝土和钢结构建筑,在具备条件的地方倡导发展现代木结构建筑,不断提高装配式建筑在新建建筑中的比例。力争用10年左右的时间,使装配式建筑占新建建筑面积的比例达到30%。在新建建筑和既有建筑改造中推广普及智能化应用,完善智能化系统运行维护机制,实现建筑舒适安全、节能高效。

(十五)提升建筑设计水平。建筑设计应体现地域特征、民族特点和时代风貌,突出建筑使用功能及节能、节水、节地、节材和环保等要求,提供功能适用、经济合理、安全可靠、技术先进、环境协调的建筑设计产品。健全适应建筑设计特点的招标投标制度,推行设计团队招标、设计方案招标等方式。促进国内外建筑设计企业公平竞争,培育有国际竞争力的建筑设计队伍。倡导开展建筑评论,促进建筑设计理念的融合和升华。

(十六)加强技术研发应用。加快先进建造设备、智能设备的研发、制造和推广应用,提升各类施工机具的性能和效率,提高机械化施工程度。限制和淘汰落后、危险工艺工法,保障生产施工安全。积极支持建筑业科研工作,大幅提高技术创新对产业发展的贡献率。加快推进建筑信息模型(BIM)技术在规划、勘察、设计、施工和运营维护全过程的集成应用,实现工程建设项目全生命周期数据共享和信息化管理,为项目方案优化和科学决策提供依据,促进建筑业提质增效。

(十七)完善工程建设标准。整合精简强制性标准,适度提高安全、质量、性能、健康、节能等强制性指标要求,逐步提高标准水平。积极培育团体标准,鼓励具备相应能力的行业协会、产业联盟等主体共同制定满足市场和创新需要的标准,建立强制性标准与团体标准相结合的标准供给体制,增加标准有效供给。及时开展标准复审,加快标准修订,提高标准的时效性。加强科技研发与标准制定的信息沟通,建立全国工程建设标准专家委员会,为工程建设标准化工作提供技术支撑,提高标准的质量和水平。

八、加快建筑业企业"走出去"

(十八)加强中外标准衔接。积极开展中外标准对比研究,适应国际通行的标准内容结构、要素指标和相关术语,缩小中国标准与国外先进标准的技术差距。加大中国标准外文版翻译和宣传推广力度,以"一带一路"倡议为引领,优先在对外投资、技术输出和援建工程项目中推广应用。积极参加国际标准认证、交流等活动,开展工程技术标准的双边合作。到2025年,实现工程建设国家标准全部有外文版。

(十九)提高对外承包能力。统筹协调建筑业"走出去",充分发挥我国建筑业企业在高铁、公路、电力、港口、机场、油气长输管道、高层建筑等工程建设方面的比较优势,有目标、有重点、有组织地对外承包工程,参与"一带一路"建设。建筑业企业要加大对国际标准的研究力度,积极适应国际标准,加强对外承包工程质量、履约等方面管理,在援外住房等民生项目中发挥积极作用。鼓励大企业带动中小企业、沿海沿边地区企业合作"出海",积极有序开拓国际市场,避免恶性竞争。引导对外承包工程企业向项目融资、设计咨询、后续运营维护管理等高附加值的领域有序拓展。推动企业提高属地化经营水平,实现与所在国家和地区互利共赢。

(二十)加大政策扶持力度。加强建筑业"走出去"相关主管部门间的沟通协调和信息共享。到2025年,与大部分"一带一路"沿线国家和地区签订双边工程建设合作备忘录,同时争取在双边自贸协定中纳入相关内容,推进建设领域执业资格国际互认。综合发挥各类金融工具的作用,重点支持对外经济合作中建筑领域的重大战略项目。借鉴国际通行的项目融资模式,按照风险可控、商业可持续原则,加大对建筑业"走出去"的金融支持力度。

各地区、各部门要高度重视深化建筑业改革工作,健全工作机制,明确任务分工,及时研究解决建筑业改革发展中的重大问题,完善相关政策,确保按期完成各项改革任务。加快推动修订建筑法、招标投标法等法律,完善相关法律法规。充分发挥协会商会熟悉行业、贴近企业的优势,及时反映企业诉求,反馈政策落实情况,发挥好规范行业秩序、建立从业人员行为准则、促进企业诚信经营等方面的自律作用。

国务院办公厅
2017 年 2 月 21 日

中共中央　国务院关于开展
质量提升行动的指导意见

（2017 年 9 月 5 日）

提高供给质量是供给侧结构性改革的主攻方向,全面提高产品和服务质量是提升供给体系的中心任务。经过长期不懈努力,我国质量总体水平稳步提升,质量安全形势稳定向好,有力支撑了经济社会发展。但也要看到,我国经济发展的传统优势正在减弱,实体经济结构性供需失衡矛盾和问题突出,特别是中高端产品和服务有效供给不足,迫切需要下最大气力抓全面提高质量,推动我国经济发展进入质量时代。现就开展质量提升行动提出如下意见。

一、总体要求

（一）指导思想

全面贯彻党的十八大和十八届三中、四中、五中、六中全会精神,深入贯彻习近平总书记系列重要讲话精神和治国理政新理念新思想新战略,牢固树立和贯彻落实新发展理念,紧紧围绕统筹推进"五位一体"总体布局和协调推进"四个全面"战略布局,认真落实党中央、国务院决策部署,以提高发展质量和效益为中心,将质量强国战略放在更加突出的位置,开展质量提升行动,加强全面质量监管,全面提升质量水平,加快培育国际竞争新优势,为实现"两个一百年"奋斗目标奠定质量基础。

（二）基本原则

——坚持以质量第一为价值导向。牢固树立质量第一的强烈意识,坚持优质发展、以质取胜,更加注重以质量提升减轻经济下行和安全监管压力,真正形成各级党委和政府重视质量、企业追求质量、社会崇尚质量、人人关心质量的良好氛围。

——坚持以满足人民群众需求和增强国家综合实力为根本目的。把增进民生福祉、满足人民群众质量需求作为提高供给质量的出发点和落脚点,促进质量发展成果全民共享,增强人民群众的质量获得感。持续提高产品、工程、服务的质量水平、质量层次和品牌影响力,推动我国产业价值链从低端向中高端延伸,更深更广融入全球供给体系。

——坚持以企业为质量提升主体。加强全面质量管理,推广应用先进质量管理方法,提高全员全过程全方位质量控制水平。弘扬企业家精神和工匠精神,提高决策者、经营者、管理者、生产者质量意识和质量素养,打造质量标杆企业,加强品牌建设,推动企业质量管理水平和核心竞争力提高。

——坚持以改革创新为根本途径。深入实施创新驱动发展战略,发挥市场在资源配置中的决定性作用,积极引导推动各种创新要素向产品和服务的供给端集聚,提升质量创新能力,以新技术新业态改造提升产业质量和发展水平。推动创新群体从以科技人员的小众为主向小众与大众创新创业互动转变，推动技术创新、标准研制和产业化协调发展，用先进标准引领产品、工程和服务质量提升。

(三) 主要目标

到 2020 年，供给质量明显改善，供给体系更有效率，建设质量强国取得明显成效，质量总体水平显著提升，质量对提高全要素生产率和促进经济发展的贡献进一步增强，更好满足人民群众不断升级的消费需求。

——产品、工程和服务质量明显提升。质量突出问题得到有效治理，智能化、消费友好的中高端产品供给大幅增加，高附加值和优质服务供给比重进一步提升，中国制造、中国建造、中国服务、中国品牌国际竞争力显著增强。

——产业发展质量稳步提高。企业质量管理水平大幅提升，传统优势产业实现价值链升级，战略性新兴产业的质量效益特征更加明显，服务业提质增效进一步加快，以技术、技能、知识等为要素的质量竞争型产业规模显著扩大，形成一批质量效益一流的世界级产业集群。

——区域质量水平整体跃升。区域主体功能定位和产业布局更加合理，区域特色资源、环境容量和产业基础等资源优势充分利用，产业梯度转移和质量升级同步推进，区域经济呈现互联互通和差异化发展格局，涌现出一批特色小镇和区域质量品牌。

——国家质量基础设施效能充分释放。计量、标准、检验检测、认证认可等国家质量基础设施系统完整、高效运行，技术水平和服务能力进一步增强，国际竞争力明显提升，对科技进步、产业升级、社会治理、对外交往的支撑更加有力。

二、全面提升产品、工程和服务质量

(四) 增加农产品、食品药品优质供给

健全农产品质量标准体系，实施农业标准化生产和良好农业规范。加快高标准农田建设，加大耕地质量保护和土壤修复力度。推行种养殖清洁生产，强化农业投入品监管，严格规范农药、抗生素、激素类药物和化肥使用。完善进口食品安全治理体系，推进出口食品农产品质量安全示范区建设。开展出口农产品品牌建设专项推进行动，提升出口农产品质量，带动提升内销农产品质量。引进优质农产品和种质资源。大力发展农产品初加工和精深加工，提高绿色产品供给比重，提升农产品附加值。

完善食品药品安全监管体制，增强统一性、专业性、权威性，为食品药品安全提供组织和制度保障。继续推动食品安全标准与国际标准对接，加快提升营养健康标准水平。推进传统主食工业化、标准化生产。促进奶业优质安全发展。发展方便食品、速冻食品等现代食品产业。实施药品、医疗器械标准提高行动计划，全面提升药物质量水平，提高中药质量稳定性和可控性。推进仿制药质量和疗效一致性评价。

(五) 促进消费品提质升级

加快消费品标准和质量提升，推动消费品工业增品种、提品质、创品牌，支撑民众消费升级需求。推动企业发展个性定制、规模定制、高端定制，推动产品供给向"产品＋服务"转变、向

中高端迈进。推动家用电器高端化、绿色化、智能化发展,改善空气净化器等新兴家电产品的功能和消费体验,优化电饭锅等小家电产品的外观和功能设计。强化智能手机、可穿戴设备、新型视听产品的信息安全、隐私保护,提高关键元器件制造能力。巩固纺织服装鞋帽、皮革箱包等传统产业的优势地位。培育壮大民族日化产业。提高儿童用品安全性、趣味性,加大"银发经济"群体和失能群体产品供给。大力发展民族传统文化产品,推动文教体育休闲用品多样化发展。

(六)提升装备制造竞争力

加快装备制造业标准化和质量提升,提高关键领域核心竞争力。实施工业强基工程,提高核心基础零部件(元器件)、关键基础材料产品性能,推广应用先进制造工艺,加强计量测试技术研究和应用。发展智能制造,提高工业机器人、高档数控机床的加工精度和精度保持能力,提升自动化生产线、数字化车间的生产过程智能化水平。推行绿色制造,推广清洁高效生产工艺,降低产品制造能耗、物耗和水耗,提升终端用能产品能效、水效。加快提升国产大飞机、高铁、核电、工程机械、特种设备等中国装备的质量竞争力。

(七)提升原材料供给水平

鼓励矿产资源综合勘查、评价、开发和利用,推进绿色矿山和绿色矿业发展示范区建设。提高煤炭洗选加工比例。提升油品供给质量。加快高端材料创新,提高质量稳定性,形成高性能、功能化、差别化的先进基础材料供给能力。加快钢铁、水泥、电解铝、平板玻璃、焦炭等传统产业转型升级。推动稀土、石墨等特色资源高质化利用,促进高强轻合金、高性能纤维等关键战略材料性能和品质提升,加强石墨烯、智能仿生材料等前沿新材料布局,逐步进入全球高端制造业采购体系。

(八)提升建设工程质量水平

确保重大工程建设质量和运行管理质量,建设百年工程。高质量建设和改造城乡道路交通设施、供热供水设施、排水与污水处理设施。加快海绵城市建设和地下综合管廊建设。规范重大项目基本建设程序,坚持科学论证、科学决策,加强重大工程的投资咨询、建设监理、设备监理,保障工程项目投资效益和重大设备质量。全面落实工程参建各方主体质量责任,强化建设单位首要责任和勘察、设计、施工单位主体责任。加快推进工程质量管理标准化,提高工程项目管理水平。加强工程质量检测管理,严厉打击出具虚假报告等行为。健全工程质量监督管理机制,强化工程建设全过程质量监管。因地制宜提高建筑节能标准。完善绿色建材标准,促进绿色建材生产和应用。大力发展装配式建筑,提高建筑装修部品部件的质量和安全性能。推进绿色生态小区建设。

(九)推动服务业提质增效

提高生活性服务业品质。完善以居家为基础、社区为依托、机构为补充、医养相结合的多层次、智能化养老服务体系。鼓励家政企业创建服务品牌。发展大众化餐饮,引导餐饮企业建立集中采购、统一配送、规范化生产、连锁化经营的生产模式。实施旅游服务质量提升计划,显著改善旅游市场秩序。推广实施优质服务承诺标识和管理制度,培育知名服务品牌。

促进生产性服务业专业化发展。加强运输安全保障能力建设,推进铁路、公路、水路、民航等多式联运发展,提升服务质量。提高物流全链条服务质量,增强物流服务时效,加强物流标准化建设,提升冷链物流水平。推进电子商务规制创新,加强电子商务产业载体、物流体系、人才体系建设,不断提升电子商务服务质量。支持发展工业设计、计量测试、标准试验验证、检验检测认证等高技术服务业。提升银行服务、保险服务的标准化程度和服务质量。加快知识产权服务体系建设。提高律师、公证、法律援助、司法鉴定、基层法律服务等法律服务水平。开展国家新型优质服务业集群建设试点,支撑引领三次产业向中高端迈进。

(十)提升社会治理和公共服务水平

推广"互联网 + 政务服务",加快推进行政审批标准化建设,优化服务流程,简化办事环节,提高行政效能。提升城市治理水平,推进城市精细化、规范化管理。促进义务教育优质均衡发展,扩大普惠性学前教育和优质职业教育供给,促进和规范民办教育。健全覆盖城乡的公共就业创业服务体系。加强职业技能培训,推动实现比较充分和更高质量就业。提升社会救助、社会福利、优抚安置等保障水平。

提升优质公共服务供给能力。稳步推进进一步改善医疗服务行动计划。建立健全医疗纠纷预防调解机制,构建和谐医患关系。鼓励创造优秀文化服务产品,推动文化服务产品数字化、网络化。提高供电、供气、供热、供水服务质量和安全保障水平,创新人民群众满意的服务供给。开展公共服务质量监测和结果通报,引导提升公共服务质量水平。

(十一)加快对外贸易优化升级

加快外贸发展方式转变,培育以技术、标准、品牌、质量、服务为核心的对外经济新优势。鼓励高技术含量和高附加值项目维修、咨询、检验检测等服务出口,促进服务贸易与货物贸易紧密结合、联动发展。推动出口商品质量安全示范区建设。完善进出口商品质量安全风险预警和快速反应监管体系。促进"一带一路"沿线国家和地区、主要贸易国家和地区质量国际合作。

三、破除质量提升瓶颈

(十二)实施质量攻关工程

围绕重点产品、重点行业开展质量状况调查,组织质量比对和会商会诊,找准比较优势、行业通病和质量短板,研究制定质量问题解决方案。加强与国际优质产品的质量比对,支持企业瞄准先进标杆实施技术改造。开展重点行业工艺优化行动,组织质量提升关键技术攻关,推动企业积极应用新技术、新工艺、新材料。加强可靠性设计、试验与验证技术开发应用,推广采用先进成型方法和加工方法、在线检测控制装置、智能化生产和物流系统及检测设备。实施国防科技工业质量可靠性专项行动计划,重点解决关键系统、关键产品质量难点问题,支撑重点武器装备质量水平提升。

(十三)加快标准提档升级

改革标准供给体系,推动消费品标准由生产型向消费型、服务型转变,加快培育发展团体标准。推动军民标准通用化建设,建立标准化军民融合长效机制。推进地方标准化综合改革。开展重点行业国内外标准比对,加快转化先进适用的国际标准,提升国内外标准一致性程度,推动我国优势、特色技术标准成为国际标准。建立健全技术、专利、标准协同机制,开展对标达标活动,鼓励、引领企业主动制定和实施先进标准。全面实施企业标准自我声明公开和监督制度,实施企业标准领跑者制度。大力推进内外销产品"同线同标同质"工程,逐步消除国内外市场产品质量差距。

(十四) 激发质量创新活力

建立质量分级制度,倡导优质优价,引导、保护企业质量创新和质量提升的积极性。开展新产业、新动能标准领航工程,促进新旧动能转换。完善第三方质量评价体系,开展高端品质认证,推动质量评价由追求"合格率"向追求"满意度"跃升。鼓励企业开展质量提升小组活动,促进质量管理、质量技术、质量工作法创新。鼓励企业优化功能设计、模块化设计、外观设计、人体工效学设计,推行个性化定制、柔性化生产,提高产品扩展性、耐久性、舒适性等质量特性,满足绿色环保、可持续发展、消费友好等需求。鼓励以用户为中心的微创新,改善用户体验,激发消费潜能。

(十五) 推进全面质量管理

发挥质量标杆企业和中央企业示范引领作用,加强全员、全方位、全过程质量管理,提质降本增效。推广现代企业管理制度,广泛开展质量风险分析与控制、质量成本管理、质量管理体系升级等活动,提高质量在线监测、在线控制和产品全生命周期质量追溯能力,推行精益生产、清洁生产等高效生产方式。鼓励各类市场主体整合生产组织全过程要素资源,纳入共同的质量管理、标准管理、供应链管理、合作研发管理等,促进协同制造和协同创新,实现质量水平整体提升。

(十六) 加强全面质量监管

深化"放管服"改革,强化事中事后监管,严格按照法律法规从各个领域、各个环节加强对质量的全方位监管。做好新形势下加强打击侵犯知识产权和制售假冒伪劣商品工作,健全打击侵权假冒长效机制。促进行政执法与刑事司法衔接。加强跨区域和跨境执法协作。加强进口商品质量安全监管,严守国门质量安全底线。开展质量问题产品专项整治和区域集中整治,严厉查处质量违法行为。健全质量违法行为记录及公布制度,加大行政处罚等政府信息公开力度。严格落实汽车等产品的修理更换退货责任规定,探索建立第三方质量担保争议处理机制。完善产品伤害监测体系,提高产品安全、环保、可靠性等要求和标准。加大缺陷产品召回力度,扩大召回范围,健全缺陷产品召回行政监管和技术支撑体系,建立缺陷产品召回管理信息共享和部门协作机制。实施服务质量监测基础建设工程。建立责任明确、反应及时、处置高效的旅游市场综合监管机制,严厉打击扰乱旅游市场秩序的违法违规行为,规范旅游市场秩序,净化旅游消费环境。

(十七) 着力打造中国品牌

培育壮大民族企业和知名品牌,引导企业提升产品和服务附加值,形成自己独有的比较优势。以产业集聚区、国家自主创新示范区、高新技术产业园区、国家新型工业化产业示范基地等为重点,开展区域品牌培育,创建质量提升示范区、知名品牌示范区。实施中国精品培育工程,加强对中华老字号、地理标志等品牌培育和保护,培育更多百年老店和民族品牌。建立和完善品牌建设、培育标准体系和评价体系,开展中国品牌价值评价活动,推动品牌评价国际标准化工作。开展"中国品牌日"活动,不断凝聚社会共识、营造良好氛围、搭建交流平台,提升中国品牌的知名度和美誉度。

(十八) 推进质量全民共治

创新质量治理模式,注重社会各方参与,健全社会监督机制,推进以法治为基础的社会多元治理,构建市场主体自治、行业自律、社会监督、政府监管的质量共治格局。强化质量社会监督和舆论监督。建立完善质量信号传递反馈机制,鼓励消费者组织、行业协会、第三方机构等开展产品质量比较试验、综合评价、体验式调查,引导理性消费选择。

四、夯实国家质量基础设施

(十九) 加快国家质量基础设施体系建设

构建国家现代先进测量体系。紧扣国家发展重大战略和经济建设重点领域的需求,建立、改造、提升一批国家计量基准,加快建立新一代高准确度、高稳定性量子计量基准,加强军民共用计量基础设施建设。完善国家量值传递溯源体系。加快制定一批计量技术规范,研制一批新型标准物质,推进社会公用计量标准升级换代。科学规划建设计量科技基础服务、产业计量测试体系、区域计量支撑体系。

加快国家标准体系建设。大力实施标准化战略,深化标准化工作改革,建立政府主导制定的标准与市场自主制定的标准协同发展、协调配套的新型标准体系。简化国家标准制定修订程序,加强标准化技术委员会管理,免费向社会公开强制性国家标准文本,推动免费向社会公开推荐性标准文本。建立标准实施信息反馈和评估机制,及时开展标准复审和维护更新。

完善国家合格评定体系。完善检验检测认证机构资质管理和能力认可制度,加强检验检测认证公共服务平台示范区、国家检验检测高技术服务业集聚区建设。提升战略性新兴产业检验检测认证支撑能力。建立全国统一的合格评定制度和监管体系,建立政府、行业、社会等多层次采信机制。健全进出口食品企业注册备案制度。加快建立统一的绿色产品标准、认证、标识体系。

(二十) 深化国家质量基础设施融合发展

加强国家质量基础设施的统一建设、统一管理,推进信息共享和业务协同,保持中央、省、市、县四级国家质量基础设施的系统完整,加快形成国家质量基础设施体系。开展国家质量基础设施协同服务及应用示范基地建设,助推中小企业和产业集聚区全面加强质量提升。构建统筹协调、协同高效、系统完备的国家质量基础设施军民融合发展体系,增强对经济建设和国防建设的整体支撑能力。深度参与质量基础设施国际治理,积极参加国际规则制定和国际组织活动,推动计量、标准、合格评定等国际互认和境外推广应用,加快我国质量基础设施国际化步伐。

(二十一)提升公共技术服务能力

加快国家质检中心、国家产业计量测试中心、国家技术标准创新基地、国家检测重点实验室等公共技术服务平台建设,创新"互联网＋质量服务"模式,推进质量技术资源、信息资源、人才资源、设备设施向社会共享开放,开展一站式服务,为产业发展提供全生命周期的技术支持。加快培育产业计量测试、标准化服务、检验检测认证服务、品牌咨询等新兴质量服务业态,为大众创业、万众创新提供优质公共技术服务。加快与"一带一路"沿线国家和地区共建共享质量基础设施,推动互联互通。

(二十二)健全完善技术性贸易措施体系

加强对国外重大技术性贸易措施的跟踪、研判、预警、评议和应对,妥善化解贸易摩擦,帮助企业规避风险,切实维护企业合法权益。加强技术性贸易措施信息服务,建设一批研究评议基地,建立统一的国家技术性贸易措施公共信息和技术服务平台。利用技术性贸易措施,倒逼企业按照更高技术标准提升产品质量和产业层次,不断提高国际市场竞争力。建立贸易争端预警机制,积极主导、参与技术性贸易措施相关国际规则和标准的制定。

五、改革完善质量发展政策和制度

(二十三)加强质量制度建设

坚持促发展和保底线并重,加强质量促进的立法研究,强化对质量创新的鼓励、引导、保护。研究修订产品质量法,建立商品质量惩罚性赔偿制度。研究服务业质量管理、产品质量担保、缺陷产品召回等领域立法工作。改革工业产品生产许可证制度,全面清理工业产品生产许可证,加快向国际通行的产品认证制度转变。建立完善产品质量安全事故强制报告制度、产品质量安全风险监控及风险调查制度。建立健全产品损害赔偿、产品质量安全责任保险和社会帮扶并行发展的多元救济机制。加快推进质量诚信体系建设,完善质量守信联合激励和失信联合惩戒制度。

(二十四)加大财政金融扶持力度

完善质量发展经费多元筹集和保障机制,鼓励和引导更多资金投向质量攻关、质量创新、质量治理、质量基础设施建设。国家科技计划持续支持国家质量基础的共性技术研究和应用重点研发任务。实施好首台(套)重大技术装备保险补偿机制。构建质量增信融资体系,探索以质量综合竞争力为核心的质量增信融资制度,将质量水平、标准水平、品牌价值等纳入企业信用评价指标和贷款发放参考因素。加大产品质量保险推广力度,支持企业运用保险手段促进产品质量提升和新产品推广应用。

推动形成优质优价的政府采购机制。鼓励政府部门向社会力量购买优质服务。加强政府采购需求确定和采购活动组织管理,将质量、服务、安全等要求贯彻到采购文件制定、评审活动、采购合同签订全过程,形成保障质量和安全的政府采购机制。严格采购项目履约验收,切实把好产品和服务质量关。加强联合惩戒,依法限制严重质量违法失信企业参与政府采购活动。建立军民融合采购制度,吸纳扶持优质民口企业进入军事供应链体系,拓宽企业质量发展空间。

(二十五)健全质量人才教育培养体系

将质量教育纳入全民教育体系。加强中小学质量教育,开展质量主题实践活动。推进高等教育人才培养质量,加强质量相关学科、专业和课程建设。加强职业教育技术技能人才培养质量,推动企业和职业院校成为质量人才培养的主体,推广现代学徒制和企业新型学徒制。推动建立高等学校、科研院所、行业协会和企业共同参与的质量教育网络。实施企业质量素质提升工程,研究建立质量工程技术人员评价制度,全面提高企业经营管理者、一线员工的质量意识和水平。加强人才梯队建设,实施青年职业能力提升计划,完善技术技能人才培养培训工作体系,培育众多"中国工匠"。发挥各级工会组织和共青团组织作用,开展劳动和技能竞赛、青年质量提升示范岗创建、青年质量控制小组实践等活动。

(二十六)健全质量激励制度

完善国家质量激励政策,继续开展国家质量奖评选表彰,树立质量标杆,弘扬质量先进。加大对政府质量奖获奖企业在金融、信贷、项目投资等方面的支持力度。建立政府质量奖获奖企业和个人先进质量管理经验的长效宣传推广机制,形成中国特色质量管理模式和体系。研究制定技术技能人才激励办法,探索建立企业首席技师制度,降低职业技能型人才落户门槛。

六、切实加强组织领导

(二十七)实施质量强国战略

坚持以提高发展质量和效益为中心,加快建设质量强国。研究编制质量强国战略纲要,明确质量发展目标任务,统筹各方资源,推动中国制造向中国创造转变、中国速度向中国质量转变、中国产品向中国品牌转变。持续开展质量强省、质量强市、质量强县示范活动,走出一条中国特色质量发展道路。

(二十八)加强党对质量工作领导

健全质量工作体制机制,完善研究质量强国战略、分析质量发展形势、决定质量方针政策的工作机制,建立"党委领导、政府主导、部门联合、企业主责、社会参与"的质量工作格局。加强对质量发展的统筹规划和组织领导,建立健全领导体制和协调机制,统筹质量发展规划制定、质量强国建设、质量品牌发展、质量基础建设。地方各级党委和政府要将质量工作摆到重要议事日程,加强质量管理和队伍能力建设,认真落实质量工作责任制。强化市、县政府质量监管职责,构建统一权威的质量工作体制机制。

(二十九)狠抓督察考核

探索建立中央质量督察工作机制,强化政府质量工作考核,将质量工作考核结果作为各级党委和政府领导班子及有关领导干部综合考核评价的重要内容。以全要素生产率、质量竞争力指数、公共服务质量满意度等为重点,探索构建符合创新、协调、绿色、开放、共享发展理念的新型质量统计评价体系。健全质量统计分析制度,定期发布质量状况分析报告。

(三十) 加强宣传动员

大力宣传党和国家质量工作方针政策,深入报道我国提升质量的丰富实践、重大成就、先进典型,讲好中国质量故事,推介中国质量品牌,塑造中国质量形象。将质量文化作为社会主义核心价值观教育的重要内容,加强质量公益宣传,提高全社会质量、诚信、责任意识,丰富质量文化内涵,促进质量文化传承发展。把质量发展纳入党校、行政学院和各类干部培训院校教学计划,让质量第一成为各级党委和政府的根本理念,成为领导干部工作责任,成为全社会、全民族的价值追求和时代精神。

各地区各部门要认真落实本意见精神,结合实际研究制定实施方案,抓紧出台推动质量提升的具体政策措施,明确责任分工和时间进度要求,确保各项工作举措和要求落实到位。要组织相关行业和领域,持续深入开展质量提升行动,切实提升质量总体水平。

农村公路建设质量管理办法

（2018 年 11 月 22 日　交通运输部　交安监发〔2018〕152 号）

第一章　总　　则

第一条　为加强农村公路建设质量管理，保证农村公路质量耐久、工程耐用和安全可靠，根据《中华人民共和国公路法》《建设工程质量管理条例》《农村公路建设管理办法》《公路水运工程质量监督管理规定》等法律法规规章，制定本办法。

第二条　农村公路新建、改建、扩建工程的质量管理，适用本办法。

本办法所称农村公路是指纳入农村公路规划，并按照公路工程技术标准修建的县道、乡道、村道及其所属设施。

第三条　农村公路建设质量管理应当坚持政府主导、企业主责、社会参与、有效监督的工作原则。

第四条　交通运输部负责全国农村公路建设质量的行业管理工作。

省级交通运输主管部门负责本行政区域内农村公路建设质量的综合行业管理工作。

地市级、县级交通运输主管部门依据工作职责和项目管理职权具体负责本行政区域内农村公路建设质量管理工作。

第五条　县级人民政府是本行政区域内农村公路建设质量管理的责任主体，负责建立符合本地实际的农村公路质量管理机制，落实农村公路建设质量管理要求，加强和规范农村公路建设质量管理。

乡级人民政府在县级人民政府确定的职责范围内负责本行政区域内乡道、村道建设质量管理工作。

第六条　农村公路建设工程实行质量责任终身制。

项目业主、勘察、设计、施工、监理、试验检测等单位应当明确相应的项目负责人和质量负责人，进行工程质量责任登记，按照国家法律法规和有关规定在工程合理使用年限内承担相应的质量责任。

第七条　任何单位和个人有权对农村公路建设工程的质量问题、质量缺陷、质量事故等向交通运输主管部门投诉和举报。交通运输主管部门应当依法及时处理。

第八条　积极推行代建制、设计施工总承包等模式，加强农村公路建设项目专业化管理；鼓励实行"建养一体化"模式，加强农村公路全寿命周期质量管理。

第九条　坚持因地制宜、生态环保的原则，推广应用先进质量管理方法，鼓励推行集约化建设、标准化施工、工厂化生产、信息化管理，鼓励小型构件商品化，推进农村公路现代工程管理。

第二章 质量责任

第十条 农村公路建设项目实行项目业主责任制。

项目业主对农村公路工程质量管理负总责,应当制定工程项目管理制度,明确质量目标,落实专人负责质量管理,选择具有相应资质等级条件的勘察、设计、施工等单位,加强对关键人员、施工设备等履约管理,组织开展质量检查,督促有关单位及时整改质量问题。

第十一条 农村公路建设项目实行合同管理制。

项目业主应当与勘察、设计、施工、监理等从业单位签订合同,按照有关规定在合同中约定工程质量、安全生产条款,并签订质量、安全生产责任书。

第十二条 勘察、设计单位对农村公路勘察、设计质量负主体责任,应当按照有关规定、强制性标准进行勘察、设计,加强勘察、设计过程质量控制。

设计单位应当做好设计交底、设计变更和后续服务工作,并在交工验收前对工程建设内容是否符合设计要求提出评价意见。

第十三条 施工单位对农村公路施工质量负主体责任,应当按照合同约定设立项目质量管理机构,配备工程技术和质量管理人员,落实岗位责任,建立健全施工质量保证体系,严格按照国家强制性技术标准和工程设计图纸、施工规范(规程)和经批准的施工方案施工,加强过程质量控制、质量检验、技术交底和岗位培训,建立完整、可追溯的施工技术档案。

第十四条 监理单位对农村公路施工质量负监理责任,应当按照规定程序和标准进行工程质量检查、检测和验收,对发现的质量问题及时督促整改,按要求开展质量评定工作,在项目交工验收前向项目业主提交工程质量评定报告。

一般农村公路建设项目实行代建的,可由代建单位组织有经验的专业技术人员成立监理组,履行监理职责。

第十五条 施工单位应当开展施工质量检测工作,可通过设立工地试验室或者委托具有相应能力等级的检测机构实施。一般农村公路建设项目,可按照县级交通运输主管部门认可的检测方式组织实施。

监理人员应当按照规范要求对施工自检结果进行抽检复核或者检测见证。

第十六条 农村公路建设项目交竣工检测工作应当由具有相应能力等级并通过计量认证的检测机构承担。

检测机构应当严格按照工程技术标准、检测规范规程开展检测工作,对检测数据及报告的真实、准确和完整性负责。

第十七条 农村公路建设项目业主应当加强项目档案管理工作,督促勘察、设计、施工、监理、检测等单位按规定收集、整理、保存工程档案资料,建立完整的工程档案。

第三章 质量监管

第十八条 县级以上交通运输主管部门应当建立健全上下协调、控制有效、覆盖全面的农村公路建设质量监管机制,按照分级负责的原则履行农村公路建设质量监管职责。

第十九条 省级交通运输主管部门应当根据部、省有关规定制定本行政区域农村公路建设质量管理制度和技术政策,组织开展农村公路建设质量督导、抽查和考核,协调农村公路建设质量管理中的重大事项,指导各地加强农村公路建设质量监管。

第二十条　地市级、县级交通运输主管部门应当按照工作职责和项目管理权限,全面履行农村公路建设质量监管主体责任,贯彻落实质量管理制度和技术政策,制定本行政区域农村公路建设质量监管工作要点,落实责任部门,开展质量监督检查,规范从业单位质量行为,加强质量管理人员业务培训,组织项目验收。

质量监督管理工作经费由交通运输主管部门按照国家规定协调有关部门纳入同级财政预算予以保障。

第二十一条　交通运输主管部门可以委托专业质量监督机构负责农村公路建设质量监管工作。

第二十二条　农村公路建设质量监督检查可采用巡视检查、突击检查、专项督查和双随机等方式,重点加强从业单位执行质量法律法规规章和工程强制性标准情况、从业单位关键人及关键设备到位情况、影响工程安全耐久的关键部位和关键指标、试验检测工作、工程档案管理等抽检抽查。

第二十三条　交通运输主管部门应当加强质量检测工作,通过组建或者委托具有相应能力等级的检测机构,开展农村公路建设质量监督抽检。

倡导能力等级高的检测机构对服务于农村公路建设质量监督抽检的检测机构开展技术帮扶,提升基层监督检测能力水平。

第二十四条　鼓励聘请技术专家、组织当地群众代表参与农村公路建设质量监督和项目验收。

交通运输主管部门应当加强对群众质量监督员的技术指导和业务培训,积极推动地方人民政府将群众质量监督员纳入公益性岗位。

第二十五条　交通运输主管部门应当建立完善农村公路建设质量约谈和挂牌督办制度,对质量问题频发、质量形势严峻的地区,或者存在严重质量问题的项目,开展质量约谈或者挂牌督办,督促落实质量责任。

第四章　质量管控要点

第二十六条　农村公路建设应当严格执行相关技术规范和质量检验评定标准,并针对农村公路特点和薄弱环节,加强质量关键环节的把控。

第二十七条　农村公路建设项目应当加强沿线地质调查勘测和老路结构技术评价,针对质量薄弱环节开展设计。

对于老路改造或者加宽项目、特殊地质和水文条件的路基和桥涵结构、地质地形限制路段的安全生命防护工程等,应当加强有针对性的设计,明确设计质量控制措施。

地市级、县级交通运输主管部门应当依据工作职责和项目管理职权,加强对设计文件的审核把关,确保设计源头质量。

第二十八条　农村公路建设项目应当加强原材料质量控制,严格按照规定对水泥、钢材、沥青、砂石等原材料进行进场检验检查。未经检验或者经检验不合格的材料,不得投入使用。

农村公路建设项目应当加强混凝土配合比设计和复核验证,确保配合比设计满足混凝土强度和耐久性要求。

第二十九条　重要农村公路建设项目主体工程实行首件工程制。

施工单位应当通过首件工程,完善施工工艺,确定施工技术参数和质量控制措施,严格执行技术交底制度。工程质量技术要点交底应当覆盖到一线作业人员。

第三十条　农村公路建设项目应当按照有关规定向社会公开质量信息,包括从业单位及质量监督负责人和联系方式,工程质量目标,主要原材料种类,路面混凝土及结构层混合料配合比,路面厚度、宽度、强度等关键质量指标,项目验收结果等信息,接受群众监督。

第三十一条　农村公路建设项目施工过程应当执行工程质量验收制度,有下列情形之一的,不得进入下道工序或者投入使用:

(一)路基未验收或验收不合格的,不得进入路面施工;

(二)路面基层未验收或验收不合格的,不得进入路面面层施工;

(三)桩基未验收或验收不合格的,不得进入上部工程施工;

(四)预制构件未验收或验收不合格的,不得进入安装施工;

(五)交通安全、防护、排水等附属设施验收不合格的,不得进行项目验收。

对于非封闭施工的农村公路建设项目,施工单位应当完善交通组织措施,加强对工程成品的保护。

第三十二条　重要农村公路建设项目应当按照《公路工程竣(交)工验收办法》《公路工程质量检验评定标准》开展验收,一般农村公路建设项目可按照省级交通运输主管部门规定的简化程序开展验收。

第三十三条　省级、地市级交通运输主管部门应当将工程建设质量管理纳入农村公路考核范畴,重点加强对质量监管机制运行及履职情况、工程实体质量状况、项目验收工作等考核。考核结果可与农村公路建设项目安排、资金补助、"四好农村路"示范县创建工作等相挂钩。

第三十四条　县级以上交通运输主管部门应当对农村公路建设项目有关单位进行信用记录,建立完善从业单位及其负责人质量诚信档案,开展信用评价工作,推动质量信用评价结果在市场准入、招投标和行业监管中的应用。有关信用信息记录应在全国交通运输信用信息平台共享。

第五章　附　　则

第三十五条　省级交通运输主管部门可根据本办法制定实施办法。

第三十六条　本办法自 2019 年 1 月 1 日起施行,有效期 5 年。原交通部发布的《农村公路建设质量管理办法(试行)》(交质监发〔2004〕370 号)同时废止。

交通运输部关于发布公路工程标准施工监理招标文件及公路工程标准施工监理招标资格预审文件 2018 年版的公告

(2018 年 2 月 14 日　交通运输部　2018 年第 25 号)

为加强公路工程施工监理招标管理,规范招标文件及资格预审文件编制工作,依照《中华人民共和国招标投标法》《中华人民共和国招标投标法实施条例》等法律法规,按照《公路工程建设项目招标投标管理办法》(交通运输部令 2015 年第 24 号),在国家发展改革委牵头编制的《标准监理招标文件》(以下简称《标准文件》)基础上,结合公路工程施工监理招标特点和管理需要,交通运输部组织制定了《公路工程标准施工监理招标文件》(2018 年版)及《公路工程标准施工监理招标资格预审文件》(2018 年版)(以下简称《公路工程标准文件》),现予发布。

《公路工程标准文件》(2018 年版)自 2018 年 5 月 1 日起施行,《公路工程施工监理招标文件范本》(2008 年版)同时废止,之前根据《公路工程施工监理招标文件范本》(2008 年版)完成招标工作的项目仍按原合同执行。

自施行之日起,依法必须进行招标的公路工程应当使用《公路工程标准文件》(2018 年版),其他公路项目可参照执行。在具体项目招标过程中,招标人可根据项目实际情况,编制项目专用文件,与《公路工程标准文件》(2018 年版)共同使用,但不得违反国家有关规定。

《公路工程标准文件》(2018 年版)中"投标人须知""评标办法"和"通用合同条款"等部分,与《标准文件》内容相同的只保留条目号,具体内容见《标准文件》。《公路工程标准文件》电子文本可在交通运输部网站(www.mot.gov.cn)"下载中心"下载。

请各省级交通运输主管部门加强对《公路工程标准文件》(2018 年版)贯彻落实情况的监督检查,注意收集有关意见和建议,并及时反馈部公路局。

交通运输部

2018 年 2 月 14 日

住房和城乡建设部 交通运输部 水利部
人力资源社会保障部关于印发《监理工程师
职业资格制度规定》《监理工程师
职业资格考试实施办法》的通知

(2020 年 2 月 28 日 住房和城乡建设部 交通运输部 水利部
人力资源和社会保障部 建人规〔2020〕3 号)

各省、自治区、直辖市及新疆生产建设兵团住房和城乡建设厅(委、局)、交通运输厅(委、局)、水利(水务)厅(局)、人力资源社会保障厅(委、局),有关单位:

根据《国家职业资格目录》,为统一、规范监理工程师职业资格设置和管理,现将《监理工程师职业资格制度规定》《监理工程师职业资格考试实施办法》印发给你们,请遵照执行。原建设部、人事部《关于全国监理工程师执业资格考试工作的通知》(建监〔1996〕462 号)同时废止。

中华人民共和国住房和城乡建设部
中华人民共和国交通运输部
中华人民共和国水利部
中华人民共和国人力资源和社会保障部
2020 年 2 月 28 日

监理工程师职业资格制度规定

第一章 总 则

第一条 为确保建设工程质量,保护人民生命和财产安全,充分发挥监理工程师对施工质量、建设工期和建设资金使用等方面的监督作用,根据《中华人民共和国建筑法》《建设工程质量管理条例》等有关法律法规和国家职业资格制度有关规定,制定本规定。

第二条 本规定所称监理工程师,是指通过职业资格考试取得中华人民共和国监理工程师职业资格证书,并经注册后从事建设工程监理及相关业务活动的专业技术人员。

第三条 国家设置监理工程师准入类职业资格,纳入国家职业资格目录。

凡从事工程监理活动的单位,应当配备监理工程师。

监理工程师英文译为 Supervising Engineer。

第四条 住房和城乡建设部、交通运输部、水利部、人力资源社会保障部共同制定监理工程师职业资格制度,并按照职责分工分别负责监理工程师职业资格制度的实施与监管。

各省、自治区、直辖市住房和城乡建设、交通运输、水利、人力资源社会保障行政主管部门,按照职责分工负责本行政区域内监理工程师职业资格制度的实施与监管。

第二章 考 试

第五条 监理工程师职业资格考试全国统一大纲、统一命题、统一组织。

第六条 监理工程师职业资格考试设置基础科目和专业科目。

第七条 住房和城乡建设部牵头组织,交通运输部、水利部参与,拟定监理工程师职业资格考试基础科目的考试大纲,组织监理工程师基础科目命审题工作。

住房和城乡建设部、交通运输部、水利部按照职责分工分别负责拟定监理工程师职业资格考试专业科目的考试大纲,组织监理工程师专业科目命审题工作。

第八条 人力资源社会保障部负责审定监理工程师职业资格考试科目和考试大纲,负责监理工程师职业资格考试考务工作,并会同住房和城乡建设部、交通运输部、水利部对监理工程师职业资格考试工作进行指导、监督、检查。

第九条 人力资源社会保障部会同住房和城乡建设部、交通运输部、水利部确定监理工程师职业资格考试合格标准。

第十条 凡遵守中华人民共和国宪法、法律、法规,具有良好的业务素质和道德品行,具备下列条件之一者,可以申请参加监理工程师职业资格考试:

(一)具有各工程大类专业大学专科学历(或高等职业教育),从事工程施工、监理、设计等业务工作满 6 年;

(二)具有工学、管理科学与工程类专业大学本科学历或学位,从事工程施工、监理、设计等业务工作满 4 年;

(三)具有工学、管理科学与工程一级学科硕士学位或专业学位,从事工程施工、监理、设计等业务工作满 2 年;

(四)具有工学、管理科学与工程一级学科博士学位。

经批准同意开展试点的地区,申请参加监理工程师职业资格考试的,应当具有大学本科及以上学历或学位。

第十一条 监理工程师职业资格考试合格者,由各省、自治区、直辖市人力资源社会保障行政主管部门颁发中华人民共和国监理工程师职业资格证书(或电子证书)。该证书由人力资源社会保障部统一印制,住房和城乡建设部、交通运输部、水利部按专业类别分别与人力资源社会保障部用印,在全国范围内有效。

第十二条 各省、自治区、直辖市人力资源社会保障行政主管部门会同住房和城乡建设、交通运输、水利行政主管部门应加强学历、从业经历等监理工程师职业资格考试资格条件的审核。对以贿赂、欺骗等不正当手段取得监理工程师职业资格证书的,按照国家专业技术人员资格考试违纪违规行为处理规定进行处理。

第三章 注 册

第十三条 国家对监理工程师职业资格实行执业注册管理制度。取得监理工程师职业资格证书且从事工程监理及相关业务活动的人员,经注册方可以监理工程师名义执业。

第十四条 住房和城乡建设部、交通运输部、水利部按照职责分工,制定相应监理工程师注册管理办法并监督执行。

住房和城乡建设部、交通运输部、水利部按专业类别分别负责监理工程师注册及相关工作。

第十五条 经批准注册的申请人,由住房和城乡建设部、交通运输部、水利部分别核发《中华人民共和国监理工程师注册证》(或电子证书)。

第十六条 监理工程师执业时应持注册证书和执业印章。注册证书、执业印章样式以及注册证书编号规则由住房和城乡建设部会同交通运输部、水利部统一制定。执业印章由监理工程师按照统一规定自行制作。注册证书和执业印章由监理工程师本人保管和使用。

第十七条 住房和城乡建设部、交通运输部、水利部按照职责分工建立监理工程师注册管理信息平台,保持通用数据标准统一。住房和城乡建设部负责归集全国监理工程师注册信息,促进监理工程师注册、执业和信用信息互通共享。

第十八条 住房和城乡建设部、交通运输部、水利部负责建立完善监理工程师的注册和退出机制,对以不正当手段取得注册证书等违法违规行为,依照注册管理的有关规定撤销其注册证书。

第四章 执 业

第十九条 监理工程师在工作中,必须遵纪守法,恪守职业道德和从业规范,诚信执业,主动接受有关部门的监督检查,加强行业自律。

第二十条 住房和城乡建设部、交通运输部、水利部按照职责分工建立健全监理工程师诚信体系,制定相关规章制度或从业标准规范,并指导监督信用评价工作。

第二十一条 监理工程师不得同时受聘于两个或两个以上单位执业,不得允许他人以本人名义执业,严禁"证书挂靠"。出租出借注册证书的,依据相关法律法规进行处罚;构成犯罪的,依法追究刑事责任。

第二十二条 监理工程师依据职责开展工作,在本人执业活动中形成的工程监理文件上签章,并承担相应责任。监理工程师的具体执业范围由住房和城乡建设部、交通运输部、水利部按照职责另行制定。

第二十三条 监理工程师未执行法律、法规和工程建设强制性标准实施监理,造成质量安全事故的,依据相关法律法规进行处罚;构成犯罪的,依法追究刑事责任。

第二十四条 取得监理工程师注册证书的人员,应当按照国家专业技术人员继续教育的有关规定接受继续教育,更新专业知识,提高业务水平。

第五章　附　则

第二十五条　本规定施行之前取得的公路水运工程监理工程师资格证书以及水利工程建设监理工程师资格证书,效用不变;按有关规定,通过人力资源社会保障部、住房和城乡建设部组织的全国统一考试,取得的监理工程师执业资格证书与本规定中监理工程师职业资格证书效用等同。

第二十六条　专业技术人员取得监理工程师职业资格,可认定其具备工程师职称,并可作为申报高一级职称的条件。

第二十七条　本规定自印发之日起施行。

监理工程师职业资格考试实施办法

第一条　住房和城乡建设部、交通运输部、水利部、人力资源社会保障部共同委托人力资源社会保障部人事考试中心承担监理工程师职业资格考试的具体考务工作。住房和城乡建设部、交通运输部、水利部可分别委托具备相应能力的单位承担监理工程师职业资格考试工作的命题、审题和主观试题阅卷等具体工作。

各省、自治区、直辖市住房和城乡建设、交通运输、水利、人力资源社会保障行政主管部门共同负责本地区监理工程师职业资格考试组织工作,具体职责分工由各地协商确定。

第二条　监理工程师职业资格考试设《建设工程监理基本理论和相关法规》《建设工程合同管理》《建设工程目标控制》《建设工程监理案例分析》4个科目。其中《建设工程监理基本理论和相关法规》《建设工程合同管理》为基础科目,《建设工程目标控制》《建设工程监理案例分析》为专业科目。

第三条　监理工程师职业资格考试专业科目分为土木建筑工程、交通运输工程、水利工程3个专业类别,考生在报名时可根据实际工作需要选择。其中,土木建筑工程专业由住房和城乡建设部负责;交通运输工程专业由交通运输部负责;水利工程专业由水利部负责。

第四条　监理工程师职业资格考试分4个半天进行。

第五条　监理工程师职业资格考试成绩实行4年为一个周期的滚动管理办法,在连续的4个考试年度内通过全部考试科目,方可取得监理工程师职业资格证书。

第六条　已取得监理工程师一种专业职业资格证书的人员,报名参加其他专业科目考试的,可免考基础科目。考试合格后,核发人力资源社会保障部门统一印制的相应专业考试合格证明。该证明作为注册时增加执业专业类别的依据。免考基础科目和增加专业类别的人员,专业科目成绩按照2年为一个周期滚动管理。

第七条　具备以下条件之一的,参加监理工程师职业资格考试可免考基础科目:

(一)已取得公路水运工程监理工程师资格证书;

(二)已取得水利工程建设监理工程师资格证书。

申请免考部分科目的人员在报名时应提供相应材料。

第八条　符合监理工程师职业资格考试报名条件的报考人员,按当地人事考试机构规定的程序和要求完成报名。参加考试人员凭准考证和有效证件在指定的日期、时间和地点参加考试。

中央和国务院各部门所属单位、中央管理企业的人员按属地原则报名参加考试。

第九条　考点原则上设在直辖市、自治区首府和省会城市的大、中专院校或者高考定点学校。

监理工程师职业资格考试原则上每年一次。

第十条　坚持考试与培训分开的原则。凡参与考试工作(包括命题、审题与组织管理等)的人员,不得参加考试,也不得参加或者举办与考试内容相关的培训工作。应考人员参加培训坚持自愿原则。

第十一条　考试实施机构及其工作人员,应当严格执行国家人事考试工作人员纪律规定和考试工作的各项规章制度,遵守考试工作纪律,切实做好从考试试题的命制到使用等各环节的安全保密工作,严防泄密。

第十二条　对违反考试工作纪律和有关规定的人员,按照国家专业技术人员资格考试违纪违规行为处理规定处理。

第十三条　参加原监理工程师执业资格考试并在有效期内的合格成绩有效期顺延,按照4年为一个周期管理。《建设工程监理基本理论和相关法规》《建设工程合同管理》《建设工程质量、投资、进度控制》《建设工程监理案例分析》科目合格成绩分别对应《建设工程监理基本理论和相关法规》《建设工程合同管理》《建设工程目标控制》《建设工程监理案例分析》科目。

第十四条　本办法自印发之日起施行。

公路水运工程平安工地建设管理办法

(2018 年 4 月 16 日 交通运输部 交安监发〔2018〕43 号)

第一章 总 则

第一条 为加强公路水运工程平安工地建设,引导和激励从业单位加强安全生产工作,落实安全生产责任,提升安全管理水平,根据《中华人民共和国安全生产法》《建设工程安全生产管理条例》《公路水运工程安全生产监督管理办法》等法律法规和规章,制定本办法。

第二条 经依法审批、核准或者备案的公路水运基础设施的新建、改建、扩建工程在施工期间开展平安工地建设活动,适用本办法。

第三条 本办法所称平安工地是指项目从业单位以落实安全生产主体责任为核心,施工过程以风险防控无死角、事故隐患零容忍、安全防护全方位为目标,推进施工现场安全文明与施工作业规范有序的有机统一,是不断深化平安交通发展的重要载体。

本办法所称从业单位,是指从事公路水运工程建设、施工、监理等工作的单位。

第四条 平安工地建设管理主要包括工程开工前的安全生产条件审核,施工过程中的平安工地建设、考核评价等。

第五条 交通运输部指导全国公路水运工程平安工地建设监督管理工作,负责组织制定《公路水运工程平安工地建设考核评价指导性标准》(以下简称《标准》,见附件)。

交通运输部长江航务管理局具体负责长江干线航道工程平安工地建设监督管理工作。

省级交通运输主管部门指导本地区公路水运工程平安工地建设监督管理工作,组织制定本行政区域内的公路水运工程平安工地建设监督管理制度和考核评价标准。

属地负有安全生产监督管理职责的交通运输主管部门(以下简称直接监管的交通运输主管部门),根据职责分工具体负责管辖范围内公路水运工程平安工地建设监督管理工作。

第二章 建 设 内 容

第六条 公路水运工程建设项目应当保障安全生产条件,落实安全生产责任,建立项目安全生产管理体系,实现安全管理程序化、现场防护标准化、风险管控科学化、隐患治理常态化、应急救援规范化,并持续改进。

第七条 公路水运工程项目应当具备法律、法规、规章和工程建设强制性标准规定的安全生产条件,并在项目招(投)标文件、合同文本,以及施工组织设计和专项施工方案中予以明确。从业单位应当保证本单位所应具备的安全生产条件必需的资金投入,任何单位和个人不得降低安全生产条件。

第八条 公路水运工程项目从业单位应当依法依规制定完善全员安全生产责任制,明确各岗位的责任人员、责任范围和考核标准等内容,并进行公示。施工、监理单位项目负责人安全生产责任考核结果应作为合同履约考核内容,每年定期向建设单位报送。

第九条　公路水运工程项目从业单位应当贯彻执行安全生产法律法规和标准规范,以施工现场和施工班组为重点,加强施工场地布设、现场安全防护、施工方法与工艺、应急处置措施、施工安全管理活动记录等方面的安全生产标准化建设。

第十条　公路水运工程实施安全风险分级管控。项目从业单位应当全面开展风险辨识,按规定开展设计、施工安全风险评估,依据评估结论完善设计方案、施工组织设计、专项施工方案及应急预案。

施工作业区应当根据施工安全风险辨识、评估结果,确定不同风险等级的管理要求,合理布设。在风险较高的区域应当设置安全警戒和风险告知牌,做好风险提示或采取隔离措施。施工过程中,应当建立风险动态监控机制,按要求进行监测、评估、预警,及时掌握风险的状态和变化趋势。重大风险应当及时登记备案,制定专项管控和应急措施,并严格落实。

第十一条　安全生产事故隐患排查治理实行常态化、闭合管理。项目从业单位应当建立健全事故隐患排查治理制度,明确事故隐患排查、告知(预警)、整改、评估验收、报备、奖惩考核、建档等内容,逐级明确事故隐患治理责任,落实到具体岗位和人员。按规定对隐患排查、登记、治理、销号等全过程予以记录,并向从业人员通报。

重大事故隐患应当在确定后5个工作日内向直接监管的交通运输主管部门报备,其中涉及民爆物品、危险化学品及特种设备等重大事故隐患的,还应向相应的主管部门报备。

重大事故隐患整改应当制定专项方案,确保责任、措施、资金、时限、预案到位。整改完成后应当由施工单位成立事故隐患整改验收组进行专项验收,可组织专家对重大事故隐患治理情况进行评估。整改验收通过的,施工单位应将验收结论向直接监管的交通运输主管部门报备,并申请销号。

第十二条　公路水运工程从业单位应当按要求制定相应的项目综合应急预案、施工合同段的专项应急预案和现场处置方案,并定期组织演练。依法建立项目应急救援组织或者指定工程现场兼职的、具有一定专业能力的应急救援人员,定期开展专业培训。结合工程实际编制应急资源清单,配备必要的应急救援器材、设备和物资,进行经常性维护、保养和更新。

第三章　考核评价

第十三条　施工单位是平安工地建设的实施主体,应当确保项目安全生产条件满足《标准》要求,当项目安全生产条件发生变化时,应当及时向监理单位提出复核申请。

合同段开工后到交工验收前,施工单位应当按照《标准》要求,每月至少开展一次平安工地建设情况自查自纠,及时改进安全管理中的薄弱环节;每季度至少开展一次自我评价,对扣分较多的指标及反复出现的突出问题,应当采取针对性措施加以完善。施工单位自我评价报告应报监理单位。

第十四条　监理单位应当将平安工地建设作为安全监理的主要内容,危险性较大的分部分项工程开工前按照《标准》要求及时开展安全生产条件审核,并将审核结果报建设单位。

施工过程中,监理单位应当按照《标准》要求,每季度对监理范围内的合同段平安工地建设管理情况进行监督检查,发现问题及时督促整改,整改后仍不符合要求的合同段应当责令停工,并向建设单位报告;情节严重的还应当向直接监管的交通运输主管部门书面报告。

第十五条 建设单位是施工、监理合同段平安工地建设考核评价的主体,应当建立平安工地建设、考核、奖惩等制度,将平安工地建设情况纳入合同履约管理,加强过程督促检查,对项目平安工地建设负总责。

建设单位应当按照《标准》要求,在项目开工前组织安全生产条件审核,每半年对项目所有施工、监理合同段组织一次平安工地建设考核评价,对自身安全管理行为进行自评,建立相应考核评价记录并及时存档;开工前安全生产条件审核结果以及施工过程中的平安工地建设考核评价结果,应当及时通过平安工地建设管理系统,向直接监管的交通运输主管部门报送。

第十六条 省级交通运输主管部门应当明确本地区各等级公路、水运工程平安工地建设监督管理责任主体;结合本地区实际,制定相应的考核评价标准体系。

第十七条 地方各级交通运输主管部门应当根据职责分工,在制定年度安全督查计划时,应当将本地区公路水运工程平安工地建设情况作为重点内容,每年对辖区内公路水运工程项目建设单位的平安工地建设管理情况至少组织一次监督抽查,同时根据建设单位报送的平安工地建设考核评价情况,抽查一定比例的施工、监理合同段。具体抽查比例由省级交通运输主管部门确定,但最低不少于10%。对施工期限不足一年的项目,直接监管的交通运输主管部门应当在施工期间至少抽查一次。对发现存在重大事故隐患的项目要加大抽查频率。监督抽查重点应当包括项目建设单位考核评价工作的规范性、安全风险防控与事故隐患排查治理的实施情况等。

第十八条 平安工地建设考核评价按照百分制计算得分,考核结果在70分及以上的评定为合格,低于70分的评定为不合格。项目年度考核结果按照建设单位在本年度考核周期内考核结果累计的平均值计算。

施工、监理合同段首次考核不合格的应当及时整改,建设单位应组织复评,复评仍不合格的施工、监理合同段应当全部停工整改,并及时向直接监管的交通运输主管部门报告。对已经发生重特大生产安全责任事故、经查实存在重大事故隐患、被列入安全生产黑名单的合同段直接评为不合格。

年度考核结果由省级交通运输主管部门统一对外公示。

第十九条 直接监管的交通运输主管部门应当加大平安工地建设管理的督导力度,对存在平安工地建设流于形式、考核弄虚作假、评价结果不合格等情况的,应当要求项目建设单位组织整改、重新考核,并在信息系统中予以记录,情节严重的应当通报批评,约谈建设单位负责人、施工和监理企业法定代表人;对存在重大安全风险未有效管控、重大事故隐患未及时整改的施工作业,应当责令停工整改,挂牌督办;对存在违法违规行为的从业单位和人员,应当给予安全生产信用不良记录,依法实施行政处罚。

第二十条 省级交通运输主管部门应定期总结分析本地区平安工地建设管理情况,并将平安工地建设成效显著的项目树为典型,及时推广经验,加大宣传力度,通过信用加分等方式予以鼓励。

第四章 附 则

第二十一条 交通运输部建立统一的公路水运工程平安工地建设管理系统。各级交通运输主管部门对公路水运工程建设项目平安工地建设监督抽查结果、项目建设单位考核评价以及公示公布等均应通过本系统运行。每年一季度末,省级交通运输主管部门通过平安工地建设管理系统填报上一年度本地区高速公路和大型水运工程建设项目平安工地建设监督抽查情况以及考核结果。

交通运输部于每年二季度对外公布上一年度高速公路和大型水运工程建设项目平安工地建设监督抽查情况。

第二十二条 本办法自 2018 年 5 月 1 日起施行,有效期 5 年。原《交通运输部关于开展公路水运工程"平安工地"考核评价工作的通知》(交质监发〔2012〕679 号)同时废止。

附件

公路水运工程平安工地建设考核评价指导性标准

一、总则

（一）为强化公路水运工程安全生产管理，规范从业行为，落实安全责任，深入推进平安工地建设管理，确保平安工地考核评价工作有序开展，制定本标准。

（二）本标准主要适用于高速公路和大型水运工程平安工地建设考核评价及监督检查工作。省级交通运输主管部门可根据本地区工程特点和监管重点，在本标准基础上，制定相应的考核评价标准体系，在不改变相对权重的前提下，可对不带"＊"的考核内容适当增减或细化。

（三）省级交通运输主管部门可参照本标准体例，结合本地区职责分工和考核要求，制定其他技术等级公路水运工程平安工地建设考核评价标准。

（四）公路水运工程建设、监理和施工单位应参照本标准组织开展平安工地建设以及自查自评、考核评价。公路工程中交安、机电、绿化、房建等合同段以及水运工程中的道路、堆场、房建等合同段可参照本标准，由各省级交通运输主管部门自行确定相应的考核内容。

二、考核评价程序

（一）项目施工单位负责组织平安工地建设，在合同段开工后、交工验收前，每月应当按照本标准至少开展一次自查自纠，每季度至少开展一次自我评价，自评结果经监理单位审核后报建设单位。

工程项目开工、危险性较大的分部分项工程开工前，施工单位应当将合同约定的安全生产条件落实情况向监理、建设单位申报。

（二）项目建设单位负责施工、监理合同段平安工地建设情况的考核评价工作，每半年应当按照本标准对项目全部的施工、监理合同段平安工地建设情况进行考核评价，并对自身安全管理行为进行自我评价。

工程项目开工前，建设单位应按照本标准要求组织开展安全生产条件审核，对审核记录及结论负责，同时将审核结果报直接监管的交通运输主管部门。

危险性较大的分部分项工程开工前，监理单位按照本标准要求及时开展安全生产条件审核，并将审核结果报建设单位。

（三）直接监管的交通运输主管部门按照本标准，结合年度安全督查计划，每年对辖区内高速公路和大型水运工程平安工地建设管理情况至少组织一次监督抽查，同时根据建设单位报送的平安工地建设考核评价情况，抽查一定比例的施工、监理合同段。具体抽查比例由省级交通运输主管部门确定，但最低不少于10％。

三、考核评价方法

（一）平安工地建设考核评价，包括安全生产条件核查（附表1）、施工、监理、建设等从业单位考核评价(附表2至附表5)两方面。

安全生产条件核查,包括工程项目开工前安全生产条件核查表(附表1.1)、危险性较大的分部分项工程施工前安全生产条件核查表(附表1.2)两部分。

施工单位考核评价,包括施工单位基础管理考核评价表(附表2)、施工单位施工现场考核评价表(附表3)两部分。其中施工现场考核评价,由通用部分(附表3.1)、专业部分(公路工程为附表3.2,水运工程为附表3.3)两部分组成。

(二)考核评价采取扣分制,扣分上限为各考核项总赋分值。其中,标记"*"的考核项目为必须考核的指标项。

(三)安全生产条件符合率=符合项/(符合项+基本符合项)。

安全生产条件是公路水运工程项目开工应当具备法律法规和技术标准规定、满足合同约定的基础条件,不得有不符合项。安全生产条件符合项,是指安全生产条件满足合同约定,符合法律法规和技术标准要求;基本符合项,是指该项安全生产条件总体满足,但在满足程度上还需要提升。

安全生产条件,由工程项目开工前安全生产条件、危险性较大的分部分项工程施工前安全生产条件两部分组成,其中,危险性较大的分部分项工程施工前安全生产条件,需按施工进度分阶段经监理单位审核、建设单位确认;这部分的安全生产条件是动态的,在计算这部分安全生产条件时,要结合施工单位进场报验单情况予以逐项确认统计,在监理、建设单位批复意见中明确要求修改、完善的,应视为基本符合项。

根据考核期内安全生产条件的符合程度,在当期施工单位考核评价总分的基础上扣除相应分数(内插法)。当安全生产条件符合率在60%以下,视情节扣除10-30分;当安全生产条件符合率在60%(含)-85%之间,视情节扣除5-10分;当安全生产条件符合率超过85%(含)以上的,则不扣分。

(四)施工单位考核评价分数=(施工单位基础管理考核评价分数×0.4+施工单位施工现场考核评价分数×0.6)-安全生产条件符合程度的扣分值。

1.施工单位基础管理考核评价分数=(考核项目实得分/考核项目应得分)×100。

2.施工单位施工现场考核评价分数=(考核项目实得分/考核项目应得分)×100。

3.施工单位施工现场考核评价内容为:公路工程为表3.1和表3.2,水运工程为表3.1和表3.3。

(五)监理单位考核评价分数=(考核项目实得分/考核项目应得分)×100。

(六)建设单位考核评价分数=(考核项目实得分/考核项目应得分)×100。

(七)工程项目考核评价分数=[建设单位考核评价分数×0.2+∑监理单位考核评价分数/监理单位个数×0.2+∑(施工单位考核评价分数×合同价)/∑施工单位合同价×0.6]。

公路水运工程项目年度考核结果按照建设单位在本年度考核周期内考核结果累计的平均值计算。

各级交通运输主管部门抽查发现平安工地建设流于形式、考核弄虚作假、评价结果不合格等情况,应当要求项目建设单位组织整改、重新考核,并在信息系统予以记录;情节严重的应当通报批评,约谈建设单位负责人、施工和监理企业法定代表人;对存在重大安全风险未有效管控、重大事故隐患未及时整改的施工作业,应当责令停工整改、挂牌督办;对存在违法违规行为的从业单位和人员,应当给予安全生产信用不良记录,依法实施行政处罚。

四、考核评价结果

（一）平安工地建设考核评价按照百分制计算得分,计算得分精确到小数点后 1 位。考核评价结果分为合格、不合格两类。考核评价分数 70 分及以上的为合格,70 分以下为不合格。

（二）施工单位考核评价结果即为施工合同段考核评价结果,监理单位考核评价结果即为监理合同段考核评价结果。

以施工总承包、PPP 模式等方式组织项目建设、施工、监理工作的,按照项目管理机构内部岗位定位及分工,开展平安工地建设管理考核评价。

（三）所有的施工、监理合同段考核评价结果均合格,工程项目总体考核评价结果方为合格。

（四）施工、监理合同段考核评价结果不合格的,该施工、监理合同段应当立即整改,整改完成后由建设单位组织复评,复评仍不合格的施工、监理合同段应当全部停工整改,并及时向直接监管的交通运输主管部门报告。

对已经发生重特大生产安全责任事故、存在未及时整改的重大事故隐患、被列入安全生产黑名单的合同段,直接评为不合格。

（五）发生 1 起一般及以上生产安全责任事故,负有主要责任的施工合同段直接评为不合格,负有直接责任的监理合同段在考核评价得分基础上直接扣 10 分。

发生 2 起一般或 1 起较大生产安全责任事故,负有直接责任的监理合同段在考核评价得分基础上直接扣 15 分,建设单位在考核评价得分基础上直接扣 15 分。

（六）项目因安全生产问题被停工整改 2 次以上,被主管部门通报批评、挂牌督办、行政处罚、约谈项目法人及企业法人、或逾期不落实书面整改要求的,或者在考核评价过程中,发现存在明显安全管理漏洞、事故隐患治理不力反复存在的,可根据实际情况在工程项目计算得分的基础上酌情扣 5 ~ 15 分。

附表：

1. 安全生产条件核查表

1.1 工程项目开工前安全生产条件核查表

1.2 危险性较大的分部分项工程施工前安全生产条件核查表

2. 施工单位基础管理考核评价表

3. 施工单位施工现场考核评价表

3.1 施工单位施工现场(通用部分)考核评价表

3.2 施工单位施工现场(公路部分)考核评价表

3.3 施工单位施工现场(水运部分)考核评价表

4. 监理单位考核评价表

5. 建设单位考核评价表

附表 1

安全生产条件核查表

工程项目开工前安全生产条件核查表

表 1.1

项目名称:

序号	安全生产条件核查内容	需附资料	评判标准	核查结论(符合、基本符合、不符合)	存在问题说明(可另附页)
1	项目基本建设程序完备,施工图设计依法审批,施工工期合理。	附施工图审批文件复印件。	符合:项目建设程序完备,依法审批,工期符合设计要求。基本符合:项目建设程序齐全,但审批时间有滞后现象。不符合:施工图设计未经审批。		
2	施工招(投)标文件及施工合同中载明项目安全管理目标、安全生产职责、安全生产条件、安全生产费用、安全生产用工情况及专职安全生产管理人员配备的标准等要求。	附施工招标、投标文件及施工合同中相关内容的复印件。	符合:施工招(投)标文件及施工合同中的安全管理要素符合法律法规要求,投标文件、投标文件及施工合同所对应的内容相一致。基本符合:施工招(投)标文件及施工合同中的安全管理要素有缺项,但三个文件之间所对应的内容不尽一致。不符合:施工招(投)标文件及施工合同中的安全管理要素不符合法律法规要求,或缺失。		
3	施工单位安全生产许可证及相应等级资质证书有效。	附企业安全生产许可证及相应等级资质证书复印件。	符合:施工单位具备安全生产许可证及相应资质目且均在有效期内。不符合:施工单位没有安全生产许可证或资质相应等级资质证书,或安全生产许可证已过期失效,或资质证书超范围不符合要求。		

续上表

序号	安全生产条件核查内容	需附资料	评判标准	核查结论(符合、基本符合、不符合)	存在问题说明(可另附页)
4	建设单位分别与施工、监理单位签订安全生产协议书,明确各方安全生产管理职责。	附安全生产协议书复印件。	符合:建设单位按要求与施工、监理分别签订了安全生产协议,合同双方权力义务责任明确,项目安全管理目标明确。 基本符合:建设单位按要求与施工、监理分别签订了安全生产协议,施工合同双方权力义务责任不明确或项目安全管理目标不明确。 不符合:建设单位未按要求与施工、监理分别签订安全生产协议。		
5	建设单位设立负有安全管理职能的部门; 监理单位按要求配备专职安全监理工程师; 施工单位设立安全生产管理部门,按要求配备专职安全生产管理人员。	附组织机构图、部门(岗位)设置文件及相关证书复印件、相关人员任命文件等。	符合:建设、施工单位按规定设置了安全管理部门,施工单位按规定配足了专职管理人员,监理单位按规定配备了专职安全监理工程师,机构有成立文件,岗位责任明确,人员及岗位任职条件。 基本符合:建设、施工单位按规定设置有安全管理部门,明确了专职人员,但岗位任命文件缺失或专职责任不够清晰。 不符合:建设单位未按规定设立负有安全管理职能的部门,监理单位未按要求配备专职安全监理工程师,施工单位未按合同要求配备足够的专职安全生产管理人员,施工企业安全生产管理人员未经考核合格或未获得考核合格书。		

367

续上表

序号	安全生产条件核查内容	需附资料	评判标准	核查结论(符合、基本符合、不符合)	存在问题说明(可另附页)
6	建设单位按规定开展施工安全总体风险评估,编制总体风险评估报告。	附总体风险评估报告。	符合:按规定开展了项目总体安全风险评估,编制了评估程序后规范,评估深度符合实际,可指导后期施工。 基本符合:按规定开展了项目总体安全风险评估,编制了评估报告,评估程序合理,但评估深度不足,对后期施工缺乏指导意义。 不符合:未按规定开展项目总体风险评估,或评估结论不合理,无法运用到后期施工中。		
7	施工组织设计文件中应按规定编制安全技术措施和施工现场临时用电方案,并经监理审批。	附施工组织设计文件和施工现场临时用电方案。	符合:按规定的程序编制施工组织设计文件和施工现场临时用电方案,并经监理审批通过。 基本符合:按规定编制了施工组织设计文件和施工现场临时用电方案,但安全技术措施和施工现场临时用电方案中存在较多需要改进完善之处。 不符合:施工组织设计文件中未考虑安全技术措施,或未按规定编制施工现场临时用电方案,或方案未经监理审批通过。		

续上表

序号	安全生产条件核查内容	需附资料	评 判 标 准	核查结论（符合、基本符合、不符合）	存在问题说明（可另附页）
8	建设单位组织编制项目综合应急预案。	附项目综合应急预案。	符合：按规定编制了项目综合应急预案，各项应急管理要素齐全，应急程序合理，应急资源充足，应急指挥机制完备。 基本符合：按规定编制了项目综合应急预案，但部分应急管理要素不齐全，应急程序尚欠合理，应急资源不充分，应急指挥机制待改进。 不符合：未按规定编制项目综合应急预案。		
9	施工单位临时场站、驻地选址等符合安全性要求，施工单位根据企业规定组织了验收。	附验收材料。	符合：施工单位临时场站、驻地选址符合安全性要求，项目部根据企业规定组织了验收。 不符合：项目部未根据企业规定组织验收或验收发现存在问题未及时整改到位。		
符合项		基本符合项		符合率＝符合项/（符合项＋基本符合项）＝	

建设单位（盖章）：   核查人（签名）：   核查日期：   年   月   日

注：本表由建设单位负责核查，核查完成后向直接监管的交通运输主管部门报送。其中，1-5项应附相关资料，其余项附建设单位核查意见。

369

危险性较大的分部分项工程施工前安全生产条件核查表

表1.2

项目名称：

施工合同段：

危险性较大的分部分项工程名称：

序号	安全生产条件核查内容	需附资料	评判标准	核查结论(符合、基本符合、不符合)	存在问题说明(可另附页)
1	按规定开展专项风险评估工作,编制专项风险评估报告,制定重大风险管控方案。	附专项评估报告及风险管控方案。	符合:按规定开展了专项风险评估,编制了评估报告,制定了重大风险管控方案,评估程序规范,评估深度符合实际,管控措施合理。 基本符合:按规定开展了专项风险评估,编制了评估报告,制定了重大风险管控方案,评估程序合理,但评估深度不足,风险防控措施欠合理。 不符合:未按规定开展专项风险评估,或评估报告与实际不符合或出现误判,或无重大风险管控方案,或风险防控措施无针对性。		
2	按规定编制专项施工方案,附具安全验算结果,经施工单位技术负责人签字后实施,经专家论证、审查的专项施工方案应附专家论证、审查意见。	附专项施工方案,施工单位技术负责人、监理工程师审查意见和专家论证、审查意见。	符合:按规定编制了专项施工方案,附具安全验算结果,按程序履行了签字确认手续,超过一定规模的危险性较大工程专项施工方案组织了专家论证,附专家审查意见。 基本符合:按规定编制了专项施工方案,附具安全验算结果,但确认程序不够完整,或未按专家意见修改完善后重新发布,或未按专项风险评估结论修改完善专项施工方案。 不符合:未按规定编制专项施工方案,或超过一定规模的危险性较大工程未编制专项施工方案,或未组织专家论证。		

续上表

序号	安全生产条件核查内容	需附资料	评判标准	核查结论(符合,基本符合,不符合)	存在问题说明(可另附页)
3	施工单位按规定对从业人员进行安全生产教育、培训和技术交底;特种作业人员按规定取得相应作业资格。	附教育培训档案、技术交底记录和资格证书复印件。	符合:施工单位按规定对从业人员进行了全员安全教育培训且考核合格,培训内容符合岗位从业要求,培训学时符合相关规定;分工种、工序组织了安全技术交底;特种作业人员按规定取得相应作业资格。 基本符合:施工单位按规定对从业人员进行了全员安全教育培训,但教育培训内容缺乏针对性;安全教育培训未分工种、工序组织,或技术交底未建立台账不健全;或未建立相应的安全技术交底台账。 不符合:施工单位按规定对从业人员进行了安全教育培训但仍存在未经教育培训上岗、未组织安全技术交底,特种作业人员未按规定取得相应作业资格。		
4	施工机械、设施、机具以及安全防护用品,用具和配件等具有生产(制造)许可证、产品合格证或者法定检验检测合格证明;特种设备使用前单位依法取得特种设备使用登记证书,建立特种设备安全技术档案,并将登记标志置于该特种设备的显著位置;组织有关单位进行验收,或者委托有相应资质的检验检测机构对翻模、滑(爬)模等自升式架设设施,以及自行设计、组装或者改装的施工工(吊)篮、移动模架等设施进行验收。	附机械设施及机具和安全防护用品的生产(制造)许可证、产品合格证或者法定检验检测合格证、产品合格证或者特种设备取得使用登记复印件、特种设备使用登记复印件、自行式升式架设设施设计、组装或者改装设施等的验收材料。	符合:各类施工机械、设施、机具及安全防护用品按规定生产(制造)许可证,产品合格证或法定检验检测合格证;各类防护用品取得使用登记证书;各类专用设施设备通过了专项验收。 不符合:各类施工机械、设施、机具及安全防护用品未按规定取得相应的证书或安全检测合格证明;各类专用设施设备未按规定组织专项验收,或专项验收手续不全,或无验收记录。		

371

续上表

序号	安全生产条件核查内容	需附资料	评判标准	核查结论（符合、基本符合、不符合）	存在问题说明（可另附页）
5	按规定编制合同段施工专项应急预案和现场处置方案，依法建立应急救援组织或者指定工程现场兼职的、具有一定专业能力的应急救援人员，配备必要的应急救援器材、设备和物资。	附专项应急预案、现场处置方案、应急人员名单和应急物资、设备、器材等清单。	符合：按规定编制了合同段施工专项应急处置方案，建立了应急救援组织，明确了现场应急救援人员和技术专家，配备必要的救援器材、设备和物资；应急预案中的各项应急管理要素齐全、合理，资源充足，应急救援组织机制健全。 基本符合：按规定编制了合同段施工专项应急处置方案，但部分应急预案和现场处置方案要素不齐全，应急资源不充分，应急救援组织机制有待改进；或者应急预案覆盖面不足，内容深度不足，缺乏可操作性。 不符合：未按规定编制合同段施工专项应急预案和现场处置方案，或未明确现场应急救援组织和人员，未配备必要的应急救援器材、设备和物资。		
6	劳务分包、专业分包等单位有符合合法律法规的资质条件；施工单位与从业人员订立的劳动合同，载明了保障从业人员劳动安全、防止职业危害等事项。	附相关分包企业的资质条件复印件、劳动合同复印件。	符合：劳务、专业分包等单位符合相关法律法规的资质条件，施工单位与从业人员订立的劳动合同符合法律法规要求，载明了保障从业人员劳动安全、防止职业危害等事项。 基本符合：施工企业与从业人员订立的劳动合同中保障从业人员劳动安全、防止职业危害的事项有漏项，待改进。 不符合：存在转包或违规分包情形，或专业分包、劳务分包单位不符合法律法规的资质条件，施工企业技术实力、施工单位未按规定与从业人员订立劳动合同。		

续上表

序号	安全生产条件核查内容	需附资料	评判标准	核查结论（符合、基本符合、不符合）	存在问题说明（可另附页）
7	施工现场的办公、生活区与作业区应当分开设置。办公、生活区的选址应应符合安全性要求，施工单位根据企业规定组织了验收。	附"三区"布局规划图和驻地验收材料。	符合：施工现场的办公、生活区与作业区分开设置，选址符合安全性要求，项目部根据企业规定，生活区组织了验收。 不符合：施工现场的办公、生活区与作业区未分开设置，或选址存在地质风险或安全隐患，项目部未根据企业规定对办公、生活区组织验收或验收发现存在问题未及时整改到位。		
8	按规定办理跨线施工、交通管制及水上水下作业等相关手续。	附相关手续材料。	符合：按规定办理了相关手续。 基本符合：各项手续都按规定办理，但同有所滞后，或者部分手续还在办理中。 不符合：各项手续未按规定办理。		
9	从业单位应当依法参加工伤保险，为从业人员支纳保险费。为危险性较大的作业岗位人员购买意外害险。	附相关保单复印件。	符合：企业相对固定的职工按用人单位参加工伤保险，短期雇用的农民工按项目参加工伤保险。危险性较大的作业岗位有意外伤害险。 基本符合：未按要求续保，或企业未支付保险费。 不符合：投保范围未覆盖全部从业人员，特别是新入场或转场的农民工没有工伤保险。		
符合项	基本符合项		符合率＝（符合项＋基本符合项）/（符合项＋基本符合项）＝		

监理单位（盖章）：

核查人（签名）： 核查日期： 年 月 日

注：1. 本表由监理单位负责核查，核查结果报建设单位确认。在前序的危险性较大的分部分项工程中的某项安全生产条件核查结论为"符合"的情况下，后序的危险性较大的分部分项工程中相同项目的安全生产条件无实质变化的，可不重复报验。

2. 危险性较大的分部分项工程范围划分可按照《公路工程施工安全技术规范》（JTG F90—2015）、《水运工程施工安全防护技术规范》（JTS 205-1—2008），同时参照住建部《危险性较大的分部分项工程安全管理规定》（住建部令〔2018〕第37号）等文件，结合工程实际予以明确。

附表 2

施工单位基础管理考核评价表（满分 150 分）

项目名称：

施工合同段：

施工单位名称：

序号	类别	考核项目	考核内容及评价标准	考核评价方法	扣分标准	扣分说明	得分
1	安全管理目标策划（8 分）	1.1 方针目标（4 分）	* 制定项目安全生产方针、目标和不低于合同约定的安全控制指标。	查文件、资料。	* 未制定项目安全生产方针、目标，扣 4 分。制定的项目安全生产方针、目标不具体、未以文件形式正式发布，视情节扣 1-2 分。* 制定的安全生产控制指标低于合同约定的安全控制指标，扣 4 分。		
		1.2 策划设计（2 分）	制定满足目标要求的安全生产策划方案。	查文件、资料。	未制定安全生产策划方案，扣 2 分。安全生产策划方案不满足目标要求，视情节扣 1-2 分。安全生产策划方案可操作性不强，视情节扣 1-2 分。		
		1.3 目标考核（2 分）	制定安全生产目标考核与奖惩办法。定期考核安全生产目标完成情况，并兑现奖惩。	查文件、资料。	未制定安全生产目标考核和奖惩办法，扣 2 分。安全生产目标考核与奖惩办法内容不全面、不具体，视情节扣 1-2 分。未定期考核安全生产目标完成情况，或考核不连续，视情节扣 1-2 分。未按办法要求实施对考核结果实施奖惩，扣 1 分。		

续上表

序号	类别	考核项目	考核内容及评价标准	考核评价方法	扣分标准	扣分说明	得分
2	安全生产管理制度(10分)	2.1 建立制度体系(4分)	*建立安全生产管理制度体系,应包含安全生产责任制及考核奖惩、安全教育培训及技术交底、特种作业人员、安全费用管理、安全风险管控、安全检查及隐患排查、危险作业环节领导带班、事故报告、应急预案、劳动防护用品管理、职业健康、分包管理、作业技术规程、设备安全管理、消防安全管理、临时用电管理等制度。	查文件。	*未建立健全安全生产管理制度体系的,每缺一项扣1分。		
		2.2 制度合规性(2分)	安全生产管理制度应符合国家、行业现行的法律法规和规章制度的要求。	查文件。	与现行相关法律法规、规章制度不符的,或未根据项目特点予以更新,发现一处扣1分。制度缺乏可行性、操作性或未执行,视情节扣1-2分。		
		2.3 制度执行(2分)	督促检查安全管理制度执行情况。	查文件。	在安全生产责任制考核或安全检查中未对安全管理制度进行督促检查的,扣1分。		
		2.4 安全会议(2分)	安全会议管理制度应符合国家、行业现行的法律法规和规章制度的要求。	查文件、资料。	未制定安全会议管理制度,扣1分。未定期召开安全生产领导小组会议或专业安全会议,扣1分。会议记录不完整、不连续,发现一次扣1分。		
3	安全管理机构和人员(10分)	3.1 安全组织机构(2分)	成立安全生产领导小组,建立专职安全管理机构,安全组织机构框图悬挂位置明显。	查文件。	未成立安全生产领导小组,扣1分。未建立专职安全管理机构,扣1分。安全组织机构框图未悬挂在明显位置,扣1分。		
		3.2 安全管理人员(3分)	*主要负责人和安全生产管理人员经交通运输主管部门对其安全生产知识和管理能力考核合格,持证上岗并与岗位人员身份相符。安全生产管理人员工作记录完善。	查证件,查台账,同时对现场在岗人员应对应检查。	*未按合同要求足额配备专职安全生产管理人员,发现少一人扣1分。*安全生产管理人员未持有效证书,或证书与对应岗位人员身份不相符,发现一例扣1分。安全生产管理人员无工作记录或记录流水账,无实质性内容,发现一次扣1分。		

续上表

序号	类别	考核项目	考核内容及评价标准	考核评价方法	扣分标准	扣分说明	得分
3	安全管理机构和人员（10分）	3.3 特殊作业人员（3分）	*特殊作业人员（包括租赁设备自带人员），爆破相关人员全部持有效资格证书上岗，证书与从事的工作岗位相对应。	查证件，查台账，同时对现场在岗人员对应检查。	*每发现一例特种作业人员、爆破相关人员等未持有效证书，扣1分。*持证人在岗情况不明，扣1分。*租赁设备自带人员未持证上岗，扣2分。		
		3.4 从业人员劳动保护（2分）	全员劳动用工登记、签订劳动合同。编制劳动保护用品和职业健康防护用品发放记录。	查花册，领用记录。	未与从业人员签订劳动合同，扣2分。签订劳动合同的人员未覆盖所有从业人员，视情节扣1-2分。未建立人员台账，扣2分，台账不完善，视情节扣1-2分。无劳动保护用品和职业健康防护用品发放记录，扣2分。		
4	安全生产责任（10分）	4.1 责任制制定（3分）	*编制项目安全生产管理责任制度，应当明确各责任岗位责任人、责任范围和考核标准等内容。	查文件。	*未编制安全生产管理责任制度，或未明确各岗位责任人的责任名单、责任范围和考核标准，扣3分。制度内容不全面，未覆盖全员或考核标准、周期不明确，视情节扣1-3分。		
		4.2 责任签认（2分）	项目、各部门及作业层安全岗位职责及责任人明确。	查文件及责任落实及考核资料。	未明确项目、各部门及作业层安全岗位责任或责任人，扣2分。未进行全员安全生产责任签认，每缺一人，扣1分。		
		4.3 责任考核（3分）	落实安全生产责任制并进行检查、考核。	查文件及责任落实及考核资料。	未组织安全责任考核，扣3分。安全责任考核未覆盖全员，考核内容不全，扣3分。考核周期不连续、考核结果未应用，每缺一项，扣1分。		
		4.4 责任追究（2分）	制定责任追究制度，按制度规定进行追责。	查文件及责任落实及考核资料。	未制定责任追究制度，扣2分。未按规定追责，视情节扣1-2分。未开展警示教育，视情节扣1-2分。		

续上表

序号	类别	考核项目	考核内容及评价标准	考核评价方法	扣分标准	扣分说明	得分
5	安全风险管控（20分）	5.1 风险评估（8分）	* 按规定开展施工安全风险辨识和风险评估。 根据风险辨识和评估结果编制重大风险清单。	查文件，现场核对。	* 未按规定开展公路水运工程施工安全风险评估，扣8分。 * 未按规定开展公路水运工程施工安全风险辨识，扣8分。 风险辨识、评估结论不充分、不全面，视情节扣2-4分。 未编制重大风险清单，扣8分。 重大风险清单不全面，视情节扣2-5分。		
		5.2 风险控制（10分）	* 对重大风险制定安全管控方案。 * 重大风险按规定告知作业人员。 * 对风险较高区域设置隔离区或警戒区以及警示告知牌。 * 重大风险按规定向属地直接监管的安全监督管理部门进行报备。 作业场所的危险因素，防范措施以及事故应急措施，应当如实告知作业人员。 明确特殊时间、危险作业环节项目负责人带班制度。	查文件，查资料，现场核对。	* 未制定重大风险安全管控方案，扣5分。 安全管控方案中未明确责任人或管控措施针对性不强，视情节扣2-4分。 重大风险、危险因素、防范措施以及应急避险措施、防范措施未告知作业人员，发现一次扣3分。 * 未按规定设置隔离区、警戒区以及警示告知牌，发现一次扣2分。 * 未按规定报备重大风险的，扣4分；报备时间延误导致重大风险演变为重大事故隐患的，扣10分。 * 未制定危险作业环节项目负责人带班制度，扣4分。 未执行带班制度，或制度执行度不严格，记录不连续，视情节扣1-3分。		
		5.3 风险监测（2分）	建立风险动态监控机制，按规定进行监测、评估、预警，及时掌握风险的状态和变化趋势，对重大风险进行监测、检查，建立风险动态监控台账。	查资料，现场核对。	未建立风险动态监控机制，扣2分。 未开展重大风险动态监测、预警和管控的，扣2分。 未建立重大风险动态监测台账的，扣1分。		

续上表

序号	类别	考核项目	考核内容及评价标准	考核评价方法	扣分标准	扣分说明	得分
6	事故隐患治理(20分)	6.1 安全检查(8分)	定期开展安全检查,项目部每月至少开展一次安全综合检查,每周开展专项安全检查,安全管理人员每日安全巡查。开(复)工、季节交替、恶劣天气和节假日应组织安全检查,并做好记录。	查文件,查检查记录。	未定期开展安全检查,或安全检查不连续,或检查发现的问题未及时整改,或问题整改不闭合,视情节扣3-6分。安全检查记录缺失、不连续、不闭合,视情节扣2-4分。		
		6.2 隐患排查治理(6分)	* 制定隐患排查治理制度。发现隐患限期整改,做好复查验证,确保闭合。 * 建立隐患清单或台账。隐患排查治理情况应当如实记录,并向从业人员通报。	查文件,查隐患清单或台账。	* 未制定隐患排查治理制度,扣6分。未制定重大事故隐患治理方案,或重大事故隐患治理的责任、措施、时限、资金、预案(五到位)不落实的,视情节扣2-4分。未限期整改隐患,或隐患反复出现,未对隐患整改情况进行复查验证,发现一处视情节扣2-4分。 * 未建立隐患清单或清单、台账不全面,不闭合,视情节扣2-3分。施工现场未张贴已发现的重大事故隐患清单,隐患治理情况未向从业人员通报,视情节扣2-4分。		
		6.3 隐患统计分析(2分)	定期统计分析隐患清单或台账,举一反三,制定治理措施。	查文件,查隐患清单或台账。	未定期统计分析事故隐患治理情况,扣2分。未针对隐患多发部位或环节制定相应的管理措施,扣1分。		
		6.4 重大事故隐患治理(4分)	* 重大事故隐患要挂牌整改,及时上报,项目负责人要带班检查。	查文件,查资料。	* 重大事故隐患未及时按规定报告,扣4分。 * 重大事故隐患未挂牌整改或整改不到位,视情节扣2-4分。 * 项目负责人未进行带班检查,或检查记录不全,视情节扣1-2分。		

续上表

序号	类别	考核项目	考核内容及评价标准	考核评价方法	扣分标准	扣分说明	得分
7	施工设备、设施、机具及防护用品管理（10分）	7.1 机械设备、设施、机具及防护用品管理（5分）	建立机械设备分类管理台账。 自有或租赁的施工机械设备、设施、机具及配件，应当具有生产（制造）许可证、产品合格证或者法定检验检测合格证明。 施工现场的安全防护用具、机械设备、施工机具及配件必须由专人管理，定期进行检查，维修和保养，建立相应的资料档案，并按照国家有关规定及时报废。 * 大型模板、承重支架及未列入国家特种设备目录的非标准设备，应组织专家论证和验收。	查台账，现场核对。	未建立机械设备分类管理台账，扣2分；台账不全、不连续，视情节扣1-2分。 设备租赁合同未明确安全责任，或未提供生产（制造）许可证、产品合格证或者法定检验检测合格证明，发现一台扣2分。 安全防护用具、机械设备、施工机具及配件未配备专职管理人员，或无管理档案、或未按规定及时更新的，发现一处视情节扣1-2分。 * 按规定应当组织论证或验收的大型模板、承重支架、非标准设备等未组织的，发现一台扣2分。		
		7.2 特种设备管理（5分）	* 特种设备安装拆除应由具备资质条件的单位承担，制定安全施工措施。 特种设备投入使用前经检验合格，日常检查、维修、保养记录齐全，建立特种设备管理档案。	查台账，现场核对。	* 特种设备安装、拆除无方案，或由不具备资质条件的单位承担，发现一台扣5分。 特种设备未经检验合格投入使用，每发现一台扣3分。 未申请办理使用登记手续的，每发现一台扣1分。 无日常检查、维修保养记录，每发现1台扣2分；记录不全面，视情节扣1-2分；特种设备档案不规范，发现一处扣1分。		
8	安全技术管理（15分）	8.1 施工组织设计（5分）	施工组织设计应结合施工风险评估结论，制定有针对性的安全技术保障措施，并经施工企业技术负责人审核、签认，企业内部审批手续齐全。	查资料。	施工组织设计未结合施工风险评估结论完善安全技术保障措施，或安全技术措施不全，针对性不强，操作性不强，发现一项视情节扣2-4分。 施工企业内部审批手续不完善，或未根据施工组织设计，或未按企业审查意见及时更新施工组织设计，审核意见及时更新施工组织设计，或未根据企业审查意见见不详细，视情节扣1-3分。		

续上表

序号	类别	考核项目	考核内容及评价标准	考核评价方法	扣分标准	扣分说明	得分
8	安全技术管理（15分）	8.2 专项施工方案（5分）	* 对评估达到重大风险的工程和危险性较大分部分项工程，应编制专项施工方案。按规定程序对专项施工方案组织评审。超过一定规模的危险性较大分部分项工程专项施工方案应组织专家论证。严格按专项施工方案落实到位。	查台账、文件，现场核对。	* 专项施工方案不齐全，或内容不完善，或针对性不强，发现一项视情节扣1-3分。超过一定规模的危险性较大分部分项工程专项施工方案不按规定组织专家论证的，发现一份扣3分。专项施工方案未报批或未经评审通过，发现一份扣2分。未按专项施工方案实施的，发现一次扣2分。		
		8.3 安全技术交底（3分）	明确安全技术交底的责任人、对象、方法、内容。逐级交底记录清晰，真实，内容合理。建立安全技术交底台账。	查文件、台账及记录。	安全技术交底资料不全，或未按岗位层级设置交底内容，或内容针对性对性，发现一处扣1分。未建立安全技术交底，扣1分。安全技术交底记录不真实，扣2分。未交底至一线作业人员，视情节扣1-2分。		
		8.4 临时用电方案（2分）	按规定制定临时用电方案。标注临时用电平面布置图，附施工现场用电负荷计算资料。施工现场临时用电的巡视、维修、保养记录完整。	查方案、记录。	未按规定制定临时用电方案，扣2分，由非电气工程师编制方案或未按规定履行审批手续的，视情节扣1-2分。临时用电方案中的用电设备清单、负荷计算、用电工程图纸等不完整，发现一处扣1-2分。未标注用电平面布置图，扣2分。无电工巡视记录或保养记录不连续，视情节扣1-2分。		

续上表

序号	类别	考核项目	考核内容及评价标准	考核评价方法	扣分标准	扣分说明	得分
9	安全教育培训（10分）	9.1 三级安全教育（5分）	*制定年度安全教育培训计划并实施。对从业人员进行安全生产教育和培训,保证从业人员具备必要的安全生产知识,考核合格后方可上岗。新职工上岗前必须进行三级安全教育。转岗、复岗人员应重新接受教育。	查资料。	*未建立年度教育培训计划,扣5分。教育培训计划不合理,未覆盖全员,经费无计划,视情节扣2-4分。未按计划对相关人员进行教育培训,或未组织从业人员考核,视情节扣2-5分。培训时间、内容,参加培训人员记录不清晰,发现一次扣2分。经查实培训记录造假,或存在代签情况,发现一次扣5分。		
		9.2 经常性培训和警示教育（3分）	结合季节特点、施工特点,安全形势等开展经常性教育和警示教育。				
		9.3 "四新"培训（2分）	采用新工艺、新技术前或使用新设备、新材料,应对从业人员进行专门的安全生产培训。				
10	应急预案及演练（10分）	10.1 应急预案（4分）	制定操作性强的各类专项应急预案及现场处置方案。建立应急管理组织,配备兼职的应急队伍。	查文件、记录。	未制定合同段施工专项应急预案和现场处置方案,扣4分。合同段施工专项应急预案或现场处置方案不全,发现一项扣1分。应急预案应急管理要素不全,操作性不强,视情节扣1-3分。未按规定配置兼职的应急管理人员,扣2分。		
		10.2 应急演练（4分）	有针对性的开展应急培训和演练,并及时总结完善。	查文件、记录。	未开展应急培训及预案演练,视情节扣2-4分。应急演练后未总结或未根据演练情况实时更新预案,视情节扣2-3分。		

续上表

序号	类别	考核项目	考核内容及评价标准	考核评价方法	扣分标准	扣分说明	得分
10	应急预案及演练(10分)	10.3 应急器材、设备、物资管理(2分)	建立应急救援的器材、设备、物资清单，应急物资不得随意使用。建立消防设施和灭火器材等消防器材设备清单，定期检查维护。	查台账，现场核对。	应急救援器材、设备配备不足或台账不清晰，视情节扣1-2分。应急救援器材、设备、物资未实施单独管理，与日常物资混用，扣2分。应急救援器材、设备、物资清单与现场应急救援物资不对应，发现一项扣1分。未对应急物资进行定期检查，扣1分。未建立消防设备和灭火器材等清单，扣2分；无定期检查、更新应急器材，视情节扣1-2分。		
11	安全生产费用(8分)	11.1 安全生产费用提取(3分)	*根据年度施工计划编制年度安全生产费用提取、使用计划，并按规定足额提取。	查文件。	*未制定年度安全生产费用提取、使用计划，扣3分。年度安全生产费用提取、使用计划与年度施工计划不相符，扣2分。*未按规定足额提取安全生产费，扣1-3分。		
		11.2 安全生产费用使用(5分)	按规定提取使用年度安全生产费用，建立使用台账。	查文件、资料。	*安全生产费用使用范围，视情节扣1-3分。未按规定使用的，发现一次视情节扣2-4分。未建立安全生产费用台账，或台账所附证明不真实，不齐全，发现一次视情节扣1-3分。		
12	分包队伍管理(10分)	12.1 资质管理(2分)	*对分包单位营业执照、企业资质等级证书、安全生产许可证等进行审查备案。*分包协议明确双方安全管理责任义务。	查资料。	*分包单位相关资质证书失效，或安全生产许可证过期失效，扣2分。*未留存相关证书复印件的，扣2分。*分包协议双方安全管理责任不明确，不对等，视情节扣1-2分。		
		12.2 安全教育培训(3分)	及时组织对分包单位入场作业人员进行安全教育培训。建立班组实名登记台账。	查资料。	未及时对新入场作业人员进行安全教育培训的，或未建立班组实名登记台账的，发现一人次扣1分。或登记台账不齐全的，发现一次扣1分。		

续上表

序号	类别	考核项目	考核内容及评价标准	考核评价方法	扣分标准	扣分说明	得分
12	分包队伍管理（10分）	12.3 日常管理（3分）	组织分包单位定期开展安全风险辨识和告知。施工前所有人员应接受安全技术交底并签字确认。定期开展安全检查，及时开展事故隐患排查治理。配备合格的劳动防护用品。	查资料，查现场。	未开展安全风险辨识的，扣3分。未对安全风险进行告知的，视情节扣1-2分。安全技术交底没有签字的，发现一人扣1分。未及时整改事故隐患的，或存在整改要求犯的，发现一处扣1分。劳动防护用品未经验收合格的，或验收验合格证书已过期仍在使用的，视情节扣1-2分。		
		12.4 分包考核（2分）	定期对分包单位关键岗位人员进行考核，考核不合格不用。	查资料。	未对分包单位关键岗位人员进行定期考核的，或未建立考核合格的分包队伍台账的，视情节扣1-2分。		
13	落实行业主管部门安全生产专项工作（9分）	13.1 行业主管部门布置的安全生产专项工作情况（4分）	严格落实行业主管部门布置的安全生产专项工作。制定具体的落实方案或计划。严格按方案或计划执行。	查文件、记录，现场核对。	未按要求制定安全生产专项工作方案或行动计划，发现一次扣1分。安全生产专项工作落实不到位，或应付了事，走过场，发现一次视情节扣2-4分。		
		13.2 考核评价（5分）	*按照平安工地建设考核评价标准，定期开展自我评价，评价资料真实、准确。	查文件、资料。	*未按规定开展自我评价的，扣5分。自我评价走过场或走过走不及时的，或未根据评价情况进行自我纠正的，视情节扣2-4分。评价资料失真实、不准确，视情节扣1-3分。平安工地自我评价结果未按要求及时上报监理单位审核的，扣2分。		
应得分			实得分		本表考核得分＝（实得分/应得分）×100＝		

考核评价（或监督抽查）单位（盖章）：　　　　评价（或抽查）人（签名）：　　　　实施日期：　　年　月　日

注：此表用于施工单位每季度自我评价，建设单位每半年考核评价，以及交通运输主管部门监督抽查，准组织考核评价，准负责盖章鉴认。本表第1类安全管理目标策划，第2类安全生产管理制度等，在项目开工后第一次考核评价中已考核，后续考核评价时可沿用第一次考核评价结果，但需注明。

383

施工单位施工现场考核评价表

表 3.1

施工单位施工现场（通用部分）考核评价表（满分 150 分）

项目名称：

施工合同段：

施工单位名称：

附表 3

序号	类别	考核项目	考核内容及评价标准	考核评价方法	扣分标准	扣分说明	得分
1	施工现场布设（44分）	1.1 办公、生活、生产区域以及临时生产、堆存场地布设（8分）	* 办公、生活区严禁设置在危险区域。距离集中爆破区应不小于500m。 * 生活区严禁存放有燃易爆等危险品。 * 装配式房屋应有材料合格验收证明，满足安全使用要求。 * 生产、生活区分别设置并封闭管理，设置满足紧急疏散要求的通道。职工的膳食、饮水、休息场所等应当符合卫生标准。 施工单位不得在尚未竣工的建筑物内设置员工集体宿舍。 钢筋加工场、预制场、拌和站等区域分区明显。	查看现场。	* 办公、生活区设置在危险区域，扣8分。 * 生活区内存放有燃易爆危险品，发现一处扣4分。 * 装配式房屋不满足安全使用要求的，发现一处扣4分。 * 办公、生活、生产区未分开设置，布局不合理，或有条件封闭的未封闭管理，未安排专人值班，发现一处扣2分。 * 办公、生活、生产区布置不满足防火防爆要求，发现一处扣4分。 临时生产、堆存场地以及施工区域未结合风险辨识结论实施分区管理的，扣2分。		
		1.2 拌和站（5分）	* 拌和站应基础按照施工方案施工并经验收合格，排水系统完善、实施封闭管理。 * 拌和及起重设备应设置防倾覆和防雷设施。 料仓墙体强度和稳定性应满足应要求，料仓墙体外围应设警戒区，防雨棚稳固。	查看现场。	* 场地硬化、排水系统不符合要求，扣2分。 * 拌和及起重设备未设置防倾覆设施，发现一处扣2分；应设置而未设置防雷设施的，发现一处扣2分。 * 区域划分不合理，标识不明显，视情节扣1-3分。 料仓墙体外围未设警戒区，扣1分。 拌和站未封闭管理，发现一次扣1分。 防雨棚不稳固，视情节扣1-2分。 拌和站出入口安全防护措施，安全警示标志设置不足的，视情节扣1-2分。		

序号	类别	考核项目	考核内容及评价标准	考核评价方法	扣分标准	扣分说明	得分
1	施工现场布设（44分）	1.3 预制场（5分）	*预制场地面应进行硬化处理。 *构件存放场地基应进行处理，排水顺畅，满足存放要求。 *大型构件存放层数和间距应符合规范要求。并采取有效防倾覆措施。 *张拉作业应设置警戒区，并有安全防护措施。 *龙门吊应设置夹轨器，尾端止挡，行程限位器等。	查看现场。	*预制场地面未进行硬化处理，扣2分。 *存放场排水不畅，扣2分。 *梁板堆放层数不符合规范要求，无防倾覆措施，发现一处扣2分。 *张拉作业没有安全防护措施，扣2分。 *龙门吊未设有行程限位，尾端止挡，行程限位器，或龙门吊限位器但失效，或停止作业时未夹轨，发现一处扣2分。 *龙门吊轨道地基下沉，轨道松动，视情节扣1-3分。 轨道的螺栓未上紧，发现一处扣1分。 安全警示标志标牌不足的，视情节扣1-2分。		
		1.4 钢筋加工场（5分）	*钢筋加工场设置钢筋加工棚，实行封闭管理。 *钢筋加工场应设置加工区与材料存放区。材料存放应按照成品，半成品，原材料进行区分。 *龙门吊应设置夹轨器，尾端止挡，行程限位器等。 场内应设置明显的安全警示标志及相关工作的操作规程。	查看现场。	*钢筋加工场未实行封闭管理，扣2分。 *钢筋加工厂未分区管理，现场管理混乱，视情节扣2-3分。 *龙门吊未设置夹轨器，尾端止挡，行程限位器，或龙门吊限位器但失效，或停止作业时未夹轨，发现一处扣2分。 *龙门吊轨道地基下沉，轨道松动，视情节扣1-3分。 龙门吊轨道的螺栓未上紧，发现一处扣1分。 场内未设置明显的安全警示标志及操作规程，发现一处扣1分。		

续上表

序号	类别	考核项目	考核内容及评价标准	考核评价方法	扣分标准	扣分说明	得分
1	施工现场布设（44分）	1.5临时用电（5分）	＊施工现场临时用电按"三级配电,逐级回路保护"设置。水上或潮湿地带电缆线必须绝缘良好并具有防水功能,电缆线接头处必须经过防水处理。＊每台用电设备必须设独立开关箱;开关箱必须装设隔离开关及短路、过载,漏电保护器;配电箱、开关箱、漏电保护器严禁用插头或插座做活动连接。电缆线应采用架空或埋地敷设。工程使用的电线电缆入场前应当按规定抽样检测,无检测合格报告的不得使用。	方案与现场比对检查。	现场临时用电未按临时用电方案布设,扣2-4分。＊未按"三级配电,逐级回路保护"设置的,发现一处扣2分。＊需经防水处理的电缆线未做防水处理的,发现一处扣2分。＊用电设备未设独立开关箱的,发现一台扣1分。＊开关箱未设短路,过载,漏电保护器的,发现一处扣1分。＊开关电源进线端用插头或插座做活动连接的,发现一处扣1分。电缆线架空和入地埋设不规范的,发现一处扣1分。配电箱、开关箱锈蚀严重、无锁,或装设不牢固的,发现一处扣1分。工程使用的电线电缆入场前未按规定开展抽样检测,或无检测合格报告的,发现一次扣1分。		
		1.6消防安全（5分）	＊施工生产、生活、办公区域消防设施、消防通道和安全距离符合消防安全要求。消防区域悬挂消防责任牌。办公、生活区区域建筑构件使用的材质燃烧性能等应当达到A级。	查看现场。	＊施工生产、生活、办公区域的消防设施配备不足,或配备不正确,或维护、更新不及时,发现一处或情节扣2-3分。＊消防通道不满足要求,扣5分。未悬挂消防责任牌,发现一处扣1分。＊办公、生活区区域建筑构件使用的材质燃烧性能等未达到A级或未注明等级的,扣5分。		

续上表

序号	类别	考核项目	考核内容及评价标准	考核评价方法	扣分标准	扣分说明	得分
1	施工现场布设（44分）	1.7 施工便道便桥（6分）	* 便桥应进行专项设计，并对隐蔽工程应组织验收，按设计荷载使用。 * 施工便桥应设置限宽、限速、限载标志，并有验收手续。跨航道便桥应设置防撞设施和警示标志。 * 便道在急弯、陡坡、连续转弯等危险路段应硬化，在平交道口设置警示标志。便道应当硬化，临时排水设施应满足施工便道具有必要的通行能力。	查看现场。	* 便桥未开展专项设计或未经验收即投入使用，扣5分。便桥超限超载使用的，发现一处扣2分。 * 便桥未设置限宽、限速、限载标志，发现一处扣1分。 * 跨航道便桥缺少防撞设施和警示标志的，发现一处扣1分。 * 便道应当硬化、临时排水设施不到位、通行能力不足的，发现一处视情节扣1-3分。		
		1.8 临时码头与栈桥（5分）	* 临时码头与栈桥应进行专项设计，并对隐蔽工程组织验收，按设计荷载使用。 * 应设置安全警示标志，配备相应的安全防护及救生设施。 * 栈桥和临时码头应设专人管理，非施工车辆、人员及船舶不得进入或靠泊。按经审批的方案开展进入或靠泊。临时码头或栈桥的沉降应移观测，及时检查、维护。 * 通过栈桥的电缆应绝缘良好，并应固定在栈桥的一侧。 * 栈桥应设置满足施工安全要求的照明设施。	查看现场。	* 临时码头及栈桥未开展专项设计，或组织隐蔽验收即投入使用，或未按设计荷载使用，扣5分。 * 未配备安全防护及救生设备的，发现一处扣2分。 * 未设置或未合理设置安全警示标志的，视情节扣1-2分。 * 未进行专人管理，扣2分。 未按方案工作，栈桥开展专项设计，不连续的，视情节扣2-4分。 或相关方案、栈桥未按规定设置照明设施的，视情节扣1-2分。		
2	安全防护（36分）	2.1 防护栏杆、安全网及其他防护打击、防坠落措施（13分）	* 高处、临边、临水作业及孔洞应设置防护栏杆及安全网。 * 下方有人员通行或作业的，应设置挡脚防滑设施、安全网、安全通道等。 * 跨越既有公路施工时，应搭设防护棚架。	查看现场。	* 未按规定设置防护栏杆、安全网或其它安全防护设施的，发现一处扣1分。 * 防护设施搭设不规范，发现一处扣1分。 * 安全通道搭设或搭设不规范，发现一处扣1分。 * 跨越既有公路施工时，未搭设防护棚架或棚架设置不规范的，视情节扣3-5分。 * 棚架应进行专项设计而未设计的，扣5分。		

387

续上表

序号	类别	考核项目	考核内容及评价标准	考核评价方法	扣分标准	扣分说明	得分
2	安全防护(36分)	2.2 文明施工、安全警示标志标牌(10分)	区域分区标牌合理。患应在明显位置公示。 *施工现场应按规定设置封闭围挡,并在明显位置显示设置施工牌"五牌一图"。 *交通要道、重要作业场所、危险区域设置安全警示标志标牌。 *施工便道与既有道路平面交叉处应设置道口警示标志,有高度限制的应设置高架。 施工机械、设备按要求设置安全操作规程牌。 按规定落实施工扬尘防控措施。	查看现场。	施工现场未设置封闭围挡,或无五牌一图,或未公示重大风险、重大事故隐患的,发现一处扣3分。 *未按规定设置文明施工、安全警示标志标牌及操作规程牌的,发现一处扣1分。 *施工便道与既有道路平面交叉处未设置道口警示标志,发现一处扣1分。 *有高度限制未设置高架,发现一处扣1分。 未按规定落实施工扬尘防控措施,发现一处扣1分。		
		2.3 避雷设备(5分)	拌和、打桩和起重等高耸设备及其它电器设备按规定设置避雷设施。	查看现场。	未按要求设置避雷设施的,发现一处扣1分。 未测试防雷接地电阻或接地电阻不符合要求的,发现一处扣1分。		
		2.4 个体防护(8分)	*进入施工现场的人员及作业人员应按规定配置和正确使用防护用品。	查看现场。	*未按照规定配置和使用个体防护用品,发现一人次扣1分。 *使用假冒伪劣的防护用品,或使用超过使用周期的防护用品,发现一人次扣3分。		
3	施工作业(70分)	3.1 高处作业(10分)	*高处作业必须设置人员上下专用通道,基础应牢固。 *作业平台脚手板,并挂置安全网。有翘头或搭头应铺满且固定牢固,不应配备必须的消防器材。 5m以下应设置防护梯。 5m以上应设置"之"字形人行斜梯。 40m以上宜安装附着式电梯。	查看现场。	*高处作业未按要求设置人员上下专用通道,发现一处扣3分。 *作业平台搭设不牢固,发现一处扣5分。 *作业平台有翘头或搭头挂漏洞,发现一处扣2分。 *未按规定挂置安全网、电梯的,发现一处扣1分。 未按规定设置防护梯、人行梯的,发现一处扣3分。		

续上表

序号	类别	考核项目	考核内容及评价标准	考核评价方法	扣分标准	扣分说明	得分
3	施工作业（70分）	3.2 支架脚手架（12分）	* 施工现场搭设和拆除支架脚手架应满足方案要求，拆除作业应设置警戒区。 * 支架和脚手架基础牢固、排水设施完善。 * 脚手架与建筑结构物按规定进行拉结牢靠，夜间不得进行支架脚手架的拆除作业。 * 搭设支架和脚手架的材料应逐批次进场检验，每批材料抽检一组，应有检测报告。 * 搭设高度大于10m的脚手架应设置缆风绳或固定措施。 * 承重支架搭设应编制专项施工方案，搭设后应按规定组织验收，验收通过后应挂牌公示及告知。	方案与现场比对检查。	* 未按方案搭设和拆除支架脚手架，视情节扣4-8分。 * 拆除作业未设置警戒区的，扣4分。 * 基础处理不符合方案要求，扣2分。 * 排水设施不完善，扣2分。 * 脚手架与建筑结构物未拉结或拉结不牢的，发现一处扣3分。 * 夜间组织拆除支架脚手架的，发现一次扣5分。 * 对支架和脚手架的材料未抽检或抽检数量不合格，每发现一处，扣5分。 * 承重支架未组织专项施工方案，视情节扣4-6分。 * 对支架和脚手架未组织验收，发现一处扣4分。 * 未挂牌公示和公告，发现一处扣1分。 * 承重支架使用前未进行预压，或预压不符合要求，发现一处扣2分。 * 未按要求设置缆风绳或固定措施，发现一处扣2分。 * 缆风绳搭设不规范，发现一处视情节扣1-2分。		
		3.3 模板工程（8分）	* 大型模板搭设和拆除应有专项施工方案，并应设置工作平台和符合规范要求的爬梯。 * 模板吊环不得采用螺纹钢筋。 * 模板制作、使用、存放、防倾覆，大型模板使用前应组织满足方案要求，重复使用时应逐次检查并予以记录。	方案与现场比对检查。	* 大型模板搭设、拆除未制定专项施工方案，或方案内容有缺项，操作性不强，视情节扣2-6分。 * 模板吊环采用螺纹钢筋的，发现一处扣2分。 * 模板制作、存放、使用、拆除等不符合方案要求，发现一处扣2分。 * 大型模板使用前未组织验收，扣6分。 * 大型模板验收程序不规范、验收记录不完善，视情节扣3-6分。 * 重复使用的大型模板再次投入使用前无检验记录，发现一次扣3分。		

续上表

序号	类别	考核项目	考核内容及评价标准	考核评价方法	扣分标准	扣分说明	得分
3	施工作业(70分)	3.4 焊接切割作业(6分)	* 电工、焊接与热切割作业人员应持证上岗,并正确佩戴、使用劳动防护用品。 * 密闭空间内实施焊接及切割,应采取相应的通风、绝缘、照明监护及气瓶及专人现场监护及应急救援装备,并由焊接电源应置于密闭空间外。 电焊机一次侧电源线长度不得大于5m,二次侧焊接线应采用防水绝缘橡胶护套铜芯软电缆,长度不宜大于30m,进出线处应设置防护罩。 电焊机外壳应接地,接地电阻不得大于4Ω。 气割作业与氧气瓶、乙炔瓶之间的距离不得小于5m。	查看现场。	* 电工、焊接与热切割作业人员未持证上岗,或未佩戴、使用劳动保护用品,发现一人次扣1分。 * 密闭空间焊接,未实施通风、绝缘、照明等措施,或无应急装备等,发现一处扣4分。 电焊机电源线未接地,进出线未设防护罩,扣2分。 电焊机外壳未接地,发现一处扣2分。 氧气瓶、乙炔瓶之间的安全距离不足,发现一处扣2分。		
		3.5 机械设备作业(16分)	* 吊装作业应设置警戒区,警戒区不得小于起吊物坠落影响范围。 * 高空调转梁等大型构件应在构件两端设溜绳。 * 垂直升降设备基础应满足要求,架体附着装置牢固,不超载运行。 * 塔吊基础和架体附着装置应牢固,重吊限位及保险装置应有效。 起重机严禁吊人。 作业人员严禁在已起吊的构件下或起重臂旋转范围内作业或通行。 起重设备安全保险装置、钢丝绳、滑轮、吊索、卡环、地锚等应安全可靠。 检验合格铭牌悬挂于明显位置。 操作人员等应持证上岗。	查看现场与资料比对检查。	* 吊装作业未设置警戒区的,扣3分。 * 垂直升降设备、塔吊基础及附着装置不稳定牢固,发现一处扣5分。 * 轨道式起重机无有效阻挡及保险装置,电缆拖地,发现一处扣2分。 * 起重设备安全保险装置、钢丝绳、滑轮、吊索、卡环、地锚等损坏或不规范的,发现一处扣1分。 * 起重设备违章操作、停机,发现一次扣1分。 铭牌未按要求悬挂,发现一处扣1分。 操作人员无证,发现1人次扣2分。 特种设备未报验即投入使用,扣10分。 使用过程中起重臂下站人,发现一次扣1分。		

续上表

序号	类别	考核项目	考核内容及评价标准	考核评价方法	扣分标准	扣分说明	得分
3	施工作业（70分）	3.6 爆破作业（10分）	*从事爆破工作的爆破员、安全员、保管员应持证上岗。 *爆破作业应严格按照审批的爆破设计方案或说明书进行施工。 *爆破作业必须设置警戒区和警戒人员。	查证件、查看现场与资料比对检查。	*从事爆破工作的爆破员、安全员、保管员未持证上岗，发现一人次扣2分。 *未按爆破设计方案进行作业，扣10分。 *爆破作业未设置警戒人员，或警戒时间不足的，或起爆前未按规定设置警戒区和警戒人员，起爆后未按规定清查哑炮的，发现一次视情节扣2-4分。		
		3.7 基坑施工（8分）	*深基坑施工应编制专项施工方案并经审核通过。 *严格按方案开挖和支护。 *降排水系统合理可靠。 *深基坑边坡、支护结构等应进行沉降和位移监测。 *基坑边坡的堆载安全间距及安全防护措施应满足设计或相关技术规范要求。	查看现场与资料比对检查。	*未编制专项施工方案，或方案未经审批通过，扣6分。施工方案内容不全、操作性差，视情节扣2-4分。 *基坑开挖和支护与施工方案不符，视情节扣2-4分。 *未按方案要求进行基坑沉降和位移观测，或观测不规范、不连续，视情节扣2-4分。 *基坑临时降排水系统失效，发现一处扣3分。 *基坑边坡堆载安全间距及安全防护措施不满足设计或相关技术规范要求，发现一处扣1分。		
应得分		实得分					

考核评价（或监督抽查）单位（盖章）：　　　　　评价（或监督抽查）人（签名）：　　　　　本表考核得分=（实得分/应得分）×100=

实施日期：　　　年　　月　　日

注：此表用于施工单位每季度自我评价、监理单位每半年考核复核、建设单位每季度自我评价，监理单位每半年考核复核，以及交通运输主管部门监督抽查等，谁组织实施，谁负责盖章签认。本表第1类施工场地布设中第1.1、1.2、1.3、1.4等考核项目，考核后如无变化，再考核时可沿用上一次考核评价结果，但需注明。

391

施工单位施工现场（公路部分）考核评价表（满分150分）

表3.2

项目名称：　　　　　　　　　施工合同段：　　　　　　　　　施工单位名称：

序号	类别	考核项目	考核内容及评价标准	考核评价方法	扣分标准	扣分说明	得分
4	桥梁工程（60分）	4.1 基础施工（10分）	* 桥梁扩大基础，挖孔桩，钻孔桩，沉入桩，沉井和地下连续墙等施工严格按照施工方案实施。施工区域应设置警示设施或警示灯。桩基钢筋笼下放采用专用吊具。作业人员不得将安全带系与钢筋笼上。深基坑四周围基坑边缘不小于1m处应设置钢管护栏，挂警示标志和夜间警示灯带，靠近道路侧应设置安全警示标志。挖孔桩施工应对有害气体进行监测，孔内采用安全特低电压照明，起吊设备应设限位器和防脱钩装置。	方案与现场比对检查。	* 桥梁扩大基础，挖孔桩，钻孔桩，沉入桩，沉井和地下连续墙等施工无方案的扣10分；未严格按施工方案实施，发现一处视情节扣4-6分。在城市，村镇等人口密集区域未设置警戒或警示灯，发现一处扣2分。扩大基础，挖孔桩或钻孔桩施工区域，未悬挂设置安全告知牌的，发现一处扣1分。挖孔桩施工未按规定对有害气体进行监测，并保持通风，孔内未采用安全特低电压照明的，发现一处扣2分。起吊设备未安装限位器和防脱钩装置，或拆除了上述装置的，发现一处扣2分。		
		4.2 墩台施工（20分）	* 高墩台施工严格按照专项施工方案组织实施。* 高处作业必须设置人员上下专用通道。* 严禁使用塔吊，汽车吊载人上下墩台。墩身高度超过40m宜设施工电梯，电梯司机应按照有关规定经过专门培训，取得相应资格证书。墩台施工应搭设脚手架及作业平台，保证作业人员有安全作业空间。墩身钢筋绑扎高度超过6m应采取临时固定措施。模板安装必须按照设计及专项设置规范，模板之间连接螺栓必须全部安装到位。钢围堰应按照设计及专项施工方案组织实施，钢围堰内部支撑或在其上堆放重物，不得碰撞，随意拆除，遭自削弱或使用其上堆放重物；有效开展监测，监控和预报，预警，工况发生变化时放置采取措施和预报；钢围堰有相应的防护措施，侧壁不得随意泊施工船舶，发现意变化时船壁不得落实，侧壁有相应措施；排水和防汛措施落实。	方案与现场比对检查。	* 高墩台施工未严格按专项施工方案组织实施，视情节扣4-8分。* 未按规定搭设高处作业平台，或未设置人员上下通道，或高处作业空间严重不足的，发现一处扣6分。* 发现使用起重设备载人上下墩台，发现一处扣6分。* 电梯未经验收合格的，扣8分。墩台作业出入口未设置防护措施，发现一处扣3分。模板螺栓连接不规范，发现一处扣2分。钢围堰未按设计及专项方案实施，视情节扣4-8分。钢围堰未有效开展监测，监控和预报，预警，工况发生变化时未及时采取措施，扣5分。钢围堰侧壁意泊施工船舶，发现一处扣3分。钢围堰施工的排水，防汛措施未落实，或措施存在漏同，视情节扣3-5分。		

续上表

序号	类别	考核项目	考核内容及评价标准	考核评价方法	扣分标准	扣分说明	得分
4	桥梁工程（60分）	4.3 桥梁上部结构及桥面系施工（30分）	* 桥梁上部结构施工严格按专项施工方案实施。 * 挂篮按方案组拼后，要进行全面检查，做静载试验。 * 架梁应有限制运动行程和工作位置的装置、锚定、防风和防滑移的装置、联锁保护装置和紧急停止开关等安全防护装置。 梁板吊装就位后及时进行稳固。 架桥机平衡配重，限位及支垫稳固。 桥面系施工临边应设置安全防护栏杆及安全网。 支架现浇基础处理良好，且经检测验合格，材料有出厂合格证，按规定进行了预压。 挂篮悬臂浇筑桥梁0号块及边跨现浇段支架、托架稳固。 连续梁装梁顶段的临时墩梁固结装置满足设计要求。 拱架施工顺序及工艺满足设计规范，搭设规范。缆索吊机，经过检测检验合格。斜拉桥、悬索桥施工规范，主缆安装及架设及防护施工规范；跨缆索吊机，桥面吊移动安全可靠；吊装或验收检测检验合格或模型式试验验收。施工支架（托架）结构稳固。	方案与现场比对检查。	* 桥梁上部结构施工未按专项施工方案组织实施，视情节扣4-8分。 * 未按要求对挂篮进行静载试验，或无检查记录，视情节扣3-6分。 * 架梁机安全防护装置缺失的，发现一项扣2分。 梁板吊装就位后，未及时进行稳固，或稳固措施不足，发现一处扣2分。 人员违规作业，发现一人次扣2分。 架桥机平衡配重，限位及支垫材质不符合要求的，发现一处扣3分。 吊装使用的钢丝绳磨损、断丝超标，发现一处扣3分。 起重设备基础、轨道固定等不符合要求，发现一处扣3分。 桥面施工时未按要求设置安全防护栏杆或安全网，发现一处扣2分。 支架基础不牢固，排水不畅，发现不规范，或搭设不规范，发现一项扣2分。 支架材料未经检验或搭设未满足设计预压，发现一项视情节扣3-5分。 连续梁墩顶段的临时墩梁固结装置不满足设计要求，扣5分。 挂篮锚固不规范，扣2分。 拱桥施工的施工顺序及工艺不满足设计及规范要求，或搭设不规范，扣5分。 斜拉桥、悬索桥施工使用的缆索吊机，跨缆吊机、桥面吊未经检测检验合格或锚固不可靠，扣3分。 缆索吊机主缆连接，锚固不可靠，扣3分。 跨缆吊机，桥面吊机锚固不稳固的，扣2分。		

续上表

序号	类别	考核项目	考核内容及评价标准	考核评价方法	扣分标准	扣分说明	得分
5	隧道工程（55分）	5.1 施工基本要求及开挖（10分）	* 严格执行隧道洞口值班登记制度。 * 洞口工程严格按施工方案组织实施。 * 双侧壁导坑施工导坑跨度宜为整个隧道跨度的三分之一，左右导坑施工时，前后拉开距离不宜小于15m，导坑与中间土体同时施工时，导坑应超前30～50m。 * 按照施工方案开挖，严禁擅自变更开挖方法，严格控制超欠挖。 * 隧道内严禁存放汽油、柴油、煤油、变压器油、雷管、炸药等易燃易爆物品。 洞口工程排水系统完善。 洞口工作业台架、台车防坠设施设置齐全，安全可靠。 施工现场悬挂风险辨识牌及警示标志。 全断面法施工断面尺寸应满足设计要求。 台阶法施工台阶超过隧道开挖宽度的1.5倍，控制隧道下沉和变形。 环形开挖留核心土法施工进尺控制在0.5～1m，相邻开挖面必须用钢筋连接，按设计要求施工锁脚锚杆。 试爆要制定专项施工方案并按要求实施。	方案与现场比对检查，查记录。	* 隧道值班登记制度执行不严格，发现一次扣4-8分。 * 洞口施工与方案不符，扣2-4分。 * 双侧壁导坑施工法不满足要求，发现一次扣2-3分。 * 未按方案组织开挖，发现一次视情节扣4-6分。 * 超欠挖超标，发现一次视情节扣1-4分。 * 隧道内堆放易燃易爆物品，发现一处视情节扣4-6分。 * 洞口工程排水系统不完善，视情节扣2-4分。 洞口开挖发现或上下重叠开挖，发现不稳定，发现一次视情节扣2-4分。 各类施工作业台架、台车防坠设施不足，发现一处扣2分。 隧道内存放杂物，存在通道被堵塞的现象，发现一处扣2分。 施工现场未悬挂风险辨识牌，重大隐患公示牌，扣2分。 安全警示标志数量不足，发现一处扣2分。 全断面法施工断面尺寸不满足设计要求，扣2分。 台阶法施工台阶长度超过隧道开挖宽度的1.5倍，发现一次扣1分，钢架下沉或变形，发现一处扣1分。 开挖进尺控制不严，发现一次扣2分。 相邻钢架未用钢筋连接，发现一处扣1分，未按设计要求施工锁脚锚杆，发现一处扣1分。 未按专项施工方案组织爆破，扣6分。		

续上表

序号	类别	考核项目	考核内容及评价标准	考核评价方法	扣分标准	扣分说明	得分
		5.2 初期支护及二衬（10分）	* 在专项施工方案中明确仰拱与掌子面、二衬与掌子面的距离并严格执行。 * 钢架拱脚必须放在牢固的基础上。 * 初期支护和二衬必须按施工方案组织实施。 * 相邻钢架之间必须用纵向钢筋连接。仰拱开挖宽度应符合规范要求。	方案与现场比对检查，查资料。	* 专项施工方案中未明确软弱围岩及不良地质隧道的二衬衬砌应及时施作，二衬衬砌距掌子面的距离Ⅳ级围岩大于90m，Ⅴ级及以上围岩大于70m，发现一处扣6分。 * 仰拱与掌子面、二衬与掌子面的距离未严格按要求控制，发现一处视情节扣4-6分。 * 拱脚基础不牢固，发现一处视情节扣1-2分。 * 初期支护和二衬施工与方案不符，视情节扣一处6-8分。 相邻钢架之间纵向钢筋连接不规范，发现一处视情节扣1-2分。 仰拱开挖宽度不满足规范要求，扣2分。		
5	隧道工程（55分）	5.3 监控量测、超前地质预报（10分）	* 长大隧道和不良地质隧道必须进行超前地质预报。 * 岩溶、采空区等不良地质隧道、瓦斯隧道施工需配置超前地质钻机进行预报地质，地质预报必须进行地质素描。 * 监控量测数据应当真实、准确，数据出现异常时应及时报告。 * 对量测量测数据定期进行分析，编写分析报告。施工负责人、技术负责人及设计代表签字齐全，制定监控量测及超前地质预报专项施工方案，按方案组织实施。 监控量测及超前地质预报监控点数量满足方案要求。 对掌子面稳定性开展巡视检查，有记录。	查看现场，查资料记录。	* 长大隧道和不良地质隧道未进行超前地质预报，扣6分。 * 未按规定配备超前地质钻机进行预报的，扣3分；地质预报没有地质素描，不连续，扣3分。 * 监控量测数据不准确，视情节扣1-2分。 * 数据出现异常时未及时报告，扣4分。 * 监测量测数据未定期分析，或未编写分析报告，视情节2-4分。监测数据不真实的，扣6分。 * 报告签字不齐全，发现一处扣1分。 未制定监控量测及超前地质预报施工专项方案的，扣6分，或未按照监控量测及超前地质预报施工方案实施，发现一处扣2分。 监控量测及超前地质预报监控点数量不满足方案要求，发现一处扣2分。 没有开展掌子面稳定性巡视检查记录，扣1分。 巡视检查记录不完善，扣1分。		

续上表

序号	类别	考核项目	考核内容及评价标准	考核评价方法	扣分标准	扣分说明	得分
5	隧道工程（55分）	5.4 逃生通道（5分）	* 软弱围岩隧道开挖掌子面应设置逃生通道。 * 逃生通道距离开挖掌子面不得大于20m。	查看现场。	* 软弱围岩隧道开挖掌子面至二次衬砌之间未按要求设置逃生通道，扣5分。 * 逃生通道设置不合理，或距离超标的，发现一处扣2分。		
		5.5 通风防尘照明、排水及消防应急管理（5分）	* 对隧道内有毒有害气体进行监测，并公示监测数据。 * 隧道施工必须采用机械通风。 * 隧道内应定期清扫，冲洗，保持干净整洁。 * 隧道掘进50m后应进行供风，在进入隧道150m以后须以设计风量全速通风。压入式通风管的送风口距掌子面不超过15m，排压式风管吸风口距掌子面不超过5m。 * 隧道内照明充足。 * 排水设施完善。 * 有足够数量的消防器材，设置逃生管，应急箱。	查看现场，查看资料。	* 未对隧道内有毒有害气体进行监测，或无监测数据记录，扣1分。 * 隧道内施工未按要求通风，或通风管送风，视情节扣2-4分。 * 风口距掌子面距离不足，视情节扣2-4分。 * 隧道内未定期清扫，冲洗，粉尘超标，发现一次视情节扣1-3分。 * 隧道内照明不符合要求，扣2分。 * 隧道内积水较严重，扣1分。 * 隧道内消防防备器材不足，扣2分。 * 隧道内未设置逃生管，应急箱，或距离掌子面等作业区域较远的，视情节扣1-2分。 * 隧道内电缆布设不规范，扣1分。		
		5.6 瓦斯隧道（10分）	* 瓦斯隧道施工要编制专项施工方案并严格执行。 * 瓦斯隧道施工应使用具有防爆性能的机械设备。 * 掌子面瓦斯浓度超标时严禁施工。 * 瓦斯隧道通风必须进行专项设计，一般配置可靠主风机和备用风机，性能满足设计要求，并制定与瓦斯监测对应的通风管理制度，动火管理制度等。设置灭火器，消防水池，消防砂等消防设施。	方案与现场比对检查。	* 瓦斯隧道施工未编制专项施工方案，或方案未经专家评审的，扣6分。 * 瓦斯隧道施工不按方案实施的，视情节扣2-4分。 * 瓦斯隧道施工未按要求使用具有防爆性能的机械设备，发现一处扣2分。 * 掌子面瓦斯浓度超标继续施工，扣10分。 * 瓦斯隧道未按规定进行专项设计，或未制定通风，动火管理制度，扣6分；通风管理制度不连续，动火管理不满足相关要求，发现一次视情节扣2-4分。 * 瓦斯隧道施工现场消防设备不齐备，或失效的，发现一处扣2-3分。		

续上表

序号	类别	考核项目	考核内容及评价标准	考核评价方法	扣分标准	扣分说明	得分
5	隧道工程（55分）	5.7 信息管理（5分）	※长大隧道宜高设置门襟系统，以及施工监控、动态信息、通讯及车辆定位等电子安全信息管理系统。	查看现场、查资料。	※未按要求配备信息管理系统，缺一项扣2分。监控视频、通讯和定位信息失效，发现一处失扣1分。		
6	路基工程（25分）	6.1 边坡施工（10分）	※边坡施工开挖一级防护一级。 ※高边坡、滑坡体，危石段应设置风险告知牌，并设置必要的安全防护措施，严禁施工驻地。 ※高边坡施工自上而下，严禁多级坡同时立体交叉作业。不良地质边坡在雨后或雪融后不得直接开挖。 挡土墙施工排水设施完善。不良地质排水设施作排水设施。挖前应提前做排水设施。	查看现场、查方案。	※边坡施工未实现开挖一级防护一级，发现一处扣3分；未按要求设置安全防护措施，发现一处扣2分。 ※边坡施工未按要求设置风险告知牌，扣1分。在高边坡、滑坡体，危石段设置施工驻地，发现一次扣5分。 ※雨后或雪融后，对不良地质边坡直接开挖的，发现一次扣3分。 ※挡土墙排水设施不完善，发现一处扣2分。不良地质边坡开挖前未施作排水设施或排水设施施作不完善的，发现一次扣2分。		
		6.2 抗滑桩施工（5分）	※孔桩开挖应当间隔跳槽开挖。 ※抗滑桩施工完毕前严禁开挖。 抗滑桩开挖过程中应设置观测点。	查看现场。	※孔桩开挖未采取间隔跳槽开挖方式的，发现一处扣2分。 ※抗滑桩施工中上、下级边坡同时交叉开挖，发现一处扣3分。 ※抗滑桩开挖过程中未设置观测点，发现一处扣2分。		
		6.3 爆破作业（5分）	※路基土石方爆破作业应编制专项施工方案，严格按方案实施。 ※炸药车应当远离村庄，驻地等人员集中区域。 ※民爆器材设置专人负责，严格执行出库、入库和退库管理手续。 ※爆破前应设置警戒区。 爆破后应先进行排险后方可进行下步施工。	查看现场、查方案。	※路基土石方爆破作业与方案不符，视情节扣3-5分。 ※炸药车位置与村庄、驻地等人员聚集区域的距离不符合要求，扣5分。 ※施工作业未严格按照施工方案实施，扣3-5分。 ※民爆器材未设置专人管理，未严格执行出库、入库，退库管理手续，发现一次扣2分，人员聚集区域，扣5分。 ※爆破前未设置警戒区。 ※爆破后未进行排险就进行下步施工，发现一次扣2分。		

续上表

序号	类别	考核项目	考核内容及评价标准	考核评价方法	扣分标准	扣分说明	得分
6	路基工程(25分)	6.4 锚固工程施工(5分)	锚杆、锚索施工应当设置警戒区。作业平台应稳固,防护栏杆、安全通道设置规范。张拉作业千斤顶后不得站人。	查看现场,查方案。	锚杆、锚索施工未按规定设置警戒区,发现一处扣2分。锚固作业未按规定搭设作业平台,或作业平台不稳固,发现一处扣2分。张拉作业时有人站在千斤顶后方,每发现一人次扣2分。		
7	路面工程(10分)	7.1 路面施工(10分)	*在通车道路上施工或夜间作业时,应采取限速、导流及渠化等措施,交通指挥人员和上路作业人员应按规定穿着安全反光服或反光背心。施工区域实行交通管制。严禁工程施工车辆违规载人或超速行驶。路面摊铺机、压实机械等设备夜间应有反光装置,并做好提前警示,防蹿措施。摊铺施工应安排专人负责指挥。	查看现场。	*在通车道路上施工或夜间作业时,未设置限速、导流及渠化等措施,扣5分。*交通指挥人员和上路作业人员未按规定穿着安全反光服或反光背心,发现一次扣1分。施工区域交通封闭管理不严,发现一次扣2分。发现用施工车辆违规载人,或在施工区域超速行驶,发现一次扣5分。路面摊铺机、压实机械反光装置不符合要求,发现一处扣1分。摊铺施工无专人指挥的,发现一次扣2分。		
应得分				实得分			

考核评价(或监督抽查)单位(盖章): 评价(或抽查)人(签名):

本表考核得分=(实得分/应得分)×100=

考核评价(或监督抽查)单位每半年考核评价,以及交通运输主管部门监督抽查等,准组织实施,准负责盖章签认。

检查日期: 年 月 日

注:公路工程施工现场考核评价对象为表3.1.3.2中所列考核项目。
此表用于施工单位每季度自我评价,监理单位每半年度复核,建设单位每季度考核。

施工单位施工现场（水运部分）考核评价表（满分150分）

表3.3

项目名称：　　　　　　　　　　　　　　　施工单位名称：

施工合同段：

序号	类别	考核项目	考核内容及评价标准	考核评价方法	扣分标准	扣分说明	得分
4	施工船舶、设备及临时电缆（40分）	4.1 施工船舶、设备（30分）	＊施工船舶和设备按合同约定进场，证书齐全、检验合格，安全防护和应急物资配备满足要求；施工船舶，设备配员符合要求，人员资格证书齐全、有效。 ＊施工船舶必须在核定航区或作业水域内作业。 ＊船舶不得超载或偏载。 ＊运输材料，设备或构配件的船上应附应配载图。 ＊禁止船舶在超过核定和适行作业条件的情况下作业。 ＊工程船舶改造、船舶与临用设备组合作业应按规定验算船舶稳定性。水密性和结构强度等。船上施工作业平台牢固有效，作业符合安全要求。设备固着操作符合要求。工程船舶应制定防台防汛"三防"应急预案，定期进行演练。交通船持相关证书，配备救生设备，严禁超员。	查看现场、证件及文件资料。	＊施工船舶未办理水上水下施工作业许可，施工船舶和特种设备未经资质检验收或合格便投入使用，船舶用设备组合作业未按规定算复便投入使用，工程船舶无防台防汛"三防"应急预案，特种作业人员无证上岗或造假等，发现一项扣4分。 ＊船员证书不齐全或过期失效，视情节扣2-4分。 ＊船舶存在超载或严重偏载现象，发现一次扣4分。 ＊交通船超员，发现一次扣5分。 ＊施工船舶不在规定航区或水域作业，运输工程材料、设备、构配件的船舶无配载图，在未成型码头、栈桥、墩台等水上作业平台系靠施工船舶，发现一处扣4分。 ＊船舶"三防"应急预案未及时更新，或未按规定组织演练，发现一次扣2分。 ＊交通船未持相关证书，或未按核定人数，或未配备足够救生设备，发现一艘扣2分。		
		4.2 临时电缆敷设（10分）	＊禁止临时电缆线布设在船舶进出航道，抛锚区和锚缆据动区。 ＊水上或潮湿地带作业的施工电缆应绝缘良好且具有防水功能，接头部分应进行防水处理。	查看现场。	＊在船舶进出航道，抛锚区和锚缆据动区布设电缆线，发现一次扣5分。施工电缆防水处理不符合要求，发现一处扣2分。		

续上表

序号	类别	考核项目	考核内容及评价标准	考核评价方法	扣分标准	扣分说明	得分
5	码头工程（50分）	5.1 打入桩基施工（10分）	* 桩基施工的沉桩区域应设置明显的安全警示标志。 * 作业前应对沉桩设备、安全装置进行检查，并按设计要求先削坡再施工。 * 水上沉桩前应进行水下探查。 * 吊桩绳扣、索具等应经计算后选用。 * 陆域沉桩后，应及时夹桩。 * 低于地面的桩孔或陆面不高于地面0.8m的管桩应设置安全护栏或盖板，并设置安全警示标志。 * 灌注桩施工应设置泥浆池，废浆处理应满足环保规定。泥浆池周围应设安全防护栏和安全警示标志。	查看现场，查资料。	* 未按要求设置安全警示标志，发现一处扣2分。 * 未对沉桩设备、安全装置进行检查，扣5分。 * 沉桩后未及时夹桩，发现一处扣2分。 * 水上沉桩前未进行水下探查，或未按规定进行削坡，发现一处扣5分。 * 水下障碍物清除不规范，扣2分。 * 削坡不规范，扣2分。 * 使用的吊桩绳扣、索具等未经计算，发现一次扣5-8分。 * 灌注桩施工未设置泥浆池，或废浆处理不满足环保规定，或泥浆池周围未设置安全防护栏和安全警示标志，发现一处扣2分。 * 低于地面的桩孔，或管桩口未按要求设置安全护栏或盖板，发现一处扣2分。		
		5.2 沉箱出运与安装（10分）	* 采用气囊进行沉箱移运时，沉箱移运前应对气囊额定工作压力、牵引设施、移运通道等进行检查或试验，按规定划定作业区，设置安全警戒线和安全防护挡板。 * 沉箱浮运前，对吃水、压载，浮游进行试验，并进行漂浮试验。 * 海上临时存放沉箱应制定专项施工方案。对存放点进行评估，必要时还应进行地基处理，存放后应及时设布置警示标志。	查看现场，查资料。	* 沉箱气囊移运前未按规定对气囊额定工作压力进行试验或检查，或无试验或检查记录的，视情节扣4-8分。 * 沉箱浮运前未对吃水、压载，浮游进行验算，或未进行漂浮试验，或试验不符合规范要求，视情节扣4-8分。 * 未设置安全防护挡板，扣5分。 * 沉箱拖运过程中，沉箱顶部未进行审核，或存放后未及时布设警示标志，扣3分。 * 海上临时存放沉箱未制定专项施工方案，或专项施工方案未进行审核，或存放后未及时布设警示标志，扣5分。 * 沉箱移运前未按要求划定作业区或未及时布设警戒线，扣3分。		

续上表

序号	类别	考核项目	考核内容及评价标准	考核评价方法	扣分标准	扣分说明	得分
5	码头工程（50分）	5.3 水上水下作业（15分）	* 大型水上临时作业平台搭设及拆除应编制专项施工方案并按方案组织实施,同时开展定期观测,检查维护。 * 水上人行通道应符合安全要求。 * 小型临时作业平台应牢固并满足安全作业条件。 * 潜水员应持证上岗,潜水作业应有专人指挥。 * 乘潮施工应编制专项施工方案。	方案与现场比对检查。	* 作业平台搭设及拆除与方案不符,扣8分。 * 对作业平台设维护不及时,发现一次扣3分。 * 平台搭设不稳固,未配备救生设施,或作业空间不足,发现一处扣3分。 * 水上人行通道不牢固,发现一处视情节扣1-3分。 * 小型临时作业平台不牢固,视情节扣5分。 * 潜水员无证上岗,扣5分。 * 潜水作业时无专人指挥,扣5分。 * 乘潮施工未编制专项施工方案,或方案内容不全或与实际不符,视情节扣3-5分。		
		5.4 水上构件吊装（15分）	* 水上吊装作业应按专项方案施工,现场应有专人指挥。 * 吊装使用的钢丝绳磨损,断丝不得超标。 * 起重设备的基础,轨道固定应符合安全要求,保险,限位等装置齐全有效。 * 构件起吊强度应满足设计要求,构件吊装就位后及时进行稳固。	方案与现场比对检查。	* 使用未经检验或验收不合格的起重机械,扣10分。 * 水上构件吊装与专项施工方案不符,视情节扣5-10分。 * 吊装使用的钢丝绳磨损,断丝超标,发现一处扣5分。 * 起重机械基础,轨道固定不符合要求,发现一处或安全失效,扣5分。 * 起重吊装保险,限位等装置不齐全或完全失效的,发现一次扣5分。 * 构件起吊强度不满足设计要求,发现一处扣5分。 * 构件吊装就位后未进行稳固,发现一次扣3分。		

续上表

序号	类　别	考核项目	考核内容及评价标准	考核评价方法	扣　分　标　准	扣分说明	得分
6	航道工程（30分）	6.1 爆破船作业（15分）	* 采用钻孔爆破船施工时，临时存放的炸药和雷管必须分仓放置，专人监管。 * 按规定进行工序检查，设置水上警戒线，公布警戒时间，	查看现场，查资料。	* 未按要求临时存放炸药和雷管，扣15分。 * 未按要求进行工序检查，或未按规定设置警戒线和公布警戒时间，或施工后未按规定布警戒线、公布警戒时间，或施工后未按规定布警戒，发现一次视情节扣5-10分。 未按要求制定炸药、雷管的管理制度，或措施落实不力，扣5分。		
		6.2 水上抛石以及沉排铺排、充灌砂袋作业（10分）	抛石后或船舶在拖航过程中，应对施工机械进行封固。 铺排船上的起重设备吊装及展开排布应按规程要求。防止人员落水。 砂袋或填砂枕沉放前，应检查沉放架的制动装置。	查看现场。	拖航过程中，未对船上的施工机械进行封固，发现一次扣6分。 铺排船上起重机械吊装施工无专人指挥，发现一次扣4分。 人员站立于正在溜放的软体排上方，发现一次视情节扣4分。 沉排、铺排不符合规程要求，发现一次视视情节扣3-5分。 砂袋或填砂枕沉放前，未按要求进行有关设备检查，发现一次视视情扣3-5分。		
		6.3 疏浚吹填作业（5分）	放射源测量装置检定有效，使用记录完整，按规定定期自测。	查设备档案，查记录。	放射源量测装置检定不符合要求，扣5分。 使用记录不符合要求，或不定期自测，发现一次扣1分。		
7	船闸工程（30分）	7.1 围堰（15分）	围堰施工应编制专项施工方案并按批准的方案组织实施。围堰施工布置与断面尺寸应满足挡水、度汛、交通等安全要求。深基坑施工应定期开展监控。工况变化时应及时调整措施。 围堰防护措施等满足安全要求。深基坑四边1m范围内不得随意堆载，停放设备。	查看现场，查资料。	围堰施工没有编制专项施工方案，或不按施工方案施工，或按方案无挡（排）水措施、或施工变化未及时调整施工的，视情节扣8-10分。 围堰断面尺寸不能满足挡水、度汛、交通要求的，视情节扣5-8分。 或未定期开展监控，视情扣3分。 围堰填筑碾压方式不符合要求的，发现一处扣2分。 围堰防护措施施工不符合要求的，发现一处扣2分。		

续上表

序号	类别	考核项目	考核内容及评价标准	考核评价方法	扣分标准	扣分说明	得分
7	船闸工程（30分）	7.2 船闸混凝土浇筑（15分）	闸室墙施工使用的模板、支架应当具有足够的强度、刚度和稳定性，拼缝平顺、严密，按规定的高大模板支架体系验算后使用。使用成套的高大模板支架体系（如门式）的应编制专项施工方案，附安全验算资料并经审核后使用。采用吊料浇筑混凝土时，应指派专人指挥起吊、运吊料和卸料，吊罐下作业人员不得逗留。采用泵送混凝土时，布料臂下禁止站人。夜间施工应配备符合要求的照明设施。	查看现场，查资料。	闸室墙施工使用成套的高大模板支架体系编制专项施工方案，或未经安全验算，或进场未按规定的，视情节扣8-10分。搭设支架和脚手架的钢管等材料无出厂合格证，或未经检验，或检验不合格，或进场未按规定抽查，发现一次视情节扣5-8分。未按规定处置支架基础，或支架未按方案要求搭设、预压，验收的，发现一次扣5-8分。采用吊罐浇筑混凝土，发现一次扣3分。吊罐下有作业人员逗留，每发现一次扣2分。采用泵送混凝土时，布料臂下站人，每发现一次扣2分。夜间施工照明设施不符合要求，发现一处扣3分。		
实得分			应得分		本表考核得分 =（实得分/应得分）×100 =		

考核评价（或监督抽查）单位（盖章）：　　　　评价（或监督抽查）人（签名）：

实施日期：　　　年　　月　　日

注：水运工程施工现场考核评价对象为表3.1.3.3中所有考核项目。

此表用于施工单位每季度自我评价，监理单位每季度复核，建设单位每半年考核评价，以及交通运输主管部门监督抽查，谁组织实施，谁负责盖章签认。

附表 4

监理单位考核评价表（满分 150 分）

项目名称： 监理单位考核评价表（满分 150 分） 监理单位名称：

监理合同段： 监理单位名称：

序号	类别	考核项目	考核内容及评价标准	考核评价方法	扣分标准	扣分说明	得分
1	责任落实（10分）	1.1 岗位职责（3分）	明确监理各岗位的安全管理职责。	查文件。	无监理各岗位职责，扣5分。监理各岗位职责缺少安全管理职责，或安全管理内容不全，视情节扣1-4分。监理各岗位安全管理责任针对性不强，视情节扣2-3分。		
		1.2 规章制度（3分）	按规定建立健全安全管理制度。	查文件。	安全管理制度不健全，视情节扣2-4分。安全管理制度针对性不强，视情节扣1-3分。		
		1.3 监理细则（4分）	*按规定编制监理规划或实施细则，并包含安全管理内容。	查文件。	*监理规划或实施细则中缺乏安全管理内容，扣5分。监理细则安全管理内容的针对性不强，视情节扣2-4分。		
2	审查审批（45分）	2.1 施工组织设计（5分）	按规定对施工组织设计中的安全技术措施进行审查、审批。	查文件。	未审查施工组织设计的安全技术措施，扣5分。审核不严格，或审查意见不具体，或未按照规定时间及时回复，视情节扣2-4分。		
		2.2 专项施工方案（10分）	*对危险性较大的分部分项工程专项施工方案进行审查、审批，并监督实施情况。	查文件。	*未及时对施工单位上报的专项施工方案进行审查审批，视情节扣5-8分。审批的专项施工方案不符合有关要求，视情节扣5-8分。危险性较大的分部分项工程专项施工方案未经审查同意已实施，监理未及时纠正的，发现一项扣5分。		

续上表

序号	类 别	考 核 项 目	考核内容及评价标准	考核评价方法	扣 分 标 准	扣分说明	得分
2	责任落实（10分）	2.3 危险性较大的分部分项工程安全生产条件（10分）	对危险性较大的分部分项工程施工前的安全生产条件审查单位。	查文件、查记录。	* 未对危险性较大的分部分项工程施工前安全生产条件进行审查，扣10分。 * 对危险性较大的分部分项工程施工前的安全生产条件审核把关不严，或审核有缺项，视情节扣2-6分。 * 安全生产条件审核结果不报或迟报，视情节扣2-4分。		
		2.4 风险预控（10分）	按规定对风险评估报告进行审核。对合同段施工专项应急预案和现场处置方案进行审查、监督检查演练情况。	查文件、查记录。	未督促施工单位提交风险评估报告，合同段施工专项应急预案和现场处置方案审查不及时审查，或对审查意见过于笼统、缺乏指导性，视情节扣2-6分。未对应急演练进行监督检查的，或无检查记录的，视情节扣2-4分。		
		2.5 安全生产费用（10分）	按规定对安全生产费用提取、使用情况进行核对、计量和审批。审查安全生产费用使用凭证。建立安全生产费用管理的监理台账。	查记录、现场检查核对。	未按规定核对、计量和审批安全生产费用的，扣10分。安全生产费用的核对、计量和审批不认真或不及时，视情节扣4-6分。未建立安全生产费用管理的监理台账，或台账不清晰，视情节扣2-4分。		

405

续上表

序号	类别	考核项目	考核内容及评价标准	考核评价方法	扣分标准	扣分说明	得分
3	安全检查与督促整改（30分）	3.1 安全检查（20分）	检查施工单位安全生产责任制建立、落实和考核情况。 按规定对施工单位进场的施工机械、设备、材料以及人员履约、持证上岗等进行检查。 按监督促施工单位开展风险辨识、评估、审核重大风险管控措施并督促落实。 定期组织安全检查及事故隐患排查、督促施工单位整改落实。 *发现重大事故隐患应要求施工单位立即停工整改、跟踪督办，并履行报告职责。 对检查发现的问题、及时督促施工单位整改。对施工单位不能立即整改的安全问题和事故隐患，督促施工单位按整改计划改进，并对整改情况进行复核。 对有关部门通报施工单位存在的问题，认真督促整改。 对有关部门检查通报的监理管理问题，积极整改。	查文件、记录，现场检查核对。	对应该检查而未全面、及时时检查的，或安全检查、隐患排查等走过场，或对检查所发现的问题没有组织复查的，有采取监理措施，或问题整改后没有组织复查的，发现一次扣3分。 未建立安全检查台账，或台账账不清晰，可追溯性差，视情节扣5分。 *对重大事故隐患未发理监理指令、发现一次扣5分 *对发现重大事故隐患未跟踪督办的，发现一次扣3分。 *未履行重大事故隐患报告义务的，扣15分。 对重大事故隐患的检查和复查未附影像资料，发现一次扣3分。 监理指令、通知记录不齐全，发现一份扣2分。 未对专项实施情况进行分析评价，扣2分。 对有关部门检查通报问题未及时整改的，发现一次扣5分。		
		3.2 考核评价（10分）	*定期对施工单位开展平安工地建设情况进行检查复核。 *检查复核资料真实、准确。	查文件、资料。	*未定期对施工单位平安工地建设情况进行检查复核，或者检查复核走过场，或未及时组织核实施，发现一次视情节扣5-10分。 *未根据检查结果督促施工单位整改的，视情节扣4-8分。 或无督促整改记录的， *检查复核资料失真失实，不准确，发现一次视情节扣3-5分。		

续上表

序号	类 别	考 核 项 目	考核内容及评价标准	考核评价方法	扣 分 标 准	扣分说明	得分
4	监理人员管理(10分)	4.1 持证上岗(3分)	按照合同文件配置安全监理人员,编制监理人员名册。	查合同、资料。	安全监理人员不满足合同文件要求,缺一人扣1分。未提供监理人员名册,扣1分。未提供监理人员上岗及离岗记录(如考勤表等),扣2分。		
		4.2 监理人员内部培训教育(2分)	建立安全管理培训教育计划,对进场的监理人员定期组织安全培训教育。	查资料、记录。	未组织项目监理部安全培训教育,扣2分。未制定安全管理培训教育计划,或培训教育计划可行性不强,视情节扣1-2分。未按计划组织全员培训,视情节扣1-2分。		
		4.3 安全监理日志(5分)	认真填写安全监理日志。按规定到劳务站和巡视,记录准确、详细、连续。	查日志。	安全监理日志不连续、签字不全,或未经总监定期审查、旁站巡视,发现一处(次)扣1分。发现安全问题或事故隐患未及时记录的,视情节扣1-3分。		
5	行业主管部门安全生产专项工作落实(10分)	5.1 行业主管部门安全生产专项工作落实情况(10分)	严格落实行业主管部门布置的安全生产专项工作。制定相应的工作方案或计划行动计划,按方案设计划执行。	查文件、记录,现场核对。	未制定安全生产工作方案或行动计划,或未督促施工单位落实安全生产专项工作的,发现一次扣2分。安全生产专项工作实不实之,或应付了事、走过场,发现一次视情节扣2-5分。		
6	档案管理(5分)	6.1 安全档案资料(5分)	安全资料归档及时、齐全,台账明晰。	查台账、文件、资料及记录。	安全档案资料不真实,发现一份扣2分。管理台账不明晰,视情节扣1-2分。应当存档的资料不齐全,视情节扣1-2分。		

续上表

序号	类 别	考 核 项 目	考核内容及评价标准	考核评价方法	扣 分 标 准	扣分说明	得分
7	监理工作效能(40分)	7.1 所监理的施工单位考核评价情况(40分)	所监理的各施工合同段考核评价得分平均值×0.4 即为监理工作效能得分。	查考核评价资料。	各施工合同段(施工单位)考核评价得分平均值×0.4 即为监理工作效能得分。		
实得分			应得分		本表考核得分 =(实得分/应得分)×100 =		

考核评价(或监督抽查)单位(盖章):

评价(或抽查)人:

实施日期: 年 月 日

注:此表用于建设单位每半年考核评价,以及交通运输主管部门监督抽查等,谁组织实施,谁负责盖章签认。

408

附表 5

项目名称：

建设单位考核评价表（满分 150 分）

建设单位名称：

序号	类别	考核项目	考核内容及评价标准	考核评价方法	扣分标准	扣分说明	得分
1	安全管理责任落实（25分）	1.1 组织机构及人员配备（5分）	按规定设立负有安全管理职能的部门，项目安全组织机构健全。项目主要领导分管领导、各部门安全责任明确，归口部门责任人。	查文件。	未按规定建立负有安全管理职能的部门，扣3分。项目安全组织机构不健全，扣2分。岗位安全管理责任不明确，或未落实，视情节扣1-3分。		
		1.2 规章制度（5分）	建立健全项目安全生产管理制度。	查文件。	未按规定建立项目安全生产管理制度，或未以项目文件形式发布，扣5分。安全管理制度不齐全，视情节扣3分。安全管理制度的针对性不强、可操作性差，或未及时更新，与上位法不符，或用上级部门制度代替项目管理制度，视情节扣2-3分。		
		1.3 责任落实情况（5分）	认真贯彻执行国家、行业及上级有关工程安全生产管理的各项工作部署。制定安全工作计划，明确安全管理目标，并督促落实。	查文件、资料及会议记录等。	项目实施过程中，安全生产工作走过场、形式化，存在明显安全问题的，发现一处视情节扣2-4分。未制定安全工作计划的，或安全工作计划不明确的，扣3分。未督促落实安全工作计划的，视情节扣1-3分。		
		1.4 风险评估（10分）	按规定组织开展高速公路桥梁、隧道、公路路堑高边坡、沿海码头、护岸和防波堤工程施工安全风险总体评估。督促施工单位根据风险评估结论，完善施工组织设计和专项施工方案。按规定组织开展其它风险评估工作。	查资料、记录。	未按规定组织开展高速公路桥梁、隧道、公路路堑高边坡、沿海码头、护岸和防波堤工程施工安全风险总体评估，视情节扣3-6分。未督促施工单位根据风险评估结论，完善施工组织设计和专项施工方案，或风险评估结论与施工组织设计、专项施工方案存在"两张皮"现象，视情节扣3-5分。未按规定组织开展其它风险评估工作的，扣2分。		

续上表

序号	类别	考核项目	考核内容及评价标准	考核评价方法	扣分标准	扣分说明	得分
2	安全生产费用管理（15分）	2.1 安全生产费用列支情况（15分）	*安全生产费用不低于投标价的1.5%，按要求及时支付安全生产费用，并检查安全生产费用使用情况。	查招标文件及相关账目。	*在招投标文件中，未明确不低于1.5%的安全生产费用，安全生产费用未单独列出，发现一次扣10分。*安全生产费用未及时支付，发现一次扣5分。*安全生产费用使用不符合要求，视情节扣6-8分。		
3	安全生产条件审查（15分）	3.1 安全生产条件审查（15分）	*招标文件、施工合同应明确量化项目安全生产条件。*工程项目开工前按照安全生产条件核查表考核项目进行审核。*对监理单位提交的危险性较大的分部分项工程施工前安全生产条件审核结果进行确认，对施工前安全生产条件、监理单位履约情况进行不定期检查。	查资料、记录。	*招标文件、或施工合同未明确量化项目安全生产条件与现行法律、法规、规章、标准严重不符的，扣15分。*项目开工前安全生产条件未审核，或审核不严，存在明显问题的，视情节扣10-15分。*未对监理提交的危险性较大的分部分项工程施工前安全生产条件审核结果进行确认，发现一处扣5分。对施工、监理单位履约检查不严格，视情节扣3-5分。		
4	安全检查考核（30分）	4.1 安全检查及隐患排查（15分）	建立安全检查及隐患排查计划，实行闭合管理。开（复）工、季节交替、恶劣天气、节假日等特殊时段及时安排安全检查，发现问题督促整改到位。对施工单位重大事故隐患排查治理情况开展监督检查，对发现的重大事故隐患跟踪督办。	查文件、查回复资料。	未制定项目安全检查、隐患排查计划，或未按计划开展安全检查或隐患排查，视情节扣4-10分；安全检查或隐患排查没有记录，或记录不连续，不闭合，发现一次扣3分。特殊时段没有安排安全检查，视情节扣3-5分，或安排没有检查及整改，发现一次扣2分。未对施工单位重大事故隐患排查治理情况开展监督检查，或无专项检查记录，视情节扣5-8分。未督促施工单位整改已发现的重大事故隐患，或缺乏相应记录，发现一次扣5分。		

续上表

序号	类别	考核项目	考核内容及评价标准	考核评价方法	扣分标准	扣分说明	得分
4	安全检查考核(30分)	4.2 考评价(15分)	*定期对施工和监理单位开展平安工地建设情况进行考核评价。考核评价资料真实、准确。	查文件、资料。	*未按规定对施工、监理单位平安工地建设管理情况进行考核评价的,扣15分。对施工和监理单位平安工地建设管理考核评价工作不连续,或考核评价过程走过场或考核未及时向直接监管的交通运输主管部门报送考核评价结果的,视情节扣5-10分。未根据考核结果督促施工、监理单位整改,或未提供整改记录的,视情节扣4-8分。考核评价资料大量缺失、不准确,发现一次扣3分。		
5	事故应急处置（15分）	5.1 事故报告及处理(10分)	执行事故月报及快报制度。事故发生后应当按照"四不放过"原则开展警示教育和合同履约处罚。	查台账、资料。	未执行事故月报或快报制度,迟报事故情形的,扣10分。未执行事故月报制度,扣2分。发生事故未按"四不放过"原则进行处罚的,视情节扣4-8分。或未实施合同约定处罚,未建立事故管理档案,扣2分。		
		5.2 应急预案(5分)	编制项目总体应急预案,组织应急演练。	查文件、记录。	未编制项目总体应急预案,扣5分。预案针对性差,缺项多或缺演练的,发现一项扣1-3分。		
6	行业主管部门安全生产专项工作(10分)	6.1 行业主管部门安全生产专项工作落实情况(10分)	严格落实行业主管部门布置的安全生产专项工作。制定落实方案或计划并执行到位。	查文件、资料及记录。	未制定安全生产专项工作方案或计划,发现一次扣5分。安全生产专项工作落实不到位,监理单位督促施工、安全生产落实方案或计划的,发现一次扣2-4分。		
7	建设单位工作效能(40分)	7.1 监理单位和施工考核评价情况(40分)	监理单位各合同段各合同段考核评价得分平均值×0.1+施工单位各合同段各合同段考核评价得分平均值×0.3即为建设单位工作效能得分。	查考核评价资料。	监理单位各合同段考核评价得分平均值×0.1+施工单位各合同段考核评价得分平均值×0.3即为建设单位工作效能得分。		
实得分			应得分				

本表考核得分=(实得分/应得分)×100=

考核评价(或监督抽查)单位(盖章)：　　　　　　　　　　评价(或抽查)人：　　　　　　　　　　实施日期：　　年　　月　　日

注：此表用于项目建设单位自评,以及交通运输主管部门监督抽查等,谁组织实施,谁负责盖章签认。

交通运输部办公厅关于印发公路水运
品质工程评价标准(试行)的通知

(2017 年 12 月 28 日 交通运输部 交办安监〔2017〕199 号)

各省、自治区、直辖市交通运输厅(委),长江航务管理局:

为深入推进公路水运品质工程创建工作,引领公路水运工程质量安全水平全面提升,根据《交通运输部关于公路水运品质工程的指导意见》(交安监发〔2016〕216 号,以下简称《指导意见》)和《交通运输部办公厅关于开展品质工程示范创建工作的通知》(交办安监〔2016〕193 号)要求,部组织编制了《公路水运品质工程评价标准(试行)》(以下简称《评价标准》),现予以发布。请认真贯彻执行,并按以下要求开展好相关工作:

一、充分认识品质工程评价标准和评价工作的重要意义

党中央、国务院高度重视质量建设。《中共中央国务院关于开展质量提升行动的指导意见》中明确指出,以提高发展质量和效益为中心,将质量强国战略放在更加突出的位置,开展质量提升行动,全面提升质量水平;开展高端品质认证,推动质量评价由追求"合格率"向追求"满意度"跃升。党的十九大报告明确指出,坚持质量第一、效益优先,以供给侧结构性改革为主线,推动经济发展质量变革、效率变更、动力变革;突出关键共性技术、现代工程技术创新,为建设质量强国、交通强国等提供有力支撑。这些要求,充分体现了党中央国务院对质量工作和交通运输工作的高度重视,从全局和战略高度指明了公路水运工程质量提升的主要目标和努力方向。

打造公路水运品质工程是交通运输行业贯彻落实党的十九大精神、党中央国务院质量提升行动决策部署和深化交通运输基础设施供给侧结构性改革的重要举措。开展品质工程评价,树立行业标杆和示范,不断总结和推广先进管理经验和技术创新成果,引领和推动工程质量安全水平全面提升,为建设具有国际先进水平的高品质公路水运基础设施网络,实现交通强国和质量强国战略目标奠定坚实基础。

各级交通运输主管部门要深刻认识品质工程评价工作的重要意义,本着对人民、对历史高度负责的态度,加强组织领导,严格按照评价标准和程序,科学组织、扎实有序地开展评价工作,真正选树一批经得起时间检验、引领行业进步的品质工程,推动公路水运工程质量安全水平全面提升。

二、品质工程评价范围与内容

列入国家和地方交通基本建设计划的在建和已交工或竣工验收的公路水运工程项目,均可参加品质工程评价,不局限工程建设规模和等级。

品质工程评价分为示范创建项目品质工程评价、交竣工品质工程示范项目评价、农村公路

(三四级)品质工程示范项目评价,评价对象为工程项目整体。

(一)示范创建项目品质工程评价。

示范创建项目品质工程评价是以在建的二级及以上公路工程项目(含独立桥梁和独立隧道)、水运工程项目(含港口、航道)为评价对象。评价以设计和施工阶段为主,主要对工程建设过程中落实打造品质工程主要措施及阶段性成果的综合评价。评价应在项目主体工程完成建安费的50%后且交工验收前进行。

(二)交竣工品质工程示范项目评价。

交竣工品质工程示范项目评价是指对工程管理或技术达到行业同时期同类工程的领先水平、示范引导作用显著的项目进行评价,以已交工验收的二级及以上公路工程项目(含独立桥梁和独立隧道)、已竣工验收水运工程项目(含港口、航道)为评价对象。评价包括设计、施工和运营阶段,主要对工程建设成果"优质耐久、安全舒适、经济环保、社会认可"等方面的综合评价。公路工程评价应在工程项目完成交工验收满2年且不超过5年进行,同时项目还应经过试运营且通过国家规定的专项验收;公路工程评价工作结合工程竣工验收质量鉴定工作一并进行。水运工程评价应在工程项目完成竣工验收后且不超过3年进行。

(三)农村公路(三四级)品质工程示范项目评价。

农村公路(三四级)品质工程示范项目评价是以已竣工验收的三、四级农村公路项目为评价对象,主要对工程建设成果"实、安、绿、美"等方面的综合评价。评价应在工程项目竣工验收后且不超过2年进行。

三、品质工程评价组织与程序

(一)评价组织。

品质工程评价结果分为部级品质工程项目和省级品质工程项目两个等级。交通运输部指导全国公路水运品质工程评价工作,负责制定评价标准,组织开展部级品质工程项目的评价工作。省级交通运输主管部门负责本省公路水运品质工程评价的组织实施,负责部级品质工程项目的组织推荐工作。

(二)部级品质工程项目评价程序。

1.项目申报。根据部年度评价工作部署安排,按照自愿申报原则,项目建设单位根据《评价标准》开展自评,填写《申报表》,经项目主管部门审查同意后,报省级交通运输主管部门。其中,申报交竣工品质工程示范项目、农村公路(三四级)品质工程示范项目的,也可由项目主管部门组织申报。

2.项目推荐。省级交通运输主管部门组织专家对申请项目进行现场考核和评价。评价为省级品质工程项目的,应在省级交通运输主管部门门户网站进行公示,公示时间不少于10个工作日,接受社会监督。经公示无异议或经核查异议不成立的,经省级交通运输主管部门审定后确定为省级品质工程项目,并予以公布。省级交通运输主管部门根据部年度评审要求,在省级品质工程项目中,择优提出推荐参评部级品质工程项目名单,并出具评价意见和推荐顺序报部。对于交工和竣工项目,省级交通运输部主管部门还应组织开展公众满意度调查。

3.项目认定。部组织专家对各省推荐的品质工程项目进行评价,认定部级品质工程项目,必要时可组织专家进行现场考察。交通运输部应在其门户网站公示专家评价结果,公示时间不少于 10 个工作日,接受社会监督。经公示无异议或经核查异议不成立的,经部审定后确定为部级品质工程项目,并予以公布。

4.专家评审。省级及以上交通运输部主管部门组织专家评价时,应选择具有良好职业道德和丰富实践经验,并在业内有一定知名度的专家。专家评审组一般不少于 7 人,专业应涵盖设计、管理、施工、质量监督和安全生产、运营管理等方面。评价时实施专家回避原则。

四、有关工作要求

(一)夯实创建基础。省级交通运输主管部门要建立完善品质工程创建保障和评价机制,采取有效措施,切实落实建设单位首要责任,落实勘察、设计、施工单位主体责任,强化项目基本建设程序、建设资金、合理工期等基本要素的保障。进一步完善招投标管理机制,倡导优质优价,为项目打造品质工程创建良好市场环境。

(二)完善激励机制。各级交通运输主管部门应进一步完善品质工程激励机制,推进工程质量安全诚信体系建设,完善质量安全守信联合激励和失信联合惩戒制度,推动将打造品质工程作为企业信誉的价值追求。对评定为省级或部级品质工程项目的,可在信用评价、项目评优、从业人员技术职称评定等方面予以鼓励,对品质工程创建工作中成绩突出的单位和个人予以表扬。

(三)加强跟踪督导。各级交通运输主管部门应加强对评定为品质工程项目的监督检查和跟踪督导,出现以下情形的,应取消其评定结果并予以公布。一是项目申报资料存在弄虚作假的;二是示范创建项目在后续建设过程中出现不符合《评价标准》基本要求的;三是交竣工品质工程示范项目或农村公路品质工程示范项目,项目运营期间出现严重质量缺陷的(由于自然灾害导致质量问题的除外)。对于申报资料弄虚作假的从业单位,还应将相关不良行为纳入信用评价系统。

(四)加快成果推广。省级交通运输主管部门应积极引导项目管理创新和工艺、技术及装备创新,及时总结先进经验,努力促进创新成果转化应用与共享。不断完善落后工艺装备的淘汰机制,加快淘汰制约质量安全提升的落后工艺、装备,积极推广先进适用的"四新技术",提升公路水运工程建设管理与技术水平。

交通运输部办公厅
2017 年 12 月 28 日

附件

公路水运品质工程评价标准（试行）

一、总则

（一）公路水运品质工程评价是对工程建设过程及成果进行的综合评价。评价为公路水运品质工程的项目，应当满足优质耐久、安全舒适、经济环保、社会认可的建设目标，工程管理或技术达到行业同时期同类工程的领先水平，示范引导作用显著。

（二）公路水运品质工程评价标准分为示范创建项目品质工程评价标准、交竣工品质工程示范项目评价标准、农村公路（三四级）品质工程示范项目评价标准三类，均由基本要求、评价指标、加分指标、总体评价等四部分构成。

（三）基本要求为控制指标。其中有一项不满足要求的，工程项目不具备申报资格。

（四）评价指标是对项目落实《指导意见》各项措施取得的实效进行量化评分，由二级或三级指标体系构成，相应评分方法见评价说明。评价指标满分均为1000分。申报部级品质工程项目的，高速公路和大型水运工程评价指标分数不得低于800分，其他工程评价指标分数不得低于700分。

（五）加分指标是鼓励项目结合自身优势和功能属性开展重点攻坚与创新突破，对管理或技术创新取得明显优于同类工程水平且示范作用显著的做法进行加分。同时，对交工或竣工项目获得国家、省部级奖项或荣誉进行加分。其中，示范创建项目和农村公路项目（三四级）加分指标满分为200分，交竣工项目加分指标满分为300分。

（六）总体评价是对项目在打造品质工程中的特色做法、主要经验、实施效果、示范作用等方面的概括性评价，不设分值。对于申报部级品质工程项目的，省级交通运输主管部门负责提出项目总体评价的初步意见，由部组织专家组根据核实情况作出最终总体评价。

（七）项目总得分为评价指标得分和加分指标得分之和。

（八）公路水运品质工程除符合本标准的规定外，还应符合工程建设强制性标准等有关要求。

二、示范创建项目品质工程评价标准

（一）基本要求

序号	评 价 内 容
1	项目建设基本程序符合规定。
2	项目参建单位没有因在本项目发生围标串标、恶意低价抢标、挂靠借用资质、转包和违法分包等违法违规行为被交通运输主管部门通报或行政处罚的。
3	已完工程质量全部合格。
4	工程未存在严重质量缺陷或重大安全隐患。

序号	评 价 内 容
5	工程未发生质量事故或较大及以上生产安全责任事故以及其他在社会上造成严重影响事件的。
6	工程建设期间未发生重大环境污染或生态破坏等在社会上造成严重影响事件的。
7	项目没有因党风廉政违法违纪案件被追究刑事责任情形的。

(二)评价指标

一级指标	二级指标	三级指标	评价重点内容 (分项指标)	责任主体	审查资料 和方式
1.工程设计(200分)	1.系统设计(80分)	1.全寿命周期成本(5分)	1.工可中开展全寿命周期技术经济论证分析,分析全面,论证充分,造价合理。(5分)	设计单位	工可文件
		2.建养一体化(15分)	2.工程结构物、服务设施、管理设施、安全设施等功能系统匹配,远景扩展需求考虑充分。(5分)	设计单位	设计文件
			3.设计具有前瞻性,充分考虑运营养护阶段结构可检、可修、可换,检养通道设置便利,对于特殊结构提出了有针对性的养护方法及要求;港口装卸工艺、船闸船坞设施设备以及电气控制等设计科学合理,便于维修维护。(6分)	设计单位	设计文件
			4.施工期留埋监测设施考虑充分、设置合理、方便使用。(4分)	设计单位	设计文件
		3.耐久性设计(15分)	5.结合工程特点和环境条件,有针对性地开展耐久性设计,明确耐久性指标及控制要求。(15分)	设计单位	设计文件
		4.精细化设计(25分)	6.地质勘察规范,深度满足设计要求,对特殊地质构造提出有针对性的勘察要求。(10分)	勘察单位,设计单位	地勘、设计文件
			7.总体设计要求明确、统一;专业设计衔接合理,细部及细节设计到位、要求明确,减少"错、漏、碰"措施得当,施工可操作性强,满足施工质量安全控制需要。(10分)	设计单位	地勘、设计文件
			8.结合工程特点有针对性地开展施工质量通病防治相关设计,措施合理。(5分)	设计单位	地勘资料、设计文件

一级指标	二级指标	三级指标	评价重点内容 （分项指标）	责任主体	审查资料 和方式
1. 工程设计(200分)	1. 系统设计(80分)	5. 设计标准化（8分）	9. 积极推行设计标准化，在优化结构构造、配筋配束、附属设施设计、消除设计通病等方面成效明显，在推进施工工装配化、工厂化、机械化发展方面成效显著。（8分）	设计单位	设计文件
		6. 设计创新（12分）	10. 设计方案融入先进的设计理念、文化创意，创新结构、功能完备，考虑先进适用的"四新"技术的应用。（12分）	设计单位	设计文件
	2. 安全设计(40分)	7. 安全设施设计（15分）	11. 安全设施设计精细到位。（15分）	设计单位	设计文件
		8. 灾害防御设计（15分）	12. 工程地质灾害、自然灾害、环境灾害预防方案科学，应对措施考虑充分。（10分）	设计单位	设计文件、安评报告
			13. 应急救援设施设置科学、功能齐全。（5分）	设计单位	设计文件
		9. 安全评价与风险评估(10分)	14. 在工可、初步设计、施工图设计审查等阶段分别开展了安全性评价，根据评价结果完善设计。公路桥梁和隧道工程按照规定在初步设计阶段开展安全风险评估，评估工作严谨科学，并针对不同等级风险采取措施，制定相应应急预案。（10分）	设计单位	设计文件
	3. 生态环保设计（30分）	10. 生态防护（15分）	15. 选线选址科学合理；坚持不破坏就是最大的保护，减少林地、湿地、自然保护区、水源保护区的占用。（8分）	设计单位	设计文件
			16. 采取科学的生态防护技术，改善和保护生态环境，细化对林地、湿地、自然保护区、水源保护区等生态防护要求。（7分）	设计单位	设计文件
		11. 节能环保（15分）	17. 节地、节水、节材技术措施先进、效果显著。（8分）	设计单位	设计文件
			18. 推广使用先进适用的环保、节能技术措施、环保材料、环保产品、节能产品，效果显著。（7分）	设计单位	设计文件

一级指标	二级指标	三级指标	评价重点内容 (分项指标)	责任主体	审查资料 和方式
1.工程设计(200分)	4.工程美学(20分)	12.建筑艺术（10分）	19.路线线形、建筑结构、互通立交、桥梁隧道本体及环境景观、绿化景观、航道生态护岸等美观、实用。(10分)	设计单位	设计文件
		13.环境融合（10分）	20.工程建筑风格与自然环境和谐相融,体现地域自然和人文环境特色。(10分)	设计单位	设计文件
	5.人性化设计（20分）	14.人本服务功能(20分)	21.公路工程:标志标牌、交通路况情报板等便民服务设施设置完善。(6分) 水运工程:航标导标、水上交通管制设施和便民服务设施设置完善。(6分)	设计单位	设计文件
			22.公路工程:通道、天桥、声屏障等便民服务设施设置完善。(6分) 水运工程:客运站、进出港闸口等服务设施设置完善。(6分)	设计单位	设计文件
			23.服务区、停车区、收费站、锚泊区等辅助设施的便民和服务功能设计完善,体现资源节约和综合利用,适应可持续发展需求。(8分)	设计单位	设计文件
	6.设计服务水平（10分）	15.后续服务（10分）	24.设计指导施工及时到位,开展了设计回头看和设计施工符合性评价工作,及时优化设计,设计施工配合良好。(5分)	设计单位	设计文件
			25.设计变更规范、及时,无设计原因导致的公路工程重大变更或水运工程结构类型、使用功能的变更。(5分)	设计单位	设计文件

一级指标	二级指标	三级指标	评价重点内容 （分项指标）	责任主体	审查资料 和方式
2. 工程管理(200分)	7. 管理专业化（60分）	16. 管理目标（12分）	26. 实行目标管理,打造品质工程的建设目标明确,围绕推进工程现代化组织管理模式开展项目管理策划,项目管理理念、管理模式、创新措施科学明确。(6分)	建设单位	内业资料
			27. 施工单位、监理单位将打造品质工程的目标、关键措施等纳入施工组织设计和监理规划。(6分)	施工单位、监理单位	内业资料
		17. 管理体系（18分）	28. 项目管理机构健全,岗位设置合理,岗位责任清晰明确,管理人员配备符合专业化管理要求,管理队伍能力和水平高。(8分)	建设单位、施工单位、监理单位	招标与合同文件
			29. 质量、健康、安全、环境管理体系健全,积极推行QHSE、HSE管理体系,管理制度完善,运行有效。(10分)	建设单位、施工单位、监理单位	招标文件及内业资料
		18. 基本保障（30分）	30. 将打造品质工程的目标、关键措施、要求和激励机制等纳入招标文件或合同管理,效果明显。(6分)	建设单位	招标与合同文件
			31. 建立完善品质工程创建政策保障机制,科学确定合理工期,实施优质优价,保障创新投入。(6分)	建设单位	招标与合同文件
			32. 标段设置合理,积极推进专业化施工,在推进施工机械化、集约化和工厂化建造等方面有成效。(6分)	建设单位	内业资料、现场考察
			33. 施工单位分包管理制度健全有效,分包队伍关键人员能力和专业装备适应提升工程品质的需求。(6分)	施工单位	内业资料、现场考察
			34. 施工单位定期开展对分包队伍关键人员及劳务作业人员的考核,严格执行"上岗必考、合格方用"制度,分包管理记录档案完善。(6分)	施工单位	内业资料

一级指标	二级指标	三级指标	评价重点内容 (分项指标)	责任主体	审查资料 和方式
2. 工程管理(200分)	8. 管理精细化(110分)	19. 精细化管理机制(20分)	35.明确质量安全提升目标,围绕精细化管理,建立过程控制和结果考核机制。(20分)	建设单位、施工单位、监理单位	内业资料
		20. 精细化管理措施(30分)	36.重点部位、隐蔽工程、附属工程等精细化施工管理措施有效。(14分)	建设单位、施工单位、监理单位	内业资料、现场考察
			37.开展质量通病系统治理、工艺攻关,治理效果显著。(8分)	建设单位、设计单位、施工单位、监理单位	内业资料、现场考察
			38.组织开展先进管理、工艺、装备、产品、技术等交流和推广,树立管理和实体标杆示范,各标段项目管理水平均衡发展。(8分)	建设单位、施工单位、监理单位	内业资料、现场考察
		21. 智慧工地(20分)	39.推行工艺监测、结构风险监测预警、隐蔽工程数据采集、工程项目管理信息化、远程视频监控等技术在施工管理中的整合应用。(20分)	建设单位、施工单位	内业资料、现场考察
		22. 工地建设标准化(16分)	40.施工场站选址合理、安全风险可控,功能分区科学,满足施工标准化和安全生产要求。积极推行工点工厂化管理,生产效率高。(16分)	施工单位	现场考察
		23. 施工作业标准化(24分)	41.推行工艺标准化,施工方案、作业指导书针对性强、可操作强。(8分)	施工单位	内业资料、现场考察
			42.推行首件工程制或典型施工,推进工艺、工序流程标准化。(8分)	施工单位	内业资料、现场考察
			43.推行施工装备专业化、智能化,施工作业机械化程度高。(8分)	施工单位	内业资料、现场考察

一级指标	二级指标	三级指标	评价重点内容 （分项指标）	责任主体	审查资料 和方式
2. 工程管理（200分）	9. 班组管理规范化（30分）	24. 班组管理措施（30分）	44. 施工班组管理制度完善，管理措施先进，实施有效。（5分）	施工单位	内业资料
			45. 推行班组人员实名制管理，实名制达到100%。（5分）	施工单位	内业资料
			46. 建立班组考核和奖惩机制，落实有力。（5分）	施工单位	内业资料
			47. 推行班组首次作业合格确认制和清退制度，班组作业标准化，在推动班组能力建设方面成效显著。（15分）	施工单位	内业资料、现场考察
3. 生态环保设计（30分）	10. 科技保障（20分）	25. 科技创新机制（20分）	48. 建立了运行有效的科技创新管理制度。（10分）	施工单位	内业资料
			49. 制定科技攻关计划，保障科研经费投入，规范专项经费使用。（10分）	建设单位、施工单位	内业资料
	11. 技术创新与应用（80分）	26. 四新技术推广应用（30分）	50. 建立项目"四新"技术适用清单，并积极应用先进适用的新材料、新设备、新工艺、新技术，取得成效。（30分）	施工单位	内业资料、现场考察
		27. 创新工艺工法（50分）	51. 开展微创新和科技攻关提升工程品质，通过微创新，不断提升工艺、装备的可靠性、先进性；通过技术攻关，施工和管理智能化、信息化、自动化水平显著提升。（50分）	建设单位、施工单位	内业资料、现场考察
4. 工程质量（150分）	12. 质量管理体系（20分）	28. 关键人履职责任落实（10分）	52. 建立质量管理关键人质量责任登记制度，明确项目各参建单位质量管理关键人岗位职责，做好记录实时更新。（10分）	建设单位、勘察单位、设计单位、施工单位、监理单位	内业资料
		29. 质量责任终身制落实（10分）	53. 建立责任人质量履职信息档案，实现质量责任可追溯。（10分）	建设单位、勘察单位、设计单位、施工单位、监理单位	内业资料

续上表

一级指标	二级指标	三级指标	评价重点内容（分项指标）	责任主体	审查资料和方式
4.工程质量（150分）	13.质量风险预防管理（40分）	30.质量风险管理（20分）	54.开展工程施工质量风险评估，建立工程质量重点难点分析清单，质量控制、监测措施有效，实现质量风险可知、可控。（10分）	建设单位、施工单位、监理单位	内业资料、现场考察
			55.工程中发现的问题及时清除到位。（10分）	建设单位、施工单位、监理单位	内业资料、现场考察
		31.施工方案落实程度（20分）	56.施工组织设计和重大专项施工方案论证、审查、审批制度健全，审批手续规范、及时。（10分）	建设单位、施工单位、监理单位	内业资料
			57.施工现场严格按审批方案执行。（10分）	建设单位、施工单位、监理单位	内业资料、现场考察
	14.过程质量控制（60分）	32.三检制落实（10分）	58.执行工序自检、交接检、专检"三检制"；建立三检实施台账。（10分）	施工单位	内业资料、现场考察
		33.质量追溯（20分）	59.质量形成全过程记录真实完整、闭环可追溯，隐蔽工程形成过程佐证资料齐全。（20分）	建设单位、施工单位、监理单位	内业资料、现场考察
		34.首件工程制（20分）	60.制定首件工程制或典型施工实施细则。（5分）	施工单位、监理单位	内业资料
			61.制定项目关键工程的首件工程或典型施工计划清单和实施过程记录台账，首件工程的实施总结内容完整、针对性强，首件工程档案齐全。（7分）	施工单位、监理单位	内业资料
			62.首件或典型施工实施成果审查审批及时，后续工程复制实施有效。（8分）	施工单位、监理单位	内业资料、现场考察

一级指标	二级指标	三级指标	评价重点内容 （分项指标）	责任主体	审查资料 和方式
4. 工程质量(150分)	14. 过程质量控制(60分)	35. 产品质量管理(10分)	63. 建立完善原材料和产品质量管理制度，优先选用认证产品，实施成品及半成品验收标识，原材料、半成品、产品、商品混凝土等质量实现可追溯。(5分)	建设单位、施工单位、监理单位	内业资料、现场考察
			64. 建立材料供应商质量考核评价和清退机制，材料和产品质量稳定可靠，在各级行业主管部门组织开展的产品质量监督抽查中未发现不合格产品。(5分)	建设单位、施工单位、监理单位	内业资料、现场考察
	15. 耐久性保障(30分)	36. 耐久性施工保障措施(30分)	65. 通过改进施工工艺，优选适用材料，改善施工条件，科技创新，落实耐久性保障措施。(15分)	施工单位	内业资料、现场考察
			66. 耐久性控制指标符合项目质量管理要求，混凝土关键指标质量控制均匀性高。(15分)	施工单位	内业资料、现场考察
5. 安全保障(150分)	16. 施工安全（150分）	37. 深化平安工地建设(100分)	67. 项目平安工地建设考核评价结果（截至申报时项目历年平安工地考核评价结果情况）。(80分)	建设单位、施工单位、监理单位	内业资料、现场考察
			68. 推进危险作业机械化、自动化，提高安全作业能力。(10分)	建设单位、施工单位	内业资料、现场考察
			69. 推行安全防护设备设施工具化、定型化、装配化，实施首件安全防护设施示范制，成效明显。(10分)	建设单位、施工单位、监理单位	内业资料、现场考察
		38. 双重预防体系建设(50分)	70. 动态开展危险源辨识和风险评估，建立风险分级管控制度，落实有力，效果明显。(20分)	建设单位、施工单位、监理单位	内业资料、现场考察
			71. 建立健全隐患排查治理制度，重大安全风险管控和重大事故隐患治理清单化、信息化、闭环化动态可追溯管理。(20分)	建设单位、施工单位、监理单位	内业资料、现场考察
			72. 开展应急演练和人员避险自救培训，预案、应急处理措施得当，提升现场应急处置能力。(10分)	建设单位、施工单位、监理单位	内业资料

一级指标	二级指标	三级指标	评价重点内容 (分项指标)	责任主体	审查资料 和方式
6. 绿色环保(120分)	17. 生态环保施工(40分)	39. 生态环境监测(10分)	73. 开展对生态敏感(脆弱)区域的重点监测,监测方案科学,监测点位布设合理,监测指标选取适当,设备配置合理。(10分)	建设单位、施工单位、监理单位	内业资料、现场考察
		40. 生态环境保护(30分)	74. 施工过程的生态保护、修复措施有效。(15分)	施工单位	内业资料、现场考察
			75. 文明施工管理精细,减少废水、弃渣、扬尘、油污等对周边环境的污染,措施有效。(15分)	施工单位	内业资料、现场考察
	18. 资源节约(40分)	41. 节约用地(20分)	76. 因地制宜采取措施减少耕地和基本农田占用。(10分)	建设单位、设计单位、施工单位	内业资料、现场考察
			77. 重视临时用地复耕,效果良好。(10分)	施工单位	内业资料、现场考察
		42. 再生利用(20分)	78. 充分利用工程废渣、废料,再生利用效果明显。(20分)	施工单位	内业资料、现场考察
	19. 节能减排(40分)	43. 节能措施(20分)	79. 采用节能技术、产品、设备和清洁能源,节能效果明显。(20分)	施工单位	内业资料、现场考察
		44. 减排措施(20分)	80. 施工组织设计中车辆、机械、设备能耗控制及减排措施合理。(20分)	施工单位	内业资料、现场考察
7. 软实力(80分)	20. 管理人员素质提升(20分)	45. 岗位考核和培训(10分)	81. 建立管理人员岗位考核和培训机制,开展职业道德教育、专业技能培训等活动。(10分)	建设单位、监理施工单位	内业资料
		46. 人才激励机制(10分)	82. 建立管理人员激励机制,拓宽人才成就通道。(10分)	建设单位、监理、施工单位	内业资料

一级指标	二级指标	三级指标	评价重点内容 （分项指标）	责任主体	审查资料 和方式
7. 软实力 （80分）	21. 一线工人队伍素质提升（40分）	47. 岗位考核和培训（10分）	83. 建立一线工人岗位考核、培训教育制度，推行师徒制模式。（5分）	施工单位	内业资料
			84. 建立工人学校，开展职业道德教育、专业技能培训等活动。（5分）	施工单位	内业资料
		48. 权益保障（20分）	85. 农民工工资支付及时到位，按规定执行工伤保险制度。（8分）	施工单位	内业资料
			86. 积极开展职业病防治工作，保护劳动者健康和权益。（4分）	施工单位	内业资料
			87. 改善驻地条件和环境，为一线工人提供有尊严的工作条件和安全舒适的生活环境。（8分）	施工单位	现场考察
		49. 激励机制（10分）	88. 建立优秀技工激励机制。（4分）	施工单位	内业资料
			89. 举办知识竞赛、技能比武等活动，开展"最美班组、最美工匠"等评选活动，形成持续有效地尊重劳动、提升技能的机制。（6分）	施工单位	内业资料
	22. 培育品质工程文化（20分）	50. 特色文化（5分）	90. 以提升质量、保障安全为核心，以人为本、精益求精、全心投入的品质工程文化为导向，提炼项目创建品质工程文化内涵。（5分）	建设单位、监理、施工	内业资料
		51. 培育与宣传（10分）	91. 组织各种形式的品质工程文化创建和宣传活动，弘扬工匠精神，营造全员参与创建品质工程的文化氛围。（10分）	建设单位、监理、施工	内业资料、现场考察
		52. 基层党建（5分）	92. 加强项目临时党支部建设，创建项目党建品牌，充分发挥党员先锋模范作用，推动党建工作和业务工作的深度融合。（5分）	建设单位、监理、施工	内业资料

评价说明:

1. 示范创建项目品质工程评价指标由三级指标体系组成,包括工程设计、工程管理、科技创新、工程质量、安全保障、绿色环保、软实力等一级指标 7 项,二级指标 22 项和三级指标 52 项。

2. 示范创建项目品质工程评价指标得分按以下方法计算所得:

(1)三级指标下设若干分项指标。各分项指标根据实施效果分为五档次:A、B、C、D、E,其中 A 为最高档。A、B、C、D、E 各档次所对应的取值范围分别为该项指标赋值分数(满分)的 81% ~ 100%,61% ~ 80%,41% ~ 60%,21% ~ 40%,0 ~ 20%,每档具体分值由专家打分确定。

(2)各分项指标得分,由该指标赋值分数(满分)乘以该指标评价档次所对应的取值比例。

(3)评价指标总得分为所有分项指标得分的累计之和。

说明:评价指标分项指标中"67. 项目平安工地建设考核评价结果",评分细则:是指截至申报时项目历年平安工地考核评价得分均值,得分均值≥90 分,评定为 A;得分均值 85 ~ 90 分(含 85 分),评定为 B;得分均值 80 ~ 85 分(含 80 分),评定为 C;得分均值 75 ~ 80 分(含 75 分),评定为 D;得分均值 70 ~ 75 分(含 70 分),评定为 E。

指标说明:

1. 评价指标"28. 关键人履职责任落实"中,质量管理关键人是指项目建设、勘察、设计、施工、监理、检测等从业单位的驻地现场负责人和项目分管质量的负责人。

2. 评价指标中"66. 耐久性控制指标符合项目质量管理指标要求,混凝土关键指标质量控制均匀性高",其中混凝土关键指标质量控制均匀性高,以施工单位自检数据为依据,主要构件混凝土强度(以 28 天龄期强度进行计算)标准差 <1.5,评定为 A;标准差在 1.5 ~ 2(含 1.5),评定为 B;标准差在 2 ~ 2.5(含 2),评定为 C;标准差在 2.5 ~ 3(含 2.5),评定为 D;标准差≥3,评定为 E;钢筋保护层厚度(工后)合格率≥95%,评定为 A;合格率在 90% ~ 95%(含 90%),评定为 B;合格率在 80% ~ 90%(含 80%),评定为 C;合格率在 70% ~ 80%(含 70%),评定为 D;合格率 <70%,评定为 E。

(三)加分指标

序号	评 价 内 容	加 分 值
1	依托工程项目开展科技攻关与创新,其成果获得省部级科技进步奖、国家专利、公路或水运工程工法,参与制定国家、行业或地方标准。	获得省部级科技进步奖,每一项加 10 ~ 25 分(特等奖 25 分,一等奖 20 分,二等奖 15 分,三等奖 10 分);获得国家发明专利,每一项加 10 分;获得国家实用新型专利,每一项加 2 分;获得公路或水运工程工法,每一项加 5 分。参与制定并颁布国家标准,每一项加 10 分;参与制定并颁布行业或地方标准,每一项加 5 分;参与制定并颁布团体标准,每一项加 2 分。(其中主编单位按 100% 满分记,参编单位按 50% 分记)
2	项目在工程结构耐久性开展深入研究,提出了科学先进的控制方案,实施效果显著,具有推广借鉴作用。	成效明显,属于省内领先水平,加 10 分;成效显著,属于全国领先水平,具有全国示范借鉴作用,加 20 分。
3	项目建设最大限度地实现了工厂化生产、装配化施工;危险作业和质量控制薄弱环节最大限度地实现了机械化、自动化和智能化。	成效明显,属于省内领先水平,加 10 分;成效显著,属于全国领先水平,具有全国示范借鉴作用,加 20 分。
4	项目实施全过程全环节有效地体现了质量安全管理标准化,在管理模式体系化、作业程式化、班组管理规范化等方面落实有力,成效明显。	成效明显,属于省内领先水平,加 10 分;成效显著,属于全国领先水平,具有全国示范借鉴作用,加 20 分。
5	项目实施了"智慧工地",在 BIM 技术、质量安全数据自动采集管理、结构风险可知可控、隐蔽工程检验等方面积极推进信息化技术,成效明显,技术先进。	成效明显,属于省内领先水平,加 10 分;成效显著,属于全国领先水平,具有全国示范借鉴作用,加 20 分。

序号	评 价 内 容	加 分 值
6	项目建立了品质文化培育机制,在全面实行师徒制、培育岗位能手、大力弘扬工匠精神和创新精神等方面做法创新,成效明显,形成体系性管理方式。	成效明显,属于省内领先水平,加10分;成效显著,属于全国领先水平,具有全国示范借鉴作用,加20分。
7	其他省级及以上交通运输主管部门认为项目具有全国或省内领先水平的技术工艺,或具有全国示范借鉴作用的管理经验。	成效明显,属于省内领先水平,加10分;成效显著,属于全国领先水平,具有全国示范借鉴作用,加20分。

评价说明:上述各项分数可累计加分,总分为200分。即当累计加分大于200分时,应取为200分。

（四）总体评价

评价内容	备注
项目打造品质工程中,围绕"优质耐久、安全舒适、经济环保、社会认可"的建设目标,在理念、管理、技术、文化等某一方面或某一具体点的创新或突破所形成的特色经验、实施效果以及成果的领先性和示范性等进行整体性评价。	总体评价不设分值

三、交竣工品质工程示范项目评价标准

（一）基本要求

序号	评 价 内 容
1	公路工程已通过交工验收满2年且经过试运营,同时已通过国家规定的专项验收;公路工程交工质量评定为合格,且交工验收遗留问题已全部整改完成;其中高速公路项目交工验收时未出现《高速公路项目交工检测和竣工鉴定质量不符合项清单》所列情形的。
2	水运工程已完成竣工验收,竣工质量评定为合格。
3	项目建设及运营期未发生过质量事故或较大及以上生产安全责任事故以及其他在社会上造成严重影响事件的。
4	项目建设及运营期未发生重大环境污染或生态破坏等在社会上造成严重影响事件的。
5	工程项目不存在因设计或施工原因导致存在事故多发性路段或较大功能缺陷。
6	公路工程项目在交工验收至申报当年期间,历次公路技术状况检测评定的路面使用性能指数(PQI)均值不低于90分,无三、四、五类桥梁和隧道,未进行过大中修及结构加固或修复养护和专项养护(地震等自然灾害、港池航道的维护性疏浚除外);未发生其他降低服务水平的问题。
7	水运工程项目在竣工验收至申报当年期间,工程未进行过大中修或改造,港口主要设施技术状态评定无三类及以上,码头系靠船和防护等附属设施技术状态为二类。
8	项目未有因党风廉政违法违纪案件被追究刑事责任情形的。

（二）评价指标

一级指标	二级指标	评价重点内容	责任主体	审查资料和方式
1.工程设计（150分）	1.建养一体化（30分）	1.设计具有前瞻性，工程结构物、服务设施、管理设施、安全设施功能系统匹配，远期扩展需求考虑充分。（10分）	设计单位	设计文件、管养单位评价
		2.运营养护阶段结构可检、可修、可换，检养通道设置便利；养护便捷。（12分）	设计单位	设计文件、管养单位评价
		3.施工期预埋监测设施考虑充分，监测方案合理可行，设置合理、运行持续有效。（8分）	设计单位	设计文件、管养单位评价
	2.耐久性设计（30分）	4.耐久性设计成效明显。（30分）	设计单位	设计文件、管养单位评价
	3.设计创新（25分）	5.设计理念先进，在创新结构和功能设计、推广应用"四新"技术等方面成效显著。（25分）	设计单位	设计文件
	4.生态环保设计（20分）	6.生态选线选址科学合理。（8分）	设计单位	设计文件
		7.设计方案充分考虑生态环境保护要求，生态、环保防护措施先进，效果显著。（12分）	设计单位	设计文件、管养单位评价
	5.建筑艺术（20分）	8.路线线性、建筑结构、互通立交、桥梁隧道等美观、实用。（10分）	设计单位	设计文件、现场考察
		9.工程建筑风格与自然环境和谐相融，体现地域自然和人文环境特色。（10分）	设计单位	设计文件、现场考察
	6.人本服务功能（25分）	10.服务区、停车区、锚泊区、收费站等辅助设施的便民和服务功能齐全完备，体现资源节约和综合利用，适应可持续发展需求。（10分）	设计单位	设计文件、现场考察
		11.公路工程：标志标牌、交通路况情报板等便民服务设施设置完善。（10分）水运工程：航标导标、水上交通管制设施和便民服务设施设置完善。（10分）	设计单位	设计文件、现场考察
		12.公路工程：通道、天桥、声屏障等便民服务设施设置完善。（5分）水运工程：客运站、进出港闸口等服务设施设置完善。（5分）	设计单位	设计文件、现场考察

一级指标	二级指标	评价重点内容	责任主体	审查资料和方式
2. 工程管理（100分）	7. 管理经验（40分）	13. 在推行现代工程管理方面取得可复制、可推广的典型经验。（40分）	建设单位	内业资料
	8. 信息化管理（30分）	14. "智慧工地"建设成效显著。（10分）	内业资料 建设单位	
		15. 建养数据共享效果良好，管养数据动态更新及时。（10分）	建设单位、管养单位	管养单位评价
		16. 积极推进养护运营管理信息化建设，成效显著。（10分）	管养单位	内业资料、现场考察
	9. 养护管理（30分）	17. 公路工程：全面推行养护科学化决策，专业化、机械化程度高。（30分）水运工程：工程设施设备维护保养及时，设施设备运转正常。（30分）	管养单位	内业资料、现场考察
3. 科技创新（100分）	10. 技术攻关（30分）	18. 技术攻关研究成果推广应用效果良好。（30分）	建设单位、施工单位	内业资料
	11. 四新技术（40分）	19. 四新技术应用广泛，效果明显。（40分）	建设单位、施工单位	内业资料
	12. 创新工艺工法（30分）	20. 开展科技创新攻关提升工程品质，工艺、装备的可靠性、先进性显著提升，施工智能化、信息化、自动化水平显著提升。（30分）	建设单位、施工单位	内业资料
4. 工程质量（300分）	13. 质量责任落实（40分）	21. 建立质量责任制登记制度，实现质量责任可追溯。（40分）	建设单位、施工单位、监理单位	档案资料
	14. 工程交竣工质量（100分）	22. 耐久性控制指标符合项目质量管理指标要求，混凝土关键指标质量控制均匀性高。（100分）	建设单位、施工单位	档案资料
	15. 工程运营质量（160分）	23. 公路工程：路面使用性能良好。边坡、防排水、支挡工程等质量状况良好，交通工程及机电等附属设施运行状况良好。公路桥梁工程技术状况良好，一类桥梁占比高；公路隧道工程技术状况良好，一类隧道占比高。（160分）	建设单位、管养单位	养护评价结果、现场考察
		24. 水运工程：主要结构技术状况良好，运转正常；附属设施质量状况良好，运转正常。（160分）	建设单位、管养单位	养护评价结果、现场考察

一级指标	二级指标	评价重点内容	责任主体	审查资料和方式
5.安全保障(150分)	16.风险防控(90分)	25.安全设施齐全有效。(30分)	建设单位、管养单位	内业资料、现场考察
		26.工程结构安全监测系统、环境监测系统运行良好。(30分)	建设单位、管养单位	内业资料
		27.安全运营预警响应和应急救援系统完善,工程巡查排险机制健全。(30分)	建设单位、管养单位	内业资料、现场考察
	17.安全性评价(60分)	28.公路水运项目全寿命周期开展了安全性评价(包括工程可行性研究、初步设计、施工图设计、交工、后评价阶段),并根据评价结果进行反馈与优化。(60分)	建设单位、管养单位	内业资料
6.绿色环保(150分)	18.节约资源(60分)	29.生态恢复措施得当,效果良好。(40分)	建设单位、管养单位	内业资料、现场考察
		30.临时设施充分利用,材料循环利用成效显著。(20分)	建设单位	内业资料、现场考察
	19.节能效果(30分)	31.采用节能技术、产品、设备和清洁能源,节能效果明显。(30分)	建设单位、管养单位	内业资料、现场考察
	20.环保措施(60分)	32.公路工程:声屏障、污水处理等环保设施运行良好。(60分) 水运工程:港口工程泥浆处理或航道工程疏浚土合理利用,效果良好。(60分)	建设单位、管养单位	内业资料、现场考察
7.软实力(50分)	21.品质文化(50分)	33.形成了项目特有的品质工程文化。(50分)	建设单位、管养单位	内业资料

评价说明:

1.交竣工品质工程示范项目评价指标由二级指标体系组成,包括工程设计、工程管理、科技创新、工程质量、安全保障、绿色环保、软实力等一级指标7项,二级指标21项,按以下方法计算所得:

(1)二级指标下设若干分项指标。各分项指标根据实施效果分为五档次:A、B、C、D、E,其中 A 为最高档。A、B、C、D、E 各档次所对应的取值范围分别为该项指标赋值分数(满分)的81%~100%,61%~80%,41%~60%,21%~40%,0~20%,每档具体分值由专家打分确定。

(2)各分项指标得分,由该指标赋值分数(满分)乘以该指标评价档次所对应的取值比例。

(3)评价指标总得分为所有分项指标得分的累加之和。

指标说明:

1.评价指标分项指标中 22.耐久性控制指标符合项目质量管理指标要求,混凝土关键指标质量控制均匀性高。其中混凝土关键指标质量控制均匀性高,以施工单位自检数据为依据,主要构件混凝土强度(以 28 天龄期强度进行计算)标准差<1.5,评定为A;标准差在 1.5~2(含 1.5),评定为B;标准差在 2~2.5(含 2),评定为C;标准差在 2.5~3(含 2.5),评定为D;标准差≥3,评定为E;钢筋保护层厚度(工后)合格率≥95%,评定为A;合格率在 90%~95%(含 90%),评定为B;

合格率在 80~90%(含80%),评定为 C;合格率在 70%-80%(含70%),评定为 D;合格率<70%,评定为 E。

2. 评价指标分项指标中"23.公路工程路面使用性能良好",评分细则:最近一次公路技术状况检测评定结果:高速公路和一级公路路面破损、平整度、车辙、路面抗滑性能等四个单项指标的均值≥90,且 PQI 优等路率100%,按 PQI 均值≥94,92~94(含92)和90~92(含90)分别评价为 A、B、C 三档;四个单项指标任一指标均值处于 85~90(含),且优等路率不低于95%,评分为 D;其他情况评价为 E。其他普通国省干线路面破损、平整度二个单项指标的均值≥90,且 PQI 优良路率100%,则按 PQI 均值94 以上,92~94(含92)和90~92(含90)评分为 A、B、C 三档;;两个单项指标任一指标均值处于85~90(含85),且优良路率不低于95%,评分为 D;其他情况,评价为 E。

3. 评价指标分项指标中"23.公路桥梁工程技术状况良好,一类桥梁占比高",评分细则:按照《公路桥梁技术状况评定标准》,最近一次公路技术状况检测评定结果:一类桥梁占比≥80%,评定为 A;一类桥梁占比在 60%~79%(含60%),评定为 B;一类桥梁占比在 40%~59%(含40%),评定为 C;一类桥梁占比在 20%~39%(含20%),评定为 D;一类桥梁占比≤19%,评定为 E。

4. 评价指标分项指标中"23.公路隧道工程技术状况良好,一类隧道占比高",评分细则:按照《公路隧道技术状况评定标准》,最近一次公路技术状况检测评定结果:一类隧道占比≥80%,评定为 A;一类隧道占比在 60%~79%(含60%),评定为 B;一类隧道占比在 40%~59%(含40%),评定为 C;一类隧道占比在 20%~39%(含20%),评定为 D;一类隧道占比≤19%,评定为 E。

5. 评价指标分项指标中"24.水运工程:水运主要结构技术状况良好,运转正常。"评分细则:最近一次质量状况检测评估结果:港口主要设施技术状况为一类,码头系缆船和防护等附属设施技术类别为二类,评定为 A~C;港口主要设施技术状况为二类,码头系缆船和防护等附属设施技术类别为二类,评定为 D~E。

(三)加分指标

序号	评 价 内 容	加 分 值
1	依托工程项目开展科技攻关与创新,其成果获得国家级或省部级科技进步奖、国家专利、公路或水运工程工法,参与制定国家、行业或地方标准。	获得国家级科技进步奖的,每一项加 20~50 分(一等奖,50分,二等奖 30 分,三等奖 20 分);获得省部级科技进步奖,每一项加 10~25 分(特等奖 25 分,一等奖 20 分,二等奖 15 分,三等奖 10 分);获得国家发明专利,每一项加 10 分;获得国家实用新型专利,每一项加 2 分;获得公路或水运工程工法,每一项加 5 分。参与制定并颁布国家标准,每一项加 10 分;参与制定并颁布行业或地方标准,每一项加 5 分;参与制定并颁布团体标准,每一项加 2 分。(其中主编单位按100%满分记,参编单位按50%分记)
2	项目在工程结构耐久性开展深入研究,提出了科学先进的控制方案,实施效果显著。	成效明显,属于省内领先水平,加 15 分;成效显著,属于全国领先水平,具有全国示范借鉴作用,加 30 分。
3	项目建设最大限度地实现了工厂化生产、装配化施工;危险作业和质量控制薄弱环节实现机械化、自动化和智能化的程度高。	成效明显,属于省内领先水平,加 15 分;成效显著,属于全国领先水平,具有全国示范借鉴作用,加 30 分。
4	项目实施全过程全环节有效地体现了质量安全管理标准化,在管理模式体系化、作业程式化、班组管理规范化等方面落实有力,成效明显。	成效明显,属于省内领先水平,加 15 分;成效显著,属于全国领先水平,具有全国示范借鉴作用,加 30 分。
5	项目实施了"智慧工地",在 BIM 技术、质量安全数据自动采集管理、结构风险可知可控、隐蔽工程检验等方面积极推进信息化技术,成效明显。	成效明显,属于省内领先水平,加 15 分;成效显著,属于全国领先水平,具有全国示范借鉴作用,加 30 分。

续上表

序号	评 价 内 容	加 分 值
6	项目建立了品质文化培育机制,在全面实行师徒制、培育岗位能手、大力弘扬工匠精神和创新精神等方面做法创新,成效明显。	成效明显,属于省内领先水平,加15分;成效显著,属于全国领先水平,具有全国示范借鉴作用,加30分。
7	其他省级及以上交通运输主管部门认为项目具有全国或省内领先水平的技术工艺,或具有全国示范借鉴作用的管理经验。	成效明显,属于省内领先水平,加15分;成效显著,属于全国领先水平,具有全国示范借鉴作用,加30分。
8	项目获得《全国评比达标表彰保留项目目录》中的有关工程的国家、省部级奖项或荣誉,包括公路交通优质工程奖(李春奖)、交通运输部水运工程质量奖、优秀勘察设计奖、詹天佑奖、国家优质工程奖、公路交通优秀勘察设计奖、优秀工程勘察设计项目和绿色建筑创新奖等。	每一项奖项,加20分
9	项目获得交通运输部、国家安全监管总局联合发布的公路水运"平安工程"冠名。	每一项加20分
10	公路工程项目服务区被命名交通运输部示范服务区。	获得部百家示范服务区的,加20分;获得部优秀服务区的,加10分。
11	项目被交通运输主管部门评定为品质工程(示范创建)项目。	获得部级品质工程(示范创建)项目,加20分;获得省级品质工程(示范创建),加10分。

评价说明:上述各项分数可累计加分,总分为300分。即当累计加分大于300分时,应取为300分。同一类荣誉或获奖,按照"就高不就低"的原则只能加分一次,即按行政等级较高的主管部门认定的荣誉或奖项进行加分。

(四)总体评价

评价内容	备注
交竣工品质工程示范项目总体评价,是对项目建设成果符合"优质耐久、安全舒适、经济环保、社会认可"的建设目标,在理念、管理、技术、文化等方面所形成的特色经验、实施效果以及成果的领先性和示范性等进行整体性评价。	总体评价不设分值

四、农村公路(三四级)品质工程示范项目评价标准

(一)基本要求

序号	评 价 内 容
1	工程已通过竣工验收,其中工程质量等级应为优良。
2	项目建设及运营期未发生过质量事故或较大及以上生产安全责任事故以及在社会上造成严重影响事件的。

序号	评 价 内 容
3	项目建设及运营期未发生重大环境污染或生态破坏等在社会上造成严重影响事件的。
4	工程项目不存在因设计或施工原因导致存在事故多发性路段或较大功能缺陷的。
5	项目在竣工验收至申报当年期间,历次公路技术状况检测评定的路面使用性能指数(PQI)均值不低于85分且中等及以上路比例达100%,无三类及以上桥梁和隧道,未进行过大中修及结构加固。
6	项目未有因党风廉政违法违纪案件被追究刑事责任情形的。

(二)评价指标

一级指标	二级指标	评价重点内容(分项指标)	责任主体	审查资料和方式
1.工程设计(150分)	1.灵活设计(50分)	1.灵活选用标准,合理确定指标,合理设置错车道。(30分)	设计单位	设计文件、现场考察
		2.贯彻便于养护的理念,选择简单易护、经济合理的结构形式。(20分)	设计单位	设计文件、现场考察
	2.生态选线、选址(40分)	3.选线、选址合理。(20分)	设计单位	设计文件、现场考察
		4.对项目沿线的历史文化古迹保护措施得当。(10分)	设计单位	内业资料、现场考察
		5.工程与自然景观和谐。(10分)	设计单位	现场考察
	3.资源节约(30分)	6.因地制宜,就地取材成效明显。(30分)	设计单位	设计文件
	4.人性化设计(30分)	7.充分考虑群众出行需求,便民服务设施布置合理。(30分)	设计单位	设计文件、现场考察
2.工程管理(150分)	5.专业化管理(30分)	8.建设管理有具体负责人管理。(15分)	建设单位	内业资料
		9.施工、监理单位管理制度完善,机构健全。(15分)	建设单位、施工单位、监理单位	内业资料
	6.精细化管理(60分)	10.质量通病、隐蔽工程和附属工程等质量安全管理措施有效。(60分)	建设单位	内业资料、现场考察
	7.施工作业标准化(60分)	11.积极推行首件工程制。(30分)	施工单位	内业资料
		12.积极推行施工标准化、作业机械化。(30分)	施工单位	内业资料

一级指标	二级指标	评价重点内容（分项指标）	责任主体	审查资料和方式
3. 技术创新（100分）	8. 技术创新（100分）	13. 积极应用四新技术或开展"微创新"，取得成效。（100分）	施工单位	内业资料、现场考察
4. 工程质量（200分）	9. 关键人履职责任落实（20分）	14. 实行质量管理关键人质量责任登记制度。（20分）	建设单位、施工单位	内业资料
	10. 耐久性措施（60分）	15. 结合工程特点和环境条件，有明确耐久性指标及控制要求。（60分）	施工单位	内业资料、现场考察
	11. 方案落实（20分）	16. 施工组织设计方案编制合理、审批程序规范，执行到位。（20分）	建设单位、施工单位	内业资料
	12. 公路技术状况（100分）	17. 路面技术状况良好。（100分）	建设单位、管养单位	养护资料、现场考察
5. 安全保障（200分）	13. 安全防护（200分）	18. 推行防护结合理念，交通安全设施设置因地制宜、科学合理。（100分）	建设单位、监理单位、施工单位	内业资料、现场考察
		19. 交通安全设施与主体工程同步设计、同步施工、同步投入使用。（100分）	建设单位、监理单位、施工单位	施工资料、现场考察
6. 绿色环保（100分）	14. 节约用地（50分）	20. 因地制宜采取措施减少耕地和基本农田占用，工程填挖控制合理。（50分）	施工单位	内业资料、现场考察
	15. 生态环保（50分）	21. 施工原因产生的裸露进行复绿。（50分）	施工单位	现场考察
7. 软实力（100分）	16. 内业管理（40分）	22. 隐蔽工程、关键结构内业资料齐全完整。（40分）	施工单位	内业资料
	17. 机制建设（30分）	23. 项目建设实行"七公开"，成效明显。（30分）	建设单位	内业资料
	18. 权益保障（30分）	24. 农民工工资支付及时到位。（20分）	建设单位、施工单位	内业资料
		25. 按规定执行工伤保险制度。（10分）	施工单位	内业资料

评价说明：

1. 农村公路（三四级）品质工程示范项目评价指标由二级指标体系组成，包括工程设计、工程管理、技术创新、工程质量、安全保障、绿色环保、软实力等一级指标7项，二级指标18项。

2. 农村公路品质工程项目（三四级）评价指得分按以下方法计算所得：

（1）二级指标下设若干分项指标。各分项指标根据实施效果分为五档次：A、B、C、D、E，其中 A 为最高档。A、B、C、D、E 各档次所对应的取值范围分别为该项指标赋值分数（满分）的 81% ~ 100%，61% ~ 80%，41% ~ 60%，21% ~ 40%，0 ~ 20%，每档具体分值由专家打分确定。

（2）各分项指标得分,由该指标赋值分数(满分)乘以该指标评价档次所对应的取值比例。

（3）评价指标总得分为所有分项指标得分的累加之和。

指标说明:

1. 评价指标"9. 关键人履职责任落实"中,质量管理关键人是指项目建设、勘察、设计、施工、监理、检测等从业单位的驻地现场负责人和项目分管质量的负责人。

2. 评价指标分项指标中"17. 路面使用性能良好",评分细则:最近一次公路技术状况检测评定路面使用性能指数(PQI)均值≥90 分且优良路率达 100%,按 PQI 均值 >92 和 90~92(含92),分别评价为 A 和 B;PQI≥90 分且优良路率90%~100% 之间评价为 C;PQI≥88 分且优良路率90%~100% 之间,评价为 D;其他情况,评定为 E。

（三）加分指标

序号	评 价 内 容	加 分 值
1	依托工程项目开展科技攻关与创新,其成果获得省部级科技进步奖、国家专利、公路工程工法,参与制定国家、行业或地方标准。	获得省部级科技进步奖,每一项加 10~20 分(一等奖 20 分,二等奖 15 分,三等奖 10 分);获得国家发明专利,每一项加 10 分;获得国家实用新型专利,每一项加 2 分;获得公路工程工法,每一项加 5 分。参与制定并颁布国家标准,每一项加 10 分;参与制定并颁布行业或地方标准,每一项加 5 分;参与制定并颁布团体标准,每一项加 2 分。(其中主编单位按100%满分记,参编单位按30%分记)
2	项目在创新项目管理模式,积极推进专业化管理和专业化施工方面,创新做法,成效明显。	成效明显,属于省内领先水平,加 10 分;成效显著,属于全国领先水平,具有全国示范借鉴作用,加 20 分。
3	项目因地制宜,遵循不破坏就是最好的保护理念,在就地取材、保护耕地、绿化、环保型新材料和新技术推广应用等方面的创新做法,成效明显。	成效明显,属于省内领先水平,加 10 分;成效显著,属于全国领先水平,具有全国示范借鉴作用,加 20 分。
4	项目在解决农村公路质量通病,提升质量和耐久性,成效明显且具有良好的推广价值。	成效明显,属于省内领先水平,加 10 分;成效显著,属于全国领先水平,具有全国示范借鉴作用,加 20 分。
5	项目在建设生命防护工程、开展平安工地建设等方面的创新做法和典型经验。	成效明显,属于省内领先水平,加 10 分;成效显著,属于全国领先水平,具有全国示范借鉴作用,加 20 分。
6	其他省级及以上交通运输主管部门认为项目具有国家或省内领先水平的技术工艺,或具有全国示范借鉴作用的管理经验。	成效明显,属于省内领先水平,加 10 分;成效显著,属于全国领先水平,具有全国示范借鉴作用,加 20 分。
7	项目所在县获得"四好农村路"示范县。	获得"四好农村路"全国示范县,加 20 分;获得省级"四好农村路"省级示范县,加 10 分。
8	项目被政府或交通运输主管部门评定为最美乡村路、环保路、景观路、文明路或平安放心路。	省部级评定的,加 20 分;地市级评定的,加 10 分。各类评定结果只能加分一次。

评价说明:上述各项分数可累计加分,总分为 200 分。即当累计加分大于 200 分时,应取为 200 分。

同一类荣誉或获奖,按照"就高不就低"的原则只能加分一次,即按行政等级较高的主管部门认定的荣誉或奖项进行加分。

(四)总体评价

评价内容	备注
农村公路项目在打造品质工程中,围绕"实、安、绿、美"积极探索创新,对形成的明显优于省内或行业农村公路技术建设平均水平的特色做法、主要经验、实施效果、示范作用等进行整体性评价。	总体评价不设分值

交通运输部办公厅关于进一步推进公路水运工程平安工地建设的通知

(2020 年 09 月 23 日 交通运输部 交办安监〔2020〕44 号)

各省、自治区、直辖市、新疆生产建设兵团交通运输厅(局、委)、长江航务管理局：

近年来，各地交通运输主管部门和项目参建单位认真落实《公路水运工程平安工地建设管理办法》(交安监发〔2018〕43 号)(以下简称《办法》)，平安工地建设在提高安全意识、加强责任落实、减少生产安全事故、提升管理水平等方面发挥了重要作用。当前，建设任务仍然繁重，加之新冠肺炎疫情与洪水、泥石流等自然灾害多因素叠加，公路水运工程生产安全事故仍多发高发，安全生产形势十分严峻。为深入贯彻落实习近平总书记关于安全生产的重要指示批示精神，坚持人民至上、生命至上，巩固平安工地建设成效，推进平安工地建设深入开展，确保公路水运工程建设领域安全生产形势稳定，经交通运输部同意，现将有关事项通知如下。

一、坚持事故隐患零容忍

(一)切实树立把事故隐患当作事故对待的理念。各地交通运输主管部门、参建单位和从业人员要严格落实《办法》关于安全生产事故隐患排查治理的要求，进一步强化把事故隐患当作事故对待的理念，坚持事故隐患零容忍。要进一步严格落实安全生产领导责任、监管责任、主体责任和岗位责任，不断织密安全网、拧紧安全阀，切实做到事故隐患发现一处、查实一处、登记一处、治理一处、销号一处。重大事故隐患要严格落实报备制度，查清责任、严肃追责、加强整改、举一反三，杜绝麻痹思想和侥幸心理。

(二)加强施工安全风险分级管控。进一步完善公路水运工程施工安全风险评估制度，科学辨识、逐项评估、严格管控安全生产风险。要加强重点工程、高风险工程部位、重大施工工艺风险评估和监控预警，科学管控风险点、危险源，坚决把隐患消除在萌芽状态。要进一步明确参建各方风险分级管控工作职责、工作任务、防治措施，建立有效的评估防控工作机制。

(三)积极推行工程项目"零死亡"平安工地建设目标。各地交通运输主管部门要引导参建单位积极推行建设项目"零死亡"目标，不断细化实化各项措施，将"零死亡"目标要求全面融入安全生产体系建设、安全生产责任落实、安全生产条件核查、安全风险防控、隐患排查治理等具体工作中。要加强安全生产基层、基础、基本功建设，推进安全生产管理规范化、标准化、信息化，加大机械化换人、自动化减人力度，不断提升工程本质安全水平。

二、全面实现平安工地建设全覆盖

(四)公路水运工程建设项目实现平安工地建设全覆盖。省级交通运输主管部门要按照

《办法》要求,进一步完善本地区平安工地建设管理制度和建设标准,推进公路水运工程建设项目、施工和监理合同段全面实施平安工地建设管理,加强考核评价,全面达到平安工地建设合格标准。对平安工地建设流于形式、弄虚作假、存在重大安全风险未有效管控、重大事故隐患未及时整改的单位和人员,依法依规严肃处理。

(五)强化平安工地建设责任落实。各地交通运输主管部门要督促有关从业单位严格落实平安工地建设责任,施工单位要切实落实安全生产主体责任,按照《办法》要求,将平安工地建设融入日常管理,定期开展自查自纠、自我评价,及时改进薄弱环节;监理单位要将平安工地作为安全监理主要内容,按要求对施工单位平安工地建设情况进行监督检查,督促问题整改落实;建设单位要健全完善平安工地建设、考核、奖惩等制度,将平安工地建设情况纳入合同履约管理,对项目平安工地建设负总责。

(六)加强平安工地建设工作督导。各地交通运输主管部门要将平安工地建设纳入年度监督检查计划,综合采用"双随机、一公开"等方式,依职责分工,每年对辖区内建设项目平安工地建设管理情况至少进行一次检查,并按要求对施工、监理合同段进行抽查。要将平安工地建设纳入交通运输安全生产专项整治三年行动和"坚守公路水运工程质量安全红线"行动,丰富督导方式,创新督导手段,提高督导实效。

三、规范安全生产费用使用

(七)加强源头管理。各地交通运输主管部门要督促建设单位做到在工程招标时所列安全生产费用不低于国家规定的标准。安全生产费用要按规定列入工程造价,在竞标时不得扣减,不得作为竞争性报价。要督促建设单位结合项目实际,制定安全生产费用管理制度,明确使用范围,规范计量规则、审批程序,保障安全生产经费足额支付。

(八)加强使用管理。各地交通运输主管部门要督促施工、监理和建设单位严格依法依规、依合同管理,科学规范使用安全生产费用,不得挪用;制定安全生产费用使用计划,建立台账,严格管理,及时按程序计量核算。依法进行工程分包的,总包单位应当将安全生产费用按比例计列,并监督使用,分包单位不再重复提取。

(九)加强审核把关。安全生产费用应当经监理工程师审核签认,并经建设单位同意后,在项目建设成本中据实列支。各地交通运输主管部门要督促建设单位、监理单位切实履行安全生产费用审批核查职责,重点核查超范围使用、套取、虚支冒领等违规行为。

四、突出安全管理重点

(十)突出重点工程部位和作业环节。高大桥墩(柱、塔)、不良地质区段的隧道和高边坡工程、外海孤岛、大型围堰、筑岛及航运枢纽、通航建筑物、边通车边施工路段等关键工程或部位,开挖与支护作业、水下爆破施工、大型沉箱安装、大型设备作业等施工作业环节,事故易发多发,要作为风险防控和隐患排查治理的重点,加强安全管理,重点考核评价。要加大施工现场防坠落、防坍塌、防物体打击和"反三违"工作严防严控力度,严禁冒险施工、违章作业,坚决堵住生产安全事故多发高发漏洞。

(十一)突出红线问题治理。要进一步突出公路水运工程质量安全红线问题治理,在平安工地建设中严查红线问题。特种设备未办理使用登记证，未按要求设置作业平台、作业平台未按规定进行设计验算或超载使用，隧道开挖安全步距未按专项施工方案控制，路堑高边坡工程未按设计要求逐级开挖逐级防护等红线问题易引发安全事故，甚至较大以上安全事故，要重点核查，加大现场检查、整改、考核和管控力度。对发现的红线问题，要督促建设单位牵头组织整改，全面落实整改责任。

（十二）突出重点时段和特殊环境。加强重点时段和特殊建设环境变化安全风险预防预控和隐患排查治理。细化防汛防台风措施，完善应急预案，及时掌握极端天气、地质灾害、行洪泄洪预报预警信息，加强风险分析预判，采取措施科学应对，严防泥石流、洪水、山体滑坡、台风等灾害威胁公路水运工程施工现场和驻地安全。汛期、台风过后，要严格核查安全生产条件，排查消除隐患，确保满足安全要求后复工，严禁盲目复工赶工。要严格按照新冠肺炎疫情常态化防控要求，完善防控措施，落实防控责任，严防疫情反弹。

五、狠抓安全生产监管责任落实

（十三）切实明晰行业安全监管责任。进一步梳理公路水运工程建设安全生产监管职责，明确主要领导、分管领导的安全生产责任，落实责任部门和人员。管理权限下放的省级交通运输主管部门要切实履行行业管理职能，加强行业监管，协调解决市县级安全监管机构不健全、人员不到位、能力不适应、技术无支撑等实际困难，坚决防止"一放了之"。

（十四）切实明确工程建设安全监管职责。深化交通运输综合行政执法改革和承担行政职能的事业单位改革。各地交通运输主管部门要进一步明确公路水运工程建设安全监管责任主体、工作职责、工作范围和工作程序，进一步厘清监管职责与综合行政执法机构的执法职责。要妥善做好公路水运工程建设安全监管职责落地、人员配置、经费保障等各项工作，确保工程建设安全监管工作不断、力度不减、标准不降、不留死角。

（十五）精准精细加强安全监管。省级交通运输主管部门要进一步强化安全监管顶层设计，不断完善安全生产责任体系，落实安全生产法规制度要求。要针对辖区内公路水运工程投融资模式和建设管理特点，研究制定务实管用的安全监管对策措施，精准施策、精细管理，严厉查处安全生产违法违规行为，层层压实企业安全生产主体责任和行业安全生产监管责任。

交通运输部办公厅
2020 年 9 月 18 日

交通运输部关于公路水运工程建设领域
保障农民工工资支付的意见

（2020 年 05 月 29 日　交通运输部　交公路规〔2020〕5 号）

各省、自治区、直辖市、新疆生产建设兵团交通运输厅（局、委）：

为深入贯彻落实党中央、国务院关于根治拖欠农民工工资工作的决策部署，切实保障农民工合法权益，依据《保障农民工工资支付条例》等有关规定，结合公路水运工程建设实际，提出以下意见。

一、总体要求

全面贯彻党的十九大和十九届二中、三中、四中全会精神，深入学习贯彻习近平总书记关于保障农民工工资支付的重要指示批示精神，提高政治站位，强化责任担当，坚持预防为主、防治结合、标本兼治的原则，进一步明确和落实责任，创新和细化保障措施，从项目决策审批、招标投标、工程款拨付、农民工用工管理、工资支付、工程验收、监督检查、信用评价等工程建设的全流程、全链条综合施策，形成制度完备、责任落实、监管有力的治理格局，保障农民工工资按时足额支付，依法维护农民工合法权益。

二、落实各方责任

（一）建设单位应履行基本建设程序，依法筹措并及时落实项目建设资金，组织有关参建单位建立本项目保障农民工工资支付协调机制和工资拖欠预防机制，监督施工总承包单位按期足额支付农民工工资。建设单位应依法通过公开招标等方式选择管理制度完善、工资支付信用良好的施工单位，合理约定人工费和农民工工资支付方式，依法明确农民工工资支付的相关责任义务、管理制度、保障措施等，并提供工程款支付担保。

（二）施工总承包单位对所承包工程项目的农民工工资支付负总责，组织相关分包单位落实保障农民工工资支付的各项制度和措施要求，存储工资保证金或提供金融机构保函，依法开设农民工工资专用账户，配备劳资专管员。总承包单位对相应分包单位负有管理责任，在项目实施过程中监督分包单位用工和工资发放情况，明确农民工工资支付具体要求，坚决杜绝以包代管。

（三）施工总承包单位或分包单位应严格按照"谁用工、谁负责"的原则，依法与直接招用的农民工订立劳动合同，具体落实实名制管理要求，建立并依法保存用工管理资料。用工单位对所招用农民工的工资支付负直接责任，根据合同约定的支付周期和支付形式，按期足额将工资直接支付给农民工本人。

（四）监理单位按照合同约定和相关规定，将农民工工资有关工作纳入监理范畴，协助建设单位做好农民工工资支付管理工作。督促施工总承包单位和分包单位落实用工管理和工资支付有关制度,完善基础资料;在审核计量支付资料时,加强对农民工工资费用有关资料的复核工作。

(五)参与公路水运工程建设的农民工应依法提供真实个人信息,积极配合用工单位完成实名登记并签订合同;按照合同约定及施工规范、工作规程等提供劳务服务;增强依法维权意识,保护自身合法权益。

(六)各地交通运输主管部门要在地方人民政府的统一领导下,依法履行行业监管责任,维护建设市场秩序,督促建设项目各有关单位落实保障农民工工资支付的各项制度和措施要求,督办因违法发包、转包、违法分包、挂靠、拖欠工程款等导致的拖欠农民工工资案件,积极协调配合相关部门做好保障农民工工资支付各项工作。

三、坚持源头防控

(七)工程建设要坚持科学规划、审慎决策,不盲目上马项目和随意扩大建设规模。要加强项目建设程序监管,依法合规落实建设资金来源,可行性研究阶段要充分论证项目资金筹措方案;涉及举债融资的项目,初步设计概算应制定资金平衡方案;没有满足施工所需要资金安排的项目不得开工建设。

(八)政府投资项目要严格按照国家有关规定筹集建设资金,加强资金监管,不得由施工单位垫资施工。社会投资项目应依法选择信用良好、具备能力的社会投资方,细化合同协议,强化资金落实,明确社会投资方退出机制,防止因项目社会投资方变更或资金不到位造成农民工工资拖欠。

(九)结合国务院关于清理拖欠企业工程款相关工作要求,督促建设单位加强合同管理,按照合同约定及时支付工程款。研究建立拖欠企业工程款清理督办制度,依法将未提供工程款支付担保、政府投资项目拖欠工程款等记入建设单位信用记录并公示。

(十)地方各级交通运输主管部门和项目建设单位应积极筹措建设资金,加快资金拨付,为及时支付工程款创造条件。对于因违法违规举借债务、地方未及时足额拨付资金等原因造成农民工工资或工程款拖欠且影响恶劣的地区或项目,部将研究核减下一年度转移支付资金规模。

四、完善制度体系

(十一)严格合同制管理。

施工总承包单位或分包单位在与所招用的农民工签订合同中,应约定工资支付标准、支付时间、支付方式等内容。坚持先签合同后进场,未按要求订立合同并进行实名登记的人员不得进入施工现场。施工总承包单位、用工单位和农民工本人应当保存一份合同原件。临时或短期聘用的农民工可依法适当简化合同内容。

(十二)规范实名登记制度。

施工总承包单位应当将农民工信息进行实名登记,汇总、核实农民工个人信息,统一管理所承包工程中的农民工,有条件的应规范着装,佩戴工牌;农民工退出项目现场施工时,应予退场登记。农民工合同签订情况及实名登记情况接受相关部门监督检查。

(十三)推行农民工工资分账管理。

除国家有关部门规定的限额以下工程外,建设单位与施工总承包单位订立的书面合同中,应按照保障农民工工资按时足额支付的需要,约定人工费用数额或比例等。施工总承包单位一般应在施工合同签订之日起 30 日内开设农民工工资专用账户,专项用于支付该工程建设项目农民工工资。建设单位依据合同约定以及当期核报的人工工资数,将农民工工资及时足额支付到施工总承包单位开设的农民工工资专用账户,配合金融机构对专户资金及工资发放情况进行监督。工程完工且未拖欠农民工工资的,经公示 30 日后可依法注销专用账户,账户内余额归施工总承包单位所有。

(十四)推行代发工资制。

总承包单位与分包单位应依法约定代发工资的相关责任、程序、具体办法等。分包单位按月考核农民工工作量并编制工资支付表,经农民工本人签字确认后,交施工总承包单位汇总并报建设单位。建设单位拨付工程款中的人工费用后,总承包单位将核定的分包单位工资支付表提交银行,通过专用账户将工资代付到农民工个人银行账户,并向分包单位提供代发工资凭证。

(十五)实行工程款支付担保。

建设单位在与施工总承包单位签订施工合同时,应向施工总承包单位提供工程款支付担保,工程款支付担保的具体形式可在施工合同中约定。建设单位不能及时支付时,依法按照约定的担保方式进行处置,确保工程款及农民工工资按时足额支付。

(十六)完善工资保证金制度。

公路水运工程建设领域全面实行工资保证金制度,专项用于支付被拖欠的农民工工资。工资保证金可以依法采用适当方式存储或用金融机构保函替代,按"无拖欠可减免,有拖欠可提高"的原则实行差异化管理;工程结束后未发生拖欠的应按规定及时退回,在保障工资支付的同时,尽量减轻企业负担。工资保证金具体办法由国家相关部门制定,在此之前各地按当地现行规定执行。

(十七)建立劳资专管员制度。

施工总承包单位应当在工程项目部配备劳资专管员,建设单位、分包单位应将农民工工资管理有关工作落实到人,严格执行相关法规、政策,加强内部管理,将农民工工资有关工作纳入日常工作,完善基础资料,确保农民工合法权益。

五、夯实工作基础

(十八)完善基础资料。

施工总承包单位和分包单位应当建立农民工用工管理台账,编制书面工资支付台账,保存至工程完工且工资全部结清后至少 3 年。应规范和完善农民工合同管理、实名登记、考勤记录、进退场记录、工资核算、工资发放及支付凭证等资料。施工总承包单位对分包单位的相关台账和资料进行审核,及时向建设单位报送农民工名册、岗位及用工时间等汇总情况。发生农民工工资争议时,用工单位应向有关部门提供其依法保存的材料。

(十九)规范施工现场维权信息公示制度。

施工总承包单位应当在施工现场醒目位置设立维权信息告示牌,结合施工标准化有关要求,规范告示牌设立位置和内容,原则上应当在驻地主要出入口和农民工集中住宿区的醒目位置设置告示牌。

(二十)加强农民工培训和普法教育。

地方各级交通运输主管部门应当组织指导公路水运工程建设单位、施工单位及有关行业协会等积极开展农民工劳动技能、法律法规培训,提高农民工劳动技能和法治意识,提高依法维权的能力。引导法律服务机构及其从业人员积极参与欠薪相关咨询、调解、诉讼等,帮助农民工依法解决欠薪问题。

(二十一)鼓励农民工工资支付信息化管理。

鼓励有条件的地方和项目结合工程建设管理信息化工作,建立农民工实名制管理、工资支付管理信息化平台,加强工资支付监控预警,并及时做好与行业综合管理平台、市场信用信息管理系统以及相关部门信息化平台的衔接共享。有条件的项目,可采用人脸识别、电子标签等技术,加强农民工实名制管理。

六、加强监督管理

(二十二)完善投诉举报机制。

进一步梳理信访、劳动保障监察举报投诉电话、“12328”交通运输服务监督电话以及施工现场举报箱等渠道,研究畅通投诉举报的有效措施,及时发现问题线索。对于农民工工资相关举报、投诉,属于本部门受理的,应当依法及时处理;不属于本部门受理的,应及时移交并做好衔接。

(二十三)强化监督检查和验收公示。

结合公路水运建设督查、质量安全督查、春运检查等,对农民工工资有关工作进行监督检查,检查内容应重点包括《保障农民工工资支付条例》相关规定落实情况、建设单位和施工单位农民工工资管理情况、工程款支付及农民工工资按时足额发放情况等,对出现拖欠的项目、企业等进行重点监管,对重点时段提前进行部署。工程项目交工验收(或完工)后,应按要求对工资支付情况进行公示。

(二十四)加强信用监管。

将农民工实名制管理、农民工工资专用账户管理、代发工资、维权信息公示等制度实施情况纳入施工单位信用评价,评价结果与招投标挂钩。对于进入拖欠农民工工资“黑名单”的企业要明确惩戒措施,定期公开公示,提高企业违法失信成本;依法应列入失信联合惩戒对象名单的,要及时协调相关部门实行联合惩戒。有关信息要及时录入全国公路水运建设市场信用信息管理系统,并通过“信用交通”网站等渠道向社会公开。

七、完善保障措施

(二十五)加强组织领导。

地方各级交通运输主管部门要统一思想,充分认识保障农民工工资支付工作的复杂性和艰巨性,做到思想认识到位、组织领导到位、责任落实到位、制度措施到位、督促检查到位,全力做好相关工作,完成既定目标任务。

(二十六)注重部门协同。

按照地方人民政府的统一部署和要求,加强与相关部门的协调联动,形成工作合力,共同做好农民工工资支付保障工作。要进一步完善应急预案,发现问题及时处置,有效化解矛盾。

(二十七)加强宣传引导。

组织指导项目有关单位积极发挥新闻媒体的舆论引导和监督作用,多渠道广泛宣传保障农民工工资支付的重要意义和典型经验,做好相关法律法规及政策措施的解读,弘扬守法诚信,曝光违法拖欠,督促用工单位及时支付工资,引导农民工合法维权,共同营造良好的舆论环境。

《交通运输部关于进一步做好公路水运工程建设领域农民工工资支付与管理有关工作的意见》(交公路发〔2012〕740号)、《交通运输部办公厅关于贯彻落实 < 国务院办公厅关于全面治理拖欠农民工工资问题的意见 > 和治理拖欠工程款问题的通知》(交办公路〔2016〕106号)废止。

交通运输部

2020年5月18日

公路工程建设标准管理办法

(2020 年 05 月 27 日 交通运输部 交公路规〔2020〕8 号)

第一章 总 则

第一条 为贯彻落实《交通强国建设纲要》,进一步推进公路工程建设标准化工作,规范公路工程标准管理,保障人身健康和生命财产安全,促进公路工程技术进步和创新,提升技术和服务质量,根据《中华人民共和国公路法》《中华人民共和国标准化法》《交通运输标准化管理办法》等法律法规,以及国家工程建设标准化改革发展等要求,制定本办法。

第二条 公路工程建设标准是指以科学、技术和工程实践经验为基础,对公路工程建设、管理、养护和运营提出的技术要求。

第三条 本办法适用于公路工程建设标准的制定、实施与监督管理。

第四条 公路工程建设标准分为强制性标准和推荐性标准。

下列标准属于强制性标准:

(一)涉及工程质量安全、人身健康和生命财产安全、环境生态安全和可持续发展的技术要求;

(二)材料性能、构造物几何尺寸等统一的技术指标;

(三)重要的试验、检验、评定、信息技术标准;

(四)保障公路网安全运行的统一技术标准;

(五)行业需要统一控制的其他公路工程建设标准。

强制性标准以外的标准是推荐性标准。

第五条 交通运输部按照职责依法管理公路工程建设标准,组织制定公路工程建设强制性标准和公路工程建设行业规范、细则、规程、手册、指南、标准图等推荐性标准,引领行业技术进步和高质量发展。

县级以上地方人民政府交通运输主管部门分工管理本行政区域内公路工程建设标准的相关工作。

第六条 鼓励积极参与国际标准化活动,推进公路工程建设标准外文翻译和出版工作,开展对外合作交流,制定双边、多边国家互认的国际通用标准,推进国内外公路工程建设标准的转化和运用。

第七条 为满足地方自然条件、地形地质等特殊要求,省级交通运输主管部门可在特定行政区域内提出统一的公路工程技术要求,按有关规定和程序要求编制地方标准。

鼓励社会团体和企业制定高于推荐性标准相关技术要求的公路工程团体标准和企业标准。

公路工程地方标准、团体标准、企业标准的技术要求不得低于公路工程强制性标准的相关技术要求。

第二章 标 准 制 定

第八条 交通运输部根据行业发展、公路工程建设标准化实际需要、社会资源及行业经济状况,制定公路工程建设行业标准体系,根据社会经济和工程技术发展及时进行调整,实行动态管理。公路工程建设标准按照国家有关编号规则进行编号。

第九条 按照国家财务预算管理、政府采购等规定及公路工程建设行业标准立项程序要求,有关单位可提出标准项目立项申请。经专家评审和交通运输部审核等程序,确定公路工程建设行业标准项目年度计划。

第十条 公路工程建设行业标准制修订工作实行主编单位负责制。年度计划下达后,主编单位组织编写组承担相关标准的起草、编制工作。制修订工作按照编制大纲、征求意见稿、送审稿、报批稿等阶段程序进行。

第十一条 公路工程建设行业标准编制大纲、送审稿的审查由公路工程建设标准归口管理部门组织,由主审专家等组成的专家组或公路工程建设行业标准技术委员会承担具体审查工作。征求意见工作由主编单位负责组织。报批稿由公路工程建设标准归口管理部门审核发布。

第十二条 公路工程建设标准的制修订应符合下列要求:

(一)贯彻执行国家有关法律、法规和技术政策,遵循安全可靠、耐久适用、技术先进、节能环保和经济合理的原则,适应公路工程技术发展要求;

(二)公路工程建设标准涉及的关键技术应根据实际情况,进行专题研究和测试验证;

(三)积极采用新技术、新工艺、新材料和新设备等科技创新成果,推动大数据、物联网、人工智能、智慧公路等先进技术的应用;

(四)与国家及行业现行有关强制性标准协调一致,避免矛盾;

(五)标准的条文应严谨明确、文字简练,标准编写的格式和用语应符合相关规定。

第十三条 公路工程建设标准的主要内容应当采取多种方式征求协会、企业以及相关生产、使用、管理、科研和检测等单位的意见。公路工程建设强制性行业标准应征求省级交通运输主管部门及有关部门意见。

第十四条 公路工程建设标准编制的经费使用和管理应符合国家和行业相关规定。

第十五条 公路工程建设行业标准由交通运输部根据出版管理的有关规定确定出版单位。公路工程建设行业标准的版权归交通运输部所有。

第十六条 公路工程建设标准发布后,标准归口管理部门、标准编制单位、标准化协会等单位,应当依法组织开展标准的宣传培训等工作。

第十七条 公路工程建设强制性标准应当免费向社会公开。推动公路工程建设推荐性标准免费向社会公开。鼓励公路工程建设团体标准、企业标准通过标准信息公开服务平台向社会公开。

第十八条 公路工程建设地方标准、团体标准、企业标准的制定按照有关工程建设标准的规定执行。

第三章　标　准　实　施

第十九条　各有关单位在公路工程建设、管理、养护和运营过程中应严格执行公路工程建设强制性标准有关规定,鼓励采用公路工程建设推荐性标准。

第二十条　企业应当依法公开其执行的公路工程建设标准的编号和名称;企业执行自行制定的企业标准,还应当公开其主要功能和性能指标。

第二十一条　标准实施后,应根据技术进步、实际需求等因素,适时对标准的适用性进行复审。标准复审周期一般不超过5年。

第二十二条　对于公路工程建设、管理、养护、运营中违反公路工程强制性标准的行为,任何单位和个人有权向交通运输主管部门、标准化行政主管部门或有关部门检举、投诉。

第二十三条　公路工程建设标准的使用单位和个人可将标准使用过程中发现的问题和意见反馈至标准归口管理部门或标准主编单位。

第四章　监　督　管　理

第二十四条　县级以上地方人民政府交通运输主管部门应开展对本行政区域内公路工程建设标准实施情况的监督检查。对发现的违法违规行为,应依法处理。

第二十五条　县级以上地方人民政府交通运输主管部门应当建立社会监督机制,公开举报投诉方式。接到举报投诉的,应依法处理。

第二十六条　鼓励将公路工程建设标准编制与科技奖励评审、信用管理等工作挂钩。

第五章　附　　则

第二十七条　本办法由交通运输部公路局具体解释。

第二十八条　本办法自2020年7月1日起施行,有效期5年。

交通运输部办公厅关于公路水运工程试验检测机构等级评定工作有关事项的通知

(2018 年 04 月 18 日　交通运输部　交办安监函〔2018〕549 号)

各省、自治区、直辖市、新疆生产建设兵团交通运输厅(局、委),长江航务管理局:

为规范有序开展公路水运工程试验检测机构等级评定工作,针对当前等级评定工作中存在的具体问题,依据《公路水运工程试验检测机构等级标准》及《公路水运工程试验检测机构等级评定及换证复核工作程序》(交安监发〔2017〕113 号)(以下简称《等级标准》及《工作程序》),现将有关事项通知如下:

一、公路水运工程试验检测机构评定工作要严格按照《等级标准》及《工作程序》相关要求执行,严格落实技术标准和工作程序。省级交通质监机构要在省级交通运输主管部门的监督和指导下,积极推进条件成熟的试验检测企业等级评定的申报、评审和认定工作,保证评定工作有序开展。

二、在省级交通运输管理部门机构改革中,原省级交通质监机构职能调整的,原则上由承接试验检测管理职能的单位承担公路水运工程试验检测机构等级评定工作,并按部相关文件规定的评定程序组织实施。

三、试验检测机构申请公路工程综合类甲级、公路工程专项类及水运工程材料类和结构类甲级的,省级质监机构应在收到申请材料后,于 5 个工作日内完成符合性审查并出具受理或不受理的书面意见,于 10 个工作日内出具核查意见,并与申请材料一并报送部质量监督机构。

四、按照《公路水运工程试验检测管理办法》(交通运输部令 2016 年第 80 号)第八条规定,检测机构申请各类等级,应从其最低等级开始。为支持检测机构做大做强,提升综合检测能力,持有公路(水运)行业试验检测机构等级证书满 1 年且具有相应试验检测业绩的检测机构,可申请同等级的水运(公路)行业试验检测机构等级评定。试验检测机构可以直接申请公路工程专项类等级。持有公路工程专项类等级证书满 1 年且具有相应试验检测业绩的试验检测机构,可以申请公路工程综合甲级。

五、同一试验检测机构的档案室及设备仓库总面积在核定试验检测用房时最多只计 50 平方米,且不得在多等级申请中重复计。对于车载式检测设备停放场地,未封闭的不计入检测用房面积,封闭的最多只计 100 平方米。试验检测机构用于开展培训、教育、演练等工作的场地不计入试验检测用房面积。

六、试验检测机构申请新的等级应按等级评定要求编报申请材料,已有等级的试验检测机构就位应按换证复核要求编报申请材料,申请材料的名称均为《公路水运工程试验检测机构等级评定申请书》。

等级评定/换证复核申请中的表八、表十、表十一均应填写,且.优先填写具有公路水运工程试验检测等级后各项工作开展有关情况。不具有公路水运工程试验检测等级的,表八可填写与申请参数相同或相关的能力验证情况;表十可填写试验检测机构通过资质认定及其他认证认可后,开展的有关检验检测业绩,或者其他与检验检测有关的技术服务业绩;表十一填写与申请参数相同或相近的资质认定或其他认证认可参数的开展情况。

试验检测机构多等级共用的仪器设备、试验检测用房面积在申报材料中应进行统计、列表。

七、公路水运工程试验检测机构等级评定工作中,应加强对新等级标准中新增参数能力的核查。现场试验操作考核时,新增参数占参数总量应不低于30%。若随机抽取的新参数不足30%时,应调整至30%;若超过30%时,则不做调整。

试验检测机构申请可选参数的数量,应以现场评审组最终确认的数量为准。

交通工程多种产品多次出现的可选参数按1个参数计,经核减,可选参数总量为99个。

八、试验检测机构实际检测能力需要在试验方法、测量范围、测量精确度等方面进行限制的,应以参数为单位,采用"只做…"或"不做…"的方式在《试验检测能力确认表》中注明。对于必须具备的试验方法要求不满足的,应对该参数能力不予确认。必选参数能力不予确认的,应终止现场评审。有关检测参数试验方法的细化说明参见《公路水运工程试验检测等级管理要求》(JT/T 1181—2018)。

九、试验检测机构在交通运输主管部门(质监机构)组织的比对试验中,结果为基本满意或不满意时,若比对的参数在所申等级评定的参数范围内,则按规定扣分;若不在其范围内,则不予扣分。

十、当试验检测机构的工商注册地址和检测场所地址不同时,试验检测机构应在申请材料中分别注明"注册地址"和"检测场所地址"。质监机构在核发等级证书时,在等级证书机构地址栏分别填写。

试验检测机构的技术负责人、质量负责人变更时,经质监机构审核通过后,试验检测机构可自行从公路水运工程试验检测管理信息系统中打印变更登记信息及二维码,粘贴于证书副本变更栏后生效加盖质监机构印章具有同等效力。

交通运输部办公厅

2018 年 4 月 10 日

交通运输部关于公布《公路水运工程试验检测机构等级标准》及《公路水运工程试验检测机构等级评定及换证复核工作程序》的通知

（2017 年 08 月 23 日　交通运输部　交安监发〔2017〕113 号）

各省、自治区、直辖市、新疆生产建设兵团交通运输厅（局、委），长江航务管理局：

为贯彻落实《公路水运工程试验检测管理办法》（交通运输令 2016 年第 80 号），适应新形势下公路水运工程试验检测工作发展的需求，进一步提高公路水运工程试验检测工作质量和管理水平，我部对原《公路水运工程试验检测机构等级标准》及《公路水运工程试验检测机构等级评定程序》进行了修订，现将修订后的《公路水运工程试验检测机构等级标准》及《公路水运工程试验检测机构等级评定及换证复核工作程序》予以公布，自印发之日起施行。

原《公路水运工程试验检测机构等级标准》及《公路水运工程试验检测机构等级评定程序》（交质监发〔2008〕274 号）同时废止。

交通运输部

2017 年 8 月 2 日

附件：1.《公路水运工程试验检测机构等级标准》（略）

2.《公路水运工程试验检测机构等级评定及换证复核工作程序》

附件 2

公路水运工程试验检测机构等级评定及换证复核工作程序

第一章 总 则

第一条 为确保公路水运工程试验检测机构等级评定及换证复核工作科学、公正、规范，根据《公路水运工程试验检测管理办法》(交通运输部令 2016 年第 80 号，以下简称《检测管理办法》)制定本程序。

第二条 公路水运工程试验检测机构等级评定及换证复核工作应遵循本程序。

第三条 本程序所称等级评定是指根据《检测管理办法》的有关规定，按照《公路水运工程试验检测机构等级标准》，对试验检测机构(以下简称检测机构)的仪器设备及检测人员的配备情况、试验检测环境等基本条件，以及试验检测技术水平和管理水平进行评审，确认其从事公路水运工程试验检测工作等级的活动。

本程序所称换证复核是指对已获得等级证书的检测机构，在其等级证书期满后拟继续开展公路水运工程试验检测业务的，根据其提出的换证申请，复核其是否继续满足所持有等级标准的活动。

第四条 交通运输部工程质量监督机构(以下简称部质量监督机构)负责公路工程综合类甲级、公路工程专项类和水运工程材料类及结构类甲级的等级评定及换证复核工作。

省级交通质量监督机构(以下简称省级交通质监机构)负责本行政区域内公路工程综合类乙、丙级和水运工程材料类乙、丙级、水运工程结构类乙级的等级评定及换证复核工作。

部质量监督机构和省级交通质监机构以下简称质监机构。

第二章 受理和初审

第五条 检测机构申请公路水运工程试验检测机构等级评定或换证复核时，应在公路水运工程试验检测管理信息系统中录入人员、场地、仪器设备等数据信息，并向所在地省级交通质监机构提交以下材料(一式二份)：

(一)《公路水运工程试验检测机构等级评定/换证复核申请书》；

(二)申请人法人证书原件及复印件；

(三)通过资质认定(计量认证)的，资质认定(计量认证)证书副本的原件及复印件；

(四)检测人员证书和聘(任)用关系证明文件原件及复印件；

(五)所申报试验检测项目的典型报告(包括模拟报告)及业绩证明；

(六)试验检测用房所有权或使用权材料及场地布局示意图；

(七)试验检测仪器设备权属证明材料及检定/校准证书；

(八)管理体系文件。

有关证明材料复印件应加盖申请人公章。检测机构应对材料的真实性负责。

第六条 省级交通质监机构收到申请材料后，应在 5 个工作日内完成符合性审查，并出具书面受理或不受理意见。

受理检测机构等级属于部质量监督机构负责办理的,省级交通质监机构应退回申请材料中的原件,并在 10 个工作日内出具核查意见,连同申请材料报送部质量监督机构。

第七条 质监机构受理申请后,应在 15 个工作日内按照《检测管理办法》第八条及第十二条要求的内容完成初审工作。初审发现问题需澄清的,质监机构应当通知检测机构予以澄清或补正,并出具"公路水运工程试验检测机构申请材料补正通知书";初审不合格的,质监机构应当及时书面向申请人说明理由;初审合格的,进入现场评审阶段。

第八条 对于同一检测机构申请多个等级的评定或持有多个等级证书换证复核时,应符合下列要求:

(一)同一人所持的多个专业检测人员证书,可在不同的等级评定或换证复核中使用,但不得超过 2 次。

(二)除行政、技术、质量负责人外,其他持单一专业检测人员证书的人员不得重复使用。

(三)同时申请公路工程、水运工程检测等级的机构,其技术负责人可按公路工程、水运工程专业分别配置;当技术负责人不分别配置时,应同时持有公路工程、水运工程专业的检测人员证书。

(四)公路工程、水运工程专业重叠部分的检测用房可共用,不重叠部分检测用房应独立分别满足要求。

(五)公路工程、水运工程专业重叠部分的仪器设备可共用。

第九条 申请换证复核的检测机构信用及业绩应符合以下要求:

(一)等级证书有效期内信用等级为 B 级及以上;

(二)所开展的试验检测参数应覆盖批准的所有试验检测项目且不少于批准参数的 85%;

(三)甲级及专项类检测机构每年应有不少于一项高速公路或大型水运工程的现场检测项目或设立工地试验室业绩,其他等级检测机构每年应有不少于一项公路或水运工程现场检测项目或设立工地试验室业绩。

第三章 现场评审

第十条 现场评审专家组(以下简称评审组)应根据被评审检测机构申请或换证等级的专业、类别和检测项目,按照专业覆盖的原则,从质监机构建立的专家库中随机抽取组成。与被评审检测机构有利害关系的人员不得进入评审组。

评审组一般应由外省区人员组成,一般为 3 人及以上,设组长 1 名(以下称评审组长)。质监机构可派员对现场评审过程进行监督。

第十一条 质监机构应在实施现场评审 5 个工作日前向检测机构发出"公路水运工程试验检测机构等级能力现场评审通知书"。现场评审时间一般为 2 天。

第十二条 评审组长主持召开评审工作预备会议,评审组全体成员参加,会议主要内容是明确现场评审计划及专家分工,抽取现场试验操作考核参数及其试验操作人员,提出现场评审工作要求。

第十三条 评审组长主持召开评审工作布置会议,评审组全体成员以及检测机构主要岗位人员参加。会议主要内容是听取检测机构有关工作的汇报,明确现场评审工作安排及有关要求等。

第十四条　评审组应通过对检测场地面积及布局、环境条件、样品管理、设备配置及管理、文件控制、安全防护及环境保护等的现场评审,评价检测机构开展试验检测工作的总体情况。

对规模较大的检测机构,可分组或分专业进行。

第十五条　评审组通过现场符合性检查,核查检测机构的人员、设备设施、检测参数开展情况及工作业绩等实际状况是否与所申请材料的内容一致且满足要求。并应核查以下内容:

（一）所申请试验检测参数要求配置的仪器设备是否缺少、是否符合相应技术标准要求。

（二）检测机构登记的持证试验检测人员是否在岗,签订的劳动合同和办理的社会保险是否齐全、规范、有效。

（三）所申请检测参数的原始记录和试验检测报告(含模拟报告)是否齐全。

（四）检测机构用房产权证明或租赁期限证明材料是否有效(租赁期限应大于等于 5 年)。

（五）换证复核应核查检测机构取得等级证书后持证人员调离该机构的人数占原总持证人数的比例;检测机构的重要变更是否在规定期限内办理手续;设立工地试验室和开展现场检测项目情况。

第十六条　评审组对检测机构的管理体系运行情况、设备管理、环境条件、人员培训、能力验证、机构被处罚情况作出评价。检查的主要内容如下:

（一）管理体系文件是否齐全,有关规定是否合理适用,受控、宣贯及运行是否有效。

（二）检测机构所有仪器设备是否具有所有权;主要仪器设备的管理档案、标识、使用记录、维护维修记录、检定/校准证书及计量确认记录是否完整、规范。

（三）各试验功能区域划分是否清晰、合理,仪器设备布局是否合理,环境条件是否满足相关技术标准等。

（四）人员培训及能力验证情况。

（五）检测机构受到的通报批评、停业整顿等处罚情况。

第十七条　评审组通过查验检测机构的试验记录、报告,考核现场试验操作,检查试验检测人员能否完整、规范、熟练地完成检测项目试验,评价检测机构的试验检测技术能力,检查的主要内容如下:

（一）检测业务流程、业务委托、合同评审、任务分派、样品管理、报告审批等是否规范。

（二）试验检测记录和报告。在覆盖所有检测项目的基础上,抽查不少于 10% 的必选参数和 5% 的可选参数的试验检测记录和报告. 重点检查依据标准是否适宜、是否执行技术标准、信息是否完整正确、结论表述是否正确,以及签字、用章的规范性等。

（三）现场试验操作考核。现场试验操作考核参数一般应采取随机抽取的方式确定,且应覆盖所申请评定的等级能力范围的所有检测项目,并不低于必选参数总量的 15%,同时抽取相应参数的检测人员。对于有模拟报告而无业绩且未能提交比对试验报告的参数,应进行现场试验操作考核. 主要考核内容如下:

1. 操作人员的检测证书,确认是否为所申报的人员。

2. 检测人员的实际操作过程是否完整、规范、熟练。

3. 随机抽查试验检测人员相关试验检测知识。

4. 提交的现场操作项目报告的规范性、完整性。

5. 对从事涉及结构安全的基桩、钢结构、混凝土结构、桥梁隧道工程等检测项目的主要操作人员进行现场考核。

换证复核现场评审应侧重考核难度较大、等级证书有效期内未开展或开展频率低、标准规范发生变更、能力验证结果存在问题的检测参数。

（四）技术能力的确认。评审组根据技术能力考核情况，确认检测机构的试验检测能力范围。有必要对参数检测方法或范围、设备的测量范围、精确度等做出限制时，评审组应予以注明。

第十八条　对检测机构行政、技术、质量负责人等关键岗位人员，应重点考查资历条件是否满足等级标准及有关要求，是否理解和熟悉岗位职责等内容。考核可采取口头问答或书面考试等方式进行。

第十九条　评审组长组织评审组内部评议，评审组成员参加。主要内容是对评审情况进行汇总，确定总体评价，提出存在的问题和整改建议意见，整理完善评审工作表。

在评议的基础上，评审专家独立打分，评审组长评分权重为40%。评审组长汇总计算加权平均分。

第二十条　评审组长主持召开评审情况反馈会议，参加人员一般与评审工作布置会议相同，主要内容是通报评审总体情况，提出发现的主要问题及整改建议意见。

第二十一条　现场评审结束后，评审组长负责将《公路水运工程试验检测机构能力等级现场评审报告》、有关工作用表及两份典型试验检测报告等材料整理齐备，在现场评审结束后5个工作日内提交给质监机构，并同时发送电子材料。其余现场操作项目报告须内容完整，并由检测机构及时存档。

第二十二条　发生下列任何情况之一，评审组经报告质监机构同意后可终止现场评审工作：

（一）检测机构实际状况与申请资料严重不符，包括人员、场地等强制性指标要求的实际情况低于材料申报内容；

（二）申请检测项目与实际能力不符，不能满足基本条件；

（三）检测机构管理体系控制失效，相关记录缺失或失实；

（四）检测机构有意干扰评审工作，评审工作不能正常进行；

（五）发现检测机构存在伪造试验检测报告、出具虚假数据等弄虚作假行为；

（六）存在被考核人员冒名顶替、借（租）用试验检测仪器设备等情况；

（七）检测机构存在其他严重的违法违规问题。

第二十三条　现场评审需要检测机构整改的，要求如下：

（一）评分≥85分的，整改期限一般为1个月。评审组长在收到整改材料后10个工作日内完成材料审核，并形成现场评审整改情况确认意见，报送质监机构。

（二）80分≤评分＜85分的，整改期限一般为3个月。完成整改后，由评审组专家进行现场检查验证，形成现场评审整改情况确认意见，并报送质监机构。

（三）评分＜80分、或被终止现场评审、或在规定期限内未完成整改工作的，检测机构没有通过资格。

第四章 评定、公示与公布

第二十四条 质监机构根据《检测管理办法》及能力验证情况、监督检查情况、现场评审材料、整改情况等对检测机构进行综合评定,确定对检测机构申请等级评定或换证复核的评定结果(以下简称评定结果)。

评定结果分为通过、整改及不通过三类。

第二十五条 质监机构应将评定结果向社会公示,公示期不得少于7天。对于公示期间有异议的,质监机构应进行核实,并将核实情况书面通知检测机构。

第二十六条 质监机构应根据评定结果和公示情况,公布等级评定或换证复核结果。

(一)对于评定结果为通过,且公示期满无异议或者经核实异议不成立的检测机构,质监机构发出"公路水运工程试验检测机构等级评定/换证复核通知书",并核发《等级证书》及"公路水运工程试验检测机构专用标识章",在公路水运工程试验检测管理信息系统中更新相关信息,供社会公开查询。

(二)对于评定结果为整改的检测机构,质监机构一般应在5个工作日内发出"公路水运工程试验检测机构等级评定/换证复核整改通知书",明确整改期限和整改内容。

(三)对于评定结果为不通过的检测机构,申请等级评定的,质监机构发出"公路水运工程试验检测机构等级评定不予通过通知书"。申请换证复核的,按照《检测管理办法》第二十二条处理。

附表:略

人力资源社会保障部 交通运输部关于印发《公路水运工程试验检测专业技术人员职业资格制度规定》和《公路水运工程试验检测专业技术人员职业资格考试实施办法》的通知

(2015 年 07 月 03 日 人力资源社会保障部 交通运输部 人社部发〔2015〕59 号)

各省、自治区、直辖市及新疆生产建设兵团人力资源社会保障厅(局)、交通运输厅(局、委),国务院各部委、各直属机构人事部门,中央管理的企业:

根据《国务院机构改革和职能转变方案》和《国务院关于取消和调整一批行政审批项目等事项的决定》(国发〔2014〕50 号)有关取消"公路水运试验检测人员资格许可和认定"的要求,为加强公路水运工程试验检测专业技术人员队伍建设,提高试验检测专业技术人员素质,人力资源社会保障部、交通运输部制定了《公路水运工程试验检测专业技术人员职业资格制度规定》和《公路水运工程试验检测专业技术人员职业资格考试实施办法》,现印发给你们,请遵照执行。

人力资源社会保障部 交通运输部
2015 年 6 月 23 日

公路水运工程试验检测专业技术人员职业资格制度规定

第一章 总 则

第一条 为加强公路水运工程试验检测专业技术人员队伍建设,提高试验检测专业技术人员素质,根据《中华人民共和国公路法》、《中华人民共和国港口法》、《中华人民共和国航道法》和国家职业资格证书制度的有关规定,制定本规定。

第二条 本规定所称试验检测专业技术人员是指在公路水运工程领域从事试验检测专业活动的技术人员。

第三条 国家设立公路水运工程试验检测专业技术人员水平评价类职业资格制度,纳入全国专业技术人员职业资格证书制度统一规划,面向全社会提供公路水运工程试验检测专业技术人员能力水平评价服务。评价结果与工程系列相应级别职称有效衔接,为用人单位科学使用公路水运工程试验检测专业技术人才提供依据。

第四条 公路水运工程试验检测专业技术人员职业资格(以下简称公路水运工程试验检

测职业资格)包括道路工程、桥梁隧道工程、交通工程、水运结构与地基、水运材料5个专业,分为助理试验检测师和试验检测师2个级别。助理试验检测师和试验检测师职业资格实行考试的评价方式。

公 路 水 运 工 程 试 验 检 测 专 业 技 术 人 员 英 文 译 为: Highway and Waterway Testing&Inspection Professionals

第五条 通过公路水运工程助理试验检测师和试验检测师职业资格考试,并取得相应级别职业资格证书的人员,表明其已具备从事公路水运工程试验检测专业相应级别专业技术岗位工作的能力。

第六条 人力资源社会保障部、交通运输部共同负责公路水运工程试验检测职业资格制度的政策规定,并按职责分工对职业资格制度的实施进行指导、监督和检查。

交通运输部职业资格中心具体承担公路水运工程试验检测职业资格评价工作。

第二章 考 试

第七条 公路水运工程助理试验检测师和试验检测师职业资格考试,统一大纲、统一命题、统一组织。原则上每年举行一次考试。

第八条 交通运输部职业资格中心负责公路水运工程助理试验检测师和试验检测师职业资格考试的组织和实施工作。组织成立考试专家委员会,研究拟定考试科目、考试大纲、考试试题和考试合格标准。

第九条 人力资源社会保障部、交通运输部对交通运输部职业资格中心实施的考试工作进行监督和检查,指导交通运输部职业资格中心确定公路水运工程助理试验检测师和试验检测师职业资格考试科目、考试大纲、考试试题和考试合格标准。

第十条 遵守国家法律、法规,恪守职业道德,并符合公路水运工程助理试验检测师和试验检测师职业资格考试报名条件的人员,均可申请参加相应级别职业资格考试。

第十一条 符合下列条件之一者,可报考公路水运工程助理试验检测师职业资格考试:

(一)取得中专或高中学历,累计从事公路水运工程试验检测专业工作满4年;

(二)取得工学、理学、管理学学科门类专业大专学历,累计从事公路水运工程试验检测专业工作满2年;或者取得其他学科门类专业大专学历,累计从事公路水运工程试验检测专业工作满3年;

(三)取得工学、理学、管理学学科门类专业大学本科及以上学历或学位;或者取得其他学科门类专业大学本科学历,从事公路水运工程试验检测专业工作满1年。

第十二条 符合下列条件之一者,可报考公路水运工程试验检测师职业资格考试:

(一)取得中专或者高中学历,并取得公路水运工程助理试验检测师证书后,从事公路水运工程试验检测专业工作满6年;

(二)取得工学、理学、管理学学科门类专业大专学历,累计从事公路水运工程试验检测专业工作满6年;

(三)取得工学、理学、管理学学科门类专业大学本科学历或者学位,累计从事公路水运工程试验检测专业工作满4年;

(四)取得含工学、理学、管理学学科门类专业在内的双学士学位或者工学、理学、管理学学科门类专业研究生班毕业，累计从事公路水运工程试验检测专业工作满 2 年；

（五）取得工学、理学、管理学学科门类专业硕士学位，累计从事公路水运工程试验检测专业工作满 1 年；

（六）取得工学、理学、管理学学科门类专业博士学位；

（七）取得其他学科门类专业的上述学历或者学位人员，累计从事公路水运工程试验检测专业工作年限相应增加 1 年。

第十三条　公路水运工程试验检测职业资格考试合格，由交通运输部职业资格中心颁发人力资源社会保障部、交通运输部监制，交通运输部职业资格中心用印的相应级别《中华人民共和国公路水运工程试验检测专业技术人员职业资格证书》（以下简称公路水运工程试验检测职业资格证书）。该证书在全国范围有效。

第十四条　对以不正当手段取得公路水运工程试验检测职业资格证书的，按照国家专业技术人员资格考试违纪违规行为处理规定处理。

第三章　职 业 能 力

第十五条　取得公路水运工程试验检测职业资格证书的人员，应当遵守国家法律和相关法规，维护国家和社会公共利益，恪守职业道德。

第十六条　取得公路水运工程助理试验检测师职业资格证书的人员，应当具备的职业能力：

（一）了解公路水运工程行业管理的法律法规和规章制度，熟悉公路水运工程试验检测管理的规定和实验室管理体系知识；

（二）熟悉主要的工程技术标准、规范、规程；掌握所从事试验检测专业方向的试验检测方法和结果判定标准，较好识别和解决试验检测专业工作中的常见问题；

（三）独立完成常规性公路水运工程试验检测工作；

（四）编制试验检测报告。

第十七条　取得公路水运工程试验检测师职业资格证书的人员，应当具备的职业能力：

（一）熟悉公路水运工程行业管理的法律法规、规章制度，工程技术标准、规范和规程；掌握试验检测原理；掌握实验室管理体系知识和所从事试验检测专业方向的试验检测方法和结果判定标准；

（二）了解国内外工程试验检测行业的发展趋势，有较强的试验检测专业能力，独立完成较为复杂的试验检测工作和解决突发问题；

（三）熟练编制试验检测方案、组织实施试验检测活动、进行试验检测数据分析、编制和审核试验检测报告；

（四）指导本专业助理试验检测师工作。

第十八条　取得公路水运工程试验检测职业资格证书的人员，应当按照国家专业技术人员继续教育有关规定自觉接受继续教育，更新专业知识，不断提高职业素质和试验检测专业工作能力。

第四章 登 记

第十九条 公路水运工程试验检测职业资格证书实行登记制度。登记具体工作由交通运输部职业资格中心负责。登记情况应向社会公布。

第二十条 登记机构应建立持证人员的从业信息和诚信档案,并为用人单位提供查询服务。

第二十一条 取得公路水运工程试验检测职业资格证书的人员,在工作中违反相关法律、法规、规章或者职业道德,造成不良影响的,取消登记并由交通运输部职业资格中心收回其职业资格证书。

第二十二条 公路水运工程试验检测职业资格考试机构和登记机构在工作中,应当严格遵守国家和本行业的有关各项管理规定。

第五章 附 则

第二十三条 通过考试取得公路水运工程试验检测职业资格证书,且符合《工程技术人员职务试行条例》中助理工程师或者工程师任职条件的人员,用人单位可根据工作需要聘任其相应级别工程专业技术职务。

第二十四条 本规定施行前,依据《公路水运工程试验检测管理办法》(交通部令 2005 年第 12 号)及相应试验检测人员考试办法要求,取得的试验检测员、试验检测工程师证书效用不变。

第二十五条 本规定自 2015 年 9 月 1 日起施行。

公路水运工程试验检测专业技术人员职业资格考试实施办法

第一条 人力资源社会保障部、交通运输部按照职责分工负责指导、监督和检查公路水运工程助理试验检测师、试验检测师职业资格考试的实施工作。

第二条 交通运输部职业资格中心具体负责公路水运工程助理试验检测师、试验检测师职业资格考试的实施工作。

第三条 公路水运工程助理试验检测师、试验检测师均设公共基础科目和专业科目,专业科目为《道路工程》、《桥梁隧道工程》、《交通工程》、《水运结构与地基》和《水运材料》。公共基础科目考试时间为 120 分钟,专业科目考试时间为 150 分钟。

第四条 公路水运工程助理试验检测师、试验检测师考试成绩均实行 2 年为一个周期的滚动管理。在连续 2 个考试年度内,参加公共基础科目和任一专业科目的考试并合格,可取得相应专业和级别的公路水运工程试验检测专业技术人员职业资格证书。

第五条 符合《公路水运工程试验检测专业技术人员职业资格制度规定》规定的助理试验检测师、试验检测师职业资格考试报名条件者均可申请参加相应级别和专业类别的考试。

第六条 参加考试由本人提出申请,按有关规定办理报名手续。考试实施机构按规定的程序和报名条件审核合格后,核发准考证。参加考试人员凭准考证和有效证件在指定的日期、时间和地点参加考试。

中央和国务院各部门所属单位、中央管理企业的人员按属地原则报名参加考试。

第七条 公路水运工程助理试验检测师、试验检测师职业资格考试的考点原则上设在直辖市和省会城市的大、中专院校或者高考定点学校。如确需在其他城市设置考点,须经交通运输部职业资格中心批准。考试日期原则上为每年的第三季度。

第八条 坚持考试与培训分开的原则。凡参与考试工作(包括命题、审题与组织管理等)的人员,不得参加考试,也不得参加或者举办与考试内容相关的培训工作。应考人员参加培训坚持自愿原则。

第九条 考试实施机构及工作人员应当严格执行考试工作的各项规章制度,遵守考试工作纪律,切实做好从考试试题的命制到使用等各环节的安全保密工作,严防泄密。

第十条 对违反考试工作纪律和有关规定的人员,按照国家专业技术人员资格考试违纪违规行为处理规定处理。

公路水运工程试验检测信用评价办法

(2018 年 07 月 27 日　交通运输部　交安监发〔2018〕78 号)

第一章　总　　则

第一条　为加强公路水运工程试验检测管理和信用体系建设,增强试验检测机构和人员诚信意识,促进试验检测市场健康有序发展,营造诚信守法的检测市场环境,依据《建设工程质量管理条例》《港口建设管理规定》《航道建设管理规定》《公路建设市场管理办法》《水运建设市场监督管理办法》和《公路水运工程试验检测管理办法》,制定本办法。

第二条　本办法所称信用评价是指交通运输主管部门对持有公路水运工程试验检测师或助理试验检测师(试验检测工程师或试验检测员)资格证书的试验检测从业人员(以下简称检测人员)和取得公路水运工程试验检测等级证书并承担公路水运工程试验、检测及监测业务的试验检测机构的从业承诺履行状况等诚信行为的综合评价。

第三条　信用评价应遵循公开、客观、公正、科学的原则。

第四条　交通运输部负责公路水运工程试验检测机构和人员信用评价工作的统一管理。负责持有试验检测师(试验检测工程师)资格证书的检测人员和取得公路水运甲级(专项)等级证书并承担高速公路、独立特大桥、长大隧道及大中型水运工程试验、检测及监测业务试验检测机构的信用评价和信用评价结果的发布。交通运输部工程质量监督机构(以下简称部质监机构)负责信用评价的具体组织实施工作。

省级交通运输主管部门负责在本行政区域内从事公路水运工程试验检测业务的持有助理试验检测师(试验检测员)资格证书的检测人员和乙级、丙级试验检测机构信用评价工作的管理。省级交通运输主管部门所属的质量监督机构(以下简称省级质监机构)负责信用评价的具体组织实施工作。

上一级质监机构应当对下一级质监机构信用评价工作进行监督检查。

第五条　信用评价周期为 1 年,评价的时间段从 1 月 1 日至 12 月 31 日。评价结果定期公示、公布。

第二章　试验检测机构信用评价

第六条　试验检测机构的信用评价实行综合评分制。试验检测机构设立的公路水运工程工地试验室(以下简称工地试验室)及单独签订合同承担的工程试验、检测及监测等现场试验检测项目(以下简称现场检测项目)的信用评价,是信用评价的组成部分。

评价标准见《公路水运工程试验检测机构信用评价标准》(附件 1)和《公路水运工程工地试验室及现场检测项目信用评价标准》(附件 2)。

461

第七条　试验检测机构、工地试验室及现场检测项目的信用评价基准分为 100 分。试验检测机构综合得分按附件 4 的公式计算。

第八条　试验检测机构信用评价分为 AA、A、B、C、D 五个等级,评分对应的信用等级分别为:

AA 级:信用评分≥95 分,信用好;

A 级:85 分≤信用评分 <95 分,信用较好;

B 级:70 分≤信用评分 <85 分,信用一般;

C 级:60 分≤信用评分 <70 分,信用较差;

D 级:信用评分 <60 分或直接确定为 D 级,信用差。

被评为 D 级的试验检测机构直接列入黑名单,并按《公路水运工程试验检测管理办法》等相关规定予以处罚。

对被直接确定为 D 级的试验检测机构应当及时公布。

第九条　试验检测机构信用评价程序:

(一)试验检测机构应于次年 1 月中旬完成信用评价自评,并将自评表(附件 5)报其注册地的省级交通质监机构。

(二)工地试验室及现场检测项目,未完工的应于当年 12 月底前、已完工的应于项目完工时完成信用评价自评,并将自评表(附件 6)报项目业主;项目业主根据项目管理过程中所掌握的情况提出评价意见,于次年 1 月中将工地试验室、现场检测项目的评价意见和扣分依据材料以及发现的母体试验检测机构的失信行为以文件形式报负责该项目监督的质监机构,项目业主应对评价意见的客观性负责;负责项目监督的质监机构根据业主评价意见结合日常监督情况进行评价,评价结果于 1 月底前报省级交通质监机构。

(三)省级交通质监机构对工地试验室和现场检测项目信用评价结果进行复核评价。工地试验室和现场检测项目的授权机构或母体试验检测机构为外省区注册的,信用评价结果于 2 月上旬前转送其注册地省级交通质监机构。

省级交通质监机构对在本省注册的试验检测机构信用进行综合评分。属交通运输部发布范围的试验检测机构信用评价结果及相关资料,经省级交通运输主管部门审核后于 3 月中旬前报送部质监机构。属本省发布范围的试验检测机构的信用评价结果,由省级交通运输主管部门审定后于 4 月底前完成公示、公布。

(四)属交通运输部发布范围的试验检测机构信用评价结果,由部质监机构在汇总各省信用评价结果的基础上,结合掌握的相关信用信息进行复核评价,于 4 月底前在"信用交通"网站等交通运输主管部门指定的渠道向社会统一公示、公布。

第十条　质监机构用于复核评价的不良信用信息采集每年至少 1 次且要覆盖到评价标准的所有项。评价依据包括:

1. 检测机构自评情况;

2. 各级交通运输主管部门、质监机构开展事中事后监管活动中和建设单位、监理单位在工程建设管理中发现的失信行为;

3. 投诉举报查实的违规行为;

4. 交通运输主管部门或质监机构通报批评或行政处罚的失信行为;

5. 等级评定、换证复核中发现的失信行为；

6. 检测机构及其设立的工地试验室在各级质监机构、行业组织开展的比对试验活动中出现的失信行为；

7. 相关交通运输管理部门在公共信用信息服务平台中发布的有关行政处罚行为。

第三章　试验检测人员信用评价

第十一条　试验检测人员信用评价实行累计扣分制，评价标准见《公路水运工程试验检测人员信用评价标准》（附件3），评价表见《试验检测人员信用评价表》（附件7）。

第十二条　评价周期内累计扣分分值大于等于20分，小于40分的试验检测人员信用等级为信用较差；扣分分值大于等于40分的试验检测人员信用等级为信用差。

连续2年信用等级被评为信用较差的试验检测人员，其当年信用等级为信用差。

被确定为信用差的试验检测人员列入黑名单。

第十三条　在评价周期内，试验检测人员在不同项目和不同工作阶段发生的违规行为累计扣分。一个具体行为涉及两项以上违规行为的，以扣分标准高者为准。

第十四条　各省级交通质监机构负责对在本省从业的试验检测人员进行信用评价。

试验检测师（试验检测工程师）的信用评价结果及相关资料经省级交通运输主管部门审核后于3月中旬前报送部质监机构。

跨省从业的助理试验检测师（试验检测员）的信用评价结果及相关资料于2月上旬前转送其注册地省级交通质监机构。

在本省注册的助理试验检测师（试验检测员）的信用评价结果，由省级交通运输主管部门审定后于4月底前完成公示、公布。

部质监机构对试验检测师（试验检测工程师）在全国范围内的扣分进行累加评价，于4月底前在"信用交通"网站等交通运输主管部门指定的渠道向社会统一公示、公布。

第四章　信用评价管理

第十五条　信用评价结果公布前应予以公示，公示期为10个工作日，最终确定的信用评价结果自正式公布之日起5年内，向社会提供公开查询。

第十六条　质监机构应指定专人负责试验检测机构和试验检测人员信用评价工作，及时完成相关信用信息的数据录入、整理、资料归档等工作。

第十七条　信用评价实行评价人员及评价机构负责人签认负责制，并接受上级部门及社会各界的监督。发现评价结果不符合实际情况的应予以纠正；发现在评价工作中徇私舞弊、打击报复、谋取私利的，按有关规定追究相关人员的责任。

第五章　附　　则

第十八条　省级交通运输主管部门可根据本省实际情况，参照本办法制定实施细则。实施细则报交通运输部备案。

第十九条　本办法自2018年7月1日起施行，有效期5年。交通运输部于2009年6月

25 日发布的《公路水运工程试验检测信用评价办法(试行)》(交质监发〔2009〕318 号)同时废止。

第二十条　本办法由交通运输部负责解释。

附件 1

公路水运工程试验检测机构信用评价标准

序号	行为代码	失信行为	扣分标准	备注
1	JJC201001	租借试验检测等级证书承揽试验检测业务的	直接确定为 D 级	
2	JJC201002	以弄虚作假或其他违法形式骗取等级证书或承接业务的,伪造、涂改、转让等级证书的	直接确定为 D 级	
3	JJC201003	出具虚假数据报告并造成质量安全事故或质量标准降低的	直接确定为 D 级	
4	JJC201004	所设立的工地试验室及现场检测项目总得分为 0 分的	直接确定为 D 级	
5	JJC201005	存在虚假数据报告及其他虚假资料	扣 10 分/份、单次扣分不超过 50 分	
6	JJC201006	在《等级证书》注明的项目范围外出具试验检测报告且使用专用标识章的	扣 5 分/参数	
7	JJC201007	未对设立的工地试验室及现场检测项目有效监管的	扣 10 分/个	
8	JJC201008	聘用重复执业的检测人员从事试验检测工作的,或所聘用的试验检测人员被评为信用差的	扣 10 分/人	
9	JJC201009	报告签字人不具备资格;试验记录、报告存在代签事实的	扣 2 分/份、单次扣分不超过 10 分	
10	JJC201010	试验检测机构的变更未在规定期限内办理变更手续	扣 5 分/次	
11	JJC201011	评价期内,持证人员数量达不到相应等级标准要求	扣 5 分/试验检测师·次、扣 3 分/助理试验检测师·次	
12	JJC201012	评价期内,试验检测机构技术负责人、质量负责人上岗资格达不到相应等级要求	扣 10 分/人	
13	JJC201013	评价期内,试验检测设备配备不满足等级标准要求	必选设备扣 10 分/台;可选设备扣 5 分/台	
14	JJC201014	试验检测设备未按规定检定校准的	扣 2 分/台,单次扣分不超过 20 分	
15	JJC201015	试验检测环境达不到技术标准规定要求的	扣 4 分/处,单次扣分不超过 20 分	
16	JJC201016	试验检测记录或报告不规范,格式未做统一要求的,相关内容不完整的	扣 3 分/类,单次扣分不超过 15 分	

序号	行为代码	失信行为	扣分标准	备注
17	JJC201017	无故不参加质监机构组织的比对试验等能力验证活动的	扣10分/次	
18	JJC201018	存在严重失信行为,作为责任单位被部、省级交通运输及以上有关部门行政处罚的	直接确定为D级	
19	JJC201019	使用已过期的《等级证书》和专用标识章出具报告的	扣20分	
20	JJC201020	试验检测结论表述不正确的	5分/份	
21	JJC201021	试验检测记录报告使用标准不正确的	5分/类	
22	JJC201022	参加质监机构组织的比对试验等能力活动,结果为不满意的	扣5分/次	
23	JJC201023	参加质监机构组织的比对试验等能力验证时,无故遮挡或未显示试验数据的	扣15分/次	
24	JJC201024	对各级交通运输主管部门及质监机构提出的意见整改未闭合的	扣10分/次	

注:对失信行为的监督复查中,若仍存在同样问题应再次扣分。

附件 2

公路水运工程工地试验室及现场检测项目信用评价标准

序号	行为代码	失信行为	扣分标准	备注
1	JJC202001	出虚假数据报告造成质量安全事故或质量标准降低的	扣100分	
2	JJC202002	存在虚假数据和报告及其他虚假资料的	扣10分/份,单次扣分不超过30分	
3	JJC202003	聘用重复执业试验检测人员从事试验检测工作的,或所聘用的试验检测人员被评为信用差的	扣10分/人	
4	JJC202004	工地试验室或授权负责人未经母体机构有效授权	扣20分	▲
5	JJC202005	授权负责人不是母体机构派出人员或长期不在岗的	扣10分	▲
6	JJC202006	超出授权范围开展业务	扣5分/参数	▲
7	JJC202007	未按规定或合同配备相应条件的试验检测人员或擅自变更试验检测人员	扣5分/试验检测师·次、3分/助理试验检测师·次	
8	JJC202008	未按规定或合同配备满足要求的仪器设备、设备未按规定检定校准的	扣2分/台,单次扣分不超过20分	
9	JJC202009	试验检测环境达不到技术标准规定要求的	扣2分/处,单次扣分不超过10分	
10	JJC202010	报告签字人不具备资格;试验记录、报告存在代签事实的。	扣2分/份,单次扣分不超过10分	
11	JJC202011	试验检测原始记录信息及数据记录不全,结论不准确,试验检测报告不完整(含漏签、漏盖及错盖章),试验检测频率不满足规范或合同要求	扣3分/类	
12	JJC202012	未按规定上报发现的试验检测不合格事项或不合格报告	扣10分/次	
13	JJC202013	对各级监督部门提出的检查意见整改未闭合的或监督部门认定的监理工程师、项目业主提出的检查意见整改未闭合的	扣10分/项	
14	JJC202015	严重违反试验检测技术规程操作的	扣10分/项	
15	JJC202016	工地试验室未履行合同擅自撤离工地的	扣100分	

序号	行为代码	失信行为	扣分标准	备 注
16	JJC202017	存在严重失信行为,作为责任单位被部、省级交通运输及以上有关部门通报批评或行政处罚的	扣20分/次	
17	JJC202018	未按规定参加信用评价的	扣40分	
18	JJC202019	试验样品管理存在人为选择性取样、样品流转工作失控、样品保管条件不满足要求、未按规定留样等不规范行为的	扣5分/项	
19	JJC202020	试验检测档案管理不规范	扣5分/项	

注:在对失信行为进行监督复查时,若仍存在同样问题应再次扣分。▲ 仅适用于工地试验室。

附件 3

公路水运工程试验检测人员信用评价标准

序号	行为代码	失信行为	扣分标准	备注
1	JJC203001	有关试验检测工作被司法部门认定构成犯罪的	扣 40 分	
2	JJC203002	出具虚假数据报告造成质量安全事故或质量标准降低的	扣 40 分	
3	JJC203003	出现 JJC201001～JJC201006、JJC201018 及 JJC201019 项行为对相应负责人的处理	JJC201001、JJC201002 行为扣 40 分,JJC201003～JJC201006、JJC201018 及 JJC201019 行为扣 20 分	
4	JJC203004	同时受聘于两个或两个以上试验检测机构的	扣 20 分	
5	JJC203005	授权检测工地人员资料虚假;出借试验检测人员资格证书的	扣 40 分/次	
6	JJC203006	在试验检测工作中,有徇私舞弊、吃拿卡要行为	扣 20 分/次	
7	JJC203007	利用工作之便推销建筑材料、构配件和设备的	扣 20 分/次	
8	JJC203009	出现 JJC201007、JJC201014 及 JJC201015 项行为的对技术或质量负责人的处理,出现 JJC201008、JJC201010～JJC201013、JJC201017、JJC201023 及 JJC202005 项行为的对行政负责人的处理	扣 5 分/项	
9	JJC203010	未按相关标准、规范、试验规程等要求开展试验检测工作,试验检测数据失真的	扣 5 分/次	
10	JJC203011	超出《等级证书》中规定项目范围进行试验检测活动并使用专用标识章的	扣 5 分/项	
11	JJC203012	出具虚假数据和报告的	扣 10 分/份	
12	JJC203013	越权签发、代签、漏签试验检测报告的	扣 5 分/类	
13	JJC203014	工地试验室信用评价得分＜70 分时对其授权负责人的处理	20 分	
14	JJC203015	工地试验室有 JJC202002、JJC202003、JJC202006、JJC202012、JJC202015 项行为时对其授权负责人的处理	JJC202002、JJC202003 行为扣 5 分/项,JJC202006、JJC202012、JJC202015 行为扣 4 分/项	

附件4

试验检测机构信用评价综合得分计算公式

试验检测机构信用评价综合得分计算公式为:

$$W = W'(1-\gamma) + \frac{\gamma}{n} \cdot \sum_{i=1}^{n} W_i''$$

式中:W——试验检测机构信用评价综合得分;

$\quad W'$——母体机构得分;

$\quad W''$——工地试验室及现场检测项目得分;

$\quad n$——工地试验室及现场检测项目数;

$\quad \gamma$——权重;

$n = 0$ 时 $\qquad \gamma = 0$

$n = 1 \sim 3$ 时 $\qquad \gamma = 0.3$

$n = 4 \sim 6$ 时 $\qquad \gamma = 0.4$

$n = 7 \sim 10$ 时 $\qquad \gamma = 0.6$

$n > 10$ 时 $\qquad \gamma = 0.7$

附件 5

_____年度试验检测机构信用评价表

机构名称						(盖章)		
机构等级	1. 等级类型： 3. 等级证书编号： 5. 联系电话：			2. 工地试验室及现场检测项目设立数量： 4. 向社会提供试验检测服务合同额(万元)：				
发证日期			试验检测师 (人)			助理试验 检测师(人)		
行政负责人	姓名		职称			持职业资格证书号		
技术负责人	姓名		职称			持职业资格证书号		
质量负责人	姓名		职称			持职业资格证书号		
机构评价情况								
序号	行为代码	失信行为	扣分标准	自我评价	项目监督部门或市级质监机构评价	省级质监机构评价	部级质监机构复核评价	备注
1	JJC201001	租借试验检测等级证书承揽试验检测业务的	直接确定为 D 级	/				
2	JJC201002	以弄虚作假或其他违法形式骗取等级证书或承接业务的,伪造、涂改、转让等级证书的	直接确定为 D 级	/				
3	JJC201003	出具虚假数据报告并造成质量安全事故或质量标准降低的	直接确定为 D 级	/				
4	JJC201004	所设立的工地试验室及现场检测项目总得分为 0 分的	直接确定为 D 级	/				
5	JJC201005	存在虚假数据报告及其他虚假资料	扣 10 分/份、单次扣分不超过 50 分					
6	JJC201006	在《等级证书》注明的项目范围外出具试验检测报告且使用专用标识章的	扣 5 分/参数					
7	JJC201007	未对设立的工地试验室及现场检测项目有效监管的	扣 10 分/个					
8	JJC201008	聘用重复执业的检测人员从事试验检测工作的,或所聘用的试验检测人员被评为信用差的	扣 10 分/人					

序号	行为代码	失信行为	扣分标准	自我评价	项目监督部门或市级质监机构评价	省级质监机构评价	部级质监机构复核评价	备注
9	JJC201009	报告签字人不具备资格;试验记录、报告存在代签事实的	扣2分/份,单次扣分不超过10分					
10	JJC201010	试验检测机构的变更未在规定期限内办理变更手续	扣5分/次					
11	JJC201011	评价期内,持证人员数量达不到相应等级标准要求	扣5分/试验检测师·次、扣3分/助理试验检测师·次					
12	JJC201012	评价期内,试验检测机构技术负责人、质量负责人上岗资格达不到相应等级要求	扣10分/人					
13	JJC201013	评价期内,试验检测设备配备不满足等级标准要求	必选设备扣10分/台;可选设备扣5分/台					
14	JJC201014	试验检测设备未按规定检定校准的	扣2分/台,单次扣分不超过20分					
15	JJC201015	试验检测环境达不到技术标准规定要求的	扣4分/处,单次扣分不超过20分					
16	JJC201016	试验检测记录或报告不规范,格式未做统一要求的,相关内容不完整的	扣3分/类,单次扣分不超过15分					
17	JJC201017	无故不参加质监机构组织的比对试验等能力验证活动的	扣10分/次					
18	JJC201018	存在严重失信行为,作为责任单位被部、省级交通运输及以上有关部门行政处罚的	直接确定为D级	/				
19	JJC201019	使用已过期的《等级证书》和专用标识章出具报告的	扣20分					
20	JJC201020	试验检测结论表述不正确的	5分/份					

续上表

序号	行为代码	失信行为	扣分标准	自我评价	项目监督部门或市级质监机构评价	省级质监机构评价	部级质监机构复核评价	备注
21	JJC201021	试验检测记录报告使用标准不正确的	5分/类					
22	JJC201022	参加质监机构组织的比对试验等能力活动,结果为不满意的	扣5分/次					
23	JJC201023	参加质监机构组织的比对试验等能力验证时,无故遮挡或未显示试验数据的	扣15分/次					
24	JJC201024	对各级交通运输主管部门及质监机构提出的意见整改未闭合的	扣10分/次					
		合计						
		得分	100－扣分值					最低0分

注:后一级信用评价应对前一级信用评价的失信行为进行复核。本级评价发现的其他失信行为,应累加扣分或定级。

自评人:
评价人:　　　　　　　　　　市级质监机构(盖章)
负责人　　　日　期:　　　　　负责人:　　　　日　期:

省级质监机构:(盖章)　　　　　部级质监机构:(盖章)
评价人:　　　　　　　　　　　复核人:
负责人:　　　日　期:　　　　　负责人:　　　　日　期:

附件6

_____年度工地试验室及现场检测项目信用评价表

工地试验室或现场检测项目名称							(盖章)
授权机构							
授权机构等级	1.等级类型:		2.等级证书编号:				
工地试验室设立日期		试验检测师（人）			助理试验检测师（人）		
工地试验室或现场检测项目授权负责人	1.姓名: 3.职称:		2.持职业资格证书号: 4.联系电话:				

工地试验室或现场检测项目评价情况

序号	行为代码	失信行为	扣分标准	自我评价	业主评价	项目质监部门或市级质监机构评价	省级质监机构复核评价	备注
1	JJC202001	出虚假数据报告造成质量安全事故或质量标准降低的	扣100分					
2	JJC202002	存在虚假数据和报告及其他虚假资料的	扣10分/份,单次扣分不超过30分					
3	JJC202003	聘用重复执业试验检测人员从事试验检测工作的,或所聘用的试验检测人员被评为信用差的	扣10分/人					
4	JJC202004	工地试验室或授权负责人未经母体机构有效授权	扣20分					▲
5	JJC202005	授权负责人不是母体机构派出人员或长期不在岗的	扣10分					▲
6	JJC202006	超出授权范围开展业务	扣5分/参数					▲
7	JJC202007	未按规定或合同配备相应条件的试验检测人员或擅自变更试验检测人员	扣5分/试验检测师·次,3分/助理试验检测师·次					

续上表

序号	行为代码	失信行为	扣分标准	自我评价	业主评价	项目质监部门或市级质监机构评价	省级质监机构复核评价	备注
8	JJC202008	未按规定或合同配备满足要求的仪器设备、设备未按规定检定校准的	扣2分/台,单次扣分不超过20分					
9	JJC202009	试验检测环境达不到技术标准规定要求的	扣2分/处,单次扣分不超过10分					
10	JJC202010	报告签字人不具备资格;试验记录、报告存在代签事实的	扣2分/份,单次扣分不超过10分					
11	JJC202011	试验检测原始记录信息及数据记录不全,结论不准确,试验检测报告不完整(含漏签、漏盖及错盖章),试验检测频率不满足规范或合同要求	扣3分/类					
12	JJC202012	未按规定上报发现的试验检测不合格事项或不合格报告	扣10分/次					
13	JJC202013	对各级监督部门提出的检查意见整改未闭合的或监督部门认定的监理工程师、项目业主提出的检查意见整改未闭合的	扣10分/项					
14	JJC202015	严重违反试验检测技术规程操作的	扣10分/项					
15	JJC202016	工地试验室未履行合同擅自撤离工地的	扣100分					
16	JJC202017	存在严重失信行为,作为责任单位被部、省级交通运输及以上有关部门通报批评或行政处罚的	扣20分/次					

序号	行为代码	失信行为	扣分标准	自我评价	业主评价	项目质监部门或市级质监机构评价	省级质监机构复核评价	备注
17	JJC202018	未按规定参加信用评价的	扣40分					
18	JJC202019	试验样品管理存在人为选择性取样、样品流转工作失控、样品保管条件不满足要求、未按规定留样等不规范行为的	扣5分/项					
19	JJC202020	试验检测档案管理不规范	扣5分/项					
		合计						
		得分	100－扣分值					最低0分

注:1.后一级信用评价应对前一级信用评价的失信行为进行复核。本级评价发现的其他失信行为,应累加扣分或定级。

　2.▲仅适用于工地试验室。

自评人：　　　　　　　　　　　　　　　业主单位(盖章)
授权负责人：　　　　日　期：　　　　　负责人：　　　　　　　日　期：

市级质监机构:(盖章)　　　　　　　　　省级质监机构:(盖章)
评价人：　　　　　　　　　　　　　　　复核人：
负责人：　　　　日　期：　　　　　　　负责人：　　　　　　日　期：

附件7

试验检测人员信用评价表

姓名		年龄		身份证件号	
职称		职业资格证书号			
登记的试验检测机构					
工作岗位及职务					

失信行为代码	具体失信行为	扣分标准	扣分值
信用等级		合计扣分	

被评价人签名：　　年　月　日

业主评价意见：

评价单位：
评价人：　　年　月　日

质监机构评价意见：

质监机构：
审核人：　　年　月　日

关于进一步加强隧道工程质量和安全监管工作的若干意见

(2013 年 09 月 23 日　交通运输部　交质监发〔2013〕549 号)

各省、自治区、直辖市、新疆生产建设兵团交通运输厅(局、委)，天津市市政公路管理局、北京市路政局：

近年来，我国高速公路隧道工程建设成就显著，相继建成了秦岭终南山隧道、厦门翔安海底隧道、上海长江隧道等一大批公路隧道工程。目前，随着我国高速公路建设重心逐步向中西部地区转移，隧道工程数量不断增多，全国仅高速公路在建特长隧道就达 160 余座，建设任务更加艰巨，地质条件愈加复杂，工程管理难度明显增大，质量安全管理工作面临严峻挑战。

隧道工程施工环境封闭，隐蔽工程较多，工程质量安全隐患易发难控。部分地区和项目隧道工程地质勘察不详、设计深度不足；建设管理制度不健全、措施不落实、管理不到位；现场施工组织不力、设备简陋、工艺落后，野蛮施工、偷工减料等现象屡禁不止；施工管理和现场监理缺位，隐蔽工程质量管控薄弱，工程实体质量和结构耐久性受到影响。为切实规范隧道施工质量安全管理，提升工程质量安全管理水平，现提出以下意见：

一、强化隧道工程技术保障措施

(一)推动隧道工程标准化施工。运用现代工程管理技术和方法，从强化设计、工法、施工组织、工艺流程等标准化入手，规范隧道施工主要环节质量管理行为；坚持因地制宜，推行隧道施工钢筋加工、混凝土拌合、构件预制"三集中"和衬砌模板、二衬台车"两准入"管理，提升隧道工程质量保障能力。

(二)推动隧道工程信息化施工。针对隧道施工的不确定性和高风险性，加强施工信息化系统建设，实行围岩与支护结构监控量测信息化、人员定位与安全管理信息化、施工质量管理信息化，及时有效指导和控制施工，降低质量安全风险。配置视频系统，实行蔽工程施工可视化监控管理。建立隐蔽工程施工过程照片、影像记录资料库，确保施工过程可溯、可查。长大隧道宜配置电子门禁、有毒有害气体连续监测信息管理系统。

(三)加强隧道施工超前预报和监控量测。对不良地质隧道应加强地质超前预报、动态评价预测、施工监控和质量检测，统一选择有相应能力等级的独立检测机构承担，强化数据互通、结果分析和指导施工。对岩溶、富水、瓦斯、硫化氢、二氧化碳气体逸出，穿越煤层、采空区或有断层、破碎带的，应以水平钻孔方式进行超前预报复核，异常情况须调整作业方案，强化防范措施。

(四)广泛应用隧道施工新型机械设备。建设单位应从提升工程质量保障能力出发，引导和鼓励施工单位提升隧道施工装备水平，改善施工条件、降低劳动强度、减少人为偏差。积极采用大型化、专业化隧道工程施工装备,如盾构、凿岩台车、液压自动行走衬砌台车及锚杆钻孔、混凝土喷射设备等。

(五)切实加强隧道工程主要施工工序质量安全管控。

1.严控开挖过程质量安全。结合隧道工程实际,科学合理地确定开挖方案,减少超欠挖和围岩过度扰动。优化钻爆设计,提升爆破效果,严禁二次爆破。严格执行炸药和雷管出入库登记制度,洞内应设置必要的安全警示标志,确保车辆和人员安全。

2.规范初支施工。要动态完善初支方案,及时加强支护,软弱围岩初支须紧跟掌子面。拱部锚杆应采用向上式凿岩机成孔,保证钻孔深度和角度。锚杆及垫板施工须符合设计要求,尽可能选用不可截断性的定型锚杆。钢拱架应与围岩或初喷面密贴,安装平顺,拱脚基础牢固,锁脚锚杆设置须符合设计。喷射混凝土应采用湿喷工艺,保证强度、厚度和均匀性,严禁干喷。

3.规范仰拱施工。仰拱施工须严格按照设计开挖到位,清除虚渣、杂物和积水。基底超挖部分须用相同等级混凝土或片石混凝土回填,不得用洞渣回填。仰拱须整断面一次浇注成型。

4.规范防水和二衬施工。防水板应由下至上环状铺设,规范拼接,必要时应配备专用台车;止水带安装须规范,防止偏位、破损。合理控制二衬与掌子面间距;严格按设计进行钢筋施工,严禁偷工减料;采用整体衬砌台车和混凝土泵送作业;台车应配备养护喷管,洞身、洞口段混凝土洒水养护时间应分别不少于 7 天、14 天,强度低于设计和规范要求严禁拆模。加宽段二衬应及时施工,必要时应配备加宽式整体衬砌台车。矮边墙与二衬应同时浇筑。

二、强化隧道工程管理保障措施

(六)建设单位要充分发挥项目实施总牵头作用。严格合同管理,落实设计、施工、监理、检测等参建单位质量安全责任。实施奖优罚劣,严格信用评价,调动参建单位能动性。进行质量安全状况分析,评估隧道工程质量安全风险,强化关键工序质量检测验收程序管理,确保隧道工程质量管控到位。

(七)勘察设计单位要强化动态设计和服务质量。坚持详细勘察、精心设计,确保设计深度。针对项目及隧道工程特殊性和复杂性,强化动态设计,派驻有经验、有能力的设计代表,做好设计服务,及时进行设计调整和优化。对地质、水文条件特殊的隧道工程,应切实加强排水系统设计,保证长期排水功能。

(八)施工单位要落实工程质量安全主体责任。

1.加强隧道施工规范化管理。洞口须设值班室,专人 24 小时值班,对进出人员和机械等实行登记管理;结合实际及时完善隧道施工组织设计,合理组织施工,严格工序检查和责任交接;实施隧道施工关键工序、重点环节质量安全主要负责人现场带班制度,落实重大事故隐患挂牌督办制度,切实规范施工管理。

2.加强隧道施工劳务管理。施工单位要选择有经验、信誉好的劳务队伍,依法签订劳务合同,加强劳务施工作业的规范化管理,强化质量自检自控,发现偷工减料、以次充好、违反质量安全强制性要求等行为要立即制止,情节严重的必须清退出场。

3.加强隧道施工安全管理。有针对性地编制隧道专项施工方案和应急预案,严格执行专项方案,及时组织应急演练。加强高瓦斯隧道施工管理;长大隧道和Ⅴ级及以上围岩隧道须设逃生通道。隧道内应设安全预警系统和应急逃生路线灯视引导系统,确保紧急情况下能及时用声响和安全指示灯指令人员撤离,逃生路线视、听觉指示正确有效。施工中保持空气中氧气含量在19.5%以上。岩溶、富水隧道应安装防突水伤害闸门,配足救生设施,向下坡方向掘进的隧道排水设备应充足。

4.加强从业人员劳动保障和职业道德教育。坚持"以人为本"理念,改善施工环境,增进职业健康和安全。加强从业人员职业道德教育,使其成为工程质量安全的捍卫者,而非旁观者。

(九)强化隧道工程关键工序质量检测验收。监理单位要加强现场监理机构建设,按合同约定配齐隧道监理人员,落实监理责任,加强隐蔽工程监理。强化隧道工程关键工序质量检测验收,加强锚杆、钢拱架、二衬等隐蔽工程的质量检测,严禁偷工减料、减序,严把质量关口,上道工序不合格的严禁进行下道工序施工。

三、强化隧道工程监管保障措施

(十)各级交通运输主管部门要积极推行现代工程管理。坚持质量是基础、安全是底线的发展理念,工程坚固耐久的发展目标,以隧道工程质量安全管理为切入点,强化监管措施,加大执法力度,切实推进公路工程质量安全管理水平再上新台阶。

(十一)省级交通运输主管部门要按照部《关于严格落实公路工程质量责任制的若干意见》(交公路发〔2008〕116号)的要求,把工程项目落实质量责任制、实施责任登记等情况作为对建设单位实施监管、考核的重要内容,确保工程质量责任落实到人。

(十二)加强建设市场监管,切实规范市场秩序。各地交通运输主管部门要进一步加强招投标监管,严厉打击围标、串标、转包、非法分包和质量安全失信等行为,强化质量安全源头管理;加强建设市场督查,加大隧道施工中以包代管、偷工减料等违规行为的查处力度,严格落实有关单位的责任,切实规范市场秩序。

(十三)加大监管力度,强化监督执法。各地交通运输主管部门和质监机构要切实落实《关于进一步加强在建公路特大桥梁和特长隧道工程质量安全监管工作的通知》(厅质监字〔2012〕117号)要求,加强对隧道工程参建单位质保体系、管理薄弱环节的督查和实体质量抽查,加大政府监督执法力度,发现隐患和问题要果断采取强力措施,并坚决督促建设单位及时组织整改到位。

(十四)抓好工作载体,巩固监管工作成效。各地交通运输主管部门要进一步深化混凝土工程质量通病治理、"平安工地"创建这两个载体,推动建设项目加强管理,巩固治理成效,深化创建成果,推动公路工程总体质量安全水平稳步发展。

(十五)深入开展隧道施工安全风险评估。各地交通运输主管部门要把隧道施工安全风险评估作为重点,严格监管,深入推进;严格执行施工安全标准化,逐步实现隧道施工"本质安全"。

交通运输部
2013年9月16日

交通运输部办公厅关于加强公路水运工程质量安全监督管理工作的指导意见

(2017 年 12 月 06 日 交通运输部 交办安监〔2017〕162 号)

公路水运工程质量监督管理制度是保证工程质量的重要保障,强化工程质量安全监督管理是各级交通运输主管部门的法定职责。近年来,各级交通运输主管部门高度重视并持续加强工程质量安全监督管理,不断完善工程项目质量保证体系和政府监督管理机制,工程质量管理水平不断提高,安全形势总体稳定。但也要看到,当前公路水运工程质量安全事故时有发生,工程建设市场管理仍有待加强,部分参建单位重经营、轻质量现象仍较为突出,违法违规行为仍屡禁不止;随着投资模式的多元化,利益格局日趋复杂,违法违规行为更加隐蔽,监管难度不断增大;部分地区存在麻痹松懈思想,对工程质量安全监管工作重视程度有所下降,监督管理条件不能有效保障,工程质量安全监督管理力度有弱化趋势。为贯彻落实党的十九大提出的交通强国、质量强国精神,以及《中共中央 国务院关于开展质量提升行动的指导意见》(中发〔2017〕24 号)、《国务院办公厅关于促进建筑业持续健康发展的意见》(国办发〔2017〕19 号)、《公路水运工程安全生产监督管理办法》(交通运输部令 2017 年第 25 号)、《公路水运工程质量监督管理规定》(交通运输部令 2017 年第 28 号)等要求,全面加强公路水运工程质量安全监督管理工作,提升质量监督工作保障能力,建立完善专业化、职业化的专家型质量监督队伍,确保工程质量安全。经交通运输部同意,提出以下意见:

一、落实质量监督管理工作责任

(一)落实行业质量监督管理责任。

各级交通运输主管部门要依法履行公路水运工程质量监督管理责任,认真贯彻国家有关工程质量监督管理的方针政策和法规制度。地方各级交通运输主管部门要规范基本建设程序,坚持科学论证、科学决策,保证合理的设计周期和施工工期,为工程质量提供基本保障。要健全工程质量监督管理机制,强化工程建设全过程质量监督管理工作。对于按照法律法规规定授权或委托质量监督机构开展工程质量监督工作的,要保障质量监督机构依法独立公正行使监督权,依法依规完善质量监督管理工作责任清单和权力清单,对质量监督机构履职情况开展绩效考核。

(二)强化工程项目质量监督管理责任。

地方各级交通运输主管部门应确保公路水运工程项目质量监督工作全覆盖。地方各级质量监督机构在建设期内要根据项目特点和实际,每年至少对所有监督的在建项目开展一次监督检查。强化建设单位首要责任和勘察、设计、施工等单位主体责任的落实,切实落实工程质量终身责任制。

二、完善法规制度和标准规范

（三）健全质量安全监督管理法规制度。

各级交通运输主管部门要严格落实国家和行业有关工程质量安全监督管理法律法规和规章制度，制定完善配套管理制度。建立健全工程质量安全监督管理制度体系，积极推进工程建设质量安全监督管理的地方立法工作，为切实做好工程建设质量安全监督管理工作提供法规和政策依据。制定本地区的质量发展纲要，明确质量发展目标，健全公路水运工程项目企业负责、政府监管、社会监督的工程质量安全保障体系。完善行政处罚自由裁量权基准，落实行政执法听证和复议制度，规范行政执法行为。

（四）制修订工程质量安全标准规范。

各级交通运输主管部门要结合地方特色和发展实际加快完善公路水运工程质量安全技术标准规范体系，及时总结、推广保证工程质量安全成效明显的新技术、新材料、新设备、新工艺，积极制定地方标准，鼓励制定高于推荐性标准的团体标准或企业标准，为工程质量安全提供强有力的技术支撑。对有利于加强行业管理的技术和工艺等，要尽快纳入行业技术标准体系。

三、加强工程质量监督工作

（五）推行工程项目监督组制度。

各级交通运输主管部门或其所属的质量监督机构对工程项目开展监督检查，实行工程项目监督组责任制。质量监督机构应结合实际，设立工程项目监督组，建立健全项目监督工作责任制度，落实监督管理职责。公路水运工程质量监督管理受理通知书中应当明确工程项目监督负责人和工程项目监督组组成人员，工程项目监督组一般不少于 2 名质量监督机构专业技术人员，可聘请行业技术专家提供专业技术支撑。制定工程项目质量安全监督工作计划，确定检查内容、方式、频次以及工作要求等。施工现场应公告监督单位、监督负责人和联系方式，接受社会举报和投诉建议。

（六）强化工程项目质量监督检查。

各级交通运输主管部门应当制定本地区年度质量监督工作计划。其所属的质量监督机构应当制定质量监督工作规则，规范质量监督工作。结合工程特点、专业属性、质量安全风险领域，采取暗查暗访、突击检查、专项督查、信息化监督、双随机等多种监督检查方式，重点加强工程质量保证体系运行、影响结构安全及耐久性的关键部位和工序、合同履约、工地试验室标准化建设等的抽查抽检工作。健全工程质量违法违规行为记录及公布制度，加大行政处罚等政府信息公开力度。通过通报、约谈、处罚等多种形式，加大对参建单位和人员违法违规行为的处罚力度。

（七）加强工程项目信用管理。

各级交通运输主管部门按照行业公路水运工程信用管理体系，完善工程信用管理相关制度。规范参建单位信用评价信息征集、更新、发布、管理等工作，完善工程项目信用档案，推动信用信息共享，按规定将有关信用信息纳入交通运输信用信息共享平台。

四、加强工程质量和施工安全管理工作

（八）推进品质工程建设。

各级交通运输主管部门应督促和引导公路水运工程项目按照"品质工程"创建活动的总体要求,大力推广性能可靠、先进适用的"四新"技术,着力提高工程结构安全性和耐久性。加强施工班组规范化、标准化建设,建立班组人员实名制和班组质量责任制。研究制定落后淘汰工艺工法目录,不断提升工程建设技术水平。

(九)深化平安工地建设。

各级交通运输主管部门应督促公路水运工程项目认真落实安全生产管理责任,督促从业单位落实安全生产专项经费,实施施工安全风险评估制度,强化工程项目全过程风险防控,严格执行风险等级告知制度,在重点部位设置风险告知牌,强化全员风险意识,加强施工过程安全风险监控。深入推行施工安全标准化管理,认真组织开展平安工地达标考核工作。树立"隐患就是事故"理念,完善事故隐患判定标准,提高隐患排查针对性,落实重大隐患挂牌督办制度,强化事故隐患排查治理闭合管理,落实责任,巩固治理成效。工程项目施工单位要建立兼职的应急队伍,开展各类应急演练。

五、推动工程监管机制创新

(十)创新工程质量监督方式。

各级交通运输主管部门及其所属质量监督机构要针对质量安全薄弱环节实行差别化监督管理,对工程管理薄弱的项目、合同段和信用较差的市场主体应加大监督检查频率,增强监管针对性。选择特许经营等 PPP 项目开展工程项目监理单位向质量监督机构报告工程质量安全情况的试点工作。各地可结合实际视情况,通过政府购买服务方式,委托具备条件的社会专业力量配合开展工程质量安全监督检查、工程检测。

(十一)探索特许经营项目的监管方式。

针对特许经营等 PPP 项目的项目公司与施工单位存在特定关系的特点,细化 PPP 项目管理要求,交通运输主管部门或有关单位可以接受政府授权作为项目实施机构,可以采取对项目监理单位或中心试验室试验检测服务进行直接招标等措施,对工程质量进行监控,明确界定监理单位、中心试验室与项目公司、施工单位在项目中的管理关系和管理职责。加大监督管理力度,强化与安监、财政、审计、环保等部门的协同监管机制,确保工程质量安全。

(十二)加强监督管理信息化建设。

地方各级交通运输主管部门推行"互联网 + 监管",建立质量安全监督管理信息系统,提高质量安全监督管理信息化水平。推进工程项目"智慧工地"建设,推动工程项目应用建筑信息模型(BIM)技术。积极推广工程监测、安全预警、机械设备监测、隐蔽工程数据采集、远程视频监控等信息化设施设备在施工管理中的应用。

六、提升监督保障能力

(十三)强化质量监督体系建设。

各地交通运输主管部门应积极争取地方人民政府和相关部门支持,依法完善省、市、县三级公路水运工程质量监督管理体系建设,明确监督管理范围和监督管理职责,根据工程投资额、建设规模等配足监督力量。结合实际,采取属地监管、分级监管、协同联合监管等方式,切实履行质量监督工作职责。建立完善质量监督机构工作考核机制,强化对基层监督工作尤其是县级质量监督工作的指导力度,加强业务指导与技术交流。

(十四)提升质量监督管理能力。

地方各级质量监督机构从事监督管理工作的专业技术人员数量应不少于本单位职工总数的70%,且专业结构配置合理,满足监督管理工作专业需要。应采取有效措施保持质量监督队伍的稳定。鼓励和提倡上下级质量监督机构人员交流,促进质量监督人员业务水平提高。制定质量监督人员年度培训计划,开展质量监督人员业务培训和继续教育,原则上每3年对质量监督人员轮训一次,提高质量监督人员综合素质和执法水平。推进监督工作标准化、执法检查规范化,提高质量监督工作水平。

(十五)强化质量监督工作保障。

各级交通运输主管部门应按照国家有关规定,协调有关部门解决质量监督管理工作经费和工作条件,质量监督管理工作经费应纳入同级财政预算予以保障,并落实工程质量安全监督抽检和信息化以及聘请行业技术专家等专项经费。保障特种专业技术用车和质量监督执法用车,配备手持执法仪、笔录室等执法装备和设施。加强对质量监督机构经费和车辆使用情况等的检查,规范经费使用管理,严禁经费摊派或挪作他用,发现违法违规行为,应依法依规严肃处理。

交通运输部办公厅
2017 年 11 月 13 日

交通运输部关于进一步提升
公路桥梁安全耐久水平的意见

(2020 年 12 月 28 日 交通运输部 交公路发〔2020〕127 号)

为深入贯彻落实党中央、国务院决策部署,实现更高质量、更有效率、更加公平、更可持续、更为安全的发展,加快建设交通强国,进一步提升公路桥梁安全耐久水平,现提出以下意见。

一、总体要求

(一)指导思想。

以习近平新时代中国特色社会主义思想为指导,认真落实党的十九大和十九届二中、三中、四中、五中全会精神,全面贯彻新发展理念,构建新发展格局,坚持以人民为中心的发展思想,以推动高质量发展为主题,以深化供给侧结构性改革为主线,坚持标准规范,落实管理责任,牢牢守住发展安全底线,着力"抓建设、重管养、防风险、优治理、促创新、强保障",不断提升我国公路桥梁安全耐久水平,为加快建设交通强国提供有力支撑。

(二)基本原则。

——安全第一、质量第一。始终坚持生命至上、安全第一、质量第一的理念,把安全质量贯穿于公路桥梁规划、勘察、设计、建造、养护、管理、保护的全生命周期,确保质量优良、管养规范、安全耐久。

——目标导向、系统治理。把提升公路桥梁安全耐久水平作为系统工程,近期突出重点补齐短板,健全工作机制,着力防范化解公路桥梁运行重大安全风险;远期立足长远健全体系,完善安全风险防控和长效运行机制,推动公路桥梁高质量发展。

——分级管理、协调联动。推动落实地方各级政府的属地责任,切实加大公共财政的投入保障力度。完善多部门安全保护联动机制,健全交通运输部门统一管理、责权明晰的分级监管机制,落实社会管理协调机制,严格落实公路桥梁运行管理单位主体责任。

——科技引领、创新发展。加强公路桥梁基础理论研究,提升勘察设计理念,完善创新发展体系,重点突破桥梁现代工程关键技术,加快推动新一代信息技术与公路桥梁的深度融合,持续提升公路桥梁系统韧性和服役性能。

(三)工作目标。

到 2025 年,通过开展危旧桥梁改造行动,提升桥梁安全耐久水平,基本完成 2020 年底存量四、五类桥梁改造,对部分老旧桥梁实施改造,国省干线公路新发现四、五类桥梁处治率 100%,实现全国高速公路一、二类桥梁比例达 95% 以上,普通国省干线公路一、二类桥梁比例达 90% 以上,跨江跨海跨峡谷等特殊桥梁结构健康监测系统全面建立,公路桥梁运行安全水平和服务品质明显提升。

到 2035 年,公路桥梁建设养护管理水平进入世界前列,公路桥梁结构健康监测系统全面建立,安全风险防控体系基本完善,创新发展水平明显提高,标准化、智能化水平全面提升,平均服役寿命明显延长,基本实现并不断完善管理体系和管理能力现代化。

二、着力提高公路桥梁建设质量

(四)提高规划勘察设计质量。坚持规划引领,科学谋划。坚持桥梁全生命周期勘察设计理念,推动公路桥梁勘察方法与设计理论创新。坚持安全、耐久、适用、经济、美观的原则,因地制宜选择桥型,合理确定桥梁跨径和结构方案。加强结构性能、功能和安全可靠性设计,注重桥梁防灾减灾设计,提高桥梁结构安全冗余。全面提升公路桥梁数字化、智能化勘察设计水平,加大建筑信息模型技术应用,推广应用钢结构桥梁,促进高性能材料、高品质制品推广使用。

(五)加强工程建造质量安全。保障合理工期,加强工程质量安全监管,强化建造过程在线监测,推行桥梁质量安全管理信息化。严控建材质量,重点加强影响结构强度和耐久性的钢材、水泥、砂石等原材料进场检验。优化施工工艺,提升技术和装备水平,加强技术人才培养和施工人员培训。完善标准化建造体系,推行精品建造,实现精细化管理、工厂化制造、装配化施工、信息化控制,打造平安百年品质工程。

(六)实行质量终身负责制。健全完善分级负责的质量管理体系,实行公路桥梁建设单位及勘察、设计、施工、监理、第三方质量检测终身负责制,落实质量安全追溯和责任终身追究制。探索建立桥梁建设质量后评估机制,逐步建立桥梁安全耐久水平全生命周期评价机制。

三、着力提升公路桥梁管养水平

(七)完善管养责任体系。推动建立健全"政府主导、行业监管、部门协同、运行单位负责"的公路桥梁管养责任体系。推动地方各级人民政府分级落实属地责任,并将桥梁运行安全纳入安全生产考核目标。各级交通运输主管部门负责行业监管,对公路桥梁运行管理单位和下级交通运输主管部门履责情况进行监督指导。积极协调相关部门按法定职责协同开展公路桥梁安全保护。公路桥梁运行管理单位承担运行安全主体责任,组织开展运行安全风险防控和隐患治理,保障桥梁安全运行。

(八)分类落实管养资金。省级交通运输主管部门要督促收费公路运营管理单位从车辆通行费收入中列支桥梁管理养护资金;积极协调有关部门在确保成品油消费税转移支付资金按规定投入的基础上,根据普通公路桥梁管理养护需要加大投入保障。农村公路桥梁管理养护资金按照《国务院办公厅关于深化农村公路管理养护体制改革的意见》(国办发〔2019〕45号)统筹安排。部通过车购税资金等现有资金渠道对普通公路危旧桥梁改造给予支持。

(九)提高养护资金标准。各地要细化公路桥梁养护预算定额,落实干线公路桥梁经常检查、日常保养和定期检查资金要求,原则上在现有基础上因地制宜、因桥制宜适当提高,每年每延米分别不低于 80 元、100 元和 150 元,并根据桥梁具体技术状况专项安排特殊检查检测资金。进一步完善农村公路桥梁养护资金动态调整机制。加强资金使用全过程绩效管理。

(十)提升预防性养护水平。贯彻全生命周期理念,建立桥梁运营期预防性养护机制,加强桥梁支座、伸缩缝、缆索防护、阻尼减振等桥梁制品的预防性养护,实施特殊环境作用下桥梁耐久性提升,注重轻微病害的早期处治,强化桥梁保养标准化和常态化,防范四、五类桥梁发生,延长使用寿命。

(十一)强化养护工程管理。完善桥梁养护工程管理制度,健全养护工程咨询、决策、设计、施工、验收和后评价机制,加强养护工程实施监督管理,提升养护工程实施效果和质量。

(十二)推进养护市场化改革。提高桥梁定期检查、特殊检查和加固改造等市场化配置效率,激发市场活力。鼓励以公开招投标、政府购买服务等方式引入专业化养护单位,提高桥梁管护专业化水平。鼓励专业化养护企业做大做强,跨区域长期限承担公路桥梁周期性管护任务。加快构建以信用为基础的新型监管机制,推进公路桥梁养护市场信用分级分类监管,引导专业化企业提高服务品质,激发市场活力。

四、着力完善公路桥梁安全风险防控体系

(十三)完善安全风险识别制度。完善桥梁检查类别和频率规定,重要桥梁单独制定检查制度,强化安全风险辨识和评估。加强桥梁例行检查、专项检查,及时开展特殊检查,健全桥梁安全分级监管机制,完善桥梁信息分级报送机制。

(十四)加强桥梁结构健康监测。健全完善公路桥梁基础数据库,完善、更新桥梁档案,落实分级建设、全面完整、规范管理、动态更新工作要求。统一数据标准和接口标准,推进数字化、信息化、智能化,2025 年底前实现跨江跨海跨峡谷等特殊桥梁结构健康监测系统全面覆盖。依托监测系统开展日常管理,健全完善长期运行机制,不断拓展系统功能,持续建设覆盖重要公路桥梁的技术先进、经济适用、精准预警的监测体系,进一步提升监测系统的实效性、可靠性和耐久性。

(十五)加强分级分类处置。根据检查监测情况,及时采取预防性养护、维修加固、拆除重建等分级分类处置措施。"十四五"期集中开展全国公路危旧桥梁改造专项行动,切实化解重大安全风险,确保桥梁安全运行。

(十六)提升应急处置能力。完善公路应急处置预案体系,及时有效处置公路桥梁突发事件。跨江跨海跨峡谷等特殊桥梁按照"一桥一策"完善应急处置预案,并纳入属地应急预案体系。加强桥梁应急抢险装备物资配备及队伍建设,定期开展应急演练,强化应急保障关键技术研发应用。

五、着力强化公路桥梁安全保护

(十七)完善公路桥梁法规标准。研究制定公路桥梁安全保护管理办法。深化大跨公路桥梁风致振动振幅、大跨桥梁体系可靠度、桥梁使用年限和冗余性等关键指标研究,加强桥梁结构安全、标准化设计、装配化施工、耐久性提升、预防性养护、应急保通、健康监测等重点领域技术标准供给。抓紧推进标准规范制修订工作,注重技术标准统筹协调和与时俱进。

(十八)严格车辆超限超载治理。深入推进交通运输和公安部门治理车辆超限超载联合执法。规范完善公路桥梁限载标志设置。加强重点线路、桥梁超限检测站点布设,有条件的地区可在重要节点位置设置具备不停车称重检测、视频监控和自动抓拍等功能的技术监控设施

(备),强化路面管控。推动重点货物装载源头单位落实合法装载主体责任,在地方政府统一领导下,强化对货物装载源头的行业监管。

(十九)加强公路桥梁区域保护执法。会同有关部门共同加强公路桥梁桥下空间动态监管,实行封闭管理或者保护性利用管理;规范公路桥梁管理措施,严禁利用桥梁梁体及墩柱、桥台铺设输送易燃易爆、有毒有害气(液)体的管道;严格公路桥梁跨越的河道上下游管理,加大对公路桥梁周围违法采砂、取弃土、爆破等危及桥梁安全行为的打击力度,加大公路桥梁周边地质灾害防治;建立桥区水域安全风险评估和处置联动机制,提高桥区水域安全通行能力。

六、着力提升创新发展能力

(二十)创新发展桥梁工程技术。加强桥梁工程基础理论研究,完善我国桥梁建设养护理论体系。建设全国范围桥梁长期性能观测网,将桥梁例行检查、专项检查与实时监测相结合,开展桥梁服役状态监测分析,开展桥梁设计、施工、检测、监测等领域关键核心技术和装备攻关。加强桥梁结构状况评估、预防性养护、维修加固方法和技术研究,开展桥梁承载能力快速、智能评估技术研究。

(二十一)加快智能公路桥梁发展。加快推动大数据、云计算、物联网、人工智能、北斗导航等新技术与公路建管养深度融合,全面开展公路桥梁智能装备、智能建造、智能检测、智能诊断、智能预警、智能养护研究和推广应用,发挥重大工程科技示范与带动作用,在高性能材料、应用软件、智能装备等方面取得新的突破。

(二十二)完善创新发展体系。加快推进公路桥梁国家级科研平台建设,构建由行业重点实验室、行业研发中心、行业协同创新平台、高新技术企业等组成的"产学研用"有机融合的创新发展机制。加强关键核心技术知识产权创造、保护与应用,积极推动科技成果转化。

(二十三)加强桥梁领域国际合作。提升公路桥梁建设、养护、智能化等方面国际合作的深度和广度,相互交流,相互借鉴,拓展国际合作渠道,选派专家积极参与桥梁国际组织事务框架下规则、标准制定修订,共同推进桥梁高质量发展,提供更多的中国方案。

七、保障措施

(二十四)加强组织领导。各省级交通运输主管部门要高度重视提升公路桥梁安全耐久工作,结合本地实际研究提出具体实施方案,在完善机制、安全保护、资金投入、技术研发等方面加大推进和保障力度。

(二十五)加强队伍建设。加强公路桥梁基础理论、设计检测、施工建造、装备制造等领域专家和一线人才培养,建设适应公路桥梁安全耐久需要的高水平专家团队和专业技术人才队伍。依托高等院校、科研机构、智库单位和重点科研平台,加强交叉学科建设和学术研究,引进高层次人才,打造素质一流、梯次配备的骨干团队。

(二十六)加强宣传推广。结合科普基地,建设一批公路桥梁博物馆,加强桥梁使用知识宣传,弘扬桥梁美学。深入挖掘中华桥梁文化,鼓励现代桥梁设计传承创新,延续桥梁文脉。积极拓展桥梁文化宣传形式,加强桥梁建设养护管理的文学、文艺、影视等作品创作、征集和传播活动,讲好中国桥梁故事。

（二十七）加强督促落实。部对本意见实施情况进行跟踪，适时组织开展督导评价，强化动态跟踪和工作指导。各省级交通运输主管部门要分类分级加快建立督促评估办法，完善社会监督机制，鼓励公众积极参与，共同提升我国公路桥梁安全耐久水平。

交通运输部

2020 年 12 月 25 日

公路水路行业产品质量监督抽查管理办法

（2020 年 02 月 26 日　交通运输部　交科技规〔2020〕2 号）

第一章　总　　则

第一条　为加强公路水路交通运输产品质量监督管理，规范公路水路行业产品质量监督抽查工作，依据《中华人民共和国产品质量法》，制定本办法。

第二条　从事公路水路行业产品质量监督抽查工作，适用本办法。

本办法所称公路水路行业产品，是指进入公路水路建设、养护和运输市场并列入行业重点监督管理产品目录的产品。

本办法所称监督抽查，是指交通运输部依法对公路水路行业产品进行有计划的随机抽样、检验，并对监督抽查结果公布和处理的活动。

第三条　监督抽查应当遵循科学、公正的原则。

第四条　交通运输部制定公路水路行业产品质量监督抽查计划，报国家市场监督管理总局备案。

交通运输部根据监督抽查计划，开展公路水路行业产品监督抽查工作，汇总、分析并公布监督抽查结果。

省级交通运输主管部门协助配合交通运输部开展本行政区域内监督抽查工作，并按照要求报送有关信息。

第五条　交通运输部依据国家标准、行业标准和其他相关规定制定并公告公路水路交通运输产品质量监督抽查实施规范（以下简称实施规范），作为实施监督抽查的工作规范。

对尚未制定并公告实施规范的产品，需要实施监督抽查时，交通运输部制定实施细则作为实施监督抽查的工作规范。

第六条　对依法进行的监督抽查，有关企业、单位应当予以配合、协助，不得阻碍、拒绝监督抽查工作。

第七条　监督抽查不得向被抽查企业收取费用。

第二章　抽　　样

第八条　交通运输部委托具有法定资质的检验机构承担抽样检验相关工作。

交通运输部建立监督抽查检验机构信息库，采用随机抽取的方式选择委托的检验机构。

第九条　交通运输部根据省级交通运输主管部门报送的有关信息，以及有关公路水路行业产品生产销售情况等建立被抽查对象信息库，并采用随机抽取的方式确定被抽查对象。

交通运输部对发现有问题嫌疑的公路水路行业产品可以实施有针对性的重点抽查。

第十条 抽样人员应当为受委托的检验机构的工作人员,熟悉相关法律法规、标准和有关规定。抽样人员由受委托的检验机构随机选派,不得少于 2 名。

第十一条 抽样人员在抽样前,应当向被抽查企业出示交通运输部出具的公路水路行业产品质量监督抽查通知、有关监督抽查文件或者其复印件和有效身份证件,告知被抽查企业监督抽查的性质、抽样方法、检验依据和判定规则等相关内容。

第十二条 监督抽查的样品应当由抽样人员在市场上或者企业成品仓库内待销的产品中随机抽取,不得由企业抽样或者送样。

抽取的样品应当是有产品质量检验合格证明或者以其他形式表明合格的产品。

抽取样品应当按照有关规定的数量抽取,没有具体数量规定的,抽取样品不得超过检验的合理需要。

第十三条 有下列情况之一的,不得抽样:

(一)产品未经生产企业检验合格;

(二)有充分证据证明拟抽查的产品用于出口,并且出口合同对产品质量另有规定;

(三)产品或者标签、包装、说明书标上有"试制""处理""样品"等字样;

(四)产品抽样基数不符合监督抽查要求。

第十四条 有下列情况之一的,被抽查企业可以拒绝接受抽查:

(一)抽样人员少于 2 名;

(二)抽样人员无法出具监督抽查通知书、有关监督抽查文件或者其复印件和有效身份证件;

(三)抽样人员姓名、被抽查企业或者产品名称与监督抽查通知书不符;

(四)抽样人员要求企业支付检验费或者其他费用。

第十五条 抽样人员应当使用规定的抽样文书,详细记录抽样信息。被抽查企业要求特别陈述的情况,应当在抽样文书中说明。

第十六条 在生产企业或者销售企业内抽样时,抽样文书应当由抽样人员和被抽查企业人员共同签字确认,并加盖被抽查企业公章。抽样文书一式三份,检验机构和被抽查企业各执一份,其余一份附于被抽查的样品包装中。

第十七条 在工程现场抽样时,抽样文书应当由检验机构、省级交通运输主管部门、工程建设单位、监理单位、施工单位、被抽查生产企业或者销售企业的有关人员共同签字确认。

抽样文书一式七份,检验机构、省级交通运输主管部门、工程建设单位、监理单位、施工单位和被抽查生产企业各执一份,其余一份附于被抽查的样品包装中。生产企业人员不在工程现场时,由销售企业或者施工单位人员将抽样文书转交生产企业。

第十八条 因转产、停产等原因导致在生产企业无样品可以抽取的,生产企业应当出具书面说明材料。拒不出具书面说明材料的,视为拒绝监督抽查。抽样人员应当如实记录相关情况,并由检验机构及时报交通运输部。

第十九条 被抽查生产企业、销售企业或者工程建设单位拒绝抽样的,由抽样人员与省级交通运输主管部门共同确认,按照拒绝监督抽查处理。

第二十条 抽样后,抽样人员应当在参加抽样的有关人员的见证下进行封样。封样应当采取方拆封措施,以保证样品的真实性。

第二十一条 需要送至检验机构进行检验的样品，应当由检验机构的抽样人员负责携带、寄送或者监督运输。对于易碎品、危险化学品、有特殊贮存条件等要求的样品，抽样人员应当采取必要措施，保证样品在运输过程中状态不发生变化。

第三章 检 验

第二十二条 检验机构应当按照实施规范或者实施细则开展检验工作，不得分包检验任务或者委托他人检验。

第二十三条 检验机构应当制定样品接收、入库、领用、检验、保存及处理的程序规定，并严格执行，避免出现可能对检验结果产生不利影响的情况。

第二十四条 需要配合检验时，检验机构提出具体要求，生产企业及相关单位应当配合完成检验工作。对于不配合检验工作的，按照拒绝监督抽查处理。

第二十五条 检验记录应当如实填写，保证真实、准确、清楚，不得随意涂改。确需更改的，更改处应当由检验人员和检验报告签发人共同确认。

第二十六条 检验过程中遇有样品失效或者检验仪器设备故障等情况致使检验无法进行的，检验机构应当如实记录情况，并保留充分的证明材料。

第二十七条 除第二十六条规定的情况外，检验机构应当出具抽样检验报告。检验报告应当内容齐全、信息真实、数据准确、结论明确。

第二十八条 检验机构应当及时将检验结果报交通运输部，并书面告知被抽查企业。

在工程现场进行监督抽查的，应当同时书面告知工程建设单位及工程所在地省级交通运输主管部门。

第二十九条 被抽查企业对检验结果有异议的，可以自收到检验结果之日起 15 日内向交通运输部提出书面复检申请；逾期未提出的，视为承认检验结果。

第三十条 接到复检申请后，交通运输部应当委托具有法定资质的检验机构按照原方案进行复检，并于检验工作完成后 5 日内作出书面答复。复检结论为最终结论。

第三十一条 检验结果为合格的样品，应当在检验结果异议期满后及时退还被抽查企业。检验结果为不合格的样品，应当在检验结果异议处理完成后及时退还被抽查企业。样品因检验造成破坏或者损耗而无法退还的，应当向被抽查企业说明情况。

第四章 监 督 管 理

第三十二条 交通运输部应当汇总分析监督抽查结果，定期向社会发布监督抽查结果公告，建立监督抽查结果信用记录，纳入全国交通运输信用信息共享平台。对拒绝接受监督抽查的企业，在"信用交通"网站予以公布。

第三十三条 监督抽查结果不合格产品的生产企业应当自收到检验结果通知之日起进行整改，并于 90 日内完成整改工作，向交通运输部提交整改报告和复查申请，接受复查检验。

交通运输部接到复查申请后，委托具有法定资质的检验机构进行复查，并将复查结果通知被抽查企业。

第三十四条 地方交通运输主管部门应当密切跟踪监督抽查不合格产品的使用情况，并按照要求报送交通运输部。

第三十五条　参与监督抽查的工作人员,应当严格遵守有关法律法规,不得将被抽查的产品和企业名单事先通知被抽查企业。

第三十六条　检验机构及其检验人员应当遵守以下要求:

(一)严格按照监督抽查工作有关规定承担抽样及检验工作,不受任何方面影响,保证检验工作科学、公正、准确;

(二)如实上报检验结果和检验结论,不得瞒报,并对检验工作负责;

(三)保守检验工作秘密,不得将检验情况泄露给其他任何个人和组织;

(四)在承担监督抽查工作期间,不得与企业签订同类产品的有偿服务协议;

(五)不得利用监督抽查结果参与有偿活动,不得开展相关产品推荐、评比活动;

(六)不得以监制、监销等方式参与相关产品的生产、销售等经营活动。

第三十七条　参与监督抽查的检验机构和人员违反本办法规定的,由交通运输部责令整改;情节严重的,撤销检验机构从事监督抽查工作的委托,并将其从监督抽查检验机构信息库中剔除。

第五章　附　则

第三十八条　本办法自 2020 年 5 月 1 日起施行,有效期 5 年,2012 年 1 月 20 日印发的《交通运输产品质量行业监督抽查管理办法(试行)》(交科技发〔2012〕32 号)同时废止。

交通运输部办公厅关于修订印发《公路桥梁信息公示牌设置要求》和《公路桥梁限载标志设置要求》的通知

（2021 年 03 月 04 日　交通运输部　交办公路〔2021〕20 号）

为贯彻落实《交通运输部关于进一步提升公路桥梁安全耐久水平的意见》（交公路发〔2020〕127 号），进一步加强公路桥梁信息公开，规范公路桥梁限载标志设置，经交通运输部同意，现修订发布《公路桥梁信息公示牌设置要求》和《公路桥梁限载标志设置要求》，原随《交通运输部关于进一步加强公路桥梁养护管理的若干意见》（交公路发〔2013〕321 号）印发的《桥梁限载标志和桥面标线设置要求》和《桥梁信息公示牌设置要求》同步废止。

各省级交通运输主管部门要组织有关单位结合公路新改建或养护工程，对未设置桥梁信息公示牌的小桥及调整完善设置的桥梁在 2021 年 8 月底前按照本次发布的要求完成信息公示牌和限载标志的设置，并于 9 月 15 日前向部报送工作总结。

交通运输部办公厅

2021 年 2 月 26 日

公路桥梁信息公示牌设置要求

一、设置对象

所有公路桥梁。

二、设置位置

桥梁信息公示牌应分别设置于桥梁两端靠近桥头的行车方向右侧护栏或墩台上。

三、设置要求

1. 新建和改扩建的公路桥梁信息公示牌应在桥梁建设时同步设置。

2. 已按《交通运输部关于进一步加强公路桥梁养护管理的若干意见》（交公路发〔2013〕321 号）要求设置的桥梁信息公示牌，结合年度养护工程进行调整完善。

四、版面设计

1.按照现行《道路交通标志和标线》(GB 5768—2009)的规定,桥梁信息公示牌颜色为白底、黑字、黑边框。字体应采用交通标志专用字体。

2.公示牌右上方可预留设置桥梁信息二维码。二维码的生成及维护由桥梁管理单位负责,除桥梁信息公示牌文字公示的信息外,可根据需要公示其他信息,如定期检查的承担单位、时间、技术状况评定结果等。

版面设计示例如下图所示。

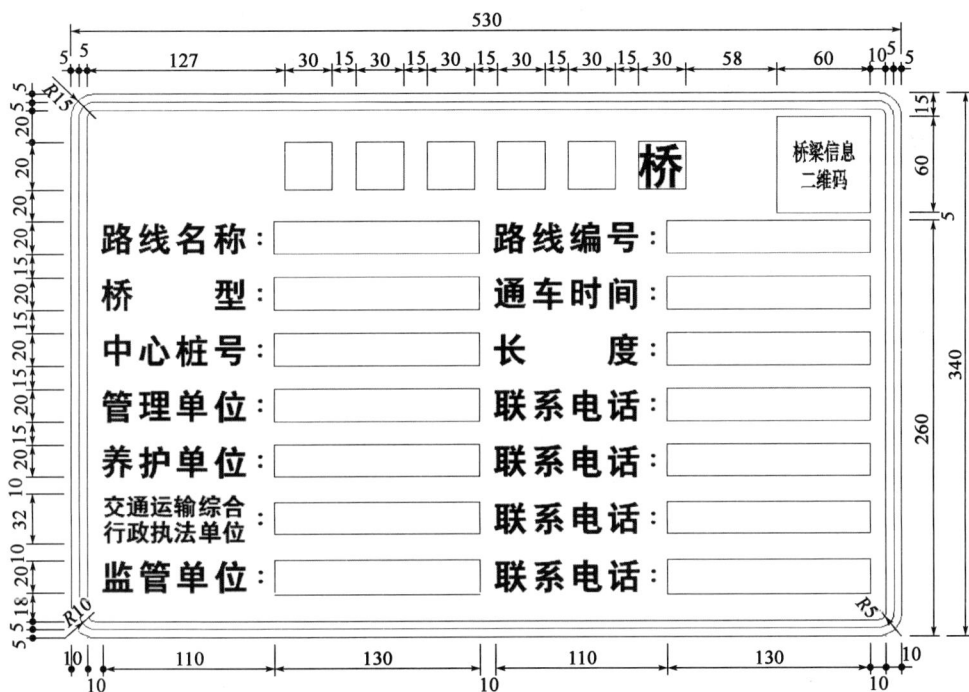

单位：mm

五、其他要求

1.桥梁信息公示牌底板应选用经济、适用、耐久的材料,如铝合金板、薄钢板、合成树脂类板材或其他板材。板材的相关指标应符合《道路交通标志板及支撑件》(GB/T 23827)及国家相关标准的规定。

2.桥梁信息公示牌金属构件应进行防腐处理,并符合现行《公路交通工程钢构件防腐技术条件》(GB/T 18226)的要求。

3.桥梁信息公示牌宜采用逆反射材料制作,其逆反射材料及耐久性宜与其他交通标志保持一致。

公路桥梁限载标志设置要求

一、设置对象

在经检查、检测、评定后,不能满足现行桥梁设计规范车辆荷载要求,需要设置限载标志的公路桥梁。

二、设置位置

根据桥梁所在公路的技术等级,限载标志的设置位置应符合下列规定:

1. 高速公路和具有干线功能的一级公路。在需进行限载的桥梁前适当位置设置限载标志,同时在最近的入口及相邻主线出口处配合指路标志设置限载标志或告示标志。

2. 具有集散功能的一级公路和二、三、四级公路。在需进行限载的桥梁前适当位置设置限载标志,同时在最近可供车辆掉头或绕行的位置前设置限载标志或告示标志。

3. 农村公路。在需进行限载的桥梁前适当位置,及最近的与等级公路平面交叉处设置限载标志。

三、设置要求

1. 满足现行规范设计车辆荷载要求的桥梁,限载标志的设置不作要求。

2. 不满足现行规范设计车辆荷载要求的桥梁,应补充设置。

3. 已设置限载标志且限载值不需要调整的,待标志更新时按统一要求变更限载标志。

4. 对于不同荷载等级拼宽组成的上下行公路桥梁,限载标志应按照最低荷载等级标准确定。

5. 限载标志实行动态管理,加强对公路桥梁的检查,根据其技术状况确定其限载值并及时调整。

6. 对技术状况评定为三类及以下且暂未改造的桥梁应进行降级限载,并设置临时限载标志。

四、限载上限取值

1. 按《公路桥涵设计通用规范》(JTG D60—2004 或 JTG D60—2015)汽车荷载采用公路Ⅰ、Ⅱ级或《公路桥涵设计通用规范》(JTJ 021—89,以下称 89 规范)汽车荷载采用汽车—超20 级设计的桥梁,其限载上限为总重49t、轴重14t。

2. 按 89 规范汽车荷载采用汽车—20 级设计的桥梁,其限载上限为总重30t、轴重13t。

3. 按 89 规范汽车荷载采用汽车—15 级设计的桥梁,其限载上限为总重20t、轴重13t。

4. 按 89 规范汽车荷载采用汽车—10 级设计的桥梁,其限载上限为总重15t、轴重10t。

5. 未按交通行业标准规范设计的桥梁,其限载标志应按照桥梁实际技术状况确定限载值。

五、版面设计

1. 限载标志版面尺寸、颜色、形状及字符高度应符合现行《道路交通标志和标线》(GB 5768)的规定,版面中拉丁字母和阿拉伯数字应采用 B 型交通标志专用字体的正体字,版面设计示例如图 1。

图 1 限制质量(左)、限制轴重(右)标志版面示例

2. 限载标志可与著名地点标志合并设置,版面设计示例如图 2。

图 2 与地点标志合并设置示例

六、其他要求

1. 限载标志的材料、支撑方式和支撑结构应符合现行《公路交通安全设施设计规范》(JTG D81)和《公路交通标志和标线设置规范》(JTG D82)的规定。

2. 设置限载标志的桥梁,应按现行《公路交通安全设施设计规范》(JTG D81)和《公路交通标志和标线设置规范》(JTG D82)的规定设置必要的交通标线、护栏等设施。